2013년부터 2020년까지는 영국 중앙은행인 잉글랜드은행의 총재 겸 통화정책위원회와 금융정책위원회, 건전성규제위원회의 의장직을 역임했다. 1694년 영국 중앙은행 설립 이후 총재직에 임명된 최초의 비영국인이었다. 이후 미국 기후행동금융Climate Action and Finance의 유엔 특별대사와 영국 재무부 고문으로도 임명되었다. 우리 시대가 마주한 가장 본질적인 문제들에 어떻게 대응해나가야 할 것이냐는 질문에 전 세계인, 특히 글로벌 리더들을 향해 해결책을 내놓고 있다.

초
超
가
치

VALUE(S): Building A Better World for All

초超가치

VALUE(S)

돈으로
살 수 없는
미래

마크 카니
Mark Carney
지음

이경식
옮김

Building a Better World
for All

윌북

이 책을 향한 찬사

어떻게 하면 더 많은 사람을 우리의 문제를 해결하는 데 참여시킬지, 근본적인 차원에서 알기 쉽게 설명하는 책이다. 모든 계층의 모든 사람에게 필요한 책이다.

— 보노Bono, U2의 리드싱어

우리에게 꼭 필요한 마크 카니의 이 책은, 우리가 가격을 아는 데 그치지 않고 각각의 진정한 가치를 이해하는 것으로 어떻게 나아갈 것인지 모색한다. 세계 금융 위기에서부터 기후 위기와 코로나 팬데믹 위기까지 다루는 이 책은 21세기 지도자들, 정책 입안자들, 그리고 공정하고 지속가능한 세상을 원하는 모든 사람을 위한 필수지침서이다.

— 크리스틴 라가르드Christine Lagarde, 유럽중앙은행 총재

당신의 사고를 자극할 멋진 읽을거리다. (…) 코로나 이후의 세상에서 전 세계가 연대를 구축하려고 애쓸 때 이 책은 필수적인 지침서가 될 것이다.

— 라구람 라잔Raghuram Rajan, 전 인도 수석 경제보좌관

마크 카니는 캐나다와 영국 중앙은행 총재직을 역임하면서, 기후 위기부

터 코로나 위기에 이르기까지 세계가 맞닥뜨린 가장 큰 시련에 독창적이고도 지적인 해법을 제공했다. 그는 평범한 사람이라면 할 수 없는 독특한 경험을 토대로 이 책을 썼다.

— 고든 브라운Gordon Brown, 전 영국 총리

우리가 맞닥뜨린 가장 긴급한 문제들에 관심이 있는 사람이라면 누구나 반길 환상적인 책이다. 더 나은 목적을 달성하면서도 이윤을 창출하는 세상이 필요하다는 사실을 명확하고도 설득력 있게 설명한다. 많은 사람이 이 책을 읽으면 좋겠다.

— 짐 오닐Jim O'Neill, 전 영국 재무차관, 전 골드만삭스 자산운용 회장

한층 더 공정하고 책임감 있으며 회복력을 갖춘 세상으로 나아가는 로드맵이다. 카니는 돈과 지위에 대한 우리의 생각, 그리고 미래 세상에 꼭 필요한 의무와 상상력을 통렬하게 꿰뚫는다. 우리는 눈앞의 수익을 보고 투자해야 하는가, 아니면 인간의 잠재력에 투자해야 하는가? 이 책은 돈이 공동선의 도구가 될 수 있다는 비판적이지만 고무적인 확신과 근거로 가득 차 있다.

— 앤터니 곰리Antony Gormley, 미술가

매우 중요한 책이다. 우리 시대를 함께 이끌어나갈 사람이라면 반드시 읽어야 한다.

— 《이브닝 스탠다드Evening Standard》

이 책은 기념비적이다. 저자는 시장 사회가 등장하면서 우리 사회의 가치관이 훼손되었다고 확신한다. (…) 캐나다은행 총재 때 그가 취했던 선제적인 조치가 캐나다를 최악의 위기에서 구해내었는데, 금융 부문의 최일

선에 서 있었던 그의 이런 경험은 21세기 금융업을 진단하는 그의 통찰에 매우 강한 설득력을 부여한다. 이 책의 내용을 한 줄로 요약하자면, 기업 이라면 모름지기 장기적인 관점에서 사회를 위한 공동선을 추구할 때 가장 높은 수익률을 낼 수 있다는 것이다. (…) 이 책이 다루는 주제의 범위와 목표 역시 훌륭하다. 이 책은 기업과 금융 및 정부 부문에서 최고의 사람들을 무장시키고 최악의 사람들을 무장해제시킬 것이다. 캐나다 노스웨스트 출신의 시골 소년이 운이 좋게 여기까지 왔다고 저자는 겸손하게 말하지만, 그의 경력과 전망은 경이롭다.

— 《옵저버The Observer》

'시장 근본주의'가 나타나서 경제 질서와 민주적인 가치관을 어떻게 뒤흔들어놓았는지 흥미진진하게 설명한다. (…) 글로벌 금융 시스템이 왜 개혁되어야 하며 또 어떤 방향으로 개혁되어야 하는지 설득력 있게 주장한다.

— 《퍼블리셔스 위클리Publishers Weekly》

이 책은 우리 시대의 가장 본질적인 문제들을 어떻게 처리할 것인가 하는 질문에 매우 믿음직한 해결책을 제시한다. 매우 풍부하고, 많은 생각을 불러일으키며, 영감을 주는 책이다.

— 《뉴 스테이츠먼The New Statesman》

모두를 위한
더 나은 세상 만들기

인간성을 증류하면 무엇이 나올까?

자동차가 조용히 도시의 거리를 누비며 달린다. 세인트 미카엘 로스베리에 도착하고 나서 보안요원이 거대한 철문을 열 때까지 잠시 기다렸다가 '금괴 마당'으로 들어선다. 자동차에서 내린 나는 경보장치가 달린 문을 통과한 후, 줄지어 늘어선 거대한 금고들을 지난 다음에 화강암으로 만들어진 계단을 올라간다. 입구를 장식하는 청동제 사자의 코를 문지르며 내실로 들어간다. 분홍색 재킷을 입은 사람들에게 좋은 아침이라며 인사를 건네고, 전임자들의 초상화가 걸린 복도를 지나서 잉글랜드은행Bank of England 총재 집무실로 들어선다.

내 눈에 보이는 모든 것이 이 은행의 역사를 일깨우며, 또 이 은행이 떠맡은 과제가 앞으로도 영원히 계속될 것임을 상기시킨다. 현관홀에서는 대영제국 시대의 웅장함이 저절로 느껴진다. 복도에는 로마 시대의 주화들과 통상의 신인 머큐리의 다양한 모습을 표현한 모자이크들이 정렬되어 있다. 전통적으로 보물을 지키는 동물로 일컬어지는 사자들이 금박을 한 계단통마다 서서 문을 정면으로 바라본다.

총재 집무실은 수백 년이 지나는 동안에도 한결같은 모습을 지켜왔다. 책상은 18세기에 건축가 존 손John Soane이 만들었던 그대로다. 한쪽 벽은 이탈리아 화가 안토니오 카날레토Antonio Canaletto의 그림이 걸려 있다. 18세기 후반의 템스 강 풍경을 묘사한 그림이다. 바닥에서 천장까지 이어진 유리문들은 평온하기만 한 마당과 맞닿은 채 열려 있으며, 그 마당에는 17세기 세인트 크리스토퍼 르 스톡스 교회의 묘지가 교회는 철거되고 없지만* 이 교회는 런던 대화재 이후에 다시 지어졌지만, 1781년에 잉글랜드은행이 확장하는 과정에서 철거되었다 여전히 남아 있다.

화폐와 가치를 상징하는 것들은 곳곳에 널려 있었다. 창문 밖에 보이는 뽕나무들은 최초의 지폐 도안이 자기의 껍질 형상을 본떴음을 말없이 상기시킨다. 날개 달린 머큐리의 머리가 장엄한 실내를 굽어보는데, 거기에는 그리폰(흰목대머리수리)들이 신화 속에서 황금 무더기를 지키던 그 모습 그대로 단호한 태도로 입구를 지키고 있다.

은행 한가운데는 진짜 황금이 있다. 내가 선 곳 아래에는 약 1미터 두께의 강철 벽으로 만들어진 금고가 아홉 개 있는데, 여기에는 5,500톤의 금괴가 보관되어 있다. 이 금괴의 시장가치는 무려 1,800억 달러가 넘는다. 금고에 보관된 금의 양은 인류 문명이 꽃을 피우기 시작하던 때부터 지금까지 인간이 만들어낸 모든 금의 5퍼센트에 해당된다.

모든 것은 견고하고, 안전하고, 영원해 보인다.

그러나 모든 게 다 그렇듯이, 겉으로 보이는 모습은 진짜가 아니다. 대영제국은 가고 없다. 오늘날의 영연방은 위태롭게 흔들린다. 영원한 것은 한때뿐이다. 그리고 가치는 한낱 환상일 뿐이다.

잉글랜드은행은 건축가 존 손이 천년을 상징하는 건축물로 지은 대작이지만, 지금까지 남아 있는 것이라고는 외벽과 구획된 각각의 공간들 그리고 총재의 책상뿐이다. 오늘날 사람들은 이탈리아 화가 카날레토의 그림을 '대가'의 작품이 아닌 '학생'의 작업물로 여긴다.

금은 금고 속에 그저 무의미하게 놓여 있을 뿐이다. 금은 화폐의 가치를 보증했던 지나간 시대의 흔적으로만 남아 있다. 금과 화폐의 이 연관성은 십자가로 남아서, 거품이 터지기 전의 호황이 어땠을지 짐작하게 해준다. 금융 시장은 금이 드러내는 아름다움이 아니라 금이 지닌 안전성을 놓고서 금을 평가한다. 금의 가격은 경제적 고통이나 지정학적 갈등에 대한 공포 속에서 치솟는다. 이런 격동의 시간에는 상품에 대한 신뢰가 기관에 대한 신뢰를 대체한다.

금의 지위가 이렇게 바뀌었다는 사실에서 우리는 잉글랜드은행의 영원성은 이 은행이 그토록 소중하게 여겼던 것, 즉 이 은행이 가졌던 가치관 때문임을 새삼스럽게 떠올린다. 그리고 가치관values을 토대로 가치value가 결정된다는 것도⋯.

12년이 넘는 세월 동안 나는 영광스럽게도 결코 쉽지 않은 자리에 앉아 있었다. 캐나다 중앙은행 총재(2008~2013) 자격으로, 또 그 뒤에는 영국 중앙은행 총재(2013~2020) 자격으로 G7의 중앙은행 총재 회의에 참석했으니까 말이다.

이 기간에 황금의 제국들이 일어나고 또 스러지는 온갖 모습을 본 나는 금융 위기를 유발했던 갈등의 원인들을 바로잡기 위해 글로벌 개혁 조치들을 이끌었다. 금융자본주의의 핵심에 녹아 있는 악성 문화를 치유하려고 노력했고, 4차 산업혁명[1]과 관련된 근본적인 도전과제들과 기후변화에서 비롯되는 존재론적인 위기들을 바로잡으려는 시도를 시작했다. 나는 엘리트 집단과 세계화, 기술 등을 바라보는 대중의 신뢰가 무너지는 것을 느꼈다. 그리고 이 도전과제들은 가치관과 관련된 어떤 공통적인 위기를 반영한다는 사실을 깨달았고, 모두를 위해서 원활하게 작동하는 경제를 구축하려면 근본적인 변화들이 필요하다는 사실을 확신하게 되었다.

위기에 대응할 때마다 대응책이 미봉책이 되지 않도록 하기 위해 한 걸음 뒤로 물러나서 근본적인 문제를 보려고 했는데, 그때마다 동일하면서도 한층 더 깊은 쟁점이 내 앞에 나타나곤 했다. 가치란 무엇일까? 가치를 무엇이 또 어떻게 떠받칠까? 어떤 가치관이 가치를 지탱할까? 가치를 평가하는 행위가 우리가 가질 가치관의 틀framework을 형성할 수 있을까? 또 그 행위가 우리가 하는 여러 선택을 구속할 수 있을까? 시장에 대한 가치평가가 우리 사회의 가치관에는 어떤 영향을 줄까? 우리가 가진 전망이 협소하다는 사실, 즉 우리가 가진 관점이 빈곤하다는 것은 우리의 총체적인 후생복지에 정말 중요한 어떤 것을 우리가 과소평가한다는 뜻일까?

바로 이런 질문들에 대한 답을 이 책은 찾아 나선다. "모든 것의 가격은 알면서도 그 어떤 것의 가치도 알지 못한다"는 시인 오스카 와일드의 경구가 어떻게 우리 사회에서 현실화되고 말았는지 탐구할 것이다. 또한 시장에 대한 믿음을 불가침의 진리 수준으로 드높임으로써 시장 경제에서 시장 사회로 바뀌는 일이 어떻게 발생했는지 탐구할 것이다. 그리하여 어떻게 하면 이것을 다시 되돌릴 수 있을지 탐구할 것이다.

많은 점에서 이 책은, 벌써 여러 해 전의 어느 여름에 제기되었던 어떤 질문에 대한 뒤늦은 답변이라고 할 수 있다. 정책 입안자들, 기업가들, 학자들, 노동계 지도자들 그리고 자선단체 활동가들이 바티칸에 모여서 시장 체계의 미래를 논의하던 자리에서 그 질문은 제기되었다.

그 자리에서 프란치스코 교황이 우리와 함께 점심을 먹으면서 우화 하나를 들려줬는데, 그 이야기에 우리는 모두 깜짝 놀랐다.

우리가 하는 식사에는 와인을 곁들입니다. 와인에는 많은 것이 포함되지요. 우선 향미가 있습니다. 색이 있고, 요리를 보완해주는 풍성한 맛이 있습니다. 또 알코올이 있습니다. 우리의 정신이 살아 있도록 해주는 알코올 말입니다. 와인은 우리가 가진 모든 감각을 풍부하게 해줍니다.

그리고 식사 마지막에는 그라파＊포도로 만드는 독한 술를 마실 겁니다. 그런데 그라파는 한 가지뿐입니다. 알코올뿐이죠. 그라파는 와인을 증류한 것입니다.

교황은 그 뒤에 이렇게 말했다.

인간성에는 많은 것이 포함됩니다. 열정, 호기심, 이성, 이타주의, 창의성, 이기심⋯

그러나 시장에는 단 하나, 이기심만 있습니다. 시장은 인간성을 증류한 것이지요.

그런 다음에 교황은 우리에게 어렵고도 무거운 과제를 제시했다.

여러분이 할 일은 그라파를 다시 와인으로 돌려놓는 것, 시장을 다시 인간성으로 돌려놓는 것입니다.

이건 신학의 문제가 아닙니다. 현실의 문제이고, 진리의 문제입니다.

이 책은 민간 부문 및 공공 정책 부문에서 겪은 나의 경험을 토대로 가치와 가치관 사이의 관계를 탐구한다. 가치와 가치관이 서로의 틀을 어떻게 형성하는지 연구하며, 또 그렇게 함으로써 우리의 삶과 정체성, 가능성을 어떻게 결정할 수 있을지 궁리한다. 또한 이런 역할을 인식하고 난 다음에는 그라파를 와인으로 돌려놓을 수 있는 방법을 찾아본다.

이 책은 3부로 구성된다. 1부는 가치의 다양한 개념들과 이들의 정치철학적 뿌리를, 보다 더 최근으로 좁혀서 말하면 경제 이론과 금융 관행에 닿아 있는 뿌리를 살핀다. 여기에서는 예술에서 환경까지 이르는 일련의 가치평가 역설 ＊ 예컨대 특정 재화의 가치가 해당 시대의 가치관에 따라서 달라지는 것들을 동원해서, 시장에 대한 가치평가와 사회의 가치관이 잠재적으로 단절되어 있음을 증명한다.

가치관과 가치는 서로 관련이 있지만 뚜렷하게 다른 개념이다. 가장 일반적으로 말하자면, 가치관은 우리 행동의 여러 가지 원리나 기준을 드러내며 삶에서 무엇이 중요한지 판단해준다. 완전성, 공정성, 친절함, 탁월함, 지속가능성, 열정, 이성 등이 여기에 포함된다. 이에 비해서 가치는 간직할 만한 소중한 것이다. 어떤 것에 내포된 중요성 혹은 효용성을 말한다. 가치와 가치관 모두 판단이 전제된 개념인데, 바로 그 지점에서 문제가 나타난다.

어떤 것의 가치 혹은 어떤 행동이나 어떤 사람의 가치가 그것 혹은 그 사람에 내포된 금전적인 가치, 구체적으로 말하면 시장에서 결정되는 금전적인 가치와 동일시되는 경향이 점점 강해지고 있다. 매매의 논리가 더는 물질적인 재화에만 한정되지 않고, 보건 자원의 할당에서 교육과 치안 그리고 환경보호 관련 자원의 할당에 이르기까지 점점 더 많은 영역에서 우리의 삶 전체를 지배한다.

우리가 특정한 재화와 서비스를 매매할 수 있다고 결정한다면 그것들이 상품으로, 즉 이윤과 사용의 도구로 취급될 수 있다고 결정하는 셈이 된다. 그리고 이때 우리는 사회의 가치관이 그 과정에서도 여전히 변하지 않을 것이라고, 적어도 암묵적으로는 생각한다. 그러나 1부의 내용이 보여주듯이 모든 것이 상대적일 때 변하지 않는 것은 없다.

가치와 가치관 사이의 관계를 자세하게 드러내기 위해서 3장과 4장에서는 우리가 가치를 측정하려고 화폐를 어떻게 사용하는지 그리고 무엇이 화폐에 그 가치를 부여하는지 설명한다. 과거에는 금이 화폐를 보증했지만 지금은 중앙은행과 같은 기관이 비공식적으로 화폐를 보증한다.

여기에서는 이런 명목화폐fiat money *법정화폐. 지폐나 보조화폐 등과 같이 물건이 가진 실질적 가치와는 관계없이 표시된 화폐 단위로 통용되는 화폐. 쉽게 말하면 정부가 가치를 보증하는 화폐이다의 가치가 어떻게 해서 신뢰와 진실성 그리고 투명성이라는 내재적인 가치(내재가치, 본질적인 가치)들을 근거로 하게 되었는지 드러낸다. 그리고 5장은 암호화폐가 중앙집중적 권위에서 비롯한 불신 문제를 해소할 해결책이 될 수 있을지 알아보고, 소셜미디어에서 (그리고 또 감시 국가 안에서) 쌓은 신뢰 점수가 어떻게 사회적 자본을 화폐로 정할 수 있을지 등을 포함해서 돈의 미래에 대해 우리가 가질 수 있는 핵심적인 여러 가지 의문을 살펴본다.

6장은 우리의 가장 큰 도전과제는 시장 근본주의에 대한 우리의 가치관이 협소해진 것에 있음을 보여준다. 그리고 이 문제가 자본주의의 배타적 성장과 표퓰리즘의 횡행에 어떻게 기여하는지 설명한다. 특히, 극단으로 치닫는 경향이 있는 이념의 특성상 시장의 힘에 대한 믿음이 신앙의 영역으로 들어갈 때 자본주의 역시 절제를 잃어버린다고 주장한다. 금융위기를 맞이하기 전의 수십 년 동안에 시장 근본주의가 경제와 관련한 발상들을 지배하면서 사회적 행동의 한 가지 유형으로 자리 잡았다는 사실도 지적한다.

요컨대 우리는 현재 시장 경제에서 벗어나서 시장 사회로 이전했으며, 이런 상황이 우리의 기본적인 사회적 계약 내용인 모든 세대가 소득의 상대적 평등과 기회, 공정성의 상대적 평등을 누려야 한다는 가치관을 훼손하고 있다는 말이다.

2부는 21세기에 가장 두드러지게 나타났던 세 개의 위기를 살펴본다. 신용 위기와 코로나 위기 그리고 기후 위기이다.

각각의 경우에서 내재적인 원인들을 살펴보고 정책 대응들을 묘사한다. 이 책은 이 위기들이 동일한 가치관의 위기에서 비롯했다고 주장한다. 또 우리가 가치관과 가치의 관계를 재정립하는 것으로 이에 대응해서, 개인과 기업가, 투자자 그리고 국가를 위한 전략들의 토대를 마련해야 한다고 주장한다.

7장에서 보듯이 시장 근본주의는 규제를 최소화함으로써 글로벌 신용 위기에 직접적으로 기여했다. 최소한의 규제light-touch regulation라는 이 접근법은 거품은 포착할 수 없다는 잘못된 믿음과 새로운 시대에 대한 잘못된 확신에서 나온 것이었다. 당국자들과 시장 참여자들은 "이번에는 다를 거야"와 "시장은 언제나 옳아"와 "시장은 도덕적이야"라는 금융의 세 가지 거짓말에 홀려버렸다.

우리는 사회적 자본을 강화하지 않고 소비해버렸다. 은행들은 덩치가 너무 크므로 망하지 않을 것이라고, 즉 대마불사大馬不死, too big to fail라고 다들 생각했다. 이 은행들은 "동전의 앞면이 나오면 내가 이기고 뒷면이 나오면 네가 진다"는 속임수로 거품을 키우는 방식으로 운영했다. 주식 시장들은 개인투자자들보다는 기술적으로 우월한 기관투자자들을 노골적으로 선호했다. 해당 시스템에 책임감을 느끼는 시장 참여자들이 너무 적었기 때문에 불법행위가 제지되지 않고 활개를 쳤으며, 나중에는 불법행위가 오히려 정상적인 행동으로 여겨졌다.

이런 환경에서 수단과 목적은 너무도 쉽게 하나로 뒤섞인다. 가치는 추상적이고 상대적이 되며, 군중의 쏠림은 개인의 진실성을 압도한다. 그 결과 사람들은 위험과 보상을 불공정하게 공유하게 되는데, 그 바람에 불평등은 한층 더 넓어지고 금융이 의존하는 사회 구조의 긴밀성은 침식된다.

8장은 한층 더 안전·단순·공정한 금융 시스템을 만들겠다는 일념으로 G20의 여러 시도와 노력을 이끌었던 나의 경험을 소개한다. 이 장에서는 사회적 자본을 재구축하기 위한 금융 개혁을 수행하려면 자유시장＊시장 활동에 대한 국가의 간섭이 배제된, 즉 개인의 경제 활동 자유가 최대한으로 보장된 시장 자본주의(제도를 희생하더라도 개인을 우선시한다)와 사회적 자본(개인에게 제도에 대한 책임감을 요구한다) 사이의 긴장을 균형 있게 유지해야 한다고 주장한다. 다른 말로 하면 자아의식에는 반드시 연대의식이 뒤따라야 한다는 말이다.

9장은 보건과 경제 분야에서 오늘날의 전 세계 사람들이 난생처음 경험하는 깊은 그늘을 드리운 코로나19의 원인과 전개 양상을 묘사한다. 코로나19는 놀라운 속도의 감염력과 독성으로 글로벌 팬데믹으로 확산되었는데, 이것은 오늘날의 세계가 긴밀하게 연결되어 있는 것과 깊이 연관되어 있다. 코로나19가 팬데믹에 이르게 된 것은 우리가 이 사태의 심각성을 파악하지 못하고 미처 적절하게 준비하지 못한 탓이다. 이렇게 되기 전에 이미 온갖 경고가 있었음에도 불구하고 말이다. 회복력에 대해서 우리는 지금까지 너무도 오랫동안 과소평가를 해왔으며, 그 바람에 가장 무거운 대가를 치를 수밖에 없는 처지가 되어버렸다. 팬데믹이 가져다준 경제적 충격은 깊은 불황과 어마어마한 일자리 소멸로 이어졌다. 지금은 현재가 미래에 만연할 우리 사회 불평등의 골을 한층 더 깊게 만들 것이라고 위협하는 형국이다.

10장에서는 이런 여러 비극적인 상황에도 불구하고 이 위기는 가치와 가치관 사이의 인과관계를 역전하는 데 도움이 될 수 있음을 예견하고 그 이유를 설명한다. 일반적으로 지금까지 사회는 내적이거나 외적인 압박을 받을 때 보건 문제를 가장 우선적인 문제로 설정하고, 그다음에 경제적인 결과를 바로잡으려고 노력해왔다. 우리는 공리주의자나 자유주의자가 아니라 존 롤스John Rawls * 미국의 정치철학자 존 롤스는 자유와 평등의 조화를 추구하면서 총량 위주의 공리주의에 대해 반론을 제기하는 평등주의적 자유주의를 주장했다나 공동체주의자처럼 행동해왔다. 인간 생명의 통계적 가치Value of a Statistical Life, VSL를 숫자로 계산하는 데 푹 절어 있는 비용편익분석cost-benefit analysis들은 다행히도 기각되어왔던 반면에, 경제적 활력의 가치와 효율성의 가치에 연대, 공정성, 의무(책임성) 그리고 공감 등의 가치들을 덧붙여왔다.

우리는 순이익이 어디에서 창출되는가 하는 순전히 경제적인 차원의 냉정함이 아니라 바로 이런 여러 가치에서 비롯되는 목적들을 위기에 대응하는 토대로 삼아야 한다. 이것이야말로 한층 더 나은 세상을 만드는 열쇠가 될 것이다. 이것은 얼마든지 실현할 수 있는 전망이다. 그런 획기적 사건들에 대한 우리의 역사적 경험이 제한적이긴 하지만, 앞으로는 사회가 추구하는 열망이 성장률만이 아니라 사회가 나아가는 방향과 사회의 질에도 초점을 맞출 것이다. 보건의료 위기의 여파 속에서 앞으로는 사회적 지원 및 보건의료 서비스의 질과 대상 범위가 개선되어야 한다는 요구, 또 온갖 꼬리위험tail risk * 거대한 일회성 사건이 발생할 가능성은 극히 낮지만, 일단 발생하게 되면 엄청난 영향을 줄 수 있는 위험을 가리키는 통계학 용어을 관리하는 일에 한층 더 많은 관심을 기울여야 한다는 요구, 그리고 과학 전문가들이 하는 조언에 귀를 훨씬 더 많이 기울여야 한다는 대중적인 요구가 커질 게 분명하다.

기후 위기에 어떻게 대처할 것인가 하는 문제는 이런 새로운 가치들, 즉 가치관을 검증하는 자리가 될 것이다. 어쨌거나 기후변화는 ①그 어떤 나라도 저 혼자 따로 놀 수 없는 전 지구적 차원의 문제이며 ②과학계에서 예측하기로는 당장 내일이라도 나타날 수 있는 중심적인 위험(리스크)이고 ③우리가 선제적으로 또 모두 연대해서 행동할 때만 해결할 수 있는 문제이기 때문이다.

기후변화는 세대 간 형평에 대한 궁극적인 배신이다. 기후변화는 미래 세대에 비용을 부담시키는데, 현재 세대로서는 이 문제를 해결한다고 해봐야 직접적으로 받을 혜택이 없기 때문이다. 11장과 12장에서 설명하듯이, 우리는 '시간 지평의 비극tragedy of the horizon'에 맞닥뜨렸다. 기후변화는 장기적으로 대처해야 하는 인류 생존의 문제이지만, 대부분의 기업, 투자자, 정치인, 그리고 중앙은행이 가지고 있는 전통적인 관점으로 바라볼 때는 기후변화가 초래할 재앙적인 충격을 도저히 느끼지 못하고 있다. 따라서 그들은 적극적으로 나서지 않고 있다. 즉 기후변화의 물리적인 효과가 의사결정권자들의 정신을 번쩍 들게 만드는 순간에는 이미 그 재앙을 막기에는 너무 늦어버려서 더는 손을 쓸 수도 없을 것이라는 말이다.

금융 위기와 마찬가지로 시간 지평의 비극은 가치평가와 가치관의 위기를 반영한다. 세계적인 기업 아마존과 지구의 허파로 불리는 브라질의 아마존 지역의 가치가 각각 어떻게 평가되는지 비교해보자. 예컨대 기업 아마존의 시가총액을 대충 어림잡아서 1조 5,000억 달러라고 친다면, 이것은 이 기업이 앞으로 매우 긴 세월 동안 매우 높은 수익성을 기록할 것이라고 시장이 판단한다는 의미이다. 이에 비해서 아마존의 열대우림은 그 우림이 파괴되어서 콩을 재배하거나 가축을 키우는 농장이 들어서야만 비로소 시장가치를 가진다. 즉 열대우림 파괴에 따라서 발생하는 기후 및 생물 다양성 관련 비용은 회계원장에 아예 기입조차 되지 않는다는 말이다.

11장은 기후 정책과 신기술 그리고 점점 커져만 가는 물리적 위험 등의 측면에서 어떤 변화가 있을 때 사실상 모든 금융자산에 대한 재평가가 어떤 식으로 촉진될 것인지 살펴본다. 탄소중립 ＊기업 활동에서 발생하는 이산화탄소를 최대한 줄이며 부득이하게 발생하는 이산화탄소를 흡수하는 대책을 세워서 궁극적으로 이산화탄소의 발생을 '0'으로 만든다는 개념 경제로의 이행에 맞춰서 모든 사업 모델을 조정하는 기업들은 보상을 받겠지만, 이 적응에 실패한 기업은 도태될 것이다. 기후 위기에 대처하려면 모든 분야에서 혁신이 필요한데, 기후변화를 다루는 12장에서는 시장을 기후변화 해법의 한 부분으로 삼기 위해 금융 시스템을 재정비하는 방법을 구체적으로 살펴본다. 기후 관련 금융 정보가 포괄적으로 공개되며, 금융권이 기후 관련 위험 관리를 적극적으로 수행하는 방향으로 전환하고, 지속가능한 투자가 투자의 주류로 자리를 잡을 때야 비로소 금융과 관련한 모든 결정이 기후변화를 고려한다고 말할 수 있을 것이다.

이 새로운 지속가능한 금융은, 탄소중립을 실현하는 데 도움이 되는 민간 부문의 혁신과 정부 차원의 공격적인 행동과 시너지를 낼 수 있다. 이 목표가 중요하다는 점은 아무리 강조해도 지나치지 않다. 우리가 해결해야 할 과제는 크지만 기회의 창문은 짧게만 열리며, 또 우리가 감당해야 하는 위험은 우리의 존재 자체를 위협할 만큼 크다. 우리 경제가 가치를 어떻게 개념화할 것인가 하는 점이 줄곧 방해물로 남아 있다.

기후 위기와 코로나 위기는 모두 다음 세 가지가 중요하다는 사실을 입증한다. 첫 번째는 공동의 목표들을 둘러싼 합의(컨센서스)를 사회가 강화하는 것이다. 두 번째는 공동의 목표들을 달성하는 방법을 시장의 활력(혹은 생태계)이 스스로 결정하게 만드는 것이다. 세 번째는 현재의 금융 가치들을 시장에서 책정된 가격으로 최적화하는 것이다.

3부에서는 지금까지 언급한 세 가지 위기에 대한 대응을 마련하는 차원에서 정치 지도자들, 기업들, 투자자들 그리고 각 국가가 대응해야 할 공동 주제들을 이끌어내고 또 각각이 실행할 행동 계획을 모색한다. 그리고 결론으로 규칙 기반의 국제 질서가 붕괴한 상황에서 전 세계의 공동 문제들을 관리해나갈 플랫폼 기반의 새로운 접근법인 '초超가치' * 이 용어는 독자의 이해를 돕기 위해 번역 및 편집 과정에서 정리한 것이다를 추구하는 방법을 제시한다.

포용적인 사회적 계약을 다시 설정하려면 경제적인 삶에서 가치관과 믿음이 차지하는 중요성을 인식하는 것이 꼭 필요하다. 애덤 스미스(1759년에 출간한 『도덕감정론』)부터 프리드리히 하이에크(1960년에 출간한 『자유헌정론』)에 이르는 경제·정치 철학자들은 믿음이 내재적인 사회적 자본의 한 부분이며, 이것이 사회 체제에 공짜 시장을 제공한다고 이미 오래전부터 강조했다. 우리가 경험한 세 가지 위기에 비추어볼 때 성공적인 경제를 지탱하는 공통적인 가치관과 믿음은 다음과 같다.

- **역동성**dynamism: 해법을 만들고 인간적인 창의성이 흘러넘치도록 돕는다.
- **회복력**resilience: 충격에서 쉽게 회복하게 해주며 사회에서 취약한 부분을 보호한다.
- **지속가능성**sustainability: 세대를 초월하는 인센티브를 가지고 장기적인 전망을 가지게 한다.
- **공정성**fairness: 특히 시장에서 시장의 정당성(적법성)이 유지되게 한다.
- **의무**responsibility: 각 개인이 자신이 하는 행동에 책임감을 느끼게 한다.
- **연대**solidarity: 개별적인 시민이 다른 사람들에 대해서 자신이 져야 하는 의무를 깨닫고 사회구성원으로서의 공동체 의식을 공유하게 한다.
- **겸손함**humility: 자신이 가진 지식과 이해력과 힘의 한계를 인정함으로써 공익(공동선)을 개선할 방책을 찾는 일꾼처럼 행동하게 한다.

이런 믿음과 가치관은 고정된 게 아니다. 한층 더 풍성해지고 다듬어질 필요가 있다. 어떤 혁명이든 희생이 필요하게 마련인데, 제어되지 않는 시장 근본주의는 자본주의의 장기적인 활력에 반드시 필요한 사회적 자본까지 집어삼킨다. 사회적 자본은 개인들, 기업들, 투자자들, 국가들 사이에서 어떤 목적의식이나 공동의 가치관을 필요로 하지만, 시장이 제멋대로만 돌아간다면 그 어떤 시장도 굳이 사회적 자본을 구축해야 하는 동기를 찾지 못한다. 가치관은 운동을 통해 성장하는 근육과도 같다. 그러므로 이 책은 공익의 본질적인 여러 사회적인 토대를 인식하고 또 강화하는 방법을 알아내는 것이 얼마나 시급한지에 대해서 관심을 촉구한다.

리더십을 다루는 13장에서는 전 세계 지도자들이 사회 변화의 촉매자 역할을 하고 동료들이 자기 잠재력을 깨닫도록 도우며 또 그들이 자기 과제를 수행할 조직을 만들도록 장려하는 데 필요한 특성들과 행동들을 살핀다. 지도자가 자신의 계획이 가장 효과적일 수 있도록 자신감과 믿음을 가지려면 반드시 그 일에 몰두하고 그 일을 사람들에게 설명해야 하며 자신의 감정을 드러내야 한다. 지도자는 자신이 옳은지 끊임없이 확인해야 하며, 자신이 속한 조직의 영향력을 극대화하기 위해 자기 조직의 목적에 충실해야 한다. 물론 이 목적은 고객과 동료 그리고 공동체가 추구하는 것들을 토대로 하는 것이어야 한다. 위대한 리더십은 효과적인 것만으로는 부족하다. 윤리적이어야 하며, 실천을 통해서 가치와 가치관을 동시에 구축해야 한다.

14장에서는 목적의식적인 기업이 가치를 창조하는 방식에 초점을 맞춰서 살펴본다. 우선 기업의 목적과 (기업의 관점과 사회의 관점에서 모두 유효한) 장기적인 가치 창조, 즉 활력 사이의 조정 사례를 검토한다. 그다음에는 목적의식적인 기업이 이 기업과 관련된 모든 사람에게 편익을 제공할 수 있도록 만드는 다양한 전략들을 살펴본다. 기업의 진정한 목적은 (기업이 책임성을 가지고서 적극적으로 대응하는 고용주가 됨으로써) 직원을 포함한 주주들과의 관계 강화를 추구하고, (기업이 공급망을 구축·유지하는 과정에서 정직하고 공정하며 지속적인 관계를 유지함으로써) 협력업체들과 고객들과의 관계 강화를 추구하며, 그리고 (기업이 사회에 온전하게 기여하는 훌륭한 기업 시민의 역할을 다함으로써) 공동체와의 관계 강화를 추구하는 데 있다. 기업의 목적은 지역과 국가 그리고 국가를 넘어서는 차원의 연대를 추구하는 일을 포함하며, 또 세대를 초월하는 지속가능성이 무엇보다도 중요하게 필요함을 인정한다. 목적의식적인 기업은 한층 더 폭넓은 관심사들을 공동의 목적에 결합함으로써 한층 더 큰 영향력과 활력과 수익성을 누릴 수 있다.

15장은 투자자들이 어떻게 하면 이런 주도적 계획을 강화하면서도 동시에 그에 따른 보상을 받을 수 있는지 개관한다. 가치와 가치관 사이의 균형을 새로 잡는 데서 결정적으로 중요한 요소는, 관련된 주체들의 가치 창조를 측정하는 문제에 기업들이 포용적이면서도 투명한 여러 접근법을 개발하고 실행하는 것이 아닐까 싶다. 15장에서는 또 지속가능한 가치와 경제적 가치, 즉 이 두 개의 가치 원천들과 투자자들이 이 둘을 모두 극대화하기 위해서 추구할 수 있는 전략들 사이의 역동적인 관계를 가장 잘 측정하는 방법을 보여준다.

오늘날 지속가능한 투자는 시장의 가치와 사회의 가치가 보조를 맞추게 만드는 근본적인 도구로 발전하고 있다. 이것은 직장 내의 다양성workplace diversity부터 지속가능발전목표Sustainable Development Goals, SDGs에 이르기까지, 사회가 소중하게 여기는 것을 따지는 측정 수단을 개선하고 있다. 지속가능한 투자는 기업들이 최고의 인재를 끌어들이고 보유하며 회복력을 높이고 효율성을 개선하며 이해관계자들＊주주뿐 아니라 협력업체, 직원, 고객, 지역사회, 정부 등 해당 경제 활동에 이해관계가 얽혀 있는 집단을 말한다과 조화를 이루고 사회적 허가social licence를 유지하도록 도움을 줌으로써, 여러 통로를 통해서 주주 가치를 높이는 목적으로 배치되고 활용된다. 기후변화와 같은 다양한 사회적 요구를 수익성 높은 특정한 사업 모델로 해결하려고 접근할 때, 우리가 맞닥뜨리는 가장 뿌리 깊은 문제들 가운데 많은 것들을 해결할 수 있는 각각의 해결책이 가시적으로 눈에 들어올 것이며, 또한 어쩌면 그 과정에서 해결책이 자동적으로 나타날 수도 있다.

이 책에서 다루는 많은 정책 가닥은, 많은 나라가 모든 사람을 위한 가치를 구축할 어떤 준거 틀을 개발한다는 차원에서 16장에서 하나로 엮인다. 이 틀은 강력한 기관들이라는 기존의 기반과 물리적·인적 자본 투자를 토대로 구축된다. 인공지능부터 생명공학에 이르는 신기술들이 가져올 엄청난 변화들을 전제로 할 때 의무적인 노동자 교육, 보편적인 역량 개발, 모든 이해관계자 집단이 가지는 권리의 균형, 기업 사회enterprise society 촉진을 위한 인센티브들 그리고 중소기업을 위한 자유무역 등도 강조되어야 한다.

국가 전략들은 기존 시장들이 한층 더 잘 돌아가도록 만들어야 하고 또 새로운 시장들도 만들어야 한다. 그러나 시장에 대한 접근만으로는 우리가 당면한 가장 어려운 문제들을 풀지 못한다. 우리에게는 목표와 목적을 규정하는, 즉 우리의 가치관을 설정하는 정치적인 과정들이 필요하다. 그런 다음에야 비로소 우리는, 과제 지향적인 자본주의의 한 형태 속에서 해결책을 발견하고 운용하는 데 도움이 되는 방향으로 시장에 접근할 수 있다. 그러나 나중에도 살펴보겠지만, 우리가 안고 있는 몇몇 문제가 사회의 시장화 때문에 생겼음을 염두에 둔다면 시장이 모든 질문에 대한 해답이 될 수는 없다는 것을 알 수 있다.

국가는 꼭 필요한 경제적 역할을 수행한다. 그러나 국가는 시장들의 총체 혹은 거래의 교섭자 역할을 하는 것에 그치지 않고 그 이상의 역할을 한다. 국가는 기회의 평등, 자유, 공정성, 연대, 지속가능성 등과 같은 집단적인 여러 이상을 구현한다. 우리는 탄소중립 경제로의 이행, 코로나 팬데믹과의 투쟁, 보편적인 기술 역량 훈련 등과 같은 국가적인 목표에 대한 합의를 구축해야 한다. 그래야만 모든 사람이 4차 산업혁명에 뒤따르는 혜택을 누릴 수 있다. 우리는 모든 사람이 혜택을 누리도록 공익에 기여하는 방식으로 앞서 말한 목표들을 달성하려고 노력해야 한다.

국가적 가치관에 대한 한층 더 깊은 인식은 한층 더 집중적이고 건설적인 국제적 약속으로 이어질 수 있다. 가치를 기반으로 한 접근법을 채택할 때 우리는 한층 더 포용적이고 회복력이 있으며 지속가능한 세계화를 이룩할 수 있다. 비록 우리가 전 세계의 모든 나라 모든 사람에게 구속력이 있는 어떤 규칙에 합의해서 당면한 과제들을 해결하러 나설 수는 없지만, 다자주의multi-lateralism * 다국간주의. 일반적으로는 3개국 이상의 국가 간에 존재하는 일정의 원리 또는 원칙에 따른 협조적인 관계가 여전히 강력한 힘을 발휘할 수 있다. 16장은 국제 공동체가 금융 위기에 대응하고 (우리가 당면한 문제들의 복잡성, 그리고 자주권 및 결과에 대한 사람들의 요구, 이 둘과 한층 더 잘 양립할 수 있는) 협력적인 국제주의의 한 형태를 만들면서 보여주었던 여러 교훈을 토대로, 우리가 어떻게 하면 한 걸음 더 나아갈 수 있을지 보여준다.

중요한 것을 소중하게 평가하는 사회 속에서 인간성을 회복하려면

이 책을 관통하는 주제는 우리가 그토록 많은 것을 만들어내고 또 그토록 많은 해법을 만들어내는 시장 시스템을 고정불변의 당연한 것으로 받아들일 수 없다는 것이다. 시장은 사회의 발전에 그리고 우리에게 가장 긴급한 문제들을 해결할 방책을 찾는 데 꼭 필요한 요소이다. 그러나 시장은 진공 속에 존재하지 않는다. 시장은 사회적인 것이며, 이것의 효과성은 부분적으로는 국가가 정한 규칙에 또 부분적으로는 사회의 가치관에 따라서 결정된다. 그런데 만일 우리가 시장을 예의주시하지 않고 그냥 내버려두기만 한다면, 시장은 그 가치관을 좀먹고 만다. 우리는 시장이 제대로 잘 작동하도록 사회적 자본을 재구축하는 데 집중해야 한다. 이렇게 하려면 개인과 기업은 시장 시스템을 위해서 연대감과 책임감을 회복해야 한다. 한층 더 폭넓게 말하면, 사회의 가치관에 대한 평가를 새롭게 하고 '초超가치'를 지향함으로써 우리는 번영의 여러 플랫폼을 만들 수 있다.

　　민간 및 공공 부문에서 내가 했던 경험은 프란치스코 교황이 들려줬던 우화와 궤를 함께한다. 시장에서의 가치가 점점 더 사회의 가치관을 결정하고 있다. 우리는 지금 "모든 것의 가격은 알면서도 그 어떤 것의 가치도 알지 못한다"는 오스카 와일드의 경구대로 살고 있다. 즉 우리는 지금 우리 사회에 그리고 미래 세대들과 지구에 이루 말할 수 없는 비용을 전가하면서 살고 있다는 말이다.

이 책을 통해서 나는, 우리가 일단 이런 역학을 인식하기만 하면 얼마든지 그라파를 와인으로 되돌려놓을 수 있으며 또 시장의 가치가 인간성의 가치관에 복무하도록 되돌려놓을 수 있다고 주장할 것이다.

차례

1부 | 시장 사회의 등장

2부 가치 혹은 가치관의 세 가지 위기

3부 초가치를 지향하며

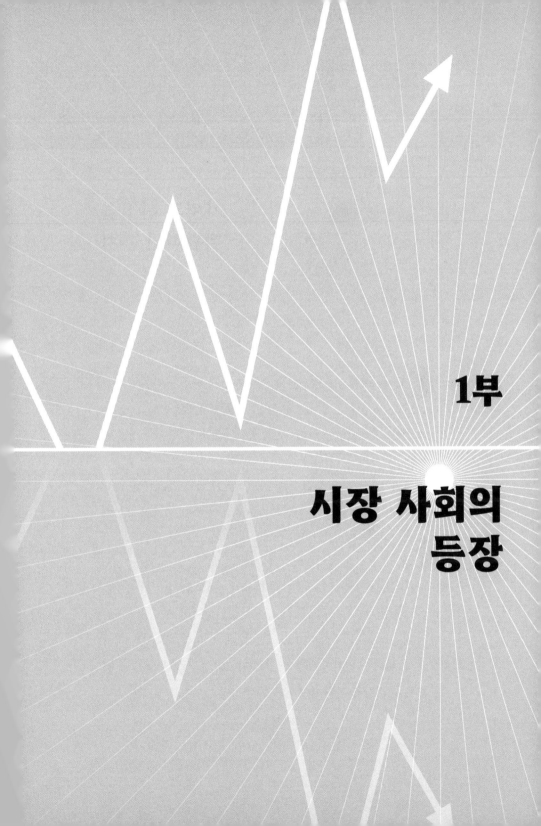

1부

시장 사회의
등장

1장

가치의 관점들
- 객관적인 가치

다음과 같은 가치의 역설들을 살펴보자. 플라톤부터 애덤 스미스에 이르는 위대한 인물들은 생명에 꼭 필요한 물은 사실상 무료인데 아름답다는 것 말고는 별다른 쓸모도 없는 다이아몬드가 그토록 비싼 이유에 대해 곰곰이 생각했다.

코로나 위기가 진행되는 동안에 공공 서비스의 가치 그리고 전 세계의 보건 부문 종사자들이 보여준 헌신과 영웅주의의 놀라운 가치가 높이 추앙받았다. 박수와 찬사가 집집마다 터지고 또 이런 소리가 사람들의 사기를 높여줄 때, 이 분야 노동자들이 받는 임금은 (이 임금은 그들이 긴 출퇴근 시간을 마다하지 않고 위험한 대중교통을 이용해서 출퇴근하게 만드는 것이다) 사회에 대한 그들의 한계공헌marginal contribution을 반영한다는 경제학자들이 했던 주장을 떠올린 사람은 별로 없었다. 대신, 몇몇 가치들은 가격으로 책정될 수 없다는 인식이 한동안 있었다. 그러나 사람의 목숨이 가지는 가치를 출구 전략을 위한 봉쇄 조치(락다운)에 들어가는 경제 비용에 비유하는 평가들이 나타났다.[1]

금융 시장들이 아마존을 세계에서 가장 가치 있는 기업으로 평가하는 반면에, 아마존 열대우림의 광대한 지역은 열대림이 제거되어 농장으로 탈바꿈을 한 뒤에야 비로소 그만큼의 가치를 평가받는 이유가 뭘까? 지금 진행되고 있는 제6차 대규모 멸종 속에서 영원히 사라지는 종들의 가치는 도대체 누가 계산할 수 있을까?

가치는 가치를 평가받기 위해서 가격이 매겨져야 할까? 아니면 가격은 필요없을까? 이를 알아보기 위해서 우선 가치의 개념들부터 살펴보자.

◆ ◆ ◆

가치의 여러 개념은 철학에 뿌리를 두고 있는데, 보다 최근에는 (그리고 구체적으로는) 경제금융 이론에 뿌리를 두고 있다.

가치와 가치관은 서로 관련이 있지만 뚜렷하게 다르다. 가장 일반적으로 말하자면, 가치관은 행동의 여러 원리나 기준을 드러낸다. 이것은 삶에서 무엇이 중요한지 판단하며, 어떤 행동이 가장 바람직한지, 즉 어떤 삶의 방식이 가장 바람직한지 결정한다. (이 분야는 규범윤리학이라 불리는 범주이다.) 가치관의 사례로는 완전성, 공정성, 친절함, 의무(책임성), 지속가능성, 우아함, 이성, 열정 등이 있다.

이에 비해서 가치는, 어떤 것에 내포된 중요성 혹은 효용성을 보고 판단하건대 간직함 직한 소중한 어떤 것이다. 가치를 평가한다는 동사는 "어떤 사람 혹은 어떤 사물이 중요하거나 유익한지, 고귀한 어떤 의견을 가지고 있는지 살핀다." 혹은 "어떤 것의 금전적인 가치를 추정한다"는 뜻이다.[2] 가치는 반드시 늘 일정하지 않고 특정한 시간이나 상황에 따라서 달라진다. 셰익스피어의 희곡 「리처드 3세」에서 전투 중 패배가 눈앞에 닥친 순간에 "말 한 마리만 다오, 나에게 말 한 마리만 준다면 내 왕국을 주겠다!"고 처절하게 외쳤던 리처드 3세의 대사를 생각해보라. 혹은 코로나 팬데믹 가운데에서 꼭 필요한 일상 활동과 보건 분야에 종사하는 노동자들에게 사람들이 매겼던 가치를 생각해보라.

이런 사례들은 어떤 재화와 서비스의 경제적 가치는 일반적으로[3] 상대적인 것으로 묘사됨을 강조한다. 즉 자신이 바라는 조건이나 상품의 '얼마나 많은 부분'이 다른 것과 교환될 수 있을까 하는 문제이다. 금융 용어로 말하면 이른바 '교환가치exchange value'이다.

어떤 것을 금전적으로 추산할 때, 그것이 가진 가치 더 나아가 사회가 가지는 가치관과 동일시하는 경향이 점점 보편화되고 있다. 가치에 대한 객관적인 이론(혹은 가격이론)은 (이 이론을 둘러싸고 한때 많은 논란이 있었다) 지금 경제 교육 현장에서 거의 아무런 반박도 받지 않은 채 당연하게 통용되며, 또 사회의 한층 더 깊은 가치관을 결정하기까지 한다. 그것도 자주.

가격을 가치와 동일한 것으로 바라보는 편리함이 빚어낸 결과를 묘사하기 전에 먼저 경제 사상 속에서 가치이론의 역사가 어떻게 전개되었는지 간략하게나마 살펴보는 것이 도움이 될 것 같다.

가치의 간략한 역사

경제학에서 가장 근본적인 질문들 가운데 하나는 "어떤 재화나 서비스의 가치를 결정하는 것은 무엇인가?"이다. 19세기에서 20세기로 바뀌던 무렵에 "기술적인 언어로 말하자면 '경제 이론'은 가치이론을 의미하게 되었다."[4]

그러나 경제적인 가치이론의 대상은 무엇일까? 가치는 문학, 예술, 교육 그리고 종교에서도 다루는 주제이니까 말이다. 경제에서의 가치이론들은 재화나 서비스에는 어떤 이유로 현재와 같은 가격이 매겨지는지, 그리고 그런 가치가 정말 존재한다면 그 재화나 서비스의 정확한 가격을 계산하는 방법을 설명할 길을 찾으려 한다. 그러나 뒤에서도 살펴보겠지만, 가치를 둘러싼 경제적 발상의 범위는 폭넓게 확장해왔으며, 경제적인 발상을 경제적인 가치에 제한하려는 해당 분야의 직업적 규율은 상당한 수준으로 완화되었다.

경제적 가치에 대한 역사적인 발상의 많은 부분은 가치가 창조되는 과정에 초점을 맞추고 있으며, 당대의 사회경제적 및 기술적 여러 조건에 뿌리를 둔 제각기 다른 가치 개념들이 존재한다. 많은 가치이론이 분배의 결과를 무겁게 고려하며, '국부wealth of the nation' 증가에 초점을 맞추어서 생산적인 활동과 비생산적인 활동을 구분한다. 이런 관점에서 경제적 가치에 대한 역사적 접근들은 '우리 삶에서 중요한 것이 무엇인가?' 하는 점과 관련된 가치관을 담는다.

가치에 대한 다양한 접근들은 또한 보통 가치 창조와 가치 추출 혹은 지대 추구rent seeking * 경제 주체들이 자신의 이익을 위해 비생산적인 활동에 경쟁적으로 자원을 낭비하는 현상를 구분한다. 가치 창조는 새로운 재화나 서비스를 생산하기 위해서 제각기 다른 유형의 자원들(즉 인적 자원, 물리적 자원, 무형 자원 등)을 결합한 결과로 나타난다. 가치 추출은 "기존의 자원들이나 산출물들을 돌리거나, 그에 따른 거래를 통해서 불균형적인 이득을 얻는 것"의 산물이라고 생각할 수 있다.[5] '지대地代, rent'는 이런 활동에 따른 수익인데, 지금까지 이것은 좋게 보면 불로소득이고 나쁘게 보면 도둑질로 인식되어왔다.

생산적인 활동과 비생산적인 활동, 가치 창조와 가치 추출, 그리고 적정 수익 * '적정just'에는 '정당한'이라는 뜻도 포함되어 있다과 지대 사이의 이런 구분들은 중요하다. 왜냐하면 이런 구분들이 공공정책을 인도하며 또 성장과 복지(후생)에 영향을 주기 때문이다.

경제적 가치를 결정하는 요인들과 관련된 사상을 대표하는 두 개의 학파가 지금까지 수백 년 동안 대립해왔다. 객관적인 가치이론과 주관적인 가치이론이다.

객관적인 가치이론들에서 가치는 재화와 서비스의 생산에 의해서 결정된다. 객관적인 접근법들은 어떤 제품의 가격이 수요와 공급에 따른 결과이긴 하지만 이 제품의 내재가치는 그 제품이 생산된 방식, 그리고 그 생산이 임금과 이윤과 지대에 주는 영향에서 비롯된다고 주장한다. 객관적인 이론들에서는 가치가 생산의 속성과 연결되어 있다. 이 생산의 속성은 소요된 시간, 투입된 노동력의 질, 신기술과 작업방식이 미친 영향 등을 포함한다. 이 객관적인 이론을 주창한 사람으로는 아리스토텔레스부터 애덤 스미스와 칼 마르크스까지 이른다.

한편 주관적인 가치이론들은 교환가치(재화나 서비스가 시장에서 매매되는 가격)가 내재가치를 드러내는 방식에 훨씬 더 큰 비중을 둔다. 주관적인 이론들에서는 가치는 이것을 바라보는 사람의 눈 안에 존재한다. 즉 그것을 바라보는 사람의 선호에 따라서 또한 희소성에 따라서 가치가 결정된다. 이 접근법은 주로 윌리엄 제번스William Jevons나 앨프리드 마셜Alfred Marshall과 같은 19세기 신고전주의 경제학자들과 연결되며, 우리 시대에서도 지배적인 접근법으로 군림한다. 이 접근법은 다양한 결과를 낳았다. 특히 가격이 매겨지지 않은 것은 가치가 평가되지 않았을 뿐만 아니라 가치가 없다는 인식이 바로 그런 결과 가운데 하나이다. 모든 것에서 어떤 것의 가격은 곧 그것의 가치가 된다는 뜻이다.

초기의 객관적인 가치이론들

아리스토텔레스(기원전 384~322)를 필두로 한 그리스 철학자들은 가치의 원천은 필요성이며, 이것이 없다면 재화나 서비스의 교환은 일어나지 않을 것이라고 주장했다. 아리스토텔레스는 어떤 물건에 대한 이중적인 용도를 구분한 최초의 사상가였다. (이것은 가치와 가격을 구분한 19세기 고전주의자들이 열렬하게 받아들였던 발상이기도 하다.)[6]

> 우리가 가진 모든 것에는 용도가 두 가지 존재한다. 두 가지가 모두 하나의 물건에 속하지만, 그렇게 속하는 방식은 물건마다 다르다. 하나는 그 물건의 속성과 맞는 것이고 다른 하나는 그 속성과 맞지 않거나 부차적이기 때문이다. 예를 들어서 신발은 발에 신는 용도로 사용되지만 교환하는 용도로도 사용되는데, 이것 둘 다 신발의 용도이다.[7]

아리스토텔레스의 가치 개념은 그의 기본적인 관심사인 '정의justice'에 부수적인 것이었다. 가치는 효용(사용가치에서의 효용)의 형태를 띠며 노동으로 측정된다. 아리스토텔레스의 '공정가격just price'은, 노동의 질 차이를 고려하는 조건 아래에서, 노동이라는 측면에서 동일한 가치를 교환하는 것이었다.[8] 그는 상업이 어떻게 작용하는지 혹은 그래서 가격이 '긍정적인 가치이론 속에서' 어떻게 결정되는지 설명하려는 시도를 하지 않았다.

중세에 '교회법학자들'은 아리스토텔레스적인 선조들과 마찬가지로, 경제학을 윤리적이고 도덕적인 철학에 꼭 필요한 학문이라고 여기던 철학자이자 신학자였다. 그러므로 경제학에 대한 그들의 접근법은, 신의 은총을 받는 것을 궁극적인 목적으로 삼았던 기독교적 제도의 여러 측면을 갖춘 그들의 사회철학 체계와 분리될 수 없었다.

이런 맥락에서 가치에 대한 교회법학자적인 발상은 두 가지 측면에 초점이 맞춰졌다. 하나는 가치는 마땅히 이러저러해야 한다는 규범적인 접근법인데, 이것은 실제 시장에서 교환을 통해서 가치가 어떻게 드러나는지에 대해서는 개의치 않는다. 또 하나는 기독교적 정의와 일치하도록 가격을 설정하는 현실적인 차원의 접근법인데, 다른 말로 하면 어떻게 하면 신 앞에서 세속적인 상업을 정당화할 수 있을까 하는 것이 기본적인 관심사였다.

교회법학자들은 '공정가격'이라는 개념을 발전시켰다. 비록 이 개념의 정확한 정의는 해석에 따라서 달랐고 또 여러 해석의 정당성 여부는 교회가 판정했지만 말이다. 아리스토텔레스가 주장했던 견해와 다르지 않게 노동 비용은 중요했다. 알베르투스 마그누스Albertus Magnus(1200~1280)는 "동일한 양의 노동과 지출이 들어간" 재화들끼리 교환되어야 한다고 충고한다. 토마스 아퀴나스Thomas Aquinas(1225~1274)는 재화의 가격을 놓고 볼 때 탐욕이나 그 밖의 도덕적 해악들에서 비롯된 '잘못된 가격'과 '공정가격'을 구분해야 한다고 했다.

고리대금업보다 더 나쁜 도덕적 해악은 별로 없었다. 단테의 『신곡-지옥편Inferno』에서 고리대금업자들은 생산적인 원천(자연이나 예술)이 아니라 이자율이라는 투기적인 행위로 돈을 벌었다는 이유로 제7고리 지옥행을 선고받았다. 지대 추구 금융이 사악하다는 내용의 주제는 신고전주의 이전의 대부분 가치이론에서 뚜렷하게 나타난다.

아퀴나스는 '공정가격'의 변용을 허용하긴 했다. 하지만 범위는 한정했다. 상인이 수행하는 노동에 대한 보상 차원에서만 또 상인의 통상적인 생활 수준을 이어가기에 충분한 정도로만 허용한 것이다. 그런데 이것은 실제로 가격과 이윤에서 상당한 차이를 발생하는 것을 허용할 수밖에 없었던 양보책이었다.

아퀴나스 이후 100년이 지난 뒤에 성 안토니오St Antonino(1389~1459)는 비효용disutility이라는 개념으로 가격을 정당화했다.

어떤 사람이 자신에게 없는 어떤 물건을 필요로 할 때, 이것을 가지고 있다가 잃게 될 사람으로서는 매우 커다란 불편함을 겪게 될 것이 예상된다. 이런 상황에서 후자는 그 물건 자체에 내포된 가치가 아니라 그 물건이 자신에게 가지는 가치를 기준으로 삼아서, 즉 그 물건 자체를 보지 않고 그 물건의 상실로 자신이 감당하게 될 불편함을 기준으로 삼아서 그 물건에 한층 더 높은 가격을 매길 수 있다.[9]

성 안토니오는 이것과 비슷한 논리로 이자를 정당화했다. 어떤 사람이 어떤 금액의 돈을 자본 삼아서 사업을 하면 이득을 볼 수도 있는데, 이 이득을 포기하면서 그 돈을 다른 사람에게 빌려줄 때는 그 이득 포기분을 이자로 요구하는 것이니만큼 이자는 정당하다는 것이었다. 그러나 그는 이득 자체는 목적이 아니라 모든 활동의 궁극적인 정신적 목표를 이루기 위한 수단일 뿐이라고 일관되게 주장했다.

교회법학자들의 (혹은 이 문제와 관련해서 볼 때 그리스 철학자들의) 가치이론을 파악할 때는 그들의 가치이론들과 경제학이 훨씬 더 큰 세상의 (즉 천상의) 관점에 통합되는 측면이 어느 정도인지 깨닫는 것이 결정적으로 중요하다.[10]

그런데 우리 논의에서는 교회법학자들이 세속적인 부富보다는 사후 세상의 내용과 관련된 후생을 우선시했다고, 즉 이윤보다는 도덕적인 목적을 우선시했으며 또 경제 활동은 어디까지나 관리 차원에서 이루어져야 한다는 입장을 가졌다고 결론을 내리는 것만으로도 충분하다.[11] 이 마지막 측면과 관련해서는 그들이 기업 목적과 이해관계자 자본주의 ＊주주만이 아니라 고객, 종업원, 협력업체, 지역사회, 정부 등 이해관계자의 공익을 추구하는 자본주의라는 현대적 발상들의 토대가 되는 몇 가지 단서를 제공한다. (비록 활기가 넘치는 금융 부문이나 이윤을 창출하겠다는 세속적인 의무감이 그들에게 없긴 했지만 말이다.)

교회법학자들이 경제행위에 미치던 영향은 종교개혁의 여파와 정경 분리의 흐름 속에서 점차 약화되었다. 교회법학자들의 뒤를 이은 사람들은 중상주의자들과 중농주의자들이었는데, 이들이 지지하던 가치 체계는 모두 한층 높은 종교적 차원의 가치와 후생보다는 실제 현실의 정치 경제를 선호했다.

15세기와 16세기에 새로운 기술들과 조직 형태들이 쏟아졌고, 이런 것들이 상업 사회를 낳았다. 새로운 항해술의 등장으로 연해 무역이 성장했으며, 농업은 봉건적 특성을 잃어가기 시작했고, 경제는 공식적인 후원 아래에서 독점적인 지배력을 행사하던 길드들과 대형 무역사들(예를 들면 동인도회사) 아래에서 한층 더 크고 잘 조직화된 시장을 향해 나아갔다.

여기에 대한 대응으로 중상주의라는 새로운 경제 정책이 탄생했다. 중상주의의 핵심적인 주장은 수출을 극대화하는 것이 국가 번영의 최선책이며 한 나라의 부富는 이런 활동에 따른 잉여물의 부산물인 금으로 측정할 수 있다는 것이었다.

중상주의의 가장 큰 의미는 주로 교회법학자들의 도덕적 질서를 경쟁력 있는 국가로 대체하는 데 있었다. 3장에서 다루겠지만, 군주의 정당성은 신에게서 권리를 부여받은 존재에서 벗어나서 처음에는 당대의 이런저런 재앙들로부터 그리고 나중에는 점차 새로운 무역 경로들이나 상업적인 기회들에서 비롯되는 재앙들로부터 개인을 보호해주는 홉스주의적인 보호자라는 존재로 이동하고 있었다. **토머스 홉스는 왕권신수설과 대립하는 사회계약설을 주장했다** 공익은 국가정치적 차원에서 재규정되었으며, 국부를 가장 잘 늘리는 방법을 결정하는 가치이론들을 찾는 탐색이 시작되었다. 그러나 이런 고상한 목표들이 제시되긴 했지만, 중상주의적인 저작들은 기본적으로 선택받은 소수의 개인들과 기업들의 재산을 불리기 위한 것이었다. 그랬기에 그들의 개인적인 이득 추구는 국가적인 목적이라는 한층 거창한 외피로 포장되었다.

중상주의 시대에 이르러 지대 추구를 구성하는 것들에 대한 사람들의 태도가 바뀌었다. 유럽인의 이른바 신대륙 정복과 금·은의 약탈이 진행되던 이 시대에 사람들은 무역로를 개발하고 보호하며 귀금속을 축적하는 활동들에 가치가 존재한다고 바라보았다. 동인도회사의 이사이기도 했던 경제이론가 토머스 먼은 "가치라는 측면에서 해마다 우리가 그들에게서 수입해서 소비하는 것보다 더 많은 것을 그들에게 수출해서 파는 것"을 통해서 국부國富를 늘려나갈 수 있다고 말했다.[12] 그랬기에 물건들을 여기에서 저기로 옮기는 것이 가치 추출행위가 아니라 가치 창조행위로 여겨졌다.

　　여기에 따라서 가치에 대한 인식도 바뀌었다. 피렌체의 상인이자 역사학자였던 베르나르도 다반자티(1529~1606)는 저서 『돈에 대한 강의 Lecture on Money』에서 효용을 기반으로 하는 가치이론을 제시했다. 이 이론은 재화의 수요를 촉진하는 사람들에 초점을 맞춘 것이었고, 이것은 생산 과정이 아니라 거래를 통제하던 상인의 가치를 높게 평가하는 데 따른 당연한 결과였다.[13] 다반자티는 또한 '교환상의 가치'와 '사용상의 가치'를 구분했으며, 이 과정에서 '가치의 역설'을 포착했다.[14] 그는 금은 사용상의 가치는 없지만 다른 재화를 부리는 데 사용할 수 있으므로 교환상의 가치가 크다고 주장했다.

　　이것과 비슷한 시기에 가치에 대한 영향력이 있는 어떤 접근법을 해부학자이자 의사이며 국회의원이었던 윌리엄 페티가 개발했는데, 페티는 올리버 크롬웰＊영국의 정치가이자 군인으로, 1642~1651년의 청교도혁명을 통해 왕당파를 물리치고 공화국을 세우는 데 큰 공을 세웠다의 공화정 아래 놓여 있던 아일랜드 식민지에서 조세 행정관을 역임하기도 했던 사람이다. 의학 교육을 받았으며 당대의 과학 발전에 크게 영향을 받았던 페티는 현실의 자연스럽고도 내재적인 법칙들을 탐색했다. 이 탐색 대상에는 '자연적 가치natural value'도 포함되어 있었다. 페티는 '자연적 가치'는 생산의 여러 요소(땅과 노동)

에 의해서 결정되며, 어떤 물품의 시장 가격('실제 가격')은 이 물품의 자연적 가치('자연적 가격')를 기준 삼아 오르내린다고 했다. 페티는 토지의 '액면' 가치를 노동이라는 차원에서 해결함으로써 자신의 가치이론을 노동 기반의 이론으로 단순화했다.[15] 이 노동가치는 다시 최저생활임금의 형태로 결정되었는데, 최저생활임금은 "각각의 개별 국가에서 가장 쉽게 구할 수 있는 음식"으로 구성되는 측정 단위였다.[16] 이런 점에서 볼 때 페티는 애덤 스미스(1723~1790)와 데이비드 리카도(1772~1823) 그리고 칼 마르크스(1818~1883) 등의 노동가치설에 단초를 제시했다고 할 수 있다.

그러나 페티는 가치이론을 다루면서도 한 국가의 총산출 혹은 국부가 어떻게 해서 나타나게 되었는지 따지기보다는 그것을 계산하는 최초의 인물이 되는 데 더 많은 관심을 쏟았다. 그가 경제학의 역사에 오랜 세월 지속적으로 기여하게 된 것도 바로 이런 통계적인 차원의 획기적인 시도를 했기 때문이다.[17] 국가의 총산출(국민생산)을 측정하기 위해서 그는 어떤 활동들이 생산적이며 또 어떤 활동들이 그렇지 않은지 따지는 일련의 판단 기준을 정리했다. 그가 보기에 유일하게 산입할 가치가 있는 지출은 음식, 주택, 의복 등과 같은 필수품에 들어가는 지출이었는데, 이런 것들은 중상주의자의 발상과 어긋나지 않게 상업적인 거래를 촉진하는 지출이었다. 법률, 서기, 재무 등을 포함하는 직종의 활동은 그저 생산에 도움을 주는 활동일 뿐이었다.

페티는 경제의 생산적인 영역을 명확하게 파악함으로써 가치 있는 것의 실체를 암시적으로 규정했다. 또 페티는 국가적인 차원의 회계를 계산하는 관행을 만들었는데(이 관행은 국내총생산GDP 계산의 토대가 된다), 이로써 정부는 (그리고 사회는) 그 회계 계산 틀을 가지고서 국부를 측정할 수 있게 되었고, 그 틀을 경제 정책을 마련하고 운영할 나침반으로 삼을 수 있었다.[18]

중상주의에는 명확하게 가치이론이라고 인식할 만한 게 별로 담겨 있지 않았다.[19] 비록 노동이 가치의 측정자라는 합의가 전혀 없긴 했지만, 노동은 가치의 원천으로 제시되었다. 화폐는 가치를 저장하는 매체로 인식되었지만, 제번스나 마셜과 같은 신고전주의자들이 19세기 후반에 주장하게 되고 또 오늘날 일반적으로 인정되는 개념과 같은 (여기에 대해서는 2장을 참조하라) '드러난 효용성revealed utility'의 측정자로는 반드시 인식되지도 않았다. 중상주의는 어떤 국가가 부유하게 되는 방식과 관련된 하나의 이론이라고 스스로 주장했지만, 실제로 그것의 실체는 오늘날 우리가 '패거리 자본주의crony capitalism(정실 자본주의)'라고 부르는 것을 합리화하기 위한 치장이었다.

18세기와 19세기에 가치 원천에 대한 한층 깊은 탐구가 이루어졌는데, 이 탐구는 생산의 핵심 요소들에 초점이 맞춰졌다. 즉 먼저 중농주의자들은 토지에 초점을 맞추었고(물론 주로 농경사회들에서 그랬다), 경제가 공업화로 치닫기 시작하면서 스미스와 리카도와 같은 고전주의자들이 노동에 집중했다.

중농주의자들은 프랑스의 계몽주의 철학자들로서 경제 분석에 과학적인 접근법을 마련했으며 공식적인 토지가치 이론land theory of value을 최초로 개발했다. '자연에 의한 정부'를 가리키는 그리스어에서 비롯된 중농주의자physiocrat라는 이들의 이름*'physio'는 '흙, 땅'이란 뜻이다은 '자연적인 질서natural order'를 암시하는데, 이것은 자연적인 사회계약이라는 발상과 경제의 모든 과정을 다스리는 변하지 않는 법칙들이라는 발상을 동시에 연상시킨다. 이 발상들 가운데 특히 후자와 중농주의자들 가운데서 가장 유명한 인물인 프랑수아 케네François Quesnay가 만들어냈던 문구인 '자유방임, 자유통행, 자기가 알아서laissez faire, laissez passer, le monde va de lui-même'와도 일치하듯이, 중농주의자들은 정부의 간섭을 경계했다. 이것은 절대군주제 아래의 중농주의 시대에 나타났던 근본주의적인 태도이다.

중상주의자들이 무역수지 흑자와 금의 축적에 초점을 맞추었던 것과 다르게 중농주의자들은 국부는 오로지 농업에서만 생성될 수 있으며 공산품 생산은 그저 잉여농산물을 소비하는 것일 뿐이라고 믿었다. 지대는 농산물 생산이 발생하는 토지의 부재지주에게 발생하는 수익이었다.

중농주의자들의 가장 혁명적인 기여는 경제와 가치 창출에 대한 방법론적인 접근법에서 나타났다. 이런 여러 가지를 놓고 볼 때 그들을 최초의 경제학자들로 바라보는 사람들도 있다. 어쨌거나 중농주의자들은 경제를 하나의 체계(시스템)로 바라보았던 최초의 집단이었던 것만은 분명하다.

18세기 중반에 루이 15세의 주치의이자 자문관이었던 케네는 어떤 경제 활동이 생산적이며 또 어떤 경제 활동이 생산적이지 않은지 분류한 최초의 체계적인 가치이론을 정식화했다. (이에 비해서 페티가 국가 회계에서 했던 분류는 어떤 기초적인 이론과도 연결되지 않았다.) 케네는 1758년에 출간한 저서 『경제표Tableau Économique』에서 펌프들이 새로운 가치를 생산하고 튜브들이 해당 체계에서 가치를 제거하는 상징적인 비유를 동원해서 단 한 쪽 분량만으로 가치가 어떻게 창조되는지와 경제권 안에서 가치가 어떻게 순환하는지를 입증했다. 케네의 모델은 사회를 구성하는 소규모 집단이 창조한 가치를 기반으로 전체 경제가 어떻게 성장할 수 있을지를 입증했다.

가치라는 주제는 주로 중농주의적인 사상에서 서서히 나타났다. 그러나 중농주의자들이 가지고 있었던 현실적이고 정치적인 목적이 생산적·비생산적 경제 활동 범주들에 여전히 영향을 미치고 있었다.[20] 케네는 농부가 가치를 창조하는 소집단임을 파악했으며 이들에게 가해지던 거대한 압박을 강조했다. 농업은 부재지주들과 방탕한 귀족들 그리고 툭 하면 전쟁을 벌이는 중앙정부가 매기는 무거운 세금에 짓눌렸다. 게다가 수출지향의 제조업 부문에 유리하도록 농산품 가격을 억누르는 중상주의 정책들도 농부들에게는 부담이었다. 중상주의적 관점에서는 흑자 무역으로 금을 확보하는 것이 국부를 늘리는 길이라고 생각했기 때문이다.

케네의 『경제표』는 모든 가치가 토지에서 비롯되는 것을 보여줌으로써(즉 토지가치 이론을 입증함으로써), 중상주의자들에 반대하고 농부들을 지지했다.[21] 그의 분류는 교환과 교환을 통해서 획득되는 금을 가치 창조의 핵심에 두었던 중상주의적인 접근법을 무너뜨리는 것이었다. 이제 가치는 생산과 불가분의 관계에 있음이 명확해졌다. 비록 그 생산이 농업 생산에 한정되긴 했지만 말이다.[22] 케네의 『경제표』에서 생산되는 것이 소비되는 것보다 많은 한 나타날 수밖에 없는 잉여생산물은 재투자될 수 있었고, 따라서 경제는 성장할 수 있었다. 거꾸로, 만일 생산적이지 않은 부문들에 의한 가치 추출(지대 추구)이 농업에 의한 가치 창조를 초과하면 경제는 쇠퇴한다는 말이었다. 잉여생산물과 경제를 전진시키는 재투자라는 이 개념을 나중에 고전주의자들이 채택하게 된다.

케네의 경제 묘사는 포괄적이었지만, 생산적인 활동을 규정하는 것에 대한 그의 견해는 너무도 협소했다. 케네와 동시대를 살았던 튀르고A. R. J. Turgot 역시 오로지 토지에서만 부가 창출된다고 보았지만, 경작자가 생산한 것들을 사회의 다른 구성원들이 사용할 수 있도록 준비하는 장인(기능 보유자artisan)들이 쓰임새가 있음을 알아보았다. 토지 소유자는 그저 지대를 받는 '일회용 계급'으로 여전히 남아 있었지만, 이 일회용 계급의 구성원들이 사회의 일반적인 요구에 부응해서 공정성을 관리한다든가 전쟁에 부역한다든가 하는 등의 서비스를 제공할 수도 있음을 튀르고가 인정했던 것이다.

중농주의자들의 이런 접근법은 아일랜드 태생의 동시대인이던 리샤르 캉티용Richard Cantillon(1680~1734)의 토지가치 이론을 보완했다. 캉티용은 프랑스에서 짧은 기간 투기에 성공했고, 나중에 경제 이론의 초기 걸작들 가운데 하나로 꼽히는 『본성에 대한 소론Essai sur la Nature du

Commerce en Général』을 출간했다. 이 책은 객관적인 가치이론과 주관적인 가치이론을 넘나드는 흔치 않은 저작 가운데 하나이다. 객관적인 가치이론에 대해서 그는 페티처럼 '노동-토지 가치론'으로 시작했지만, 나중에는 규모수익불변*생산량이 생산 요소의 양과 같은 비율로 증가하는 현상을 가정하고 노동자의 가치를 (노동자들의 기술과 지위가 제각기 다름을 인정하면서도) 그들이 소비하는 토지에서 산출되는 가치의 두 배로 설정함으로써 토지의 내재가치가 가지는 결정요인들을 축소했다. 그는 또한, 자신이 생각하던 내재적인 '토지' 가치 때문에 시장 가격이 제각기 다른 상황에서 여러 자원이 제각기 다른 시장들에 어떻게 할당되는지도 발견했다. 주관적인 가치이론에 대해서 보자면, 그는 경제의 2단계 일반균형 모델general equilibrium model*'일반균형'은 생산의 기술적 조건, 기호, 재화 및 생산요소의 부존량 등의 여러 여건이 주어져 있으며 완전 경쟁과 효용 및 이윤극대화 원리가 작용한다는 가정 아래에서는 가격을 포함한 모든 경제량이 전면적인 균형 상태를 유지하는 것을 말한다을 선구적으로 제시했으며, 또 단기 시장 가격을 결정하는 (장기 시장 가격은 상관없다) 수요-공급 메커니즘을 정밀하게 묘사했는데, 그 덕분에 그는 19세기 한계혁명*'한계'라는 개념을 통해서 경제를 분석하는 방식. 한계 분석이 도입됨으로써 근대 경제학이 출현했다의 시조가 되었다.

가치와 가치 창조를 이해하는 부분에서 중농주의자들이 주로 기여한 내용은 경제를 하나의 체계로 강조했다는 점과 제각기 다른 소득원을 탐구했다는 점 그리고 소득의 분배를 명시적으로 고찰했다는 점이다. 비록 오늘날에는 신비롭게 보이지만, 케네의 『경제표』는 경제를 하나의 복잡한 유기체로, 즉 마치 인간의 신체처럼 분석하고 이해하고 영양을 공급할 필요가 있는 복잡한 유기체로 드러냈다. 경제라는 것이 상인 계급이나 절대군주의 변덕에 맞춰서 이리 굽히고 저리 굽힐 수 있는 대상이 아님을 보여주었던 것이다. 프랑스혁명 당시에 중요한 인물이었던 미라보 백작은 케네의 『경제표』를 인쇄술의 발명과 돈의 발견과 함께 세계 3대 발견-발

명 가운데 하나로 꼽았다.[23]

그러나 이 판단은 세월의 검증을 이겨내지 못했다. 아마도 각국의 경제에서 공업화가 빠른 속도로 일어나고 생산 과정들이 빠르게 전환되면서, 토지가 모든 가치 창조의 원천이라는 중농주의자들의 결론이 의심을 받았기 때문이 아닐까 싶다. 케네가 죽고 불과 1년 뒤인 1775년에 리처드 아크라이트가 방적기를 발명하고 특허를 출원했으며, 또 매슈 볼턴과 제임스 와트는 증기기관을 만드는 회사를 설립했다. 바야흐로 영국의 산업혁명이 전면적으로 시작되었던 것이다.

고전주의자들의 등장

19세기가 끝나갈 무렵에 산업혁명의 경제적·사회적·정치적 결과들을 토대로 해서 일련의 걸출한 사상가들이 새로운 경제가치 이론들을 내놓았다. '고전주의자'로 일컬어질[24] 이 무리에는 지금까지도 영향력이 이어지는 거인 셋이 포함되어 있었다. 스미스와 리카도 그리고 마르크스이다.

고전주의자들이 초점을 맞춘 대상은 정치경제학이었다. 즉 그들은 경제학을 사회를 연구하는 데 꼭 필요한 도구로 바라보았다. 이들의 접근법은 시장을 개발하는 데 집중했으며, 당시 진행되던 거대한 사회적·기술적 변화들이라는 맥락 속에서 성장과 가치 분배에 주목했다. 그들은 유례없는 빠른 성장, 도시화, 공업화, 세계화가 진행되는 동안에 활동했다. 고전주의자들에게는 경제학이 그런 제반 역학들과 구분해서 추구할 수 있는 중립적이며 기술적인 학문 분야라는 견해가 (비록 오늘날에는 널리 퍼져 있는 견해이긴 하지만) 매우 생경했을 것이다.[25]

비록 고전주의들의 견해는 많은 점에서 서로 다르긴 하지만 다음 세가지의 기본적인 발상만큼은 동일했다.

- 첫째, 재화와 서비스의 가치는 이것을 생산하는 데 투입된 것들(이 가운데 노동이 주된 요소이다)의 가치에 의해서 결정된다.
- 둘째, 경제는 본질적으로 역동적이며 노동자와 지주 그리고 기업가 사이의 관계는 새로운 기술이 나오고 새로운 생산방법이 나올 때마다 달라진다. 이 과정이 가치 창조를 촉진하고 가치의 분배를 바꾸어놓는다.
- 셋째, 교환 과정은 가치의 분배와 창조에서 모두 중심이 된다. 예를 들면, 리카도는 외국과의 무역에서 재화의 교환에서 생기는 이득에 초점을 맞추었고, 마르크스는 노동의 교환가치와 소득분배에 초점을 맞추었다.

이에 비해서 스미스는 경제적·사회적 전체 영역들에 걸친 교환에 관심을 가졌다. 스미스는 인간 생활의 모든 것이 교환과 관련되었다고 보았다. 그러므로 우리는 시장과 가치 창조에 대한 그의 이론들을 사회적 맥락 속에서 그것들이 가지는 한층 더 폭넓은 의미와 떼어놓고 생각할 수 없게 되었다. 이것은 교회법학자들이 가치와 관련해서 가졌던 견해들을 그들이 가졌던 사회철학과 기독교적 제도와 떼어놓을 수 없는 것과 마찬가지 이치이다.

스미스는 1723년에 스코틀랜드의 파이프 커콜디에서 태어났다. 그가 태어난 지 두 달 만에 죽은 그의 아버지는 고위 법무관이자 지역의 세관원이었다. 그의 어머니는 파이프의 스트라텐드리에 살던 지주 로버트 더글러스의 딸 마거릿 더글러스였다. 스미스는 어머니와 매우 친밀했는데, 어머니는 아들이 학자가 되길 바랐다. 스미스는 지방에서 교육을 받았으며 열네 살 때 글래스고대학교에서 사회철학을 공부했고, 그다음에는 옥스퍼드의 베일리얼칼리지에서 공부했다. 그의 전기를 쓴 제시 노먼은 스미스가 옥스퍼드에서 행복하지 않았다고 밝히는데, 그가 다니던 칼리지는 "자코바이트 ＊ 명예혁명 후 망명한 스튜어트가의 제임스 2세와 그 자손을 정통의 영국 군주로서 지지한 영국의 정치세력적이고, 보수적인 토리당을 지지하며, 분파적이고, 돈이 많이 들고 스코틀랜드를 못마땅하게 여기는 분위기였는데, 스미스는 장로교파이고, 휘그당을 지지하며, 사람들과 어울리길 좋아하고, 가난뱅이였으며 스코틀랜드 출신이었기 때문이다."[26]

학교를 졸업한 뒤에 스미스는 글래스고대학교에서 일련의 공개 강의를 성공적으로 진행했으며, 이 대학교에서 도덕철학 교수 자리를 얻었고, 데이비드 흄과 평생에 걸쳐서 협력과 우정을 함께했다. 만년에는 개인 가정교사 자리를 얻었는데(스코틀랜드에서 가장 부유했던 지주인 버클루 공작의 아들이 그가 가르친 학생이었다), 그 덕분에 그는 유럽 전역을 여행할 수 있었으며 유럽 대륙에서 케네를 비롯한 당대의 선도적인 지식인들을 만났다. 그리고 다시 영국 제도로 돌아와서는 벤저민 프랭클린을 만났다.

스미스는 권위 있는 저서 두 권을 출간했는데, 하나는 1759년에 출간한 『도덕감정론The Theory of Moral Sentiments』이고 또 하나는 1776년에 출간한 『국부론An Inquiry into the Nature and Causes of the Wealth of Nations(국가들의 부의 본질과 원천에 관한 연구)』이다. 『국부론』은 전 세계에서 가장 많이 팔린 책들 중 하나이며, 가장 많이 인용되는 책이고, 또 단언컨대 경제학 분야에서 가장 적게 읽힌 책이기도 하다. 그런데 스미스의 사상을 총체적으로 이해하려면 스미스보다 앞선 사람들의 사상을 함께 살펴보아야만 한다.

경제학의 아버지로 널리 일컬어지는 스미스의 이론이 지금도 여전히 유효하다는 사실은 그의 학문이 가지는 힘과 폭이 얼마나 크고 넓은지 말해준다. 예를 들어서 내가 잉글랜드은행에서 일할 때도, 암호자산 시대에 돈의 미래는 장차 어떻게 될 것인가 하는 문제부터 2008년 금융 위기 이후의 금융 시장들의 사회적 토대를 어떻게 재건할 것인가 하는 문제에 이르기까지(이 문제들은 이 책 뒷부분에서 다룰 것이다), 우리는 자주 그의 통찰에 기대곤 했다. 이렇게 함으로써 우리는 전설적인 시장 근본주의자이자 좌파와 우파를 넘나드는 정치적 편의주의자인 스미스가 아니라, 정치학, 도덕학, 윤리학 그리고 법학을 아우르는 현자 스미스로부터 영감을 얻곤 했다. 아닌 게 아니라 그의 저작은 돈을 자본과 동일시하며 경제적 자본을 그것의 사회적 동반자와 분리하는 데서 빚어지는 실수들을 (즉 『국부론』의 빛나는 몇 부분만 골라서 읽는 데서 비롯되는 실수들을) 경고한다. 예를 들어서 스미스를 '자유방임주의의 아버지'로 묘사하는 것은 그의 폭넓은 학식을 심각하게 평가절하하는 행태이다. '보이지 않는 손'이라는 표현은 『국부론』에서 딱 한 번만 등장하며 그의 전체 저작에서도 세 번밖에 등장하지 않기 때문이다.[27]

스미스는 스코틀랜드가 자신의 생애 동안에 유럽 계몽주의의 중심지가 되는 믿을 수 없는 변화가 가능했던 이유를 설명하려고 노력하면서, 상업 사회의 진화가 가지는 문화적·경제적·사회적 함의에 초점을 맞추었다. 스미스가 눈여겨보았던 그 진화의 순간은 사회 속의 구성원들이 한두 사람에 의존해서 살아가는 것에서 벗어나서 상업적인 상호 작용이 일어나는 어떤 세상, 즉 모든 사람이 교환을 수단으로 살아가는 상인으로 존재하는 세상으로 나아가는 순간이었다.[28]

그는 또한 한층 더 깊은 프로젝트를 가지고 있었다. 그는 인간 삶의 모든 주요 측면(철학, 종교, 정치경제적 제도, 예술, 과학, 언어)을 바라보았다. 인간 지식의 다른 모든 줄기의 토대로 복무할, (때로는 모자라고 부족하기도 한) 어떤 인간의 과학을 새롭게 만들겠다는 생각을 품었기 때문이다. 일관되게 과학적 방법론으로 무장했던 스미스의 결론은 관찰과 경험을 토대로 한 것이었지, 도그마(독단적인 신념)를 토대로 한 것이 아니었다.

스미스의 모든 저작을 이어주는 중심 개념은 지속적인 교환이 모든 인간적인 상호 작용의 일부분을 형성한다는 발상이다. 이 교환은 시장에서 이루어지는 재화와 서비스를, 언어에 담긴 의미를 그리고 도덕적이고 사회적인 규범 형성에서의 존중을 교환하는 것만이 아니다. 인간은 자신이 존재하는 모든 영역에 걸쳐서 다른 사람들과 상호 작용을 하는 과정을 통해 자기 정체성을 형성하는 사회적인 동물이다.

스미스가 『도덕감정론』을 집필할 때 염두에 뒀던 목표는, 사람이 처음 태어나서 아무런 도덕적 감정이 없는 상태에서 삶을 시작한다는 점을 전제로 할 때, 어떻게 해서 도덕적 판단을 할 수 있게 되는지 또 그런 능력을 형성하는 원천이 무엇인지 설명하겠다는 것이었다. 그는 인간이 모두 '사랑하고 또 사랑받기'를, 즉 남에게 좋은 평판을 받기를 소망함으로써 자신의 규범(가치관)을 사회심리학의 문제로 파악해서 형성한다고 믿었다. 스미스는 '상호 공감mutual sympathy' 이론을 제시한다. 상호 공감 속에서는 다른 사람들을 관찰하고 그 사람들이 내리는 판단을 통해 다른 사람들이 자신의 행동을 어떻게 바라보는지 알게 된다. (그래서 다른 사람들을 한층 더 많이 의식하게 된다.) 우리가 다른 사람들의 판단을 인지함으로써 (혹은 상상함으로써) 받는 피드백이 '감정의 상호 공감'을 획득하겠다는 동기를 각 개인의 마음속에 만들어내고, 이 감정의 상호 공감은 사람들이 양심을 구성하게 될 행동상의 습관이나 원칙들을 개발하게 유도한다.

그러니까 도덕감정은 선천적으로 타고나는 게 아니라는 말이다. 생물학자 리처드 도킨스의 현대적인 용어를 빌리자면, 도덕감정은 학습되고 모방되고 전달되는 사회적 밈social meme＊'밈'은 한 사람이나 집단에게서 다른 지성으로 생각 혹은 믿음이 전달될 때 전달되는 모방 가능한 사회적 단위의 총칭이다. 사회적 밈은 유전자적 밈과 마찬가지로 행동 폭발behavioural cascade 상황이나 양질 전환의 결정적인 순간, 즉 티핑포인트＊균형이 깨어지고 특정 현상이 급속도로 퍼지거나 우세하게 되는 시점에서는 돌연변이를 일으킬 수 있다.

바로 이런 맥락에서 시장을 경제학의 중심에 놓은 최초의 인물이 스미스인데, 시장에 초점을 맞추는 이런 행보는 근본적으로 정치경제학을 지향하는 것이었다. 특히 『국부론』은 상업 사회의 중심에 놓여 있는 시장들에서의 교환을 토대로 해서 집필되었다. 그의 글 가운데서 가장 유명한 문구는 이것을 '보이지 않는 손'이 작동하는 것으로 묘사한다.

> 우리가 저녁을 먹을 수 있을 것이라고 기대하는 것은 정육점 주인이나 양조장 주인, 빵가게 주인의 자비로움 덕분이 아니라, 자신의 이익을 추구하려는 그들의 관심 덕분이다. 우리는 그들이 가진 인간애가 아니라 그들이 가진 이기심에 호소한다. 그리고 우리는 그들에게 우리에게 무엇인가 필요하다고 말하지 않고 무엇인가 그들에게 이득이 된다고 말한다.[29]

다시 말하지만, 스미스의 시장 개념을 정확하게 파악하려면 한층 더 넓은 사회적 맥락에서 바라보아야 한다. 시장들은 사회구성원의 개인적인 목적 때문에 나타날 수 있지만 그래도 어디까지나 시장들이 형성되는 것은 사회가 진화하면서 나타나는 사회 질서의 한 부분이며, 따라서 시장은 공익적인 가치를 지닐 수밖에 없다고 스미스는 강조했다. 현대의 경제학과 정책 입안 과정의 특징은 시장의 구성체들을 수학적으로 따지고 개별 요소로 해체하는 것이다. 하지만 스미스는 이런 접근법을 인정하지 않을 것이다. 그가 바라보는 관점에서 시장은 당대의 문화, 관행, 전통 그리고 신뢰 속에 구축된 살아 움직이는 기관이다. 바로 이 내용이 그의 첫 번째 저작인 『도덕감정론』의 핵심이다.[30]

스미스는 또한 시장들은 단일한 덩어리로 뭉쳐진 획일적인 것과는 거리가 멀고 또 자비로운 것과도 거리가 멀다고 보았다. 또 시장들은 인간과 마찬가지로 서로 공통점을 가지고 있지만 제각기 다르다고 바라보았다. 스미스는 옥수수 시장부터 환어음 시장에 이르기까지 온갖 시장들이 실제로 어떻게 작동하는지 잘 알고 있었고, 그래서 토지, 노동, 금융자산, 상업적인 제품 등의 시장들이 각각 작동하는 방식을 신중하게 구분했다.

스미스는 또한 시장이 잘못될 때 어떤 일이 일어나는지에 대한 문제도 검토했다. 그는 독점기업들이 초래할 충격을 잘 알았기에, 자유시장free market을 지대가 없는 시장으로 바라보았다. 그는 중상주의자들을 (혹은 현재 우리가 패거리 자본주의자들이라고 부르는 부류들을) 통렬하게 공격하는 내용을 저작물에 포함했다. 케네와 마찬가지로 그는 중상주의 정책들이 경제에서 가치 창조의 진정한 원천인 경쟁과 거래를 제한하고 산업 발전의 발목을 잡는다고 주장했다.

가치에 대해서 지금 우리가 이해하는 내용에 스미스가 기여한 부분은 다음과 같은 분석에 있다.

첫째, 그는 사회적인 신뢰에 적절하게 토대를 둔 시장들 하나하나가 번영의 엔진임을 입증했다. 『국부론』에서 핀 공장에서의 분업을 묘사한 내용은 유명한데, 이 묘사는 경쟁 그리고 작업 조직에서의 변화를 결합할 때 생산성과 성장 그리고 '전체적인 양'이 어떻게 높아지고 빨라지고 많아지는지 획기적일 정도로 쉽게 설명한다.[31]

둘째, 비록 스미스는 중농주의자들과 동일하게 체계적인 접근법을 채택해서 경제 성장 분석에 적용했지만, 그는 경제에서의 생산적인 영역 개념을 농업에 한정하지 않고 공업을 포함하도록 확대했다. 농업에서나 공업에서 모두 성장은 비생산적인 사치품 소비나 지대 추구 덕분에 발생하는 것이 아니라 생산적인 활동(스미스의 경우에는 제조업이다)에 재투자되는 잉여생산물 덕분에 발생한다고 보았던 것이다.

셋째, 스미스는 기업계가 정부를 자기 발아래에 둘 때 나타날 수도 있는 다양한 위험을 경계했다. 그는 "구매자에게서 최대한 많이 짜낼 수 있는" 가장 높은 가격을 책정하려는 것 등의 기업적 관심사의 담합적 성격을 줄기차게 경계했다. 기업이 지배하는 정치 체계에서는 기업이 정부와 의회에 영향력을 행사함으로써 소비자를 상대로 음모를 꾸밀 수 있다고도 경고했다.[32] 이런 견해의 연장선에서 또 그는 중상주의자들의 권력을 깨부수고 경쟁 시장에서 제조업자들이 차지하는 몫을 늘리기 위해서 자유무역을 주창했다.

시장과 산업 조직에 대한 스미스의 인식은 독창적이었지만, 공식적인 가치이론을 개발하려던 그의 시도들은 그다지 큰 성공을 거두지 못했다. 그는 (케네의 경우처럼 농경 사회에서의 노동자들이 아니라) 상업 사회에서의 공업 부문 노동자들이 생산적인 경제의 핵심이라고 믿었다. 토지가 아니라 산업 노동이 주된 가치 원천이며, 노동자들이 생산에 쏟은 시간 총량에 비례해서 가치 창조 총량이 늘어난다고 믿었다.

> 그러므로, 어떤 상품을 소유하지만 이것을 직접 사용하거나 소비할 마음이 없고 다만 이것을 다른 상품과 교환하고자 하는 사람에게는, 이 상품의 가치는 이 상품으로 그 사람이 구매할 수 있는 노동의 양과 동일하다. 그러므로 노동은 모든 상품의 교환가치를 측정할 수 있는 진정한 척도이다.[33]

사람들 사이에 노동의 질적인 차이가 존재한다는 것은 어떤 물건을 생산하는 데 투입된 노동시간을 측정하는 것만으로는 교환가치를 파악할 수 없다는 뜻이며, 이런 사실은 스미스도 인정한다. 그는 어떤 재화의 (노동으로 결정되는) '실질적인real' 가치를 그 상품에 붙은 가격과 (이 가격을 그는 '명목nominal' 가격이라고 부른다) 구분할 수 있는 여러 가지 방식을 강조한다.

> 그러므로, 자체적인 가치가 변하는 일이 결코 없는 노동만이 유일하게, 모든 상품의 가치를 언제 어디서나 추정하고 비교할 수 있는 궁극적이고 실질적인 기준이다. 그것이 그들의 실질 가격이다, 돈은 그들의 명목 가격이다.[34]

스미스는 교환 경제에서는 어떤 상품이든 간에 그것을 생산하는 데 요구되는 노동의 양을 직접 반영하는 비율에 따라서 한층 손쉽게 거래될 수 있다고 주장한다. 그는 이런 사실을 지금은 유명하게 회자되는 사례를 들어서 설명한다.

> 예를 들어서 만일 사냥꾼들로 구성된 어떤 나라에서는 비버 한 마리를 죽이는 데 드는 노동이 사슴 두 마리를 죽이는 데 드는 노동과 맞먹는다면, 비버 한 마리는 사슴 두 마리와 교환될 수 있거나 혹은 사슴 두 마리의 가치를 지닌다.[35]

그러나 거의 모든 교환이 화폐를 사용해서 이루어지는 세상에서는 어떤 상품의 가격은 그 상품의 궁극적이고 실질적인 가치, 즉 노동으로 결정되는 가치의 '추정치'이다. 그런데 스미스는 시장 가격과 노동가치 사이의 간극을 유발하는 문제의 원인을 찾지 못했다. 이 과제는 리카도와 마르크스에게 넘겨지고, 이 두 사람은 노동가치설에 대한 스미스의 발상을 한층 더 발전시킨다.

비록 스미스가 시장이 효과적으로 기능하려면 특정한 감정(신뢰, 공정성, 완전성)이 필요하다고 강조했지만, 그는 가치를 측정하는 행위가 그런 감정들을 바꾸어놓을 수 있다는 역설을 인식하지 못했다. 뒤에 이어질 여러 장에서 살펴보겠지만, 사회의 가치관을 바꾸면서 시장 기능을 훼손하는 어떤 역동적인 과정이 가치를 측정하는 행위를 통해서 일어날 수 있다.

단언하건대 당대의 가장 위대한 경제학자였던 리카도는 런던에서 (구체적으로는 현재 리버풀 스트리트 역이 있는 곳 부근에서) 1772년에 태어났다. 남자 형제만 여섯 명이었고, 그 가운데 세 번째 아들이었다. 그의 형제자매는 모두 열다섯 명이나 되었다. 그의 아버지는 포르투갈 출신의 세 프라디 유대인＊스페인이나 포르투갈 혹은 북아프리카에 거주했던 유대인 혈통이었으며, 네덜란드에서 잠깐 활동하던 끝에 잉글랜드에 정착했다. 리카도는 아버지를 따라 런던으로 갔고, 거기에서 상당한 (오늘날 화폐 기준으로 환산하면 약 1,600억 원쯤 되는) 재산을 모았다. 주로 정부 채권에 투기를 하는 방식으로 돈을 벌었다고 알려졌다. 워털루전투에 제대로 투자한 덕분에 그는 엄청난 부자가 되어서 은퇴하고 글로스터셔에 있는 영지에서 살았는데, 세기가 바뀔 무렵에 『국부론』을 읽고는 정치경제학에 관심을 가졌으며, 그 뒤로 그 관심을 좇으며 살았다.

리카도의 정치경제학 관련 저작은 스미스의 저작에 비해서 덜 방대하다. (여기에는 그가 전업적인 학자가 아니었던 점도 작용한다.) 그러나 리카도의 발상은 스미스의 발상만큼이나 커다란 영향을 지금까지 미치고 있다. 리카도는 경제학적 발상에 적어도 두 가지의 놀라운 기여를 함으로써 스미스의 저작이 가진 핵심 요소들을 발전시켰다. 그 가운데 하나는, 비교우위론을 제시해서 자유무역을 옹호하는 매력적이고도 독창적인 논리를 펼친 것이다. 비교우위론은 나중에 경제적 자유주의economic liberalism의 중심적인 강령이 된다. 나머지 하나는 노동가치설을 공식화한 것인데, 이 이론은 얼마 뒤에 마르크스주의의 초석이 된다.[36]

1815년에 곡물법Corn Laws을 놓고 잉글랜드에서 논쟁이 벌어졌다. 이 법은 곡물의 수출입을 규제해서 국내 지주들의 경제적 이익을 보호할 목적으로 제안되었다. 이 법이 제정되면 수입 밀에 관세가 붙어서 국내 곡물 가격이 상승할 전망이었다. 이런 상황에서 리카도는 커다란 영향력을 행사한 논문인 「곡물의 낮은 가격이 자본의 이윤에 미치는 영향에 대한 소론Essay on the Influence of a Low Price of Corn on the Profits of Stock」을 발표했다. 이 논문에서 그는 수입 곡물에 관세를 올리면 지주에게 돌아갈 지대가 상승하고 제조업자의 이윤은 감소하며 경제 성장이 둔화될 것이라고 주장했다.

리카도의 이런 반대는 스미스의 견해에 동의하면서 품었던 중상주의에 대한 반감의 한 부분이었다. 스미스는 무역은 양방향 교환이며 수입이 수출 증대에 도움을 주고 경제 성장을 떠받칠 수 있음을 인정했다. 그는 『국부론』에서 소비자는 가장 싼 가격으로 거래되는 곳에서 상품을 사야 한다고 주장했다. 보호 조치가 하는 것이라고는 독점을 만들어내는 것이고, 독점은 '건전한 관리의 거대한 적'이라는 게 그의 견해였다.

리카도는 스미스의 이런 견해를 한층 더 멀리 밀고나갔다. 우선 그는 경제학에서 가장 중요한 법칙들 가운데 하나로 꼽히는 '한계수확체감의 법칙law of diminishing marginal returns'으로 알려진 내용을 정식화했다. 이 법칙은 점점 더 많은 자원이 생산 과정에서 어떤 고정 자원과 결합할수록 (예를 들어서 점점 더 많은 노동과 기계가 고정된 넓이의 토지 구역에 투입될수록) 산출량 가운데서 추가되는 양은 점점 줄어든다는 것이다. 외국에서 수입되는 물품을 가로막으면 점점 더 많은 한계토지가 생산에 투입되고, 그러면 곡물 가격은 오르고, 지주에게 돌아갈 지대도 오르고, 제조업자에게 돌아갈 이윤은 줄어들며, 그 결과 새로운 생산에 투자할 제조업자의 능력도 그만큼 줄어들게 된다. 2장에서 살펴보겠지만, 이 법칙을 수요 측에 대입하면 한계효용이 점점 줄어드는 결과가 빚어지는데, 어떤 사람이 어떤 상품을 점점 더 많이 소비할수록 (예컨대 더운 여름날에 아이스크림을 소비한다고 치자) 추가로 하나의 상품을 더 소비할 때마다 발생하는 효용은 점점 더 줄어든다는 말이다.

중상주의 일반, 그중에서도 특히 곡물법에 반대한 리카도의 주된 주장은 비교우위법칙law of comparative advantage으로 알려진 (처음에 리카도 본인은 그 법칙을 '비교생산비 이론theory of comparative costs'이라고 불렀다) 이론적인 정식화를 토대로 한 것이었다. 그는 설령 한 나라가 모든 제품의 생산에서 다른 나라보다 우위에 있다고 하더라도, 그 나라가 모든 제품을 다

자국에서 생산하는 것보다 동반자 관계의 두 나라가 생산 효율의 상대적인 차이를 기반으로 하는 무역이 유리함을 입증했다. 각각의 나라가 국내 생산비가 상대적으로 낮은 물품을 전문적으로 생산하고, 이렇게 생산된 각국의 제품을 무역을 통해서 조달할 때 한 나라만이 아닌 전 세계의 모든 나라가 이득을 본다는 것이다. 즉 자국의 노동만으로 자국 경제 안에서 모든 상품을 생산하는 전략이 오히려 불리하다는 말이다. 위대한 경제학자 폴 새뮤얼슨Paul Samuelson 지적했듯이, "비교우위는 경제학에서 진실이지만 명확하지 않은 몇 안 되는 것 가운데 하나이다." 이 명확하지 않은 진실에 대해서는 이 책 뒷부분의 부록에서 자세하게 다룰 참이다.

리카도는 그의 가장 유명한 저작인 『정치경제학 및 과세의 원리 Principles of Political Economy and Taxation』(1817) 집필 작업을 시작했는데, 여기에는 그의 노동가치설도 함께 포함되어 있다.

> 어떤 상품의 가치 혹은 이 상품으로 교환할 수 있는 다른 어떤 상품의 양은 그 상품을 생산하는 데 필요한 노동의 상대적인 양에 따라서 결정되지, 그 노동에 대한 대가로 지불되는 보상의 많고 적음에 따라서 결정되지 않는다.[37]

리카도는 어떤 재화나 서비스의 가격과 이것이 가지는 본질적이고 내재적인 가치, 즉 내재가치를 구분했다. 아리스토텔레스나 스미스와 마찬가지로 그는 두 재화가 서로에게 가지는 상대적인 가치는 그 재화를 만드는 데 필요한 노동의 상대적인 양에 의해서 결정된다고 주장했다.

순수한 노동가치설상으로는, 만일 포도주 한 병을 만드는 데 빵 한 덩이를 만드는 데보다 노동이 두 배 더 든다고 하면, 그 포도주는 그 빵보다 두 배의 가치가 있다. 그런데 실제 가격은 노동자가 받는 임금과 기업가가 거두는 이윤에 따라서 단기적으로 요동칠 수 있다. 하지만 장기적으로는 포도주나 빵을 만드는 데 투입된 노동량에 의해서 결정되는 자연 스러운 가치로 그 가격이 수렴한다. 리카도는 토지에 대한 수익(지대)과 자본에 대한 수익(이윤)을 추가해서 이 이론을 일반화한 다음에, 각각의 생산요소들에 대한 수익의 분배가 어떻게 달라지는지 집중적으로 조명 했다.

그는 투입되는 노동의 양을 측정하는 단위로 시간을 사용하고 임금 을 생산성과 비교함으로써 노동의 질적인 차이를 수용했으며, 자본이 가 치에 미치는 영향은 (그 가치는 결국 노동에 축적되기 때문에) 중성화된다고 추정했다. 또 그는 토지지대 이론theory of land rent을 추가하면서 (지대가 재 화의 가격을 결정하는 것이 아니라) 지대가 재화의 가격에 의해서 결정된다고 주장했으며, 이윤이 가치에 다양한 영향을 주는 (예컨대 산업에 따라서 자본 집중도가 제각각인 현상이 나타나는) 이유들을 제시했다.[38]

『정치경제학 및 과세의 원리』에서 리카도는 '공동체 안의 세 계급(지 주, 노동자, 자본가)'에 의해서 생산된 모든 것의 분배를 결정하는 법칙들을 정리하는 작업을 했다. 그는 임금의 분배를 궁극적으로 한 나라의 성장률 과 부를 규정하는 문제로 바라보았다.

그는 노동 수익은 식료품 가격에 연동된 최저생활임금으로 수렴하 는 경향이 있으며, 식료품 가격은 다시 생산에 동원된 한계토지를 반영한 다고 믿었다. (이 견해는 나중에 임금철칙iron law of wages으로 정리되어 지금까지 이어진다.) 생필품의 생산비에 따라서 임금이 오르고 내릴 때 이윤은 임금 과 반대로 내리고 오른다. 리카도는 인구가 늘어남에 따라서 지대가 상승 한다고 보았다. 수익이 줄어듦에 따라서 한층 더 많은 식료품을 마련하는 데 한층 더 많은 생산비가 들어간다는 게 그가 생각한 근거였다. 「곡물의 낮은 가격이 자본의 이윤에 미치는 영향에 대한 소론」에서 그가 관찰했듯 이, "수익은 높거나 낮은 임금에 의존하고, 임금은 생필품의 가격에 의존 하며, 생필품의 가격은 주로 식료품 가격에 의존한다."

바로 이 지점에서 리카도의 성장 및 축적 이론이 이어진다. 이윤이 늘어날 때 자본가는 투자를 하며 생산을 늘리고, 이것이 일자리를 추가로 만들어내고 임금을 올린다. 이렇게 되면 인구 성장이 촉진되고, 점점 더 많은 토지가 생산에 동원되면서 임금은 최저생활임금 수준으로 다시 끌어내려진다. 그런데 이 상황이 다시 이윤을 (그리고 지대를) 증가시키고⋯ 이런 식으로 주기적인 순환의 고리는 계속 반복된다. 경제가 성장함에 따라서 점점 더 많은 사람이 최저생활임금을 받게 된다.

궁극적으로는 식료품 가격이 임금을 결정하므로 농업 부문의 생산성이 높아지면 높아질수록 식료품 가격은 내려가고, 따라서 임금도 내려간다. 또 이에 발맞춰 기업가의 이윤은 늘어난다. 높아진 자본가의 이윤은 제조업(즉 생산적인 소비)에 미래의 성장을 기대하며 재투자될 수 있다. 그런데 만일 농업의 생산성이 상대적으로 낮으면 재투자할 잉여생산물은 없게 되고, 따라서 성장도 없다. 지대는 잉여생산물이 있는 곳으로 쏠리고, 따라서 경제 성장은 정체된다.

리카도의 접근법은 중대한 결함 두 개를 안고 있다. 첫째, 그의 분석은 금융과 회계적인 요인들에 집중하는 경향이 있으며 생산 조직의 중요성과 경제 관련 기관들이 차지하는 구심점 역할의 중요성을 과소평가하는 경향이 있다.[39] 정말 흥미로운 사실인데, 리카도는 스미스의 글을 꼼꼼하게 읽었음에도 불구하고, 경제 조직의 본질적인 구성요소라고 할 수 있는 분업에 대해서는 전혀 언급하지 않는다.

둘째, 리카도가 제시한 노동가치설의 근원이 본질적인 오류를 안고 있다는 점이다. 생산의 다양한 요소들에 돌아가는 수익들의 시간적 차이를 어떻게 설명할 것인가 하는 문제이다. 노동을 단일한 가치 결정자로 삼으려면 자본과 노동 사이의 관계를 설정할 필요가 있었다. (그가 토지와 노동 사이의 관계를 설명하기 위해서 식료품 가격과 최저생활임금 사이의 관계를 설정했듯이 말이다.) 그가 마련한 해결책은 (기계 한 대를 만들려면 엄청나게 많은 사람-시간이 필요하다는 관찰 결과를 토대로 삼아서) 자본을 노동이 축적된 것으로 바라보는 것이었다. 그러나 이 접근법은 실패했다. 노동에 대한 수익(일급이나 주급이나 월급)의 시간 단위가 보통 몇 년씩이나 되는 물리적인 자본의 시간 단위보다 훨씬 더 짧다는 사실을 깨달은 것이다.[40]

불가능한 일에 도전하는 과제는 마르크스에게 넘어갔다. 마르크스는 노동력과 임금 협상의 역학 그리고 자본주의의 내재적인 불안정성이라고 본인이 판단했던 것에 초점을 맞춤으로써 그 과제에 도전했다.

마르크스는 독일의 철학자이자 정치경제학자이며 혁명가였다. 1818년에 트리어에서 태어난 그는 본과 베를린 그리고 예나에 있는 대학교에서 법학과 철학을 공부했다. 그는 베를린대학교에서 헤겔 철학에 심취해 청년헤겔파Young Hegelians ✻ 1830년대 후반에서 1840년대 초까지 독일에서 다소 무정형의 학파로 형성되었던 급진적 헤겔학도들의 모임에 가입했고, 헤겔의 형이상학적 이론에 크게 영향을 받았다. 그는 헤겔의 '변증법적 접근법'을 열정적으로 수용했는데, 이 접근법에서는 개념들과 그들 사이의 관계들을 비판하는 수용과 배척 과정을 통해서 대안적인 진실을 추구한다. 마르크스의 문체는 난해한데, 엄청나게 많은 저작을 남겼을 뿐만 아니라 많은 저작을 시간이 지난 뒤에 다시 고쳐 쓰기도 했기 때문이다. 이런 까닭으로 마르크스의 저작을 둘러싼 해석은 매우 방대하기도 하고 다양하기도 하다. 그래서 (스미스의 경우와 마찬가지로) 많은 논평가가 자신의 견해나 논리를 지지해줄 논지를 찾으려고 그의 저작을 '채굴'하는 일이 흔하게 일어난다.

정치적인 성향 때문에 마르크스는 (그리고 그의 아내와 아이들은) 수십 년 동안 런던에서 유배 생활을 했는데, 이 시기에 그는 런던에서도 프리드리히 엥겔스와 협력하면서 자신의 사상을 계속해서 다듬고 발전시켰다. 이 시기에 그는 자주 대영도서관의 열람실에서 자료조사 작업을 하곤 했다. 그의 가장 유명한 저작은 『공산당 선언Communist Manifesto』(1848)

과 세 권짜리 대작인 『자본론Das Kapital』(1867)이다. 이것 말고도 그가 남긴 팸플릿이나 논문 그리고 노트는 수도 없이 많은데, 이것들은 지금까지 학자들과 그의 지지자들의 책장을 빼곡하게 매우고 있다. 그의 죽음 당시 장례식에 참석한 사람은 겨우 열두 명밖에 되지 않지만, 지금은 런던의 하이게이트 묘지에 있는 그의 무덤에는 해마다 수천 명이 찾는다.

마르크스의 정치적·철학적 사상은 수많은 지식인과 정치경제사학자에게 엄청나게 큰 영향을 주었으며, 그의 이름은 형용사로, 명사로 또 사회이론의 학파로 남아 있다. 가치라는 관점에서 볼 때 마르크스가 학문적으로 기여한 바는 크다.

첫째, 스미스나 교회법학자들 그리고 아리스토텔레스와 마찬가지로 그는 가치를 사회정치적 맥락에서 바라보았는데, 그 결과 그의 접근법을 한층 더 넓은 그의 이론적 틀에서 따로 떼어내기가 무척 어렵다. 그는 사회 역사의 진보에 관심을 가졌는데, 제대로 된 역사적 관점을 가지지 않았다는 이유를 들어서 고전주의자들을 대체로 비웃었다. 사회적인 진공상태social vacuum ＊ 사회정치적 맥락이 제거된 상태에서는 경제 발전이 나타나지 않았으며 시간과 장소와 과거가 경제 발전을 조건 지운다고 그는 강조했다.

> 부르주아지 사회의 범주들은 과거에 있었던 모든 사회적 관계의 구조 및 생산 관계들을 들여다볼 수 있는 통찰을 제공한다. 그 과거의 사회적 관계들의 잔해들은 부르주아지 사회의 탄생에 사용되었는데, 마찬가지 이유로 부르주아지 사회의 잔해들 역시 과학적인 새로운 정치경제학을 건설하는 요소로 사용할 수 있다.[41]

마르크스는 심지어 생산이 사회적 활동이라는 주장, 즉 사회적 조직과 생산 기법들의 주요한 형태에 의존하는 사회적 활동이라는 주장을 하는 데서는 스미스보다 훨씬 더 명쾌했다. 그는 생산적인 활동의 성격과 가치 분배가 역사의 시간 흐름 속에서 계속 바뀌어왔다는 사실을 강조했다.

둘째, 마르크스는 경제 구조가 이처럼 끊임없이 바뀜에도 불구하고 언제나 변하지 않는 모습을 유지하는 진실 하나가 있다고 단언했다. 그것은 바로 모든 재화와 서비스의 가치는 그것을 생산하는 데 투입된 노동에 의해서 결정된다는 사실이다. 이 결론을 이끌어내기 위해서 그는 아리스토텔레스까지 거슬러 올라가며 모든 재화는 사용가치와 교환가치라는 두 개의 가치를 가진다고 주장하는 객관적인 노동가치설의 전통을 이어받았다. 이어서 그는 가치에 대한 정의를 추가했다. 즉 가치는 가장 발전한 기술을 활용해서 그 가치를 생산하기 위해서 투입되는 '사회적으로 필요한 노동'의 양에 의해서 결정된다고 했으며, 사회적으로 필요한 노동은 다시 평균적인 기술과 노동강도로 정의했다. 잉여가치는 어떤 상품이 팔릴 때의 교환가치와 생산 과정에 투입된 자원들(노동자의 직접적인 노동과 '기계에 실현되어 있는' 노동)의 교환가치 사이의 차이이다.

그러므로 마르크스도 스미스나 리카도와 마찬가지로 노동이 유일한 가치 원천 혹은 내재가치라고 바라보았다. 그러나 마르크스가 이 둘과 다른 점이 있었다. 그는 다른 모든 제품의 가치를 결정할 수 있는 가치의 기준, 변치 않는 기준을 찾은 것이다. 리카도를 몹시도 괴롭혔던 이 문제(노동에 따른 수익과 자본에 따른 수익의 시간 단위가 다른 문제)의 해법이야말로 경제적·정치적 역학을 다룬 마르크스 이론의 핵심이었다.[42]

마르크스는 자신의 '노동 법칙(지금 사람들은 이것을 마르크스의 노동가치설이라고 부른다)'이 모든 상품의 가치, 노동자가 자본가에게 파는 상품인 노동력(다시 말해서 노동을 할 수 있는 역량)까지 포함하는 모든 상품의 가치를 설명할 수 있다고 주장했다. 생산 과정에 투입되는 노동labour과 '노동력labour power'을 구분하는 마르크스의 발상은 결정적으로 중요하다. 최소한 노동자는 자신의 노동력을 재생할 수 있을 정도의 임금을 받을 만큼 충분히 오랜 시간 일할 필요가 있다. 즉 최저생활을 유지할 수 있을 정도의 임금을 받을 만큼 일해야 한다. 그러나 노동자의 노동력이 커서 노동자가 그 수준보다 더 오래 일할 수 있고 또 실제로 그렇게 한다면, 잉여가치가 발생한다. 자본주의의 천재성은 바로 이 잉여가치가 발생하도록 만들고, 이때 자본가는 그 잉여가치 가운데서 절대적으로 많은 몫을 자신이 챙기며, 노동자에게는 계속해서 일할 힘을 회복하는 데 필요한 최소한의 식료품과 주거를 마련할 정도의 몫만 떼어주는 데 있다.

마르크스는 계급투쟁이 잉여가치를 차지할 사람을 결정한다고 주장했다. 즉 노동자와 이들을 고용하는 자본가 사이의 힘의 균형이 노동자의 임금과 다양한 형태의 수익으로 돌아가는 자본가의 이윤을 결정한다는 말이다. 만일 임금이 노동력을 원래대로 회복하는 데 필요한 최저생활 임금 수준보다 더 높이 올라간다면, 자본가는 노동자를 기계로 대체할 것이다. 이렇게 되면 실업이 발생해서 마르크스가 '산업예비군reserve army of labour'이라고 불렀던 집단이 형성되는데, 노동력에 대한 규율 역시 여기에 영향을 받는다.

마르크스의 필생의 역작이라고 할 수 있는 주제인 자본에 대해서도 살펴보자. 마르크스는 자본을 여러 개의 유형으로 분류했는데, 모든 자본은 노동에 의해서 창조된 잉여가치의 일정 부분을 투자에 대한 대가로 받는다. (이 관계를 한층 더 자세하게 알고 싶으면 부록을 참고하기 바란다.) 자본가가 그럴 만한 충분한 힘을 가지고 있다고 가정한다면(마르크스는 많은 증거를 가지고서 실제로 그렇다고 보았다), 이런 역학을 토대로 해서 경제 성장 방식을 설명할 수 있었다. 자본가는 잉여가치의 (비록 전부는 아니라고 하더라도) 대부분을 이윤으로 차지했는데, 이 몫은 불변자본에 대한 초과수익이었다. 그러면 자본가는 그렇게 해서 챙긴 순수익을 (이자 지급과 상업자본으로부터의 요구 등 모든 것들을 제한 뒤에) 새로운 기계에 투자하며 생산을 확대한다. 마르크스가 보기에, 생산적인 활동은 자본가의 투자에서 비롯되는 게 아니었다. 자본주의적 생산 과정에 재투자되는 잉여가치를 노동이 생산하기만 한다면 공업뿐 아니라 서비스업도 얼마든지 생산적일 수 있지만, 잉여가치가 생산되지 않는 부문은 생산적이지 않다고 보았던 것이다.

마르크스는 봉건주의나 중상주의와 같은 예전의 체계와 다르게 자본주의가 끊임없이 변동하고 본질적으로 불안정한 상태에 놓일 수밖에 없는 몇 가지 이유를 생각했다. 가장 중요한 모순 중 하나는 이윤의 재투자는 기계화를 촉진하는데, 이렇게 해서 기계가 인간의 노동을 대체하게 되면 이윤의 유일한 원천인 노동력이 줄어들 수밖에 없는 결과가 빚어진다는 것이었다. 마르크스는 그렇게 될 경우, 산업예비군의 규모를 늘리거나 혹은 어떤 식으로든 노동의 협상력을 억누르는 방식으로 노동력의 교환가치를 줄이려는 자본가의 시도 때문에 계급투쟁이 격화될 것이라고 전망했다.

마르크스는 또한 경제의 상업화와 금융화가 점점 진행되어갈 때 궁극적으로 생산 부문의 성장이 손상을 입을 것이라고 보았다. 상업적이고 투기적인 금융사들은 자본주의적인 생산에 가치를 추가하지 않는다는 게 그의 생각이었다. 이들이 잉여가치의 점점 더 많은 부분을 차지함으로써 결과적으로 경제에 재투자될 이윤은 점점 줄어들 것이라는 말이었다.

마지막으로, 마르크스는 자본의 사회적 차원이 불안정성을 재촉할 것이라고 예견했다. 자본은 다른 생산수단 없이는 자신의 노동력을 실현할 수 없는 노동자를 억누를 권력을 자본가에게 부여한다. 노동자는 자신이 하는 노동으로부터 소외된다. 왜냐하면 노동자는 생산수단을 소유하지 않으며 자신이 창조한 잉여가치를 자본가에게 빼앗기기 때문이다. 아리스토텔레스나 아퀴나스 경우와 마찬가지로 마르크스에게도 가치의 교환, 보다 더 적절하게 표현하자면, '정당한just(실질적인)' 가치의 교환이라는 발상에는 경제적인 함의뿐 아니라 도덕적인 함의도 포함되어 있었다.

스미스와 리카도 그리고 마르크스, 이 세 사람은 농업뿐 아니라 공업까지 포함해서 생산의 범위를 다시 썼으며 산업혁명으로 새롭게 나타난 생산 과정들이 가지는 함의에 초점을 맞추어서 노동과 자본에 돌아가는 수익의 성격을 규명했다. 이들은 가치가 생산비, 특히 노동에서 비롯되며 또한 노동이 투입되지 않는 활동(예컨대 금융 활동)들은 그 자체로는 가치를 창조하지 않는다는 발상을 동일하게 가지고 있었다.

마르크스는 비록 가치라는 고전적인 개념을 사용했지만 자신이 가지고 있었던 방대한 철학적·사회학적 지식을 동원해서 고전적인 발상과는 전혀 다른 『자본론』의 결론에 도달했다. 그리고 이 결론은 한층 더 많은 정통 가치이론가들의 반응을 요구했다. 그리고 그 반응들은 오랜 시간이 지나지 않아서 나왔다.

다음에 이어질 여러 장에서 살펴보겠지만, 그 반응들은 가치에 대한 인식을 근본적으로 바꾸어놓는 어떤 과정을 밟아나가기 시작했다. 즉 가치가 생산된 재화나 활동에 내재된 것이라는 인식에서, 소비를 하는 구경꾼의 눈에 보이는 외재적인 것이라는 인식으로 바뀌는 과정이 시작된 것이다.

우리는 재화와 활동과 노동의 시장 가격을 이것들이 각각 가지는 가치와 동일시하고, 또 이 가치를 사회가 소중하게 여기는 것과 동일시한다. 그런데 만일 우리가 이런 점들을 제대로 인정하지 않는다면, 현재 진행되고 있는 4차 산업혁명과 코로나 팬데믹이 결합해서 빚어내는 거대한 구조적인 변화들에 사회가 성공적으로 대처하는 방식이 큰 영향을 받을 수 있다.

2장

가치의 관점들
- 주관적인 가치

아름다움은 보는 사람에 따라서 달라질 수 있다. 그렇다면 가치는 어떨까?

오래전에 있었던 일인데, 공개 경매장에서 어떤 그림의 응찰가격이 새로운 기록을 세웠다. 익명의 구매자가 레오나르도 다빈치가 예수를 그린 그림인 〈살바토르 문디Salvator Mundi〉를 4억 5,000만 달러에 샀던 것이다. 15세기에 제작된 이 그림은 워낙 많이 훼손되어 있어서 대부분은 복원자가 다시 그린 것인데, 당신이라면 이 그림의 가치를 얼마로 평가하겠는가? "가난한 사람에게 복이 있으리라"고 가르쳤던 '구세주'를 그린 이 그림이 지금은 세상에서 가장 돈이 많은 사람들 가운데 하나로 꼽히는 사람의 개인 소장품이 되어 있는데, 이 그림이 세상에 가지는 모호하기 짝이 없는 희소가치라는 가치가 이토록 어마어마하게 큰 이유는 무엇일까?

그때와 비슷한 시기에 미술가 데이미언 허스트가 나를 방문했다. 그는 자신만의 화폐를 만들고 싶다고 했다. 점을 찍어서 그린 사실상 동일한 (그러나 이들 각각은 뒷면에 적어놓을 노래 제목으로 구분될 것이라고 했다) 가로 8인치(약 20센티미터) 세로 12인치(약 30센티미터)의 그림 2,000개를 만들 것이라고 했다. 이렇게 그린 그림들은 자기의 시장(즉 그 그림들이 거래될 시장)을 만들어낼 것이라고 했다. 그렇다면 이 그림들은 교환 과정에 놓이게 될 것인데, 사실상 교환가치를 가지게 될 것이라는 말이었다. 허스트는 무언가를 알고 있었다. 상업적으로 크게 성공한 미술가에 걸맞게, 그의 작품은 현대적인 가치와 화폐의 가치가 교차하는 지점에 놓여 있었다. 가치를 매기는 행위 자체가 예술적인 (그리고) 상업적인 가치를 가졌던 것이다.

그러나 '예술을 위한 예술'에서는 어땠을까? 현상적으로 엄청난 성공을 거둔 미술관 테이트모던Tate Modern ＊런던에 있는 현대미술관 관장 프랜시스 모리스Frances Morris는 코로나 위기에서 영감을 받아 블록버스터 전시회에 대한 경고의 메시지를 보냈다. 블록버스터 전시회가 비록 미술관을 번성하게 할 수 있을지는 몰라도 "학습 동아리나 동호회의 작품처럼 똑같이 소중하면서도 가치 있는 다른 것들을 몰아낼 수 있다. 혹은 미술관이 국가로부터 위탁받은 영국과 전 세계의 위대한 작품을 전시할 기회를 박탈할 수도 있다. 이런 유무형의 자산은 숫자나 현금 수입만으로는 도저히 측정할 수 없는 것이다."[1]

모리스가 호소한 내용은 지속가능한 환경, 지역 공동체, 교육, 참여 등과 같이 "우리가 진정으로 소중하게 여기는 것에 마땅히 특전을 베풀어야" 하지 않느냐는 것이었다. 만일 실현되기만 한다면, 그녀의 전망은 19세기 영국의 사업가 헨리 테이트Henry Tate의 유산으로 탄생한 초대형 미술관이 가지는 가치에 대한 균형을 다시 잡아줄 것이다. 테이트는 신고전주의 혁명[2]을 출범시켰던 경제학자들과 같은 시대에 살았으며, 테이트모던 미술관이 '시장이 아닌 사회적 공간'으로서의 예술을 추구하는 투쟁을 수행하게 된 것도 사실은 가치와 가치관에 대한 이 경제학파의 관점이 끼친 영향 때문이다.[3]

가치이론의 변화

신고전주의자들은 과학 분야에서 코페르니쿠스적인 혁명에 비유할 수 있는 엄청난 일을 가치이론 분야에서 수행했다. 코페르니쿠스가 우주의 회전축을 지구에서 태양으로 바꾸었다면, 신고전주의자들은 가치이론의 축을 생산의 객관적인 요소들에서 소비자가 인지하는 재화의 주관적인 가치로 바꾸었다.

앞에서 살펴보았듯이 객관적인 가치이론에서는 노동 등과 같은 투입물의 가치가 산출물의 가치를 결정한다. 그런데 신고전주의자들이 등장하면서 그 인과관계는 뒤집힌다. 사람들은 특정한 욕구를 충족시켜주는 최종재화＊인간이 욕망을 충족하려고 일상생활에서 직접 소비하는 재화를 소중하게 여기는데, 최종재화를 만드는 데 들어간 투입물이 가치를 가지는 것은 최종재화가 가치를 인정받기 때문이다. 노동은 재화에 가치를 주지 않는다. 노동이 가치를 평가받는 것은, 생성 과정에 노동이 도움을 준 최종재화가 소중하다고 가치를 평가받기 때문이다. 단순하게 말하면, 가치는 소비에서 생산으로 흘러가지 반대 방향으로는 흘러가지 않는다. 즉 투입물의 가치는 우리가 산출물의 속성이라고 여기는 가치에서 비롯된다.

신고전주의자들은 어떤 제품의 가치를 소비자가 느끼는 효용성(혹은 유용성) 측면의 차이를 통해서 설명한다. 이 신고전주의자들은 효용성을 존 스튜어트 밀의 후생주의welfarism보다는 제러미 벤담의 공리주의utilitarianism와 일치하는 것으로 개념화했다.

신고전주의의 핵심은 윌리엄 제번스가 했던 "가치value는 전적으로 효용utility에 의존한다"는 말에 녹아 있다.[4] 여기에서 제번스는 오래된 전통을 토대로 말한다. 아리스토텔레스나 토마스 아퀴나스처럼 이 주제를 탐구했던 초기 사상가들은 가치 설정에서 수요의 (즉 효용의) 중요성을 인정했지만, 그 개념을 자신들이 하는 분석의 한가운데에 둔 적이 단 한 번도 없었다. 윤리적인 고려 혹은 어떤 '공정가격'의 규범적인 확인에 더 많은 관심을 가졌기 때문이다. 그 결과 재화의 수요와 효용에 대해 그들이 관찰한 내용들은 그들이 남긴 저작 곳곳에 뿔뿔이 흩어져 있으며, 제번스의 통찰에 대한 힌트들만을 줄 뿐이다.

아퀴나스 이후 수백 년이 지난 16세기에 이탈리아 학자 베르나르도 다반자티가 〈주화에 관한 담론Discourse on Coins〉이라는 공개적인 연설에서 가치와 효용을 연결했다. 여기에서 다반자티는 어떤 물건을 생산하는 데 아무리 많은 비용이 들었다고 하더라도 이것이 시장에 나왔을 때의 가치는 순전히 구매자들이 그 물건에서 기대하는 효용에 따라서만 결정된다고 주장했다. 상인은 시간을 들여서 구매자들의 욕망을 충분히 확인한 다음에 해당 물건에 가격을 매긴다고 했다.

비슷하게 영국의 사상가 니컬라스 바본(1640~1698)은 어떤 재화의 자연적인 가치는 시장 가격으로 대변된다고 주장함으로써 주관적인 효용설을 예상했다. "모든 물건의 가치는 해당 물건의 사용에서 발생한다. 즉 어떤 것이 아무짝에도 쓸모가 없으면 거기에는 아무런 가치도 없다."[5]

그리고 얼마 지나지 않아서 이탈리아의 성직자이자 외교관이던 페르디난도 갈리아니Ferdinando Galiani(1728~1787)는 다반자티의 개념을 빌려와서 가치의 근거를 효용과 희소성에서 구하는 이론을 개발했는데, 이 이론으로 그는 '한계혁명의 할아버지'라는 별명을 얻게 된다. 베르사유 궁전에서 그는 중농주의자들의 골칫거리였는데, 그가 중농주의자들의 발상을 비현실적이고 위험하다고 바라보았기 때문이다.

중농주의자로 또 다른 동시대인이었던 스콧 존 로Scot John Law (1671~1729)는 수요와 공급을 결합함으로써 가치이론에서 중요한 진전을 이루었다. 그는 『토지 은행에 대한 시론Essay on a Land Bank』에서 저 유명한 물과 다이아몬드의 가치 역설을 묘사했다. 그의 통찰은 효용을 희소성과 결합한 데 있었다. 돌이켜 생각하면 고통스러울 정도로 명백해 보이지만, 가치를 결정하는 데서 수요와 공급이 동시에 수행하는 역할을 강조함으로써 그는 자신보다 앞선 사람들과의 관계를 확실히 끊어냈다. 그러나 가치이론으로서는 안타깝게도 이 이중적인 분석은 거의 200년 가까운 세월 동안 기를 펴지 못하다가 신고전주의자들에 의해서 부활했다.

영국의 철학자이자 정치경제학자이던 존 스튜어트 밀은 절대적인 가치를 찾는 고전적인 데이비드 리카도 방식의 탐색을 포기하고 이렇게 주장했다.

"어떤 상품이 시장에 들고 나오는 가치는, 바로 그 시장에서 기존의 공급을 따라잡기에 충분할 정도로 많은 수요를 만들어낸다."[6]

밀은 또 제각기 다른 시간대에 수요가 공급에 미치는 영향을 깨달았으며, 수요와 공급은 어떤 평형점에 다가서려는 경향을 보인다는 발상에 기여했다. 이런 점에서 그의 저작은 머지않아 나타날 신고전주의 학파의 등장을 예고하는 것이었다. 그러나 만일 그가 신고전주의자들이 후생복지보다는 가치 방정식에만 열정을 가지고 매달리는 모습을 실제로 보았다면 무척 속이 상했을 것이다.

장-밥티스테 세Jean-Baptiste Say(1767~1832)는 노동가치설을 거부하며 효용이 가격에 어떻게 반영되는지 직접 입증하려고 시도했다. 그는 1803년에 출간한 저서 『정치경제학 논문Treatise on Political Economy(경제학 개론)』에서 효용은 욕구를 충족하는 역량이며, 가치는 효용에서 비롯된다고 말했다. 그리고 가격은 가치의 척도이며 가치는 효용의 척도이니 가격은 효용의 척도임을 입증하려고 노력했다. 이것은 논증이라기보다는 유의어 반복이었다. 하지만 그래도 그 덕분에 '효용을 기반으로 하는 가치'라는 발상은 살아남았다.

신고전주의 경제학자들이 경제와 관련된 의사결정을 설명하기 위해서 한계주의marginalism라는 또 다른 혁명적인 개념을 내놓으면서 주관적인 가치이론의 결정적인 돌파구가 열렸다. 영국에서는 제번스가, 스위스에서는 레옹 발라가 또 오스트리아에서는 카를 멩거가 모두 제각기 다른 방식으로 가치는 '한계에 의해서' 결정된다고 주장했다. 어떤 상품의 총공급이 아니라 특정한 시간과 장소에서 거래되는 단 하나의 상품에 의해서 가치가 결정된다는 것이었다.

예를 들어보자. 어떤 사람이 직장에서 일하면서 구두의 효용을 누리려고 100달러라도 기꺼이 주고 살 구두 한 켤레를 소매가격 60달러에 산다. 또 이 소비자는 직장에 안 나가는 주말에도 구두를 신기 위해 추가로 한 켤레를 더 산다. 이미 구두를 한 켤레 가지고 있으므로 추가로 누리게 될 편익은 첫 번째 구두를 샀을 때보다 줄어들어서 기꺼이 지불할 금액은 100달러에 80달러로 줄어들었다. 이때 이 소비자는 총 180달러의 효용을 누리지만 지불한 금액은 120달러밖에 되지 않는다. 이때 발생하는 60달러의 차이가 '소비자잉여consumer surplus'이다.

만일 이 소비자가 세 번째로 구두 한 켤레를 더 사려고 할 때는 (이미 사둔 구두가 닳아서 못 쓰게 될 때를 대비할 목적으로 산다고 치자) 이 구두의 가치를 60달러로밖에 평가하지 않는다. 그러면 총구매량의 효용가치는 240달러가 되고 지불금액은 180달러이다. 그런데 소비자잉여는 여전히 60달러로 변함이 없다. 세 번째 구매 때는 소비자가 평가한 효용과 딱 일치하는 금액만 주고 구매했기 때문이다.

구두를 한 켤레씩 살 때마다 추가로 발생하는 효용의 가치는 '한계가치'이며 이것은 모든 구매의 평균적인 총가치와 다르다. 각각의 구두는 구매할 때마다 다르게 평가되기 때문이다. 주관주의는 효용이 특정 시간과 장소에서의 소비자 선호를 기반으로 발휘된다고 말한다. 그리고 한계효용이 줄어든다는 것은 추가적인 구매로 발생하는 추가적인 효용이 줄어든다는 뜻이다. 여기에 대해서 멩거는 다음과 같이 말했다.

가치는 재화에 내재된 것이 아니며 재화의 속성도 아니고 그 자체로 존재하는 독립적인 것도 아니다. 그것은, 절약하는 마음을 가진 사람이 자신의 삶을 유지하며 후생을 추구하는 차원에서 살 수도 있고 사지 않을 수도 있는 재화의 중요성에 대해 내리는 하나의 판단일 뿐이다. 그러므로 가치는 사람의 의식 바깥에 존재하지 않는다.[7]

이렇게 해서 신자유주의자들은 가치가 우리의 '판단'과 '의식' 차원의 문제라는 점에서 주관적이며, 재화의 재고량이 아니라 '자기 재량으로 처리할 수 있는 재화'에 의존해서 결정된다는 점에서 한계적이라고 주장한다.

한계주의와 주관주의의 결합이 어떻게 해서 물과 다이아몬드의 역설이라는 문제를 해결하는지 살펴보자. 존 로가 이미 거의 200년 전에 관찰했듯이, 물의 가치와 다이아몬드의 가치 사이에 큰 차이가 있는 이유 중하나는 상대적인 희소성이었다. 이것이 한계효용체감의 법칙과 결합하면재화가 점점 더 많이 소비될 때 가치가 점점 더 줄어든다는 뜻이 된다. 그러나 이런 현상은 선호와 불가분의 관계에 있는데, 선호는 개인과 시간과환경에 따라서 달라지기 때문이다. 예컨대 사막에서 물은 이루 말할 수없이 소중하고 다이아몬드는 거의 아무런 쓸모도 없다.

'한계점 생각하기'는 경제적인 사고방식의 핵심이 되었다. 어떤 선택에 맞닥뜨릴 때 우리는 해당 재화나 서비스의 총편익이나 총비용을 생각하지 않고 그것의 특정한 한 단위의 편익과 비용만을 생각한다. 구두한 켤레를 살지 말지 판단할 때 우리는 그 구두를 포함해서 자신이 가지고 있는 모든 구두를 다 고려하는 총편익을 생각하지 않는다. 새로 사는그 구두가 가져다줄 편익만 생각한다는 말이다. 중요한 것은 한계효용이지 총효용이 아니다. 내가 대학원생일 때 있었던 일이다. 학교 안에 있는구내 바bar는 "웨스트게이트보다 한계적으로 더 낫다"는 문구로 홍보했는데, 웨스트게이트는 그 동네에 있던 술집이었다. 그 문구는 경제학도들에게 무척이나 매력적이어서 그들이 밤마다 거기에 죽치곤 했다. 그런데 신기하게도 사회학도나 정치학도들에게는 그렇지 않았다. 뒤에서 살펴보겠지만, 그런 종족주의 강화는 경제학자들이 바라보지 못하는 맹점들을 만든다. 예를 들어서 실제 현실에서 벌어지는 이런저런 문제들을 놓고 생각할 때 이성적인 잣대rational agent(이성적인 에이전트)들을 지나치게 폭넓게 동원해서 한계효용의 극대화를 꾀할 경우 맹점들이 생긴다.

제번스의 『정치경제학 이론Theory of Political Economy』과 멩거의 『경제학 원리Principles of Economics』는 가치를 이해하는 하나의 수단으로, 1871년에 한계분석의 새로운 도구를 동시에 개발했다. 그러나 두 사람은 효용과 가치 사이에 존재하는 단방향의 인과관계를 발견하려고 시도했지만 실패했다. 나중에 발라와 마셜이 생산비(수요)와 효용(공급)이 서로 의존적이며 서로의 가치를 결정한다는 사실을 발견하게 된다.

발라는 한계효용이라는 개념을 혼자서 발견했지만, 제번스나 멩거와 다르게 복잡하며 또 서로 연결된 경제적 체계로 바라보았다. 발라는 저서 『순수경제학의 요소들Éléments d'économie politique pure』(1874)에서, 전체 경제 속에서 수요 측 힘과 공급 측 힘이 각각 유발하는 효과들을 통합하는 수단으로서 일반균형general equilibrium이라는 이론적인 모델을 개발했다. 연립방정식으로 구성된 이 수학적 모델은 "일반균형 아래에서 모든 것은 다른 모든 것에 의존한다"고 결론을 내렸다.[8]

한편 마셜은 가치를 수요와 공급의 동시적인 상호 작용이라는 맥락 속에서 설명할 목적으로 고전적인 분석들 가운데 최고를 선택해서 한계주의자들의 새로운 도구와 결합했다. 그의 많은 통찰 가운데 하나는 시장의 역학은 기술 확산과 경쟁 때문에 시간이 흐름에 따라서 변한다는 것이다.

마셜은 시장의 시기를 네 가지로 나누어서 분석했다. 첫째, 시간이 짧아서 수요가 고정된 시장에서는 어떤 재화의 가치가 순전히 수요에 의해서 결정된다. 둘째, 기업들이 제품군을 바꿀 수는 있지만 공장 규모를 바꿀 수 없는 짧은 기간의 시장에서는 재화의 가치를 수요와 공급이 함께 결정한다. 셋째, 공장의 규모가 바뀔 수 있는 중간 기간의 시장에서는 공급이 수요에 미치는 효과가 해당 재화가 속한 산업의 생산비용이 꾸준하게 늘어나거나 감소하는지 여부에 따라서 결정된다. 넷째, 기술과 인구가 변화는 장기적인 시장에서는 공급 측의 조건이 지배적으로 영향력을 행사한다.

마셜로서는 기술적인 변화들뿐 아니라 경제적인 변수들의 상호 독립성과 시간을 고려한다는 것은 생산비나 효용이 가치를 결정하는지 여부에 대한 모든 논란에 마침표를 찍는 셈이었다. 그래서 그는 이렇게 썼다. "우리는 가위가 종이를 자르는 것을 보고 실제로 종이를 자르는 것이 가위의 윗날인지 아랫날인지를 두고 논쟁을 벌일 수 있는데, 사실 가치가 효용의 지배를 받는지 아니면 생산비의 지배를 받는지를 두고 벌이는 논쟁도 그런 논쟁과 다를 게 없다."[9]

신고전주의자들이 등장한 뒤로 주관적 가치이론이 주류로 자리를 잡았다. 애덤 스미스의 보이지 않는 손은, 시장에서 일어나는 교환으로 우리의 욕구가 충족되는 가운데서 후생경제학＊인간이 하는 경제 활동의 핵심 목표가 행복 추구라는 전제 아래 사회구성원의 효용 또는 후생 증가를 목표로 경제 문제를 분석하는 학문의 제1정리로 일반화되고 또 공식화되었다. 이 정리는 경쟁하는 시장들은 그 누구도 다른 사람보다 더 나을 수 없는 최적의 균형에 도달한다고 말한다. (이 균형이 이른바 '파레토 최적Pareto optimality'이다.) 모든 한계적인 편익과 비용은 동등해진다. 그런데 이런 결과는 오로지 이상적인 세상에서만, 즉 독점이나 과점이 없는 완벽한 경쟁, 완벽한 시장, 거래비용＊각종 거래에 수반되는 비용이 발생하지 않는 환경, 완벽한 정보와 '결코 질리는 법이 없는' 선호 등과 같은 조건에서만 나타난다는 사실＊후생경제학의 기본 정리는 두 가지이다. 제2정리는 부를 재분배한 뒤에 시장 메커니즘이 작동하게 둠으로써, 가능한 모든 파레토

최적 결과 중에서 특정 결과를 선택할 수 있다는 것이다을 사람들은 종종 잊어버린다.

주관적 가치이론(여기에서는 가격이 가치와 동일하다)을 보이지 않는 손(여기에서는 이상적인 조건이 마련되어 있는데, 시장들은 보이지 않는 사회적 자본의 지원을 받아서 최적의 결과를 낳는다)을 개략적으로 이해한 내용과 합치면, 모든 시장 결과들이 동일한 가치를 창조하며 이와 함께 국가의 부와 후생이 증가한다는 견해를 낳는다.

이런 합의가 빚어낼 잠재적인 결과로 넘어가기 전에 경제가 극대화하려고 노력하는 효용의 의미를 먼저 조금 더 깊이 살펴보는 것이 중요할 것 같다.

가치에 대한 주관적인(한계적인) 이론은 모든 소득을 생산적인 활동에 대한 보상으로 묘사한다. 이 보상은 가격과 동일하고, 이 가격은 가치와 동일하다. 다른 말로 하면, 어떤 재화나 서비스를 제공하는 데 따르는 수익은 그 재화나 서비스가 구매자에게 제공하는 효용과 동일하다는 뜻이다. 경쟁 시장이라는 엄격한 여러 조건 아래에서는, 하나의 경제권 안에서 이루어지는 효용 극대화의 모든 거래의 총합은 '가장 많은 사람의 가장 큰 행복'을 실현한다.

이것은 제러미 벤담과 존 스튜어트 밀 그리고 헨리 시지윅Henry Sidgwick(1838~1900)이 19세기에 주창했던 공리주의*이 단어는 '효용utility'을 뿌리로 한다. 따라서 여기에서는 '효용'을 '공리'로 번역할 수도 있다의 경제적 선언인 셈이다. 공리주의는 가장 윤리적인 선택이 가장 많은 사람에게 가장 많은 이익을 안겨줄 것이라고 주장한다. '효용'은 '유용함'보다 한층 더 폭넓은 개념이며 지금까지 우리가 줄곧 사용해왔던 일반적인 개념이다. 그러나 공리주의자들에게 이것은 복지나 후생과 일치하는 한층 협소한 개념이다. 예컨대 벤담은 효용을 다음과 같이 정의한다.

어떤 사물에 담긴 속성으로 이것에 관심을 가지는 당사자들에게 편익, 이

점, 즐거움, 선 혹은 행복을 안겨주는 경향이 있으며 (이 경우 이 모든 것은 똑같은 결과를 낳는다) 또는 불운, 고통, 사악함 혹은 불행이 나타나지 않도록 예방하는 경향이 있다. (이것 역시 똑같은 결과를 낳는다.) [10]

우리는 행복에 대한 발상을 정의할 필요가 있다. 사람들은 의미, 존엄성, 목적의식성 등을 포함하는 '행복'에 대해서 한층 더 많이 관심을 기울인다. 오로지 즐거움이나 고통에만 초점을 맞춘 순수한 쾌락적인 지표는 적절하지 않다. 사람들은 즐거움뿐 아니라 의미를 추구하기 때문이다. 도구들이나 돈과 같은 것들은 기본적으로 사용가치를 지니지만, 우정이나 지식과 같은 것들은 그 자체로 소중하다는 평가를 받는다. 밀의 표현을 빌려서 벤담을 다시 읽으면 다음과 같다.

인간 본성의 도덕적인 부분만이 문제가 아니다. 엄격한 의미에서, 완벽함을 바라는 마음 혹은 인정받는 느낌이나 양심을 비난하는 느낌, 이런 것들을 벤담은 간과한다. 어떤 이상을 그 자체로 추구하는 것이 인간의 본성이라고 그는 희미하게 인정한다. 명예심과 개인적인 존엄성, 즉 개인적으로 고양되는 느낌 그리고 다른 사람의 의견을 듣지 않고 혹은 그 의견을 거스르면서까지 독립적으로 행동하는 타락 같은 것들 말이다. 아름다움을 사랑하는 마음, 예술가의 열정, 모든 것에서 질서와 조화와 일관성을 사랑하는 마음 말이다. 또 권력욕, 다른 사람에 대한 제한된 형태의 권력을 바라는 것이 아니라 추상적인 의미의 권력을 지향하는 마음, 우리의 자유의지를 효과적으로 만드는 권력을 지향하는 마음 말이다. 그리고 또 행동을 사랑하는 마음, 즉 운동과 활동을 향한 갈망, 인간의 삶에 언제나 영향을 주는 어떤 원칙, 편의성을 사랑하는 마음 말이다. (…) 가장 복잡한 존재인 인간이 벤담의 눈에는 너무도 단순한 존재로 비친다.[11]

세계 최고의 정교한 조정자이자 학자로 꼽히는 캐스 선스타인Cass R. Sunstein※『넛지』의 공저자이기도 하다은 실제 비용편익분석을 통해서 벤담의 효용 개념이 아니라 밀의 후생주의 개념을 보완하는 시도를 한다. 선스타인은 현대적인 비용편익분석의 개척에 도움을 줬으며 오바마 행정부에서는 미국의 정보규제국 책임자로서 이것이 사용되는 것을 감독했다. 법에 의해서 미국의 규제 조치들은 사람들의 삶을 더 낫게 만드는 데 기여하는지 철저하게 평가받게 되어 있으며, 그 조치들은 '행복'의 총합 증가분이 '불행'의 총합 증가분보다 조금이라도 많은지 어떤지 살피는 것처럼 단순한 작업이 아니다. 선스타인의 경험에 비추어볼 때 비용편익분석은 벤담이 생각하던 효용보다 훨씬 더 넓은 영역에서 진행된다.

비용편익분석은 즐거움과 고통에만 초점을 맞추지 않는다. 물론 이것들도 중요하긴 하다. 그러나 비용편익분석은 사람들의 후생복지와 관련된 모든 것을 대상으로 삼는다. 예를 들면 다음과 같은 것들이 포함된다. 신체적·정신적 건강, 고통으로부터의 해방, 의미 있는 존재감, 문화, 깨끗한 공기와 물, 동물 복지, 안전한 먹거리, 자연 보전 지역, 공공건물들에 대한 편리한 접근 등.[12]

공공 정책을 평가하는 데서 정말 어렵지만 반드시 수행해야 하는 과제들 가운데 하나는 일반적으로 가격이 매겨지지 않은 이런 개념들을 비교하는 것인데, 이 과제는 '지식 문제knowledge problem'로 일컬어진다. 정책 입안자들은 이 문제를 해결하려고 다양한 도구들을 개발해왔는데, 무작위 배정randomised control trials※실험참가자를 두 개 이상의 집단에 배정할 때 무작위로 배정하는 방식, 회고 분석, 측정과 반응measure and react에 대한 전략들 등이 여기에 포함된다. 이 모든 것들은 후생복지 관련 정책을 포괄적으로 평가할 목적으로 '돈으로는 살 수 없는 것'에 금전적인 가치를 부여하겠다는 시도를 한다. 지식 문제를 극복할 수 있음을 입증하려는 이런 시도들은, 사람들이 가지고 있긴 하지만 시장에서는 평가되지 않는 많은 가치가 실제로 존재한다는 현실적인 사실을 과소평가한다. 모든 시장가치의 총합은 후생복지의 총합과 일치하지 않는다는 말이다.

시장 가격이 매겨지지 않은 가치의 가장 가까운 사례는 인생이다. 전 세계인이 함께 겪고 있는 코로나19라는 위기는 가치 있는 삶을 사는 일이 절대적인 기준에서나 삶의 질을 반영한 기준에서나 모두 정말 소중함을 새삼스럽게 일깨웠다. 이런 일은 환자들로 꽉 찬 병원에서 치료 대상 환자를 등급별로 분류한다거나 희소한 치료 자원을 환자들에게 할당한다거나 하는 일과 관련된 의사결정을 내릴 때 일어난다. 이것은 또한 안전조치를 마련하기 위한 규제를 결정하는 문제에도 적용될 수 있으며, 또 봉쇄 조치(락다운)를 언제 어떻게 풀어야 할지 그리고 과연 이것을 다시 실시해야 할지 어떨지 등과 같이 보건과 경제 사이에서 균형을 갖춘 중요한 의사결정을 내릴 때도 적용될 수 있다.[13] 이런 문제들은 10장에서 자세하게 다루겠지만, 이런 것들이 우리 일상에 스며들어 있다는 사실은, 시장 가격이 매겨지지 않은 것의 가치를 사회가 알고 인정한다는 것이 얼마나 중요한지를 보여주는 증거이다.

가치를 둘러싼 오해들

요약하자면, 경제적 가치이론들은 (가치는 생산에 투입되는 요소들과 생산이 진행되는 방식과 관련이 있다고 바라보는) 객관적인 이론에서 (가치는 구경꾼의 눈 안에 존재하며 선호에 따라서 결정된다고 바라보는) 주관적인 이론으로 흘러왔다. 이미 가격에 반영되지 않은 근원적이거나 내재적이거나 혹은 본질적인 가치는 존재하지 않는다는 인식이 오늘날에 널리 받아들여지고 있다. 시장이 가치를 결정하고, 수요와 공급의 교차점이 그 가치를 드러낸다. 어떤 것의 가치를 한 사회가 가지고 있는 가치관과 동일시하는 현상이 점점 일상화되고 있다.

그러나 이것은 정상에서 벗어난 하나의 일탈이다. 역사를 통틀어서 가치이론들은 당대의 사회경제적 환경과 정치경제학 안에 뿌리를 두면서 당대 사회가 무엇을 소중하게 여기는지, 즉 당대 사회의 가치관이 무엇인지 반영하겠다는 시도를 끊임없이 해왔다. 최초의 경제학자들이 생산적인 활동과 생산적이지 않은 활동 혹은 가치를 창조하는 활동과 지대를 추출하는 활동을 구분했던 이유도 바로 여기에 있다. 오늘날 가치를 창조하는 활동 개념과 지대를 추출하는 활동 개념은 폭넓게 폐기되고 있다. 시장에서의 모든 수익은 가치 창조에 대한 보상으로 묘사되고 있으며, 가격이 매겨진 모든 것이 국가의 부를 (그리고 시민의 후생복지를) 늘려나간다고 사람들은 (잘못) 이해하고 있다.

가치 개념은 (이 말은 100년 전의 경제 이론과 동의어이다) 현재 거의 논의되지 않는다. 경제학자 마리아나 마추카토는 저서 『가치의 모든 것The Value of Everything』(2018)에서 우리에게는 '가치를 둘러싸고 벌이는 열띤 토론'이 필요하다고 강력하게 주장한다.[14] 특히 마추카토는 가치를 창조하는 과정에 초점을 맞추는 것과 그 가치의 분배를 꼼꼼하게 살피는 것 그리고 복지 관련 활동이 사회에 기여하는 내용을 살피는 것이 중요하다고 강조한다.

마추카토는 우리가 어떤 것에 대해서 이야기하는 방식이 우리가 하는 행동에 영향을 미친다는 개념인 '수행성performativity'의 여러 위험을 강력하게 경고하며, 경제에서 가치 창조의 원천들이야말로 현대의 신화라고 주장한다. 제약사들은 '가치를 기반으로 하는 가격 책정' 정책을 실천하고, 자본 투기는 '반半 기생충 같은' 방식에서 가치를 창조하는 쪽으로 이동해왔다.[15] 오늘날 기업 지배구조의 주된 흐름은, 주주를 위험을 가장 많이 무릅쓰는 사람으로 묘사하는 한편 노동자들이 자신의 경력이나 공적이고 사회적인 인프라의 편익과 관련해서 무릅쓰는 위험을 평가절하함으로써 주주 가치＊주주가 주식을 보유함으로써 얻는 대가를 높이는 쪽으로 진행되고 있다. 마추카토의 관점에서, 가치 개념이 '믿을 수 없을 정도로 모호한fuzzy' 세상에서는 누구라도 자신을 '가치 창조자'라고 부를 수 있다.

오늘날 가치 개념에 대한 주관적인 접근법이 만연하고 사람들은 이런 접근법에 내포된 한계와 여기에서 비롯되는 여러 충격에 무지하다. 그 결과 온갖 다양한 결과들이 빚어진다. 이 결과들은 시장 실패, 인간의 나약함, 국가의 후생복지, 시장감정market sentiments 이론이라는 네 개의 범주로 분류할 수 있다.

시장 실패. 모든 경제 이론은 많은 가정을 토대로 하고, 이 이론들이 내리는 많은 결론은 매우 특이한 환경에서만 유효한데, 이것은 존 메이너드 케인스가 '권위를 가진 미친 사람들'이라고 불렀던 사람들은 보통 알지 못하는 사실이다. 주관적 가치이론도 다르지 않다. 앞에서 살펴보았듯이 주관적 가치이론은 기본적으로 완벽한 경쟁, 완벽한 상품 그리고 완벽한 시장이라는 이상적인 세상, 소비자가 가장 이성적으로 행동하는 세상을 전제로 한다.

그러나 실제 현실에서는 많은 경우에 이런 가정들이 유효하지 않다. 그래서 개인적인 가치와 사회적인 가치가 틀어질 수 있다. 예를 들어보자.

- 독점이나 과점이 존재할 때 한계편익＊어떤 활동을 한 단위 더 추가적으로 실행할 때 발생하는 총편익의 증가분은 균형 상태에서 한계비용을 초과한다. 다른 말로 하면, 기업이 시장지배력을 가질 때 가격은 지나치게 높고 생산은 지나치게 낮다. 흔히 이런 시장지배력은 법규나 규제 혹

은 시장 구조[예컨대, 소셜미디어의 네트워크 외부성network externality(외부효과)]※ 어떤 경제 활동이 다른 사람에게 의도하지 않은 혜택이나 손해를 가져다주는 현상을 '외부성'이라고 한다 때문에 나타난다. 스미스가 기업이 정부 위에 군림하는 경우를 경고했던 내용과 자유시장은 지대地代, rent가 존재하지 않는 시장이라는 그의 견해를 상기해보라.

- 외부성(외부효과)이 존재할 때 비용(혹은 편익)은 제3자에 의해서 발생(혹은 수용)되는데, 여기에서 그들은 아무런 통제권도 가지고 있지 않다. 이런 외부성은 시장 가격에 반영되지 않으며, 이런 현상은 사회적으로 적정한 목적들이 수행되기에는 생산이 너무 많거나 너무 적은 상황으로 이어진다. 부정적인 외부성은 기후 위기의 가장 중요한 원인들 가운데 하나이다. 비록 외부성이 사회적으로 최적의 결과를 수행하는 데서 장애가 되는 재산권 차원의 한계를 설명할 수 있지만, 각각의 개인들이 자신의 행동이 다른 사람들에게 끼칠 수도 있는 해악을 고려하지 못하는 것 역시 넓게 보면 가치들(즉 가치관)의 문제이다.

- 혹은 불완전한 시장이 존재할 때 균형이 여럿 존재할 수 있으며, 그 가운데 많은 균형은 복지후생을 극대화하는 방향과 일치하지 않는다. 금융에서 완전한 시장은 흔히 위험을 분산하고 회피하기 위한 장치로 여긴다. 그런데 변동성이나 불황의 압박 속에서 완전한 시장이 존재하지 않는다는 사실이 대중에 노출될 때는 광범위한 피해가 유발될 수 있다. 7장에서 살펴보겠지만, 이것은 시장가치의 거대한 변동성으로 이어질 수 있으며 또 그러지 않았더라면 금융거래와 전혀 상관이 없었을 사람들에게 불리한 경제적 결과를 안겨줄 수 있다.

뒤에 이어질 여러 장에서 설명하겠지만, 실제 세상에서 나타나는 이런 문제들은 금융에서 기후에 이르는 여러 영역에서 발생하는 위기의 핵심적인 원인이었다. 적어도 지금까지는 말이다.

주관적 가치이론은 시장이 공정하고 효과적으로 작동할 수 있는 한층 더 깊은 조건들에서 물러나 있다. 스미스가 강조했듯이 시장은 문화 속에 녹아 있는 살아 있는 기관이며 현실적인 관행이고 전통이다. 뒤에서 살펴보겠지만, 신뢰, 완전성, 공정성 등의 가치는 시장이 효과적으로 작동하는 데 결정적으로 중요한 역할을 한다. 이런 것들을 저절로 생겨나는 당연한 것으로 여겨서는 안 된다. 어쨌거나 스미스도 한 사회의 관습과 풍습과 가치관은 사람들 사이의 교감과 공감이라는 과정에서 구축되고 강화되었다고 강조하지 않았던가.

인간의 나약함. 여러 주관적 가치이론의 틀에서는 소비자는 이성적이며 미래를 계획한다고 가정한다. 그러나 행동과학 분야의 연구 결과를 보면 우리 인간은 의사결정을 할 때 많은 나약함을 노출한다. 터널 시야를 유발하는 몰입 편향이나 가용성 편향availability bias * 자신의 경험이나 자신에게 익숙한 것만 가지고서 세상을 바라보는 편향 그리고 가치폄하 효과 * 현재 당면한 것은 중요하게 여기고 미래에 일어날 일을 중요하지 않게 여기는 경향 등등. 쉽게 말하면 우리는 자신이 과거에 내린 결정이 잘못된 것임을 아무리 새로운 정보가 말해주더라도 자신의 오류를 인정하려 들지 않는 경향이 있고, 또 자신의 머리에 쉽게 떠오르는 사례가 실제보다 더 일반적이라고 믿는 경향이 있다. 이처럼 우리 인간은 전혀 이성적이지 않다.

이런 맥락에서 주관적 가치들은 특정한 시간 및 상황과 연결되어 있음을 상기할 필요가 있다. 이 점은 중요하다. 더운 여름날 오후의 아이스크림은 추운 겨울날 아침의 아이스크림보다 더 가치가 있다. 사막에서 물이 꼭 필요하듯이, 팬데믹 상황에서는 보건 분야 종사자들과 산소호흡기와 감염자 검사 역량이 꼭 필요하다. 만일 우리가 할인율을 높게 설정한다면(즉 현재를 미래보다 훨씬 더 소중하다고 평가한다면), 당장 내일 닥칠 수 있는 위험을 줄이기 위한 투자를 오늘 해야겠다는 마음은 덜 절실해진다. 그 위험이 언제 그리고 어떤 규모로 다가올지 정확하게 예측할 수 없는 불확실성 아래에서는 특히 더 그렇다.

이런 현실적인 인간적 실체가 가치에 그리고 이미 드러나 있는 가치관에 영향을 미치는 방식에 대한 사례들은 우리 주위에 널려 있다. 우리는 팬데믹에 대처하거나 보건 체계의 역량과 요양원의 수용 능력을 높이는 데 적절하게 투자하지 않았다. 사람들이 충분한 정보를 가지고 있고 이성적이며 미래를 잘 계획한다고 가정한다면, 이런 사실은 인간 삶에 대한 가치와 관련해서 바이러스가 창궐한 뒤에 사회가 가지게 될 기준보다 매우 낮은 기준을 몇몇 경제학자들에게 제안하는 셈이다. 팬데믹 상황에서 사회는 자유방임주의를 선택하지 않았다. 오히려 사람의 목숨을 살리겠다는 마음으로 봉쇄 조치와 그에 따르는 경제적인 궁핍함을 선택했다. 그것도 일반적으로 수용되던 비용편익 모델의 기준을 훌쩍 상회하는 기준으로 말이다. 다른 예를 들어보자. 800년 전으로까지 거슬러 올라가는 금융 위기의 길고 긴 역사가 있었음에도 불구하고, 2008년 세계 금융 위기가 터지기 전에 은행들은 적절한 대비책을 세워두지 않았다. 지금도 그렇다. 기후변화에 대처하는 준비를 적절하게 해야 하지만 우리 사회는 그저 시늉만 할 뿐이다. 지금 우리가 해야 하는 행동에 드는 비용이 미래에 우리가 감당해야 할 비용에 비하면 훨씬 적음에도 불구하고 말이다.

이런 비극들은 가치와 가치관 사이의 간극이 얼마나 더 크게 벌어질 수 있을지 생생하게 보여준다. 그 비극은 인간의 나약함에서 비롯되며, 시장의 불완전성을 바로잡는 것만으로는 해결되지 않을 것이다. 이 책의 다음 부분에서는 한층 더 커다란 전망을 가진 한층 폭넓은 가치기반 접근법들을 정리한다.

국가의 후생복지. 제각기 다른 가치이론들은 당대의 사회적·기술적·정치적 역학dynamics과 분리될 수 없다. 아리스토텔레스의 경제학은 그의 윤리적이고 도덕적인 철학과 그의 기본적인 관심사이던 정의론에 필수적이었다. 교회법학자들의 경제적 접근법은 그들이 가졌던 사회철학과 신학의 한 부분이었다. 고전주의자들은 유례없는 성장과 도시화와 산업화와 세계화의 시대에서 정치경제학에 초점을 맞추었다. 정도의 차이가 있긴 하지만, 가치에 대한 이 모든 역사적 접근법들은 생산과 거래의 변화하는 성격이 각각의 생산요소에 돌아가는 수익을 결정한다는 사실을, 특히 우리 사회에서 부와 소득이 분배되는 과정에서 그런 역할을 한다는 사실을 인식했다.

이 이론들이 나타나게 된 본질적인 이유는 국가의 부와 복지를 늘리겠다는 것이었다. 가치에 대한 접근법들은 사회가 생산적이라고 바라보았던 활동들을 정의하는 데 도움이 되었으며, 또 그 결과 공공 정책에 영향을 미쳤고 각각 저마다의 우선순위를 설정했다. 중상주의자들은 상업을 지지했고, 중농주의자들은 농업을 찬양했으며, 고전주의자들은 공업을 지지했다. 수백 년에 걸쳐서 생산적이라고 여기던 것의 범위가 한층 넓어졌으며, 여기에는 과거 지대 추구 활동으로만 여겨지던 금융과 같은 많은 활동도 포함된다. 4차 산업혁명이 막 시작된 지금, 어떤 활동이 생산적이며 어떤 활동이 그렇지 않은지 혹은 가치를 창조하는지 아니면 지대만 추구하는지 살피는 일이 가장 큰 관심사로 떠오르는 건 당연하다.

가치에 대한 주관적인 접근법이 가지는 강점은 중립적이라는 점이다. 가격이 매겨진 모든 것을 비교할 수단이 있다. 이 수단은 언제나 동일하며 널리 적용될 수 있는 기준인 시장 가격이다. 그러나 복지나 후생이라는 관점에서 볼 때 이 접근법은 여러 가지 문제를 안고 있다.

첫째, 기본적으로 가격이 매겨진 모든 것이 (한 국가의 번영을 측정하는 수단으로 널리 사용되는 지표인) GDP[16]로 산정되므로, 미래에 번영을 가져다줄 추동체의 상대적인 가치가 모호해질 위험이 있다. 여러 객관적인 가치 이론은 무엇이 생산적인지에 대한 판단을 내리는 데 신중했다. 그러나 오늘날 가치가 평가된 모든 것, 즉 시장 가격을 가지고 있는 모든 것이 동일하게 생산적이거나 미래의 가치 창조에 중요하지는 않다. 게다가 생산적이라고 여겨지는 것은 자기충족적이 된다. GDP에 포함되는 것 자체가 생산적이라는 뜻이기 때문이다. 예를 들어서 경제학자 다이앤 코일은 다음과 같이 지적했다. 금융이 경제에서 전략적으로 중요한 부문이라는 견해는 금융을 국민생산national production의 한 부문으로 지목한 통계적 방법론상의 변화들과 궤를 함께하면서 발전했다고 말이다.[17]

둘째, 경제적 인프라와 경제적 자본에는 보통 가격이 매겨지지만, 사회적 인프라와 사회적 자본에는 보통 가격이 매겨지지 않는다. 그래서 사람들의 후생복지에 중요한 것들에는 투자가 상대적으로 적게 이루어질 수 있다. 표준적인 GDP 산정 방식으로만 보자면, 정부는 공공 부문의 인건비 외에는 부가가치 창조에 아무런 기여도 하지 않는다. 가격을 매기지 않은 산출물에 대한 측정이 이루어진다면, 생활 수준과 경제 성장을 동시에 더 잘 반영할 것이다.[18] 코로나 위기가 진행되는 동안에는 무엇이 성과를 포착하는 기준이 될까? 보건 부문 노동자의 봉급일까, 아니면 사람의 목숨을 구하는 그들의 영웅적인 노력일까?

셋째, 후생복지에 대한 광범위한 연구조사에 따르면 인간의 행복을 결정하는 다양한 변수들에는 가격이 매겨지지 않는다. (나는 '행복'과 '후생복지'를 같은 뜻으로 사용한다는 점을 밝혀두겠다.) 이 변수들에는 신체와 정신 건강, 인간관계, 공동체 그리고 전반적인 사회 분위기가 포함된다. 이런 현실적인 실체가 의미하는 사실은 명백하다. 설령 시장들이 완벽하게 경쟁적이고 완전하며 정보가 모든 구성원에게 동일하게 공유되고 거래비용은 일절 발생하지 않으며 또 사람들이 전적으로 이성적이라고 하더라도, 그들의 개별적인 효용 극대화 거래들의 총합이 복지후생을 극대화하지 않는다는 것이다.

넷째, 가치이론가들이 오래전부터 초점을 맞추어왔듯이 분배는 후생복지에 중요하며, 여기에서 비롯되는 편익들은 금전적인 수치나 이와 비슷한 것으로는 포착되지 않을 수도 있다. 어떤 정책이나 편익이 소외된 집단들에게는 크게 유리한 한편, 그렇지 않은 집단들에게는 아주 작은 비용밖에 들지 않을 때, 이 정책은 시장가치가 암시하는 내용과 상관없이 사회구성원의 삶의 질을 높여주는 복지 정책이 될 수 있다.[19] 비용과 편익의 할당(혹은 '발생incidence')이 중요하며, "금전적인 표현으로 말하자면, 설령 지금 당장에는 '돈을 얻는 사람'이 얻는 돈보다 더 많은 돈을 '돈을 잃는 사람'이 잃는다고 하더라도, 미래에 발생할 후생복지 차원에서 볼 때 '돈을 얻는 사람'이 얻는 돈보다 더 적은 돈을 '돈을 잃는 사람'이 잃을 가능성을 배제할 수 없다." 예를 들어서 살펴보자. 페이스북＊페이스북은 2021년 10월 28일 회사 이름을 '메타'로 변경했다 회장 마크 저커버그와 실업수당으로 근근이 살아가는 사람, 이 두 사람에게 똑같이 1,000파운드가 추가로 주어진다고 하더라도, 그 의미는 실업수당으로 살아가는 사람에게 훨씬 더 크다. 부분적으로는, 이것을 돈의 한계효용체감의 법칙으로 설명할 수도 있다. 특정한 기준선을 넘으면 추가로 금전적인 이득이나 손실이 발생한다고 하더라도 후생복지 차원에서 상대적으로 중요하지 않지만 상대적으로 형편이 어려운 사람에게는 그 수준의 이득이나 손실이 매우 중요하다는 증거는 곳곳에 널려 있다.[20]

시장감정 이론. 스미스의 『도덕감정론』이 전하는 핵심적인 메시지를 한 번 더 생각해보자. 사람들은 다른 사람이 자신을 좋은 사람으로 인식하길 바람으로써 사회심리학 차원에서 자신의 기준을 (그리고 가치관을) 정한다. 그런데 어떤 사람이 관찰을 통해서 인식하고 측정한 결과가 이 사람의 가치와 가치관에 대한 인식에 영향을 미친다면 어떻게 될까? 주관주의는 생산적인 활동과 비생산적인 활동, 즉 가치를 창조하는 활동과 지대를 추구하는 활동을 구분하지 않는다. 만일 사회가 지대를 추구하는 활동을 소중하게 여긴다면 우리의 감정도 그에 맞춰질 것이다.

심지어 그것이, 가격을 매기지 않은 것은 무엇이든 가치가 없다고 시사할 수 있을까? 어떤 새로운 정책의 비용과 편익에 대한 평가는 이 문제를 해결하려고 노력하는 것으로 이어져야 한다. 그러나 사람들이 그런 복잡한 평가를 수행한다는 것이 과연 얼마나 합리적일까? 혹은 시장가치가 점점 더 모든 것의 척도가 되어가는 판국에 아무리 시간과 관찰의 노력을 들인들 과연 그게 가능하기나 할까?

관련해서 만일 시장에 없는 것은 소중하지 않다고 한다면, 이런 설정에 자극을 받아서 한층 더 많은 재화와 활동이 시장으로 들어올까? 또 이것이 그것들에 대한 가치 인식에 영향을 줄 수 있을까? 특히 그것들이 경외심부터 인간 존엄성에 이르는 한층 폭넓은 가치들(즉 가치관)과 관련이 있을 때는 어떨까?

뒤에 이어질 여러 장에서는 다음과 같은 쟁점들을 살펴볼 것이다. 우리가 가치를 평가하는 방식을 바꾸는 것, 즉 가격 체계를 확장하고 시장경제의 정의를 새롭게 하는 것이 과연 우리의 가치관을 바꾸는 것이 될까? 가치이론의 용어를 빌리자면, 주관주의가 지배할 때 내재가치(본질적인 가치)가 좀먹어 들어갈까? 그런데 여기에 역설이 존재한다. 시장이 효과적으로 작동하려면 신뢰, 공정성, 완전성 등과 같은 다른 감정들이 있어야 한다. 한층 더 넓은 장점들이 무엇이 되었든 간에, 만일 주관적 가치 이론이 지배적인 이론으로 자리를 잡는다면 도덕감정을 시장감정으로 바꾸어놓음으로써 멸망의 씨가 뿌려질지도 모른다.

이런 문제들을 탐구하기 위해서 우리 시대의 가치 척도로 넘어가자. 바로 돈 이야기이다.

3장

화폐와 금
그리고 동의의 시대

현재 5,500톤이나 되는 금이 잉글랜드은행 금고에 보관되어 있다. 이 얼마나 무용한가! 남아프리카공화국의 트란스발이나 캐나다의 북극 지방의 광산 노동자들이 땅속 깊은 곳에서 금광석을 채취했고, 이 금광석은 제련과 순도 분석 과정을 거친 뒤에 선적되어 배로 대양을 건너서 잉글랜드은행을 찾아왔다. 순전히 다시 지금 금고에 들어가서 묵혀 있기 위해서 말이다.

한번은 조각가 안토니 곰리Antony Gormley가 이 금의 운명을 놓고 곰곰이 생각한 끝에 이 금이 걸었던 그 여정을 되살려보는 프로젝트를 제안했다. 그는 금고에 보관된 금을 원료로 조각품 하나를 만든 다음에 이것을 그 금이 원래 있던 곳인 땅속으로 입회인과 함께 돌려보내면 좋겠다고 말했다. 사람들이 밟고 걸을 수 있는 황금 카펫 위의 고독한 점토 인간 형상을 원래의 침전물 상태로 돌려보낸다는 뜻이었다. 나는 곰리에게 보안상의 이유 때문에 그 조각상을 사람들이 볼 수는 없을 것 같다고 말했다. 가치의 진정한 속성을 이해한 그는 흥분을 가라앉혔다. 그 가치는 창조 과정에 있었다. 보는 것이 아닌 행위에 있었던 것이다.

잉글랜드은행 금고에 있는 금은 약 1억 8,000만 달러의 시장 '가치'를 가지고 있다. 그러나 이 시장 가격 가운데 일부는, 이 금은 (즉 중앙은행들이 가지고 있는 금은) 다른 나라의 중앙은행을 상대로 해서만 팔린다는 견해로 설명된다. 그러니까 그 금은 지나간 시대, 즉 금이 돈의 지불을 보증하던 시대 그리고 훨씬 더 이전에는 금이 돈이던 시대의 흔적인 셈이다.

오늘날 잉글랜드은행은 여전히 금을 세계에서 두 번째로 많이 가지고 있다. (그런데 이 금의 대부분은 세기가 바뀌던 시점에 잉글랜드은행이 많은 부분을 팔았으므로, 다른 나라 중앙은행들의 소유이다.) 런던은 여전히 민간 금 시장의 중심지이다. 잉글랜드은행 금고에 있는 최상급의 금들은 잉글랜드은행이 발행한 통화＊통화는 유통 수단이나 지불 수단으로서 기능하는 화폐를 총칭하고, 화폐는 상품 교환가치의 척도가 되며 또 이 교환을 매개하는 일반화된 수단을 의미하는데, 화폐로는 지폐, 주화, 은행권 등이 있다에 대해서 금으로 바꾸어달라는 요구가 있을 때면 언제든 그 요구를 확실하게 들어주었던 시대이자 파운드화가 국제 통화제도의 중심에 있던 시대의 산물이다.

영국의 금 보유량은 현재 유통되는 영국의 전체 지폐와 동전 금액의 17퍼센트에 해당되며, 총통화공급 금액의 1퍼센트가 채 되지 않는다. 한때 금은 노동자의 이마를 아프게 찍어 누르는 가시면류관에 비유되었지만(황금 못에 대한 수요가 흔히 경쟁력을 회복하기 위해서 노동자의 임금을 내리눌렀기 때문이다), 오늘날에 이 금은 그저 가시가 모두 떨어져나간 유물일 뿐이다.[1]

금이 어떻게 해서 화폐가 되었고 또 그다음에 어떻게 해서 자신의 왕관을 잃어버렸을까 하는 이야기는, 어떻게 해서 화폐가 가치를 측정하고 또 가치와 가치관 사이 관계의 어떤 것을 측정하는 데 사용되었을까 하는 내용을 제법 많이 드러낸다. 또 이것은 다음 질문을 제기한다. 만일 금이 더 이상 화폐의 지불을 보증하지 않는다면 무엇을 할까?

화폐의 역할

화폐는 가치를 측정하는 데 사용된다. 화폐는 가격을 (그리고 균형 속에서의 주관적인 가치를) 계산하는 단위이다. 화폐는 제각기 다른 재화들을 비교할 수 있게 해주고, 또 제각기 다른 시간과 환경에 놓인 동일한 재화들을 비교할 수 있게 해준다.

화폐가 없으면 애덤 스미스의 보이지 않는 손의 탈중앙화된 교환*중앙 권력이 통제하는 시장이 아니라 자유로운 시장에서 일어나는 교환이라는 뜻이다이 일어날 수 없다. 화폐는 핀을 만드는 공장의 노동에 담긴 전문성과 '그 결과로 나타난 작업량의 엄청난 증가'[2]와 관련된 수수께끼를 풀었다.*스미스의 설명으로는 핀 하나를 만들려면 18개의 작업을 별도로 해야 했다 오로지 화폐만이 정육점 주인과 양조장 주인과 빵가게 주인이 각각 가지는 욕망을 일치시키는 문제를 풀어서 우리가 식사를 할 수 있게 해준다.[3] 화폐를 대신할 수 있는 물물교환은 전적으로 비현실적이라고까지 할 순 없다고 하더라도 충분하지 않음은 분명하다. 왜냐하면 우리가 어떤 거래를 하려고 할 때마다 상대방이 가지고 싶어 하는 것을 정확한 양만큼 가지고 있을 가능성은 별로 없기 때문이다.

그러나 만일 화폐가 가치를 측정하는 데 사용된다면 어떤 가치들(즉 가치관)이 화폐에게 그 화폐의 가치를 부여할까? 이 질문에 대한 해답은 화폐의 역할에서 시작된다. 화폐는 화폐가 수행하는 역할로서 정의된다. 『국부론』에서 스미스는 다음 역할을 얼마나 잘하는가 하는 것으로 화폐를 정의한다.

- **가치 저장고:** 이것을 가지고서 지금의 구매력을 미래의 어느 시점으로 연기한다.
- **교환의 매개체:** 이것으로 재화나 서비스의 값을 치른다.

- **계산 단위:** 이것을 특정한 재화나 서비스 혹은 저축금이나 대출금을 측정한다.

화폐의 이런 기능은 위계 속에서 작동한다. 교환의 매개체로 사용되지 않지만 사람들이 가치의 저장고로 바라보는 자산이 많이 있다. 예를 들어 집이 그렇다. 그런데 어떤 자산은 가치의 저장고로 대할 준비가 된 사람이 적어도 두 명 이상 있을 경우에만 교환의 매개체가 된다. 그리고 어떤 자산이 계산 단위로 취급될 수 있으려면, 여러 사람 사이에서 시간과 상관없이, 즉 언제든 교환의 매개체로 사용될 수 있어야 한다.[4]

이런 위계는 화폐가 사회적인 관습임을 말해준다. 상품권을 떠올려보자. 우리는 이것이 금속으로 만들어졌든 폴리머(중합체)로 만들어졌든 혹은 암호 형태로 존재하든 간에 어떤 가치를 담고 있음을 인정한다. 다른 사람들 역시 그것을 가치의 저장고라고 즉각 그리고 쉽게 인정할 것이기 때문이다. 화폐는 모든 사람에게 적용되는 차용증서IOU〔'I owe you(너에게 빚을 졌어)'를 줄인 표현이다〕와 같은 것이다.

"우리는 모두 당신에게 빚을 지고 있습니다."[5]

화폐의 역사를 살펴보기 전에 그 역사가 최종적으로 어디로까지 이어졌는지부터 살펴보는 게 좋을 것 같다. 화폐가 최종적으로 다다른 지점은 현대적인 화폐의 세 가지 형태이다.

첫째, 중앙은행이 발행한 은행권이 있다. 스미스의 얼굴이 그려진 20파운드짜리 지폐 같은 것 말이다. 영국에서 이런 화폐는 전체 통화량의 3퍼센트밖에 되지 않으며, 소비자 거래에서도 약 4분의 1밖에 사용되지 않는다.[6] 내가 태어났을 때 (사실 좀 오래전이긴 하다) 영국 노동자 대부분은 현금을 주급으로 받았으며 사람들의 4분의 3은 은행계좌를 가지고 있지 않았다. 거래에서 현금이 차지하는 비율은 전자상거래와 지불결제 기술에서 일어난 혁명과 함께 가파르게 추락해왔다. 이 추락이 팬데믹 상황에서는 대면 상태에서 현금을 주고받는 과정에서 바이러스가 옮을지도 모른다는 공포 때문에 한층 더 가속화되었다.

둘째, 전자 중앙은행권이다. 민간 은행들이 서로 거래를 청산하기 위한 목적 등의 이유로 자기의 중앙은행에 준비금 형식으로 발행하는 화폐이다. 이것은 경제에서의 모든 거래가 그 중앙은행 덕분에 효과적으로 진행된다는 뜻이다. 지불이 한번 이루어지고 나면 돌이킬 수 없음을 확실하게 보증함으로써 사람들이 안심하고 거래할 수 있기 때문이다.

마지막으로 셋째, 이것이 가장 의미가 있는 형태인데, 바로 민간 은행들이 대출자들에게 대출을 확장할 때 발행하는 전자통화이다. 이 통화는 전체 화폐의 80퍼센트나 차지한다.[7] 이것은 부분지급준비금제도 fractional reserve banking의 산물인데, 이 제도는 17세기에 유럽의 부유한 가문들이 (예를 들면 메디치 가문이 있다) 처음 개척했으며 나중에는 스웨덴의 중앙은행Riksbank(릭스방크)과 같은 준공공기관들과의 협력 속에서 (스웨덴의 중앙은행은 중앙은행 역사상 세계 최초이다) 간헐적으로 나타났다. 부분지

도표 3-1 • 영국의 지불 총액에서 현금 지불이 차지하는 비율(1990~2019)

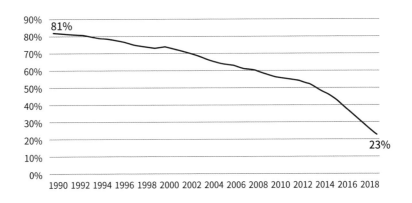

급준비금제도는 현대 금융의 핵심이다.

부분지급준비금제도에서 은행은 예금주의 예금을 모두 보관하지 않고 일부만 금이나 현금 혹은 유가증권으로 보관하고 나머지는 대출금이나 투자금으로 활용한다. 이럴 때 통화제도의 효율이 높아지는데, 운영을 잘하는 은행은 자기가 확보하고 있는 손실보전자본의 몇 배나 되는 금액을 가계나 기업에 ＊경제 활동의 주체를 흔히 가계와 기업과 정부로 분류한다 무담보로 빌려줄 수 있기 때문이다. 그러나 어떤 은행의 지불 능력에 대해서 우려가 발생하면, 예금주들은 이 은행이 대처할 수 있는 금액보다 더 많은 금액을 인출할 수 있다. 은행이 자기가 대출해준 금액을 즉각적으로 회수할 수 없기 때문에, 즉 그 대출금이 유동적이지 않기 때문에 그런 상황이 일어난다. 지난 수백 년 동안 이런 취약성이 반복해서 드러났는데, 이런 취약성이 민간 자금에 대한 공적인 감시기관(예컨대 금융감독원)들과 공적인 안전망(예컨대 예금자보험이나 중앙은행이 수행하는 '최후의 대부자' 역할)들의 생성을 촉진했다.

공적인 기관과 제도들 그리고 가치관이 궁극적으로 지급을 보증한다

지난 수백 년 동안 중앙은행들은 지불 능력이 있는 은행들이 유동성 위기를 넘길 수 있도록 지원하는 최후의 대부자라는 이 결정적인 역할을 발전시켜왔다. 즉 은행의 예금주들이나 그 밖의 다른 채권자들이 해당 은행의 지불 능력을 걱정하기 시작할 때, 중앙은행은 자기가 가진 우월한 실시간 정보와 자체 통화에 대한 무제한의 자원을 가지고서 해당 은행의 일시적인 자금 부족 사태가 해결되도록 돕고 나설 수 있다. 여기에서 핵심은 해당 은행이 실제로 '잘 운영'되고 있어야 한다는 점이다. 실제로 그런지 혹은 그러지 않은지 판단하는 것이 금융 부문에서 가장 어려운 판단들 가운데 하나이다.

현대 통화제도에서는 민간 금융 부문이 전체 통화의 대부분을 만들어낸다. 이런 일이 실제 현실에서 일어나는 양태는 화폐의 가치를 유지하는 것이 중요하다고 설명하는 교과서가 묘사하는 것과는 다르게 전개된다. 교과서는 흔히 화폐가 새로운 예금에 의해서 창조된다고 말한다. 이 세상에서 가계의 '저축' 의사결정이 새로운 화폐를 창조하고, 이 화폐를 은행은 다른 경제 활동 주체에게 빌려준다. 그러나 이 예금은 다른 곳에서 나와야만 하는데, 어떤 가계가 은행에 돈을 맡기겠다고 선택했다고 가정해보자. 그 예금은 가계가 기업에서 생산한 재화나 서비스를 구매할 것을 포기함으로써 만들어진다. 가계가 재화나 서비스를 구매할 때 기업은 그들에게서 나온 돈을 자기가 거래하는 은행에 맡길 텐데, 가계가 구매를 하지 않으면 결국 돈, 즉 화폐는 전혀 창조되지 않는다.[8]

은행이 화폐를 창조하는 기본적인 방법은 대출을 해주는 것이다. 어떤 은행이 어떤 대출자가 신용이 있다고 (나중에 대출금을 갚을 것이라고) 판단할 때, 은행은 대출자에게 신용 대출을 해준다. 이때 새로운 화폐가 창조되어서 전체 화폐 유통량의 한 부분으로 편입된다. 은행은 이 대출 결정을 내릴 때 대출자에 대한 신뢰도에 의존하는데, 이 신뢰도를 가리키는 '신용credit'은 라틴어 'credere'에서 비롯되었다. 이 신뢰를 보완하기 위해서 해당 은행은 위험(리스크)을 정밀하게 평가할 뿐만 아니라 대출자의 정보를 정밀하게 조사한다. 미하일 고르바초프의 말을 빌리자면, "신뢰하라, 그러나 확인하라."[9]

은행은 무제한으로 화폐를 창조할 수 있다. 그러나 은행의 활동은, 경쟁으로 훈련받고 건전성 규제(예컨대 중앙은행의 감독)로 구속받으며 (예컨대 기존 부채를 갚는 방식으로) 통화량을 줄일 수 있는 가계와 기업의 의사 결정에 의해서 제한된다. 통화 정책은 화폐 창조를 궁극적으로 제한한다.

왜냐하면 금리를 조정함으로써 화폐와 그 밖의 다른 금융자산들의 가격에 직접적인 영향력을 행사하며, 따라서 민간 부문에서 창조되는 화폐의 수요에도 직접적인 영향력을 행사하기 때문이다.[10]

지금과 같은 전자화폐의 시대에 만년필 화폐＊은행장이 만년필로 쓰기만 하는 행위로 창조된다고 해서 이런 별칭이 생겼다로 일컬어지는 이런 형태의 화폐는 지난 천 년 동안 화폐를 대표해왔던 물리적인 화폐와는 매우 거리가 멀다. 화폐는 고대의 고동 껍질부터 2차 세계대전 때의 담배 그리고 오늘날 케냐의 휴대폰 통화 가능 시간에 이르기까지 다양한 형태로 존재해왔다.

내가 캐나다은행에 있을 때 본 것인데, 이 은행의 현관 로비 한가운데는 (흥미롭게도 이 로비는 세계에서 두 번째로 추운 수도의 한가운데 있는 거대한 적도 테라리엄＊식물을 기르거나 뱀·거북 등을 넣어 기르는 데 쓰는 유리 용기으로도 사용되었다) 도넛 형태로 가운데 구멍이 뚫린 4톤짜리 거대한 석회암이 놓여있었다. 이것은 라이 돌Rai stone이었다. 라이 돌은 세계에서 가장 큰 화폐인데, 거대한 현금이자 유통 원장＊'원장'은 거래 내역을 적은 장부를 말한다의 선구자로 미크로네시아의 섬 얍Yap에서 발행된 것이다.[11] 라이 돌의 소유권은 합의 메커니즘의 초기 형태인 구전으로 기록된다.

전통적인 화폐로 휴대가 한층 더 간편한 것들은 물론 은행권이다. 이런 은행권은 17세기 중국에서 처음 발행되었는데, 뽕나무 껍질로 만든 것이었다. 민간 은행권들은 유럽에서 르네상스 시대에 유통되기 시작했으며, 18세기와 19세기에 점점 더 널리 쓰이게 되었다. 오늘날 이런 은행권은 대부분 각국의 중앙은행에서 발행한다. 어음 발행은 1694년에 설립된 이후로 잉글랜드은행이 수행해온 핵심적인 기능이다. 처음에 잉글랜드은행은, 프랑스와 전쟁을 벌이던 윌리엄 3세에게 자금을 제공할 목적으로 금으로 교환할 수 있는 은행권을 손으로 직접 써서 발행함으로써 '국민의 이익을 도모한다'는 과제를 수행했다.

과거나 현재나 할 것 없이 대부분의 화폐 형태는 내재가치를 훨씬 초과하는 명목가치를 가지고 있다. (아닌 게 아니라 20파운드짜리 폴리머 은행권 하나를 만드는 데 드는 돈은 불과 몇 펜스밖에 되지 않는다.) 이런 가치 간극이 존재한다는 것은 화폐가 길고도 안타까운 가치 하락의 역사를 걸어왔다는 뜻이다. '돈 한 푼 들이지 않는 것'은 언제나 너무도 매력적인 전망임을 입증한다. 역사를 통틀어서 각국 정부는 흔히 국민의 신뢰를 저버리곤 한다. 로마 시대에 은으로 만든 주화는 아우구스투스 재임기와 마르쿠스 아우렐리우스 재임기 사이 100년 동안에 25퍼센트나 하락했다.[12] 14세기 이탈리아의 피렌체에서나 15세기 스페인의 카스티야와 프랑스의 부르고뉴에서도 가치 하락은 나타났다. 1540년대에 헨리 8세는 액면가가 총 440만 파운드나 되는 주화를 발행했는데, 이 금액은 그 주화 원료 금속이 지닌 내재가치의 두 배였다. 비슷한 시기에 은화를 발행한 프랑스의 경우도 마찬가지였다. 17세기까지 유럽에서는 온갖 종류의 금속으로 만든 수백 종의 주화가 유통되었는데, 이로써 상업 비용은 높아졌고 정부가 가치 하락에 따른 갑작스러운 인플레이션(물가상승)을 통해서 세수를 늘릴 기회는 줄어들었다.

민간 화폐의 기록도 지금까지 줄곧 최소한 그보다 나쁘면 나빴지 더 좋을 게 없었다. 여러 시대를 거치면서 다양한 형태의 민간 화폐는 (예컨대 18세기와 19세기에 유럽과 아메리카의 은행들이 발행한 민간 화폐는) 공급과잉이라는 필연적인 과정을 거치면서 끝내 몰락했다. 처음에는 자산을 담보한다든가 엄격한 규칙을 정한다든가 하는 방식으로 지급보증을 강력하게 했지만, 이런 은행들도 결국에는 이런 제약을 느슨하게 만들고 오랜 세월에 걸쳐서 구축된 신뢰성에 의존함으로써 이윤을 늘리겠다는 유혹에 빠지고 말았다. 공적인 신뢰의 추락과 그에 따른 민간 화폐가 가진 가치의 추락은, 헤밍웨이가 한때 파산에 대해서 썼듯이 "점차, 그러다가 갑자기" 나타난다.[13]

수백 년에 걸쳐서 반복되었던 전망과 신뢰와 환멸이라는 이 주기를 통해서 금전적인 가치의 토대가 형성되었다. 때로는 고통스럽기도 했던 이 발전이 있기까지는, 지급보증이 되지 않는 민간 화폐와 황금으로 지급 보증이 되는 순수한 화폐, 그리고 시행착오를 거친 끝에 제한적인 재량권 아래에서 운영되며 독립적인 권위 기관인 중앙은행이 궁극적으로 지급을 보증하는 명목화폐(법정화폐)의 성공적인 모델(이 모델에 대해서는 4장에서 자세하게 살펴볼 것이다) 등이 관련된 다양한 실험들이 진행되었다. 화폐의 가치를 유지하는 문제와 관련해서 공적인 기관들과 민간기관들의 유효함은 그들이 확보한 내재가치에 의존한다. 이것은 5장에서 화폐의 미래를 살펴보기 전에 먼저 알아야 할 내용이다.

건전한 화폐를 떠받치는 가치관을 탐구하기에 좋은 대상은 암스테르담은행의 역사이다. 애초에 이 은행의 설립 자체는 화폐에 가치를 부여할 수 있는 것이 무엇인가 하는 문제의 혁신적인 해결책이었다. (비록 나중에는 감독받지 않는 민간 화폐를 찍어내겠다는 유혹에 무릎을 꿇고 말긴 했지만 말이다.) 이 은행은 30년 전쟁(1618~1648)의 여파 속에서 명성을 얻었다. 신성로마제국의 작은 독일 국가들과 인근의 강대국들이 종교 문제로 30년 동안 얽혔던 이 전쟁은 역사적으로도 유례가 없었던 최악의 경제 위기를 불러서, 초인플레이션*통제가 불가능한 극심한 인플레이션이 발생했고 거래와 경제 활동이 전면적으로 중단되는 일까지 벌어졌다. 이 위기는 '키퍼 운드 비퍼차이트Kipper-und Wipperzeit'라고 불렸는데*'Kipper'는 은화를 깎아낸다는 뜻이고, 'Wipperzeit'는 은화의 무게를 재는 데 사용하는 일종의 저울을 의미한다 신성로마제국의 국가들이 군비를 마련하려고 은화를 깎아내서 변조함으로써 은화의 가치를 떨어뜨린 데서 유래한다.[14]

이런 상황에서 암스테르담은행은 화폐의 가치 하락을 통제하며 이 과정에서 현대적인 화폐가 나타나는 데 도움이 되는 금융 서비스를 제공하고 나섰다. 온갖 종류의 잡다한 화폐가 유입되고 사용되던 암스테르담에서 이 은행은 상인들로부터 주화를 받아서 맡으면서 공정하고 표준적인 비율로 그 주화의 가치를 평가했으며 (물론 적은 금액의 수수료는 따로 받았다) 거기에 따른 예금 증서를 발행해서 '은행 화폐bank money' ✲ 계산화폐로서의 신용화폐로 주로 수표나 어음을 가리킨다라고 알려진 이 증서를 통화의 한 형태로 사용할 수 있게 했다. 결과적으로 볼 때 암스테르담은행은 오늘날 우리가 당연하게 여기는 수표와 자동이체를 개척한 셈이다.[15] 사람들은 은행 화폐를 사용함으로써 돈을 도둑질당한다거나 화폐가치 하락이나 화폐 손상의 손해를 입을 걱정 없이 거래할 수 있었다. 왜냐하면 자신이 가지고 있던 화폐는 은행계좌에 확실하게 기록되고, 그 예금은 금과 은으로 지급이 보증되었기 때문 ✲ 당시에 암스테르담은행은 고객의 예탁금으로 대출이나 투자를 따로 하지 않았다이다.

암스테르담은행은 150년 넘게 이 영업 관행을 유지했다.[16] 그 덕분에 이 은행의 명성은 높았고, 가끔은 설립 헌장에서 스스로 정한 규정에서 벗어나서 시장 참여자들에게 일종의 마이너스통장 방식으로 유동성 지원을 할 수 있었으며, 최후의 대부자라는 미래의 중앙은행 역할까지 했다. 그러나 1770년대 말이 되면서 점점 더 많은 금액을 최대 고객이던 네덜란드 동인도회사에게 빌려주기 시작했다. 1790년대에 이 은행의 신용도가 추락했다는 사실이 공공연하게 알려지고 나자, 계좌를 기반으로 한 화폐의 신용도도 함께 추락했으며, 예금 인출 사태가 빚어졌고, 결국 이 은행은 무너지고 말았다. 이 은행이 애초에 설정했던 핵심적인 과제에서 벗어나서, 적절한 감시나 투명한 정보 공개가 없는 상태에서 부분지급준비금제도를 실행하는 위험을 무릅썼기 때문이다. 이런 사실들에 대한 사람들의 깨달음은 관리 방식(거버넌스)의 질과 대차대조표의 질 그리고 '은행 화폐'의 건전성에 대한 의심으로 이어졌다. 그러나 화폐에 관해서는 의심할 여지가 없다.

암스테르담은행의 역사는 화폐 뒤에 숨어 있는 몇 가지 중요한 가치를 입증한다. 목적의식, 건전한 관리, 투명성 그리고 책임성이 바로 그런 가치들이다. 공공 부문에서 발행한 것이든 혹은 민간 부문에서 발행한 것이든 간에 화폐는 공공재이다. 화폐를 창조하고 관리하고 보관하는 사람들, 그리고 화폐의 거래를 용이하게 해주고 또 기록하는 사람들은 모두 해당 제도에 대한 신뢰를 유지해야 한다는 특별한 책임을 진다. 왜냐하면, 그 제도의 어느 한 부분에서라도 믿음이 깨질 경우 전체의 신뢰가 훼손될 수 있기 때문이다.

미국에서는 자유은행시대Free Banking Era(1837~1863)에 수많은 민간 은행이 중앙정부의 감독을 받지 않고 화폐를 발행했다.[17] 당시는 그야말로 신용도가 제각각인 민간 은행권이 제각기 다른 장소에서 제각기 다른 가격으로 유통되면서 거래는 엄청나게 복잡하게 이루어졌다. 그야말로 '먹튀'를 일삼는 '살쾡이 은행wildcat banking'들이 횡행하는 혼돈의 시기였다. 감독 기능이 거의 없는 상태에서 은행들은 자기가 발행하는 화폐(어음)에 대한 지급을 보증할 금이나 은의 양을 줄였으며, 스스로 그 화폐의 가치를 깎아내렸다. 은행 위기는 툭 하면 일어났고 디플레이션이 주기적으로 나타나서 사람들의 일상을 파괴하고 경제 활동을 파괴했다. 결국 1913년에 해당 제도를 감독하기 위한 기구로 연방준비제도가 설립되었으며, 일관성 있는 건전성 규칙이 제정되었다.

영국에서도 은행권을 발행하는 은행들이 망하는 일이 비일비재했다. 그래서 잉글랜드은행으로서는 (비공식적이긴 하지만) 최후의 대부자 역할을 해야 하는 압박을 받았다. 오스틴 남매의 대조적인 운명을 살펴보자. 한 명은 건전한 화폐를 대표하고 다른 한 명은 화폐의 가치 하락에 관여했다. 존경받는 작가 제인 오스틴은 현재 10파운드 지폐에 얼굴이 실려 있다. 이것은 딱 맞는 결과인데, 왜냐하면 10파운드는 그녀가 소설 『오만과 편견 Pride and Prejudice』으로 받은 돈이며, 현재 가치로 환산하면 약 1,000파운드＊약 160만 원이다. 그러나 오스틴의 이름이 은행권에 등장한 건 이게 처음이 아니었다. 제인의 오빠 헨리는 런던뿐 아니라 햄프셔에도 관심을 가진 은행가였다. 당시에 많은 은행은 영세하고 지역적이었으며, 독자적으로 은행권을 발행할 수 있었다. 대영박물관에는 알턴에 있던 헨리 오스틴의 은행이 발행한 10파운드짜리 지폐를 소장하고 있는데, 이 지폐에는 그 은행의 동업자들인 오스틴과 그레이와 빈센트 이름이 적혀 있다.

불행하게도, 제인 오스틴이 초기 작품에 "어떤 남자가 은행에 이름을 올리고 나자 그 남자에게는 돈이 넘쳐난다"고 썼는데, 그녀가 자신의 오빠 헨리를 대상으로 집필했다는 사실이 나중에 드러났다. 한동안 그 은행은 수지가 좋았다. 그러나 현명하지 못한 대출로 알턴에 있던 헨리의 은행은 망해버렸고, 그 뒤에는 런던에 있던 헨리의 은행이 망했으며, 헨리는 1816년에 개인적인 파산을 맞았다. 제인 오스틴을 비롯해서 이들 은행에 돈을 예치했던 예금주들은 빈털터리가 되고 말았다.

이 안타까운 이야기가 18세기와 19세기에 영국에서 자기 화폐를 발행하던 다른 은행들이 겪었던 실패와 비슷하긴 하지만, 현재 잉글랜드은행이 하는 일 가운데 한 부분이 제인 오스틴의 은행권을 포함해서 화폐의 가치를 보호한다는 사실이 위안이라면 위안이다. 통화에 대한 신뢰를 유지하는 것은 중앙은행의 기본적인 책무이다. 이 책무는 화폐의 가치를 유지하는 것, 위조지폐로부터 화폐를 보호하는 것 그리고 지폐에 실리는 인물 선택이 화폐에 대한 존경심과 정당성을 불러일으키도록 하는 것으로까지 확장된다. 다음 장(4장)에서는 잉글랜드은행과 같은 중앙은행들이 어떻게 그 일을 하는지 또 그 역할들을 계속해서 수행하려면 어떤 것들이 필요한지 살펴볼 것이다.

'자기 명성'을 토대로 자유롭게 은행권을 발행했던 민간 은행들이 결국 걸어갔던 길을 전제로 한다면, 자유방임주의가 건전한 화폐의 토대로는 맞지 않다는 사실에 대부분 동의할 것이다. 화폐에 대한 공신력을 유지하며 화폐의 가치 하락을 막기 위한 접근법은 지금까지 두 가지가 있었다. ① 원칙적으로 금으로써 (그리고 경우에 따라서 토지나 석유로써) 지급을 보증하는 접근법과 ② 독립적인 중앙은행이 이끄는 기관이 지급을 보증하는 접근법이다. 후자를 다음 장에서 살펴보기 전에, 화폐 뒤에 숨어 있는 가치들에 대해서 금이 가르칠 수 있는 몇 가지 교훈을 살펴보자.

무엇이 화폐를 지탱하는가 – 금본위제

금본위제의 기원은 멀리 과거로 거슬러 올라간다. 수천 년 동안 귀금속은 통화로 사용되었다. 가장 오래된 주화는 기원전 600년까지 거슬러 올라가는데, 오늘날 터키의 이즈미르 인근에 있는 아르테미스 신전에서 발견되었다. 로마 시대에는 금과 은 그리고 청동으로 만든 주화가 제작되었으며, 한 면에는 당시 황제의 모습이 새겨졌고 다른 면에는 신화 속의 쌍둥이 인물인 로물루스와 레무스가 새겨졌다.[18] 그런데 이 주화들의 이름은 오늘날까지 살아남았다. 예컨대 영국의 화폐 단위인 파운드와 페니는 고대 로마의 리브라libra와 데나리우스denarius＊ 파운드는 'lb'로 페니는 'd'로 각각 표기한다에서 각각 비롯되었으니까 말이다.

금화가 (보통 은화와 나란히) 화폐로 유통되던 제도는 금화본위제gold specie standard로 알려졌다. 은화는 보통 한층 더 많이 사용되었는데, 왜냐하면 금으로 일상적인 거래를 하기에 편리한 작은 가치의 동전을 만들면 너무 작고 가벼웠기 때문이었다. 그래서 피렌체의 플로린이나 베니스의 더커츠와 같은 금화는 보통 대규모 거래를 체결하는 데 사용되었다.

지폐의 발명으로 주화는 은행권으로 대체되었고, 금괴본위제gold bullion standard가 나타났는데, 이 제도 아래에서 당국자들은 유통되는 통화를 고정된 가격 기준으로 금으로 바꾸는 데 동의했다. 그런데 여기에서 중요한 점은 금이 은행권을 전액 혹은 부분만 지급보증할 수 있었다는 사실이다.

금속이 화폐를 지급보증하는 제도는 귀금속에 의존해야 했지만, 이 귀금속의 공급을 예측할 수 없다는 점 때문에 어려움이 많았다. 로마의 주화제도가 로마 제국보다 훨씬 더 오래 지속되어서 무려 9세기 초이던 샤를마뉴 대제 시대에도 가격은 여전히 데나리온으로 불렸는데, 이렇게 될 수밖에 없었던 이유를 은의 공급이 부족했다는 요인을 가지고서 설명할 수 있다. 그런데 스페인이 이른바 '신세계'를 정복하자 정반대의 문제가 나타났다. 금과 은이 너무 많이 공급되는 바람에 16세기에 거대한 규모의 통화 자극이 발생해서 유럽 전역이 이 영향을 받았고, 그래서 1540년부터 1640년까지 100년 동안 물가가 무려 일곱 배나 뛰어오르는 이른바 '물가 혁명monetary stimulus' 현상이 나타났다.[19] 이때 스페인은 화폐를 획득한다고 해서 부국이 되는 것이 아님을 뼈저리게 깨달았다. 귀금속의 가치가 절대적인 게 아니었던 것이다. 공급이 늘어나면 구매력이 떨어지고 만다는 게 진리라는 것을 안 것이다.

스페인발 통화팽창은 영국까지 확장되었다. 당시 영국 물가는 유례없던 비율로 뛰어올랐다. 이 거친 파도는 17세기 중반에야 비로소 잦아들었지만, 영국에서는 금융 관련 문제들이 여전히 이어졌다. 중상주의 시대에 상대적으로 원시적이던 통화제도 때문에 세계 무역에서 영국은 네덜란드에 추월당했다. 게다가 엎친 데 덮친 격으로 영국은 자국의 통화 부족과 만성적인 세수 부족에 시달렸다. 또 이런 현상들과 무관하지 않게 상인들 사이에서는 금을 징발당할지도 모른다는 공포가 퍼져나갔다. 이런 현상은 명예혁명(1688~1689)의 여파 속에서 바뀌게 되는데, 일부 학자들은 명예혁명이 종교적인 차원의 적대감 때문만이 아니라 금융적인 차원의 부러움 때문에 촉발되었다고 주장하기도 한다.[20]

17세기 말경 영국에서는 일련의 사회경제적 발전이 진행되었는데,

이것이 화폐와 통화제도의 진화에 커다란 영향을 미쳤다. 또 그다음에는 화폐의 가치를 어떻게 유지할 것인가 하는 문제에 대해서 여러 가지 교훈을 주었다.

그 교훈에서 비롯된 첫 번째 실천은 1694년에 잉글랜드은행이 설립된 일이다. 이 은행은 은행권을 발행하는 권리를 정부에 자금을 제공하는 역할과 결합했다. 합자회사라는 이 은행의 지위는 효과를 한층 더 증폭했으며, 이 은행은 핵심적인 금융 역할에 초점을 맞춤으로써, 프랑스의 왕립은행Banque Royale(방크 로얄르)이 파산하게 만들거나 영국의 남해거품사건South Sea Bubble＊18세기 초 영국 남해회사의 주가를 둘러싼 투기사건으로 영국 재계에 대공황을 야기시켰다을 야기하는 유형의 실수들로부터 원천적으로 차단될 수 있었다. 이렇게 해서 잉글랜드은행은 통화제도가 정교하게 마련되는 환경 속에서 점점 큰 역할을 하게 된다.

두 번째 실천은 영국이 금본위제를 채택하게 된 것이다. 1717년에 영국 조폐국의 수장이던 아이작 뉴턴이 드물기 짝이 없는 어떤 계산 실수를 하는 바람에 은화가 시중에서 사라져 유통되지 않았고 이에 영국은 금본위제를 채택하게 되었다. 복본위제bimetallism＊금과 은 두 종류의 금속을 본위화폐로 유통시키는 화폐제도 아래에서는 금화와 은화는 나란히 유통되었으며, 당국은 이 둘 사이의 가치 비율을 설정해서 서로에 대한 상대적인 가치를 결정했다. 이것은 금이나 은 가운데 어떤 금속이든 간에 새롭게 발견되면, 그 비율이 수정되거나 혹은 사람들이 과대평가된 주화를 과소평가된 주화와 바꾸겠다는 동기에 사로잡힌다는 뜻이다.

그런데 뉴턴은 은에 대한 금의 가격을 지나치게 낮게 설정하는 실수를 저질렀고, 그 바람에 모든 은이 시장의 유통에서 사라졌다. 그 결과 세계에서 가장 중요한 무역국인 영국의 금융 부문 최고 권력이 오로지 순수한 금화에만 초점을 맞추게 되었다. 사실상의 금본위제인 이 체제는 한 세기 뒤에 영국에서 공식화되었으며, 나중에는 영연방과 유럽 대륙 전역에서 채택되었다. 특히 미국을 필두로 한 다른 나라들은 금환본위제gold exchange standard ＊ 금본위제의 한 형태. 금본위제와는 달리 본위 화폐를 발행하지 않지만 중앙 은행이 금본위제를 취하고 있는 나라의 금환(금)을 일정한 시세로 제한 없이 매매해, 금본위제와 마 찬가지로 통화와 금의 연결을 유지한다가 효과를 발휘하기 시작하던 19세기 후반까 지는 금은 복본위제를 고집하며 유지했다.

세 번째 실천은 19세기 영국에서 은행권의 지급보증 문제를 놓게 격 렬한 논쟁이 벌어졌는데, 결국 이 논쟁이 금괴본위제를 강화하는 결과로 이어진 것이다. 1797년에 프랑스가 침공할지도 모른다는 공포 때문에 영 국의 수많은 민간 은행이 파산했으며, 심지어 잉글랜드은행까지도 위기 에 몰렸다. 이 은행의 준비금이 무서운 속도로 빠져나갔던 것이다. 그러 자 소小 윌리엄 피트 총리는 1797년 2월 25일에 추밀원령으로 은행권이 금으로 교환되는 것, 즉 태환성(통화교환성)을 정지시켰다. 이때 피트 총리 는 잉글랜드은행을 '불행하게도 나쁜 친구와 사귀었던 런던의 노부인'이 라고 묘사했다. 그래서 지금까지도 잉글랜드은행은 '바느질거리의 노부 인Old Lady of Threadneedle Street'이라는 별칭 ＊ '바느질거리'는 런던의 금융거리이다으 로 불린다.

나폴레옹 전쟁(1796~1815) 동안에 통화교환성을 다시 설정하는 문제 를 놓고 열띤 논의가 벌어졌다. 데이비드 리카도와 헨리 파넬Henry Parnell 이 이끌던 지금론자Bullionist 집단은 만일 은행들에 금 태환을 요구하지 않으면 은행들은 지나치게 많은 은행권을 발행해서 인플레이션과 화폐의 가치 하락을 유발할 것이라고 주장했다. 이런 주장들은 경제학에서 장차 등장할 화폐주의 ＊ 경제에 대한 화폐 공급량이 경제에 미치는 영향력을 중시하면서 정부의 시 장개입을 규제해야 한다는 주장를 예고했다.

여기에 반대하는 집단은 '진성어음주의Real Bills Doctrine'를 주장했는 데, 존 로와 스미스 그리고 밀이 이 집단의 주요 인물이었다. 이들은 은행 권 지급보증 자산이 충분한 신용을 갖추기만 하면 은행권을 얼마든지 믿을 수 있다고 주장했다. 당시에 그런 자산은 주로 금과 (기업들이 거래에서 사용하던) 환어음이었다. 그들은 환어음에 대한 수요는 민간기업이 수행하는 활동에 의해서 결정될 것이므로 은행권이 과도하게 발행될 일은 없을 것이며, 설령 일시적으로 그런 일이 일어난다고 하더라도 금방 해결될 것이라고 주장했다. 반대로 만일 화폐 수요가 동원 가능한 금이라는 조건에 얽매여서 제한받는다면 상업 활동이 위축될 것이라고도 주장했다.

결국 지금론자들이 이겼다. 화폐를 금으로 바꿔주는 태환성은 1821년에 회복되었으며, 발행 은행권 전액을 금으로 바꾸어주는 것을 규정하는 법률이 1844년에 제정되었으며, 이것은 1차 세계대전까지 전면적으로 유지되었다.[21] 영국에서 확고하게 정착한 금본위제는 국제 거래와 자본 흐름이 왕성하게 이루어지던 시기 동안에 국제 통화제도에 영향을 주게 된다. 그런데 1890년대 중반부터 1차 세계대전까지 기간에 잉글랜드은행이 발행하는 은행권의 양이 지급준비를 위해 보유하는 금의 양이 늘어나는 속도보다 더 느리게 늘어났다는 사실은 지적해둘 필요가 있다. 상업 활동을 지원하는 데 필요한 민간 금융의 확장을 허용한 것은 오로지 새롭게 등장한 (공동주식) 예금은행이 늘어나게 만드는 결과를 빚었을 뿐이다.[22]

잉글랜드은행은 19세기를 거치면서 중앙은행의 핵심적인 여러 역할을 떠맡으면서 점점 더 높은 지위를 얻고 중요해져갔다. 서로 경쟁하는 민간 은행들이 은행권을 발행하는 권한에 가해지는 규제와 제한이 점점 빡빡해졌으며, 1844년에 잉글랜드은행은 잉글랜드와 웨일스에서 독점권을 부여받았다.[23] 이와 동시에, 민간 은행 체계가 점차 정교해지자 잉글랜드은행은 최후의 대부자가 되어서, 시장 경색이 나타날 때는 건전한 민간 은행들에 자금을 제공했다. 뒤에서 살펴보겠지만 이런 신중한 책임들이 추가되면서 잉글랜드은행은 이런저런 모순에 봉착하게 되었다. 예를 들면, 국제수지 압력이 상대적으로 높은 이자율을 요구할 때 국내의 은행 관련 문제들에 대해 상대적으로 낮은 이자율을 요구하는 경우가 그랬다.

국내와 국외를 두고 어느 하나를 선택해야 하는 어려움은 금본위제를 치명적으로 훼손하고, 통화와 금융의 안정성을 획득하는 것은 어렵기 짝이 없지만 반드시 해결해야만 하는 과제로 대두된다.

국제 금본위제 – 동의 없는 약속

최종적인 중요한 발전은 국제적인 금환본위제를 채택하는 것이었다. 19세기의 마지막 4분의 1을 남겨두고 있을 때 온갖 통화가 함께 유통되던 통화의 혼성 체계에 가해지던 압박들은, 금본위제에 가해지던 압박들과 복본위제도에 가해지던 압박들과 함께 점점 강도를 높여갔다. 이 압박들에 마지막 지푸라기 하나의 무게가 가해졌던 전환점의 사건은 1870년부터 1871년까지 일어났던 프로이센–프랑스 전쟁이다. ＊이 전쟁은 프로이센의 지도하에 독일 통일을 이룩하려는 비스마르크의 정책과 그것을 저지하려는 나폴레옹 3세의 정책이 충돌해서 일어났다 이 전쟁 기간에 프랑스, 러시아, 이탈리아 그리고 오스트리아–헝가리 제국은 모두 태환성을 보류했다. 전쟁이 끝나고 영국만이 통화안정을 유지하면서 전 세계의 선도적인 금융·통상력을 가지자, 전 세계 대부분 국가가 영국의 금본위제를 채택했다.[24]

국제 통화 문제에서는 경로의존성path dependence ＊일정한 경로에 한번 의존하기 시작하면 나중에 그 경로가 비효율적이라는 사실을 알고도 여전히 그 경로를 벗어나지 못하는 경향성의 정도가 높다. 그래서 어떤 나라든 간에 이런 문제에서는 다른 나라들, 특히 가장 강력한 힘을 가진 나라들이 채택한 방식을 채택하게 된다. 바로 이 원리가 작동해서, 영국이 '어쩌다 보니' 18세기에 금본위제를 채택한 뒤에 사실상 전 세계가 150년 만에 이 제도를 채택하게 된 것이다.[25] 금환본위제로의 이동은 수십 년 동안 통화의 안정을 가져왔다. 그러나 이 안정은 1차 세계대전 이후에 여러 가지 약점을 노출했다. 이런 점에서 보면, 현재 미국과 중국 사이에서 화폐의 미래를 놓고 벌이는 논쟁은 다음 100년 동안 이어질 새로운 기준을 낳을 수 있다.

흄이 맨 처음으로 금본위제가 온전하게 존재하기까지 아직 한 세기를 더 기다려야 할 시점에 금본위제의 작동 방식을 묘사했다. 다음은 흄이 묘사한 내용이다. 재화가 수출될 때마다 수출업자는 금으로 대금을 지급받고, 이 금은 조폐국으로 들어가서 금화로 제조된다. 수입업자는 재화를 살 때마다 금을 수출함으로써 대금을 지불한다. 무역수지의 적자를 기록하는 나라에서는, 국내 물가 하락의 자율조정 메커니즘이 작동하면서 금이 해외로 유출된다. 상대적으로 적은 금이 동일한 양의 재화를 추구하기 때문이다. 한편 외국에서는 보다 더 많은 금이 동일한 양의 재화를 좇기 때문에 물가가 올라간다. 수입품이 더 비쌀 때 사람들은 수입품을 덜 쓰고 가격이 싼 국내 제품을 소비하려고 한다. 이렇게 해서 무역수지 적자폭은 줄어들고, 마침내 균형이 회복된다.

은행과 대규모 자본 흐름의 시대에는 상황을 한층 더 복잡하게 만드는 문제들이 따로 더 있었다. 그 자본 흐름은 처음에는 금이 아니라 통화로 이루어지며, 수출업자가 받은 통화는 중앙은행에서 금으로 교환된다. 무역 적자국에서는 화폐 공급이 줄어들 것이고(왜냐하면 들어오는 자본보다 나가는 자본이 더 많기 때문이다), 이자율은 올라가며, 국내 물가와 노동자들의 임금은 떨어져서 나중에 가면 결국 수출 경쟁력이 회복된다. 중앙은행들은 미리 금리를 올림으로써 이런 압박이 발생할 것을 기대하면서, 국내 신용가용성credit availability * 신용 공급을 얼마나 할 수 있을지 나타내는 정도에 영향을 주는 한편, 금의 이동 없이도 지불 균형을 회복하게 만든다.

금환본위제가 전반적으로 잘 작동했던 것은 이 제도의 핵심에 있던 주요 중앙은행들〔잉글랜드은행, 프랑스은행, 독일제국은행(라이히스방크) 등〕이 모두 높은 수준의 헌신을 다하고 또 높은 수준의 신뢰를 가졌기 때문이다. 금융 시장들이 스스로 반등할 것이라고 기대했으며 또 전체적으로 볼 때 투기적인 공격이 없었기 때문이다.[26] 신뢰는 핵심적인 요소였다.

이 신뢰는 금에 대한 고정환율제도를 가진 체계의 설계에서 비롯된 산물이 아니었다. 화폐의 역사가 보여주듯이, 화폐가 지닌 가치를 계속 지켜나갈 것임을 보증하는 혹은 그렇게 계속 지켜나가도록 만드는 마법의 법칙은 어디에도 없다. 금융 관련 규칙이나 제약 혹은 규율을 '일시적으로' 느슨하게 풀어놓는 동기들은 지금까지 언제나 있었다. 강력한 사회적 합의가 없는 상태에서는 궁극적으로 이런 압박들이 압도하게 된다. 금본위제에 대한 신뢰는 사회적·정치적·경제적 조건들이 그 제도가 처음 도입되었던 때와 비슷하기만 하다면 얼마든지 유지될 수 있다. 그런데 이 조건들이 바뀔 때, 스스로 했던 다짐을 지켜나가려는 당국의 역량은 조금씩 으스러지기 시작하고, 마침내 그 체제는 피할 수 없이 무너지고 만다.

금본위제 초기에 이 제도를 강화했던 요인으로 특히 세 가지를 꼽을 수 있다.

첫째, 영국이 금융과 상업 부문의 주도권을 가졌다는 사실이 한층 커다란 자기 강화 시너지 효과를 낳았다. 영국은 자본(기계류)의 주된 수출국이었으며, (아르헨티나부터 캐나다에 이르는) 당시의 신흥국들이 수입하던 것들에 매우 많은 금융자본을 제공했으며, 그리고 또 그 나라들에서 만든 제품을 많이 샀다. 기본적으로 당시 영국의 경제와 통화제도는 생산적인 재투자를 위해서 금을 세계 경제 속으로 다시 투입해서 재활용하는 지향성을 가지고 있었다.

둘째, 은행 시스템이 상대적으로 덜 개발된 상태였던 터라서, 중앙은행들이 맞닥뜨리는 외부(국제) 안정성과 내부(국내) 안정성 사이의 갈등이 상대적으로 거의 없었다.

셋째, 금본위제는 정치적으로 활발한 주체들의 강력한 합의로 뒷받침되었다. 금본위제의 주춧돌은 정부가 안정성과 태환성(통화교환성) 유지에 강력한 우선순위를 둔다는 점이었다. 처음에 금본위제의 중심에 있던 나라들이 이 제도를 안정적으로 유지하기 위해서 '무엇이든 할 것이다'라는 (혹시 이 말이 어쩐지 익숙하게 들리지 않는가?) 믿음에 한 점의 의심도 없었다. 노동자에게는 투표권이 제한되어 있었으며 노동자 조직도 느슨하였으므로 (계급투쟁의 관점에서 상상해보라) 통화를 지키는 데 필요한 정책들이 시행될 때 가장 크게 고통받을 수밖에 없었던 노동자들로서는 그 정책들에 영향력을 행사하기에는 조건이 녹록하지 않았다.[27] 그 결과 중앙은행들은 금의 유입을 촉진하기 위해서 금리를 인상할 수 있었으며 물가와 임금이 내려가도록 압력을 가할 수 있었는데, 이런 조치들은 궁극적으로 경쟁력과 외부 균형＊국제수지의 균형을 뜻한다을 회복시켜주었다. 이런 환경 덕분에 임금과 가격은 상대적으로 유연하게 변동했다. 즉 국내 소비 지출의 감소가 필요할 때는 실업률을 높이기보다는 주로 국내 물가와 생산비의 하락을 통해서 얼마든지 그렇게 할 수 있었다.[28]

이 모든 요인이 바뀌면서 금본위제에 대한 압박이 차곡차곡 쌓였다. 19세기가 끝날 무렵이 되면 세계의 경제 권력은 점점 더 분산되었고, 따라서 금본위제를 관리하기도 한층 더 어려워졌다. 국제무역과 금융통합이 꾸준하게 성장함에 따라서 영국 경제의 중요성은 상대적으로 줄어들었다. 이와 동시에, 금본위제에 내재된 흠결(즉 금본위제가 튼튼하게 유지되려면 새로운 금이 지속적으로 공급되어야 한다는 조건이 전제된다는 흠결)이 국내의 임금과 물가 그리고 은행들에 압박을 가하는 새로운 디플레이션 편향으로 나타났으며, 이런 현상은 금본위제를 채택한 국가들 전반에 걸쳐서 등장했다.

금의 공급이 경제 발전 속도보다 느리게 진행될 때는, 구매력의 평형 상태를 회복하기 위해서 물가가 떨어질 필요가 있다. 이런 양상은 1870년대에 많은 국가가 연달아 금본위제를 채택할 때 적나라하게 나타났다. 상대적으로 적은 돈이 상대적으로 많은 재화를 좇을 때 디플레이션이 일어날 수밖에 없는데, 1873년부터 19세기 말까지 영국의 물가는 3분의 1 이상 떨어졌다.[29] 물가와 임금이 가파르게 떨어지는 환경에서는 부채에 대한 실질적인 부담이 증가하며 은행으로서는 건전성을 유지하기가 한층 더 어려워진다.

비록 1890년대에 남아프리카공화국과 호주 그리고 알래스카에서 금이 대량으로 발견되면서 디플레이션 압박이 일시적으로 누그러지긴 했지만, 이 효과가 사라지자 곧바로 물가 하락 압박은 재개되었다. 금본위제는 이런 환경과 맞서 싸우려고 (지급보증이 되지 않는) 외환보유고＊특정 시점에서 한 국가가 보유하고 있는 외환채권의 총액에 점점 더 많이 의존했다. 이런 의존은 금본위제의 신뢰성을 떨어뜨렸으며 은행 업무와 국제수지에서의 위기 가능성을 높였다.

통화제도들이 점점 더 복잡해지면서 스스로 균형을 찾아가는 속성이 점점 미약해졌다. 중앙은행들은 최후의 대부자로서 짊어져야 하는 의무와 태환성을 반드시 지켜야 한다는 의무 사이에서 갈등할 수밖에 없었다. 19세기가 전개되면서 부분지급준비금제도가 점점 더 중요해졌다. 예를 들어서, 요구불예금이 다섯 배 늘어날 때 금 보유고는 3.5배밖에 늘어나지 않는 식이었다.[30] 이것은 국제수지라는 외부적인 균형(태환성)과 내부적인 균형(국내 통화제도와 국내 경제) 사이에 긴장이 한층 더 잦아지고 높아진다는 뜻이었다. 뱅크런bank run＊경제 상황 악화로 금융 시장에 위기감이 조성될 때 은행의 예금 지급 불능 상태를 우려한 고객들이 대규모로 예금을 인출하는 사태은 예치 자금의 인출과 금에 대한 수요 그리고 긴급 유동성을 제공하라는 압박이 잉글랜드은행에 가해진다는 뜻이다. 그러나 유동성 공급(보다 더 낮은 금리로 보다 더 많은 돈을 푸는 것)은 금본위제의 근간을 흔드는 조치였다. 게다가 만일 금융 시장들이 국제수지 균형을 유지하겠다는 중앙은행들의 결심이 물러졌음을 깨닫기라도 한다면, 통화와 관련된 자기충족적인 흐름이 뒤따를 수 있었다.

이런 환경에서 국제 공조가 이루어지기는 어려웠지만, 그만큼 중요하기도 했다.[31] 케인스가 말했듯이 잉글랜드은행은 "국제 오케스트라의 지휘자" 역할을 해왔다. 다른 중앙은행들은 잉글랜드은행의 지침을 따르면서 국제 신용 조건들에 대한 조정 작업을 함께하며 금의 과도한 흐름을 관리하는 데 도움을 줬다. 그러나 국제 공조를 요구하는 사건들이 숫자 측면에서나 심각성 측면에서 점점 더 악화되자, 특히 금융안정성과 관련된 문제들이 불거짐에 따라 청중들이 잘못된 몇몇 선율을 지적하기 시작했다. 1890년에 거대 은행 베어링이 파산하는 이른바 '베어링 위기'가 아르헨티나 정부의 디폴트 선언으로 촉발되어 나타나자, 국제 금본위제의 핵심인 잉글랜드은행으로서는 프랑스와 러시아의 중앙은행들로부터 금을 빌릴 수밖에 없었다. 1900년대 초에 미국에서 발생한 몇 차례의 금융위기 때도 그랬다. 금본위제의 생존은 흄이 말했던 자동적인 조정 메커니즘보다는 국제 공조에 점점 더 많이 의존하게 되었다.

참정권이 확대되고 노동자가 조직을 만들기 시작하고 노동자 계급을 대변하는 정당들이 대중적인 인기를 얻기 시작하면서 정치적인 압박도 서서히 시작되었다. 오로지 태환성에만 집중할 뿐 국내 경제, 특히 임금과 실업에 미치는 영향은 철저하게 배제하겠다는 원칙을 버텨낼 힘이 점점 부족해졌다. 이런 상황은 금본위제의 신뢰성을 훼손하면서, 금본위제는 "사회적으로 구축된 제도이며, 이 제도의 생존 여부는 이 제도가 운영되는 맥락에 따라서 결정된다"는 사실을 강조했다.[32] 아닌 게 아니라, 애초의 금본위제는 은행권과 부분지급준비금제도가 개발되기 이전에 나온 것이었다. 또 이것은, 정부는 국내 활동이나 임금 혹은 금융안정성 등과 같은 다른 목적으로 정책을 유도하는 정치적 압박으로부터 차단되고 보호되어야 한다는 정치적인 설정을 전제로 한 것이었다. 요컨대, 금본위제는 각 국가의 정부가 통화와 환율의 안정성을 무엇보다 중요하게 여기던 (또 그럴 수 있었던) 분위기에서 탄생했다는 말이다.

가치관에 의해 무너진 금본위제

금본위제는 궁극적으로 실패할 수밖에 없었다. 왜냐하면 이것의 가치관이 사회의 가치관과 일치하지 않았기 때문이다. 금본위제는 국내 차원의 연대보다는 국제 차원의 연대를 우선시했다. 금본위제가 국제수지의 안정을 강조하는 방침은 국내의 금융을 신중하게 바라보아야 한다는 원칙과 충돌했다. 노동자들의 영향력이 한층 더 커지자, 조정 작업은 정치적으로 한층 더 어려워졌고 시간도 더 많이 걸렸고 당국자로서는 실업률을 줄여야 한다는 부담을 더 많이 질 수밖에 없었다. 요컨대 금본위제의 지속가능성이 점점 더 위태로워졌던 것이다.

금본위제는 마침내 1차 세계대전과 함께 무너졌다. 전쟁이 끝난 뒤에 이것을 부활시키려는 노력이 있었지만 여의치 않았다. 전쟁 전부터 이미 시작되었던 여러 변화가 한층 더 빠른 속도로 진행되어왔기 때문이다. 영국이 누리던 산업적·상업적 걸출함은 이미 과거의 일이 되었다. 영국이 가지고 있던 외국 자산들 가운데 많은 부분이 전쟁 기간에 매각되었다. 전쟁 전야에 이미 미국 경제의 규모는 영국 경제 규모의 두 배가 넘었고, 또 이때 이미 영국은 독일과 러시아에게도 추월당한 상태였다.[33] 전쟁이 진행되던 기간까지 미국의 경기 순환 및 금융 주기의 규모, 그리고 타이밍에서의 차이는 이미 금본위제의 기능을 심각한 수준으로 방해했다. 미국으로서는 영국이 해왔던 방식을 그대로 따라갈 의향이 없었으며 또한 영국이 지휘하던 오케스트라를 맡아서 지휘할 생각도 없었다.

이 전쟁 기간에 세계 각국의 금융은 점점 더 복잡해졌으며 보다 더 많은 중앙은행이 최후의 대부자 역할을 해야만 했다. 노동조합이 확산된다는 것은 임금을 이제 더는 예전처럼 빠르게 억누를 수 없다는 뜻이었다. 참정권의 폭도 매우 넓어지면서, 국내 문제와 국제 문제 사이의 우선순위 균형도 달라질 수밖에 없었다. 금본위제가 가졌던 신비로운 불멸의 힘은 이미 깨지고 말았다.

이런 사실이 지금 우리 눈에는 분명히 보이지지만, 당대의 은행가들과 경제학자들의 눈에는 선명하게 보이지 않았다. 잉글랜드은행 총재이던 몬터규 노먼Montagu Norman은 1920년에 재개된 '상인들과 은행가들의 맨션 하우스 디너Mansion House Merchants and Bankers Dinner' 자리에서 영국의 금융계가 정상적인 상태로 돌아가기 위해서는 단결이 필요하다며 단결을 강조하는 연설을 했다. 이때 그가 언급한 단결은 잉글랜드은행이 제안한 '정책'을 지지하라는 말이었다. 그는 "그 정책이야말로 영국의 금융계와 영국이 전쟁 이전에 가지고 있었던 영광을 다시 누리게 해줄 유일한 정책"이라고 믿었다.

이런 전망을 노먼이 얼마나 확신했던지, 한번은 노먼이 지나가는 말로 문제의 '그 정책'은 '금본위제를 재확립하고자 하는 시도'라고 말했으며, (정상적인 상태는 말할 것도 없고) 그렇게 함으로써 얻을 수 있는 대가를 망설이지 않고 설명했다. 지금 와서 돌이켜보면, 엄격한 격식을 차려 흰색 나비넥타이를 매고 참석하는 만찬 자리에서 영국 금융계의 고위 인사들을 상대로 노먼이 했던 연설은 금본위제의 구속으로 회귀하는 것에 대한 정치적인 합의를 이끌어내기에는 너무도 허술한 접근이었다. 하지만 그때는 '정교하지 않아도 되고 설명하지 않아도 되는' 시대였다.

과거로 돌아가려는 이 자기만족적인 시도는 결국 나라를 디플레이션과 깊은 불황으로 몰아넣었다. 금본위제라는 낡은 정책은 전후에 형성된 새로운 기준에 맞지 않았으며, 결국 영국은 몇 년 뒤, 영국의 파운드화가 세계 기축통화로서의 지위를 잃는 재앙적인 경기후퇴를 겪고 나서야 금본위제를 포기할 수밖에 없었다. 과거의 확신에 매달리는 것은 영국이 잘못하고 있음을 입증하는 행위일 뿐이었다. 1931년 9월에 영국이 갑작스럽게 금본위제를 포기했는데, 그 무렵에 영국의 실업률은 두 배로 뛰어서 15퍼센트를 기록했다. '그 정책'이 1926년에 다시 채택된 이후로 영국의 경제는 전혀 성장하지 않았던 것이다.

잉글랜드은행 총재로 처음 출근한 날에 나는 금에 대한 집착이 어떻게 영국을 위기의 구렁텅이로 몰아넣었는지 떠올렸다. 내 전임자의 파란만장한 역사를 알아차리고 나는 노먼의 그림 열세 점 가운데 하나를 외부 인사들을 만나는 총재 집무실에서 떼어내기로 마음먹었다. 그렇게 하고 몇 시간이 지나자 당시 조지 오즈번George Osborne 재무부 장관이 나에게 전화를 했다. 그때 나는 '흠, 잉글랜드은행이 어쩐지 여기저기 구멍이 많이 난 기관처럼 보이는가 보군'이라고 생각했다.

오즈번은 노먼의 그림을 빌려달라고 했다. 그래서 나는 "그러죠, 그런데 왜요?"라고 다소 순진하게 대답했다. 그러자 다음과 같은 대답이 돌아왔다.

"총리 관저의 식당에 걸어놓으려고요. 왜냐하면 바로 그 식당에서 노먼 총재가 윈스턴 처칠을 설득해서 (당시에 처칠이 영국 총리였다) 금본위제를 전쟁 이전으로 돌렸거든요."

오즈번은 그 그림을 보고 있으면 '잉글랜드은행의 총재가 하는 조언은 절대로 따르지 않아야 한다'는 교훈을 잊어버릴 일이 없지 않겠느냐는 말도 했다.

나는 절차에 따라서 그 그림을 넘겨주었다. 그리고 1920년의 그 논쟁에서 노먼의 상대편에 섰던 인물인 존 메이너드 케인스의 초상화 한 점도 함께 주었다. 전설에 따르면, 그 결정이 내려지던 날 저녁에 케인스는 몸 상태가 좋지 않아서 자신의 주장을 (혹은 영국의 경제 상황과 관련된 이야기를) 제대로 하지 못했다. 그런데 금본위제를 둘러싼 논쟁이 벌어질 때 사람들은 자신이 어느 진영에 설 것인지 결정해야 했는데, 그때 오즈번은 사실 철저한 케인스주의자였다.

화폐 이면에 있는 가치관을 위하여

금본위제 경험의 첫 번째 교훈은 낯익은 것이다. 어떤 형태의 화폐든 간에 채택되고 유지되려면 신뢰가 필수적이라는 교훈이다. 불확실한 환경에서라도 한동안은 그 신뢰가 금본위제의 핵심인 엄격한 태환성과 같은 단순한 규칙으로 지탱될 수 있다. 신뢰는 금의 흐름이 금리와 물가 그리고 임금의 변화로 이어져서 새로운 균형점을 찾아가도록 만드는, 즉 자율적으로 균형을 찾아가는 메커니즘을 창조했다.

그러나 신용과 신뢰는 정치적인 지원 없이는 유지될 수 없다. 그런데 정치적인 지원이 가능하려면 대중의 이해도 필요한데, 이것은 투명성과 책임성을 통해서 확립되며 연대에 뿌리를 둔 대중의 동의를 요구한다. 이 동의에는 조정 조치들에서 비롯되는 힘든 짐을 공정하게 나누어지는 것과 관련된 문제에 대한 동의도 포함된다.

금본위제를 유지하는 데 필요한 조정사항들이 점점 더 많아지자 화폐를 지탱하는 이런 토대들이 흔들렸다. 세상은 다극화되었고, 국제 사회의 연대가 국내 차원의 연대보다 상대적으로 더 중요해졌다. 국내 통화제도는 한층 더 복잡해졌으며, 국제수지와 국내수지 사이의 갈등 상황은 한층 더 자주 일어났다. 그러면 금융 건전성이 (화폐와 금괴 사이의) 태환성과 충돌할 수 있었다. 그리고 마지막으로, 노동자의 힘이 강력해지면서 임금과 물가의 하방 유동성이 줄어들었다. 이렇게 되자 충격에 대응하는 조정 조치들이 지속하는 시간이 늘어날 수밖에 없었고, 결국에는 금본위제가 과연 유지될 수 있을까 하는 의문을 불러일으켰다.

이런 것들 때문에 금본위제의 정치경제학은 성립할 수 없게 되었다. 금본위제의 역사는 화폐의 가치를 지탱하는 가치관은 신뢰를 넘어서서 투명성, 책임성, 연대 그리고 회복력으로까지 확장된다는 사실을 교훈으로 일러준다. 어떤 통화제도가 역동적인 경제를 지지하려면 그 모든 가치

(덕목)가 존중되어야 한다.

지금 대부분의 국가는 경험에서 비롯된 지혜를 바탕으로, 대중에게 높은 신뢰를 받는 동시에 사용하기에도 쉬운 화폐를 제공하기 위해서 강력한 제도로 뒷받침되는 중앙집중적인 명목화폐＊정부가 가치를 보증하는 화폐 제도를 채택하고 있다. 그러나 다음 장에서 살펴보겠지만, 그 제도적인 토대인 중앙은행도 올바른 가치관에 뿌리를 내리고 있지 않는다면 황금률만큼이나 취약할 것이다.

4장

마그나카르타에서
현대의 화폐로

화폐의 역사는 건전한 화폐라는 것이 사회의 가치관과 일치하는 행동을 하는 공적인 기관이나 제도의 뒷받침을 받기 때문에 지속되는 어떤 사회적 발명품임을 알려준다.

오늘날의 화폐는 일련의 기관이 보증하고, 이 기관들은 대부분 중앙은행에 속한다. 현대 화폐의 가치는 신뢰를 기반으로 한다. 화폐의 가치는 단지 어느 한 시점에서의 대중의 믿음을 요구하는 것이 아니라, 모든 시점을 관통해서 대중의 동의를 요구한다. 그렇기에 화폐의 가치는 화폐의 가치를 유지하려고 중앙은행이 해야만 하는 일들뿐 아니라, 그 일들을 어떻게 수행할지 또 그 행동에 대한 책임을 어떻게 설명하고 처리할지 그리고 어떤 실수를 저질렀을 때 거기에 대한 책임을 어떻게 져야 할지까지도 지시한다. 바로 이런 식으로, 금본위제의 효과성은 궁극적으로 그것이 수용되었던 기간으로 결정되었다. 화폐의 가치를 유지하려면 대중의 동의와 신뢰에 지속적으로 영양을 제공하며 보살펴야 한다.

은행에 대한 엄격한 규제와 감독 그리고 지난 세기를 거치면서 나타났던 금융 및 화폐 제도를 감독하는 중앙은행, 이 두 가지 현상으로 대표되는 패러다임은 민간과 공공에서 발행하는 화폐가 급격하게 늘어나는 현상과 관련된 불안정성 및 높은 경제적 비용을 피할 가장 효과적인 방법으로 입증되었다.

그 패러다임 덕분에 전 세계 사람들의 생활 수준은 우리가 살아가는 세 번째의 세계화 파도를 거치면서 엄청나게 개선되었다. 그러나 경제적 위기와 기술적 변화가 겹쳐진 지금의 환경에서 이 패러다임은 가혹한 시험을 받고 있다.

이 강력한 제도적 틀에 앞선 사건들을 이해하려면, 금환본위제가 개발되기 이전과 잉글랜드은행이 창설되기 이전 시대를 살펴보는 게 도움이 될 것이다. 오래전 영국은 역사적인 어떤 사건의 기념일을 축하했다. 오랜 세월에 걸친 풍화로 낡은 송아지 가죽으로 만든 독피지犢皮紙(벨럼)에 휘갈겨 쓴 마그나카르타Magna Carta＊대헌장. 1215년에 영국의 존 왕이 귀족들의 강압에 따라 승인한 칙허장으로, 영국에 입헌주의를 정착시켰다를 기념하는 행사에 참석하기 위해 나는 솔즈베리에서 링컨으로, 영국 국립도서관의 지하실로, 고등법원의 장엄한 사무실 건물로 갔다. 그 기념식에 참석함으로써 나는 한 사회가 가치관을 어떻게 강화하고 어떻게 실천하는지 보았으며, 화폐의 가치를 지탱하는 헌법적인 원리들을 한결 더 잘 이해하게 되었다.

그 당시는 인플레이션이 가파르게 진행되고 있었다. 공공재정이 위기를 맞았고, 공공 부문에 긴급구제 자금이 투입되었다. 유럽 전역에서는 내분이 일어났다. 이 사건은 8년이 아니라 800년 전에 일어난 사건이다. 그것은 바로 마그나카르타가 몰고 온 경제적 파장이었다.

많은 사람에게 마그나카르타는 그저 심오한, 거의 신화적인 차원의 의미를 담은 문서일 뿐이다. 사람들은 마그나카르타를 영국이 마련한 헌법상의 여러 조치의 초석으로, 미국을 포함한 다른 많은 국가가 만든 헌법의 청사진으로만 바라본다. 마그나카르타는 의회민주주의의 기초를 마련해서 법치의 틀을 만들고 개인의 자유를 보호하며 무고한 사람의 권리를 지키고 국가의 역할을 제한하는 것이라는 평가를 받는다.

마그나카르타가 (정확하게 말하면 마그나카르타의 정신이) 영국과 그 밖의 여러 국가의 정치 발전에, 적어도 압제에서 벗어나서 자유를 찾던 사람들이 외쳤던 구호로서 중심적인 역할을 했음은 명백하다. 그러나 많은 현대 학자들은 마그나카르타의 의미가 과장되게 인식되었다고 말한다. 그들은 마그나카르타를, 당시에 만연하던 어려운 경제 환경을 포함하는 당대의 시대적 산물의 하나이자 실용적인 정치적 문서로 규정한다. 그러나 모든 역사적인 주장이 그렇듯이 정답은 양극단 사이의 어느 지점엔가 놓여 있다.

마그나카르타가 남긴 영원히 변치 않는 유산은, 구속되지 않는 무제한의 권력을 견제하기 위한 조치들이 우리의 정치적·경제적 지배구조(통치 시스템)에 반영되고 있는 방식이다. 마그나카르타의 헌법적이고 실용적인 관점들은 현재의 중앙은행 시스템에 그리고 화폐의 가치를 유지하는 데 여전히 유효하다. 특히 인플레이션 비용은 마그나카르타를 등장시켰던 핵심적인 경제적 촉매제이며, 또 그것의 핵심적인 헌법적 유산은 (공공의 책임성을 명백하게 규정한 채로 대중의 권위를 소수에게 위임하는 것의 중요성은) 잉글랜드은행의 제도적 조치들의 핵심에 녹아 있다. 이 접근법을 다른 많은 국가도 채택하고 있다.[1]

마그나카르타의 정신 속에서, 잉글랜드은행과 같은 중앙은행들에게는 통화와 금융의 안정성을 지켜나갈 것, 그 과정에서 재량권이 제한적으로 사용될 것 그리고 성과에 대해서 시민에게 책임을 질 것 등의 거대한 의무가 부여되었다.

마그나카르타의 경제적·정치적 맥락

마그나카르타가 등장하게 된 정치적인 배경에는 노르망디 및 헨리 2세의 대륙제국(유럽)의 나머지 영토에 대한 통치권을 놓고 벌어졌던 프랑스와의 갈등만 있는 게 아니었다. 이런 외부적인 갈등뿐이 아니라 영국의 군주 가문들 사이에서 거의 일상적으로 빚어지던 영국 내부의 갈등도 마그나카르타가 등장하게 된 중요한 배경으로 작용했다.[2]

1200년대의 영국은 중앙집권적인 국가와는 거리가 멀었다. 대부분의 문제는 지역 내 귀족이 맡아서 처리했으며, 국왕은 분쟁이 있을 때 중재하고 최종 결정을 내리기만 했다. 지역의 귀족과 중앙의 군주 사이의 관계는 현재의 모습과는 사뭇 달라서 상하 관계라기보다는 대등한 관계였다. 실제로 영국 플랜태저넷 왕조의 초기 국왕들은 대부분의 시간을 노르망디나 앙주에 살면서 보냈기에 영국의 귀족들은 상당히 높은 수준의 자율권을 행사했다. 영국 국왕이 영국에 거주하기 시작한 것은 1204년에 존 왕이 노르망디에서 프랑스와의 전쟁에 패배한 뒤부터이다. 그때부터 영국 국왕은 귀족들에게 영향력을 행사했는데, 그 이전에는 귀족들이 무슨 일을 하는지 또 그들이 은을 얼마나 모아두고 있는지 면밀하게 관찰하는 일 따위는 별로 좋아하지 않았다. 그런데 국왕이 영국 땅에 거주하면서부터 그런 일을 하기 시작했던 것이다.

귀족들과 존 왕 사이의 관계가 틀어진 부분적인 이유는 지속가능하지 않은 공공재정 때문이었다. 존은 왕실의 낭비와 내분, 프랑스를 상대로 벌이는 전쟁 그리고 십자군 원정에 드는 비용을 충당하기 위해 귀족들이 견딜 수 없을 정도로 무거운 세금을 임의로 부과했다. 귀족들의 생활 깊숙한 곳까지 파고든 왕실의 사법제도는 '정의'를 구현할 목적이 아니라 현금을 갈취할 목적의 통제 수단으로 사용되었다.

존 왕의 재정이 더는 지탱할 수 없을 지경으로까지 떨어진 이유는 많다. 그 가운데서도 가장 큰 이유는 노르망디 영지를 지키려는 상비군에 있었다. 이 군대를 유지하는 데 들어가는 돈이 필요했고, 그 바람에 오늘날 거시경제학자들이 거대한 구조적 적자를 연상하는 상황이 빚어졌다. 만일 존이 대륙에서 쫓겨났을 때 그 일을 거기에서 끝내고 말았더라면 재정적인 부담에서 벗어날 수 있었을 것이다. 하지만 그는 그렇게 하지 않았다. 어리석은 그는 몇 차례에 걸쳐서 노르망디를 재정복하겠다는 헛된 시도를 했는데, 이 시도는 마그나카르타의 전야까지 이어졌다.[3]

두 번째는 1193년에 군주의 재정이 커다란 타격을 입었기 때문이다. 따라서 공공 부문에서는 거대한 규모의 긴급구제를 실행해야 했다. 리처드 1세가 성지에서 돌아오던 길에 독일에 붙잡혔고, 독일이 요구한 그의 몸값은 은화 6만 6,000파운드였다. 리처드 1세는 '감옥에 가둬두기에는 너무도 거대한 존재'였기에, 연간 왕실 수입의 두세 배나 되는 거금의 몸값을 치러야 했다. 비교 삼아서 말하자면, 영국 정부가 2007년부터 2010년에 영국의 은행들에 지원했던 최대 현금 지원금은 영국 정부의 연간 세입 가운데 4분의 1밖에 되지 않았다.

이것 하나만으로도 사정은 충분히 나빴을 것이다. 그러나 또 다른 사건이 약 5년 전에 발생했다. 1187년에 예루살렘이 살라딘 아이유브의 손에 넘어갔는데, 유대인과 싸워서 예루살렘을 구하려는 전쟁에 필요한 전비를 마련한다는 명목으로, 영국 국왕이 1188년에 '살라딘 십일조Saladin Tithe'라는 세금을 매겼던 것이다. 귀족들이 이 세금을 내려면 자신의 모든 수입과 동산動産 가치의 10분의 1을 내놓아야 했다.

세 번째 이유는, 공공재정으로 충당할 추가 현금을 끌어모을 필요성이 13세기 초에 빠른 속도로 진행되던 인플레이션의 압박 때문에 한층 더 심각해졌다는 사실이다.[4] 정기적으로 들어오는 왕실 수입의 많은 부분이 '농지 임대료' 형태였다는 것이 문제였는데, 국왕의 토지를 사용해서 농사를 지으려면 반드시 내야 하는 이 임대료는 고정되어 있었기 때문이다.

임대료는 관습에 의해서 몇 푼 되지 않는 돈으로 고정되어 있었지만, 반면에 국왕의 지출은 그렇지 않았다. 국왕의 재정은 전혀 헤지(위험회피)가 되어 있지 않았던 것이다.

위험을 회피하는 방식으로 선호되던 것은 임대 농민을 쫓아내고 농지를 직접적인 영지 관리 체계 안으로 편입하는 것이었다.[5] 영지 관리 demesne management는 귀족들이 자기 소유의 땅에 대해서 해오던 방식이었다. 토지에 대해서 얼마 되지 않는 명목상의 임대료를 받는 대신에 해당 토지를 영지에 편입함으로써 영지의 영주는 토지에서 나오는 생산물을 실질적으로 가질 수 있었으며, 이 생산물은 자신이 소비할 수도 있었고 현물 시세로 계산해서 은을 받고 팔 수도 있었다. 그 결과, 귀족은 부유할수록 보다 더 많은 땅을 소유하고 보다 더 많은 수익을 올릴 수 있었다.

이렇게 해서 엄청나게 부유한 귀족 집단이 나타났으며, 이들은 한쪽 끝에서는 젠트리라는 중간 계급들에서 해방되었고 다른 쪽 끝에서는 궁지에 몰린 왕(혹은 공공 부문)에서 해방되었다. 그런데 국왕은 영지 관리라는 이 선택권을 행사할 수 없었다. 그렇게 하려면 자신의 정치적인 안정을 위해서 의존하던 왕실 관리들이나 지역에서 행정을 담당하던 계층들과의 수직적인 관계를 모두 포기해야 했기 때문이었다.

당시에 직권남용이 수없이 많았다는 사실을 감안한다면, 당연히 임대료도 주기적으로 갱신할 수 있었을 것이다. 그렇다면 왜 그렇게 하지 않았을까? 혹은 그렇게 하는 게 문제가 되었을까? 우리는 이런 다양한 의문을 가질 수 있다. 이유는 간단했다. 부분적으로는 관습상 그렇게 하면 안 되게 되어 있었고, 또 부분적으로는 각 영지의 관리자들에게 문제가 있었기 때문이다.[6]

왕실 내부의 알력이나 전쟁 혹은 혁명의 조짐 따위는 잊어버려라. 중앙은행이 나타난 것은 순전히 인플레이션 때문이다. 자세히 알아보면, 마그나카르타가 등장하는 데 의미 있는 촉매제 역할을 한 것은 인플레이션 이었다. 물론 여기에는 상당한 근거가 있다.

역사가들은 1200년대 초에 영국의 물가가 가파르게 올랐다고 추정한다. 밀과 소를 포함하는 농축산물의 가격은 그 시기에 아마도 두 배로 뛰어올랐을 것이다.[7] 린넨, 밀납, 납 그리고 전쟁용 말보다 작은 보통의 승용마(이 승용마는 중세판 도요타 프리우스라고 할 수 있다) 등의 가격도 가파르게 올랐다는 증거가 남아 있다.

임금 역시 가파르게 올랐다. 중세의 실질임금저항*실질임금은 쉽게 줄어들지 않는다는 개념이다이 작동했음에도 임금이 그렇게나 많이 올랐다는 사실은 매우 인상적이다. 존 왕이 자신의 기사들에게 지급한 급료는 그의 아버지였던 헨리 2세가 지급한 급료의 두 배였다.[8] 보병의 일당은 두 배 올랐다. 그리고 국왕의 영지에서 일하던 기술자의 임금 역시 비슷한 수준으로 올랐다는 증거가 비록 제한적이긴 하지만 존재한다.[9] 인상률이 연간 20퍼센트에 가까웠으니 임금이 정말 빠르게 올라간 셈이다.[10]

이런 인플레이션이 나타나게 된 내재적인 이유를 둘러싸고 역사가들 사이에서 논쟁이 이어지고 있다. 그 인플레이션은 비록 설명할 수 없는 부분이 약간 있긴 하지만 기본적으로 금융과 관련된 문제에서 비롯되었다는 주장이 가장 설득력 있다. 현금보관소에서 찾아볼 수 있는 고고학적 유물을 대상으로 분석하는 작업의 결과가 늘 그렇듯이, 13세기의 화폐 공급에 대한 양적 정보의 질이 변변찮다는 사실은 그다지 놀라운 일도 아니다.[11]

폴 라티머는 "12세기 중반부터 13세기 중반까지 기간에 영국에서 사용된 은화의 양은 엄청나게 늘어났다"고 지적한다.[12] 유럽에서 은의 공급이 전반적으로 늘어났기 때문이기도 하지만(독일 동부 지역에서 하르츠 은광이 문을 열면서부터 특히 더 그랬다), 특히 민간 거래에서 상당한 규모의 흑자가 발생한 덕분에 영국으로의 은 유입이 발생했을 수도 있다. 특히 플랑

드르＊벨기에와 네덜란드 남부 그리고 프랑스 북부에 걸쳐 있었던 중세 국가와의 양모 거래가 성공적으로 이루어진 결과로 그런 흑자가 발생했을 것이다. 수십 년에 걸쳐서 이런 은의 유입은, 노르망디를 적으로부터 지키기 위해서나 성지 여행을 하기 위해서 빠져나가는 등의 '공공 부문의 재정 적자'를 메우고도 남았을 것이다. 그 결과 여러 해 동안 영국의 국제수지는 흑자를 기록했을 것이고, 그 결과 은화 공급은 꾸준하게 늘어났을 것이다.

심지어 13세기의 영국인에게도 세계 금융 여건은 중요했다. 만일 존 왕이 "중앙은행 하나만 다오, 나에게 중앙은행 하나만 준다면 내 왕국을 주겠다!"고 처절하게 외쳤더라면, 영국의 역사가 달라졌을까? 존 왕에게는 중앙은행 하나가 필요했다. 왜냐하면 유력한 용의자인 금융 혁신을 비롯한 금융 관련 발전을 다른 요인들이 강화했기 때문이다. 특히 관습법에서의 발전이 토지를 점점 더 유동자산으로 만들었고, 따라서 토지는 역사상 처음으로 부富의 저장고로 사용될 수 있었다.[13]

바로 이것이 사람들에게 개인의 부를 (왕의 주머니로 휙 빨려들기 쉬운) 은화에 저장할 수 있는 대안을 제공했다. 이로써 중세의 금융가속기 financial accelerator가 작동하기 시작했는데, 이 일은 벤 버냉키가 금융가속기라는 용어를 만들기 약 750년 전에 일어났다.[14]＊금융가속기 이론은 금융 불안이 경기 둔화를 초래하고 경기 둔화가 신뢰 상실과 자산가치 하락으로 이어지면서 재차 금융 시장 붕괴를 촉진하는 가속기 역할을 한다는 내용이다 이것은 은화의 균형을 위한 은화 수요 감소로 이어졌다. 그 뒤를 통화유통속도money velocity＊일정 기간에 통화가 거래에 사용되는 횟수가 뒤따르거나 이것과 함께했을 것이며, 다른 모든 것은 동일하게 진행되어서 은화를 찾는 거래 수요가 충분히 늘어나서 공급과 균형을 이룰 때까지 물가 인플레이션이 일어났을 것이다. 그러니까 최소한 부를 저장할 수 있는 대안이 존재해서, 어떤 식으로든 옆구리를 넌지시 찔러주는 계기가 생기기만 하면 통화유통속도가 비약적으로 빨라질 수 있는 환경이 조성되어 있었던 것이다.

한 가지 가능한 옆구리 찌르기(넛지)는 1204년의 화폐개주recoinage였다.[15] 화폐개주는 존 왕에게 유리했다. 왜냐하면 주화를 녹여서 다시 주화를 만들 때마다 그가 수수료를 챙길 수 있었기 때문이다. 그러나 화폐개주는 현금 소지자들에게는 불리했다. 수수료 부담 때문에도 그랬고, 또 주화는 액면가가 아니라 일부가 잘려나간 주화의 금속 가치를 기준으로 교환되기 때문에도 그랬다. 그 결과, 신나게 흐르던 음악이 멈추고 위기가 닥치자 예전의 주화를 소지하지 않겠다는 동기가 강력하게 작동했다.[16]

마그나카르타의 영원히 변치 않는 헌법적 의의

그런 맥락에서 보자면 마그나카르타는 거의 금방 실패로 끝나버릴 것만 같던 평화협정에서의 필사적인 (그리고 어쩌면 솔직하지 못한) 시도가 아니었을까 싶다.

교회가 중재하고 존 왕이 1215년 6월에 발표한 이 문서는 불만을 품은 귀족을 달래기 위한 것이었다. 그러나 과연 이 문서에 적힌 대로 자신의 권한에 족쇄를 채우는 그 모든 약속을 존 왕이 지킬 것인지는 의문이었다. 아닌 게 아니라 존이 그 문서에 서명하고 두 달이 겨우 지났을 무렵인 1215년 8월에 존 왕은 그 문서가 강압적인 상태에서 작성되었다는 내용으로 교황 이노센트 3세를 설득했고, 교황은 이 문서가 무효라고 선언했다.[17] 그래서 1215년의 마그나카르타는 입법으로까지 진행되지 못했고, 영국은 제1차 귀족전쟁의 소용돌이로 빨려 들어갔다.

그런데 사실 이런 유형의 헌장은 당시에 흔했다. 국왕의 영토가 안정적으로 유지되려면 국왕은 귀족에게 의존할 수밖에 없었고, 따라서 영국의 국왕들은 귀족의 비위를 맞추려고 애를 썼다. 예를 들어서 귀족과 갈등했던 전임 국왕의 명성을 깎아내리면서, 여기에 비해 신임 국왕은 얼마나 덕이 높고 평화를 사랑하는지 찬양하는 내용을 담은 이른바 '대관식 헌장coronation charter'을 발표하곤 했던 것이다. 또한 국왕이 그런 헌장에서 했던 약속을 어기는 일 역시 흔했다.[18]

그런데 마그나카르타에서는 특별한 점이 있었다. ①예전의 헌장과 다르게 내용이 훨씬 길었고, 세부적이고 구체적이었다. ②대관식 때 발표된 게 아니라 심각한 정치적 반대에서 비롯된 강압 아래에서, 존 왕의 재위 16년째이던 해에 발표되었다. 그러니까 대관식 헌장 본연의 의미는 전혀 없었다는 말이다.[19]

여기에서 또 다른 사실을 알 수 있다. 존 왕이 비록 몹시 불쾌한 폭군이긴 했지만, 마그나카르타가 나타날 수밖에 없었을 정도로 귀족의 불만을 키운 책임이 온전히 그에게만 있었던 것은 아니었다. 전임 국왕들도 약속을 자주 어겼으며 영토를 잘 관리하지 못했고 국가의 재정을 위기에 빠뜨렸다는 점을 염두에 둔다면, 존 왕의 행정적·군사적 무능은 낙타의 무릎을 꿇린 마지막 한 개의 지푸라기였다고 볼 수 있다.

만일 마그나카르타가 당대의 시대상을 반영하기만 한 산물이었다면 어떻게 지금까지 높이 평가받는 존경의 대상이 되었을까? 시대를 뛰어넘는 어떤 것이 마그나카르타에 담겨 있었다면, 오늘날에 그것이 경제 관리 차원에서 가지는 의미는 무엇일까?

마그나카르타를 기본권과 자유에 대한 시대를 초월하는 천명으로 해석하는 수정주의적 관점은 17세기에서 영어권 국가 사람들에게만 각인되었다. 대체로 볼 때 이것은 에드워드 쿡Edward Coke(1552~1634)의 저작 때문이다. 쿡은 영향력이 높은 법학자였을 뿐만 아니라 대중적으로 인기가 높았던 영국 법률 교과서의 저자이기도 했다. 따라서 그의 책은 그의 견해를 전 세계로 퍼트렸다. 쿡은 자신이 살던 시대에 딱 맞는 오래된 말을 찾다가 400년이라는 오랜 세월 동안 망각에 묻혀 있던 마그나카르타를 부활시켰다. 스튜어트 왕가의 제임스 1세와 그의 아들 찰스 1세가 가졌던 전제주의적 경향에 (이 두 사람은 왕권신수설의 유럽대륙적 모델에 고무되어 있었다) 저항하기 위해서 마그나카르타의 정신에 호소한 것이다. 쿡은 마그나카르타의 뿌리가 노르만 이전의 '참회자' 에드워드 국왕 때만이 아니라 (다소 믿을 수 없는 주장이긴 하지만) 아서 왕 때까지 거슬러 올라간다고 주장했다. 즉 스튜어트 왕가의 전제 군주들의 행동이 고대의 헌법을, 그리고 영국인이 정당한 권리를 주장할 수 있는 삶의 방식을 위태롭게 만들고 있다고 주장한 것이다.

쿡을 비롯한 여러 사람이 노력했지만 찰스 1세는 자신의 권위를 제한하려는 모든 시도를 거부했다. 결국 내전이 일어났고, 국왕은 1649년에 참수되었다. 한편 부활한 마그나카르타는 작동하기 시작했다.

제임스 1세와 찰스 1세는 영국에서와는 달리 미국 식민지에 있는 영국인의 자유를 약속하는 헌장들을 부지런히 만들었다. 쿡도 1606년에 버지니아 회사Virginia Company의 첫 번째 헌장 초안 작업에 참여했다. 그 뒤로 60년 동안에 영국의 자유와 비슷한 자유가 매사추세츠, 메릴랜드, 코네티컷, 로드 아일랜드 그리고 캐롤라이나 등 미국 식민지의 헌장으로 확대되었다.

마그나카르타의 조항들이 당시 기준으로 적절하지 않았음에도 불구하고 마그나카르타를 소환한 것은 신세계 정착민들을 격려하려는 방편이었다고 주장하는 사람들도 있다. 지금까지 미국 25개 주의 법령집에 마그나카르타의 발췌문이 실려 있으며, 더 나아가 17개 주에서는 전문이 실려 있다. "해안에 있는 것은 제외하고 템스 강과 메드웨이 강 그리고 잉글랜드 전역에 있는 모든 어망"(마그나카르타 33조)을 제거하겠다는 17개 주의 의도가 무엇인지는 신이 아니고서야 누가 알겠는가. 물론 미국적인 치외법권의 범위는 때로 문자 그대로 무제한이긴 하다.

쿡의 낭만적인 마그나카르타 부활은 마그나카르타를 미국 혁명(식민지 미국이 영국으로부터 독립한 사건)이 일어나는 배경의 한 부분으로 작용했다. 아닌 게 아니라 미국 헌법 초안을 작성하는 과정에서 쿡이 영향을 발휘했음이 명확하기 때문이다.

마그나카르타의 일반적인 원칙들과 특정한 명령들

지금까지 우리는 당시의 경제적인 힘들과 정치적인 발전들을 살펴보았다. 그리고 이것들이 마그나카르타와 제1차 귀족전쟁을 유발한 귀족들과 존 왕 사이에 적대성이 차곡차곡 쌓이도록 하는 데 어떤 식으로 결정적인 역할을 했는지 알게 되었다. 이런 배경을 염두에 둔다면 마그나카르타가 부자들의 지역주의적인 편협한 이해관계에 사로잡혀 있는 게 아니냐는 생각이 언뜻 드는 것도 그다지 놀랍지 않다. 마그나카르타에는 기본적으로 세 가지 주제가 관통하고 있다. 하나는 세금이고, 또 하나는 세수 인상을 목표로 하는 '사법제도'의 남용이고, 마지막 하나는 귀족들의 중상주의적 이해관계를 보호하는 것이다.

이런 구체적인 관심들은 오늘날의 기준으로 보면 터무니없을 정도로 적절하지 않다. 이런 점을 염두에 둔다면, 1,225차례의 수정을 거치고 살아남은 (그래서 법률로까지 완성된) 마그나카르타의 거의 모든 조항이 그때 이후로 지속적으로 무효화되어 왔다는 사실은 별로 놀랍지도 않다. 사실 애초의 66개 조항 가운데서 4개 조항만 원래 그대로 남아 있다. 이 조항들의 특성은 나머지 조항들과 다르다. 훨씬 더 일반적이고 보편적이며 시대를 초월한다. 그 4개 조항은 다음과 같다.

• 제1조: 교회가 누려야 하는 자유를 보장한다.

- 제13조: 런던이 누리는 '고전적인 자유들'을 보호한다.
- 제39조: 잘못된 구금을 금지한다. 어쩌면 가장 유명한 조항이라고 볼 수 있다. '자유인은 동등한 사람들equals의 적법한 판결에 의하거나 이 땅의 법 절차에 의하지 아니하고는 체포 구금되지 아니하며 재산과 법익을 박탈당하지 아니하고 추방되지 아니하며 또한 기타의 방법으로 침해되지 아니한다.'
- 제40조: 정의는 돈으로 매매되지 아니한다.

여기에 1215년 마그나카르타의 제12조의 정신을 추가할 수 있다. (이 조항은 그 뒤에 있었던 모든 개정 과정에서 삭제되었다.) "짐의 왕국에서는 왕국의 일반 평의회에 의하지 않고는 모든 '부역면제세' 또는 '상납금'을 부과하지 않는다"라는 내용이 나중에 조세법정주의로 정착되었음은 누가 봐도 분명하다. 왕이 요구할 수 있는 어떤 새로운 세금이든 간에 이 세금 징수를 법으로 정하려면 평의회의 의결을 거쳐야 한다는 말이다. 이 평의회는 오늘날 의회제도의 싹이 되었다.

당시 이 조항들의 목적이 무엇이었든 간에 오늘날의 법령집에 실릴 정도로 보편적이었다는 사실은 분명하다. 시대를 초월한 보편적인 공감을 불러일으킨 그 조항들은 법치와 적법한 절차라는 발상들을 정의를 실현하는 수단으로서 아우른다. 그렇기에 이런 조항들을 마그나카르타의 변치 않는 영원한 유산이라고 생각하고 싶은 마음이 드는 한편, 어망과 교량 건설 의무 그리고 성을 짓기 위한 목재의 도둑질 등에 대한 너무도 낡아 빠진 헛소리를 하는 조항들을 너무도 명백한 근본적인 원칙들과 나란히 둔다는 사실이 우스꽝스럽게 보이는 것은 당연하다.

그러나 어쩌면 이것이 실수일지도 모른다. 어망이니 교량 건설이니 하는 조항들의 구체성은 마그나카르타의 일반적인 원칙들에 생생한 숨결을 불어넣는다. 그 조항들은 모호하고 진부한 의견들에 의존하기보다는 국왕의 권위에 제한을 두고자 했다. 이것은 진정성이 있는 시도이다. 그 조항들이 당시의 걱정거리들을 구체적인 표적으로 삼음으로써 매우 실제적이었기 때문이다.[20] 그리고 이것은 화폐를 다스리는 현대적인 '헌법'에 해당한다.

마그나카르타는 정의 구현과 좋은 정부에 대한 발상을 압축해서 표현하려는 첫 번째 시도도 아니었고 또한 마지막 시도도 아니었다. 그것은 크게 실패한 시도였다. 어쨌거나 마그나카르타는 사회의 아주 작은 집단의 이익만을 대변했다. 그러나 존 왕의 후계자들이 궁지에 몰리며 어쩔 수 없이 1215년 이후로 여러 차례 마그나카르타를 개정했어야 했기에(유명한 개정만 언급하더라도 1216년, 1217년, 1225년, 1234년, 1253년, 1265년, 1297년, 1300년에 이루어졌다), 마그나카르타는 권한을 행사하려면 그 권한 행사의 대상자로부터 허가를 받아야 하며 또 그 허가도 언제든 쉽게 철회될 수 있다는 원칙의 대명사가 되었다.

화폐라는 영역에서도 사회가 적절한 권력 주체와 허가를 결정하기까지 수백 년이 걸렸다. 금본위제는 동의를 전제로 설정되었으나, 임의로 고정된 금 가격의 지배를 받는 것을 사회가 거부하는 순간 금본위제의 권위는 무너지고 말았다. 그 뒤 수십 년 동안 많은 국가가 화폐가 자기 가치를 계속 유지할 수 있도록 해주는 새로운 정치 질서를 찾아 나섰다. 그리고 가장 성공적인 접근법, 즉 제한적인 재량권constrained discretion이 마그나카르타의 가치관을 채택했음을 깨닫게 된다.

현대 화폐에 대한 헌법적인 명령을 향하여

가장 이상적으로 보자면 마그나카르타는 권력이 국민에게서 나온다는 원칙을 분명히 하면서 국가의 권한에 제한을 둔다. 마그나카르타는 국가가 권력을 각 지역과 독립적인 실체에 양도할 수 있지만, 이렇게 양도된 권력은 반드시 감시받아야 한다고도 지적한다. 헌법 이론가들은 권한의 양도를 놓고 수백 년 동안 씨름했으며, 그 쟁점을 둘러싼 논의는 행정국가의 확장 속에서 지금 그 어느 때보다도 뜨겁게 진행되고 있다.

어떤 독립체가 민주주의 범위 안에서 권위를 발휘하려면 반드시 한계가 설정되어야 한다. 오로지 특정한 목적을 추구하는 데 필요한 것만 하도록 허용되어야 하며, 자기 행동의 결과에 대해서 사람들에게 책임을 지도록 해야 한다는 말이다.[21] 잉글랜드은행이 이런 원칙들을 온전하게 구현하기까지는 300년이나 걸렸다. 이런 유예는 화폐의 가치 유지와 관련해서 영국이 맞닥뜨렸던 역사적 과제들 가운데 몇몇 과제가 어떻게 진행되었는지 설명해준다.

이 불명확함은 "잉글랜드은행은 무엇을 위해 존재하는가?" 하는 간단한 질문에 대해서 오랜 세월 동안 온갖 다양한 대답이 제시되어왔음을 뜻한다. 이 은행의 1694년 설립 헌장은 이 기관의 원래 목적은 "공공의 이익과 우리 국민의 편익을 증진하는 것"이라고 설명한다. 당시에 그것이 실제로 뜻했던 것은 17세기의 일기 작가 존 에벌린John Evelyn이 "의회가 (…) 돈이 그 전쟁을 수행할 수 있도록 하려고 (…) 공익적인 은행을 설립했다"라고 간결하게 묘사했는데, 그는 무려 300년도 더 전에 그 사건을 기록했다. 여기에서 문제의 '그 전쟁'이란 프랑스와의 전쟁이었고, 또 그 은행은 모금한 돈의 대가로 수입과 은행 업무의 특권을 모두 얻었다. 얼마 뒤에 이 은행은 합자회사로 설립될 수 있는 허가를 유일하게 받았으며 런던 지역에서 은행권을 독점적으로 발행하는 유일한 은행이 되었던 것이다.

19세기 전반까지 이 은행은 금융 인프라의 핵심이었다. 이 은행이 발행한 은행권은 은행들 사이의 거래 수단으로 인정받았으며, 이 은행은 은행들을 고객으로 하는 '은행의 은행' 역할을 효과적으로 수행했다. 민간 은행들은 금 대신 잉글랜드은행이 발행한 은행권을 보관했다. 그 은행권의 태환성을 그만큼 신뢰했다는 말이다.[22]

잉글랜드은행은 공익에 기여한다는 설립 목적을 가졌는데도 19세기 중반 이후에 이르러 비판을 받았다. 금융 경색이 나타날 때마다 고객에게 피해를 입힐 정도로 금 보유고를 보호함으로써 공익에 기여하기보다는 자기 논리에 따라서 움직인다는 게 이유였다. 그러나 이 은행이 점차 최후의 대부자 역할을 떠맡고 (여기에 대해서는 3장을 참조하라) 또 에서이 작가이자 경제학자였던 월터 배젓Walter Bagehot이 제시한 원칙, 즉 파산 위기에 몰린 은행에게 충분히 많은 담보와 높은 이자를 조건으로 중앙은행이 무제한 자금을 공급하게 하는 원칙을 채택해서 실천하자, 그 비판은 점차 사라졌다.[23]

19세기 말에 잉글랜드은행은 폭넓은 여러 정책 영역에서 비공식적인 책임을 지기에 이르렀다. 이 은행은 정부를 위해 일하는 재정기관으로 남았다. 금본위제를 운영함으로써 통화안정을 유지했고, 최후의 대부자 역할을 충실하게 수행함으로써 한층 더 일반적으로 말하면 ('총재의 눈썹 Governor's eyebrows'이라는 신중한 실천을 통해서) 금융 위기들을 관리하고 해결하는 기관 역할을 충실하게 함으로써, 금융안정성을 높였다.[24]

잉글랜드은행은 1946년에 국유화되었다. 전임 총재인 에디 조지가 했던 말처럼, 그 뒤 50년 동안 "이 은행은, 놀랍게도 우리의 목표들이나 기능들을 규정하려는 시도를 하지 않았던 법률에 의해서 운영되었다." 사람들은 그 목표들이나 기능들이 "그 은행의 유구한 역사를 이어받는 것"이라고 생각했다.[25] 이런 점에서 보자면, 이 은행의 '헌법'은 영국의 헌법과 마찬가지로 법률과 원칙과 관습의 풍부한 역사를 아우른다고 말할 수 있다.

그 뒤 수십 년 동안에 이 은행의 책무가 바뀌긴 했지만, 넓게 보자면 1997년까지는 여전히 폭넓고 또 전반적으로 비공식적인 성격을 유지했다. 이 기간에 화폐가치는 심각한 하락을 겪었다. 1950년대와 1960년대의 평가절하들, 그리고 그 뒤를 이은 1970년대와 1980년대의 매우 높은 변동성의 인플레이션들 때문이었다. 일련의 금융 위기가 있었고, 주택 시장에서 거품이 생겼다가 꺼지는 주기가 몇 차례 지나갔다. 파운드화는 일련의 환율 위기를 맞아서, 브레턴우즈 체제Bretton Woods System * 2차 세계대전 말이던 1944년에 서방 44국 지도자들이 세계 자본주의 질서를 재편하기 위해 만든 국제 통화 체제가 사실상 붕괴하기 전인 1971년에 1949년과 1967년에 평가절하되었다. 국제 수지 위기도 주기적으로 나타났는데, 특히 1976년과 1985년이 심했다. 그리고 1992년에는 '검은 수요일'의 여파로 파운드화는 유럽연합 환율조정기구Exchange Rate Mechanism of the European Union에서 탈퇴했다. 잉글랜드은행의 국유화 이후 통화 정책의 독립성이 허용되기까지 반세기 동안의 누적 인플레이션율은 2,200퍼센트였다.

쉽게 말해서, 돈이 가치를 잃어가고 있었다.

비록 그 기간 동안에 정부가 통화 정책에 형식적인 책임을 지긴 했지만, 변동성이 매우 높은 인플레이션 기간에 잉글랜드은행을 포함한 모든 당국자의 신용도는 추락했다. 현대 화폐는 말할 수 없을 정도로 점점 복잡해지고 또 서로 연결된다는 사실이 이 경험을 통해서 입증되었으며, 화폐의 가치를 유지하려면 포용적이고 투명하며 책임성이 있는 접근법이 필요하다는 사실이 확인되었다.

현대의 화폐는 금이나 토지 혹은 그 밖의 다른 '실물' 자산hard asset으로 지급보증이 되지 않는다. 현대 화폐는 신뢰로 운용된다. 신뢰란 다음과 같다.

- 사람들이 사용하는 은행권은 진폐이지 위폐가 아니다.
- 통화는 가치를 보유하며, 인플레이션에 의해서 그 가치가 줄어들지

않을 것이다.

- 물가와 임금이 디플레이션 상황에서 떨어진다고 해서 부채의 부담이 무작정 치솟지 않을 것이다.
- 통화는 은행과 보험사에 들어가 있을 때 안전할 것이며, 설령 불경기나 금융 위기 혹은 팬데믹이 온다고 하더라도 사라져버리지 않을 것이다.

사람들은 돈을 신뢰하길 바란다. 그래야 그것보다 더 중요한 것들(예컨대 집을 장만할 목적으로 저축을 한다든가, 자녀의 교육비를 마련한다든가 혹은 노후를 대비한다든가 하는 일)을 놓고 걱정할 수 있기 때문이다.

이 신뢰를 유지하는 데는 건전한 제도나 기관, 폭넓은 대중수용성 public acceptance *어떤 사건이나 정책을 전체 일반 대중이 받아들이는 것이 동시에 필요하다. 이 신뢰는 어떤 깜짝 놀랄 사건이나 실망으로 흔들릴 수 있다. 은행이 망한다든가, 유동성이 매우 높은 인플레이션이 전개된다든가, 위조지폐가 횡행한다든가, 중앙은행을 포함한 공공기관에서 운영상의 실수가 빚어진다든가 하는 일들 말이다. 신뢰는 신비로움과 비밀 때문에 말라버릴 수 있다.

현대의 통화는 중앙은행이 하는 행동으로 지급보증이 되는 것이지, 중앙은행 금고에 보관되는 금으로 지급보증이 되지 않는다. 공적인 통화에 대한 신뢰를 유지하기 위한 검증되고 신뢰할 수 있는 강력한 방법은 독립적인 중앙은행에 있다. 이것은 광범위한 공적 지원과 정당성을 보장하기 위한 민주적 책임성을 동반하는 명확한 목표와 법률적 보호장치를 의미한다. 설령 중앙은행이 아직은 속임수의 유혹을 충분히 벗어던지지 않았다고 하더라도, 중앙은행이야말로 건전한 통화에 대해서 사회가 가지는 경제적·정치적 이해관계를 가장 효과적으로 지켜주는 안전장치임이 입증되었다.

중앙은행 총재로서 나는 중앙은행이 효과적일지는 몰라도 매력적이지 않음을 일찌감치 알았다. 캐나다은행(캐나다의 중앙은행)의 총재로서 처음 맞았던 봄에 나는 창문 밖으로 관광버스가 45분마다 한 번씩 지나가는 소리를 들었다. 이 버스의 가이드는 "저 건물이 캐나다은행입니다. 저기에는 세계에서 두 번째로 많은 금이 준비되어 있습니다"라고 말했다. 그러면 나는 '그게 아닌데… 우리는 1990년대에 우리가 가진 금을 다 팔아버렸는데…' 하고 속으로 생각했다. 이런 일이 있고 며칠 뒤에 나는 문득 오해를 바로잡는 게 좋겠다는 생각을 했다. 점점 더 많은 캐나다 사람이 내가 총재로 있는 동안에 그 많던 금이 '사라져버렸다'고 생각할지도 몰랐기 때문이다. 그래서 나는 직원에게 그 관광사에 전화해서 진실을 알려주라고 지시했다. 우리의 통화는 금으로 지급을 보증하는 게 아니라 "안정적이고 예측가능한 낮은 수준의 인플레이션을 유도하기 위해 캐나다은행이 독립적으로 진행하는 통화 정책으로 지급을 보증한다"고 말하라고 전했다. 그 뒤로는 그 관광버스가 지나간다는 사실을 알 수 있는 가이드의 목소리를 한 번도 들은 적이 없다. 신중하게 고려된 기술적 의사결정의 양이 아무리 많다고 하더라도, 여기에는 황금이 가진 매력은 없다. 설령 그 의사결정들이 황금의 무게보다 더 가치가 나간다고 하더라도 말이다.

중앙은행은 통화의 가치에 중심적인 두 개의 폭넓은 목적을 가진다. 바로 통화안정과 금융안정이다.

통화안정은 모든 사람이 통화의 가치를 믿을 수 있도록 해준다는 뜻이다. 사람들이 신뢰를 가지고서 사용할 수 있는 최고 품질의 은행권을 만듦으로써 이 목적을 달성할 수 있다. 위조지폐를 방지하려고 홀로그램 이미지부터 자외선에만 반응하는 온갖 정교한 장치를 폴리머 은행권에 심는 것도 그래서 그렇다. 그리고 그 목적은 인플레이션을 안정적이고 예측가능한 낮은 수준으로 유지함으로써 달성할 수 있다. 물가안정이라는 이 목적은 현재 2퍼센트라는 인플레이션 목표치로 규정된다.

금융안정은 경기가 좋을 때만 아니라 경기가 나쁠 때도 금융 시스템이 가계와 기업을 지원할 수 있도록 보장한다는 뜻이다. 이 목적을 달성하려면 우리가 실제로 사용하는 통화의 대부분을 만들어내는 금융 시스템이, 경제에 충격이 가해진 상황에서도 변함없이 가계와 기업에 계속해서 돈을 빌려줄 수 있을 정도로 충분한 회복력을 가지고 있어야 한다. 그리고 이것은 거시경제 차원의 경기 하락이 지속가능하지 않은 부채 부담 때문에 악화되지 않도록 할 수 있어야 한다는 말이다.

그러려면 다음과 같은 조건을 충족해야 한다.

- 은행들의 안전성과 건전성을 확보하고 또 사람들의 돈을 보유하는 사회를 만드는 것
- 금융 시스템 전반에 튼튼한 회복력을 유지하는 것
- 어떤 제도나 기관이 잘못되더라도 이 사건이 시스템 전체에 광범위하게 영향을 주지 않도록 하는 것
- 경제 충격 속에서도 금융 시스템이 차질 없이 작동하도록 촉진하기 위해서 은행이 그 밖의 금융기관들에게 폭넓은 유동성을 제공하는 것
- 하루에 은행 대 은행 결제 금액이 6,000억 파운드가 넘는 결제를 처리하는 시스템을 최고 수준의 효율성과 회복력으로 운영하는 것.[26] 앱에서 주택에 이르는 모든 구매는 궁극적으로 날마다 잉글랜드은행을 통해서 체결된다.

통화안정과 금융안정이라는 두 가지 목적을 달성하기가 어려울 수밖에 없는 이유를 이해하려면, 국제수지 균형을 회복하고 또 더 나아가 금의 태환성을 유지하는 데 필요한 조치를 정치적인 구속이나 제한이 훼손할 때 금본위제가 실패하고 말았다는 사실을 먼저 상기하기 바란다. 인플

레이션과 관련된 영국의 이 경험은 단기적인 정치적 고려가 금융 당국이 해야만 하는 힘든 의사결정과 겹칠 때 어떤 일이 일어날 수 있을지 보여주는 냉혹한 사례이다.

영국의 물가는 1970년대와 1980년대에 매우 안정적이었다. 1971년에 있었던 브레턴우즈 체제의 붕괴와 함께 영국의 통화 정책은 보유하고 있던 명목상의 닻을 잃어버렸다. 게다가 거기에 이어서 소득과 총통화량 그리고 환율과 관련된 일련의 실험이 실패로 돌아갔다. 이 실패들이 안겨준 대가는 컸다. 1992년까지 25년 동안 물가는 750퍼센트 올랐는데, 이 인상 규모는 과거 250년 동안의 총물가인상 규모보다도 높은 것이었다.[27] 이것은 물가 신호들을 왜곡했으며, 투자를 위축시켰고, 경제의 생산 잠재력을 파괴했으며, 가난한 계층에게 깊은 상처를 주었다. 실업률은 높았고 (평균 8퍼센트에 육박했다) 변동성도 높았다(표준편차가 2.8퍼센트나 되었다).

낮고 안정적인 인플레이션을 유지하는 것이 얼마나 가치 있는 일인지 널리 알려져 있었지만, 그 과제를 실현하기는 무척이나 어렵다는 사실이 입증되었다. 설령 경제 상황이 마그나카르타가 나타났던 1215년 때처럼 우려스럽지 않았다고 하더라도, 마그나카르타가 정치 영역에서 입증했던 것만큼이나 그 분야에서 영속적인 존재임을 입증할 수도 있는 통화 담당 기관이 궁극적으로 바뀔 수밖에 없을 만큼 그 상황은 충분히 심각했다.

이것은 인플레이션에 (즉 통화 정책에) 가장 강력하게 영향을 줄 수 있는 그 기관이 적어도 단기적으로는 생산량과 일자리에 영향을 주기 때문이다. 그래서 정부의 영향권 아래에 있는 통화 당국자는 미래의 낮은 인플레이션을 약속하지만, 돌아서서는 그 약속을 저버리고 경제 활동을 강화할 목적으로 금리를 낮춘다. 게다가 주기적으로 돌아오는 선거는 이런 경향을 강화했다. 가계와 기업은 이런 경기 부양책을 기대하기 시작했고,

결국 그 부양책에 당국보다 먼저 선수를 쳤다.

타이밍이 맞지 않는 이런 시간적인 불일치time inconsistency의 문제는, 선호되는 인플레이션율을 사회가 선택하도록 한 다음에 그 목표를 달성하는 데 필요한 조치들을 당국이 책임지고 수행하도록 함으로써 해결되었다. 하지만 이렇게 당국자의 '손발을 묶는다'고 해서 바라던 결과는 나오지 않았다. 인플레이션과 실업 정책에서 모두 바람직한 결과가 나오기는 불가능해졌다.

통화 정책을 수립하고 실행하는 데서 정치적인 고려를 제거할 때 비로소 낮은 수준의 인플레이션 목표를 달성할 믿을 만한 조치가 나올 수 있다. 그러나 그 독립성을 합법화하고 이것에 대한 대중적인 동의를 유지하려면 강력한 책임성 메커니즘과 투명성이 요구되었다. 1990년대에 뉴질랜드와 캐나다를 필두로 한 많은 나라가 독립적인 중앙은행에 인플레이션(물가안정) 목표제inflation targeting＊중앙은행이 명시적인 중간목표 없이 일정 기간 또는 중장기적으로 달성해야 할 물가상승률 목표치를 미리 제시하고 이에 맞추어 통화 정책을 운영하는 방식의 틀을 마련해서 이 접근법을 채택·실행했다.

잉글랜드은행을 위한 영국의 새로운 틀

1998년에 제정된 잉글랜드은행법은 위의 통찰을 가장 포괄적으로 담고 있었다.[28] 이 법률은 잉글랜드은행의 책임성을 명확하게 규정했으며 통화 정책 운용의 독립성을 이 은행에 부여했다. 이 법률은 새로운 독립적 단위인 통화정책위원회Monetary Policy Committee(이하 MPC)가 활동상 필요한 권위를 행사할 수 있도록, 중앙은행이 '무제한의' 재량권이 아니라 '제한적인' 재량권 아래서 운영하도록 규정했다.[29] 이 법률은 MPC가 중기적으로 인플레이션 목표를 달성할 수 있도록 명확한 권한을 부여하고 또 그 목표를 달성하기 위한 방법과 관련된 의사결정권을 위임했다.[30] MPC는 정부가 결정한 통화 정책의 목적을 달성하기 위해 운영되는 수단에 대해서 의회에 책임을 지게 되었다.[31]

이렇게 해서 마침내 마그나카르타의 정신이 통화 정책에 반영되었다.

잉글랜드은행의 운영이 독립성을 가진다는 것은 국민으로부터 나온 권력이 주의 깊게 제한된 한도를 규정하는 의회를 거쳐서 흘러간다는 말이다. 다른 한편으로 이 독립성은, 잉글랜드은행이 자기에게 맡겨진 과제를 수행하는 데 필요한 정당성을 보장받으려면 일정한 책임을 져야 한다고 요구한다. 그래서 잉글랜드은행은 자기가 수행한 분석을 공개하고 공개적으로 증언을 한다거나 성명을 발표함으로써, 선명하게 규정된 정책 목표를 달성하는 데 주어진 권한을 어떻게 행사하는지 설명한다. 잉글랜드은행은 제한적인 재량권 아래에서 권한을 행사하며 자기가 한 일에 대해서는 의회와 국민에게 책임을 진다.

이렇게 중앙은행에게 독립성을 보장함으로써 지금까지 발생한 효과는 상당히 컸다. 그 뒤 20년 동안 인플레이션은 평균 2퍼센트밖에 되지 않았다. 그 이전 20년 동안에 6퍼센트를 상회했던 것과 비교하면 엄청난 차이이다. 변동성도 5분의 1 수준으로 유지되었다. 결정적으로 중요하게는, 백 년에 한 번 나오는 거대한 경제 위기 때는 담당 기관의 독립성 덕분에 통화 정책이 대담하고도 효과적으로 반응할 수 있었다. 게다가 또 그 독립성 덕분에 잉글랜드은행은 브렉시트*영국의 유럽연합 탈퇴를 둘러싼 다양한 상황 전개에 잘 대처할 수 있게 되었다.

지난 수십 년 동안의 역사에서 우리는 중요한 교훈 몇 가지를 배웠다.

첫 번째 교훈은 인플레이션 목표치를 유연하게 설정하는 것이 얼마나 중요한지 그동안 잘 알지 못했다는 것이다. 인플레이션 목표치를 설정하는 틀을 주요하게 개선하는 작업은 바로, 물가를 목표 범위 안으로 유지하는 동시에 산출물에서의 바람직하지 않은 변동성을 피하는 것, 이 둘 사이에서 적절한 균형을 MPC가 유지하도록 (2013년의 권한을 시작으로) 확실하게 확인하는 과정이었다. 즉 MPC는 예외적으로 거대한 경제 충격에 맞닥뜨릴 경우에 고용과 성장에 최대한 많은 지원을 하거나 혹은 필요하다면 금융안정을 촉진하는 방식으로, 인플레이션 목표치의 유연성 범위를 최대한 활용해서 물가를 제자리로 돌려놓을 수 있다는 말이다. 예를 들어, 통화 정책이 설령 상대적으로 낮은 실질소득 증가가 유럽연합EU과의 새로운 무역협정으로 이어질 가능성을 막을 수 없다고 하더라도, 소득에 대한 이 타격이 일자리 축소와 인플레이션 사이의 어떤 지점에 놓여야 할 것인지에 대해서는 얼마든지 영향을 줄 수 있다.

두 번째 교훈은 한층 더 근본적이다. 1997년의 변화들은 물가안정이 중앙은행이 거시경제적 안정성은 물론, 더 나아가 공공선에 기여할 수 있는 최대치라는 믿음을 반영했다. 이것은 중앙은행들의 초점 범위가 좁아지고 있음을 의미했고 또 낡은 중앙은행 모델의 폐기를 의미했다.

그 기간에 영속적 가치enduring value에 대한 거대한 혁신들이 있긴 했지만, 전 세계에서 채택한 중앙은행의 역할에 대한 환원주의적 전망에는 치명적인 결함이 있었다. 물가안정에 맞추어져 있던 건전한 초점이 위험하기 짝이 없는 주의산만함으로 바뀌어버린 것이다. 인플레이션을 통제하긴 했지만, 금융취약성은 2000년대에 거침없이 축적되었고, 결국 그러다가 세계 금융 위기라는 대실패 속에서 터져버렸다.

2008년 세계 금융 위기는 금융안정이 얼마나 절실하게 중요한지 강력하게 상기시킨다. 선진국들은 이른바 대안정기Great Moderation＊1980년대 중반 이후 2007년 금융 위기 이전까지 약 20년 동안 일본을 제외한 주요 선진국의 경제가 안정을 누리던 기간를 보냈다. 인플레이션을 안정적이고 예측가능한 낮은 수준으로 유지하면서 성장이 꾸준하게 이루어졌던 것이다. 하지만 세계 금융 위기는, 중앙은행이 그 시기 동안에 인플레이션과의 전쟁에서 이기긴 했지만 평화를 지키지는 못했음을 확실하게 보여주었다.

대가는 컸다. 2008년에 나타났던 민간 금융에 대한 신뢰 상실의 대가는, 긴급구제금융과 은행 부채에 대한 정부의 보증 그리고 중앙은행의 특별 유동성 계획 등에 투입된 공적 지원 규모만 따지더라도 무려 150조 달러나 되었으니까 말이다. 영국에서 실질임금은 칼 마르크스가 『공산당 선언』을 썼던 19세기 중반 이후 최악의 10년을 경험했다. 이렇게 해서 시스템에 대한 신뢰가 무너졌다.

이 위기는 충격적이기도 했지만 독특한 점이라고는 거의 없었다. 800년에 걸친 경제사를 놓고 볼 때 금융 위기는 대체로 10년에 한 번씩 나타났다. 이렇게 되는 것은 화폐의 가치를 유지하는 데 내재된 제도적인 문제들 때문이다.

금융 정책과 관련한 의사결정은 통화 정책의 경우와 마찬가지로 타이밍이 어긋나는, 이른바 시간 불일치성과 관련된 문제들의 지배를 받는다. 금융 분야에서 로비는 끈질기고 성장에 대한 유혹은 강렬하다. 규제를 조금만 풀어도 성과는 단기간에 눈에 띄게 좋아질 수 있다. 그러니 이 유혹은 정치권에 의해서 선거 때마다 또 주기가 우상향으로 나아갈 시점에 다다를 때마다 강화된다. 장기적으로 볼 때 이런 유혹에 빠질 때 치러야 하는 대가는 금융적·거시경제적 불안정성과 저성장 그리고 높은 실업률이다.

반대로 미래의 위기를 회피하는 데 필요한 힘든 의사결정에 대한 보상은 명확하지도 않고 즉각적이지도 않다. 거시건전성을 확보하려는 개입에 따른 비용은 현재의 문제로 느끼지만 여기에 따른 편익은 먼 미래에 실현되기 때문이다. 경기 불황을 적절하게 조절하며 위기를 회피하는데 따르는 편익들을 직접 측정할 수 있는 지표도 없다. 거시건전성 정책 macroprudential policy들이 예방할 수 있는 나쁜 결과들을 측정할 수 있어야 하지만, 사실과 반대되는 서술로는 사람들을 설득하기 어렵다. 예컨대 "더 나빴을 수도 있었지만 이만하길 다행이다"는 말은 "이보다 더 잘한 적은 한 번도 없었다"는 말과 느낌이 완전히 다르다.

이 모든 복잡성과 불확실성 때문에 건전성을 추구하는 올바른 정책들을 실행하기 어렵고 그 정책들과 관련된 근거를 소통하기는 한층 더 어렵다. 시간이 흐르면서 (특히 호경기일 때는 더욱 그런데) 이런 어려운 과제들이 관계자들의 복지부동을 조장할 수 있다. 지난번 위기의 기억이 희미하게 사라지자 무사안일주의가 슬금슬금 기어들어서 손쉬운 정책으로 쉽게 가자는 압박이 새로이 나타난다. 금융안정에 관한 한 성공은 외로운 고아이다.

금융 위기를 경험하면서 얻은 교훈은, 신뢰는 화폐의 미래 가치에 대한 확실성을 상실하는 데서만이 아니라 은행이나 심지어 금융 시스템 자체에 대한 신뢰나 믿음의 상실을 통해서도 훼손될 수 있다는 점이다. 즉 통화안정과 금융안정을 이루기 위해서는 화폐에 대한 공신력을 유지하는 것이 필수적이라는 말이다.

중앙은행은 통화를 독점적으로 발행한다는 지위를 가지고 있으므로, 화폐에 대한 신뢰와 신임을 보증하는 존재로서 행동해야 한다는 근원적인 의무를 지고 있다. 통화의 독점적인 발행자이기에 중앙은행은 통화량과 금리에 대한 통제권, 즉 통화 정책에 대한 통제권을 가진다. 이것은 또한 금융안정화 정책의 핵심적인 부분, 즉 금융이 경색될 때 민간 금융기관들에 대해서 최후의 대부자로서 행동하는 것이 중앙은행의 몫임을 뜻한다.

애초에 취약성이 쌓이는 것 자체를 예방하는 것이 중앙은행의 핵심적인 책무라는 사실이 지금 널리 인식되고 있다. 이것은 중앙은행이 은행과 보험사가 적절한 자본 구성을 유지하며, 탄력적인 (즉 회복력이 있는) 자금과 유동성을 유지하도록 확실하게 다잡음으로써 그들이 안정성과 건전성을 유지하도록 해야 한다는 뜻이다. 또 금융 주기를 관찰하는 동시에 금융기관들과 시장에 존재하는 구조적인 위험들을 처리함으로써 전체 금융 시스템의 안정성과 회복력을 안전하게 보호해야 한다는 뜻이기도 하다.

2008년 금융 위기의 여파 속에서, 많은 금융 시스템의 여러 위험을 처리해야 하는 한층 더 많은 책임이 중앙은행에게 맡겨진 이유도 바로 여기에 있다. 예를 들어서 잉글랜드은행에서는 세 개의 독립적인 위원회의 지시 아래 근본적인 점검을 받으면서 통화안정 책임과 금융안정 책임을 다시 하나로 묶었다. 그 세 위원회는 앞에서도 언급한 적이 있는 통화정책위원회MPC와 거시건전성 정책을 마련하는 책임을 진 금융정책위원회 FPC 그리고 금융안정성 및 은행과 보험사의 안정성과 건전성을 유지해야 하는 책임을 진 건전성감독위원회PRC이다.[32] 잉글랜드은행은 의회로부터 이런 책임을 수행할 분명한 권한을 부여받았으며, 주어진 권한을 사용해서 그 책무를 다할 운영상의 독립성을 가지고 있다. 그리고 자기가 한 활동에 대해서 의회와 국민에 책임을 진다.

책임성과 투명성 그리고 정당성

화폐의 가치를 지탱하는 데 필요한 어려운 의사결정을 독립적인 중앙은행이 수행하도록 책임을 위임하는 것은 이론적으로나 현실적으로 모두 충분히 근거가 있다. 그러나 마그나카르타가 선명하게 보여주었듯이, 중앙은행은 자기의 권한이 어디에서 나왔는지 혹은 자기가 누구에게 책임을 져야 하는지 결코 망각할 수 없다. 중앙은행에 부여된 권한은 통화안정과 금융안정을 달성하는 데 필요한 것에만 제한되며, 자기가 수행한 일에 대해서 국민에게 책임을 진다. 중앙은행이 화폐의 가치를 지탱하려면 중앙은행에는 회복력과 신뢰라는 가치가 필요하다. 또 화폐의 가치를 유지하려면 책임성과 투명성 그리고 정당성이 필요하다.

금본위제가 공신력, 즉 대중의 신뢰를 잃는 순간 실패했던 것과 마찬가지로, 독립적인 중앙은행이 가진 효과는 대중의 지지가 지속적으로 이어지지 않는 한 시간이라는 시험대를 견뎌내지 못한다. 내가 잉글랜드은행으로 출근하기 시작할 때 분명해진 사실이지만, 대중의 그 지지에 지속적으로 영양을 공급해야 한다. 출근 첫날에 나는 우리 은행권의 도안에서 캐릭터의 다양성이 너무도 부족하다는 사실을 두고 논란이 점차 커지고 있다는 사실을 알았다. (2016년에) 처칠이 교도소를 개혁했던 인권운동가 엘리자베스 프라이Elizabeth Fry 대신 5파운드 지폐의 인물로 선정되면서, (모든 지폐의 한쪽 면에 들어가 있는 '여왕 폐하'를 제외하면) 그때까지 네 종이던 ✽지금은 100파운드 지폐가 추가되어 모두 다섯 종이다 영국 지폐에 얼굴을 올린 여자는 한 명도 없게 되었다.

저술가이자 사회활동가인 캐롤라인 크리아도 페레스Caroline Criado Perez가 이끌었던 공공 캠페인이 올바르게 지적했듯이 그것은 영국 사회를 제대로 대표한다고 볼 수 없었다. 그런 맥락에서 이 캠페인은 10파운드 지폐에 찰스 다윈 대신 여성을 넣어야 한다고 주장했다. 나는 이 문제를 담당하는 전문가 팀을 소집해서, 내가 생각했던 것이 비교적 간단한 결정이 될 수 있을지에 대해 토론하게 했다. 그런데 돌아온 대답은 중앙은행은 차별을 조장해서는 안 된다는 것이었다. 지폐의 도안 인물들은 죽은 사람들 가운데서 선택해야 하는데 "죽은 사람에 대해서 차별적인 행동을 할 수는 없다"는 게 내가 들었던 의기양양한 이유였다. 유럽인권법을 이렇게 해석하는 것이 법률적으로 온당한지 여부를 논외로 하더라도, 많은 동료와 나는 그런 해석이 오히려 논점에서 벗어나는 것이라고 느꼈다. 화폐가 사회의 다양성을 반영하지 않는다면, 이 화폐는 통일보다 분열을 조장한 것이라는 말이다. 그래서 영국 문학에 가장 위대한 작가들 가운데 한 명으로 꼽히는 제인 오스틴이 10파운드 지폐의 인물로 빠르게 선정되었다. 2017년에 있었던 일이다.

그리고 우리는 더 나아가, 잉글랜드은행 총재가 단독으로 지폐에 들어갈 인물을 선택하는 낡은 제도를 없앴다. 그리고 공식적인 후보 지명 절차에서 전문가 패널의 조언을 받았다. 사람들이 날마다 들고 다니는 은행권에 들어갈 인물 선정은 영국의 위대한 역사 인물들과 이들이 다양한 분야에 기여한 내용을 찬양해야 한다는 기준에 따라서 이루어지도록 했다. 잉글랜드은행, 그중에서도 총재 혼자서 그 일을 하는 게 충분하지 않음을 깨달았다. 우리가 추구하는 다양성을 확보하기 위한 노력에 대한 사람들의 신뢰가 필요했다. 그리고 몇 년이 지난 뒤에 우리는, 25만 명이 과학자나 수학자를 추천한다는 사실을 관련 절차 속에서 확인한 다음에 50파운드 지폐의 인물로 앨런 튜링Alan Turing을 선정했다. 이것은 당연하고도 마땅한 결과였다.

튜링의 업적은 많다. 2차 세계대전 당시에 독일군의 암호를 해독하는 본부이던 블레츨리파크에서 혁혁한 공을 세웠다. 단언컨대 그가 세운 공 덕분에 전쟁은 몇 년 일찍 끝날 수 있었다. 또 그 덕분에 수많은 생명이 전쟁의 화염 속에서 목숨을 잃지 않아도 되었다.[33] 당시에 그가 암호 해독 분야에서 거둔 성취 덕분에 (그는 암호를 해독하기 위한 폭탄 컴퓨터를 공동으로 발명했으며, 암호 해독 속도를 높이는 통계적 기법들을 적용하는 분야에도 기여했다) 난공불락이던 독일군의 암호를 깰 수 있었다. 그는 컴퓨터과학의 토대를 만들었으며,[34] 전쟁 직후 초기 전산학 발전에 결정적인 역할을 했고[35] 생물학의 (식물이나 미생물이 자기의 모습을 형성해나가는 과정을 연구하는 학문 분야인) 형태 발생 분야에서 기초를 닦았다.[36]

오스틴과 튜링 두 사람은 영국이 자랑하는 최고의 업적을 대표한다. 오스틴의 작품은 그녀가 죽은 지 200년이 지난 지금도 여전히 대중의 사랑을 받고 있다. 컴퓨터과학과 인공지능 그리고 심지어 미래 화폐 형식에서 나타난 현재의 기술 발전들은 튜링이라는 거인이 있었기에 가능했다. 오스틴과 튜링은 또한 업적과 가능성을 당대에 인정받지 못하는 수많은 사람들도 대표한다. 오스틴은 자신의 작품을 익명으로 발표해야 했다. 그때는 사람들이 여성 작가를 무시했기 때문이다. 그랬던 그녀였지만 사후 수십 년이 지난 뒤에야 비로소 갈채를 받았다. 1952년에 튜링은 동성애자라는 이유로 중범죄자로 유죄 선고＊그 당시 영국에서 동성애는 불법이었다를 받았다. 그리고 튜링이 교도소를 피할 길은 오로지 화학적 거세를 받아들이는 것뿐이었다. 이 일로 그의 과학자 경력은 끝났고, 그 직후에 그는 청산가리 중독으로 사망＊자살했다지만, 자살을 가장해 살해되었다는 주장도 있다했다.

화폐의 토대

오스틴이나 튜링과 같은 인물을 화폐의 도안 인물로 정하는 것은 과거의 잘못을 바로잡는 방법이자 인정받을 자격이 있는 사람을 인정하는 방법이기도 하다. 하지만 여기에는 그것 이상의 의미가 있다. 화폐의 가치와 중앙은행의 정당성은 중앙은행 시스템이 가진 공정성과 완전성에 대해서 사람들이 가지는 신뢰와 신임에서 비롯된다. 영국의 많은 사람이 역사 속에서 잉글랜드은행과 같은 기관들로부터 불공정한 대우를 받아왔다. 오늘날 잉글랜드은행은 영국 국민의 신뢰를 얻고 또 이것을 유지하는 데 힘써야 한다. 다양성과 포용성을 지키기 위해 힘쓰는 것이야말로 화폐의 가치 뒤에 올바른 가치관을 두는 데 필수적이다.

　잉글랜드은행의 화폐 정책과 금융 정책이 얼마나 큰 효과를 거둘지는 훌륭한 관리, 투명한 정책 실천 그리고 의회와 국민에 대한 분명한 책임성에 달려 있다. 대중의 기대는, 1930년에 잉글랜드은행 총재이던 몬터규 노먼이 맥밀런위원회로부터 잉글랜드은행의 행동을 설명하라는 압박을 받았던 이후로 근본적으로 바뀌었다. 당시에 노먼은 위원장의 추궁에 "합리적인 근거라고요? 나는 그런 것 따위는 가지고 있지 않아요. 나는 내 본능을 믿습니다"라고 답변했다.

그런 답변은 내가 50번 가까이 의회에서 증언하면서도 감히 생각하지 못했던 것이다. 비공식적인 책임성, 고개 끄덕임, 윙크, 비밀과 본능 등이 횡행하던 시대는 오래전에 가고 없다. 중앙은행이 공개적이어야 하고 자기 활동에 대해서 책임져야 하는 필요성은 과거 그 어느 때보다도 커졌다. 기관들과 거기에 속한 '전문가들'에 대한 불신이 점점 커져갈 뿐만 아니라 대중의 이해도가 높을수록 중앙은행의 정책은 한층 더 높은 효과를 발휘하기 때문이다.

중앙은행은 운영상의 독립성을 보장받고 있으므로 이 은행의 소통도 그동안 많이 개선되었다. 미래에는 이러저러하게 될 것이라는 예측을 뒷받침하는 구체적인 가정들을 공개하는 것부터 통화 정책 요약, 회의록, 물가 관련 보고서 등을 보도자료로 배포하는 것뿐 아니라 동시에 이 내용의 정확성을 평가하는 것에 이르는 다양한 측면에서 투명성은 꾸준하게 높아지고 있다. 계층화된 의사소통에는 한층 더 간편하고 접근하기 쉬운 언어와 그래픽이 도입되어서 보다 많은 사람이 쉽게 접할 수 있게 되었다.

잉글랜드은행은 책임성을 개선하고 대중의 동의를 유지하려고 광범위하고 적극적인 지원 활동을 한다. 또 각각의 정책 결정과 관련된 정보를 배포하는 즉시 공개하며, 이런저런 전망을 뒷받침하는 핵심적인 판단들을 공개하고 기대했던 내용과 다른 일이 일어났을 때는 그 차이들을 설명한다. 그리고 해마다 기업가 수천 명과 공회당이나 공개 포럼 자리에 참석하는 수만 명 그리고 소셜미디어를 통해서는 수십만 명을 만난다.

내가 총재로 재직하던 기간에 이런 일들은 가장 어려운 일인 동시에 가장 즐거운 일이었다. 어려웠던 것은 일반 대중을 만날 때는 전문용어와 통계 그리고 암호 등의 안전장치를 벗어놓아야 한다는 점이었다. 또 사람들이 "돈이 도대체 뭐죠?"나 "언제쯤이면 내 봉급이 오를까요?"와 같은 가장 기본적인 질문을 한다는 점 때문에도 어려웠다.

잉글랜드은행 총재직 제안을 받아들여야 할지 어떨지 고민하면서 내가 의구심을 가졌던 것 가운데 하나는 영국 대중이 과연 외국인이 그토록 중요한 역할을 하는 것을 받아들일까 하는 점이었다. 그런데 "내가 거기에 간다고 해도, 어차피 잉글랜드은행 총재는 외계인이니까 내가 외국인인지 아닌지 아무도 알아차리지 못할 거야"라는 생각에 마음을 놓았다. 그런데 정작 가서 보니까 이 은행은 지역 방문자들을 위한 온갖 프로그램들을 진행하고 있었는데, 나는 그게 마음에 들었다. 그리고 나중에는 그곳에서 고향 집처럼 편안함을 느꼈다.

우리가 지역의 기업가들을 만나는 것 말고도 많은 일을 더 할 수 있을 게 분명했다. 그래서 우리는 미미한 경기 회복이 사람들에게 미치는 영향을 좀 더 자세하게 파악하고 또 그 사람들의 염려를 듣기 위해서 제3부문❋ 국가기관에 속하지 않는 비영리 부문에 속한 집단들과의 만남을 포함해서 방문객의 수를 상당한 수준으로 늘렸다. 우리는 통화안정이나 금융안정이라는 개념들을 잘 알지 못하지만 이런 것들로부터 직접 영향을 받는 사람들의 목소리를 직접 듣기 위해서 시민 타운홀 미팅을 정례화하고 시민패널 제도를 만들었다. 다양한 성격의 많은 학교를 방문했으며, 경제 의사결정 관련 교습 모듈을 만들어서 교사들에게 도움을 줬다. 지금은 잉글랜드와 웨일스 전역에서 공립학교 다섯 군데 가운데 하나 꼴로 이 교습 모듈을 활용한다.

나는 특히 학교들을 방문하면서 충격을 받았다. 많은 학교는 학생 절반이 학교에서 제공하는 무료급식 혜택을 받고 있으며 또 3세대가 함께 생활하는 가족 가운데 일하는 사람이 한 명도 없는 환경에서 학교에 다니는 가난한 지역에 있었다. 나이가 어린 학생일수록 눈을 동그랗게 뜨고 낙관적인 모습을 보였는데, 10대 청소년들은 꼬치꼬치 캐묻기 좋아해서 내가 돈을 얼마나 많이 버는지(축구 선수만큼은 벌지 못한다), 내가 어떤 차를 타고 다니는지(실망스럽게도 나는 포드 갤럭시를 타고 다닌다) 그리고 왜 모든 사람이 비트코인을 사용하지 않는지(왜냐하면 비트코인은 시장에서 화폐 역할을 하지 못하기 때문이다. 여기에 대해서는 다음 장을 참조하라) 등을 궁금해했다.

이런 방문에서 내가 가졌던 핵심적인 목표는 잉글랜드은행이라는 중앙은행이 하는 일은 화폐에 대한 신뢰를 유지하는 것, 금융의 세상이 조금이라도 친숙하게 보이도록 하는 것 그리고 학생들에게 만일 각자 자신이 좋아하는 일을 열심히 좇다 보면 나중에 성공한 사람이 되어 있을 것이라는 조언을 주는 것이었다. 나는 내 이야기를 사례로 들려주었다. 나역시 그 아이들처럼 공립학교에 다녔다. 그 학교는 기업이나 미디어나 정부가 아주 멀리 떨어진 곳에 있었다. 나는 경제학을 공부했는데, 세상이 어떻게 돌아가는지 조금 더 잘 이해하고 싶었기 때문이다. 그리고 나는 공공 부문과 민간 부문이 교차하는 부문에서 일했는데, 세상을 조금이라도 더 살기 좋은 곳으로 만들고 싶었기 때문이다. 나는 단 한 번도 잉글랜드은행의 총재가 되겠다는 목표를 세운 적이 없었다. (만일 내가 이런 목표를 세웠다면 이 목표를 결코 달성하지 못했을 것이다.) 내가 그 자리에 앉게 된 것은 역사의 우연적인 사건 때문이었지만, 그 사건은 내가 진정으로 좋아하는 일을 하고 있었기에 일어날 수 있었다. 그리고 캐나다 북부의 시골 출신인 나와 같은 어떤 머저리도 잉글랜드은행의 총재가 된 걸 보면, 누구라도 성공할 수 있지 않겠는가.

학교 방문을 마치고 돌아와서 나는 내가 전하고 싶었던 메시지가 (그 아이들도 모두 동의했던 사실인, 내가 시골 출신의 머저리라는 메시지는 제외하고) 학생들에게 얼마나 통했을지 생각하곤 했다. 그런데 잉글랜드 북동쪽의 어느 중등학교를 방문하고 며칠인가 지났을 때 어떤 학부모가 보낸 편지를 받았다. 자기 아들이 내가 하는 이야기를 듣고는 마음을 다잡고 미래를 계획한다는 내용이었다. 그리고 그 학부모는 편지의 마지막 부분에 대문자로 크게 이렇게 휘갈겨 썼다.

"그런 방문이 사람들의 인생을 바꾸어놓네요."

바로 이것이 화폐가 자기 가치에 부여하는 것의 단서이다. 화폐가 자기 가치에 부여하는 것은 바로 회복력, 연대, 투명성, 책임성 그리고 신뢰이다.

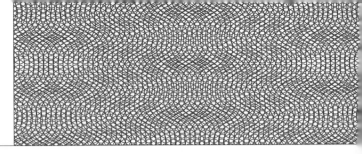

5장

화폐의 미래

바로 그 새벽에 살아 있다는 것은 기쁨이었다.

더구나 젊다는 것이야말로 천국이었다!

- 윌리엄 워즈워스, 『서곡』 중에서, "프랑스혁명이 그 시작 시점에 열광적인 지지자들에게 나타났을 때"

금융 기술의 세상을 휩쓸어버리는 혁신의 파도는, 이것을 지지하는 사람들에게 혁명과 다름없는 것을 약속한다. 핀테크는 내로 뱅킹narrow banking＊ 은행이 아닌 곳에서 일반 은행과 동일하게 지급과 결제 업무를 수행하는 일. 한편 제한된 은행 업무만을 처리하는 은행을 '내로 뱅크'라고도 한다과 포트폴리오 최적화의 새벽이 밝아온다는 소식을 전한다. 핀테크는 화폐의 성격을 바꾸어놓을 것이고,[1] 중앙은행의 토대를 흔들 것이며, 금융 서비스를 사용하는 모든 사람에게 민주주의 혁명에 버금가는 것을 안겨줄 것이다.

새로운 범용 기술들이 소매유통업부터 언론 및 교육에 이르는 많은 산업을 완전히 새로운 것으로 바꾸어놓는 시점에서 그런 주장을 터무니없는 것이라며 손사래를 치는 짓은 어리석은 일이다. 현직인 재임자가 변화의 규모나 속도를 올바르게 예측하는 일은 드물다. 혁명의 속성상, 혁명은 언제나 뒤돌아볼 때만 당연한 상식이다.

지나갔던 어떤 새로운 새벽을 놓고 생각해보자. 20세기가 막 시작되던 무렵에 케인스는 기술과 금융의 결합이 만들어냈던 여러 가능성을 바라보고는 깜짝 놀라서 다음과 같이 말했다.

> 런던에 사는 사람이 침대에서 아침 차를 마시면서 전 세계의 온갖 제품을 전화로 주문할 수 있다. (…) 이 사람은 또한 동시에 그리고 동일한 도구를 가지고서 전 세계의 어느 곳에 있는 천연자원이든 혹은 새로운 사업에도 투자를 할 수 있다. (…) 혹은 자기 재산의 안전을, 상상이나 정보가 추천할 수 있는 어떤 대륙에 있는 한 자치도시 시민들의 선의와 결부시키기로 결심할 수 있다.[2]

이런 글로벌 포트폴리오 관리는 수십 년 전으로 거슬러 올라가는, 즉 1860년대의 (은행 계좌를 입증할 수 있는 서명을 전송할 수 있었던) '팬텔레그래프pantelegraph'부터 대서양 해저 깊은 곳에 매설되어서 1분에 8개 단어를 전송할 수 있었던 케이블에 이르는 여러 기술이 발전함으로써 가능해졌다. 이런 원격 거래 확인과 저지연* 통신에서 지연 시간을 줄이는 것 기술이 당시의 '플래시 보이flash boy'* 주식 시장에서 분초 단위의 주가 흐름에 따라서 하루에도 수십·수백 번씩 초단타 거래를 하는 사람를 만들었다.

이런 혁신들을 이룬 금융 세계화는 훨씬 이전의 한층 더 단순하고 한층 더 심대하게 변혁적이던 발전, 즉 원장原帳, ledger* 거래 내역을 적은 장부을 토대로 구축되었다. 거래를 기록하고 대차대조표를 비교하며 의무를 평가하는 역량 없이 금융은 존재하지 않기 때문이다. 상업의 보편적인 도구인 화폐와 신용은 이 가장 원초적인 금융 기술들 없이는 존재할 수 없다. 이런 기술들이 있어야 대변과 차변을 차감할 수 있고, 부채가 통화로 유통될 수 있으며, 화폐가 기억을 대체할 수 있고 또 거래가 기하급수적으로 확대될 수 있기 때문이다.

그렇다면 케인스가 침대에 앉아서 상상하던 세계화 이후로 우리는 얼마나 발전했을까?

케인스가 했던 말에서 '전화'를 '태블릿'으로 바꾸고 '차'를 '소이 라테치노'로 바꾸어보라. 그러면 20세기가 시작되던 무렵이 아니라 21세기, 즉 이제 더는 기회가 남자나 도시의 공민권을 가진 사람에게만 제한되지 않는 21세기가 시작되던 무렵으로 바뀐다. 세계화의 두 번째 파도가 최고조에 다다르고 있다. 4차 산업혁명은 이제 막 시작되었다. 그리고 새로운 경제가 떠오르고 있다. 이 새로운 경제는 기술 분야에서의 거대한 여러 변화와 글로벌 경제 강국 질서의 재편 그리고 점점 커지는 기후변화의 압박으로 추동된다.

코로나 위기는 혼란을 한층 더 가중시키고 있다. 공급망은 점점 더 지역화되고 탄력적으로 바뀌고 있다. 디지털 통합이 가속화되고 있다. 그리고 그 결과 빚어진 기업과 국가 전략의 '그레이트 리셋great reset *2020년 세계경제포럼의 공식 명칭으로, '거대한 재설정'이라는 뜻이다는 기후변화에 대처하는 새로운 기회를 제공하며 탄소중립 경제로의 전환을 촉진한다.

금융이 민주화되고 변화하는 정도는 표면적으로는 불가사의하지만 근본적으로는 필수적인 활성화 기술enabling technology들에 달려 있다. 휴대폰, 인터넷 유비쿼터스, 초고속 컴퓨팅, 암호 분야의 발전 그리고 기계학습 분야의 혁신 등이 하나로 결합해서 금융 부문의 급격한 변화들을 만들어낼 수 있다. 이런 것들이 경제의 다른 여러 부문에서 그랬듯이 말이다.

화폐는 늘 진화한다

독립성을 가진 현재의 중앙은행 모델이 통화 역사의 끝까지 이어질 것이라는 생각은 오만이다.

지난 수백 년 세월 속에서 통화 혁신은 여러 차례 일어났다. 대부분은 실패하고 가치 하락이라는 아주 오래된 유혹에 굴복했지만, 몇몇은 화폐의 성격을 좋은 쪽으로 바꾸었다. 이 두 가지 결과는 지금의 화폐 및 결제 시스템을 둘러싸고 벌어지는 혁신의 회오리바람이 빚어낸 결과로도 가능하다. 관건은 어떤 혁신들이 가치 추구를 지지하고 또 어떤 혁신들이 이것을 억누를지 알아내는 데 있다.

역사 속에서 가장 유망하던 금융 혁신은 언제나 변화하는 상업의 속성에 복무하려고 했던 민간 부문에서 비롯되었다. 최초의 은행권(어음)이라고 알려진 것은 7세기 중국에서 발행되었다. 상인들이 대규모 상업 거래를 하면서 구리로 만든 무거운 주화를 들고 다니기 불편해서 이것을 대체할 목적으로 만들었다고 한다. 이 발상을 13세기에 마르코 폴로가 유럽으로 전했고, 그 뒤 17세기와 18세기에 은행권은 점점 일상화되었다. 비록 이 증서가 가치를 보유하는 데 이런저런 문제가 있긴 했지만 말이다.

은행업은 르네상스 시대에 점점 늘어나고 있던 국가 간 무역을 지원하는 방향으로 적응했다. 14세기의 이탈리아와 15세기의 피렌체에 있던 강력한 은행 왕조들(대표적으로 메디치 가문을 들 수 있다)은 유럽의 여러 무역로에서 유통되던 다양한 품질의 통화들을 다루던 외환업자들인 셈이었다. 처음에 카발칸티 궁전 바깥에서 돈을 바꿔주는 노점을 운영하던 보잘것없는 업자였지만 나중에는 교황청을 고객으로 하는 은행가가 되었던 메디치 가문의 진정한 돌파구는 당시 급증하던 중세 무역을 관리하는 방법으로서 환어음을 개척한 것이었다. 한 상인에게서 다른 상인으로 넘겨진 지불약속증서는 그 자체로 지불 수단이 될 수도 있었고 현금을 받고 은행에 팔 수도 있었다.

17세기 이후부터는 무역과 산업을 확장하는 데 필요한 자금을 제공하는 수단으로 부분지급준비금제도가 개발되었다. 정보 수집과 신용 판단 그리고 대출금 감시와 같은 이 제도의 핵심 기술들은, 금융안정성에 대한 한층 더 큰 위험을 감수하면서, 애덤 스미스의 보이지 않는 손의 적용 영역을 한층 더 확장했다. 화폐가치를 유지하기 위해서 중앙은행은 민간 은행들을 감독하는 감독자로서 그리고 또한 극단적인 상황에서는 그들의 최후의 대부자로서의 역할에 점점 더 무게를 실어야만 했을 것이다.

오늘날에는 민간 자금이 비은행 부문에서 (특히 연금, 보험사 및 다양한 자산관리사에서) 창조되는데, 이것은 개인이 자신의 위험을 관리하고 저축을 늘리는 데 도움이 될 수 있다. 그러나 나중에 7장에서도 살펴보겠지만, 오늘날의 비은행 금융 부문은 부분지급준비금제도가 19세기에 놓였던 것과 거의 똑같은 위치에 놓여 있다. 좋은 관행들이 나쁜 관행들과 섞여 있다. 회복력이 있는 기관들이 그렇지 않은 기관들과 얽혀 있다. 이런 상황이므로 비은행 금융 자체가 사회에 존재하는 가치를 위험하게 만드는 원천이 될 수 있다.

바로 이런 변화의 전통 속으로 화폐와 결제에서의 핀테크 혁명이 들어선다. 이 혁명을 추동하는 요인으로는 여러 가지가 있다.

첫째, 화폐는 소셜미디어의 강력한 네트워크 효과만 아니라 본질적으로 변혁적인 기술 혁신들(예컨대 암호 작성법이나 인공지능 등과 같은 분야에서의 발전)에 대응해서 변한다. 어쨌거나 '좋아요'가 이 세대의 사회적 통화라면, 이것들이 다음 차례의 경제적 통화가 될 수도 있지 않을까?

보다 근본적으로 말하면, 화폐의 혁신은 경제와 사회를 강력한 관계망(네트워크)들에 걸친 일련의 분산된 개인 대 개인의peer-to-peer, P2P 연결성으로 한층 더 폭넓게 재조직하는 과정에 대한 대응으로 나타난다.[3] 사람들은 연결성을 점점 더 직접적이고 즉각적이며 공개적으로 형성하는 데, 이런 상황은 사람들이 소비하고 일하고 또 소통하는 방식을 혁명적으로 바꾸어놓는다. 그러나 금융 시스템은 여전히 은행 업무, 결제, 어음 교환, 계약 체결 등과 같은 일련의 허브 앤 스포크hub and spoke * 거점. 항공업계에서 나온 용어로, 대도시 거점 노선을 중심으로 운항하는 방식 혹은 그 거점을 말한다를 중심으로 지속적으로 운용된다. 설령 예컨대 암호화폐와 스테이블 코인stable coin * 가격 변동성을 최소화하도록 설계된 암호화폐 등과 같이 화폐와 비슷한 오늘날 화폐의 대체물들이 해답이 아니라고 할지라도, 이들이 기존의 결제 시스템에 도전장을 내밀고 있음은 분명하다. 그러므로 기존의 결제 시스템으로서는, 온전하게 신뢰할 수 있으며 실시간으로 이루어지는 분산된 거래에 대한 요구에 부응해서 진화할 필요성을 느낀다. 공공기관은 민간 부문에서 일어나는 이런 역동성을 지원할 올바른 적절한 환경을 조성할 필요가 있다.

새로운 경제는 금융에 새로운 요구를 제시한다. 소비자와 기업은 거래가 실시간으로 이루어지길 점점 더 많이 기대한다. 계산대가 역사 속의 유물이 되길 기대하고, 국경을 초월해서 이루어지는 결제가 동네에서 이루어지는 결제와 구분되지 않길 기대한다. 화폐와 결제 방식이 지금보다 더 높은 효율성과 회복력을 발휘하도록 조직될 수 있다. 이런 일은 스마트 거래로 가능하게 되었다. 금융거래를 둘러싼 개인정보 보호를 높이는 방향으로 나아갈 것인지, 아니면 개인의 데이터를 한 곳에 끌어모음으로써 한층 더 큰 기회를 실현하는 방향으로 나아갈 것인지, 통화와 금융 시스템에 대한 선택은 개인적인 선호와 사회적인 규범에 따라서 달라질 수 있다.

그러나 그 모든 과대광고에도 불구하고, 서구 여러 나라에서 일상적인 결제 방식에서의 혁신들은 지금까지 실제 현실보다도 더 분명하게 나타나고 있다. 대부분의 변화가 지급개시payment initiation * 온라인에서 직접 자금을 결제·이체하는 것를 중심으로 일어났는데, 이것이 비대면 신용카드, 휴대폰에 설치된 디지털 지갑*전자상거래에서 지갑 기능을 하는 소프트웨어 그리고 은행 앱 등으로 바뀌었다. 이것을 지탱하는 결제 인프라는 기본적으로 동일하다. 즉 거래는 신용카드나 은행 '철도rail'*플랫폼이나 관계망을 뜻한다를 기반으로 이루어지며, 여기에는 디지털 화폐도 포함된다.

이 화폐는 민간 은행에서 창조한다. (여기에 대해서는 앞서 4장에서 살펴보았다.) 사람들은 이런 생각을 하면서도(대부분은 그런 생각조차 하지 않는다), 민간 은행이 중앙은행의 규제를 받으며 또 민간 은행에 예치한 어떤 예금이든 간에 국가가 어느 한도까지는 (현재 영국에서는 8만 5,000파운드, 캐나다에서는 10만 달러 한도까지) 지급을 보증*한국에서는 금융기관별로 1인당 5,000만 원 한도까지 예금의 지급을 보증한다한다는 사실에서 위안을 찾는다.

이 체계는 편리하긴 해도 상대적으로 비싸다. 거래대금의 0.5퍼센트에서 2퍼센트나 되는 비용이 들기 때문이다. 게다가 이 체계는 속도가 느릴 수 있다. 대금이 최종적으로 상인의 손에 들어가기까지 사흘이라는 시간이 걸리기 때문이다. 외국 상인과 거래할 때는 비용이 열 배나 더 들 수 있다. 그래서 경쟁이 억제되고 소비자 선택도 제한을 받는다.

그러나 한층 더 변혁적인 혁신들이 이미 시작되었음은 분명했다. 중국의 거대한 결제 기업인 앤트 파이낸셜Ant Financial은 수십억 명의 고객을 확보하고 있는데, 이 규모는 미국 최대 은행이 확보한 고객보다 다섯 배 이상이다. 앤트 파이낸셜은 텐센트Tencent의 계열사인 위챗페이WeChat Pay와 연대해서 세계 모바일 결제의 90퍼센트 이상을 처리한다. 인도의 결제 플랫폼인 페이티엠Paytm은 3억 명이 넘는 고객을 확보하고 있는데, 이들 가운데 많은 수가 자영업자이다. 다음 단계는 이런 민간 결제 시스템들을 공공거래장부public ledger*거래 내역을 중앙 서버에 저장하는 것이 아닌 모든 사람의 컴퓨터에 저장해 누구나 거래 내역을 확인할 수 있도록 한 장부들 그리고 다양한 안전장치backstop들과 결합하는 게 될 것이다.

덧붙여, 스트라이프Stripe와 쇼피파이Shopify 등과 같은 디지털 결제 제공업체들과 온라인 시장들이 중소 규모의 사업가들에게 돈을 빌려주는 업체들로서 현재 가장 빠르게 성장하고 있는데, 이들은 우월한 고객 데이터를 확보함으로써 신용 평가와 대출 결정 속도를 개선할 수 있기 때문이다.

민간 금융 혁신에 대한 기초적인 지식

치열한 혁신의 시대에 화폐에 대한 공적인 관리는 건설적이어야 하고 동시에 언제나 경계를 늦추지 말아야 한다. 건설적이라고 한 것은 민간 부문에서의 혁신을 가능하게 해줄 플랫폼을 제공해야 한다는 점에서 그렇다. 중앙은행이 신규 시장 참여자에게도 기존의 시장 참여자와 동일한 수준으로 개방되어야 한다. 이것은 예를 들어서 실시간 도매결제제도, 즉 예금을 예치하고 단기 유동성에 접근하는 것 등과 같이 중앙은행이 제공하는 핵심적인 편의에 접근하는 권리에서 신규 참가자가 차별을 받지 말아야 한다는 뜻이기도 하다.[4] 그러나 이것은 또한 민간 금융 서비스 제공업체가 기본적으로 은행이든 비은행 금융 서비스업체든 혹은 기술기업이든 상관하지 않고 동일한 활동에 대해서는 중앙은행이 동일한 잣대를 가지고서 동일하게 규제해야 한다는 뜻이다. 이 일관성은 경계를 늦추지 않는 태도의 한 부분인데, 그래야 새롭게 등장한 화폐가 기존의 화폐들처럼 신뢰받는 확실한 화폐로 기능할 수 있기 때문이다.

중앙은행은 또한 민간이 만든 대안 화폐들의 등장이 일련의 위기 사태에 대한 대응 과정에서 공신력이 흔들릴 수도 있음을 반드시 염두에 둬야 한다. "신뢰를 쌓는 데는 여러 해가 걸리지만, 그 신뢰가 무너지는 데는 몇 초면 충분하고, 그 신뢰를 다시 쌓는 데는 영원한 시간이 걸린다"는 말도 있지 않은가.[5] 금융 위기는 민간 은행 시스템에 대한 대중의 신뢰를 훼손하며 공적 감시가 과연 효과적인지 의심하게 만든다. 코로나 위기에 공채 규모가 엄청나게 늘어났고 또 이 채권을 중앙은행이 대규모로 사들 였는데(이런 일은 전쟁 국면이 아닌 평화 시기에는 유례가 없는 일이다), 이 일로 화폐에 대한 대중의 신뢰가 흔들릴 조건들이 생성될 수 있다.

아닌 게 아니라 이 책은, 가치관의 균형 재조정이 수행하는 중요한 기여 가운데 하나가 공적인 화폐의 가치를 유지하는 것이 될 것이라고 주장한다. 이것은 혁신의 거센 흐름을 저지하자는 뜻이 아니다. 오히려, 화폐의 뒤에 있는 핵심적인 가치관을 강화하는 방식으로 이 혁신을 지지하자는 뜻이다. 화폐의 미래는 신뢰를 받아야 하고, 강한 회복력을 가져야 하며, 공정해야 하고, 포용적이어야 하며, 투명해야 하고, 책임을 져야 하며 또 역동적이어야 한다. 근본적으로, 민간 부문의 혁신에 대한 공공 부문의 대응은 그 새로운 체계가 공익에 기여하도록 만드는 것이어야 한다. 화폐와 결제의 새로운 체계가 많은 요구조건을 충족해야 한다는 뜻이다.

새로운 시스템은 회복력이 있어야 하고 또 믿을 수 있어야 한다. 화폐와 결제의 새로운 형태들은 고객에게 보다 더 나은 서비스를 제공하면서도 기존 것들만큼 회복력이 강해야 한다. 경제가 충격을 받을 때 새로운 화폐는 그 가치를 유지해야 하며(통화안정성) 또 이 화폐를 다루는 모든 기관은 믿을 만해야 한다(금융안정성). 화폐는 또한 운용상에서 회복력이 강해야 하며, 통상적이지 않은 사건들에 강하게 반응해야 하고, 또 기술 차원의 정전 사태가 일어나지 않도록 해야 한다.

그것은 개인정보를 보호하고 고객의 데이터 주권을 보존함으로써 책임감과 투명성을 보여야 한다. 현금은 익명이다. 이런 맥락에서 개인의 거래 내역이, 자금세탁 혹은 테러나 불법 활동에 대한 자금지원 등을 예방하는 취지의 법률이 정한 범위 안에서 다른 사람에게 공개되지 않아야 한다. 새롭게 등장하는 전자화폐들은 익명성과 개선된 개인 맞춤형 서비스를 제공할 목적의 개인정보 접근성 사이에서 적절한 균형 지점을 찾을 필요가 있다.

화폐제도의 핵심이 민간 전자화폐의 여러 형태에 의존한다는 것은 민주주의 사회에서는 용납할 수 없는 일이다. 이런 화폐를 만든 민간 회사는 비트코인과 같은 통화를 대량으로 통제해서 고객 데이터나 결제 시스템들(예를 들면 몇몇 스테이블 코인들)에 대한 접속 권한을 특권적으로 가지거나, 혹은 지급보증을 한다고 하더라도 그 보증은 (암스테르담은행과 같은 은행권을 발행하는 민간 은행에서 역사적으로 자주 나타났던 것과 같은) 가치 하락으로 이어지기 때문이다.

앞서 4장에서 보았듯이 통화안정성과 금융안정성을 유지하기 위해 필요한 정책들에 대한 대중의 지지를 (그리고 궁극적으로는 대중의 동의를) 유지하는 데는 투명성과 책임성이 꼭 필요한 요소이다. 이런 것들은 알고리즘을 통해서 확보할 수 없는 것이며, 또한 궁극적으로는 민간 부문에서 책임질 수 없는 것이다.

금융적 수용성financial inclusion＊개인과 기업이 금융 서비스에 접근할 수 있는 기회와 권한을 높이고 또 연대를 촉진함으로써 공정성을 개선해야 한다. 금융적 수용성을 높인다는 것은, 새로운 형태의 화폐와 결제는 모든 사람이 접근할 수 있도록 개방함으로써 금융 서비스를 민주화할 수 있는 잠재력을 최대한 발휘하도록 한다는 뜻이다. 이렇게 하려면 결제와 은행 업무 및 송금을 포함하는 국제 거래 등에서 발생하는 비용을 대폭 줄여야 한다. 또한 금융적 수용성은 고객 서비스를 놓고 벌어지는 경쟁을 촉진한다는 뜻이기도 하다. 새로운 화폐 형태들 속의 모든 네트워크 외부성network externality＊'외부성'은 어떤 거래가 제3자의 경제적 복지후생에 영향을 미치는 현상을 뜻한다은 공익에 보탬이 되도록 해야 한다.

연대를 촉진한다는 것은, 조정에 따른 부담이 주로 노동자 계급에만 무겁게 부과되는 금본위제와 같은 체계로 돌아가지 않는다는 뜻이다. 새로운 기술들을 최대한 활용해서, 조정 과정에서 대규모 불균형과 온갖 취약성을 쌓는 게 아니라 (이럴 때는 결국 잔인한 조절 과정을 거쳐야 한다) 정기적이고 매끄러운 조정 과정이 이루어지는 한층 더 유연한 경제를 창조한다는 뜻이다.

우리는 새로운 서비스를 만들어내고 적은 비용으로 효과적이며 안정적인 결제를 제공함으로써, 경제의 역동성을 지지해야 한다. 새로운 서비스는 소규모 기업가가 성장자본에 한층 더 효율적으로 접근할 수 있도록 데이터를 모아두는 것, 자금조달부터 상업 거래에 이르는 과정에서 효율성을 개선하기 위해서 스마트 계약들을 통합하는 것 그리고 해외 거래를 국내 거래와 분간되지 않을 정도로 간편하고 매끄럽게 만드는 것을 포함한다. 새로운 결제 시스템은 확장 가능해야 한다. 어쨌거나 화폐는 일종의 사회적 대화이고 또 관계망이므로, 많은 사람이 사용하는 화폐일수록 유용하다. 화폐가 효과적이려면 화폐의 형태는 적어도, 작은 규모에서만큼 큰 규모에서도 효과적이어야 한다. 현재로서는 이런 점이 대부분의 암호화폐에서 발견되는 두드러진 결함이다.

공동의 토대를 기반으로 하다

현재 진행되는 금융 혁신의 판도에 따라서 열릴 수도 있는 여러 가지 가능성을 오늘날 각국의 중앙은행이 아예 생각도 하지 않으려 할 것이라는 말은 틀린 말이 아니다. 중앙은행은 민간 부문에서 혁신이 일어나도록 최대한 공정한 경쟁의 장을 만들어야 한다. 아울러 화폐를 지탱하는 핵심적인 가치들(신뢰, 회복력, 공정성, 포용성, 투명성, 책임성 그리고 역동성)을 새로운 화폐가 존중하도록 만들어야 한다.

이것은 두 가지를 뜻한다. 첫째, 시스템의 핵심은 여전히 공적인 화폐가 되어야 한다. 설령 이것이 민간 화폐와 맺는 관계의 성격이 이전과는 근본적으로 바뀐다고 하더라도 말이다. 영국은행권이 "그 은행권을 가진 사람에게 해당 가치를 지급하겠다"는 약속은 국가가 무조건적으로 지급을 약속한다는 뜻으로, 이것은 현재의 그 어떤 소액 전자결제 화폐도 주장할 수 없는 것이다.[6] 민간 전자화폐의 현재 제도의 안전장치는 사용자가 언제든 자신이 가진 것을 현금으로 전환할 수 있다는 점이다. 이 새로운 화폐 형태들은 현금과 같은 확실성을 보장함으로써 물리적인 거래들에서의 현금 사용을 모방해야 한다. 즉 어떤 결제가 이루어질 때 이 결제의 완결성finality 때문에 그 결제를 돌이킬 수 없어야 한다는 뜻한다. 만일 어떤 사람이 선술집에서 맥주를 마신 뒤에 10파운드 지폐로 결제하는 순간, 그 사람이 지고 있던 술값 부채는 즉각 청산된다. 그래서 그 지폐를 받은 술집 주인은 그 돈을 다른 거래에 곧바로 사용할 수 있다. 결제의 완결성을 보장해서 기업이나 소비자가 모든 것을 믿고 거래할 수 있도록 하는 것인 중앙은행이 해야 할 일들 가운데 하나이다.

둘째, 새로운 제도가 건전한 화폐의 가치를 유지하도록 중앙은행은 화폐에 대한 공적인 신뢰를 유지하기 위해서 일련의 공적인 안전장치들을 지속적으로 제공해야 한다. 이 안전장치들을 구체적으로 말하면 다음과 같은 것들이 있다. ① 근원적인 화폐를 (전자) 현금 형태나 계산화폐＊**장부상으로만 쓰이는 화폐**로 확보하는 것. ② 결제의 완결성을 보장하는 것. ③ 통화에 압박이 가해질 때는 해당 제도가 작동하는 데 필요한 유동성을 제공함으로써 확장성에 필요한 지원을 하는 것. ④ 한 부분이 취약해지면 전체가 취약해지므로 결제 시스템을 전반적으로 감독하는 것.

현재의 세 가지 옵션 평가하기

모든 사람이 돈을 창조할 수 있다.
그러나 문제는 이 돈을 사람들이 인정하게 만드는 것이다.

- 하이먼 민스키[7]

암호화폐, 스테이블 코인, 중앙은행 디지털화폐CBDC라는 세 가지의 주요한 혁신은 어떻게 해서 지금까지 제대로 잘 이루어졌을까? 지금부터 이것들의 핵심적인 기능들과 근본적인 가치들을 놓고 살펴보자.

뒤에서 살펴보겠지만, 전자 반란군이 화폐의 왕권에 도전하고 있지만 아직은 대부분의 기준에 미치지 못한다. 그러나 그들이 시작한 혁명은 언젠가는 낡은 체제를 뒤엎을 것이다. 사람들은 그 파괴를 환영할 수 있다. 왜냐하면 건전한 화폐를 지탱하는 우리의 가치관에 앞으로도 계속해서 초점을 맞춘다면, 미래의 화폐는 한층 역동적이고 포용적인 경제를 지지할 것이기 때문이다.

우선 몇 가지 개념을 정의하자. 두 가지 유형의 화폐가 있다. 계좌 기반account based 화폐와 토큰 기반token based 화폐이다. 토큰 기반 화폐에는 얍Yap의 스톤머니stone moneys부터 은행권에 이르는 것까지 우리에게 익숙한 것들이 있다. 토큰 기반 화폐의 내재가치는 기본적으로 아무런 가치가 없지만, 사회적 관습의 힘이 이것이 폭넓게 수용되도록 보장한다. 이 화폐가 오래 지속되려면 올바른 제도적 뒷받침이 필요하다.

계좌 기반 화폐는 암스테르담은행과 같은 예금은행들이 17세기 유럽에서 우후죽순처럼 생겨날 때 날아오르기 시작했다. 이 화폐는 중개자를 활용하는데(은행이 전형적인 중개자이다), 지불하는 사람의 계좌에서 돈이 인출되어서 지불받는 사람의 계좌로 돈이 입금될 때 거래가 체결한다. 이 중개자는 단일한 은행일 수도 있고 서로 다른 두 개의 은행일 수도 있지만, 최종적인 거래 체결은 중앙은행에서 이루어진다. 우리가 가진 화폐의 대부분이 (95퍼센트 이상이!) 계좌 기반 화폐이다.

은행 계좌의 잔고는 은행이 유지·관리하는 원장에 전자적으로 입력되어 있다는 점에서 일종의 디지털 화폐라고 할 수 있다. 그러나 이것은 기본적으로 17세기에 존재했던 계좌 기반 화폐의 구조와 기본적으로 동일하다. 비록 결제의 속도와 편의성이 그때와는 비교할 수 없을 정도로 나아지긴 했지만 말이다.[8] 애플페이Apple Pay나 벤모Venmo 혹은 스트라이프와 같은 비은행 결제 서비스업체들이 내놓은 혁신적인 결제 앱들에 존재하는 계좌 기반 화폐들도 마찬가지이다.

현재 전자화폐의 체계는 이중적으로 되어 있다. 우선 낮은 단계에서는, 앞에서 부분지급준비제도를 살피면서 보았듯이 은행은 자기 투자금과 예금자의 예치금으로 조성된 자금을 다른 사람에게 빌려줌으로써 민간 화폐를 발행한다.[9] 그리고 높은 단계에서는, 중앙은행의 지급준비금 보증 아래에서 은행과 은행이 거래를 체결한다. 이때 중앙은행의 지급준비금이 민간 은행들이 가지는 계좌 기반 화폐이다.

이 제도는 여러 가지 강점을 가진다. 우선 결제의 완결성을 확실하게 보장한다. 또 중앙은행의 핵심적인 활동들(즉 경제 상황이 불안할 때 금융계에 유동성을 공급한다거나 최후의 대부자 역할을 한다거나 또 양적완화＊**중앙은행이 시중에 통화를 직접 공급해 신용경색을 해소하고, 경기를 부양시키는 통화 정책**을 통해서 자산 매입을 하는 활동들)이 쉽게 이루어지도록 해준다.

이 제도의 요소들은 핀테크 혁명의 약속을 이행하는 데 동원되어 도움을 줄 수 있다. 예를 들어서 중앙은행의 준비금은 전자 공적 자금이지만, 일반 대중의 손은 닿을 수 없는 위치에 있다. 화폐의 미래에 대한 한 가지 옵션은, 중앙은행의 준비금을 (중앙은행 디지털화폐의 어떤 변형적인 형태를 동원해서) 일반 대중의 손이 닿을 수 있게 하는 것이다. 또 하나의 옵션은 민간 통화가 교환의 매개물이 되도록 허용하는 것이다.

옛날식 금융 체제에 도전하는 첫 번째 도전자는 암호화폐이다. 암호화폐는 통화라기보다는 토큰 기반 디지털 자산이다. 왜냐하면 이것은 화폐의 여러 기능을 충족하는 것과는 거리가 멀기 때문이다. 이 디지털 자산은 수많은 컴퓨터에 분산된 관계망(네트워크)을 기반으로 한다. 그래서 이 자산은 정부나 중앙감독기관의 감시에서 벗어나 있다. '암호화폐'라는 명칭은 관계망의 안전을 확보하는 데 사용되는 암호 기법에서 비롯되었다. 이 암호 기법은, 앞서 4장에서 보았듯이 50파운드 지폐라는 잉글랜드은행이 발행한 은행권의 얼굴인 튜링이 수행했던 작업들에 그 뿌리를 두고 있다.

세계 금융 위기의 수렁 속에서 몇몇 은행 시스템들에서의 기술적 발전과 신뢰 붕괴가 동시에 일어나면서 암호화폐 혁명의 불꽃이 당겨진다. 이것을 지지하는 사람들은 비트코인과 같은 탈중앙화의 암호화폐는 중앙집중적인 명목화폐보다 신뢰성이 더 높다고 주장한다. 이들이 내세우는 근거는 다음과 같다.

- 암호화폐의 공급은 고정되어 있으며, 따라서 낡은 시대의 가치 하락에 대한 유혹에서 완전히 해방된다.
- 암호화폐의 사용은 위험한 민간 은행으로부터 자유롭다.
- 암호화폐를 가진 사람들은 익명으로 남을 수 있으며, 따라서 세금 당국자나 법 집행자의 주접스러운 눈에서 해방될 수 있다.

어떤 사람은 또 암호화폐가 중앙집중화된 명목화폐보다 더 효율적일 수 있다고 주장한다. 암호화폐를 떠받치는 분산원장 기술 덕분에, 중앙은행이나 일반 민간 은행들과 같은 제3자의 개입 없이도 거래 당사자들 사이에서 직접 거래가 이루어진다는 게 그 근거이다.＊ 은행들은 대부분의 명목화폐 기록을 남기고 이것의 유효성을 입증하는 책임을 지지만, 디지털화폐의 경우에는 모든 사람이 했던 모든 거래 내역을 담은 거래원장이 공개된다. 은행들과 같은 (이 은행들의 범위는 잉글랜드은행처럼 일반 은행을 감독하는 중앙은행까지 확장된다) 중앙집중적인 기관에 신뢰를 두기보다는 관계망(네트워크)과 원장의 신뢰성을 높이기 위한 규범에 더 많이 의존한다.

이 디스토피아적인 공포와 해방의 낙관주의 정신 속에서, 비트코인의 첫 번째 블록(일명 '제네시스 블록')은 "2009년 1월 3일, 더 타임스, 은행들의 두 번째 구제 금융을 앞두고 있는 U.L. 재무장관"이라는 메시지＊이 메시지는 망해가는 은행에 대한 두 번째 구제 금융 지원을 언급하는 기사 제목을 소개하면서 기존 화폐에 대한 실망감을 드러낸 것이다를 남겼다.

암호화폐와 화폐의 역할

암호화폐가 화폐의 역할을 얼마나 잘 수행할까? 이 문제는 전체 암호화폐 생태계의 기능에 비추어서 판단해야 한다. 이 생태계는 암호화폐 그 자체를 넘어서서 암호화폐가 매매되는 교환 그 자체, 새로운 코인을 창조하고 거래를 입증하며 원장을 업데이트하는 '채굴자들' 그리고 관리 서비스를 제공하는 암호화폐의 디지털 지갑 운영업체들까지로 확장된다.

암호화폐가 화폐의 역할을 얼마나 잘 수행할까? 이 질문에 대해서 자비롭게 대답하자면, 암호화폐가 화폐로 행동하긴 한다는 것이다. 그러나 기껏해야 일부의 사람들에게 그것도 제한적인 수준으로만 그리고 심지어 전통적인 통화들과 나란히 함께 사용된다는 조건에서만 그렇다.[10]

암호화폐는 단기적으로 변동성이 큰 가치 저장고로서 몇 달 사이에 가치가 50퍼센트씩 늘기도 하고 줄기도 한다. 지난 5년 동안 비트코인 가격의 일간 표준편차는 파운드화의 열 배나 되었다. 암호화폐 가운데서도 그나마 가장 안정적인 화폐라는 비트코인이 이 정도나 알 만하지 않은가?

이런 극단적인 변동성은, 부분적으로는 암호화폐가 내재가치를 가지고 있지 않으며 동시에 외부적인 보호도 받지 않는다는 사실을 반영한다. 암호화폐의 가치는 이것의 미래 수요와 공급에 대한 사람들의 믿음에 따라서, 즉 궁극적으로 암호화폐가 화폐로서 혹은 다른 화폐 형태들이 겪는 가치 하락에 대한 대피책으로서 성공할 것인지 여부에 따라서 달라진다.

장기적으로 볼 때 암호화폐가 화폐로서 가지게 될 가치를 회의적으로 전망할 수밖에 없는 가장 근본적인 이유는, 이것이 과연 얼마나 효과적인 교환 매개물이 될 것인지, 즉 계산화폐로 전락하지나 않을 것인지 명확하지 않다는 점이다. 요컨대, 소매유통업자들 가운데서는 암호화폐를 수용하는 사람이 거의 없다. 거래는 매우 느리며 고도로 탄소집중적이다. 궁극적으로, 암호화폐의 확장성은 디지털 지갑들 내에서 일어나는 거래들을 얼마나 잘 포착하느냐에 달려 있다. 그런데 이것은, 뒤에서도 설명하겠지만 중앙은행 디지털화폐에 더 잘 맞는 틀이다.

역사적으로 성공했던 다른 모든 화폐와 다르게 암호자산은 어떤 개인이나 기관이 책임을 지는 부채가 아니며, 어떤 권위 있는 기관으로부터 지급을 보장받지도 못한다. 비트코인은 알고리즘으로 뒷받침된다. 또한 이것은 소수가 소유하고 있으므로, 소유자들이 마음만 먹으면 쉽게 조작할 수 있다. 그래서 많은 사람이 이런 문제들에 시달린다. 암호화폐는 제도적인 기관에 반대하면서 탄생했지만, 금융 시스템 전체에 복무하는 바로 그 동일한 기관(중앙은행)과 이 기관이 제공하는 신뢰에 편승한다. 이런 모습은 사이버 공격, 고객 예탁금 손실, 자금 이체의 제한 그리고 적절하지 못한 시장건전성 등에 직면해서 자기만의 신뢰를 구축하는 것이 쉽지 않다는 현실이 반영된 것이다.

마지막으로, 화폐로 사용되는 암호화폐는 소비자와 투자자 보호, 시장건전성, 자금세탁, 테러 단체에 자금을 지원하는 일, 탈세 그리고 자본통제 ＊ 초단기 투기성 자본의 거래나 수출입 무역에서 외화 자산의 이동을 제한하는 조치 및 국제적인 제재 회피 등과 관련해서 수많은 문제를 일으킨다. 암호화폐가 투기가 아니라 거래로 사용되는 한, 지하경제에 종사하는 사람들에게 한층 더 매력적이다. 이런 점은 신뢰 부족 문제를 가중하며, 또 만일 암호화폐가 규제망 안으로 들어오기만 하면 (모든 형태의 화폐가 다 그렇듯이) 화폐로서의 매력은 줄어들 것임을 뜻한다.

암호화폐는 화폐의 미래가 아니다. 하지만 그렇다고 해서 미래의 화폐가 암호화폐를 완전히 내치지는 않는다. 어떤 암호화폐는 고정적으로 공급된다는 점 덕분에 (물론 여기에는 가치 하락에 저항할 수 있어야 한다는 전제가 붙는다) 그리고 다른 자산들과의 상관성이 낮다는 점 덕분에 가치를 평가받을 수 있다. 이것이 몇몇 사람들이 비트코인을 바라보는 시각이다. 만일 충분히 많은 사람이 비트코인이 인플레이션이나 불확실성 혹은 충격에 대비하는 안전한 천국이라는 주관적인 견해를 가진다면, 화폐 그 자체보다는 자산으로서의 수요가 있을 것이다. 암호화폐는 변동성이 높으며 주식이나 채권과 같은 전통적인 자산과의 연관성이 낮아서 금과 비슷한 대비책이 될 수 있다. 그러나 이런 유형의 디지털 금과 관련된 어떤 사회적 관습이 형성된다면, 그것은 다른 안전한 천국으로의 정권 교체가 이루어질 위험에 노출되는 관습일 것이며, 그 교체는 관리와 관련된 여러 과제나 새로운 규제 혹은 디지털화폐에서의 미래 혁신들 등으로 촉발될 것이다. 비트코인의 주관적인 가치에 대한 조정된 견해가 계속 유지될 것인지에 대해서는 시간이 대답해줄 것이다.

한층 긴급한 사실은, 암호화폐 뒤에 있는 핵심적인 기술들은 이미 화폐의 미래에 충격을 주고 있다는 점이다. 실제로 암호자산은 세 가지 측면에서 화폐의 미래 모습에 대해 넌지시 일러준다.

- 화폐와 결제가 사회의 (특히 탈중심화한 개인 대 개인P2P 거래에서) 변화하는 기호에 대응할 필요가 얼마나 있는지 제시함으로써.

- 그들을 지탱하는 기술들이 결제의 효율성과 신뢰성과 유연성을 변혁하기 위해서 제시하는 여러 가능성을 통해서.
- 중앙은행이 과연 중앙은행 디지털화폐에 대한 접근권을 모든 사람에게 제공해야 할 것인가 대해서 이런저런 질문을 함으로써.

스테이블 코인

암호화폐가 출범시킨 혁명은 민간 차원의 다양한 스테이블 코인을 낳았다. 이들은 몇 가지 심각한 설계상의 결함을 안고 있긴 하지만, 화폐의 미래를 상당한 수준으로 진전시킬 수 있다.

알고리즘만으로 뒷받침되는 암호화폐와는 다르게 스테이블 코인은 금이나 석유 혹은 미국 달러화나 유로화와 같은 법정화폐＊ 국가가 **법률로써 강제적인 통용력을 부여한 화폐**와 같은 다른 내재적 자산에 고정된다. (즉 그래서 그 자산으로써 지급을 보증받는다.) 스테이블 코인은 암호화폐의 여러 가지 기술 요소(토큰 기반의 형식 그리고 거래 입증을 위한 분산원장 기술 사용 등)를 사용하지만, 이런 것들은 내재적 자산의 신뢰성에 의해서 강화된다. 스테이블 코인의 가장 멋진 사례들은 (예컨대 리브라Libra가 그런 스테이블 코인이다) 화폐 그 자체라기보다는 결제 시스템으로 여긴다. 왜냐하면 그것들이 화폐로서 가지는 정체성은 내재적인 주권화폐sovereign currency＊ 국가가 발행하는 화폐로, **부채를 전제로 하지 않는다. 그러므로 아무리 발행해도 국가 재정에는 부채로 잡히지 않는다. 주권화폐의 목적은 민간 은행이 자금조달 시장에서 화폐를 과도하게 발행하는 것을 제한하면서도 공적인 사업에 자금을 제공하는 것이다**에 있기 때문이다.

설령 스테이블 코인이 화폐가 아니라고 하더라도 이것은 화폐의 성격을 바꿀 수 있다. 스테이블 코인은 내재적인 자산과의 연결을 통해서 ‘코인’의 가격을 안정시킴으로써 결제와 가치 저장고의 역할을 암호화폐보다 훨씬 더 잘 수행할 수 있다. 그러므로, 이것은 한층 더 빠르고 싸고 포용적인 글로벌 결제 시스템을 구축하는 데 도움이 될 수 있다. 스테이블 코인은 디지털 지갑과 스마트 계약과 통합되어서 실시간·분산·저비용·P2P 거래를 실현할 수 있다. 그리고 스테이블 코인은 은행 체계나 신용카드 체계 바깥에서 대안적인 결제 시스템을 만들어서 대외 결제 비용을 획기적으로 낮출 수도 있다.

시민의 복지후생 이득도 매우 클 수 있다. 최근 몇 년 동안 상당한 개선이 이루어지긴 했어도 현재의 결제 시스템들은 여전히 두 가지 중요한 결함을 안고 있다. 하나는 세계의 많은 인구가 금융 서비스에 접근할 수 있는 보편적인 접근성이 부족하다는 점이고, 다른 하나는 대외 소매유통 거래 결제가 비효율적이라는 점이다. 전 세계에서 성인 17억 명이 거래계좌를 가지고 있지 않다. 이들 가운데 11억 명은 휴대폰을 가지고 있음에도 그렇다.[11] 거래계좌는 신용이나 저축 그리고 보험과 같은 추가적인 금융 서비스로 접근하는 관문이므로, 이런 계좌에 대한 접근성이 부족할 때는 금융적 수용성이 방해를 받는다.[12] 그런데 지금 이미 모바일 지갑과 케냐의 엠페사M-Pesa＊휴대전화를 이용한 비접촉식 결제, 송금, 소액 금융 등을 제공하는 서비스. M은 Mobile을 뜻하고 Pesa는 스와힐리어로 돈을 뜻한다고 한다와 같은 모마일 머니는 금융적 수용성에서 잠재적으로 커다란 변화가 일어날 수 있음을 이미 입증했다.

스테이블 코인은 결제 시스템이 핵심이다. 그러나 거래 목적의 돈과 비슷한 수단을 창조함으로써 사람들이 이것을 가치의 저장고 개념으로 보유하고 싶은 마음을 가지게 할 수 있다, 예컨대 디지털 지갑에 들어 있는 것과 같은 전통적인 금융 시스템 바깥에서 말이다. 이 경우에 당국은 동일한 위험에는 동일한 규제를 한다는 원칙을 적용해서 가치의 안정성, 법률적 주장의 견실함, 기본적인 명목화폐(법정화폐)로 액면가를 기준으로 상환할 수 있는 능력 그리고 결제 생태계의 회복력 등과 같은 점에서

스테이블 코인이 민간 은행과 동일한 기준을 충족하도록 강제해야 한다.

게다가, 만일 리브라와 같은 (2020년부터 '리브라'는 '디엠Diem'으로 이름이 바뀌었다) 스테이블 코인이 25억 명이 넘는 사용자를 확보해서 세계적으로 강력한 지배력을 가진 미디어 플랫폼인 페이스북과 연계해서 주류로 나간다면, 경제에 속한 돈의 많은 부분은 공식적인 은행 체계 바깥으로만 나돌 것이다. 이렇게 되면 실물 경제에 대한 신용 공급과 통화·금융 안정성의 역학이 근본적으로 바뀔 것이다.

스테이블 코인과 관련된 가장 쟁점들 가운데 하나는 이것이 가진 지급보증의 성격이다. 달러화나 파운드화와 같은 통화로 지급보증을 받는 화폐가 명목화폐의 기준을 충족하려면, 이 지급보증이 절대적이어야 하고 불가역적이어야 (완결성, 즉 일단 거래가 완성되면 그걸로 끝!) 하며 언제나 위험에서 자유로워야 한다. 그런데 국가가 통용력을 강제하는 법정화폐를 발행하는 중앙은행의 전폭적인 협력 없이 그런 조건들이 충족될 방법을 알아내기란 무척 어렵다.

국제결제은행BIS 사무총장인 아구스틴 카르스텐스가 강조했듯이, 민간 스테이블 코인은 암스테르담은행의 실패 사례에 비추어서 관리와 관련된 교훈들을 곰곰이 되새겨야 한다.[13] 관리감독이 견실하고 투명성이 완벽하고 공적인 감시가 경계를 게을리 하지 않아야 하지만, 이런 것들이 조금이라도 허술하면 민간 화폐의 '구속력이 있는 규칙들'은 시간이 흐름에 따라서 대부분 필연적으로 느슨해진다. 암스테르담은행도 처음에는 금으로 '은행 돈'을 일 대 일로 지급보증했지만, 나중에는 부정한 대출을 하는 것을 당연하게 받아들였다. 명목화폐로 지급보증을 받는 스테이블 코인이 나중에 이자, 신용, 거래 상대방 혹은 심지어 통화 위험까지 당연한 영업 관행으로 받아들이는 쪽으로 나아간다면, 이것을 과연 무엇으로 막을 수 있겠는가? 이런 여러 측면에 대해서는 절대적인 선명함과 법률적인 확실성이 반드시 필요하다. 또 스테이블 코인은 경제가 충격을 받는 상황에서 누가 유동성을 제공해줄 것인가, 데이터 관련 개인정보data privacy를 어떻게 보호할 것인가, 자금세탁이나 테러 지원 혹은 그 밖의 불법적인 자금 처리를 어떻게 막을 것인가 등과 같은 의미 있는 쟁점들의 해법을 앞으로 잘 찾아야 한다.

중앙은행 디지털화폐

궁극적으로 보자면, 어떤 스테이블 코인이 오랜 세월 지속적으로 잘 통용되는 데 필요한 관리와 유동성 그리고 운영상의 요건들 등을 충족시키는 주체는 공식적으로 책임을 지는 기관만이 유일할 것이다. 이런 점에서 중앙은행의 신뢰성은 매력적이다. 화폐의 미래로 가장 가능성이 높은 것이 중앙은행 디지털화폐CBDC로 알려져 있는 중앙은행 스테이블 코인이다.

CBDC는 일반 대중이 전자결제를 할 때 사용될 수 있도록 전자 형태를 띨 것이다. 지금은 우리가 현금카드나 모바일 앱으로 결제할 때 애초에 은행들이 만든 민간 화폐를 사용한다. 위험에서 완전히 자유로운 중앙은행 자산에 우리가 접근하는 때는 물리적으로 존재하는 화폐를 사용할 때뿐이다. 이런 화폐의 사용은 빠른 속도로 줄어들고 있는데, 이런 상황은 새로운 기회와 위험을 동시에 낳는다. 디지털 결제의 편리성을 중앙은행 화폐의 궁극적인 안정성과 결합할 수 있는 가능성이 지금 존재한다.

만일 적절하게 설계만 된다면 CBDC는 민간 암호화폐들과 스테이블 코인들이 열망하는 모든 기능을 다 수행할 수 있다. 물론 그러기 위해서는 법률 및 관리와 관련된 본질적인 쟁점들, 즉 시간이 흐름에 따라서 CBDC라는 대안의 효과를 갉아먹을 쟁점들이 잘 처리되어야 한다. CBDC는 일 년 365일 24시간 내내 결제할 수 있고 익명성을 확실히 보장하며 P2P 송금을 가능하게 해주고 어떤 통화에 대한 이자를 지급하는 등 새로운 가능성을 활짝 열어젖힐 수 있다.

CBDC의 최상의 구조는 소비자가 은행 혹은 디지털 지갑(예컨대 애플페이나 페이스북의 칼리브라Calibra)이 될 수도 있는 중개자를 경유해서 CBDC에 대한 권리를 간접적으로 주장하는 이중적인 체계가 될 가능성이 높다. 이렇게 되면 결제의 압도적으로 많은 부분이 지갑들 내에서 그리고 지갑들 사이에서 이루어질 테니 효율성이 높아질 것이다. 만일 그 간접적인 CBDC를 가진 '내로 뱅크/지갑'이 중앙은행의 감독을 받는다면 이중적인 체계는 또한 회복력을 개선할 것이다. 그리고 또 이 체계는 스마트 계약으로의 통합과 (소비자 선호에 따라서 달라지긴 하겠지만) 디지털 서비스를 개선하기 위한 데이터 수집과 관련된 민간 혁신의 기회를 만들어낼 것이다.

한 가지 중요하게 고려해야 할 점이 있다. 바로 일반 대중이 CBDC에 직접적인 접근을 할 수 있게 만드는 것인데, 이럴 때 CBDC는 위험으로부터 완전히 해방되는 자산이 되어서 진정으로 현금과 동일한 디지털 화폐가 될 것이다. 현재 사람들은 자신의 민간 은행 예치금을 현금으로 바꿀 수 있다. (물론 부분지급준비금제도 때문에 모든 사람이 동시에 이렇게 할 수는 없다.) 그러나 완전한 디지털의 세상에서는, CBDC의 설계 내용에 따라서 사람들이 모두 동일한 권리를 가지고 있다면 CBDC를 모든 사람이 동시에 현금으로 인출하는 뱅크런 사태가 나타날 수 있다. CBDC의 이중 구조는 (고객이 계좌 기반이라는 단일 구조의 체계에서와 마찬가지로 중앙은행 계좌에 직접 접근을 하든, 혹은 고객이 토큰 기반의 소액 결제용 CBDC에 매끄럽게 접근하든 간에) CBDC의 동시 인출이라는 금융안정성의 위험을 제거한다.

그러나 만일 사람들이 자신이 보유하는 CBDC를 현금으로 바꾸지 못한다면 어떨까? 이런 상태가 사람들에게 적절한 금융 보호를 제공할까? 이런 상황에서 절충안은 고객에게 특정한 양의 CBDC에만 접근하도록 허용하는 (어쩌면 현재의 예금보험과 비슷한) 이종복합 구조hybrid structure

의 형태를 띨 수 있다.

설계와 관련된 다른 쟁점들도 있다. 예를 들면 CBDC에도 이자가 붙어야 하는가? 이자라는 요소는 디지털화폐를 소지할 때의 매력을 강화할 게 분명하지만, 다른 한편으로는 은행 시스템의 취약성을 높일 수 있다. 이렇게 되면 거꾸로, 중앙은행에 마이너스 금리를 매길 권한을 줄 수도 있다. 이 마이너스 금리제도는 현금수익률이 0이라는 (그러나 저장에 따르는 비용을 고려하면 실제로는 약간 손해이다) 사실 때문에 현재로는 제한을 받고 있다.

고객알기제도Know Your Customer * 금융기관의 서비스가 자금세탁 등 불법행위에 이용되지 않도록 고객의 신원 등을 금융기관이 확인함으로써 고객에 대해 적절한 주의를 기울이는 제도나 자금세탁 규제를 강조할 책임을 누구에게 지울 것인가? 어떤 조건에서 고객 데이터 접근을 허용할 것인가? 과연 그 제도가 고객의 동의를 얻어 고객 서비스의 표적 대상을 보다 효과적으로 설정하는 데 도움이 될까? 혹은 CBDC에 담긴 개인정보가 테러나 경제 범죄와 싸우는 데 사용되도록 하는 것과 개인정보를 보호하는 것 사이에서 적절한 균형을 찾는 데 그 제도가 사용될 수 있을까?

중요하게 우려할 점은, CBDC를 적절하게 설계하지 않았을 경우에는 CBDC 때문에 중앙은행이 예금 유치나 신용 할당에서 모두 민간 은행을 밀어낼 수도 있다. * 정부가 국채를 대량으로 발행하여 시중의 돈을 흡수함으로써 민간 부문에서 자금조달이 어려워지는 현상을 크라우딩 아웃crowding out(밀어내기 효과)이라고 말한다 그래서 일반 대중이 직접 접근할 수 있는 규모를 제한해야 한다는 주장이 힘을 얻는다. 그러지 않으면 범용 CBDC 때문에, 중앙은행의 대차대조표 규모가 너무 커진 나머지 중앙은행이 평상시에도 민간 은행으로부터 돈을 인출하고 또 경제가 충격을 받을 때는 안전자산을 선호하는 '질로의 도피flight to quality' * 상대적으로 안전한 자산으로 자금을 이동시키는 것을 가리키는 용어이다 가 어려워질 위험이 있다.[14]

화폐의 미래와 관련된 혁명은 이미 시작되었다. 이 혁명의 기원은 근원적인 요소들로 추동되었다. 그 요소들로는 새로운 형태의 결제를 가능하게 만든 기술들과 교환 수요를 엄청난 규모로 창출하는 새로운 경제를 꼽을 수 있다. 공공기관들은 이 에너지와 혁신을 제대로 활용해서 새로운 화폐가 사람들에게 조금이라도 더 나은 봉사를 할 수 있도록 도와주어야 한다. 그리고 공공기관들은 모든 시대를 관통해서 건전한 화폐를 지탱해온 영속적인 가치관의 인도를 받아서 자신에게 주어진 역할을 다해야 한다.

신용으로서의 사회적 상호 작용

여러 해 전에 잉글랜드은행에서는 학생들의 발표 대회를 열었다. 학생들에게 돈이란 자신에게 어떤 의미인지에 대한 주제였다. 학생들의 반응은 환상적이었다. 그런데 한 학생의 대답이 특히 내 주의를 끌었다. 켄트에 있는 찰스다윈중등학교에 다니던 학생이 보낸 대답이었는데, 다윈의 얼굴 도안이 10파운드 지폐에 등장하고 몇 년 지나지 않았을 때라서 특히 더 나의 눈길을 끌었던 것 같다. 그런데 그 대답을 내놓은 여학생은 전혀 다른 종류의 진화를 기대했다. 즉 돈의 자연선택이라는 관점에 초점을 맞춘 것이다. 이 학생이 제출한 영상은 자연 속에서 살아가는 다람쥐까지 한 마리 등장하는 목가적인 자연 풍경을 담고 있었다. 물론, 이 이야기에 등장하는 사람들의 셀카 영상도 포함되어 있었고, 각각의 등장인물은 '팔로워'를 부지런히 수집했다. 수집물이 쌓일 때마다 동영상을 찍은 사람의 얼굴에는 미소가 피었으며, 또 그렇게 모은 '팔로워'로 쇼핑을 하러 갔다. 이 미래 세상의 가게들에서는 오로지 '팔로워'만을 화폐로 인정했고, 가난한 사람들은 거리에서 자신을 '팔로우'해달라고 구걸했다.

처음에 나는 "물론, 나도 고등학교 때를 기억하는데, 10대 시절에는 친구들로부터 인정받는 것, 인기 높은 것, 그게 제일 중요하지"라고만 생각했다. 그런데 가만히 생각해보니, 단지 그것만이 아니었다. 그 '팔로워'란 바로 스미스가 인간의 상호 작용과 교환 과정이라고 정의를 내렸던 것, 즉 우리가 도덕감정을 개발하는 매개가 되는 바로 그것과 비슷하다는 사실을 나는 깨달았다. 스미스의 상호 공감 이론에서 다른 사람들을 관찰하고 그들이 내리는 판단을 바라보는 행위를 통해서 사람들은 다른 사람들이 자신의 행동을 어떻게 인지하는지 깨닫는다. (그리고 더 나아가, 자기 자신을 한층 더 많이 인식하게 된다.) 다른 사람이 하는 판단을 인지하는 (혹은 상상하는) 과정을 통해서 우리가 받는 피드백은 '상호 공감하는 감정'을 획득하고자 하는 동기를 생성하는데, 그 상호 공감의 감정은 행동의 습관을 개발하고 행동의 원칙을 세우는 것으로 나아가며, 이런 것들이 하나로 뭉쳐져서 양심을 구성한다.

스미스 시대에 '좋아요'는 사회적 규범을 형성했다. 우리는 지금 시대에 '좋아요'를 화폐화할 수 있다. 많은 사람이 공유하는 스포티파이 플레이리스트를 가진 사람들에게는 좋은 보상이 돌아간다. '좋아요'를 많이 받은 인스타그램 주인이나 유튜버는 사회에서 입증된 인기를 광고를 통해서 돈으로 환산받으며, 인기 있는 상품을 거래하고 트렌드 상품들과 새로운 스타일 그리고 인기 좋은 밈들을 다루는 독자적인 사업을 시작한다. 스미스가 말했던 도덕감정moral sentiment은 시장감정이다. '좋아요'의 조회수는 소셜미디어 업체들이 광고를 공략하고 서비스를 개선하는 데 사용된다. '좋아요'가 많을수록 검증은 견실해진다.

그리고 데이터로 측정되는 사회적 상호 작용은 도덕적인(혹은 적어도 규범적인) 행동을 형성하는 데 사용된다. 중국은 사회신용 체계social credit system를 통해서 시험적으로 사람들의 사회적 행동을 추적하는 프로그램을 시행하는데, 이것의 궁극적인 목적은 전국적인 평판 체계를 구축하는 것이다. 이 프로그램은 각 개인과 기업 및 자치정부의 통합된 데이터 기록을 구축해서 각각의 신용을 추적하고 평가한다. 여기에 동원되는 변수는 여러 가지가 있는데, 각각에 대해서 점수가 숫자로 매겨지기도 하고 단순히 흑백으로 평가되기도 한다. 이렇게 해서 매겨진 개인별 사회적 신용점수를 기준으로 항공이나 철도 운송수단의 접근권을 제한하거나, 혹은 거꾸로 병원이나 정부기관에서의 대기시간을 줄이는 데 사용되어 왔다.

이 제도를 지지하는 사람들은 이 제도가 사회적 행동을 개선하고 세금이나 청구비용의 기한 내 납부와 도덕적 가치관의 전반적인 상승을 포함해서 '신뢰성'을 높여준다고 주장한다. 반면에 이 제도를 비판하는 사람들은 이 제도가 개인과 기관이 법률적으로 보장받는 사생활을 침해하고 개인적인 존엄성을 떨어뜨리며 국민을 감시하는 수단으로 사용될 수 있다고 주장한다.

이렇게 해서 화폐는 크게 원을 그리고는 다시 제자리로 돌아온다. 이 과정에서 신뢰가 형성되고 나면, 이 신뢰는 화폐로 바뀐다.

◆ ◆ ◆

여러 시대를 거쳐 온 화폐의 경험으로 비추어보자면, 어떤 형태의 화폐든 간에 영속적으로 살아남기 위해서는 신뢰가 단순한 규칙이나 전통보다 (설령 이런 것이 아무리 오랜 세월 동안 살아남는다고 하더라도) 훨씬 더 많이 바탕이 되어야 한다.

아주 오래전인 옛날에 금화나 은화를 칼로 깎아내는 것부터 암스테르담은행이나 최근 비트코인을 둘러싼 사기 행각에 이르기까지 화폐의 가치를 속이고자 하는 유혹은 늘 컸다. 메디치 가문의 은행업 왕조부터 대안정기에 이르기까지의 역사를 보면, 성공은 언제나 무사안일주의를 낳았고, 무사안일주의는 위기를 불러들였다. 어떤 체제나 시스템에 가해지는 충격에 대해서는, 단기적인 고통과 장기적인 이득을 놓고 어렵고 힘든 의사결정으로 대응해야 한다. 건전한 화폐는 궁극적으로, 통화안정성과 금융안정성을 추구하는 방향으로 이 의사결정을 도맡아 할 공적인 기관들을 필요로 한다. 이것은 민간 부문의 몇몇 혁신이 궁극적으로는 공공부문으로 흘러 들어가서 한층 더 폭넓은 공익적인 목적에 복무하게 됨을 뜻한다.[15]

마그나카르타에서 금본위제에 이르는 과정을 살펴보면서 우리는, 그런 힘든 의사결정을 내리는 공공기관의 능력에서 만일 이 기관이 적절한 토대 위에 서지 못한다거나 일반 대중의 동의가 유지되지 않을 경우, 본질적인 신뢰성이 부족해지고 만다는 사실을 확인했다.

화폐가 건전하려면 신뢰받아야 한다. 자기 가치를 유지해야 하며, 어떤 충격이 오더라도 탄탄한 회복력을 발휘함으로써 신뢰를 유지하는 금융 시스템의 한 부분이 되어야 한다. 회복력은 올바른 제도적 뒷받침, 선명하고 구체적인 행동규범을 갖춘 기관들, 그 행동규범을 실천할 올바른 도구들 그리고 정치적·대중적 신뢰성을 전제로 한다. 화폐의 가치 뒤에 서 있는 핵심적인 기관들은 (그 가운데서도 특히 중앙은행은) 대중의 동의를 키워나가고 또 유지할 필요가 있다. 홉스가 주장했듯이 사람들은 국가가 자신을 보호해주는 대가로 자신의 자유 가운데 일부를 국가에 넘긴다. 그런데 만일 국가가 이 보호를 제대로 수행하지 못한다면 국가는 사람들을 지배할 권리를 상실한다. 이런 양상은 코로나19 상황에서 분명하게 드러났다. 팬데믹의 확산에 공포를 느낀 사람들은 자신의 집에서 나와 가고 싶은 곳을 마음대로 갈 수 있는 자유와 같은 기본적인 자유들을 홉스의 '리바이어던'＊ 홉스가 지은 책의 제목이자 구약성서에 등장하는 바다에 사는 거대한 짐승으로, 전쟁의 불안과 공포를 극복하여 평화를 영구적으로 유지할 수 있는 절대주권을 가진 국가를 상징한다에 기꺼이 양도했다.

화폐에 대해서도 마찬가지이다. 사람들은 화폐의 가치를 유지하는 데 꼭 필요한 힘든 의사결정 권한을 독립적인 중앙은행에 기꺼이 양도한다. 그러나 여기에는 조건이 붙는다. 중앙은행이 통화안정과 금융안정을 반드시 이루어내어야 한다는 조건이다. 이 조건 아래에서 중앙은행은 투명하고 공정하게 일을 처리해야 하고, 또 자기가 한 행동에 대해서는 사람들에게 책임을 져야 한다.

만일 이런 가치관이 전면적으로 굳건하게 지켜진다면 화폐의 미래는 밝다. 이럴 때 경제적 수용성은 한껏 커질 수 있으며 새로운 경제적 역동성이 나타날 수 있다. 금융의 새로운 규범은 끊임없이 변화하는 경제 관련 필요성들에 대처하려고, 또 새롭게 나타나는 기술들을 활용하려고 늘 노력하며 발전해나갈 것이다. 이런 혁신들 가운데 많은 것은 새 병에 담는 옛날 포도주가 되겠지만, 적지 않은 것들이 진정 품질 좋은 최고의 포도주가 될 것이다. 정부 당국자들은 좋은 것과 나쁜 것의 차이를 가려내는 방법을 알아야 하고 그다음에는 기관이 화폐를 뒷받침하도록 해서 화폐가 여전히 신뢰를 받고 회복력을 가지도록 유지하는 가운데, 경제가 역동성 속에서 이득을 챙길 수 있도록 할 필요가 있다. 그런데 화폐의 가치는 너무도 중요해서 화폐의 중심적인 기능들은 어떤 형태의 감시망이든 간에 공적인 감시망 안에 놓여 있어야 한다.

만일 화폐가 회복력이 있고 책임성이 있으며 투명하고 역동적이며 사람들의 신뢰를 받는다면, 소중한 가치를 인정받을 것이다. 그리고 이때 이 화폐는 가치를 측정하는 데 사용될 수 있다. 어떤 것의 금전적인 가격이 우리의 가치관에 영향을 미치는 범위와 조건을 결정하는 것은 다음 장에서 다룰 주제이다.

6장

시장 사회와
가치를 책정할 수 없는 것

북아메리카의 어린아이는 어느 순간이 되면 누구나 미국 작가 오 헨리가 썼던 (논리가 아닌!) 감정을 다루는 이야기를 배운다. 크리스마스 전야에 일어난 이야기이고, 등장인물은 갓 결혼한 부부이다. 가난한 아내 델라는 남편 짐에게 크리스마스 선물을 주고 싶다. 그러나 선물을 살 돈이 없다. 그래서 델라는 자신의 긴 머리카락을 팔아서 짐이 아끼는 손목시계에 묶을 시곗줄을 산다. 그날 저녁 두 사람은 춥고 작은 집으로 돌아왔고, 식탁에 마주앉는다. 그런데 델라는 짐의 손목에 늘 있던 손목시계가 없음을 깨닫는다. 짐이 손목시계를 팔아서 델라에게 줄 선물로 머리빗을 샀기 때문이다. 이렇게 해서 두 사람에게는 서로에게 아무런 쓸모도 없는 시곗줄과 머리빗만 남았지만, 두 사람은 서로가 상대방에 품고 있는 자신의 사랑이 얼마나 깊은지, 또 그 사랑이 얼마나 비싼 것인지 깨닫는다.

　내가 처음 이 이야기를 들었을 때 작가가 독자에게 기대하던 효과가 나에게 즉각적으로 나타났다. 내가 하키 스틱을 그토록 가지고 싶었다는 사실을 나는 잠시 잊고 있었다. 그 대신 어머니에게 새 슬리퍼가 꼭 필요하다는 사실을 떠올렸다. 남에게 받는 어떤 것은 남에게 주는 행동 속에 존재한다. 그러나 그때 내 나이는 여덟 살이었고, 그랬기에 아직 크리스마스의 진정한 경제적 의미를 아직 알지 못했다.

많은 경제학자의 눈에는 선물을 주는 행위가 비효율성투성이다. 짐과 델라라는 젊은 부부가 보여준 '조정실패coordination failure'＊개별 경제 주체들의 행동을 합리적으로 조정하면 모두에게 나은 결과를 가져올 수 있음에도 우월한 결과를 가져오는 전략을 집단적으로 선택하지 못해서 열등한 결과에 머무는 것는 그야말로 하나의 극단적인 사례일 뿐이다. 예를 들어서 조엘 월드포겔은 이 부부가 저지른 '크리스마스의 치명적인 손실The Deadweight Loss of Christmas'을 분석하면서 현금이라는 효율적인 선물이 아니라 '불완전한' 선물을 주고받음으로써 발생한 효용의 원시적 손실을 계산한다.[1] 월드포겔은 돈을 직접 주는 것보다 선물을 주는 것을 더 나은 행동으로 바라보는 관행은 '현금을 건네주는 것은 나쁜 것이라는 발상' 때문이라고 지적한다.[2] 만일 그 젊은 부부가 그 잘못된 발상을 극복할 수 있었다면, 그들은 자신의 시계와 머리카락을 각각 20달러 현금으로 바꾼 다음에 이 돈을 서로 교환해서 각자가 진정으로 바라는 물건을 살 수 있었을 것이다.[3]

월드포겔이나 그의 글을 실은 저명한 경제학 잡지인《아메리칸 이코노믹 리뷰American Economic Review》혹은 이 잡지를 출간하는 출판사의 편집자들 가운데 그 누구도 금전적인 차원의 선물을 주는 행위를 '나쁘게 생각하는' 발상이 '조심성과 사려깊음처럼 명예롭고 권고할 만한 규범'에서 비롯되었을지도 모른다는 가능성에 대해서는 깊은 생각을 제시하지 않는다.[4] 어쩌면 그들은 오 헨리의 이 소설을 끝까지 읽지 않았을지도 모른다. 그 소설의 끝은 이렇다.

"그러나 오늘날 현명한 사람들에 대해서 마지막으로 한마디만 더 하자면, 누군가에게 선물을 주는 모든 사람 가운데서 이 두 사람이 가장 현명한 사람이다. 이 두 사람은 선물을 주고받는 모든 사람 가운데서 가장 현명하다. 이 두 사람이야말로 동방박사‡ 예수 탄생을 축하하러 갔던 3인의 동방박사. 이 단편소설의 원제목은 '동방박사의 선물'이다이다."⁵

동방박사와 상인을 나란히 두면, 지금까지 해왔던 가치 관련 이야기의 많은 부분이 이 안에 담긴다. 경제학에서 보자면, 주관적인 가치와 한계주의가 결합함으로써 어떤 재화나 서비스의 내재적 특성에서 비롯되는 가치에 대한 인식이 교환가치, 즉 시장에서의 가격으로 바뀌어버렸다. 그 과정에서 소득분배의 중요성 및 생산적 활동과 비생산적 활동 사이의 구분이 소홀하게 다루어졌으며, 또 그것과 함께 협력적인 목적과 국가적인 차원의 이상 등이 평가절하되었다.

오늘날 가치에 대한 이런 경제적인 접근법은 널리 확산되어 있다. 시장가치는 내재가치를 대변하는 것으로 받아들여진다. 그리고 어떤 재화나 활동이 시장에 존재하지 않으면 아무런 가치가 없는 것으로 인식된다. 상업이 개인적인 영역과 시민적인 영역 깊숙한 곳으로 확장될 때, 우리는 상품화의 극단으로 치닫게 된다. 가격이 곧 가치라는 등식은 모든 것에 적용된다.

그렇다면 이런 인식은 사회의 가치에, 사회가 가치를 창조하는 능력에, 아니 좀 더 정확하게 말하면 사회가 소속 구성원들의 후생복지를 개선하는 능력에 어떤 영향을 줄까?

포용적 성장을 위한 사회적 계약

시장을 기반으로 한 경제 단위들은 결과의 상대적 평등, 기회의 일반적인 평등 그리고 세대와 세대 사이의 공정성으로 구성된 어떤 기본적인 사회적 계약에 의존해왔다고 일반적으로 말할 수 있다. 사회마다 이 삼위일체를 구성하는 각각의 요소에 대한 가중치가 조금씩 다르긴 하지만, 이 셋

가운데 어느 하나라도 빠뜨린 사회는 거의 없다. 어떤 사회든 간에 분배의 정의와 사회적 평등 그리고 세대 간 형평이라는 삼각형의 균형을 찾으려고 노력한다. 여기에는 적어도 세 가지 이유가 있다.

첫째, 상대적 평등이 경제 성장에 도움이 된다는 증거가 점점 더 많이 나타난다. 평등한 사회일수록 회복력이 강하며, 소수가 아니라 다수를 위해서 투자하는 경향이 더 강하고, 견실한 기관들과 일관성이 있는 정책들을 가지는 경향이 더 강하다.[6] 그리고 모든 시민에게 기회를 제공하는 사회가, 아무리 잘 규정되어 있다고 하더라도 엘리트를 우대하는 사회보다 더 큰 번영을 누릴 것이라는 사실에 이견을 제시할 사람은 별로 없을 것이다.

정의와 경제적인 결과가 함께간다는 사실은 확실한 증거로 점점 더 많이 뒷받침된다. 첫째, 예를 들어서 OECD 가입 31개국을 대상으로 1970년부터 2010년까지 5년 주기로 측정한 자료를 분석한 어떤 논문은 불평등이 경제 성장에 상당히 부정적인 영향을 준다는 사실을 확인했다.[7] 특히 이 논문은 미국과 영국을 비롯한 많은 나라에서, 만일 소득불평등이 확대되지만 않았어도 1990년부터 2010년 사이의 누적성장이 추가로 20퍼센트 넘게 높아졌을 것이라고 추정한다. 이에 비해서 그 자료는 스페인과 프랑스 그리고 아일랜드는 그 기간에 소득불평등이 줄어들었는데, 그 덕분에 이들 나라에서는 1인당 GDP가 모두 증가했음을 보여준다. 스페인과 프랑스와 아일랜드에서는 2008년 금융 위기 이전에 소득불평등이 매우 높은 수준으로 줄어들었다.

IMF(국제통화기금) 연구자들도 비슷한 결과를 얻었는데, 이들은 기존의 불평등률은 소득재분배를 통제한다고 하더라도 성장에 해롭다는 사실을 발견했다.[8] 그 이후 기간에 걸쳐서 순불평등 수준과 1인당 소득 증가는 강력하게 반비례한다. 게다가 불평등은 성장이 지속되는 기간과 상당히 높은 수준으로 반비례한다.[9] 불평등과 관련해서 지니계수＊지니계수는

0부터 1까지의 수치로 표현되는데, 0이 완전평등이고 1이 완전불평등이다가 1퍼센트포인트 증가하면 다음 해에 성장이 멈출 위험이 6퍼센트포인트 높아진다.[10] 경제 성장과 불평등이 단기적으로는 정비례한다는 사실을 몇몇 논문이 밝히긴 했지만,[11] 폭넓게 수행된 연구는 장기적으로는 불평등이 성장 속도를 늦추는 동시에 성장 지속기간을 단축하는 경향이 있음을 드러냈다.[12] 이 양상은 장기간에 걸친 성장률에도 유효하며,[13] 또 각 국가별 소득 수준과 성장 지속기간 추이에도 유효하다. 이렇게 확인된 사실들과 일치하지 않는 예외는 별로 없는데, 설령 있다고 하더라도 단기간에 걸친 모호한 상관성만을 드러낼 뿐이다.[14]

한층 더 높은 수준의 불평등이 성장의 발목을 붙잡는 영역들은 한층 더 허약하고 한층 더 변동성이 높은 총수요＊한 나라의 모든 경제 주체가 구입하려는 재화와 서비스의 총합에만 한정되지 않고, 한층 더 높은 수준의 기회의 불평등으로 확장된다. 더 나아가서는 전반적인 성장을 저해하는 의미 있는 장애물로까지 말이다. 이런 증거는, 가난한 사람들이 자신의 기술을 높이는 데 상대적으로 적게 투자하고 많은 사람에게 혜택이 돌아가는 교육이나 인프라에 대한 공공 부문의 투자가 적게 이루어짐에 따라서, 한층 높은 수준의 불평등이 자신을 강화하며 성장을 제한할 수 있다는 단순한 추론을 뒷받침한다.[15] 게다가 불평등이 성장에 미치는 이런 부정적인 효과들은 스스로를 강화한다. 소득불평등은 경제 성장에 한층 더 커다란 걸림돌로 작용하는데, 이런 상황은 기회의 평등 수준이 낮은 것으로 드러난다. (기회의 평등은 세대 간 계층 이동성intergenerational mobility으로 측정된다.)[16]

둘째, 연구조사 결과를 보면 불평등은 상대적인 행복감을 방해하는 중요한 요인이며 또 공동체 의식은 후생복지를 결정하는 중요한 요소임을 암시한다.[17] 오랜 시간에 걸쳐서 여러 나라의 사정을 광범위하게 분석한 내용에 따르면, 사람들이 번성하고 스스로 살아가는 삶을 즐기며 충족감을 느끼는 데 가장 중요한 요소들은 다음과 같다.

- 사람들의 정신적 및 육체적인 건강
- 사람들이 맺고 있는 인간관계의 질
- 사람들이 가진 공동체 의식
- 사람들이 하는 일
- 사람들의 소득
- 전반적인 사회 분위기(여기에는 자유, 정부의 질, 평화 등이 포함된다.)[18]

소득과 행복의 상관성은 복잡하다. 절대적·상대적 소득은 비록 공동체 의식이나 정신적 및 육체적인 건강보다는 덜 중요하다. 하지만 그럼에도 이 소득은 여전히 중요하다. 한층 더 중요한 사실은, 소득은 특정한 기준을 넘어서기만 하면 (미국에서 그 기준은 약 7만 5,000달러이다) 돈을 더 많이 가진다고 해서 사람들이 그만큼 더 행복해지지 않는다는 점이다.[19] 그러나 가장 가난한 사람들에게 약간의 돈이 추가될 때, 이 돈은 그 개인의 행복과 사회의 후생복지 총량에 의미 있는 증가를 유발한다.

아닌 게 아니라 시장이 인간의 상호 작용 속으로 한층 더 넓게 확산되었지만 사람들이 느끼는 행복이 그만큼 개선되지는 않았다. 즉 성장과 행복 사이에는 결정적인 관계가 존재하지 않는다.[20] 이런 결과를 두고 온갖 다양한 설명이 가능하겠지만, 그 가운데서도 특히 경쟁과 관련된 부문이 우리의 삶 속으로 꾸준하게 확대되었기 때문이라는 설명이 가장 유력하지 않을까 싶다. 영국의 경제학자 리처드 레이어드Richard Layard는 어린 학생들에게 시험을 너무 많이 치르게 한다든가 교육과 보건 분야 종사자들을 두고 순위를 매기는 현실을 개탄한다. 이런 접근법들은 개인의 성공을 다른 사람의 행복과 후생복지를 개선할 때 나타나는 결과가 아니라 개인적인 성공의 결과로 만들어버린다. 이럴 때는 심지어 '승자들'조차도 스트레스와 불만에 시달린다는 증거도 이미 확인되었다.

셋째, 포용적 자본주의inclusive capitalism의 삼위일체(분배의 정의, 사회적 평등, 세대 간 형평)는 경제학이 한층 더 높은 차원의 윤리적·도덕적 체계의 한 부분임을 상기시키며 근본적인 정의감에 호소한다.[21] 미국의 철학자 존 롤스는 사고실험 하나를 진행했다. 사람들에게 각자 어떤 유형의 사회에서 살고 싶은지 물은 것이다. 그런데 그는 사람들에게 한 가지 조건을 달았다. 자신이 사회 속에서 어떤 사람인지 잠시 잊어버리는 '무지의 장막' 뒤에서 그 선택을 하라고 한 것이다. 이렇게 해서 롤스는 세상의 많은 종교의 핵심적인 교리에서 찾아볼 수 있는 황금률의 또 다른 버전 하나를 최종적으로 정했다. 그 황금률은 바로 "남이 자신에게 해주길 바라는 그 모습 그대로 남에게 베풀어라"는 것이었다.

9장과 10장에서 살펴보겠지만, 각 국가에서 코로나19 위협을 처리할 때 사회구성원 가운데서도 가장 취약한 사람들을 대하는 방식을 면밀하게 고려해왔다. 건강이라는 관점에서 압박을 받을 때 우리는 연대, 공정성, 책임, 공감 등이 결합한 경제적 역동성과 효율성을 높이 평가하는 롤스주의자로 행동해왔다.

한층 더 일반적으로 경제라는 관점에서 살펴보자. 만약 우리가 미래에 어떤 재능을 가질지 혹은 어떤 환경에 놓여 있을지 전혀 모르는 (즉 무지의 장막 뒤에 있는) 사람이라면, 사회에서 가장 취약한 집단에 속한 사람들의 기회와 후생복지를 극대화하고 싶다는 마음이 당연히 들 것이다.

포용적 성장을 위한 경제적 계약

소득의 상대적 평등과 기회의 절대적 질 그리고 세대 간 형평을 아우르는 사회적 계약은 사회적 복지를 극대화하는 방안을 찾는다. 이것은 경제적인 차원의 문제일 뿐만 아니라 도덕적 차원의 문제이기도 하다. 많은 경우에 이런 것들은 잘 정렬되어 있다. 예를 들어서 고용을 높이기 위한 정책들은 소득과 노동의 존엄성을 높여준다. 그러나 긴장은 언제든지 나타날 수 있다. 경제 정책이 그런 긴장을 인정하지 않을 때는 특히 더 그렇다.

비록 경제학이 이미 가치의 결정권자가 되어버렸지만, 많은 경제학자는 경제를 가치중립적인 것으로 묘사하려 한다. 인기 경제학 서적인 『괴짜 경제학Freakonomics』에서 인용하자면 "도덕은 세상이 어떻게 돌아가면 좋겠다고 우리가 생각하는 내용을 드러내며, 경제학은 세상이 실제로 어떻게 돌아가는지 드러내며 (…) 도덕성을 다루지 않는다."[22] 과연 경제학이 생각하는 것처럼 세상이 그렇게 간단할까? 현대의 경제 분석에 따른 정책 처방은 정말로 근본적인 도덕철학을 가지고 있지 않을까? 경제적인 인간관계, 특히 새로운 영역으로 침범하는 인간관계는, '우리가 좋아하지 않을 수도 있는' 방식으로 혹은 우리가 예측할 수 없는 방식으로, '세상이 돌아가는 방식'에 정말로 영향을 미치지 않을까?

영국의 경제학자 토니 앳킨슨이 관찰한 것처럼, 아리스토텔레스에서 애덤 스미스로 이어지는 전통 속에서는 '경제학은 도덕학이고' 경제학 잡지들에는 '복지와 관련된 진술들로 가득하다.'[23] 경제와 관련된 문제에서 윤리적인 고려를 할 때는 사회 정의에 공리적인 접근을 하는 것이 (비록 인정받지 못하는 경우가 많긴 해도) 보통이다. 2장에서 살펴보았듯이, 공리주의적인 접근법이 벤담의 한층 더 단순한 변형인지 아닌지는 중요한 사항이다. 벤담의 접근법에서는 개별적인 효용들이 제각기 아무런 가중치 없이 합산되는데, 이 접근법은 밀의 복지국가주의적 접근법과 반대된다. 후자는 총행복을 극대화하는 종교적이며 세속적인 여러 전통과 한층 더 비슷하게 가깝기 때문이다.

선스타인이 저서 『비용-편익 혁명The Cost-Benefit Revolution』을 시작하면서 인용했던 밀의 글은 성서를 연상시키는 동시에 존 롤스를 기대하게 만든다.

다시 강조하자면, 공리주의를 공격하는 사람들은 도저히 인정하지 못하 겠지만, 어떤 행동이 옳은지 가늠할 수 있는 공리주의적 기준을 형성하는 행복은 당사자만의 행복이 아니라 관련된 모든 사람의 행복이다. 공리주 의는 사람들에게 자기 자신의 행복과 다른 사람들의 행복 사이에서 철저 하게 공정하고 자애로운 관찰자가 되라고 요구하기 때문이다. 나사렛 예 수의 황금률에서 우리는 공리주의 윤리학의 완전한 정신을 읽는다. 남이 자신에게 해주길 바라는 대로 남을 대하고 이웃을 자기 자신처럼 사랑하 는 것이야말로 공리주의적 도덕성을 이상적으로 완성하는 길이다.[24]

선스타인은 후생복지라는 폭넓은 개념의 중요성을 강조해서, "사람 들은 의미나 목적의식성을 포함한 다른 것들에 신경을 쓴다. 좋은 인생은 단지 '행복한' 인생만은 아니다"라고 말한다.[25] 그는 일련의 실제 현실 사 례를 사용해서, 금전적인 순이익을 극대화하는 데 초점을 맞추는 (따라서 이때는 돈과 가치를 동일시하게 된다) 공리주의의 단순하지만 공통적인 경제 적 적용이 예를 들자면 다음과 같은 이유로 후생복지적인 순이익과 일치 하지 않을 수도 있음을 입증한다.

- 이득과 손실의 분배(혹은 발생률) (소득이 행복에 기여하는 비선형적인 성격, 즉 소득과 행복이 단순하고도 무한하게 정비례하지 않는다는 사실을 생각해보라.)
- 가격이 측정되지 않은 편익, 우아한 삶을 사는 것과 정신적 고뇌에 맞닥뜨리지 않아도 되는 것, 그리고 한층 늘어난 편의성 덕분에 누 리는 쾌락적인 이득과 관련이 있는 비용[26]

복지에 대한 새로운 접근법들은 사회적 계약의 범위를 확장해서, 행 복 추구와 번영 추구를 동일시했던 경향을 엎어버린다. 레이어드는 새로운 행복 이념의 안내를 받아서 세속적인 혁명에 호소한다. 레이어드의 견해에 따르면, 사회의 목적은 "행복을 최대한 많이 생성하고, 특히 비참함은 최소한이 되도록 하는 것"이 되어야 한다. 이렇게 하려면 엄청난 이타주의가 필요하며 또 이 기본적인 인간적 특성을 장려하고 키우는 문화가 필요하다.

이 장에서 제기하는 질문은 이것과 관련이 있지만 한층 더 즉각적이다. 시장의 확대가 시장이 토대로 삼는 근본적인 사회적 계약을 바꾸는가? 바꾸지 않는가? 공동체보다 개인을 더 중요하게 여김으로써, 우리가 가진 이타적인 특성보다 우리가 가진 이기적인 특성을 더 중요하게 여김으로써, 지금까지 우리는 가치를 결정하는 데서 시장의 효과성을 위험하게 만들고 또한 동시에 궁극적으로는 사회의 가치관을 위험하게 만들었던 것은 아닐까? 간단하게 말하면, 시장 경제에서 시장 사회로 이전하는 과정에서 우리는 경제적·인간적 자본을 창조하는 데 필요한 사회적 자본을 소모하고 있는 것은 아닐까?

그런 태도가 시장의 기능에 미치는 위험을 과소평가해서는 안 된다. 엄청나게 많은 생산품과 해결책을 낳는 시장 시스템을 당연한 것으로만 여겨서는 안 된다. 최근 수십 년 동안 시장 시스템이 사회의 많은 분야에 뿌리를 내린 덕분에 수십억 명이 가난의 굴레에서 벗어났으며 또 사람들의 기대수명도 많이 늘어났다. 또한 시장 덕분에 유전자학부터 인공지능에 이르는 획기적인 첨단 기술들이 나타나서 우리는 한층 더 나은 환경에서 일하고 소통하고 살아가게 되었다.

시장의 천재성은 경제학자 존 케이John Kay가 자본주의의 '규율 있는 다원주의disciplined pluralism'라고 부르는 것이 가지는 속성들과 동일한 일련의 속성에서 찾아볼 수 있다. 자본주의의 규율 있는 다원주의는 보이지 않는 손이라는 낯익은 개념에서 출발하는데, 이때 시장의 흐름을 알려주는 신호로서의 가격은 자원 할당과 관련된 지침으로서의 역할을 중앙에서 세운 계획보다 훨씬 우수하게 수행한다. 그리고 이것은 핵심적이지만 덜 널리 인정받는 두 개의 특성으로 확장한다. 첫째, 실험의 (이 실험은 시장이 변화에 적용하는 매개이다) 혼란스러운 과정을 통해서 '발견을 가능하게 만드는 힘'이 바로 시장이다. 성공한 벤처기업은 살아남고 실패한 기업은 도태되는 시행착오의 과정을 시장은 한결 쉽게 만들어준다. 둘째, 시장은 정치적·경제적 힘을 분산시켜서 기업가의 에너지를 다른 사람들의 손에서 부富를 뺏는 게 아니라 새롭게 창출하는 데 초점을 맞추게 만든다.

시장은 발전에 꼭 필요한 요소이다. 그러나 시장은 진공 속에 존재하지 않는다. 시장은 일종의 사회적 구조이며, 이 구조의 효과성은 부분적으로는 국법에 의해서 또 부분적으로는 사회의 가치관에 의해서 결정된다. 시장은 올바른 제도와 기관, 자기를 지지하는 문화 그리고 사회적 허가를 꼭 필요로 한다. 만일 시장을 방치하거나 혹은 시장이 정치권을 장악하도록 허락하면, 시장은 자기의 기능을 효과적으로 발휘하는 데 꼭 필요한 사회 가치관을 망쳐놓을 것이다.

16장에서 자세하게 살펴보겠지만 지속적인 경제 발전은, 많은 대중이 각자 자신의 재능과 기술을 최대한 활용하는 경제 활동에 참여하도록 허락하고 장려하는 포용적인 경제제도들에 따라서 좌우된다. 경제제도가 포용적이려면 안전한 사유재산이라는 개념과 공정한 법률제도 그리고 사람들이 자유롭게 교환하고 계약을 맺을 수 있는 기울어지지 않은 운동장을 제공하는 공공 서비스를 확고하게 보장해야 한다. 교육은 질이 매우 높은 동시에 모든 사람에게 열려 있어야 하며, 사람들은 자신의 경력을 스스로 선택할 수 있어야 하고 또 자유롭게 창업할 수 있어야 한다. 경제사를 잠깐만 들여다보더라도, 어떤 제도들이 번영을 보증하려면 경제적인 자본뿐 아니라 사회적인 자본에 대한 투자도 필요함을 금방 알 수 있다.

사회적 자본은 사회 속의 개인과 개인 사이의 연결점들을 뜻한다. 즉 개인이 자기 자신과 가족에게 책임을 지도록 촉구할 뿐만 아니라 사회 구성원들이 서로 믿고 협력하며 서로를 지지하도록 촉구하는 어떤 사회에 대한 믿음과 가치관을 뜻한다. 사회적 자본은 제도와 문화가 함께 만들어내는 산물이다. 여기에는 노벨 경제학상을 받은 경제학자 더글러스 노스가 "믿음 체계에서 구현된 동기부여"라고 언급했던 것도 포함된다.[27] 최근에 새롭게 떠오르는 시장 지상주의(혹은 시장 원리주의)가 한층 더 폭넓은 가치관을 몰아내거나 좀먹거나 혹은 (프란치스코 교황의 표현을 빌리자면) 증류한다.

사례는 널려 있다. 앞의 여러 장에서도 보았듯이 화폐의 가치는 단순한 하나의 규칙에만 혹은 어떤 복잡한 법률적인 틀에만 의존하지 않는다. 화폐의 가치는 궁극적으로 사회가 가진 믿음들과 동의 내용에 근거하는데, 먼저 이런 것들을 마련한 다음에 영양을 공급하고 키워야 한다. 다음 장에서 살펴보겠지만, 개인들과 이들의 회사가 고객에게, 더 나아가 한층 더 넓은 의미의 금융 시스템에 책임감을 느끼지 않을 때 재앙은 반드시 나타난다. 선도적인 경제 단위들에게는 개방적이고 경쟁적인 정치적 과정은 포용적인 경제제도에 꼭 필요한 보완물이다. 강제로 얽어매는 방식으로 나가면 실패만 있을 뿐이다.

국가와 시장 사이의 균형점 이동

시장과 국가 사이의 균형점은 역사의 시간 흐름 속에서 줄곧 이동해왔다. 최근 수십 년 사이에는 시장은 위상과 존재감과 영향력을 점점 더 크게 키웠다. 1989년에 베를린장벽이 무너진 뒤에 미국의 정치학자 프랜시스 후쿠야마Francis Fukuyama는 세계가 '역사의 종말 지점'에 다다랐다는 대담한 예측을 했다. 비록 그의 예측이 의도적으로 왜곡되고 널리 조롱받긴 했지만, 후쿠야마의 예측은 적어도 절반은 맞았다. 그가 말했던 종말은 전쟁이나 금융 위기와 같은 역사적 사건들이 더는 일어나지 않을 것이라는 뜻이 아니었다. 칼 마르크스가 예측했던 공산주의적 유토피아 속에서가 아니라, 사회를 조직하는 최상의 방법으로서 자본주의와 자유민주주의가 결합함으로써 마침내 역사적인 불가피성이라는 그 과정이 종식될 것이라는 뜻이었다.

경제학자 브랑코 밀라노비치가 결론을 내리듯이, 자본주의적인 조건 아래에서 (이것은 마르크스와 막스 베버의 인색한 정의에 따른 것이다) 조직되어 있는 사실상 모든 경제 단위는 개인 소유의 생산 양식과 고용 방식으로 확보된 노동력 그리고 탈중심의 생산 조정 등을 특징으로 한다.[28] 오늘날의 세상은 지주(노동을 하지 않고 순수하게 지대로만 살아가는 계급)와 자본가(생산에 필요한 기계를 소유하며 노동을 하지 않는 계급) 그리고 노동자(토지와 기계를 소유하지 않은 채 노동을 하는 계급)라는 세 개의 뚜렷한 계급이 존재하는 고전적인 자본주의 개념을 이미 훌쩍 뛰어넘었다. 오늘날의 세상은 두 개의 주된 진영으로 분류될 수 있는 자본주의 노선으로 명확하게 조직되어 있다. 그 둘은 바로 정치적이며 권위적인 자본주의와 자유주의적이며 능력을 중시하는 자본주의이다.

정치적이거나 권위적인 자본주의의 사례가 아시아와 유럽 그리고 아프리카에도 있긴 하지만, 가장 분명한 사례들로는 중국과 러시아를 들 수 있다. 중국은 산업생산의 80퍼센트가 민간 부문에서 발생하며 생산된 상품 가운데 압도적인 다수의 가격이 자유화되어 있는데, 이것만 보면 중국의 체제는 자본주의적이며 시장을 기반으로 움직인다. 그러나 서구에서 익숙한 개념인 포용적인 경제적·정치적 제도 혹은 자유주의적인 능력주의 질서는 중국에서 찾아볼 수 없다.

정치적 자본주의 체제는 세 가지 특징을 가진다. ①효율적인 기술과 성과 기반 관료제도. ②법치의 일관성 있는 적용 부재. ③국가가 휘두르는 궁극적인 자율성. 이 체제의 정당성은 지속적인 성장을 수행하는 능력에 달려 있는데, 지속적인 성장이 가능하려면 법률적 및 규제적 일관성의 정도 그리고 임의적인 지대 추구나 노골적인 부패 사이에서 균형을 유지해야 한다. 물론 쉽지 않은 일이다.

전 세계의 많은 국가는 자유주의적이면서 능력주의적인 자본주의 체제를 구축하려고 노력한다. 소득을 벌어들이거나 사회에서 어떤 지위에 오르는 것에 대해서 그 어떤 법률적 제한이 존재하지 않고 오로지 능력만이 모든 것을 설명하고 지탱하는 체제를 지향한다는 뜻이다. 그리고 이들 국가는 폭넓게 시행되는 교육을 통해서 그리고 몇몇 경우에는 상속세를 통해서 초기 출발 상태의 역량 차이를 바로잡는 시도를 함으로써 자유를 추구한다.

시장은 지금 경제적인 측면만이 아니라 폭넓은 인간관계 측면을 위한 조직화의 틀을 점점 더 강조한다. 서구에서 시장이 미치는 범위는 이미 시민적인 삶과 가정에서의 삶으로까지 깊이 파고들었다. 그래서 "사회 전체가 공장이 되고 있다"는 말까지 나온다.[29] 동시에 고삐 풀린 무절제한 자본주의에 대한 사회적 구속(종교 그리고 암묵적인 사회적 계약)이 꾸준하게 완화되었다.

과거는 늘 현재에 침전되어 있게 마련이다. 스미스부터 베버와 하이에크에 이르는 사상가들이 통찰했듯이 종교적인 믿음의 유산이 현재의 사회적 자본을 형성한다. 마르크스는 과거의 생산 양식은 노동계급과 유산계급 사이의 19세기 관계를 규정한다고 주장했다. 그리고 16장에서 자세하게 다루겠지만, 오늘날 국가와 시장의 상대적인 지위는 정부 차원에서 일어난 네 차례 혁명의 산물, 새로운 발상들과 새로운 기술 그리고 새로운 위협들로 추동된 혁명의 산물이다.[30] 그 네 차례의 혁명들을 하나씩 살펴보자.

첫째, 홉스는 경쟁적인 국민국가nation state의 발전을 촉진하는 데 도움을 주었다. 홉스가 걸작 『리바이어던Leviathan』을 집필했던 17세기에 사람들이 살아가던 삶은 그의 표현을 빌리자면 "외롭고 가난하고 역겹고 짐승 같고 짧았다."[31] 또한 전쟁과 혁명과 질병으로 시달렸다. 그랬기에 "공포와 나는 쌍둥이로 함께 태어났다"고 홉스는 덧붙였다.[32] 이런 공포를 누그러뜨릴 수 있는 국가는 시민의 지지를 받을 자격이 있었으며, 이 지지는 왕권신수설에서 비롯되는 자격보다 훨씬 더 강력했다. 군주들은 봉건 귀족들에게 질서를 부여했으며, 유럽에서 진행되었던 패권 다툼 덕분에 군주들이 발휘하는 효과성은 한층 더 개선되었다. 그들은 배와 무기에 새로운 기술을 적용해서, 살던 곳과 멀리 떨어진 장소에 식민 제국을 세우고 상업 사회를 출범시키는 중상주의적 영광을 좇는 과정에서 자신의 영향력을 확대했다.

두 번째 혁명은 자유국가liberal state가 나타난 것이었다. 이런 흐름은 스미스와 밀에 의해서 고무되었는데, 두 사람은 부패한 군주적 특권은 철폐되어야 하며 자유주의적인 효율성이 그 자리를 대신해야 한다고 주장했다. 정부의 규모는 축소되었고 정부는 한층 더 효율적으로 바뀌었다. 정부가 전문 공무원 계급으로 채워졌기 때문이다. 19세기 윌리엄 글래드스턴William Gladstone **대평민大平民이라 불리던 영국 정치가. 총리직을 네 차례 역임했으며, 처칠과 함께 가장 위대한 영국 총리로 일컫는다** 시대는 가장 작은 규모의 정부가 운영되었고(정부 예산이 GDP의 20퍼센트 미만이었다), 무역과 자본의 흐름이 자유로웠고, 국내 규제는 제한적이었으며, 원시적인 형태이긴 하지만 노동시장제도가 보장되었다. 이때는 또한 문화적 제도가 강력했으며, 청교도적인 노동과 사회 윤리가 정점에 다다르기도 했다.

세 번째 발전은 국가보호론doctrine of state protection의 확대였는데, 이것은 복지국가welfare state의 탄생으로 이어졌다. 이때 사람들이 외치던 구호는 다시 안전이었는데, 이번에는 질병과 불행과 불평등으로부터의 안전이었다. 이것은 나중에 유럽 사회민주주의 발전의 불길을 당겼으며 린든 존슨Lyndon Johnson 미국 대통령이 1960년대 중반에 '위대한 사회Great Society' 건설을 주창하고 나서게 만들었다. 복지국가의 성장은 새로운 기술들(예컨대 대량생산과 전력화)과 사회 정의에 대한 새로운 발상들 덕분에 가속화되었다.

존 미클스웨이트John Micklethwait와 에이드리언 울드리지Adrian Wooldridge를 비롯한 몇몇 사람들은 마거릿 대처 총리와 로널드 레이건 대통령이 영국과 미국에서 각각 복지국가에 도전한 것은 '절반의 혁명'을 반영했으며 그 기간에 리바이어던* 성서에 나오는 바다 괴물이자, 홉스의 저서 제목은 "다이어트를 하기보다는 소화를 하려고 잠시 멈췄으며" 그리고 지금은 "성격이 고약하고 사랑을 받지 못하는 어떤 타협안만 있을 뿐이며, 이 타협안을 놓고서는 비용을 지급하는 사람들은 그 비용이 너무 많다고 생각하고 그 서비스를 이용하는 사람은 자신이 받는 서비스가 너무 적다고 생각한다"고 주장한다.[33] 그들은 서구에서는 좌익 진영이나 우익 진영 모두 길을 잃어버렸는데, 좌익 진영에서는 국가가 의무인 교육의 질보다는 복지국가의 제도(예컨대 교원노조)에 한층 더 많은 충성심을 드러내고, 우익 진영에서는 국가가 작은 정부를 주장하는 이익집단들에 사로잡혀서 인기가 높은 산업들에 돈을 물 쓰듯 쓴다고 믿는다.

국가의 효과성과 효율성을 높이는 방법(여기에 대해서는 16장에서 자세하게 살펴볼 것이다)을 다룬 분석에는 엄청난 통찰이 녹아 있다. 그러나 서구 국가에서처럼 크기에 집착하다가는 지향하는 방향에서의 변화를 놓칠 위험이 있다. 국가의 제도와 문화는 점점 더 시장을 찬성하는 쪽으로 바뀌어왔는데(특히 가치를 판단하는 데서 그랬다), 여기에는 경쟁 및 후생복지와 관련된 심오한 함의들이 담겨 있었다.

대처-레이건 '혁명'은 시장과 정부 사이를 가르는 경계선을 근본적으로 바꾸어버렸다. 명확하게 말하자면, 이 방향성의 변화는 국가의 꾸준한 시장 메커니즘 침범 이후 오랫동안 지연되고 있었다. 국가의 시장 메커니즘 침범 사례에는 금리와 환율에 대한 통제권, 소득 정책들의 폭넓은 사용(이 정책들은 때로 임금과 물가 통제로까지 확장되었다), 민간기업의 폭넓은 국유화 그리고 경제의 많은 부분에 걸친 온갖 규칙과 규제, 관료적인 요식 절차 설정 등이 포함된다.

대처-레이건 혁명은 이 추세를 역전시켜서 새로운 역학을 만들어냈다. 정부의 통제는 제거되었다. 환율은 자유롭게 변동되었고, 금융 부문은 자유화되었으며, 국가의 많은 부분이 민영화되었다. 특히 투자에 대한 세금이 감면되었다. 일에 대한 의욕과 기업가정신을 꺾어놓는 왜곡된 동기부여 정책들은 제거되었다. 초기의 조정 기간을 거치고 나자 생산성 성장이 회복되고 총소득이 증가했다. 그러나 불평등 수준도 함께 치솟았으며, 가치관도 바뀌었다.

이런 조치들에 따른 경제적 성공이 가져다준 정치적 · 사회적 충격은 1980년대 말에 공산주의가 몰락하면서 한층 더 강화되었다. 대처와 레이건 각각에게 정적이었던 토니 블레어와 빌 클린턴이 권력을 잡을 무렵에, 다양한 경제적 · 사회적 쟁점들에 접근하는 그들의 친시장적인 발상들은 이미 중심적인 위치를 차지하고 있었다. 그리고 시간이 흐르면서 그런 발상들은 당연한 진리로, 즉 통념으로 굳어졌다.

내가 이런 사실을 깨달은 건, 민간 부문에 있다가 캐나다은행의 신임 부총재로 자리를 옮긴 지 얼마 되지 않았을 무렵에 점잖기도 하고 경험이 매우 풍부하기도 한 이탈리아인 정책 입안자 톰마소 파도아스키오파Tommaso Padoa-Schioppa를 만났을 때였다. 당시에 그는 유럽중앙은행 European Central Bank, ECB의 이사회 위원이었다. 그는 나중에 이탈리아의 재무부 장관이 되고 IMF의 강력한 국제통화기금위원회Monetary and Financial Committee, IMFC 의장이 되지만, 2010년에 갑작스럽게 세상을 떠났다. 나는 지금까지 현명한 사람을 많이 만났지만 그만큼 현명한 사람은 별로 본 적이 없다.

내가 그를 처음 만난 것은 2003년 가을이었다. 두바이에서 열리던 IMF/세계은행 연례회의에 참석하던 중에 마련되었던 G7 대표들의 조찬 자리였다. 이 집단은 자신들을 세계 경제의 비공식적 운영위원회라고 불렀다. 즉 1980년대에 있었던 플라자환율협약(1985)과 루브르환율협약(1987)을 매듭지었던 주체들의 상속자가 바로 자신들이라고 여긴 것이다. 두바이의 컨퍼런스 센터에 있던 통풍이 잘되지 않던 좁은 방에서 이루어졌던 우리의 토론은, 호화로운 환경에서 만들어졌으며 또 그런 다음에는 고마워하는 금융 시장에 헌정되었던 협약과는 사뭇 동떨어져 있었다. 우리의 논의가 환율로 넘어갔고, 톰마소는 달러화가 얼마나 잘못 조정되어 있는지 말했다. 그러자 한 사람이 그의 말을 가로챘다.

"잘못 조정되어 있다니, 무엇에 잘못 조정되었단 말입니까? 달러화는 세계의 가장 깊은 시장 * 시장에서 가격이 형성될 때 부르는 가격과 매기는 가격 사이의 차이가 아주 적을 때 이런 시장을 '깊은 시장deep market'이라고 말한다에서 가격이 매겨져 있는데 말입니다."

톰마소는 짧은 숨을 몰아쉬고는, 당연하게 받아들여지고 있는 시장 효율성이 얼마나 멀리까지 와버렸는지를 두고 탄식했다. 시장 효율성을 주장하는 논리는 다음과 같다. '만일 어떤 시장이 깊고 유동적이라면, 이 시장은 언제나 평형 상태로 나아간다'. 다른 말로 표현하면 '시장은 언제나 옳다'는 것이다. 그러니 정책 입안자들로서는 시장에 대해서 아무 할 말이 없다. 그들은 그저 귀를 기울여서 잘 듣고 배우기만 하면 되었다. 그러나 만일 시장이 적절하다고 여기는 범위 바깥으로 빠르게 움직이면, 정책 입안자들은 자신이 놓치고 있는 것이 존재함을 겸허하게 인정해야 한다. "시장이 무한한 지혜를 가지고서" 그런 식으로 행동하게 만드는 어떤 것이 세상에 존재하며 이 사실을 자신이 놓치고 있음을 인정해야 한다. 그러나 톰마소가 관찰한 바로는 그렇지 않았다. 그래서 "만일 우리가 어떤 것이 무한한 지혜를 자기고 있다고 인정해버리면, 우리는 (과학이 아니라) 신앙의 영역으로 들어간다"고 보았던 일들이 벌어진다고 했다.

신앙은 삶을 인도할 수 있을지는 몰라도 정책의 눈은 가려버린다. 이런 전개는 공공 정책을 입안하는 사람의 마음가짐이 학계에서, 정치 지도자와 나누는 대화에서, 그리고 '산업'과 민간 금융이 '우주의 주인'으로 받들어지는 사회적인 삶의 여러 패턴에서 친시장적인 근본주의를 흠뻑 빨아들여서 거기에 완전히 물들 때 나타난다. 이런 인지포획cognitive capture ＊규제 당국이 규제 대상에 세뇌되어서 규제 대상처럼 생각하는 현상은 "정책 입안자가 자신이 내리는 판단을 스스로 부정하고 오로지 시장만이 모든 것을 안다고 여기는 지점으로까지 나아간다."[34] 시장에 대한 이런 신뢰가 우리의 G7 조찬 모임 이후 여러 해 동안 세상을 지배했다. 시장 실패의 유일한 해결책은 보다 더 많은 시장을 추가하거나 규제를 한층 더 많이 푸는 것이라고 말하는 신앙적인 믿음이 제어되지 않은 채 횡행했던 것이다. 주택에서 파생상품에 이르기까지 거품이 점점 커질 때, 증권화＊자금이 증권이라는 금융 수단에 의해 시장을 통해서 거래되는 것와 합성리스크synthetic risk 공유＊여러 개의 증권을 합친 다음에 다시 쪼개는 것을 '파생상품'이라고 하는데, 이 경우 리스크는 분산된다가 가져다주는 기적을 찬양하는 노래가 울려 퍼졌다. 이 찬양 뒤에 이어지는 위기에 지불해야 하는 어마어마한 비용에 대해서는 다음 장에서 자세하게 살펴볼 것이다.

톰마소는 사망하기 직전, 위기가 점점 커지는 가운데 국가와 시장 사이에 벌어지는 투쟁이 얼마나 거대하고 또 얼마나 많은 피해를 가져다줄지 모른다며 다음과 같이 경고했다.

국가와 교회 사이에 적절한 헌법적 관계를 규정하고 또 최종적으로 결정하기까지 수백 년이 걸렸다. 그 과정은 매우 길었다. 왜냐하면 정치와 종교는 연결되어 있는 동시에 분리되어 있는데 이 둘이 모두 한 사람의 총체성을 사로잡으려 하기 때문이다. 그러나 이 둘은 따로 떨어져 있어야 한다. 왜냐하면 이 둘은 인간 경험의 근본적으로 다른 측면들인 권력과 신앙을 각각 상대하기 때문이며, 또 이 둘이 서로를 오염시킬 때는 둘 다 부패하기 때문이다.

정치 활동과 경제 활동 역시 연결되어 있는 동시에 분리되어 있다. 이 둘 역시 오염되어서 부패할 수 있다. 그러나 서로 관례를 맺을 필요는 있다. 권력과 부는 근본적으로 다른 범주이며, 이들 각각은 상대방의 운명을 결정할 수 있다. 현재의 위기는 시장과 정부 사이의 관계가 여전히 전반적으로 불안정한 상태임을 강력하게 상기시킬 뿐만 아니라, 경제적 번영과 민주적인 자유를 부패시킬 수도 있는 심각한 사건이기 때문이다.[35]

톰마소가 이 발언을 한 뒤에도 여러 해 동안 시장은 자신의 영역을 줄기차게 확대했고, 정치와 경제의 상호 의존은 위험할 정도로 불균형한 상태로 바뀌었다.

온갖 자산과 (우리의 자유시간까지 포함하는) 온갖 활동을 상품화하는, 즉 가격을 매겨서 매물로 내놓는 과정은 꾸준하게 진행되었다.[36] 요리하기, 에세이 쓰기, 정원 손질하기, 자녀 키우기 등과 같은 다양한 활동들이 지금은 긱 이코노미gig economy*산업 현장에서 필요에 따라 사람을 구해 임시로 계약을 맺고 일을 맡기는 형태의 경제 방식에 포섭되어 있다. 이것은 상업화의 역사 발전 단계에서 가장 최근 국면이다. 첫 번째는 농업에서 잉여생산물의 상업화가 이루어졌고, 그다음에는 공업에서 나타났으며, 그다음에는 산업에서 그리고 지금 서비스업에서 나타나고 있다. 그래서 많은 사람이 최대한 유연하게 많은 일을 하도록 부추김을 당하고 있다. 폴 메이슨Paul Mason이 저서 『포스트 자본주의 새로운 시작Postcapitalism』에서 논리적으로 예측한 극단적인 상황은 모든 사회가 공장이 되는 것이다.

마이클 샌델Michael Sandel도 비슷한 견해를 취하면서, 시장가치와 시장추론이 예전에는 비非시장 규범의 지배를 받던 삶의 여러 영역 (예컨대 출산, 육아, 건강 및 교육, 스포츠와 여가 활동, 형법, 환경보호, 군 복무, 선거운동, 여러 공공 부문, 시민 생활 등) 안으로 점점 더 많이 들어간다고 바라본다.

많은 경우에 이런 상업화는 우리의 삶을 한층 더 낫게 만들긴 했지만, 다른 한편으로는 사람들 사이의 개인적인 유대감을 약하게 만들었으며 사회적·시민적 가치관을 훼손했다. 개인적인 관계나 시민적인 관계에서의 변화는 사회적 자본에 의존하며 사회적 계약을 바꾸어놓고 있다. 그런데 여기에서 질문이 하나 제기된다. 밀라노비치가 예측했던 "부의 유토피아인 동시에 개인적인 관계의 디스토피아"라는 종점에 우리는 결국 다다르고 말까?[37]

사회적 계약이 무너지고 있다

이런 기본적인 사회적 계약이 무너지고 있다는 인식이 점점 커지고 있다. 견실한 데이터 증거가 우리의 이런 불편한 인식을 뒷받침한다. 어떤 사회에서든 간에 사실상 예외 없이 세대 내부에서 그리고 세대와 세대 사이에서 소득의 불평등이 엄청나게 늘어났다.

기술 발전과 세계화globalization의 거대한 동력들은 시장 분포를 확대하고 있다. 기술이 불평등에 미치는 충격은 모든 나라에서 느끼지만, 기술이 세계화에 기여한 이득은 기본적으로 선진국에서만 느낀다.[38] 게다가 세계화된 세상에서의 수익은 슈퍼스타들과 (인정하는 사람이 거의 없긴 하지만) 운이 좋은 사람들만이 받는 보상을 확대하고 있다. 이런 힘들은 현대 자본주의 구조에 의해서 강화되고 있는데, 이 구조에서는 부자가 노동소득과 자본소득을 모두 누리고, 자신이 가진 자본으로 보다 더 많은 수익을 거두며, 최고의 학교에 보다 더 쉽게 접근할 수 있으며(즉 용이한 사회이

동사회 계층 내에서 개인이나 집단이 차지하는 사회적 위치가 변하는 현상), 정치적인 집단에도 영향력을 행사할 수 있다고 밀라노비치는 주장한다.[39]

지금은 유명하거나 행운이 따라야만 하는 시대이다. 마이클 루이스도 프린스턴대학교에서의 졸업연설에서 이렇게 말했다.

"성공은 언제나 합리화됩니다. 사람들은 성공이 행운으로 설명되는 것을 듣고 싶어 하지 않으니까요. 특히 성공한 사람들이 그렇죠. 그러나 여러분은 역사상 유례가 없을 정도로 부유한 사회에 살고 있으니 운이 좋은 겁니다. 게다가 당신이 무언가를 위해서 스스로를 희생하길 기대하는 사람이 아무도 없는 시대이니 여러분은 얼마나 행운아입니까?"[40]

기회의 평등이 추락함으로써 계층 간의 문화적·경제적 격차가 강화된다는 당혹스러운 증거도 있다. 예를 들어서 미국에서 사회적 이동성social mobility＊사회 안에서 개인이나 집단이 차지하는 사회적 위치가 변하는 것이 줄곧 감소하는데, 이런 현상은 공정성에 대한 인식을 미국 사회의 심장부에서부터 갉아먹는다. 경제학자 마일스 코락은 아버지의 소득에 대한 성인 아들 소득의 탄력성, 즉 세대 간 탄력성이 1950년에서 2000년 사이 미국에서 0.3퍼센트에게 0.55퍼센트로 증가했음을 확인했다. 코락은 또한 불평등지수가 높은 나라일수록 세대 간 소득탄력성이 높아지는 경향을 입증했다. 이런 현상을 앨런 크루거Alan Krueger는 '위대한 개츠비 곡선Gatsby Curve'＊이 명칭은 1920년대 미국을 배경으로 한 소설 『위대한 개츠비』에서, 가난하게 태어나 큰 부자가 되는 주인공 개츠비의 이름에서 딴 것이다이라고 이름 붙였다.[41]

세대 간의 형평은 선진국에서도 역시 경색되어 있다. 이전 세대들이 설계했고 누렸던 사회복지제도는 개혁이 없는 한 미래 세대들에게는 혜택을 주지 못할 것이다. 11장에서 다루겠지만 기후 위기는 점점 심각해지고 있다. 그리고 9장에서 말하듯이 코로나 위기는 교육을 방해하고 일자리를 망가뜨림으로써 젊은 세대의 미래 전망을 암담하게 만들고 있다.

시장의 토대를 잠식하는 것, 왜 이것이 문제인가

포용적인 사회적 계약을 유지하려면 경제적인 삶에서의 가치관과 믿음이 중요함을 깨닫는 게 필요하다. 스미스(1759)부터 하이에크(1960)에 이르는 정치·경제 철학자들은 이미 오래전부터 믿음은 유전되는 사회적 자본의 일부이며 이것이 자유시장이 성립하는 사회적 틀을 제공한다는 사실을 인정해왔다. 앞의 여러 장에서 살펴보았듯이, 가치를 측정하는 데 하나의 표시물로 사용되는 돈조차도 회복력, 투명성, 책임성, 연대 그리고 신뢰라는 가치관으로 지탱되어야 한다.

그렇다면 가치관과 믿음은 포용적 자본주의의 토대에 무엇을 제공할까?

- 세계 경제 안에서 성공하려면 **역동성**이 필수적이다.
- 전체 세대에 걸쳐서 동기부여를 조정하려면 장기적인 관점, 즉 **지속가능성**이 요구된다.
- 시장이 자기 정당성을 유지하려면 효과적이어야 할 뿐만 아니라 **공정**할 필요가 있다. 금융 부문만큼 이런 필요성이 절실한 곳이 없다. 금융은 **신뢰**받아야 하기 때문이다.
- 개인은 **의무**를 느껴야 하고 자신이 한 행동에 **책임성**을 가져야 한다.
- 다른 사람들을 소중하게 여기는 풍토가 마련되려면, 서로에 대한 의무를 인정하는 참여형 시민이 전제된다. 요컨대 사람들 사이에 **연대**가 필요하다.

이런 믿음과 가치관은 반드시 고정되어 있지는 않다. 이 믿음과 가치관에 계속 영양을 공급해서 성장시켜야 한다. 어떤 혁명이든 간에 자기 자식을 잡아먹듯이, 제어되지 않는 시장 근본주의는 자본주의의 장기적인 역동성에 꼭 필요한 사회적 자본까지 집어삼킨다. 모든 이념은 극단으로 치닫게 마련이며, 자본주의 역시 시장이 가진 힘에 대한 믿음이 신앙의 영역으로 들어가는 순간 절제력을 잃어버린다. 이런 위기가 닥치기 전 수십 년 동안에 근본주의는 경제와 관련된 온갖 발상을 지배했으며 또 사회적 행동의 하나의 패턴이 되었다.

금융 시스템에서 시장 근본주의는 (즉 시장에 대한 최소한의 규제light-touch regulation라는 형식을 전제로 할 때, 거품을 식별해서 포착한다는 것은 불가능하며 시장은 언제나 옳다는 믿음은) 금융 위기와 사회적 자본의 침식에 직접적으로 기여했다.[42] 여기에 대해서는 다음 장에서 자세하게 다룰 것이다.

그 위기가 드러낸 사실들은 금융이라는 체계에 대한 신뢰를 경색시켰다.

- 주요 은행들은 대마불사의 신화에 안주하며 "동전의 앞면이 나오면 내가 이기고 뒷면이 나오면 네가 진다"라는 특권의 거품 속에서 운영되었다.
- 개인적인 이득을 노리고 시장을 조작하는 행위가 널리 퍼져 있었다.
- 주식 시장은 공정성에 대한 잘못된 인식을 보여주었다. 기술적으로 한층 더 강력한 힘을 가진 사람들을 우대하고 개미 투자자들을 경시했던 것이다.

이런 관행들이 내부자와 외부자의 수익 격차를 점점 넓혔으며 분배의 정의를 위협했다. 한층 더 근본적으로, 그 결과 나타난 시장 메커니즘에 대한 불신은 행복의 총량을 줄인 동시에 사회적 자본을 훼손했다. 조금 더 일반적으로 말하자면, 존 케이가 강조하듯이 시장의 다원주의에 관심과 강조가 지나치게 적을 때 경제 정책들은 친시장적이 아니라 친기업적이 될 수 있다. 그리고 이 결과로 경제 정책들이 다시 시장 경제의 사회적·정치적 정당성을 훼손할 수 있다.

실제로 시장 경제와 시장 경제를 감독하는 전문가들 사이에서 신뢰가 이렇게 잠식된다는 증거가 무척 많고, 그 결과 시장 경제와 시장 경제를 감독하는 전문가들에 대한 지지가 추락했다. (여기에 대해서는 13장을 참조하라.) 민주화된 정보와 기존의 선호를 강화하는 소셜미디어 알고리즘을 결합하는 환경 속에서 지도자와 기업 그리고 정부가 신뢰를 얻을 수 있는 방법에 대해서는 3부에서 살펴볼 것이다.

상업화가 가치관을 잠식하는 것, 왜 이것이 문제인가

시장 메커니즘의 극단적인 확신이 사회의 가치관을 바꿔놓는 이유에는 여러 가지가 있다.

첫째, 사회적인 위계가 부를 토대로 형성된 순수하게 상업적인 사회의 전시효과＊개인의 소비 행동이 사회의 소비 수준의 영향을 받아 타인의 소비 행동을 모방하는 현상가 작동한다. 그래서 사람들은 부를 획득하는 데만 초점을 맞추게 된다. 즉 베버가 자본주의의 핵심적인 사회학적 결정요인이라고 정의했던 체계적인 부의 추구 현상이 나타난다.[43] 짜잔! 돈을 토대로 구축된 신분 체계가 등장했다![44] 스미스는 이런 편협한 추구가 도덕관념이 없는 행동을 촉진할 수 있다고 두려워했다. 그래서 스미스는 17세기 사회이론가 버나드 맨더빌Bernard Mandeville이 꿀벌의 우화를 통해서 이끌어낸 결론에 격렬하게 반대했다. 이 우화에서 맨더빌은 꿀벌들이 개인적인 악덕을 추구할 때 벌집은 번영을 누리므로 결국 개인적인 악덕이 공공의 미덕이 된다고 설명했다. 경제학자들이 꿀벌 편을 들어서 꿀벌을 왕립경제학회 Royal Economic Society의 상징으로 삼은 것도 이런 맥락에 따른 것이다.

그러나 돈이라는 수단이 목적이 될 때 사회는 고통을 겪는다. 마르크스는 탐욕을 사회 발전의 한 단계로 바라보았다. 즉 그것은 타고난 것도 아니고 자연스러운 것도 아니라는 것이었다. 돈은 탐욕에 추상적인 쾌락주의를 제공하는 촉진제이다. 돈의 축적을 추구하는 것은 "잠재적인 모든 즐거움을 소유하는 것"이기 때문이다.[45] 탐욕은 삶을 상업화하면서 한층 더 강화된다. 돈으로 살 수 있는 것은 점점 더 많아지기 때문이다. 밀라노비치는 돈이 성공을 판단하는 유일한 잣대가 될 때 사회는 다음과 같은 메시지를 사람들에게 보낸다고 보았다.

"부자가 되는 것은 영광스러운 일이다. (…) 영광을 쟁취하는 수단은 대개 비물질적이다. 적어도 불법적인 일을 하는 데 사로잡히지만 않는다면 말이다."[46]

둘째, 시장 근본주의가 점점 커지는 현상이 안고 있는 위험은 행동에 대한 전통적인 구속이 약화되면서 한층 더 증폭된다. 수천 년 동안 종교는 수용할 수 있는 특정한 행동 형식들을 내면화하면서 상업 사회의 번성에 필요한 기업가정신을 보호할 수 있었다. 청교도주의는 허식을 경계함으로써 엘리트 집단의 소비와 이들이 드러내는 부의 과시를 제한했다.[47] 이렇게 함으로써 사회적 자본과 경제적 자본에 대한 재투자를 장려했다. 수익이 신과 공동체를 위해서 혹은 신의 뜻에 따라서 보다 더 많은 수익을 추구하는 용도로 사용할 수 있게 만든 것이다. 여기에서 베버의 글을 인용해보자.

"불가피한 현실적인 결과는 명백하다. 그것은 바로 금욕적인 저축을 통한 자본 축적이다. 부를 소비하는 행동을 제약하는 조치는 생산적인 자본 투자를 가능하게 만들어 부의 증대에 기여한다."[48]

이 조정의 힘은 롤스가 (사회의 주된 믿음들을 일상적인 행동 속에서 재확인한다는 뜻에서) 암묵적인 사회적 계약이라고 이름을 붙인 것에 따라서 보완되었다.[49]

그런데 이런 구속 혹은 제약 가운데 그 어떤 것도 오늘날에는 힘을 쓰지 못한다. 서구에서 종교의 영향력이 꾸준하게 줄어드는 현상은 이미 증명되었다. 상업을 바라보는 관점에서, 저스틴 웰비 캔터베리 대주교와 프란치스코 교황 그리고 랍비 조너선 색스는 모두 사업과 관련된 우리의 일상에서 윤리적인 고려를 강화할 방법을 모색해야 한다는 결론에 다다랐다.[50] 이런 상황을 랍비 색스는 다음과 같이 표현했다.

> 우리 앞에 놓인 커다란 질문은 다음과 같다. "어떻게 하면 우리가 다시 예전처럼 도덕적일 수 있을까?" 애초에 시장을 만들 때 우리의 목적은 시장이 우리에게 봉사하게 만드는 데 있었다. 즉 우리가 시장에 봉사하고자 한 게 아니었다는 말이다. 경제학에는 윤리가 필요하다. 시장은 시장의 힘(시장 원리)만으로는 살아남을 수 없다. 시장은 우리가 내리는 결정에 영향을 받는 사람들을 존중하는 마음에 의존한다. 이런 존중을 잃으면 단지 돈이나 일자리만 잃는 게 아니라 훨씬 더 의미 있는 것을 잃게 된다. 그것은 바로, 자유와 신뢰와 우아함이다. 가격이 아니라 가치를 지닌 것들 말이다.[51]

암묵적인 사회적 계약은 또한 초자본주의적으로 세계화된 세상에서 느슨해지는 과정을 거치고 있다. 왜냐하면 각각의 개인은 자신이 위치한 사회적인 여러 설정에서 멀어지기 때문이다. "우리의 행동이 이제 더는 우리와 함께 살아가는 사람들의 감시를 받지 않는다."[52] '그 어떤 곳에도 소속되지 않은 시민들'은 자신이 속한 정부를 넘어서서 인간성의 수준으로 올라가지 못한 채, 인간성에서 분리된 채 개인으로 원자화되었다. 코로나 때문에 강제된 이동제한 조치로 관계가 느슨하던 사람들 사이에 공동체 의식을 다시 불어넣는 일도 가능해졌다.

이런 전통적인 내면의 제한들이 없는 상황에서 사람들은 법률이나 규제와 같은 외부적인 제한들에 한층 더 많이 의존하게 되었다. 밀라노비치가 내린 거친 평가에 따르면 "도덕은 철저히 파괴되었고 완전히 외부화되었다. 우리의 도덕은 우리 자신에게서 벗어나서 전체 사회로부터 아웃소싱되고 있다."[53] 그래서 사람들은 위태롭게 줄타기를 하고 시스템 자체를 조작한다. 예컨대 스포츠에서 속임수를 쓰는 행위를 마지못해서 찬양한다. 남아공 월드컵 본선 티켓이 걸린 경기에서 티에리 앙리가 노골적으로 핸드볼 반칙을 범하고도 시치미를 떼서 결국 본선 티켓을 딴 것이나, 그보다 수십 년 전에 디에고 마라도나가 역시 월드컵 경기에서 '신의 손'을 사용해서 이긴 것도 마찬가지 맥락이다. 글로벌 기술기업들은 가장 왕성하게 활동하며 수익을 가장 많이 올리는 나라에 응당 물어야 할 재정적인 책임을 회피할 목적으로 세금을 적게 물리는 나라에 페이퍼컴퍼니를 만들고는 "우리는 우리가 내어야 할 책임이 있는 세금을 모두 다 내고 있다"며 뻔뻔하게도 큰소리를 친다. 금전적인 배상은 비도덕성을 퍼트린다. 불법행위에 가격이 매겨지기 때문이다. 그러다 보니 벌금은 도덕적 차원의 처벌이 아니라 요금으로만 여겨진다.

셋째, 시장의 확산으로 불평등 교환이 점점 더 많아질 수 있는데, 이런 교환 과정에는 자신이 가진 상품을 어쩔 수 없이 팔아야만 하는 사람이 존재한다. 이런 상황은 인간적인 존엄성을 훼손한다. 만일 어떤 사람이 절망적으로 돈이 필요해서 몸의 신장을 떼서 팔아야 할 때처럼 그 교환이 불평등하다면, 이런 상황이 잘못된 것임은 누가 봐도 명백하다.

넷째, 상업화, 즉 어떤 것을 팔려고 가격을 매겨서 시장에 내놓는 행위는 가격이 매겨지는 그 행위의 가치를 훼손할 수 있다. 우리가 시장 경제에서 시장 사회로 이동할 때, 가치와 가치관이 바뀐다. 어떤 물건이나 어떤 행위 혹은 어떤 사람의 가치는 시장에서 결정되는 금전적인 가치와 동일시되는 경향이 점점 더 강화된다. 매매의 논리가 물질적인 상품에만 제한되지 않고, 보건의료 자원의 할당부터 교육, 치안, 환경보호 등과 관련된 자원의 할당에 이르는 삶의 전체 영역까지 점점 더 많이 지배한다. 이와 관련해서 샌델은 다음과 같이 주장한다.

"우리가 특정 재화와 서비스가 매매될 수 있다고 판단할 때, 우리는 그것을 상품으로, 즉 수익과 사용의 도구로 대하는 것이 적절한 행동임을 적어도 암묵적으로는 받아들이는 셈이다."[54]

그러면서 우리는 사회의 가치관은 그 과정에서 바뀌지 않는다고 적어도 암묵적으로 가정한다.

대부분의 재화는 시장에 존재한다고 해서 바뀌지 않는다.[55] 그러나 뒤에서도 살펴보겠지만 인간이 하는 모든 활동에 가격을 매기는 것은 특정한 도덕적·시민적 재화를 훼손한다. 효율성을 높이기 위한 목적으로 서로에게 이득이 되는 교환을 과연 어디까지 할 수 있을까? 이것은 도덕적인 질문이다. 성sex도 매물로 내놓을 수 있을까? 아이를 합법적으로 살 수 있는 시장이 있다면 어떻게 될까? 병역 거부권을 경매에 부칠 수 있지 않을까? 대학교가 아무리 가치 있는 어떤 목적에 사용할 기금을 모으기 위한 것이라고 해도, 돈을 받고 입학허가서를 팔면 안 되는 이유는 과연 무엇일까?

시장교환의 확산은 도덕적 비용을 들이지 않고서도 경제적 효율성을 높인다는 것이 표준적인 경제적 추론이다. 노벨상 수상자인 케네스 애로 Kenneth Arrow는 1972년에 이에 대한 규범적인 기준을 설정했다. 간단하게 경제적인 차원으로 말하자면 어떤 재화를 상품화한다고 해서 그 상품의 특성이 바뀌지 않으며, 윤리적인 행동은 경제적으로 평가될 필요가 있는 일종의 상품이라는 것이다. 그런데 그 어떤 제안도 설득력이 없다. 또 이런 견해들이 가진 중요성이 한층 더 심각하게 받아들여지지 않는다는 사실은 경제 전문가들의 잘못된 해석에 대한 일종의 고발이다.

전통적으로 비非시장 규범으로 다스려지던 영역으로까지 시장이 침투하면서, 시장은 자기가 다루는 재화나 활동을 결코 더럽히지 않는다는 발상이 점점 더 설득력을 잃었다. 어린아이와 관련된 세 가지 사례를 놓고 살펴보자.

첫 번째는 이스라엘의 돌봄센터에서 일어났던 유명한 사례이다. 돌봄 시간이 끝나면 학부모가 아이를 데리고 가는데, 몇몇 부모들은 약속한 시각보다 늦게 오는 바람에 돌봄센터 교사들에게 불편을 끼쳤다. 그래서 돌봄센터에서는 이런 학부모에게 벌금을 물리기로 결정했다.[56] 그런데 이렇게 하자 오히려 부모가 늦게 오는 일이 갑자기 더 많아졌다. 학부모들은 그 벌금을 일종의 요금으로 받아들였던 것이다. 즉 요금을 지불함으로써 교사를 기다리게 하는 행위에 대한 사회적인 차원의 부담을 훌훌 털어 버린 것이다. 이렇게 해서 학부모들은 요금으로 지불하는 비용을 자신들이 활용할 수 있는 시간과 적절하게 교환하게 되었다.

두 번째는 (이 사례는 샌델의 책을 참조한 것이다) 아이가 책을 한 권씩 읽을 때마다 돈을 주고 싶은 유혹에 굴복하는 것이다. 이것은 휴대폰을 가지고 노는 행위에 비해서 책을 읽는 행위에 상대적으로 더 많은 비용을 책정할 뿐만 아니라, 책을 읽는 행위는 그 자체로 유익하고 즐거운 경험이 아니라 반드시 돈으로 보상받아야만 하는 번거로운 일이라는 잘못된 신호를 아이에게 주게 된다.

세 번째는 아이들이 자선기금을 모으도록 그들에게 돈을 지불하는 것이다. 경제학자들인 유리 그니지와 알도 루스티치니는 위에서 언급한 돌봄센터 관찰 내용을 토대로 해서, 이번에는 금전적인 동기가 학생들의 동기부여에 어떤 영향을 주는지 알아보기 위한 실험을 진행했다.[57] 두 사람은 고등학생들을 세 집단으로 나눈 다음에 동네를 돌아다니면서 자선기금을 모금해 오라고 했다. 그런데 첫 번째 집단에게는 이런 행위가 얼마나 좋은 일인지 잘 알아듣게 설명했고, 두 번째 집단과 세 번째 집단에게는 똑같은 설명을 한 다음에 모금액의 1퍼센트와 10퍼센트를 각각 수당으로 돌려주겠다고 했다. 결과는 놀랍지 않게도, 가장 높은 비율의 수당을 제안받은 집단, 즉 세 번째 집단이 두 번째 집단보다 더 많은 돈을 모았다. 그러나 세 집단을 놓고 보면, 금전적인 보상을 받지 않고 오로지 시민적인 덕목에 응답했던 집단이 가장 많은 돈을 모았다. 돈이 시민적인 규범을 몰아내는 현상(즉 사회의 가치관을 바꾸어놓는 현상)이 이 실험을 통해서 확인되었다.

이 사례들은 어떤 재화나 서비스에 가격을 매기기 전에 반드시 가격을 매기는 행위가 그 재화나 서비스의 의미를 바꾸어놓는 게 아닐지 깊이 생각할 필요가 있음을 알려준다. 경제학은 일반적으로 이 질문을 회피해왔다. 부분적인 이유로는 경제학은 가치중립적인 학문임을 주장하기 때문이다. 그러나 이런 주장은 틀렸다.

시장이 인간관계와 시민적인 관행적 행동(예컨대 육아나 교습)으로 확장해 들어갈 때 시장 안에 존재한다는 사실 자체가 해당 재화나 사회적인 행동의 성격을 바꾸어놓을 수 있다는 증거는 널려 있다. 이것을 '상업화 효과commercialisation effect'라고 하며, 내재적인 동기들(예컨대 도덕적 신념이나 해당 과제에 대한 흥미)과 외부적인 동기들(예컨대 돈이나 보상) 사이에 어떤 차이가 있는지 설명하는 사회심리학 연구 저작물이 점점 늘어나고 있다. 샌델이 결론을 내리듯이, 어떤 사람이 자신이 보기에 내재적인 가치가 있다고 판단하는 활동을 할 때 이 사람에게 돈을 주는 것은 그 사람의 내재적인 관심이나 헌신을 평가절하하는 셈이 되어서 오히려 그 사람의 동기를 꺾어놓을 수 있다.[58] 사회적인 삶에는 금전적인 동기부여가 보탬이 되지 않고 오히려 해가 되는 경우가 많이 있다.

가장 많이 알려진 사례로 꼽을 수 있는 것은 영국의 사회학자 리처드 티트머스Richard Titmuss가 미국과 영국의 헌혈제도를 비교연구한 저서

『선물 관계The Gift Relationship』에서 설명한 것이다. 티트머스는 경제적이고 실용적인 측면에서는 자발적인 기부를 토대로 하는 영국의 제도가 금전적인 보상을 토대로 하는 미국의 제도보다 낮다는 사실을 증명했다. 혈액을 하나의 상품으로 바꾸는 정책은 이타주의 정신을 훼손하며 공동체 안의 다른 사람을 돕기 위해서 혈액을 기부해야 한다는 의무감을 망가뜨린다는 윤리적인 주장을 덧붙였다.[59] 샌델은 스위스에서 핵폐기물 처리와 연관되어 있는 시민적인 책임감이 돈을 지불할 때 줄어드는 것부터, 미국에서 시민이 의회 청문회에 '자유롭게 접근'하도록 보장하기 위해서 사람들에게 돈을 지급할 때 민주적인 절차의 가치가 오히려 떨어지는 것에 이르기까지 다양한 사례를 제시한다.

이 교훈들은 상업의 성격과 시장의 효과로까지 확장된다. 예를 들어서, 은행원들이 금융상품의 최종 사용자로부터 유리될 때 그들에게 남는 유일한 보상은 돈이다. 그러나 순수하게 금전적인 보수는 고객이나 동료의 성공을 도움으로써 얻을 수 있는 만족과 같은 직업상의 비금전적인 가치를 무시한다. 인간 조건에 대한 이런 환원주의적인 견해는 장기적인 번영을 지원하는 데 필요한 윤리적인 금융 시스템을 뒷받침하기에는 빈약한 토대이다. 2008년의 세계 금융 위기는 자본의 위기였던 만큼이나 문화의 위기이기도 했다. 13장과 14장에서 다루는 지도자와 기업의 상세한 사업 계획에서 중심적인 것은, 가치관의 일상적인 실천이 개인적인 정체성과 기업의 목적 그리고 사회적 책임을 강화한다는 사실이다.

이것은 많은 주류 경제학자들이 저지르는 두 번째 도덕적 오류를 강조하는데, 이 오류는 시민적·사회적 덕목을 덕목 그 자체로서가 아니라 희소한 상품으로 대하는 것이다. 대중의 활기찬 정신은 그런 덕목을 실천하는 과정에서 한층 더 커지는데도 말이다. 미덕에는 반드시 보상이 따라야 한다는 애로의 주장에 대해서 샌델은 다음과 같이 말했다.

"관대한 미덕에 대해서 이렇게 생각하는 것은 이상하다. 심지어 전혀

설득력이 없다. 그런 태도는 우리가 가진 사랑과 박애는 쓰면 쓸수록 고
갈되는 게 아니라 오히려 늘어날 수도 있다는 가능성을 무시한다. (…) 사
회적 연대나 시민적인 덕목에 대해서도 비슷한 질문을 할 수 있다."[60]

시민적 덕목과 공공심은 쓰지 않으면 위축되지만, 정기적으로 쓸수
록 마치 근육처럼 더 커지고 강해진다. 아리스토텔레스의『니코마코스 윤
리학』에 따르면, 미덕은 실천을 통해서 배양하는 것이다.

"우리는 공정한 행동을 함으로써 공정해지고, 온화한 행동을 함으로
써 온화해지고, 용감한 행동을 함으로써 용감해진다."[61]

장 자크 루소도 비슷한 견해를 가졌는데, 샌델은 루소의 견해를 "국
가가 시민에게 보다 더 많은 것을 원할수록 국가에 대한 시민의 헌신은
그만큼 더 커진다. (…) 시민적인 덕목은 차곡차곡 쌓이는 것이지 아무리
사용한다고 해서 없어지는 것이 아니다"라고 요약했다.[62]

이런 관찰사항들은 코로나19에 대한 시민들의 반응과 비슷하다. 자
발적으로 형성된 자원봉사자 집단들 중에서 임시변통으로 개인보호장구
와 보호마스크를 만들어 이웃에 기증하면서 돈을 받은 곳은 없었다. 영국
국립보건국NHS의 자원봉사 요청에 며칠 만에 백만 명이 넘는 사람들이
응답했다. 그 어떤 사람도 이웃의 노인이나 노숙자를 도우면서 정부로부
터 금전적인 보수를 바라지 않았다.

거꾸로 시장 확산은 공동체를 잠식하는데, 사실 공동체야말로 행복을
결정하는 가장 중요한 요소들 가운데 하나이다. 시민적인 덕목을 제3자의
제공자에게 아웃소싱하는 것은, 사회라는 영역의 범위를 우리 스스로 좁
히는 것이며 사람들에게 사회에서 철수하라고 말하는 것이나 다름없다.

시장 사회의 등장

경제사학자인 존 페이그 포스터는 가치이론의 역사를 돌아보면서 "경제적 가치는 기술적 효율성이 얼마나 발전했는지 보여주는 것일 뿐이다. 그게 전부다"라고 결론을 내렸다.[63] 다른 많은 경제학자처럼 포스터는 가치를 어떤 특정한 관계에서 떼어내서 그것이 가지는 사회적·정치적 맥락에다 붙인다. 그러나 이런 환원주의가 만족스러울지 모르지만, 경제학은 세상과 동떨어져서 존재하지 않는다.

경제학은 시장 공간을 확장함으로써 효율성을 추구하는 데서 도덕적인 선택을 한다. 경제학은 이 선택에 맹목적인데, 왜냐하면 가치는 순전히 주관적인 선호일 뿐 논리적인 주장에는 닫혀 있다고 전제하며, 또한 어떤 활동이나 물건에 가격을 매긴다고 해서 그 활동이나 물건의 내재적인 속성이 바뀌지 않는다고 전제하기 때문이다. 경제학이 시민적 혹은 사회적 덕목들을 인식하는 한, 일반적으로 경제학은 가격 인센티브가 이미 그 행동을 장려하는 내재적인 가치들을 보완하거나 강화한다고 가정한다. 경제학은 내재적이고 금전적인 인센티브들은 기껏해야 대리자라는 사실을 전제하지 않으며, 또한 사회적 공간을 상품화하는 행위, 즉 가치관에 가격을 매기는 행위가 가치관 자체를 훼손할 수 있는 환경이 조성될 수 있다는 사실도 전제하지 않는다.

시장이 비시장적인 규범을 잠식할 때 우리는 다음과 같은 질문을 던져야 한다. 특정한 상황에서 그리고 시장 기능과 사회적 후생복지에 필요한 사회적 자본을 유지해야 한다는 한층 폭넓은 의미에서 모두, 효율성 이득이 과연 우리가 비용을 치를 가치가 있을까? 앳킨슨이 강조했듯이 효율성은 오로지 사회를 지금보다 더 낫게 만들 때만 의미가 있다.[64] 경제학자들이 순전히 효율성만 따져서 어떤 정책을 내놓는다면, 이 사람들은 도덕적인 평가를 하는 셈이다. 그러나 어떤 정책 구상이 사회에 올바른 것인지 어떤지 판단하는 데는 흔히 시장에서 매겨진 비용과 편익만을 따지는 경제학자들이 좋아하는 단순한 공리주의적 결론만이 아닌, 그 이상이 필요하다. 최소한 선스타인이 주장하는 고도로 복잡한 평가, 즉 정신 건강이나 인간의 존엄성 그리고 대리인 등과 같은 가격을 매길 수 없는 다양한 속성들을 예측하고 고려하는 평가가 필요하다.

이 쟁점은 가치 그 자체에 영향을 줌으로써 한층 넓고 깊게 확대된다. 이타주의적 관대함, 연대 그리고 시민정신은 공급량이 제한되어서 쓰면 쓸수록 고갈되는 게 아니다. 오히려 쓰면 쓸수록 더 늘어난다. 시장은 사회적 공간을 줄이고 영향이 미치는 범위를 지금까지 가정생활로 존재하던 깊숙한 곳까지 확장함으로써, 공동체를 갉아먹고 가족을 원자화하고 또 인생의 많은 부분을 치열한 경쟁으로 몰아넣으며 우리 정신 건강에 나쁜 영향을 주었다.

다음에 이어질 여러 장에서 살펴보겠지만, 도덕감정에서 시장감정으로의 이행에 따른 최종적인 훼손 양상은 가치관의 변화로 나타난다. 즉 주관적인 가치의 확산이 우리가 의사결정을 할 때 기존의 가치관을 깨부순다. 주관적인 접근법의 강점은 이 접근법이 중립적이라는 데 있다. 공통적이고 널리 적용되는 표준인 시장 가격을 기준으로 삼으면 대부분의 사물을 비교할 수 있다. 그런데 이것의 약점은 후생복지가 단순히 모든 가격의 합으로만 단순하게 해석되는 과정의 문을 연다는 데 있다.

이것은 우선순위에 대한 그 어떤 고려도 하지 않은 채 모든 것을 하나로 합쳐버린다. 뒤에서 살펴보겠지만, 이것은 오늘의 성장과 내일의 위기, 건강과 돈벌이, 환경보호와 수익 창출 등의 대립 쌍에서 둘 가운데 하나만을 선택하라고 촉구한다.

이 역학은 가치와 관련된 일련의 위기들로 이어졌는데, 이 위기들에 대해서는 2부에서 자세하게 살펴볼 것이다. 금융 위기, 보건 위기, 기후 위기 그리고 정체성 위기는 단지 시장이 가치를 평가하는 능력이 부족해서 생겼을 뿐만 아니라 시장의 침해가 우리의 가치관을 바꾸어놓은 결과이기도 하다.

　내 경험으로 비추어보면, 지금 전 세계가 경험하는 대변동은 자본주의의 본질적인 역학과 우리의 한층 더 폭넓은 사회적 목표 사이의 균형을 새롭게 설정하는 일이 우리의 생존에 필수적임을 입증한다. 이것은 추상적인 쟁점이나 순진한 소망이 아니다. 계속해서 2부에서는, 공정하고 효율적인 시장에 필요한 그리고 우리가 진정으로 우리의 가치관을 가지고 살아가는 데 필요한 한층 더 폭넓은 사회적 자본에 필요한 핵심적인 가치관을 강화할 몇몇 구상을 살펴보자.

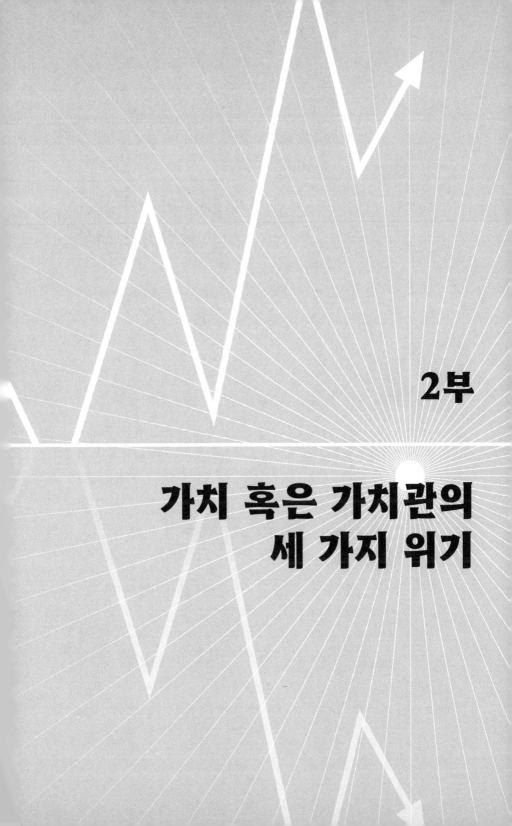

2부

가치 혹은 가치관의
세 가지 위기

7장

세계 금융 위기가 만든
불안정한 세상

2007년 8월의 상황이 지금과 얼마나 달랐는지는 기억하기도 어렵다. 미국이 G1의 역할을 수행하면서 제시했던 '새로운 세계 (경제) 질서The New World (Economic) Order'는 어렵지 않게 번영을 누릴 수 있을 것만 같았다. 자유시장과 자유무역 그리고 자본시장 개방에 초점이 맞추어져 있던 미국의 정책 방향은 대세를 장악했다. 많은 국가에서 2차 세계대전 이후 가장 긴 기간에 걸친 경기 확장이 이어지고 있었다. 영국은 14년 연속으로, 즉 56분기 연속으로 성장을 이어가고 있었다. 각국에서 인플레이션(물가 상승)은 잠잠했으며, 중앙은행들은 대안정기를 이끈 공로를 자축했다. 중국을 필두로 한 신흥국들이 세계 무역 체계로 통합되면서 국경선은 지워지고 있었고, 유럽 각국은 유럽연합EU에 가입하겠다고 아우성을 쳤다.

금융 부문에서는 은행가들이 자신을 우주의 지배자인 것처럼 생각했다. 위험(리스크)은 서브프라임 증권화의 기적을 통해서 전 세계로 골고루 분산되었으므로 더없이 안전하다고 여겼다. * 금융 시장에서 자금조달 및 운영을 목적으로, 자산을 거래가 쉬운 유가증권으로 만드는 것을 '증권화'라고 한다. '서브프라임 증권화'는 담보대출채권을 파생상품의 유가증권으로 만든 것이다 그리고 최소 규제 정책은 시민을 신뢰하는 것을 (약간은 부러워하면서) 보호했다.

그러나 예민한 사람들은 그때 이미 심각한 변화의 첫 징조를 느낄 수 있었다. 북한이 첫 번째 핵실험을 시작했고, 스코틀랜드국민당SNP *스코틀랜드 독립국가 건설을 목표로 내건 중도좌파 성향의 정당이 첫 번째 스코틀랜드 자치의회 선거에서 승리했으며, 또 어떤 국제 과학자 집단은 지구온난화가 어쩌면 인간이 자초한 것일지도 모른다고 주장했다. 그리고 내가 살던 세상에서는 무명의 유럽 합성신용펀드 두 개가 신나게 흥청거리던 시장에 찬물을 끼얹었다. 그리고 캐나다의 자산담보부기업어음ABCP 시장이 무너지기 시작했는데, 비록 당시만 하더라도 진실을 알아챈 사람이 거의 없긴 했지만 1930년대의 대공황 이후 최악의 금융 위기는 이미 시작되고 있었다.

당시 유럽중앙은행ECB 총재였던 장 클로드 트리셰Jean Claude Trichet는 동료였던 어떤 사람 이야기를 즐겨 했다. 그 사람은 스코틀랜드에서 긴 일정으로 도보여행을 하고 있었다. 그런데 블랙베리 휴대폰의 배터리가 떨어지자 뉴스가 궁금했던 그는 시골의 어떤 가게에 들어가서 카운터에 있던 여자에게 물었다.

"《파이낸셜 타임스》 있나요?"
"예, 있습니다. 어제 걸로 드릴까요, 아니면 오늘 자…?"
"당연히 오늘 신문이죠."
"그럼, 내일 다시 오세요."

그 뒤 트리셰의 그 동료는 곧바로 프랑크푸르트로 돌아가서, (당시에는 유례가 없던 일인데) 수십억 유로의 유동성을 단기 금융 시장에 쏟아 붓기로 한 ECB의 구상에 함께했다. 내일이 되면 모든 게 다 날아가고 아무것도 남지 않을 것임을 감지했기 때문이다.

　바로 그 주말에, 마침 그날은 열기와 습기 때문에 캐나다의 오타와가 마치 미국 남동부의 조지아처럼 느껴지던 8월의 후텁지근한 날들 가운데 하나였는데, 나는 우리집 뒷마당에서 아이들이 노는 것을 느긋하게 지켜보고 있었다. 바로 그때 휴대폰 벨이 울렸다. 어쩐지 느낌이 싸했다. 지금이야 늘 있는 일이긴 하지만 그때만 하더라도 주말에는 나라 전체가 휴식을 취했기 때문이었다. 어쨌거나 캐나다는 전 세계의 다른 나라들과 마찬가지로 번영을 누리고 있어서 성장률은 지난 10년 동안 평균 3.8퍼센트 수준을 상회했으며, 실업률은 5.2퍼센트밖에 되지 않았고, 한가한 여름은 느긋하기만 했다. 전화를 받고 싶은 마음이 없었다. 그러나 발신자를 확인하고는 마음이 달라졌다. 토론토 금융가의 고위직 인물이던 제이미 키어넌Jamie Kiernan이었다. 나는 그게 단순한 안부 전화가 아님을 ＊저자는 그해 10월까지 캐나다 재무부 수석부장관으로 재직하다가, 다음 해인 2008년 2월에 캐나다 중앙은행 총재로 취임한다 직감했다.

　결과적으로는 그 뒤 2년 동안 이어진 패턴이긴 한데, 나는 통화 상대방이 드러내는 생생한 공포를 듣기 위해서 열심히 전화를 받았다. 그는 캐나다의 자산담보부기업어음 시장이 얼어붙고 있으며, 다음 주 화요일에 어쩌면 문을 열지 못할지도 모른다고 말했다. 마진콜 ＊최초 계약 시 계약 이행을 보증하고 채권을 담보하기 위해 예치하고 있는 증거금이 시장 가격의 하락으로 인해 거래 개시 수준 이하로 하락한 경우 추가 자금을 유치하여 당초 증거금 수준으로 회복시키도록 요구하는 것과 유동성 지원 요청이 쇄도할 것이라고 했다. 만일 이 요청이 제대로 받아들여지지 않으면 시장 전체가 무너지고, 그 여파가 런던과 뉴욕으로 빠르게 확산될 것이라고 했다. 상황이 이러니만큼 캐나다 정부로서는 어떤 조치든 취할 필요가 있다고도 했다.

　이렇게 찬물을 한 양동이 뒤집어쓰고 나서 나는 여름이 끝나간다는 걸 느꼈다. 비록 그때 그가 한 말을 나는, 지금 이 글을 읽는 많은 사람이 이해할 것이라고 짐작하는 정도로밖에, 즉 어렴풋하게밖에 이해하지 못했지만 말이다. 그 사람은 외국어로 말한 게 아니었다. 그때 나는 캐나다 재무부 수석부장관이었고, 그전에는 오랜 세월 월스트리트에서 그리고 런던에서 일했다. 나는 맨 처음 기업어음Commercial Paper, CP 분야에서 일을 시작했다. 기업어음은 특별한 일이 발생할 리 없는 나른하기 짝이 없는 분야여서, 신입직원은 여기에서 신용 위험과 시장 유동성에 대처하는 요령을 큰 손해를 보지 않으면서도 배울 수 있었다. 기업어음은 일반적으로 극적인 변화가 없는 상품으로 널리 알려져 있었다. 그런데 이것 때문에 시장 패닉이 나타났다고 이야기한다는 것은 (그것도 주말에!) 예컨대 개의 작은 꼬리가 거대한 몸통을 흔들려고 해서 큰일났다고 하는 말로밖에 보이지 않았다.

기업어음은 단기 부채로 만기가 보통 3~6개월인데, 신용도가 높은 우량기업이 자금조달을 목적으로 기관투자자들에게 발행한다. 전통적으로 기업어음 시장은, 은행이나 보험사 혹은 그 밖의 투자사의 잉여자금을 가지고 기업의 제품 재고 유지와 같은 단기적인 사업적 필요에 자금을 조달하는 중요하면서도 단순한 역할을 수행했다. 자산담보부기업어음은 기업어음 시장에서도 매우 정교한 분야였지만, 이것 역시 상대적으로는 단순했다. 혹은 적어도 예전에는 그랬다, 내가 마지막에 확인했을 때는.

기업어음 분야에서 일해서 돈을 많이 번 사람은 별로 없다는 걸 나는 경험으로 알고 있었다. 그쪽에서는 아무리 숙제를 잘해봐야 얻는 것이라고는 기껏 밤에 두 다리 뻗고 편하게 잠을 자고 긴 주말을 아무런 방해를 받지 않고 즐기는 것뿐이었다. 그러니 이런 사람들에게는 마진콜이니 파산이니 런던에서 공황이 일어날지 모른다느니 하는 말은 그저 먼 나라 이야기였다. 제이미는 상세한 내용을 알지 못했고, 그저 여기저기에서 이런저런 말을 들었을 뿐이지 직접 그 거래와 관련이 있는 인물이 아니었다. 그와 통화를 마친 뒤에 나는 더 많은 정보를 알아보려고 여기저기로 전화를 돌렸다.

사실 캐나다의 기업어음 시장 규모는 다른 쪽과 비교하면 규모가 작았다. 제이미는 정부 부채 5,000억 달러와 주식 시장의 시총 1조 5,000억 달러와 비교하면 얼마 되지 않는 돈인 300억 달러를 놓고 이야기했던 것이다. 이 자금이 런던이나 뉴욕과 어떻게 얼마나 연결되어 있는지는 알수 없었다. 현재의 사정이 시장이 다시 열리는 화요일까지 기다릴 수 없는 이유가 무엇인지, 또 정교하기 짝이 없다고 알려진 기관들 사이에서 일어난 사적인 거래들에 정부가 굳이 개입해야 하는 이유가 무엇인지, 이모든 게 도무지 설명이 되지 않았다. 유일하게 분명한 것은 현재의 상황이 긴급하다는 점이었다.

어떤 것이 도무지 말이 되지 않는다면…

젊은 시절 금융 분야에 처음 발을 들여놨을 때 나는 소중한 법칙 하나를 배웠다. 골드만삭스의 파트너였던 밥 허스트Bob Hirst가 가르쳐준 법칙이었다.

"만일 어떤 것이 도무지 말이 되지 않는다면, 그건 말이 안 되는 것이다."

만화 캐릭터인 뽀빠이가 했음직한 이 동어반복 속에는 진정한 지혜가 담겨 있었다. 만일 어떤 사람이 금융과 관련된 어떤 사항을 당신에게 설명하는데 (이 설명 대상은 참신한 금융상품일 수도 있고, 어떤 기업의 가치가 동종 부문에 속한 다른 기업들보다 훨씬 높아야만 하는 이유일 수도 있다) 그 내용이 도무지 말이 되지 않는다면, 그 사람에게 설명을 한 번 더 해달라고 부탁하라. 설명을 다시 들어도 여전히 말이 되지 않는다면, 당신은 얼른 그 사람에게서 멀리 달아나야 한다.

달아나야 하는 이유가 있다. 금융의 세상에서는 절대로 신용만으로는 상품을 사지 말아야 하고, 대세를 따라서 다른 사람들과 함께 움직여야 하며, 멍청하게 보이지나 않을까 싶어서 모르면서도 아는 척해서는 안 되기 때문이다. 그런 상황에서 가능한 경우는 두 가지뿐이므로 무조건 달아나야 한다. 하나는, 정말 말이 안 되는 어떤 상품을 상대방이 당신에게 팔려고 하는 경우이다. 그것은 부채를 권리 지분으로 바꾸어놓는 금융 연금술의 한 형태로서 '무위험 수익'이라는 신화에나 나올 법한 것이거나, 혹은 영어에서 가장 비싼 대가를 치르는 네 단어 문장의 가장 최근 버전이기 때문에 얼른 달아나야 한다. 그 문장은 바로 "이번에는 다를 거야This time is different"이다.

어떤 것이 말이 되지 않는 또 하나의 경우는(오랜 세월의 경험 속에서 나는 이 두 번째 설명이 괴로울 정도로 흔하게 많다는 것을 배웠다), 그 새로운 발상을 띄우려고 애를 쓰는 사람이 사실은 그 내용을 제대로 이해하지 못하는 경우이다. 금융계에서는 너무도 자주 일어나는 일인데, 자신 아닌 다른 사람이 이미 해당 영역에서 성공을 거두었다는 사실, 즉 해당 영역이 뜨겁게 달아오른다는 사실을 근거로 해서 혹은 심지어 자신이 해당 사항을 제대로 이해하지 못한다는 것을 인정하고 싶지 않다는 이유만으로 의사결정이 이루어진다. 이 의사결정의 순간은, 금융계에서 유일하게 멍청한 질문은 입 밖으로 꺼내서 물어보지 않는 질문임이 입증되는 순간이다. 어떤 사람이 아무것도 모르면서 아는 체하는 지식으로 자신의 무지를 가릴 때, 그 사람의 눈에서 콩깍지가 벗겨지는 순간에는 패닉이 일어난다.

아무것도 모르는 상태에서 행운이 따라줄 수 있다. 그러나 이 행운은 오래 가지 않는다. 물론 어쨌거나 밀물이 들어오면 뻘밭에 누워 있던 모든 배가 물 위로 뜨긴 한다. 시장이 호황일 때는 사람들이 단지 추세를 좇거나 어떤 전략을 모방하는 것만으로도 한동안은 그럭저럭 잘 보낼 수 있다. 은행들은 경쟁자가 내놓은 상품을 제대로 이해하지도 않은 채 조금만 바꿔서 시장에 내놓고 고객을 유혹한다. 모든 것이 다 잘될 것처럼 보이고, 기회를 놓칠지도 모른다는 불안감이 하늘로 치솟으며, 용감한 새로운 새벽이 밝은 것처럼 보인다. 그러나 바로 이 호황 시장에서는, 그 묻지 않는 질문들이 빠르게 쌓여간다.

그러나 결국에는 그 질문들에 대한 대답이 돌아오고야 만다.

그 8월의 어느 날 오후에 제이미가 나에게 제공한 실마리를 빠르게 잡아당기고 보니, 캐나다의 자산담보부기업어음 시장의 수수께끼가 풀리기 시작했다. 애초에 말이 되지 않았던 것들이 실체를 드러냈기 때문이다. 만일 다음에 이어질 몇 쪽의 내용이 당신이 보기에 말이 되지 않는다고 하더라도 걱정하지 말라. 해당 시장과 그 상품들의 구조가 어려우면 어려울수록, 그 시장에 있는 사람들 가운데서 그 구조가 어떻게 작동하는지 온전하게 이해하는 사람은 그만큼 더 적으니까 말이다. 시장과 기관이 그 구조에 얼마나 의존하는지 혹은 경제가 방향을 바꾸기 시작할 때 무슨 일이 일어날지 알아차리는 사람은 거의 없다.

주의에서 위기로

금융 부문에서 많은 일이 그렇듯이 캐나다의 자산담보부기업어음 시장은 합리적인 어떤 개념의 신중한 적용과 함께 시작되었다. 은행들은 개인들의 특정한 부문들 혹은 유형들에 돈을 빌려주는 오랜 역사 속에서 발전해왔다. 이런 대출의 성과는 상대적으로 예측 가능했다. 특히 그 대출들이 풀pool로 결합해 있을 때는 특이한 것들이 있더라도 상쇄되는 경우에는 더욱 더 그랬다. * a, a-1, a-2, a-3, …, a-10의 채권 자산을 하나의 풀로 묶은 다음에 이것의 지분을 쪼개서 판매하는 증권보다, a, b, c, … j의 채권 자산을 하나의 풀로 묶은 다음에 이것의 지분을 쪼개서 판매하는 증권의 부도 위험이 낮다는 말이다 여러 자산으로 다각화된 자산

풀pool of assets ＊여러 개의 자산을 하나의 단위로 묶어놓은 것은 단일 채권 혹은 동일한 유형의 자산들(예컨대 한 도시에 있는 주택담보부 채권들)을 모아놓은 집단에 비해서 덜 위험하다는 인식은 증권화의 발전으로 이어졌다. 증권화에서는 여러 개의 자산을 풀로 결합해서 증권 형태로 투자자에게 팔리기 때문이다.

자산담보부기업어음에서도 그랬다. 이 경우에 은행들은 신용카드채권과 같은 단기 자산들을 풀로 만든 다음에 이것을 재무제표상에 나타나지 않는 구조화투자회사SIV ＊구조화투자회사는 투자은행이 장기 고수익 자산에 투자할 목적으로 설립한 투자전문 자회사로, 모회사인 은행으로부터 우량자산을 양도받아 이를 근거로 자산담보부기업어음을 발행해 단기자금을 조달한다에 판매한다.[1] 구조화투자회사는 기업어음을 발행해서 채권 구매 자금을 조성하므로 사실상 이름밖에 없는 회사(셸컴퍼니)이다. 디폴트(부도)의 가능성을 계산해서 조정한 금액으로서 신용카드에 지급되는 총이자가 기업어음에 대한 이자비용보다 높기만 하면 모든 사람이 행복하다. 은행은 신용카드 채권을 팔아서 새롭게 다른 고객에게 빌려줄 자금을 마련하고, 구조화투자회사의 소유주는 신용카드 결제금액과 기업어음 이자비용의 차액을 챙길 수 있다. 또한 자산담보부기업어음을 사는 투자자는 (그 모든 것이 말이 되도록 하기 위해서 부담해야 하는 추가 시간과 분석에 대한 대가로) 비슷한 신용 상태의 다른 기업들이 발행한 기업어음보다 조금 더 많은 이자를 지급받는다.

투자자가 자산담보부기업어음을 사는 것이 말이 되는지 어떤지 여부는 결국 두 개의 위험으로 요약되었다. 첫 번째 위험은 유동성 위험liquidity risk인데, 이것은 그 어음을 팔거나 혹은 그 어음의 가치를 담보로 돈을 빌릴 수 있을까 하는 위험이다. 깊은 (즉 사겠다는 쪽과 팔겠다는 쪽이 부르는 가격의 차이가 크지 않은) 시장에서는 개인투자자들의 판매는 해당 자산 가격에 그다지 큰 충격을 주지 않으며, 많은 경우에 그 자산은 액면가를 담보로 한 대출을 통해서 현금화된다. 그리고 얕은 시장에서는 투자자들이 현금이 필요할 때 그 어음을 쉽게 현금으로 바꾸지 못한다. 극단적인 경우에 유동성 위험은 시장의 뱅크런을 유발한다. 은행의 뱅크런과 다른 점이 있다면, 이런 시장에서는 중앙은행과 같은 최후의 대부자가 존재하지 않으며, 따라서 투자자들은 안전망을 통해 보호받지 못하는 반면에, 은행 예금자들은 예금보험을 통해서 직접적으로 (은행들이 폭풍우를 이겨낼 수 있도록 도움을 주는 중앙은행의 편의를 통해서) 및 간접적으로 보호를 받는다.

호황인 시장에서는 유동성을 당연하게 여긴다. 투자자들은 자신이 가진 기업어음을 필요할 때면 언제든 팔아서 현금화할 수 있다고 믿기 때문이다. 기업어음을 발행하는 기업들은 대비책을 마련하는 차원에서 다른 유동성 원천들을 가지는데, 이 대비책에는 시장이 닫히거나 자기 신용도가 악화되어서 투자자들이 자기가 발행하는 어음을 더는 원하지 않을 경우에 의지할 수 있는 은행 여신한도도 포함된다. 그런데 그해 여름, 캐나다의 자산담보부기업어음 시장에서 어음의 현금화 가능성은 거의 없어 보였고, 다른 대비책도 오로지 점진적으로만 가능할 것으로 전망되었다. 시장이 매우 오랜 기간 평온했던 터라서 시장이 얼마든지 깊은 것에서 얕은 것으로, 유동적인 것에서 비유동적인 것으로, 튼튼한 것에서 허약한 것으로 바뀔 수 있음을 투자자들이 그새 잊어버렸던 것이다.

캐나다의 자산담보부기업어음 투자자들이 맞닥뜨린 두 번째 위험은 신용 위험credit risk이었다. 즉 충분히 많은 신용카드의 부채가 실제로 상환될 것인지 (즉 신용카드 사용자가 사용 대금을 결제할 것인지) 여부와 관련된 위험이었다. 투자자들은 자신의 돈으로 보증을 섰던 구조화투자회사 자산의 품질을 계속 감시했어야 했지만 그렇게 하지 않았다. 앞에서도 언급했듯이 기업어음은 너무도 안전한 자산이어서, 일반적으로 투자자들은 구조화투자회사의 평판과 이들의 신용도를 평가하는 독립적인 평가기관들에만 의존했다.

2007년 여름이 되면 이런 것들에 의존하는 방어선이 상당히 약화되었다. 구조화투자회사들의 관리자들은 보통 자기에게 자산을 파는 은행의 실적에만 순전히 의존해서 신용과 관련된 판단을 내렸다. 신용평가기관들이 구조화투자회사로 들어가는 자산을 놓고 정밀한 실사를 수행했지만, 지금 시점에 돌이켜보면 은행이 더는 그 자산을 소유하지 않을 때 그 자산의 질에 어떤 일이 일어날지 혹은 은행이 새로운 대출들을 해주고 이때 발생하는 채권(자산)을 시장에서 빨리 팔기를 기대할 때 은행이 주의를 덜 기울이지나 않는지 하는 점에 대해서는 신용평가기관들이 제대로 살피지 않았던 것만큼은 분명하다. 시장이라는 존재가 어떤 식으로 좀먹힐 수 있는지 예를 들어서 살펴보자.

다른 말로 하면, 구조화투자회사의 기업어음에 투자한 사람들은 최종 대출자들(예컨대 신용카드로 물품을 산 사람들)과는 멀리 떨어져 있었다. 그 누구도 까다로운 질문을 하지 않았다. 모든 사람이 다른 모든 사람에게 그 질문을 미루며 의존하고 있었다. 구조화투자회사들은 은행처럼 행동했지만 은행업이라는 기본적인 역할 수행을 신용평가기관들과 자기에게 자산을 파는 은행들에게 아웃소싱했다. 또 은행들은 자기 장부에서 대출을 떠넘기는 일을 시장에 의존했다. 이런 관계들은 은행이 진정으로 무엇을 위해 존재하는지에 대한 질문을 불렀다. 또 은행들이 과연 시장으로 대체될 수 있는지에 대한 의문도.

은행은 무엇을 위해 존재하는가

민간 은행은 여러 가지 핵심적인 기능을 수행한다. 우선 결제 시스템의 핵심적인 한 부분이다. 즉 금융 거래가 일어나는 데서 파이프 역할을 한다. 결제 시스템은 애덤 스미스의 탈중심화된 교환을 손쉽게 함으로써 시장 경제의 기능에 결정적으로 기여한다. 이 시스템은 잘못되어서 작동을 멈추지 않는 한 그 누구의 눈길도 끌지 못한다. 그리고 결제 시스템이 안정적으로 작동하도록 이 시스템의 체계적인 요소들을 감독하는 것은 중앙은행이 해야 하는 일들 가운데 하나이다. 화폐의 미래를 다룬 5장에서 보았듯이 결제 시스템은 새로운 기술들과 민간 화폐의 여러 형태에 의해서 조만간 방해를 받을 수 있다.

은행이 수행하는 두 번째 중요한 역할은 자산과 부채의 만기를 전환하는 것이다. 은행은 단기 부채를 받아들여서 (이 과정은 보통 예금이라는 형태로 이루어진다) 모기지＊부동산담보대출에 설정되는 저당권나 기업 대출과 같은 장기 자산으로 전환한다. 가계와 기업 관점에서는 반대로 단기 자산을 가지고 장기 부채를 안는다. 이렇게 해서 가계와 기업은 현금흐름에 대한 불확실성에서 비롯되는 여러 위험을 관리하며 미래를 계획한다.

은행은 또한 고객이 바로 그 단기 자산에 빠르게 접근할 수 있게 함으로써 고객에게 유동성을 제공한다. 아닌 게 아니라, 은행은 만기 시점이 다양하고 폭넓은 여러 어음을 확보하고서 거래를 함으로써 차익거래를 시장에 제공하는데, 이렇게 해서 금융 시장의 효율성을 높인다. 그렇기 때문에 대출자들은 위험 특성에 맞는 가장 낮은 이자율로 돈을 빌리게 된다.

만기전환maturity transformation＊예금의 만기를 바꾸는 것의 사회적 가치는 의심의 여지가 없다. 그러나 만기전환은 은행에 심각한 위험을 안겨주는 만기불일치＊장기로 자금을 조달하고 단기로 자금을 빌려주어 유동성이 일시적으로 부족해지는 상황를 유도할 수도 있다. 은행은 고객의 예금 인출 요구에 언제나 응할 수 있도록 유동준비금을 가지고 있지만, 이것의 규모는 미지불된 총금액 가운데서 아주 일부밖에 되지 않는다. 만일 어떤 예금자가 예금을 인출하겠다고 하더라도 큰 문제가 되지 않는다. 왜냐하면 은행은 전형적인 수요에 대처하는 데 충분할 정도의 유동성을 유지하며 또한 그 수요 충격이 예상하던 것보다 클 때는 다른 은행들에게서 돈을 빌릴 수도 있기 때문이다. 그러나 만일 아주 많은 예금자가 동시에 예금을 인출하려 한다면, 유동성 문제를 스스로 해결할 수 있는 한계점을 넘어서는 심각한 상황이 나타날 수도 있다.

이런 위험을 관리하기 위해서 은행은 두 가지 결정적인 지원에 의존한다. 우선 예금보험은 예금자에게 자신이 맡긴 돈은 필요할 때 언제든 준비될 수 있다는 위안을 주며, 중앙은행은 일시적으로 유동성 위기에 몰린 견실한 은행을 상대로 최후의 대부자 역할을 한다. 이런 지원 메커니즘들은 은행들이 부적절한 위험을 무릅쓸 생각을 하지 못하도록 제어하는 한편, 은행이 필요로 하는 지원을 제공하도록 정교하게 고안되어 있다. 또한 이 메커니즘들에는 강력한 규제 장치가 마련되어 있다. 은행은 위기의 순간에 보호막이 되어줄 이런 여러 안전망을 제공받는 대가로 자기 행동을 늘 규제받겠다는 사회적 계약을 수용한다.

은행은 신용중개credit intermediation라는 또 하나의 근본적으로 중요한 일을 함으로써 예금자에게서 투자자로 자금이 실시간으로 흐르게 한다. 은행이 하는 신용중개 덕분에 예금자는 자신의 위험을 다각화할 수 있으며 우리 모두는 시간 경과에 걸쳐서 소비를 원활하게 진행할 수 있다. 예를 들어서 젊은 부부는 은행에서 돈을 빌려 주택을 살 수 있고, 학생은 은행에서 돈을 빌려 등록금을 낼 수 있으며, 기업은 은행에서 돈을 빌려 운영자금과 투자금으로 사용할 수 있다.

은행업은 그 자체로 목적이 아니라 투자, 혁신, 성장 그리고 번영을 촉진하는 수단임을 반드시 기억해야 한다. 은행업의 본질은 중개이다. 즉 대출자와 예금자를 실시간으로 연결하는 일이다. 그러나 금융 위기로 치닫는 과정에서는 금융업에 종사하는 사람들 가운데 너무도 많은 사람이 은행업을 경제 활동의 최정점으로만 바라보았다. 은행업의 무게중심은 은행들이 다른 은행들과 연결되는 일로 점점 더 많이 옮겨갔다. 은행을 찾는 고객보다 다른 은행이 더 중요시 되었으며, 은행업은 관계보다는 거래가 점점 더 중요하게 되었다. 뒤에서 살펴보겠지만 이런 태도들은 새로운 시장들과 제도들이 만들어지면서 여러 해에 걸쳐서 발전했다. 최초의 동기부여는 고객의 사업 활동을 지원하는 차원에서 고객의 신용 및 위험 회피(헤징)와 관련한 요구를 충족하는 것이었다. 그러나 시간이 지나면서 이런 혁신들 가운데 많은 것들이 금융 수익에 대한 투자를 확대하는 여러 가지 방식으로 변형되었다.

은행과 시장이 치명적인 포옹 안에 갇히다

은행이 유일한 게임자는 아니다. 많은 나라에서 금융 위기까지 이어지는 과정에서 시장은 가계와 기업의 자금조달원으로서 은행만큼이나 중요해졌다. 금융 시스템이라는 관점에서 보면, 시장이 깊어지는 현상은 일반적으로 환영받을 일이다. 왜냐하면 시스템이 한층 더 견고해지며, 결과적으로 은행업의 활동에 규율을 부여하는 경쟁이 강화되기 때문이다. 하지만 이것은 모든 것이 제대로 돌아갈 때만 그렇다. 즉 충분한 투명성, 건전한 유동성 관리, 잘 정렬된 인센티브 제도 그리고 은행과 시장 사이의 적절한 분리가 전제될 때만 그렇다.

시장이 선택의 폭을 넓히고 금융 소비자가 쉽게 접하도록 가격을 내리기는 하지만, 은행과는 다르게 작동한다. 은행과 다르게 시장은 유동성에 대한 신뢰에 한층 더, 어쩌면 전적으로 의존한다. 그런데 이 신뢰는 한순간에 사라져버릴 수 있다.

은행이 가진 핵심적인 강점은 소비자와 가지는 관계이다. 은행은 돈을 빌려 간 사람들을 장기간 관찰하며 그들의 부채 상환 역사와 신뢰도를 감시한다. 은행은 이런 역할을 적절하게 수행하면서 금융상품을 대출 고객에게 맞춤형으로 제공한다. 즉 상대적으로 위험한 고객에게는 이자율을 높게 매기고, 상대적으로 안전한 고객에게는 이자율을 낮게 매긴다.

이와 다르게 시장의 생명혈은 거래이다. 시장은 예금자와 대출자 사이에서 중개인으로 행동하지만, 양쪽의 어느 쪽과도 관계를 유지하지 않는다. 그래서 어떤 결과가 빚어지느냐 하면, 기본적인 상품이 표준화될수록 시장의 여러 제도는 한층 더 견고해진다. 어떤 활동을 할 경우, 은행이나 시장 가운데 어느 쪽을 통해서 자금이 조달될 때 이 활동이 보다 더 나을까 하는 판단은, 전문화된 활동과 표준화된 활동이 각각 가지는 상대적인 편익에 따라서 달라진다.

시장에서 비롯되는 경쟁 압력이 점점 커지자 여기에 대한 대응으로 은행은 시장에 직접 뛰어들기 시작했는데, 바로 여기에서 위기의 씨앗이 뿌려졌다.

첫째, 은행은 자기 영업 활동의 자금을 조성하는 데서 단기 시장에 점점 더 많이 의존했고, 이 과정에서 레버리지*투자금 가운데서 자기 자본이 아닌 빌린 돈를 엄청난 수준으로 높였다. 그 바람에 은행은 자금과 자본시장의 유동성에 지속적으로 의존하게 되었다. 이 의존은 2007년 가을에 시장이 경색으로 돌아설 때 위험에 잔인하게 노출되었다.

둘째, 은행은 자산담보부기업어음과 같은 증권화 시장을 이용해서, 관계에 방점이 찍힌 은행업과 거래에 방점이 찍힌 시장 기반 금융에 양다리를 걸쳤다. 즉 '여신 후 판매Originate-To-Distribute, OTD' 사업 모델을 채택해서, 대출자에게 돈을 빌려준 다음에 이 대출 채권을 증권으로 포장해서 (즉 증권화 과정을 통해서) 투자자들에게 판매한 것이다. 전문화된 대출을 해준 다음에 이때 발생한 채권을 표준화된 포장으로 만들어서 팔았다는 말이다. 증권화는 은행들이 부담해야 하는 위험을 다각화하려는 것이었지만, 이 위험 전가는 흔히 불완전했다.* 반면에 '여신 후 보유originate and hold' 사업 모델에서는 자기 장부에 자산가치가 고스란히 반영되기 때문에 위험 관리를 한층 더 신중하게

할 수밖에 없다 은행들은 흔히 구조화투자회사와 같은 독립적인 전달기관에
증권을 팔거나(나중에 은행은 그 증권들을 어쩔 수 없이 다시 중개해야만 했다),
혹은 위험이 전혀 없는 것으로 판명된 복잡한 구조의 AAA 등급 트랑슈
tranche **＊분할 발행 채권이나 증권을 뜻한다**를 보유했다.[2]

　　내가 그 여름에 전화를 받은 지 몇 주 뒤에 붕괴하고 말았던 영국의
모기지 대부업체 노던록Northern Rock은 이 여신 후 판매 사업 모델을 터
무니없을 만큼 극단적으로 사용했다. 노던록은 1965년에 주택금융조합으
로 창립했다. 조합원에게 모기지 대출(주택담보대출)을 제공하겠다는 것이
기본적인 목적이었다. 그런데 1990년대 중반에 노던록은 전통적인 은행
업 활동에 속하던 분야로까지 진출해 있었고(대처 시대에 금융규제 완화 덕분
에 이런 일이 가능했다), 1997년에는 주식회사로 전환해서 노던록뱅크라는
이름으로 주식 시장에 상장되었다. 조합원이 아니라 주주에게 책임을 지
는 체제로 바뀐 이 신생 은행은 여신 후 판매 사업 모델을 기반으로 야심
적인 성장 전략을 추구했다. 모기지를 만기까지 보유하면서 확보한 예금
범위 안에서만 대출하지 않고, 단기자금 시장에서 자금을 확보해서 수요
가 발생하는 대로 모기지 채권을 인수하고 또 증권화해서 팔았다.

　　2007년에 노던록은 영국에서 다섯 번째로 덩치가 큰 모기지 은행이
었다. 엄청나게 높은 비율의 레버리지를 동원하고 있었으며, 모기지 담보
증권의 도매 채권 시장에 전적으로 의존하고 있었다. 그런데 미국의 서브
프라임 모기지 시장에서 위기가 깊어지면서 이 시장이 얼어붙었고, 그러
자 노던록이 채택한 사업 모델의 흠결이 무자비하게 노출되었으며, 결국
영국에서는 100년 만에 처음으로 뱅크런이 나타났다.

　　이 금융 위기는 증권화에 동반될 수 있는 본질적인 인센티브 문제들
을 세상에 드러냈다. 여신 후 판매 모델에서는 여신기관의 인센티브들이
위험 부담자의 인센티브들과 더는 일치하지 않았다. 그 관계가 단절되자
신규 대출에 대한 보증과 지속적인 감시는 책임감에서 무모함으로 악화

되었다. 그러나 가격 책정과 위험 관리는 이런 변화를 반영하지 않았고, 이런 사실을 절실하게 깨달았을 때는 이미 너무 늦은 뒤였다. 고객이 거래 상대방이 되면서 고객과 은행 사이에는 어떤 형태의 연대도 존재하지 않았다. 가치관이 가치에 영향을 주었던 것이다.

은행이 시장을 끌어안은 세 번째 형태는 많은 소매 민간 은행이 투자 은행으로 확장하는 것이었다. 이런 변화로 은행은 전통적인 대출을 부가 가치가 한층 높은 대행 사업과 묶어서 시장 형성 활동을 수행하고, 또 자기 자본 거래proprietary trading * 민간 은행이 고객 예금이 아닌 자기 자산이나 차입금으로 채권과 주식, 각종 파생상품 등에 투자하면서 고수익을 추구하는 투자행위를 점점 더 많이 할 수 있었다. 이렇게 은행이 시장 안으로 밀고 들어감에 따라서 비상장 파생상품들이 넘쳐나게 되었으며, 그 결과 포착하기도 어렵고 제어하기도 어려운 거래 상대방 위험 * 거래 상대방이 잘못되는 경우에 따르는 위험과 투자 위험이 나타났다.

인센티브 관련 문제들 역시 이 전환 과정에 널리 퍼져 있었다. 많은 은행에서 혁신을 보상하는 문화 그리고 위험 관리와 투명성에 대한 불투명성이 애초에 생각했던 것보다 더 많이 조직을 훼손했다. 뒤에서 살펴보겠지만, 그 무렵은 위험을 감수했던 보다 많은 젊은 트레이더들이 이미 보상을 받은 뒤였다. 그것도 주로 현금으로. 많은 대형 은행이 자기 회사와 주주들 사이에서뿐 아니라 자기 회사 내부에 주인-대리인 문제 principal-agent problem * 주주에게 경영권을 위임받은 전문경영인이 주주가 아닌 자신의 이익을 우선해서 발생하는 문제들이 발생할 가능성을 깨달았지만, 그때는 이미 너무 늦은 뒤였다.

전통적으로 시장이 잘하던 것을 은행이 하기 시작하면서 시장이 은행업 안으로 들어가버렸다. 그러나 거기에는 안전망도 없었고 적절한 감독도 없었다. 은행이 맡아서 하던 전통적인 기능들 (여기에는 만기전환과 신용중개도 포함된다) 가운데서 점점 더 많은 것들을 한층 더 폭넓은 범위의 중개업체나 투자사들이 수행했는데, 그 모든 것들을 통틀어서 '그림자 금융shadow banking 시스템'이라고 부른다. 그림자 금융에는 투자은행, 모기지 중개인, 구조화투자회사, 헤지펀드, 사모펀드 등이 포함된다.

이런 발전의 규모는 엄청났다. 그 10년 동안 은행업 자산은 어마어마하게 불어났는데 캐나다, 미국, 영국 그리고 유럽에서 그 규모는 국민총생산GDP의 1.5배에서 6배까지나 되었다. 캐나다 외의 거의 모든 나라에서 이 성장의 많은 부분은 레버리지(차입)를 늘리는 방식으로 자금이 조성되었다.[3]

호황의 끝물이던 몇 해 동안에 유동성을 대하는 안이한 태도가 절정에 달했으며, 그 결과 그림자 금융의 규모는 폭발적으로 늘어났다. 예를 들어서 구조화투자회사의 가치는 3년 만이던 2007년에 세 배가 되었다. 금융 부문 활동이 증가하고 시장에서의 거래 구조가 점점 복잡해짐에 따라서, 금융 부문과 실물 경제 사이에서가 아니라 금융 부문 내부에서 수요가 늘어났다. 이것은 위험을 포착하거나 관리하기 어렵다는 뜻이었다. 한층 더 본질적으로는, 금융 시스템이 실물 경제를 뒷받침한다는 애초의 역할에서 얼마나 멀리 벗어나 있는지 보여주는 사실이기도 했다.

많은 은행을 포함한 금융기관이 시장에서의 높은 유동성 수준에 의존하게 되었다. 미국에서 기업어음의 총가치는 60퍼센트 이상 상승했으며, 자산담보부기업어음 시장은 금융 위기 이전 3년 동안 80퍼센트 이상 커졌다. 본질적으로 그림자 금융 시스템은 안전망 하나 없이 만기전환을 했다. 즉 자금 시장이 앞으로도 변함없이 건전할 것이라는 (근거 없는) 믿음에 전적으로 의존했다는 뜻이다. 2007년 8월에 시작된 시장 유동성 붕괴로 이런 위험들이 선명하게 드러났다.

규제 당국은 그림자 금융의 규모를 파악하지도 못했을 뿐만 아니라 이것 때문에 나타나는 새로운 위험들에 적절하게 대응하지도 못했다. 일반 금융 시스템을 대상으로 진행되었던 지원과 규제와 감독이 그림자 금융 시스템을 대상으로 해서는 전혀 없었다. 나중에야 깨달은 사실이지만, 그림자 금융 쪽으로의 무게중심이 너무 멀리까지 이동했으며 또 이것은 너무 오랫동안 지속되었다.

자산담보부기업어음이 이제 더는 말이 되지 않는다

많은 금융 혁신 조치들이 그랬던 것처럼 증권화 구조들은 애초에 충분히 많은 주의를 기울여서 설계되었다. 그 구조들은 말이 되는 것이었다. 최고의 자산을 가려서 뽑았고, 일이 잘못되기 시작하더라도 쉽게 현금화할 수 있도록 만기까지의 기간이 짧았거나, 혹은 기초자산underlying asset **파생금융상품에서 거래대상이 되는 자산으로, 파생상품의 가치를 산정하는 기초가 된다에 초점을 맞춘 장기 투자자를 전제로 했다. 또 이 구조에는 잠재적 손실을 흡수할 정도로 충분히 큰 오차 범위가 완충자본capital cushion이나 초과담보 overcollateralization 형식으로 내장되어 있었다.

캐나다의 자산담보부기업어음 시장은 거대한 글로벌 자산 집단으로 성장한 것 가운데서 아주 작은 한 부분이었다. 채권의 증권화는 수십 년에 걸쳐서 확대되어왔으며, 기업 부채와 신용카드 부채 그리고 모기지 등과 함께 모두 증권으로 재포장되어서 시장으로 팔려나갔다. 이 성장은 금융 위기 직전 몇 년 동안 가파르게 이어져서, 미지불 증권의 가치 총액은 2000년과 2007년 사이에 5조 달러에서 17조 달러로 늘어났다.[4] 기초자산이 제거된 증권은 같은 기간에 한층 더 빠른 속도로 성장했다. 회사채나 대출 채권 등으로 구성된 풀pool을 기초자산으로 하여 발행된 증권인 부채담보부증권Collateralised Debt Obligations, CDO의 발행 규모는 여섯 배로 늘어났고, CDO들로 구성된 풀을 기초자산으로 한 부채담보부증권 스퀘

어드CDO-squared(CDO제곱)의 발행은 열한 배로 늘어났다.[5]

이런 증권을 매입하는 곳은 투자은행, 헤지펀드, 투자펀드, 자금시장 펀드 그리고 당연한 이야기기지만 (캐나다 자산담보부기업어음 발행자들과 같은) 구조화투자회사였다. 2000년대 중반이 되면 그림자 금융 시스템이 미국에서 운용하던 자산 규모는 약 8조 달러로 진짜 금융 시스템에서 운용하던 자산 규모와 맞먹을 정도로 커졌다.[6]

그 무렵이 되면, 무사안일주의와 탐욕이 이미 도를 넘어서 그림자 금융은 더 이상 이치에 맞지 않게 되었다. 무사안일주의는 과거의 실적에 지나치게 의존하거나 다른 주체에 의존하는 형식으로 나타나서 방어선을 약화시켰다. 금융과 재무 분야의 책임자들은 자신의 의무를 내팽개쳤다. 탐욕은 구조화투자회사를 운영하는 사람들을 부추겨서, 자신이 벌어들인 이자율 차액이 여전히 작다고 생각하게 해서 서브프라임 모기지처럼 위험이 한층 더 높은 자산을 포트폴리오에 추가함으로써 수익을 한층 더 높이려고 애쓰게 만들었다. 매달 상환되는 신용카드 부채와 달리 이런 장기적인 모기지는 자산담보부기업어음 구조화투자회사들을 한층 더 은행처럼 행동하게 만들어서, 은행이 수행하는 핵심 업무인 만기전환을 늘리게 했다. 그 바람에 그들의 유동성 위험은 한층 더 커졌다.

어쨌거나 직원이 수천 명이나 되고 거대한 자본을 가지고 있으며 예금자 보호도 되고 당국의 감시도 받는 노던록과 같은 은행조차 뱅크런을 피하지 못하는데, 하물며 직원이 몇 명 되지 않고 자본 규모도 크지 않으며 예금자 보호도 되지 않고 당국의 감시도 받지 않으며 거의 명목상으로만 존재하는 회사(쉘컴퍼니)가 기업어음 시장에서 매입자의 분노를 사지 않을 이유가 어디에 있겠는가? 이런 추락의 전망은 서브프라임 모기지를 추가함으로써 한층 더 높아졌다. 이런 명목상의 회사들에 대한 신용도는 서로 연관성이 없는 위험한 자산들을 하나의 풀로 묶음으로써 이 자산 풀의 전체 위험을 줄이는 능력에 따라서 주로 결정되었다. 이 경우에 전체의 위험은 각 부분의 합보다 작다. 그러나 서브프라임은 불경기에 검증을 받은 적이 없었으며, 여신 후 판매 모델에서 인센티브 문제들에 가장 취약한 영역임은 분명했다.

이런 위험을 누그러뜨리려고 캐나다 자산담보부기업어음 구조화투자회사의 관리자들 역시 사람들이 신용카드 부채를 상환하길 기다리는 동안 사용하기 위해서 그 자산을 구조화투자회사의 대차대조표에 올리기 시작했다. 그때는 증권화의 기적이 합성파생상품**여러 개의 파생상품을 다시 합성해서 만든 금융상품**의 폭발로 가속화되던 시점이었다. 캐나다의 구조화투자회사들 가운데 몇몇은 뉴욕과 영국에서 진행되던 발전을 흉내 내서, 수수료를 챙기려고 런던에 있는 투자은행들에 신용파생상품들을 팔기 시작했다. 이 구조화투자회사들은 자기 자산의 일부를 담보로 잡고 지불 약속을 했다.

나도 지금에야 깨달았는데, 이것이 일을 한층 더 복잡하게 만든 출발점이지만, 파생상품은 캐나다 자산담보부기업어음을 포함한 그림자 금융의 많은 부분이 갈피를 잃어버린 바로 그 부분이다. 그리고 이 과정의 판박이가 금융 위기에 이르는 과정에서 전 세계의 금융계에 똑같이 전개되었다.

분명하게 밝혀두자면, 파생상품은 많은 본질적인 기능으로 경제 활동에 도움을 주긴 한다. 자기의 가치를 다른 기본적인 변수들의 가치에서 '파생시키는' 수단으로서의 파생상품은 금융 위험을 한 곳에서 한층 더 잘 견딜 수 있는 다른 곳으로 이전하는 데 사용될 수 있다. 예를 들어서 어떤 농부가 가을에 거둘 수확을 미리 합의한 가격에 넘기기로 도매상과 봄에 미리 계약함으로써, 작물이 잘 자랄지 어떨지 또 그래서 수매가를 높게 쳐서 받을지 혹은 그러지 못할지 등을 고려해야 하는 마음고생을 덜 수 있다. 이때 이 농부의 수입은 봄에 맺은 그 계약으로 고정되고, 대신 불확실한 결과에 대해서 보호를 받는다. 그러나 이 농부의 그 계약 내용이 이득일지 손해일지 여부는 가을에 결정되는 그 작물의 가격에 의해서 결정된다. 고대 메소포타미아에서도 농부들은 점토판에 가격과 수확물 양도일을 미리 특정하는 방식으로 이런 거래를 했다.

그로부터 수천 년이 지나 파생상품의 사용 범위는 극적으로 확대되었다. 파생상품은 농부나 공산품 제조업자를 보호하는 것 외에도 주택 소유자와 연금 가입자 그리고 기업을 모든 형태의 위험으로부터 보호해준다. 2000년대 중반이 되면 파생상품은 다양한 시장에서 나타났는데, 이때의 기초자산은 모기지부터 개별 기업의 신용 및 신용부도스와프CDS * 금융기관이 채권이나 대출을 해준 기업의 채무불이행 등의 신용 위험에 대해 일정한 수수료(프리미엄)를 지급하는 대가로, 보장매입자가 신용사건 발생 시 손실을 보장받는 일종의 파생보험상품를 하나로 묶어놓은 지수CDX에 이르기까지 다양하다. 전 세계의 비상장 파생상품 시장의 명목가치는 2000년의 100조 달러에서 2007년 여름 기준으로 500조 달러가 넘는 수준으로까지 성장했다.[7]

2007년 여름에야 드러난 사실이지만, 파생상품 사용자들이 점점 더 기초자산에서 멀어짐에 따라서 파생상품들은 주택 소유자들의 힘을 업고 거대한 위험의 역피라미드를 만들어냈다. 내가 에드먼턴에 있던 소액 거래 은행에서 일하며 은행이 받은 재산 평가 내역을 이중으로 점검하던 소박한 시절은 까마득한 옛날이 되어버렸다. 4장과 5장에서 설명했듯이 전통적인 은행이 모기지(담보대출)를 승인하는 능력, 즉 돈을 만들어내는 능력은 위험 수용범위의 통제를 받았으며 자본과 유동성 요구조건의 구속을 받았다. 2007년 여름이 되면, 많은 은행이 새로운 모기지를 발행할 수 있는 능력은 그들이 증권화된 풀 속에 존재하는 그 자산을 팔아치우는 속도에 따라 주로 결정되었다. 그리고 이 모기지 파생상품을 산 주체는 그 모기지 풀들을 묶어서 새로운 풀을 만들어 CDO 스퀘어드를 만들거나 신용파생상품을 만들고 팔아서 위험을 미리 회피할 수 있었다. 이렇게 한 단계씩 거칠 때마다 이 증권들은 원래의 주택 소유자와는 점점 더 멀어졌다. 그 누구도 그 주택 혹은 주택 소유자의 신용도를 확인하지 않았다. 금융은 점점 더 추상적으로 바뀌었으며, 사람들은 충분한 질문을 하지도 않은 채 모기지 익스포저(위험노출금액) 증권을 매매했을 뿐만 아니라, 누구에게 그 질문을 해야 할지조차도 몰랐다.

특히 투자은행들은 신용파생상품을 사용해서 자기의 대차대조표를 보험에 들었다. 예를 들어서 모기지 포트폴리오를 소유한 은행들은 모기지 부도가 늘어날 경우에 그 손실분을 보전해주는 파생상품을 살 수 있었다. 그러면 적어도 모기지로 잃은 손실 가운데 일정 금액은 그 파생상품으로 만회할 수 있었기 때문이다. 하지만 이렇게 만회할 수 있으려면, 모기지가 잘못되었을 경우에 그 파생상품의 공급자가 그 손실분을 갚는다는 전제가 성립해야 했다. 모기지 시장에 잘못되었는데 파생상품 공급자까지 부도날 경우에 대비해서 은행은 마진margin이라는 담보를 요구할 수도 있다. ＊ 이렇게 상품의 가치가 원금 이하로 떨어졌을 때 추가금을 요구하는 것을 마진콜이라고 한다 위험 부담이 클수록 더 많은 담보가 필요해진다.

아직까지도 이 책을 붙잡고 있는가? 그렇다면 당신은 당시 시장의 99퍼센트보다 앞서 있다고 볼 수 있다. 당시의 신용평가기관들, 기업어음 매입자들, 신용부도스와프 매입자들 그리고 거의 모든 관리자들과 주주들보다 당신은 앞서 있다. 시장에 있던 사람들 대부분은 현실에서 진행되던 전체 가운데 아주 작은 부분만을 보았다. 압도적인 다수는 자기 이외의 누군가가 (즉 은행, 신용평가기관, 대형 투자자, 구조화투자회사 소유주 그리고 시장의 지혜를 신뢰해왔던 금융 당국의 감독자 가운데 누군가가) 올바른 질문들을 하고 확인과 점검이라는 힘든 과정들을 밟았을 것이라고 생각했다. 그러나 시장들의 꼭대기를 밟고 성장하는 그 시장들을 연결해서 바라본 사람은 거의 없었다. 그 누구도 위험노출금액의 크기를 계산하지 않았으며, 그렇기에 상대적으로 아주 작은 변화만으로도 전체 구조가 불안정해질 수 있었다.

붕괴의 시작

그리고 2007년 여름에 느슨한 실마리들이 적지 않은 구조화신용펀드 structured credit fund들에 나타나기 시작했다. 그 실마리들을 잡아당기자 단지 스웨터의 실 하나만이 아니라 옷 전체가 풀려버렸다. 사실 풀린 것은 옷이 아니라 옷장, 사람이 서서 드나들 수 있는 커다란 옷장이었다. 장담하건대 그 옷장은 최고의 모델인 킴 카다시안이 가지고 있는 어마어마하게 큰 옷장이었다. 구체적으로 말하자면, 8월의 그 어느 주말이 끝났을 때, 캐나다 자산담보부기업은행 시장의 규모는 320억 캐나다달러였다. 자산은 부채와 대체로 일치했지만, 시장에는 초조한 분위기가 점점 짙게 퍼지기 시작했다. 자산 가운데 일부가 미국의 서브프라임 모기지였는데, 이 시장에서 무언가 잘못될지도 모른다는 느낌이 처음으로 감지되었기 때문이다. 조심성이 많던 기업어음 투자자들은 시장에서 빠져나가길 원했다. 어쨌거나 굳이 기업어음을 다루는 이유 가운데 하나가 바로 걱정 없이 평온한 인생을 사는 것이었으니까 말이다.

그러나 한 가지 문제가 있었다. 대부분이 몰랐던 사실인데, 그 자산들 가운데 많은 부분이 신용보험의 담보로 잡혀 있었다. 얼마나 많이 잡혀 있었을까? 조사를 해보니 액수는 점점 늘어났다. 결국, 미지급 기업어음 규모의 무려 열 배 넘게 그렇게 잡혀 있는 것으로 밝혀졌다! 런던의 투자은행들은 2,000억 달러가 넘는 신용 노출(익스포저) * '노출'은 신용과 관련한 사건이 발생할 때 특정 금융사로부터 받기로 약속된 대출금 또는 상품의 시장가치이다에 대해서 캐나다를 '보험'으로 보호하고 있었다. 그런데 이 금액은 총 6,000억 달러가 넘는 (이 금액은 캐나다 경제 규모의 절반이 넘는 규모였다) 신용 대출의 일부분일 뿐이었다. 그리고 캐나다 자산담보부기업어음에 대한 파생상품 노출의 규모가 엄청나게 크긴 했지만, 영국과 유럽 그리고 미국에 있던 비슷한 구조들과 비교하면 미미한 수준이었다.

2007년 늦여름, 캐나다 자산담보부기업어음 발행자들이 신용보험＊
채권자가 신용으로 물품을 판매했다가 채무자의 채무불이행으로 보게 되는 손해를 보상하는 보험
을 들었던 은행들은 예상 피해 규모를 알지 못한 채 전전긍긍했다. 서브
프라임 모기지의 시장가치는 압박을 받고 있었으며, 다수의 신용펀드들
은 자기 상품에는 시장 가격이 전혀 없다는 것을 깨달았다. 대신 그들은
가치는 반드시 기초신용underlying credit 모델을 토대로 해야 한다고 주장
했다.

　어느 사이엔가 그들은 주관적인 가치에 충성을 바치던 태도를 바꾸
어서 객관적인 가치를 주장하고 있었다!

　상황이 이렇게 전개되자 캐나다 자산담보부기업어음에 대한 보험에
는 은행들이 더 많은 담보를 원했다. 그러나 캐나다 자산담보부기업어음
제공자들로서는 자신이 기업어음을 더 많이 발행해서 더 많은 자산을 매
입해야만 더 많은 담보를 제공할 수 있었다. 그러나 이제는 그렇게 할 수
없었다. 눈이 커다랗게 떠진 캐나다 시장이 그렇게 되길 바라지 않았기
때문이다. 런던의 은행들은, 만일 자기가 부르는 마진콜＊**담보물의 가치가 하**
락할 때 추가 증거금을 요구하는 것이 통하지 않는다면, 애초에 수지맞는다고 생각
했던 것과는 다르게 자기의 대차대조표에 즉각적으로 엄청난 규모의 신
용 노출이 발생할 것임을 잘 알았다. 그리고 이 노출 규모가 폭발적으로
늘어날 시점은 자기의 투자자들과 채권자들이 그 노출에 대해서 대답하
기 어려운 질문들을 쏟아내기 시작할 때라는 것도 잘 알았다.

　8월 중순이 되자 시장에서 긴장은 한계를 넘어서서 넘쳐흐르기 시
작했다. 프랑스와 미국의 몇몇 펀드들은 (이들은 각각 BNP파리바와 베어스턴
스의 후원을 받고 있었다) 상환을 중단하고 나섰고, 그 바람에 유럽의 중앙
은행 직원들은 휴일을 반납해야 했다. 금융 시스템이 삐걱거리기 시작했
고, 이런 상황은 유럽중앙은행과 캐나다은행의 개입을 촉구했다. 그리고
질문들이 쌓이기 시작했다. 그리고 내 휴대폰 벨도 바쁘게 울려대기 시작

했다.

카드로 세운 집이 이렇게 허망하게 무너지는 가운데 우리는 이례적인 어떤 일을 했다. 그런데 사실 나는 지금까지도 그 일이 어떻게 일어날 수 있었던지 온전하게 이해하지 못한다. 그 정도로, 그 일은 이례적이었다. 캐나다 퀘벡주 연기금을 운영하며 해당 부문에서 가장 큰 투자사이던 케이세데페트 배치 뒤 퀘벡Caisse de dépôt et placement du Québec, CDPQ을 운영하던 앙리-폴 루소Henri-Paul Rousseau와 캐나다 중앙은행인 캐나다은행 총재이던 데이비드 도지David Dodge와 캐나다 재무부 장관 그리고 나＊**당시 저자는 캐나다 재무부 수석부장관이었다**, 이렇게 네 사람이 런던과 뉴욕 그리고 캐나다의 은행들 및 주요 투자자들과 함께 마진콜 중단과 새로운 기업어음 발행 중단을 이끌어낼 수 있었다. 그해 여름에 전화로 회의를 하며 며칠을 보내는 동안에 모든 사람이 꼼짝없이 붙잡혀 있었고 힘든 워크아웃＊**기업의 재무구조 개선 작업**이 시작되었다.

만일 캐나다 자산담보부기업어음 시장에서 일어났던 일들이 8월의 그 며칠 동안에 제어되지 않은 채 제 갈 길을 갔었더라면, 리먼브라더스 사태와 같은 유형의 위기가 일어났을 것이다.＊**미국 투자은행 리먼브라더스가 서브프라임 모기지 투자를 해서 수익을 올리다가 지나친 차입금과 주택 가격의 하락으로 2008년 9월에 파산하면서 세계 금융 위기가 시작되었다** 우리가 이끌었던 그 동결 조치로 재앙을 단기적으로 면했으며, 또한 영구적인 해법의 가능성이 나타났다. 캐나다의 전설적인 변호사인 퍼디 크로퍼드의 도움을 받아서 (그는 "잠깐만 도와달라"는 나의 요청을 흔쾌히 받아들였으며, 그 뒤로 협상이 길게 이어졌지만 그 일로 단 한 번도 불만을 표시하지 않았다) 진행되었던 해법을 찾는 협상은 벼랑 끝 전술이 끝없이 충돌하는 가운데서 무려 18개월 동안 이어졌다. 그 뒤로 이어진 18개월이라는 깜깜한 기간에 투자자들은 투자금 1달러당 20센트밖에 회수하지 못할 것 같았지만, 결국 최종적으로는 90센트를 회수했다. 그렇다, 금융 시장에서는 내재적인 가치와 주관적인 가치 사이에는 엄청난 간극이 존재할 수 있다!

그 8월의 길고 길었던 주말 이후로 나는 줄곧 불길한 예감 속에 살았다. 동료들과 나는, 그런 일이 상대적으로 조용한 곳인 캐나다에서 그 정도 규모로 일어난 걸 보면 세계에서 가장 큰 여러 금융 중심지에서는 더 말할 것도 없을 것이라고 확신했다. 글로벌 증권화 시장과 파생상품 시장은 죽은 사람들이 걸어다니는 꼴이었다. 그 모든 것들이 하나로 합쳐져서 전체 금융 시스템이 완전히 무너질 수도 있었다. 아닌 게 아니라 그런 일이 실제로 전개되었다.

세계 금융 위기의 직접적인 원인들

캐나다 자산담보부기업어음 시장의 중심부에 놓여 있던 문제들은 글로벌 금융 시스템에 만연하던 첨예한 문제들을 대표하는 것이었다.

모든 금융 위기가 그렇듯이 캐나다의 위기는 새로운 시대의 새로운 발상들과 함께 시작했다. 경제 주기의 대안정기 이후로, 서브프라임 모기지를 통해서 주택을 소유하는 새로운 경제학 그리고 새로운 금융상품들을 통한 위험의 분산 및 축소 등과 같은 일련의 믿음들이 대출을 거대한 규모로 늘렸다. 그리고 이런 대출이 성장 동력이 되었으며 무사안일주의를 키워서 끝내 참혹한 지경에 이르도록 만들었다. 그 발상들 가운데 많은 것들은 적절하기만 하면 건전했지만, 무분별하게 적용되면서 유독하게 변하고 말았다.

레버리지(차입금) 투자가 없는 곳이 없었다. 규제를 받지 않는 증권화 회사들이 규제를 받는 은행들보다 수익성이 좋았던 주된 이유는 높은 레버리지를 동원했기 때문이다. 그런데 그들은 거기에서 만족하지 않고, 캐나다 자산담보부기업어음 회사들이 발행한 신용보험과 같은 파생상품들을 통해서 레버리지를 한층 더 많이 끌어올렸다. 금융 위기에 이르는 과정에서 영국과 미국의 은행들이 보고한 대차대조표를 기준으로 하면 레버리지의 규모는 자산의 15배에서 40배나 되었다. 그러나 실제 레버리지 비율＊기업이 타인 자본에 의존하는 비율로 자기 자본 대비 채권자들로부터 조달한 타인 자본 비율은 한층 더 컸다. 왜냐하면 그들이 캐나다의 구조화투자회사들과 비슷한 회사들에 자산을 떠넘겨둔 덕분에 기술적으로는 여전히 자기 장부에 남아 있던 많은 위험을 파생상품을 통해서 헤징한 것처럼 보였기 때문이다. 그런데 위기가 터지고 나자 위험들은 그들의 대차대조표에 그대로 반영되어 나타났으며 그들의 레버리지 부담도 한껏 부풀어올랐다.

만일 당신이 보기에 이런 것들이 도무지 말이 되지 않는 것 같다면, 아마도 당신 생각이 맞을 것이다.

10년 전에 그림자 금융의 이 복잡성은, 시스템 내에 존재하던 대규모의 우발적인 노출(익스포저)과 은행들 사이의 상호 연결을 포함해서 거대한 규모의 레버리지를 보이지 않게 덮어주었다. 캐나다 자산담보부기업어음과 같은 불투명한 증권화 때문에 신용 위험을 다른 곳으로 떠넘기는 것이 불완전할 수밖에 없었고, 그래서 마진콜이 받아들여지지 않자 신용 위험이 터지고 말았다. 신용채권 보험사들은 지속불가능한 채권을 떠안고 있었으며, 은행들은 자금 시장을 통한 아슬아슬한 단기자금 조성에 지나치게 의존하게 되었고, 자금 시장은 그 자체가 갑작스럽게 위험해진 자산담보부기업어음의 주요 매입자들이었다. 그림자 금융의 복잡한 연결들이 풀리자 자산 할인 판매의 악순환이 일어났으며 유동성이 널을 뛰면서, 전체 시스템의 안정성이 위협받고 또 수백만 가계와 기업의 신용 접근이 어려워졌다.

이 시스템은 시장 위에 시장을 쌓는 방식으로 합성파생상품을 통해서 위험을 분산했다. 그러므로 이론적으로는 무언가 일이 잘못된다고 하더라도 사람들이 보는 손해는 그저 조금밖에 되지 않았다. 그러나 실제 현실에서는 달랐다. 모든 것이 연결되어 있었기 때문이다. 은행은 은행의 자산을 매입하는 구조화투자회사에 연결되어 있었고, 구조화투자회사는 신용보험에 가입한 은행에 연결되어 있었으며, 또 은행은 파생상품과 단기자금 조성의 거미줄을 통해서 다른 은행에 연결되어 있었다.

사람들의 감정이 바뀌자 시장들은 도미노처럼 무너졌고, 은행들이 깔끔하게 모두 털어냈다고 생각했던 위험들이 되살아났다. 이것은 시장에 대한 맹목적인 신앙이 시장의 한계와 충돌할 때 일어나는 일이다. 이런 일들은 시장실패 ＊ 시장이 자원의 최적분배라는 과제를 해결하지 못해서 발생하는 시장의 결함를 한층 더 많은 시장을 추가함으로써 해결하려는 시도에서 비롯된 결과이다.

시장이 돌아섰을 때 이런 불투명한 구조들과 복잡성과 투명성 부족 등이 하나로 엮여서 공황 상태를 낳았다. 나는 2007년 가을에 나누었던 이런저런 대화를 통해서, 많은 은행의 CEO가 자신이 모두 털어냈다고 생각했던 위험들이 사실은 캐나다의 구조화투자회사와 같은 명목상으로만 존재하는 회사(쉘컴퍼니)에 의해서 혹은 무너지고 있는 미국의 서브프라임 모기지 시장에서 엄청난 규모로 위험에 노출된 거래 상대방에 의해서 그저 '보험 처리'된 것일 뿐이라는 사실을 너무 늦게야 깨달았음을 알았다. 그 정도면 충분히 걱정할 만했지만, 그 CEO들의 경쟁자들은 어땠을까? 그리고 자기 은행이 위험에 노출된 은행에 노출되어 있다는 사실은 무엇을 뜻했을까? 그 상황에서 모두가 시장에서 탈출하려고 서둘렀다. 이런 사정을 알면 미국 서브프라임 모기지 시장에서 발생한 2,000억 달러의 신용 손실(실제 부도금액)이 1조 달러의 시장거래 손실을 낳은 이유를 알 수 있다. 올라가는 과정에서 현실과 분리되었던 가치는 내려갈 때도 마찬가지였다.

이런 문제들의 핵심에는 인센티브를 둘러싼 일련의 쟁점들이 놓여 있었다. 그 시점에서는 현재 가치가 중요하지, 미래의 가치는 아무것도 아니었다. 우리는 자산담보부기업어음의 혼란을 돌파하는 과정에서 어렵고 성가시지만 전형적인 어떤 사실을 발견했다. 은행에서 일하는 사람들에 대한 인센티브가 심각하게 잘못 설정되어 있다는 사실이었다. 중간급 직위의 트레이더들은 채권 시장에서 기업의 채권을 매입하면서 신용 노출을 기꺼이 감수했다. 그때는 그게 아무런 문제가 없었고 매우 자연스러웠다. 그런 다음에는 신용등급이 AAA인 캐나다의 신용보험사로부터 보험증권을 매입함으로써 위험을 회피(헤징)했다. 그리고는 보험 비용과 채권 이자(이 이자는 흔히 10년까지 꼬박꼬박 챙길 수 있는 것이었다) 사이의 차액 실적을 근거로 두둑한 보너스를 받았다. 그들로서는 먼 미래로 연장되는 이런 위험 노출을 부지런히 쌓아나가는 것이 유리했다. 왜냐하면 그들로서는 자신이 한 선택에 따른 결과를 미래에는 책임지지 않을 테기 때문이었다.

우리는 증권화 부문에 만연해 있는 두 번째의 인센티브 관련 문제들도 이미 손을 봐왔다. 대출 승인 의사결정을 내리는 사람들이 오로지 대출을 성사시킬 목적을 가지고 있을 때, 그들의 주의의무＊**어떤 행위를 할 때에 일정한 주의를 기울여야 하는 의무**는 줄어들 수밖에 없다. 금융 위기로 치닫는 과정에서 대출 승인 기준은 주의를 기울이는 것에서 기울이지 않는 것으로, 즉 책임지는 자세에서 무책임하고 부주의한 자세로 바뀌었다. 언더라이팅(유가증권 인수)의 질이 떨어짐에 따라서 금융의 윤리적인 토대 역시 좀먹어 들어갔다.

그때는 분리된 금융의 시대였다. 즉 시장이 자기가 궁극적으로 복무하는 가계와 기업으로부터 멀리 떨어진 채 혼자서 성장하던 시대였다. 대부분의 직종에서는 사람들이 자기가 하는 일이 '실제 현실에서' 어떤 충격을 주는지 본다. 예컨대 교사는 학생이 성장하는 모습을 보고, 농부는 곡물이 자라는 모습을 본다. 그런데 은행 종사자가 실물 경제에서 고객과 분리될 때는 자신이 하는 일이 실제로 어떤 충격을 주는지 직접 볼 수 있는 길이 없다. 리보LIBOR＊영국 런던에서 우량 은행끼리 단기자금을 거래할 때 적용하는 금리 금리를 설정하는 사람은 오로지 컴퓨터 화면에 뜨는 숫자를 이겨야만 하는 게임으로만 바라본다. 이 사람은 자신이 하는 행동이 모기지 채권을 가지고 있는 사람이나 기업 대출자에게 어떤 결과를 가져다줄지는 전혀 생각하지 않는다. 가치는 상대적이었으며, 가치관은 무시되고 짓밟혔다. 시장들 위에 지어진 시장들은 금융적으로뿐 아니라 윤리적으로도 부서지기 쉬웠다.

그리고 음악이 멈추었을 때 이들 우주의 주인들은 국가를 바라보며 도움을 청했다. 지금도 생생하게 기억한다. 나는 2008년 초에 캐나다은행 총재가 되었는데 그때 자산담보부기업어음 투자자들 대표나 혼란의 소용돌이에 휘말려 있던 은행들의 대표들이 나를 찾아와서 이런저런 요청을 했다. 그런데 그들이 하는 요청에는 일관성이 있었다. 그게 강점이라면 강점이었다. 그야말로 초지일관 이기적이었다. 그들은 자기들 앞에 놓인 온갖 위험들을 중앙은행인 캐나다은행이 책임져야 한다고 주장했다. 우리는 우리가 걱정하지 않아도 될 일을 굳이 걱정할 이유가 없었다. 시장이 그저 일시적으로 정신줄을 놓았던 것이니까 말이다.

하지만 그 사람들은, 자신들처럼 금융 우주의 주인을 자처하던 사람들이 제기하지 않았던 질문을 제기할 기회는 단 한 번도 가지지 못했던 평범한 캐나다 국민이 공적자금 투입이라는 형식으로 부실 금융의 부담을 져야 하는 이유나 근거는 철저하게 배제했다. 또 공적자금 투입이라는 행동이 금융 시스템에서 모럴 해저드(도덕적 해이)를 초래할지도 모른다는 사실도 바라보려 하지 않았다. 왜냐하면 자신들의 잘못으로 엉망진창이 되어버린 은행과 시장을 긴급구제 형식으로 살려낼 경우, 나중에 그들이 그보다 더 큰 위험을 저지르지 못하도록 막을 명분이나 장치는 아무것도 마련되지 않을 것이기 때문이었다. 자 그렇다면, "동전을 던져서 앞면이 나오면 그들이 이기고 뒷면이 나오는 우리가 지는" 그런 금융이 앞으로도 계속 이어지게 하자는 말인가? 지속가능한 금융의 본질적인 덕목인 의무, 책임, 신중함 그리고 신뢰의 가치관이 과연 그렇게 해서 촉진될 수 있을까?

한편 같은 시기에 금융 부문이 폭발하자 경제는 자유낙하했다. 일이 다르게 풀렸으면 얼마나 좋을까 하는 이루어질 수 없는 바람조차도 그때 우리에게는 사치였다. 어떻게 하든 그 위기를 잡아야 했다.

위기 관리에서 얻은 교훈

그다음 한 해 동안 나는 벤 버냉키＊당시 미국 연방준비제도이사회 의장, 팀 가이트너＊당시 뉴욕 연방준비은행 총재 티모시 가이트너를 가리킨다, 행크 폴슨＊당시 미국 재무부 장관, 크리스틴 라가르드＊당시 프랑스 재무부 장관, 마리오 드라기＊당시 금융안전화 포럼 회장이었고, 2011년 유럽중앙은행 총재에 취임했으며 2021년에는 이탈리아 총리가 되었다, 장-클로드 트리셰＊당시 유럽중앙은행 총재에게서 금융 위기 관리에 대해서 많은 것을 배웠다. 그때 얻은 교훈은 다음의 다섯 가지였다.

첫째, 시장은 당신이 튼튼하게 버틸 수 있는 기간보다 더 오랫동안 계속 나쁠 수 있다. 급락의 공황 아래에서는 본질적인 가치에 호소해봐야 소귀에 경 읽기이다. 자신이 비명을 지르는 상태라서 다른 사람이 하는 말을 쉽게 알아듣지 못하기 때문만은 아니다. 여기에는 많은 극복 과제가 제시된다. 2008년 가을에 시장들이 붕괴할 때, 이 시장들은 언제 무너질지 모르는 주관적인 가치 기준을 의기양양하게 고집하고 있었다. 시장에서 무슨 일이 일어나든 간에 시장이 언제나 옳다면, 그런데 이 시장이 서브프라임 모기지의 가치가 예전 가치의 3분의 1이라고 말한다면, 미국과 유럽의 많은 은행은, 설령 모기지 대출금 대부분이 상환된다고 하더라도 파산 상태였다. 이런 상황에서 자본시장 안에 있는 은행들에게 자금을 빌려준 대형 기관들이 시가평가를 시작하고서는 투자금을 회수하고 나서자 유동성 문제는 하룻밤 사이에 지불 능력 문제로 바뀌어버렸다.

둘째, 희망은 전략이 아니다. 팀 가이트너의 표현을 빌리자면 "계획이 무계획을 이긴다Plan beats no plan." 그리고 또 계획 가운데서도 실제로 집행되는 계획은 최고이다. 끊임없이 최고의 해법을 찾아다니는 것은 어리석은 짓이다.

브렉시트의 찬반을 묻는 2016년 국민투표를 앞두고 영국 국민들은 이 교훈을 잉글랜드은행에 적용했다. 시장들이 브렉시트 반대, 즉 유럽연합에 남는 것으로 투표 결과가 나올 것이라고 예상되자 우리가 할 일은 간단했다. 그것은 바로 반대 결과에 대비하는 계획을 세우는 것이었다. 선거 전 몇 주 동안 우리는 수백 쪽 분량의 시나리오를 만들었다. 시장에서 다른 방향으로 일이 진행될 경우에 우리가 무엇을 해야 할지 정리한 시나리오였다. 그런 다음에는 일이 잘못된다면 어떤 식으로 잘못될 것인지 그리고 각종 위험을 최소화하려면 무엇을 할 것인지 예행연습을 했다. 그러나 가능한 모든 우발적인 경우를 예상할 수 없음을 깨닫고 우리는, 은행들에게 잉글랜드은행에 담보를 미리 설정하게 하는 방식으로 은행을 재정적으로 보증했다. 이렇게 하면 우리는 최대 2,500억 파운드를 은행들에 빌려줄 수 있었는데, 이 금액은 은행들이 전년도에 가계와 기업에 빌려준 총금액의 네 배가 넘는 규모였다. 투표 다음 날 아침, 투표 결과는 유럽연합에서 즉시 탈퇴하는 것으로 나왔다. 데이비드 캐머런 총리는 브렉시트의 책임을 지고 사퇴하겠다는 발표를 개표 마감 몇 시간 뒤에 이미 한 상황이었다. 이런 상황에서 파운드화 가치는 폭락했으며 시장들은 엄청난 압박을 받았다. 하지만 그때 나는 잉글랜드은행 명의로 "우리는 이 결론에 대해서 이미 잘 준비되어 있다"라는 간단한 성명을 발표할 수 있었다. 우리가 2,500억 파운드를 지원할 수 있다고 나서자 시장은 안정되었다.

셋째, 의사소통을 선명하게 자주 그리고 정직하게 하라는 것이다. 아무리 빙빙 돌린다고 해서 위기에서 벗어날 수는 없다. 진실은 언제가 될지는 몰라도 반드시 드러나게 마련이다. 2007년 8월의 어느 주말에 내가 받았던 전화 이후 18개월 동안 나는 미국 연방준비제도(연준)이사회Federal Reserve Board of Governors, FRB 의장이던 벤 버냉키와 정기적으로, 미국 연준이 중대한 정책을 발표하기 전에도 미리 대화를 나누었다. 그랬기에 미국 연준의 그 어떤 중대한 정책 발표에도 우리는 전혀 놀라지 않았으며, 도움이 된다면 얼마든지 미국 연준에 협력할 수 있었고 또 그렇게 했다. 영국인, 캐나다인에게 우리의 강점과 약점 모두를 솔직하게 털어놓아야 함을 나는 잘 알았다. 자기 약점을 상대방에게 먼저 이야기하지 않을 때 상대방이 당신이 가진 강점을 믿으려 들지 않는 것은 당연한 진리이다.

넷째, 치열한 전투가 벌어지는 참호전 현장에서 무신론자가 없는 것과 마찬가지로 금융 위기 상황에서는 자유주의자가 없다는 사실이다. 금융 위기는 시장의 한계를 야수적으로 드러낸다. 내가 아직 캐나다은행 총재였던 2008년 봄에 나는 G7 회의에 참석했다. 우리는 미국 재무부 청사인 으리으리한 캐시룸Cash Room에서 세계 최대로 꼽히는 은행들의 CEO들과 만찬을 했다. 만찬이 끝나갈 무렵에 리먼브라더스의 CEO 딕(리처드)펄드Richard(Dick) S. Fuld의 요청이 들어왔다. "헤지펀드들을 셧다운(일시 업무정지)해달라"는 요청이었다. 이처럼 자유시장은 이미 끝이 났다.

그로부터 몇 달 지나지 않아서 드러난 사실이지만, 자만심과 불투명성과 레버리지, 이 셋의 조합은 어떤 헤지펀드들보다 리먼브라더스가 붕괴 직전에 있음을 의미했다. 자산담보부기업어음 위기가 터지고 1년 조금 지난 어느 일요일 오후, 나는 또 한 통의 전화를 받았다. 이번에는 벤 버냉키였다. 그는 미국 연방준비제도(연준) 의장이었는데, 연준에서 미국의 당국자들이 리먼브라더스라는 민간기업을 살려내려고 그동안 많은 노력을 기울였지만 그 모든 노력이 물거품이 된 상태였다. 벤이 하는 말을 휴대폰으로 듣는 동안 나는 당시 두 살이던 나의 딸을 두 발로 감싸 안고 있었는데, 당황한 것으로 치자면 이때의 내 딸이 벤보다 더 당황했던 것 같았다. 아닌 게 아니라 벤은 아무리 무거운 압박을 받는 상황이라도 언제나 평온함을 유지했다. 민간 부문 구제 노력이 실패로 돌아가고 리먼브라더스가 끝내 파산한 상황에서 우리는 당장 다음 날 시장이 제대로 기능하도록 도우려면 무슨 조치를 할 수 있을지 논의했다. 가이트너의 표현을 빌리자면 그것은 "활주로에 거품을 내는 것"이었다. 자유낙하의 추락으로 누군가가 다칠 테지만, 적어도 자유시장만큼은 다시 생기를 찾도록 해야 한다는 말이었다.

하원의원이던 바니 프랭크Barney Frank가 나중에 농담 삼아 말했듯이, 그날을 '자유시장의 날'로 부르는 게 적절했다. 왜냐하면 그것은 딱 24시간 동안만 지속되었기 때문이다. 화요일까지, 그 결과로 발생한 대학살은 거대 보험사 AIG를 안정시키기 위한 공공 부문 구조 패키지 조치를 촉발시켰다. 당시에 AIG는 캐나다의 몬트리올에서 대혼란으로 이어져 있던 신용파생상품 피라미드의 꼭대기에 서 있던 회사였다. 불과 몇 시간 지나지 않아서 모든 주요 은행이 엄청난 압박에 짓눌렸다. 도미노의 붕괴는 속도는 무척 빠르기도 하고 연속적이다. 나는 다음 며칠 동안 패닉 상태에 빠져 있던 은행 관계자들과 투자자들의 전화를 부지런히 받았는데, 그들은 무슨 조치든 간에 또 대상이 무엇이든 간에 뭔가를 하라고 요구했다. 미국의 당국자들이 이제는 중대한 행동을 할 필요가 있다고 깨달았을 것임을 나는 알았다. 그러나 나는 포기하고 싶지 않았다. 그래서 나는 캐나다의 은행들이 가진 힘에 초점을 맞추었다. 그 도미노 게임에서 캐나다의 은행들은 (이 은행들은 그동안 레버리지 수준을 낮추었으며 비우량 대출, 거대 규모의 증권화, 위험한 자기 자본 거래 그리고 난해하기 짝이 없는 파생상품 거래에서 손을 뗐으므로) 무너져도 맨 마지막에야 무너질 것이라고 예상할 수 있었다. 나는 나에게 전화를 건 사람들에게 캐나다의 은행들은 물물교환 경제가 오더라도 그 직전 순간까지 버틸 것이라는 확신을 심어주었다. 그때 나는 물물교환 경제가 시작될 시점이 불과 몇 주 앞으로 다가왔다는 나의 추정만큼은 굳이 말하지 않았다.

위기의 한가운데 시점에서는 금융 시스템을 올바르게 고칠 수 없음을 리먼브라더스 사태가 입증했다. 특히 상호 연결성의 거미줄 때문에 은행 하나가 무너지면 이 은행이 다른 경쟁자들까지 끌어내리는 상황에서는 더욱더 그렇다. 경제학자 래리 서머스Lawrence(Larry) Summers는 2007년 9월에, "도덕적 해이에 빠진 근본주의자들"을 경고하는 맥락에서＊여기에서 '근본주의자'는 시장의 자기 조절 기능을 믿으며 시장은 언제나 옳다고 믿는 사람을 가리킨다 "사람들이 침대에서 담배를 피울 수도 있다는 전망은 소방서의 존재를 반대하는 주장으로는 일반적으로 받아들여지지 않는다"라고 썼다.[8] 확산의 전망이 있을 때, 즉 만약 어떤 사람이 지친 상태에서 침대에서 담배를 피운게 원인이 되어 시작된 화재가 인접한 건물들로 빠르게 번질 수 있다면, 소방 역량을 지지하는 쪽이 힘을 얻는다. 리먼브라더스가 파산하고 메릴린치와 AIG가 연이어 긴급구제 방식으로 회생했던 여파 속에서 그때의 상황을 최고 수준의 대응 단계로 대처해야 했다는 사실에는 의심의 여지가 없었다. 비록 부주의로 일어난 불길을 전국의 모든 역량을 끌어모아서 진화하는 것이 내키지 않는 일이긴 했지만, 그래도 그렇게 해야만 했다. 그리고 또 그렇게 해야만 한다면 신속하게 하는 것이 최상이었다.

바로 여기에서 내가 위기 관리에 대해서 배운 마지막 다섯 번째 교훈이 이어진다. 바로 '압도적인 힘'이 중요하다는 교훈이다. 그것이 미국 재무부 장관 행크 폴슨이 2008년에 퍼부었던 7,500억 달러의 바주카포 화력이든 혹은 그로부터 몇 년이 지난 뒤에 나타났던 유럽 경제 위기 때 이탈리아 총리가 "어떤 대가를 치르는 한이 있더라도"라고 말했던 다짐이든 간에, 효과적인 위기 진압 조치들은 거대해야 하며 제도적으로 뒷받침될 필요가 있으며 또 신뢰가 있어야 한다. 궁극적으로 보자면, 압도적인 힘은 오로지 국가로부터만 나올 수 있다. 이것은 공익적 가치관이 개입해야만 가능한 일이다. 회복력과 책임감 그리고 연대. 공공의 이익을 위해서 거친 행동을 마다하지 않는 것은 확신을 회복하는 데 필수적이었다.

나는 이 교훈을 리먼브라더스가 파산한 뒤의 몇 주 동안 가장 선명하게 배웠다. 그때 캐나다는 연방 선거가 한창이었고, 보수적이던 소수파 정부의 스티븐 하퍼 총리는 재임을 노리고 있었다. 타이밍이 엄청나게 나빴음은 나중에야 밝혀지는 사실이시만, 선거운동 기간은 위기가 터지기 불과 며칠 전부터 시작되었다. 정부는 경제를 긍정적으로 전망했다. 리먼브라더스가 파산한 뒤에도 이 전망은 달라지지 않았다. 적어도 상대적인 관점에서는 그랬다. 캐나다는 다른 어떤 나라보다 충격을 덜 받을 것이기 때문이다. 그러나 미래가 끔찍한 수준까지는 아니고 상당히 나쁜 수준이라고 하더라도, 그 미래가 매력적이지 않은 것만큼은 분명했다. 캐나다의 선거운동 기간은 상대적으로 짧으며, 정부는 국민에게 제시하는 메시지를 수정하려는 노력을 그다지 많이 하지 않았다. (심지어 어떤 시점에서는 시장의 자유낙하는 오히려 증권을 매입할 기회라는 주장까지 했다.) 많은 유권자에게 이런 태도가 무관심으로 비치기 시작했다.

선거 열흘 전까지도 그랬다. 세계 유수의 금융기관들이 파산이라는 낭떠러지에 서 있음을 나는 잘 알았다. 영국 정부는 막대한 자금을 자국 은행들에 쏟아 붓고 있었으며, 당시 영국 내 최대 금융기관이던 스코틀랜드로얄은행RBS를 국유화하고 있었다. 나는 벤 버냉키와 당시 잉글랜드은행 총재이던 머빈 킹 그리고 장-클로드 트리셰와 토론을 했는데, 중앙은행들이 역사상 유례가 없는 높은 수준으로 공조해서 금리를 0.5퍼센트포인트 인하하고 G7 회의가 열리기로 예정되어 있던 주말까지 금융 시스템을 유지할 필요가 있으며, 이렇게 할 때 시장의 자유낙하를 우리가 압도적인 힘으로 저지할 수 있을 것이라는 결론을 함께 내렸다. 그때가 행동을 취해야 할 시점임은 명백했다. (그 시점에서 선진국들에서의 글로벌 경기후퇴는 확실시되었다.) 그러나 나는 걱정스러웠다. 캐나다은행의 행동이 경제를 바라보는 정부의 견해가 적절하지 않음을 까발리게 되면 어떻게 될까? 독립적이고 정치와 무관한 중앙은행이 하는 행동들이 선거에 영향을 주지나 않을까?

그러나 곰곰이 생각한 끝에 나는 아무런 행동도 하지 않는 것이야말로 오히려 정치적인 행위임을 깨달았다. 금융 부문이 붕괴함에 따라서, 우리는 금융 시스템에 즉각적으로 유동성을 제공할 필요가 있었다. 세계 경제가 서서히 가라앉는 가운데서, 캐나다 경제에는 될 수 있으면 많은 일자리를 계속 유지하도록 지원하는 중요한 자극이 필요했다. 게다가 우리로서는 '조종사가 비행기를 조종하고 있다'는 사실을, 즉 당국자들이 상황이 심각함을 잘 알고 있으며 압도적인 힘을 동원해서 행동을 개시할 것임을 시장에 보여줄 필요가 있었다.

그래서 그날 오후에 캐나다은행의 관리이사회는, 미국 연방준비제도, 유럽연합은행, 잉글랜드은행, 릭스방크 그리고 스위스 국립은행과 함께 다음 날 아침에 긴급 금리인하를 실시하기로 의견을 모았다. 이 결론을 가지고 나는 오후 일곱 시경에 재무부 장관 짐 플래허티에게 전화를 했다. 그는 명민하고 냉철하며 노련한 정치인으로, 한 해 전에 나를 캐나다은행 총재로 임명한 사람이기도 했다. 그에게 우리가 세운 계획을 일러주자 그는 캐나다은행이 과거에 이것과 비슷한 조치를 취한 적이 있는지 물었다. 나는 "9·11 사태 직후에 딱 한 번 있습니다"라고 대답했다. 그러자 그는 숨을 거칠게 들이마셨다. 그러고는 한동안 아무 말이 없었다. 그러다가 마침내 "행운을 빌어봅시다"라고 말했다.

그 금리인하는 결과적으로 플래허티에게는 행운이었다. 그가 속한 정당의 지지율이 올라갔는데, 캐나다 국민은 공공의 이익을 위해서 어떤 행동이 이루어지는 것을 보고 안도하는 눈치였기 때문이다. 그러나 플래허티와 나는, 세계 경제가 벼랑 끝에 선 상황에서 주말로 예정되어 있던 회담을 위해서는 행운보다 더 확실한 어떤 것이 필요함을 잘 알고 있었다. 우리에게는 계획이 필요했다.

폐허 위에 새로운 시스템을 구축하다

며칠 뒤에 우리는 미국 재무부 청사인 캐시룸에서 다시 만났다. 그 자리에는 G7의 재무부 장관들과 중앙은행 총재들도 함께했다. 우리는 어렵게 주말까지 버텼지만, 그래도 계획은 나오지 않았다. 회의에 참석하긴 했지만 우리가 가진 것이라고는 불투명하고 알맹이가 없는 G7식 표현들만 무성한, 길고 모호한 성명뿐이었다. 이미 나는 수석부장관 자격으로 그런 문서를 이끌어내느라 엄청나게 고생을 해봤기에 그렇게 될 수밖에 없음을 잘 알았다. 그 표현들은 늘 그럴 수밖에 없었지만, 적어도 이번에는 그러면 안 되었다.

그날 모임에 대해서 썼던 것과 최근에 내가 쓴 것을 비교하면, 개입의 폭과 논리는 해가 갈수록 커지는 것 같다. 내가 보기에 그것은 '총체적이고 솔직하며 집중적'이었다. 시장이 지나치게 과열되었다는 주장이나 시장이 스스로 제자리를 찾아갈 것이라는 주장은 그야말로 박살이 났다. 독일 재무부 장관 페어 슈타인브뤼크Peer Steinbrück는 동독에 살았다는 여자를 며칠 전에 만났다면서 그 여자가 "예전에 공산주의가 몰락하는 것을 보았는데, 지금은 자본주의가 무너지는 것을 보고 있다"고 말하더라고 전했다. 도덕적 해이 문제에 관한 한 철저하게 다스려야 한다는 근본주의적인 태도를 가지고 있는 사람은 몇 명 되지 않았지만 그래도 여전히 남아 있었다. 우리가 시스템을 개혁하기 시작해서 경제를 망가뜨리지 않고도 대형 은행들이 파산할 수 있도록 한다면, 그 근본주의자들이 전성기를 맞을 것이라는 말이 오갔다. 이런 논의 과정을 거치면서 결국 논의의 초점은 유일하게 중요한 것, 즉 불경기를 예방하기 위해서 금융 시스템에 남아 있던 기본적인 원칙을 지키는 것으로 옮겨갔다.

각국의 정부와 중앙은행은 필요하다면 유동성과 자본을 투입해서 우리의 은행 시스템을 명확하게 지원하며 안전장치 기능을 하겠다는 합의를 이루었다. 초고 상태의 성명서는 폐기되고 여분의 중요 항목 다섯 개가 첨부된 새로운 성명서가 마련되었다. 이렇게 해서 우리는 압도적인 힘을 토대로 하는 계획안을 가지게 되었으며, 이 계획안은 명확하게 소통될 예정이었다. 마지막으로, 위기 관리의 모든 계획이 한꺼번에 적용되었다.

나중에 미국 재무부 청사 계단을 걸어 내려오면서 나는 캐나다 재무부 수석부장관 자격으로 처음 참석했던 G7 회의를 머리에 떠올렸다. 그때 나는 영광스럽게도 미국 연준 의장이던 앨런 그린스펀의 옆자리에 앉았다. 그때는 자유시장, 자유무역, 유동환율제 그리고 자유화된 자본 흐름이 전 세계에 번영을 가져다줄 것임을 믿는 워싱턴 합의Washington Consensus * 냉전 시대가 무너진 뒤에 미국과 국제 금융자본이 미국식 시장 경제 체제를 개발도상국의 발전 모델로 삼도록 하자고 한 합의를 최고로 떠받들던 시절이었다. G20은 회원국 전체에 걸쳐서 이런 세계화의 여러 기둥을 구체화하기 위한 젊은 포럼이었다. 시장은 자유화되었고 세계 경제는 점점 하나로 통합되고 있었다. 전 세계에서 수억 명이 빈곤에서 벗어났으며, 글로벌 불평등지수가 떨어지기 시작했다. 그린스펀은 세계화와 기술이 미국에서 생산성을 어떻게 끌어올리는지를 대부분의 다른 사람보다 훨씬 먼저 이해했으며, 또 이런 힘들이 인플레이션 완화에 도움이 되리라는 걸 정확하게 예측했다. 아닌 게 아니라 진짜로 새로운 시대가 열렸다. 그러나 늘 그랬듯이 새로운 시대에는 온갖 기회의 문과 온갖 위험의 문도 함께 열렸다.

바로 그 무렵에 각국 경제의 내부와 각국 경제 사이에 불균형이 나타났고, 커지기 시작했다. 전 세계의 불평등지수는 떨어졌지만 많은 선진국 내에서는 불평등지수가 빠르게 높아졌다. 미국은 소비 지출과 건축 붐에 필요한 자금을 조성하기 위해서 차관에 많이 의존하게 되었다. 이런 취약성을 바로잡을 여지는 제한되었다. 2005년 기준으로 자금 압박 정도를 볼 수 있는 지수들 대부분이 경고등을 깜박였지만, 필요한 조치들은 거의 마련되지 않았다.

그것은 연준 의장이 시장 근본주의자의 상징과도 같은 인물이라는 이유 때문만은 아니었다. 금융의 주기가 가지고 있는 속성을 예외적이라고 할 정도로 잘 알고 있었던 그린스펀은 1990년대에 주식 시장에서 나타났던 온갖 비이성적인 흥청거림을 목격했으며, 장기수익률이 최근 있었던 금리 인상과 맞물려서 당연히 올라야 했지만 오르지 않았던 2005년 채권 시장의 그 '수수께끼'를 묘사했던 인물이다. 그러나 시장이 지나치게 뜨거울 수도 있고 지나치게 차가울 수도 있음을 인정하면서도 그린스펀은 관계 당국이 그런 경우들에 어떤 행동으로 나설 정도로 충분히 자신 있게 가려낼 수 있다고 믿을 만큼 당국을 신뢰하지는 않았다. 게다가 그린스펀은 잠재적인 거품(버블)이 나타났을 때 이것이 커지기 전에 미리 바람을 빼기보다는 거품이 완전히 커져서 터진 뒤에 '깨끗하게 청소하는 것'이 더 효율적이라는 견해를 가지고 있었다. 그는 규제를 확대하는 것에 반대했고 (그렇게 해서 그 반대 의견을 관철했다) 또 빠르게 확장되던 (그리고 장차 리먼브라더스를 파산으로 몰고 갈 바로 그 시장들인) 파생상품 시장들의 역학과 관련된 중요한 개선 시도를 무력화시켰다. 그는 무분별한 행동으로 미국의 주택 거품을 점점 키워가던 거대한 규모의 미국 정부후원기업GSE 들(예를 들면 페니메이Fanny Mae와 프레디맥Freddy Mac이 있다)에 대한 연준의 감독권 행사를 두 번이나 승인하지 않았다. 그는 금융 시장 참여자들이 자기의 이기심에 기초해서 과도한 위험을 스스로 자제할 것이라고 믿던 것이다.

하지만 금융 시장 참여자들은 그린스펀을 크게 실망시켰다. 그리고 결국 2008년 10월 23일에 있었던 청문회 자리에서 그는 저 유명한 '내 탓이오' 참회를 했다.

"주주 지분의 보호를 대부업체들의 이기심에서 기대했던 사람들은, 저도 이런 사람들 가운데 한 명입니다만, 도저히 믿을 수 없을 정도로 충격을 받았습니다."

더 나아가서 그는, 신용부도스와프CDS와 같은 복잡한 거래 상품들은 당국의 감독을 받을 필요가 없다고 했던 그동안의 자기 의견이 '부분적으로' 틀렸음을 인정했다.

"그러니까 당신은 당신의 세계관이나 이념이 틀렸다 혹은 제대로 먹히지 않았다는 걸 깨달았다는 말입니까?"

청문회 의장의 이 질문에 그는 다음과 같이 대답했다.

"정확하게 그 말입니다."

그러고는 이렇게 덧붙였다.

"그게 그러니까 내가 충격을 받은 이유입니다. 왜냐하면 나는 지금까지 그게 잘 먹힌다고 생각하고 살았고 또 그런 증거들을 많이 보았거든요. 40년 넘는 세월 동안 말입니다."

그의 전기를 쓴 작가 서배스천 말라비Sebastian Mallaby는 앨런 그린스펀을 "무엇이든 많이 아는 사람The Man Who Knew"이라고 묘사하며, 이 묘사를 그의 전기 제목으로 삼았다. 그는 시장 합리성의 한계를 정말 잘 알고 있었다. 1987년의 주가 폭락에서부터 9·11 테러 사건에 이르기까지 주요한 금융·경제 충격 때마다 그가 강력하게 개입했던 이유이기도 하다.＊그는 1987년부터 2006년까지 18년간 네 번이나 미국 연방준비제도이사회 의장을 역임했다 그러나 그는 규제에도 역시 회의적이었다. 그래서 회복력을 강화하려는 목적으로 시장에 개입하지도 않았다. 시스템과 관련된 위험들이 차곡차곡 쌓이는 문제에 대처하려고 금융 정책이나 그 밖의 다른 정책을 구사하는 것을 좋아하지도 않았다. 그는 1990년대 말에 나타났던 아시아 금융위기 이후에 구성되었던 G20이야말로 개방된 세계 시장을 떠받치는 여러 접근법에 대한 공동의 이해를 확산하는 효과적인 포럼이라고 생각했다.

서둘러서 소집된 G20 회의에 참가할 때 나는 앨런 그린스펀이 가졌던 그런 최소 규제의 자유방임적인 발상은 이미 죽어버렸음을 알았다. 선진국에서 일어난 금융 시스템이 붕괴하면서 신흥국의 경제까지 휩쓸려버리는 상황에서 우리에게는 새로운 합의를 도출해야 할 필요성이 절실했다.

G20의 재무부 장관들과 중앙은행 총재들이 자기의 금융 시스템을 지원하겠다는 G7의 결정을 지지하기 위해서 부랴부랴 원탁에 둘러앉았다. 미국 재무부 장관 행크 폴슨과 벤 버냉키 연준 의장은 빈자리 하나를 사이에 두고 나란히 앉았다. 장-클로드 트리셰가 발언을 할 때부터 회의장은 웅성거리는 소리들로 시끄러웠는데, 부시 대통령이 회의장에 들어온 것이었다. 부시는 자리에 가만히 앉아서 트리셰의 발언에 귀를 기울였다. 그동안 미국이 리먼브라더스 문제를 처리하는 방식에 매우 비판적이던 브라질의 재무부 장관 기두 만테가Guido Mantega가 다음 차례 발언자였다. 만테가는 자신의 영어 솜씨가 썩 좋지 못하다면서 자기 차례는 그냥 넘기겠다고 했다. 그러자 부시가 "아니요, 하세요. 사실은 내 영어 솜씨가 더 나쁜 편입니다"라고 대꾸했는데, 그 덕분에 회의장 분위기가 한결 누그러졌다. 그리고 부시의 연설 차례가 돌아왔다. 부시는 말을 잘했는데, 미국이 저지른 실수를 인정하면서 상황을 바로 잡겠다고 다짐했고, 미국의 금융 시스템을 강화하겠다고 약속했다. 그리고 나서 마지막으로 우리에게 도움을 청하며 힘주어 말했다.

"우리는 여러분들이 이런 조치들을 뒷받침해주길 바라고 또 필요로 합니다. 함께할 때 우리는 한층 더 강력할 것입니다."

부시는 겸손함, 의무, 회복력, 단호함, 연대… 이런 올바른 가치관을 확인시켰다. 그리고 그가 연설을 마쳤을 때는 모든 참석자가 이미 그를 지지하고 있었다.

마음이 놓였다. 나는 나보다 훨씬 더 경험이 많고 또 현명한 동료인 마리오 드라기와 함께 걸어 나오면서, 부시 대통령이 회의를 이끌어간 방식이 얼마나 감동적인지 모르겠다고 말했다. 그러자 그는 소련이 G7에 경제 개혁과 관련된 조언을 요청하던 1990년대 초에 미하일 고르바초프를 만났을 때 있었던 일을 들려주었다.

당시에 드라기는 G7의 재무부 부장관이었는데, 소련연방최고회의 간부회의장이었던 고르바초프를 보고는 '이런 어마어마한 지위에 있는 사람이 나 같은 사람을 왜 만나려고 할까? 러시아 사람들이 놓인 상황이 내가 생각하던 것보다 더 심각한 게 틀림없겠군'이라고 생각했다면서 이렇게 말했다.

"마크, 그러니까 지금 내가 생각하는 건 다른 게 아니라, 지금 미국인이 놓인 상황이 그때 러시아인이 놓여 있던 상황과 똑같은 게 아닐까 싶단 말이야."

세상은 G1에서 G0 ※소수의 국가가 세상을 좌우하지 않는 체제로 옮겨갔다. 그렇다면 이제 주도권을 쥐고 흔드는 패권국이 없이도 금융 시스템은 살아남을 수 있을까? 그럴 수 있다. 그러나 조건이 붙는다. 가치관을 회복해야 한다는 조건이다.

8장

한층 더 단순하고 안전하고 공정한
금융 시스템 만들기

부시 대통령과 함께했던 회의가 끝난 뒤에 G20에게는 글로벌 금융 시스템의 개혁을 이끌어나갈 권한이 주어졌다. 목표는 위기의 원인들을 찾아서 대처하는 것뿐 아니라 금융 시스템을 한층 더 단순하고 안전하고 공정하게 만드는 것이었다. 우선 G20 산하에 새로운 기구를 만들었다. 금융안정위원회Financial Stability Board, FSB였다. 이 위원회가 그 과제를 수행하고, G20 지도자들에게 직접 보고하게 해서 본질적인 정치적 지원을 제공하게 만들었다. 이 위원회의 초대 의장은 마리오 드라기가 맡았고, 영광스럽게도 내가 그의 후임이 되어서 노력을 이끌게 되었다. 우리는 과제를 수행하면서 은행과 시장 사이의 관계, 시장과 국가 사이의 관계, 그리고 경제적 자본과 사회적 자본 사이의 관계를 재조정해야 함을 깨달았다.

이 새로운 접근법의 많은 요소가 기술적인 차원이긴 했지만, 본질적인 변화들은 어떤 공식으로도 발견할 수 없었다. 그 본질적인 변화들은, 어쨌거나 물리학 선망physics envy이라는 병에 시달리는 경제학자가 가진 관습적인 본능으로는 포착할 수 없는 먼 곳에 있었다. * **경제학자가 가진 '물리**

학 선망'은 자신의 연구 대상인 인간을 자연에 뿌리 둔 자연물 가운데 가장 복잡한 존재라고 여기고, 충분한 데이터와 연산력을 갖추기만 하면 인간 행동의 암호를 해독할 수 있다고 믿으며 물리학을 선망하는 마음, 즉 경제학을 물리학과 동일한 것으로 바라보는 관점을 말한다 우리는 깔끔하게 딱 떨어지는 물리학의 방정식을 부러워하며, 이런 식의 결정론적인 체계를 갈망한다. 그러나 이런 선망과 갈망은 결국 실망으로 끝나고 만다. 경제학은 결정론적이지 않다. 사람들은 언제나 이성적으로 행동하지 않기 때문이다. 인간의 창의성, 약점, 충만감, 비관주의 등이 모두 경제 주기와 금융 주기에 영향을 준다.

위대한 물리학자인 아이작 뉴턴은 "나는 천체의 움직임을 계산할 수 있지만 사람들 마음속의 광기는 도무지 계산하지 못하겠다"고 한탄했다. 뉴턴이 이렇게 한탄한 것은, 그가 영국의 남해회사South Sea Company에 투자했다가 거액을 손해 본 뒤였다. 더 정확하게 말하면, 말이 되지 않는 어떤 거품을 뉴턴이 계산했는데 그 계산이 잘못되었음이 밝혀진 뒤였다.[1] 뉴턴이 했던 경험은 역사 속에서 흔히 나타나는 것이다. 본질적으로 혁신적이었던 어떤 것이 나중에는 우스꽝스러운 극단으로 치부되면서 밀려나고 만다. 믿음은 광기가 된다. 기회를 만드는 움직임은 어디에나 있다. 가치는 본질적인 것과의 연관성을 놓쳐버리고, 모든 것은 상대적이 된다. 결국 거품은 터지고 심각한 재정적인 결과들이 주변에 널브러진다.

금융 위기로 나아가는 과정에서도 그랬다. 새로운 천년의 첫 번째 10년에 나타났던 새로운 시대의 발상은 글로벌 통합과 기술 혁신에 따른 번영의 실질적인 증대에 기반을 두고 있었다. 금융 혁신은 금융적 수용성을 증가시켰고, 또 금융 혁신을 적절히 적용하기만 한다면 위험을 줄일 수도 있었다. 그러나 초기의 성공은 무사안일주의를 낳았다.

시장에 대한 믿음이 대세를 장악했다. 금융 시스템에서의 위험은 점점 더 무시되었다. 우주의 주인들 가운데 자신이 하는 행동이 장기적으로 어떤 결과를 낳을지 관심을 기울이고 또 여기에 초점을 맞추는 사람은 거

도표 8 - 1 · 영국의 실질임금 추이(1850~2015)

10년 이동평균 (퍼센트)

의 없었다. 결국 미래는 대폭발과 함께 찾아왔다. 대안정기가 대침체기 Great Recession ＊ 2007년 세계 금융 위기 이후 전 세계가 겪은 경기 침체기로 바뀌었고, 붐 boom이 거품으로 바뀌었으며, 신뢰가 불신으로 바뀌었다.

그 결과는 참혹했다.

잃어버린 10년. 영국의 실질 가계소득은 노던록의 파산 이후 10년 동안 전혀 성장하지 않았다(〔도표 8-1〕 참조). 이것은 칼 마르크스가 영국 국립도서관에서 『공산당 선언』을 휘갈기듯 집필하던 시절 이후 최악의 성적이었다. 현재의 그 어떤 정치적인 발전이 그토록 놀라울 수 있을까?

글로벌 경제 시스템의 파편화가 늘어난다. 세계화의 세 번째 파도는 금융 위기와 함께 절정에 달했다. 지난 수십 년 동안 무역 흐름과 국가 간의 자본 흐름은 각각 연간 8퍼센트와 20퍼센트씩 늘었다. 그 충격 이후로 무역 성장률은 (코로나 사태 이전 기준으로) 2퍼센트로 느려졌으며, 국가 간의 자본 흐름은 여전히 위기 이전 수준을 회복하지 못했다. 위기 이후 처음 몇 년 동안 G20 국가들은 (그들이 내놓은 발표문의 표현을 따르면) "보호무역주의에 저항하는" 일을 가까스로 수행했다.[2] 그러나 경제적인 어려움들이 쌓여감에 따라서 무역 금지 조치들이 급격하게 늘어나기 시작했다. 이런 모습은 특히 미국과 중국 사이에 벌어진 무역 전쟁에서 가장 두드러지게 나타났다. 코로나 위기로 촉발된 이런 무역 금지 조치들은 아무리 보수적으로 추정한다고 하더라도 부정적인 경제 추세를 뒤집기 어렵게 만들 것이며, 어쩌면 그 추세를 오히려 강화할지도 모른다.

전문가들에 대한 불신이 늘어난다. 금융 위기는 전문가들에 대한 뚜렷한 신뢰 감소의 주된 원인들 가운데 하나가 확실하다.[3] 모든 은행가뿐 아니라 대부분의 경제학자와 정책 입안자가 합의해서 출범시켰던 금융 시스템이 평범한 사람들의 머리 위로 추락했고, 이 사람들 가운데 일부는 지금도 여전히 그 위기의 여파 속에서 고통을 받고 있다. 그들은 엘리자베스 여왕이 그랬던 것처럼 "그런 일이 벌어질 것임을 어째서 아무도 알아채지 못했을까?" 하고 의아하게 여겼다.[4] 33명의 저명한 경제학자들이 서명해서 여왕에게 보낸 편지에 따르면, 그 질문에 대한 대답은 이렇다.

"그 시스템 전체가 안고 있었던 위험들을 올바르게 이해하려면 국내외의 많은 똑똑한 사람들의 총체적인 상상력이 발동되어야 했지만, 그렇게 되지 못했기 때문이라는 게 그 대답입니다."[5]

그 전문가들이 놓쳤던 핵심적인 실수들은 앞서 7장에서 개략적으로 설명했다. 다시 간단하게 열거하면 다음과 같다. 부채가 너무 많았던 것. 유동성 문제를 시장에 과도하게 의존한 것. 파생상품 시장이 말할 수 없을 정도로 복잡했던 것. 자산담보부기업어음 판매업체들과 같은 금융기관들이 안전망도 갖추지 않은 상태에서 마치 자기가 은행이라도 된 것처럼 행동하면서 규제차익＊기업이 국가 간의 규제 차이를 이용해서 이득을 보는 것을 노린 것. 대부분의 은행, 그리고 은행을 흉내 낸 업체들에서 직원 인센티브가 잘못 설정되어 있던 것.

그러나 한층 더 심층적인 원인들이 따로 있었다. 그 위기는 가치의 위기였을 뿐만 아니라 가치관의 위기였다. 새로운 천년이 시작되던 시점에 나타났던 금융 혁신은 금융적 수용성을 높이기 위해서 설계되었으며, 처음 얼마 동안에는 이 의도대로 되었다. 미국에서 주택 소유 비율이 가파르게 올라갔다. 그리고 한동안 레버리지(차입금)의 급격한 팽창은 강력한 경제적 활력이 되어서 경제 성장의 강력한 연료로 기능했다. 그러나 이 성장의 많은 부분이 단명하고 말았다. 그 과정에서 금융이 공정, 통합, 신중함 그리고 책임감이라는 핵심적인 가치들을 (즉 가치관을) 놓쳐버린 게 금융 시스템이 붕괴될 수 밖에 없었던 주된 이유이다.

금융안정위원회와 근본적인 금융 개혁

부시 대통령이 워싱턴에서 전 세계의 재무부 장관들과 중앙은행 총재들을 앞에 두고 협력을 강조하는 연설을 했던 그 운명의 주말 이후 몇 년에 걸쳐서, G20은 글로벌 금융 시스템을 한층 더 단순하고 안전하고 공정하게 만들었던 개혁 조치들로 구성된 근본적인 프로그램을 추진했다. 이 새로운 계획들이 가능했던 것은 2008년 위기 이후 경제적·금융적 도전과제들의 중대성이 워낙 컸기에 각국이 집단적인 행동에 열심히 힘을 모은 덕분이었다. 앞에서도 잠깐 언급했지만, 그래서 G20 국가들은 금융안정위원회FSB라는 새로운 기구를 만들고, 이 기구에 금융 위기를 초래했던 잘못된 모든 것을 바로잡으라는 과제를 부과했다. FSB는 어느 정도 규모가 큰 세계 각국의 중앙은행 총재들과 증권 감독자들 그리고 재무부 인사들을 소집했다. 그리고 또 이 자리에는 기준을 설정하는 주요 기구를 운영하는 사람들도 함께했다.

　마리오 드라기의 노련하고 열정적인 리더십 아래에서 FSB는 회복력이 한층 강해진 글로벌 금융 시스템의 꼴을 갖추는 데 즉각적인 영향을 주었다. FSB는 창설 이후 10년 동안 100개가 넘는 개혁 조치들로 구성된 포괄적인 프로그램을 만들었다. 내가 마리오의 뒤를 이어서 FSB 위원장으로 취임했을 때, G0의 세상에서 다자주의multilateralism가 성공하려면 어떤 것들이 필요한지는 그가 수행했던 실천 사례 속에서 알 수 있었다.

첫째, 정치적 배경을 가지고서 선명한 임무를 수행하는 것이 꼭 필요하다. 피츠버그에 모인 G20 지도자들은 글로벌 금융안정성을 위협하는 위험으로 어떤 것들이 있는지 확인하고 해결하라는 과제를 FSB에 맡겼다. FSB는 세심하게 조정된 위임권을 가지고 있었으며, 이 위임권을 기꺼이 즐겼다. FSB는 제안서를 작성하는데, 이 제안서는 G20의 승인을 받은 뒤에야 비로소 각국이 실행 여부를 선택할 수 있도록 제시된다.

둘째, 제대로 된 사람들을 FSB의 원탁에 앉혀야 한다. FSB는 규모가 큰 국제기관이 아니다. 전체 인력이라고 해봐야 서른 명밖에 되지 않는다. 이 기구의 힘은 이 기구를 구성하는 사람들 즉 중앙은행 총재들, 재무부 장관들, 그리고 기준을 설정하는 사람들에게서 나온다. 이 사람들이 각자 자신이 가진 전문성과 공동의 목표의식을 가지고서 공동의 문제들을 해결할 글로벌 해법을 찾기 위해서 밀접한 협력 아래에서 일한다.

셋째, FSB가 개혁 조치들을 개발하는 과정이 각국이 주인의식을 가지고서 실천할 수 있는 합의를 도출하는 것이어야 한다. FSB에서 합의된 기준은 어떤 회원국에서도 직접적인 구속력을 갖지 못한다. 게다가 세계화 속에 녹아 있는 몇몇 불신은, 경제학자 대니 로드릭Dani Rodrik이 경제적 통합과 민주주의와 주권 사이의 '트릴레마trilemma(삼중 딜레마)', 즉 불가능한 삼위일체라고 이름을 붙였던 것에서 비롯된다.[6] 재화와 서비스와 자본을 거래하는 데는 공통되는 규칙과 기준이 요구되지만, 이런 규칙들은 한 나라의 주권을 바깥에서는 부정하게 만들고 안에서는 포기하게 만든다. 정당성이 유지되려면 그런 합의된 기준을 도출하는 과정이 민주적 책임성에 뿌리를 둬야 한다.

FSB의 합의는 그 불가능한 삼위일체를 한층 더 어렵게 만든다. 그 어떤 나라도 단독으로는 새로운 개혁을 추진해서는 안 된다. 설령 모든 나라가 다 그렇게 하는 것이 해당 나라에 이득이 된다고 하더라도, 한 나라만 단독으로 그렇게 해서는 안 된다. 금융 관련 위험들은 국가 간의 경계선을 쉽게 넘나들기 때문이다.

공동의 분석을 통해서 새로운 조치를 개발하고 또 합의를 쌓아가는 과정은 이 새로운 개혁 조치에 대한 각국의 주인의식을 불어넣고, 또 대부분 경우에 회원국이 국가적인 차원에서 그 조치를 시의적절하고 포괄적으로 수행하도록 유도한다.

금융의 세 가지 거짓말

금융 개혁 조치들로 구성된 포괄적인 프로그램은 호경기 때뿐 아니라 불경기 때도 가계와 기업에 도움을 줄 수 있는 시스템을 만들어낸다. 코로나 위기 기간의 금융 부문 성과가 딱 들어맞는 사례이다. 대공황에 버금하는 경제적 충격에도 불구하고 금융은 문제의 원인이 아니라 해결의 한 부분으로 기능해왔다. 만일 금융 개혁 프로그램의 정신이 유지된다면, 금융적 수용성을 한층 더 넓히고, 고령화한 인구 집단의 필요성을 더 잘 충족하며 또 저탄소 경제로의 이행에 재정적인 지원을 하는 등의 한층 더 많은 변화를 추구할 수 있다.

그러나 정책 입안자들과 금융 부문 종사자들이 자신이 거둔 성공에 안주한다면, 그 모든 이익은 물거품이 될 것이다. 금융의 역사는 너무 자주 반복해서 시민들에게 막대한 비용을 물린다. 앞에서도 언급했듯이, 800년에 걸친 경제의 역사에 비추어보면 금융 위기는 대체로 10년에 한 번꼴로 일어난다. 10년이라는 주기는 금융 부문의 기억력을 반영한다고 할 수 있다. '새로운 시대'의 새벽이 밝아오고 새로운 금융 주기가 시작됨에 따라서 거품이 꺼지던 시기에 고통스럽게 학습한 교훈은 점차 망각 속에 묻혀버린다.

어떤 주요 은행의 CEO가 한번은 자기 딸에게 금융 위기는 "대략 5년에서 7년마다 한 번씩 일어난다"고 말했다.[7] 학습을 통해서 개선하고자 하는 노력이 여기만큼 하지 않은 곳을 다른 인간 활동 분야에서는 찾아볼 수 없을 것이다. 그리고 금융 부문만큼 지긋지긋한 숙명론이 너그럽게 받아들여지는 곳도 찾아볼 수 없을 것이다. 신중함, 신뢰, 무사안일주의, 희열 그리고 절망은 금융의 세 가지 거짓말이 가진 힘을 반영한다. 그 세 가지 거짓말은 "이번에는 다를 거야"와 "시장은 언제나 옳아"와 "시장은 도덕적이야"이다. 이들 거짓말이 가진 유혹의 힘을 깨부수려면, 우리가 금융이 사회의 주인이 아니라 사회의 종임을 분명히 깨닫고 이 역할을 실천하는 데 필요한 내재적인 가치관을 강화하도록 노력해야 한다.

영어에서 가장 비싼 말인 첫 번째 거짓말인 "이번에는 다를 거야"를 놓고 생각해보자.[8]

이 오해는 대개 처음 거두었던 성공의 산물인데, 한 차례씩 발전의 걸음걸이를 떼놓을 때마다 사람들은 아무런 노력 없이도 번영을 누릴 수 있는 새로운 시대에 대한 맹목적인 믿음으로 빠져든다. 예를 들어보자. 1970년대와 1980년대에 높고 불안정한 인플레이션과 치솟는 실업률 그리고 불안한 성장과 싸워서 이기려면 거시경제 정책에서의 혁명이 필요했다.

4장에서 보았듯이 스태그플레이션은, 민주적으로 책임을 지면서도 고도로 효과적인 통화안정을 추구하는 새로운 시스템에 의해서 길들여졌다. 역할과 권한의 분명함, 의회의 책임성, 건전한 관리, 독립적이고 투명하며 효과적인 정책 수립. 이런 것들은 그 시대에 거둔 위대한 성공이었고 그것들의 가치는 오늘날까지 이어진다.

그러나 이런 혁신 조치들이 지속적인 거시경제적 안정성을 보장하지는 않는다. 오히려 그런 안정성과 거리가 멀다. 가격안정성은 금융안정성을 보장하지 않는다. 처음에 건강하게 초점을 맞추던 경향도 시간이 지나면 위험하게 분산되는 경향으로 바뀐다. G7에서는 이른바 대안정기라는 평화로운 배경을 뒤로하고서 총비금융부채＊ 거래 상대방에게 현금 등 금융자산을 인도하지 않기로 약정된 부채의 규모가 국내총생산GDP 규모만큼 증가하면서 폭풍이 서서히 일어나고 있었다.

여러 요인이 이런 부채 슈퍼사이클debt super-cycle ＊ 부채 누적으로 자산 가격이 상승하고 이에 따른 담보가치 상승으로 다시 부채가 늘어나는 악순환을 만들어냈는데, 거기에는 인구통계와 중산층의 실질임금 정체라는 요인들도 포함되어 있었다. (중산층의 실질임금 정체는 기술 발전과 세계화의 산물이다.) 미국에서 가계는 소비를 늘리기 위해서 돈을 빌려야 했다. "(먹을 빵이 없으면) 케이크를 먹으면 되지"＊ 프랑스혁명 당시 빵을 달라고 외치던 민중을 보면서 마리 앙투아네트가 했다는 말라는 말은 "신용을 먹으면 되지"가 되었다.[9] 아닌 게 아니라 금융 개혁 덕분에 신용을 먹는 일은 한결 쉬워졌다. 그리고 외국 자본이 쉽게 공급됨에 따라서 가격도 한결 싸졌다. 그리고 가장 중요하게는, 이것 역시 거짓말인데, 장기적인 거시경제 안정과 자산 가격 상승에 힘입어 개인들과 기관들이 무사안일주의에 젖어 있었기에 그런 무자비한 신용 차입(레버리지)조차도 합리적으로 보였다.[10]

자기 동네에서는 처음에 무명에 가까웠던 경제학자 하이먼 민스키Hyman Minsky가 묘사했듯이 이 주기는 본질적으로 새로운 시장이나 널리 적용되는 새로운 기술처럼 긍정적인 발전에서부터 시작되는 게 전형적인 양상이다. 금융 위기의 뒤를 이었던 번영의 시기이자 거시경제적 안정기는 돈을 빌리는 쪽이나 돈을 빌려주는 쪽이 미래를 점점 더 낙관적으로 전망하게 한다. 예를 들면, "주택 가격은 오를 수밖에 없다"거나 "금융 혁신이 위험을 대폭 줄였다"와 같은 믿음에 사로잡히는 것이다.

그 결과 생겨난 취약성은 오로지 경제 상황이 바뀔 때만 비로소 나타난다. 경제 상황이 바뀌면 돈을 빌려준 기관들은 미래에 대한 전망을 서둘러서 고치며 (과도한 부채를 진 채무자가 부채를 상환하기 위해 건전한 자산까지 파는 시점, 즉 누적된 부채가 임계점으로 다가가면서 자산가치의 붕괴와 경제 위기를 일으키는 시점인 이런 순간을 '민스키 모멘트Minsky moment'라고 부른다.＊ **쉽게 말하면 '거품이 꺼지는 순간'이다)**대출의 고삐를 쥔다. 돈을 빌린 쪽은 지출을 줄이거나, 혹은 극단적인 경우에는 파산한다. 이런 대응들은 경제 불황의 골을 훨씬 더 깊게 만들고 또 그 기간도 길어지게 만든다.

위기가 터질 때 정책 입안자들은 대안정기에 접수했던 여러 지혜를 재빠르게 놓아버리고 대침체기의 교훈을 기를 쓰고 재학습한다. 이런 이론을 전개함으로써 민스키는 주류 경제학자 대열에 합류했다.[11]

시장을 향한 깊은 믿음은 대안정기의 새로운 시대적 발상 아래 놓여 있었다. 금융은 자기 스스로를 자동적으로 조절할 수 있다는 잘못된 신화에 사로잡힌 당국자들은 자신들이 마땅히 해야 했던 규제감독 책임을 다하지 않았다. 이탈리아 재무부 장관 시절에 금융 위기를 맞았던 톰마소 파도아스키오파가 두바이의 컨퍼런스룸에서 예측했던 내용이 바로 그랬다.

두 번째 거짓말은 "시장은 언제나 옳아"라는 믿음이다. 즉 거래되는 모든 것의 공급은 언제나 그것에 대한 수요와 같으며, '적정한 가격'에서 공급과 수요가 절대로 넘치지 않는다는 믿음이다.

시장은 언제나 확실하다는 이 믿음은 위험한 두 가지 결과를 낳는다. 첫째, 시장이 언제나 확실하다면 시장은 균형 상태에 놓일 수 있다. 다른 말로 하면, '언제나 옳을' 수 있다. 만일 시장이 효율적이라면, 거품은 절대로 포착될 수 없으며 또한 거품의 잠재적인 원인들도 얼마든지 바로잡힐 수 있다는 말이 된다. 둘째, 시장이 언제나 확실하다면 시장은 당연히 자연적인 안정성을 가져야 한다. 그러므로 자연적인 안정성이 없다는 것은 시장이 왜곡된 결과이거나 불완전한 시장의 산물이라는 말이다.[12] 바로 이런 발상이 위기가 터지기 전에 정책 입안자들이 가졌던 주택과 신용 붐에 대한 실질적인 무관심을 지배했다.

상품 시장과 노동 시장에 불안정의 증거가 무수하게 많이 나타났음을 고려하면 그런 순진함은 매우 두드러지게 눈에 띈다. 상품 시장에서는 "게으름이 도처에 널려 있다." 경제를 가만히 내버려두면 경제는 잠재력을 웃돌거나 밑도는 수준으로 상당한 기간 작동하며, 그 결과 과도하거나 부족한 인플레이션이 나타난다. 그러나 효율적인 시장의 힘은 '당연히' 수요를 잠재력과 동일시하기에 딱 맞는 가격 변화를 가져오고, 그 결과 인플레이션은 순수한 통화 현상으로만 남는다.

노동 시장에서는 "융통성 없는 경직성이 도처에 널려 있다." 노동의 수요와 공급이 같아지도록 유동적으로 조정되지 않고, 노동의 수요가 부족한 기간이 지속되면서 대규모 실업이 지속된다. 그러나 효율적인 시장의 힘이라면 '당연히' 완전 고용이 언제나 그리고 영원히 지속되도록 임금 수준을 조정해서 그 불균형을 해소할 것이다. 통화 정책은 단지 이런 경직성을 바로잡으려는 대응만이 아니라, 거꾸로 그 경직성에 의해서 효과적으로 바뀌기도 한다.

많은 금융 혁신 조치가 시장 실패의 해법은 낡은 시장들 위에 새로운 시장들을 만드는 것이라는 논리에서 나온다.[13] 무한한 퇴보를 통해서 발전을 도모하겠다는 시도인 셈이다.

대조정기 동안에 이런 견해가 금융가나 정책 입안자의 기본적인 원칙이 되었다. 특히 정책 입안자는 케네스 애로와 제라드 드브뢰Gerard Debreu가 처음으로 추상적인 이론으로 묘사했던 완전한 시장의 완벽한 실제 세상 버전을 추구하면서, 규제를 최소화하는 정책 방향을 추구했다. 그런 완벽한 실제 세상은 이기심으로 똘똘 뭉친 원자화된 사람들로 구성된 논리 정연한 세상이다. 미래에 일어날 수 있는 모든 가능성의 확률을 철저하게 계산하는 세상이며, 또한 사람들이 서로 별다른 마찰 없이 계약하고 거래하는 세상이고, 그 모든 것이 서로에게 이익이 되는 (즉 사회적으로 최적의 결과를 달성하는) 세상이다.[14]

물론 시장은 경제학 교과서에서만 명확하고 확실하다. 실제 현실에서는 뉴턴조차도 비싼 대가를 치르고야 깨달았지만, 사람들은 비이성적이며 경제는 완벽하지 않다. 이처럼 완벽하지 않은 상황에 시장이라는 변수를 추가하면 상황이 더욱 나빠질 수 있다.

예를 들어서 합성신용파생상품synthetic credit derivative을 놓고 살펴보자. 이것은 디폴트(채무불이행) 위험 속에서도 시장을 완성하며, 따라서 자본의 가격과 할당을 개선하기 위한 도구이자 상품이다. 말하자면 위험을 분산하고 또 이 위험을 꾸러미로 묶어서 상품으로 포장한 다음에, 이 위험이 견뎌주길 가장 많이 바라는 사람에게 위험 자본을 할당하는 것처럼 보이는, 일종의 금융 연금술인 셈이다.[15] 그러나 금융 위기 이전의 시스템은 그저 위험을 분산했을 뿐이다. 그것도 불확정적이고 불투명하게. 그러나 그렇게 분산한다고는 했지만 결과적으로 보면 위험을 점점 불리는 것이 되고 말았다. 금융 위기가 시작되자 자산담보부기업어음 시장이나 증권화 시장 그리고 신용파생상품 시장이 모두 얼어붙었으며, 그렇지 않아도 자본 흐름이 어려워진 자금 중개업체의 대차대조표에 위험이 빠른 속도로 집중되었다. 그리고 빌려준 측이나 빌려 받은 측이 초세계화hyper-globalization된 은행과 시장을 통해서 하나로 연결되어 있었기에, 핵심에 놓인 문제들이 주변으로 맹렬하게 (혹은 폭력적으로) 확산되었다.

어떤 자산의 위험 여부는 누가 그 자산을 소유하느냐에 따라서 달라진다는 게 금융의 진리이다. 시장이 확실하지 않을 때 시장 참여자들은 자신이 무엇을 소유하는지 그리고 얼마나 오랫동안 그것을 소유했는지 알고는 깜짝 놀랄 수 있다. 그리고 이 놀라움들이 확산될 때 혹은 확산된다고 사람들이 생각할 때, 공황(패닉)이 나타난다.

시장을 완전한 것으로 완성할 수 없다는 사실은 금융 위기 이전의 접근법이 안고 있던 유일하게 현실적인 문제가 아니다. 설령 시장이 완벽할 수 있다고 하더라도 자연 자체가 알 수 없는 대상이기 때문이다. 뉴턴의 역학은 아원자 수준으로까지 세분화되고, 중요한 모든 것에 대한 대통합 이론*우주 전체의 물리적 속성을 완벽하게 설명하는 하나의 이론을 찾는 일은 오늘날까지 계속되고 있다. 애로-드브뢰의 세상은 가능한 모든 경우의 수 하나하나에 대한 확률을 계산할 수 있는 사람을 전제한다는 사실을 상기해야 한다. 이런 전제가 성립할 때만 비로소 사람들은 자신이 감수하고 싶지 않은 위험으로부터 서로가 확실하게 보호받으면서 계약을 맺고 거래할 수 있다.

그러나 이런 가정이 실제 현실 세상과 터무니없을 정도로 동떨어져 있음은 조금만 생각해도 알 수 있다. 충분히 일어날 수 있는 결과를 놓고 우주를 설명하는 것조차도 한낱 인간이 가진 수단으로서는 도저히 감당할 수 없다. 그러니 하물며 그 각각의 결과에 주관적인 또 다른 확률을 계산하고 부여하는 건 더 말할 것도 없다. 이것은 진정한 불확실성으로 위험과는 다른 것인데, 이 구분은 경제학자 프랭크 나이트Frank Knight가 1920년대에 했다.[16]*나이트는 확률 분석의 대상이 되는 위험 문제와 그렇지 않은 불확실성 문제를 구분하고, 후자를 이윤 발생의 원천으로 보는 동시에 기회비용 개념을 확립하여 한계수익균등의 법칙을 수립했다 그리고 이것은, 개인이 자신이 모든 것을 안다는 잘못된 전제 아래에서 행한 선택들이 시장의 결과에 반영된다는 뜻이다.[17]

거기에 따른 감정의 흔들림은 (즉 어떤 순간에는 비관적이다가 그다음 순간에는 곧바로 기뻐서 펄쩍펄쩍 뛰는 현상은) 자연의 확률뿐 아니라 인간 개인이 자연 대상에 내리는 평가를 반영한다. 그런데 이 평가는 인간 행동에 의해서 필연적으로 왜곡될 수밖에 없다. 존 메이너드 케인스는 『고용, 이자 및 화폐에 관한 일반이론The General Theory of Employment, Interest and Money』에서 이성적인 사람이 얼굴 사진 100장 중 가장 아름다운 얼굴을 선택하는 가상의 미인대회에서 누가 우승할지 알아맞히려면 어떤 선택을 할까 하는 문제를 놓고 고민했다. 그리고 그가 내린 승리 전략은 다음과 같았다.

이 전략은 자신이 판단하기에 가장 아름다운 얼굴을 선택하는 것이 아니며, 사람들의 평균적인 견해가 판단하기에 가장 아름다운 얼굴을 선택하는 것도 아니다. 우리는 제3의 방법에 도달했다. 그것은 바로 평균적인 의견이 무엇을 평균적인 의견이라고 판단할지 예측하고, 이 예측을 근거로 선택하는 것이다. 그렇지만 네 번째나 다섯 번째 혹은 그보다 더 높은 단계의 방법도 있지 않을까 싶다.[18]

투자자로서 상당한 성공을 거두기도 했던 케인스는, 이와 유사한 행동이 금융 시장에서도 나타나는데, 이때 사람들은 해당 상품의 본질적인 가치 추정치가 아니라 그 사람들이 다른 모든 사람이 생각할 것이라고 추정하는 가치 또는 그 가치의 평균적인 평가액을 바탕으로 어떤 주식의 가격을 책정한다고 주장했다. 이 가격은 주관적인 효용의 파생의 파생인 셈이다. 말하자면 복지의 CDO 스퀘어드이다. 민스키 주기Minsky cycle * 민스키 신용 주기의 5단계는 대체displacement, 호황, 도취euphoria, 이익 실현, 공황이다에서 시장에서 평가되는 가치는 본질적인 가치와 매우 많이 다를 수 있다.

널리 수용되거나 혹은 그렇게 보였던 믿음들이 갑작스럽게 재평가 대상이 될 수 있는 이유를 설명하는 데는 사회운동을 다룬 캐스 R. 선스타인의 저작이 도움이 될 수 있다. 동성 간의 결혼이나 심지어 정치 혁명에 대한 태도와 같은 사회 규범의 변화들이 흔히 갑자기 일어난다는 증거는 상당히 많이 있다.

선스타인은 이런 현상을 설명하는 여러 요인을 특정한다. 여기에는 선호 위장preference falsification(어떤 사람이 대중 앞에서 하는 말과 머릿속에 있는 생각이 다른 현상)과 상호 의존성interdependencies(자신이 말하거나 행동하려는 것이 다른 사람들의 가치관에 따라 좌우되는 현상)도 포함된다. 이런 특성들이 뜻하는 내용은, 일단 어떤 조건들이 무르익으면 새로운 견해를 받아들이는 충분히 많은 사람이 매우 빠르게 집결할 수 있으며, 때로 이 일이 참혹한 결과를 낳기도 한다는 것이다. 금융 시장에서도 마찬가지이다. 민스키 주기가 전개될 때 가치는 점점 더 상대적으로 바뀐다. 주가가 일반적으로 높을 때는 거래가 가장 활발한 주식을 사는 것이 매력적이라는 판단은 주가가 폭락하기 전에 주식을 사려는 더 큰 바보가 있을 것이라는 희망을 토대로 한다. "악마는 맨 뒤에 처진 자를 잡아먹는다"는 격언을 토대로 하는 이 접근법은 궁극적으로, 사람들이 가지고 있는 평균적인 의견이 바라보는 평균적인 의견의 진정한 의견이 무엇인지 그 실체를 과도하게 예측한다.

그렇다면 시장은 처음에 어떻게 해서 내재적인 가치와 분리될까? 행동과학 실험의 결과를 보면, 사람들은 새롭게 부각되는 사회적 규범(예컨대 채식 실천하기)에 대해서 배울 때 그 규범에 일치하는 행동을 할 가능성은 한층 더 높아진다. 이런 사실은 새로운 시대의 발상이 세상에 퍼져나가는 방식을 설명하는 데 도움이 된다. 시장이 본질적인 가치에서 벗어나도록 하는 데서 야성적 충동animal spirits이 수행하는 역할을 케인스가 강조한 사실은 유명하다.

투기로 인한 불안정성을 제외하더라도, 인간의 특성으로 인한 불안정성이 있다. 즉 도덕의 문제이든 쾌락의 문제이든 혹은 경제의 문제이든 간에 우리가 하는 능동적인 활동들 가운데 많은 부분이 수학적인 차원의 기대보다는 즉흥적인 낙관성에 의존하는 우리 인간의 특성으로 인한 불안정성이 존재한다는 말이다. 능동적인 어떤 것을 하겠다는 우리의 의사결정 가운데 아마도 대부분은 (그리고 앞으로 다가올 많은 날에 걸쳐서 나타날 그런 결정의 모든 결과는) 야성적 충동의 결과라고 할 수 있다. 정량적 확률과 정량적 편익을 따진 가중치 평균의 결과가 아니라, 무행동이 아닌 행동의 즉흥적인 충동의 결과라는 말이다.[19]

이런 역학관계는 정교하고 노련한 투자자들뿐 아니라 모기지 대출업체와 주택 구매자들에게도 영향을 미칠 수 있으며, 특히 '새로운 시대'에는 더욱 그렇다. 만일 주택 가격이 오르기만 한다면 많은 돈을 빌려서 주택을 구매한 다음에 나중에 실현된 시세차익으로 빚을 갚으면 된다는 식이다.

이런 '이성적인' 행동이 결국 금융 위기로 이어질 운명의 신용부채를 끝없이 쌓아올리는 연료로 기능했다. 그리고 결국 "시장은 언제나 옳아"라는 믿음은, 정책 입안자들이 사회의 총체적인 이익을 좇으면서 그런 경향들을 적절하게 조절해야 하는 역할을 제대로 하지 못했다는 뜻이 되고 말했다.

세 번째 거짓말인 "시장은 도덕적이야"는 시장이 자기가 한 약속을 지키는 데 꼭 필요한 사회적 자본을 당연하게 여겼다. 금융 시장에서 수단과 목적은 너무도 쉽게 뒤엉켜버릴 수 있다. 가치는 추상적이고 상대적인 것으로 바뀔 수 있으며, 군중의 움직임은 개인의 완전성(성실함)을 압도할 수 있다.

FICC(채권, 외환, 상품) 시장들을 예로 들어 살펴보자. 이 시장들은 역사적으로 비공식적인 규칙이나 이해사항에 크게 의존해왔다. 또 수백 년 동안 잘못된 행동 혹은 불법행위에 시달리기도 했다. FICC 시장표준위원회FMSB가 잘못된 금융 행동을 총체적으로 검토한 결과, 지난 200년 동안 사기적인 행동이 끊이지 않았음이 드러났다.[20] 1868년의 호밀 상품 품귀 현상은 1900년의 얼음과 1951년의 귀리 그리고 2010년의 코코아의 품귀 현상과 비슷하다. 1930년에 맨해튼 전기Manhattan Electrical Supply의 판매

가격을 높일 목적으로 사용되었던 이른바 '위장 매매wash trade' * 땅이나 건물, 주식 따위를 사실과 다르게 실제로 사고판 것처럼 거짓으로 꾸미는 행위를 2014년에 같은 목적으로 온라인 스와프 거래업체인 테라익스체인지TeraExchange가 채택했다. 주식 가치를 올리려고 근거 없는 소문을 퍼트리는 현상은 주기적으로 나타나는데, 19세기에는 전신電信으로 20세기에는 소셜미디어를 기반으로 등장했다. 기술은 진화하고 새로운 법안이 의결되지만, 시장의 핵심에는 불법행위들이 여전히 남아 있다.[21]

세계 금융 위기로까지 치닫는 과정에서 불법행위가 반복되었는데 (여기에는 리보 스캔들 * 2012년에 드러난 대형 은행들의 금리 담합 사건과 외환 스캔들도 포함된다), 그 바람에 시장이 혁신하고 성장하려면 반드시 필요한 사회적 허가social licence에 대한 의문이 제기되었다. 그 결과, 금융 시장 참여자들이 고객에게 부적절하거나 사기성 있는 상품을 고의로 판매했음이 드러났다. 금융사 전반에 포진한 전문가들이 기준금리와 외환 기준을 조작해서 자기 회사의 거래 포지션을 지원하는 한편, 이런 기준에 의존하던 개인과 기업 고객에게 막대한 손해를 입혔다. 이런 불법행위를 지휘했던 채팅방 토론에서 가장 눈에 띄는 특징적인 모습이 하나 있다. 이런 일을 저지르는 개인이나 집단은, 자신이 영향을 미치는 실제 현실 세상에 존재하는 가계 및 기업과 너무도 확연하게 분리되어 있다는 점이다.

채권 시장이나 통화 시장 그리고 파생상품 시장과 같은 중요한 시장들이 전문적이고 개방적이기보다는 비공식적인 클럽 모임처럼 바뀌었다. 시장 참여자들은 자신만의 강점을 내세워 경쟁하기보다는 온라인에서 공모했다. 모든 사람이 자신이 한 행동에 책임을 지는 게 아니라 극소수만 책임 추궁을 당했다.

불법행위의 규모가 워낙 크다 보니 공정하고 효과적으로 기능해야 하는 은행의 능력이 훼손되었다. 금융 위기 이후 10년이 지났을 때 전 세계의 은행들이 저지른 불법행위에 따른 비용은 3,200억 달러를 넘었는데,

이 금액은 그런 행동이 없었더라면 가계와 기업에 약 5조 달러 규모의 대출을 지원할 수 있었을 규모이다.[22] 그리고 신뢰가 기본인 금융 시스템에 대해서 영국 국민 가운에 겨우 20퍼센트만 금융 위기 이후에 은행이 잘 운영되고 있다고 생각했다. 1980년대에 이 비율이 90퍼센트였음을 상기한다면 은행에 대한 신뢰는 그야말로 땅에 떨어진 셈이다.[23]

2008년의 금융 위기는 우리에게 실제 현실의 시장들은 아무런 맥락도 없이 그냥 생겨나는 것이 아니고, 효과성과 회복력 그리고 공정성을 위한 시장 인프라의 품질에 의존함을 일러주었다. 이것은 하드 인프라(금융 시장 기준과 같은 시장 구조)와 소프트 인프라(시장에서의 행동을 다스리는 규제와 규약 그리고 문화)가 모두 튼튼해야 한다는 뜻이다.

이 인프라를 똑바로 세우는 것이 정말 중요하다. 왜냐하면 금융 시장들은 실물 경제에 복무하기 때문이다. 시장은 기업이 직원을 채용하고 투자를 하고 확장할 수 있도록 자금을 지원함으로써 경제 성장을 촉진하고 일자리를 창출한다. 그리고 또 우리의 시장은 이런저런 위험을 기꺼이 감당하겠다고 나서며, 그럴 능력이 있는 사람과 기관으로 위험을 이전함으로써 영국의 가계와 기업이 예상치 않은 사건들과 맞닥뜨리더라도 안전하게 살아남도록 돕는다.

이런 활동의 많은 부분은 채권 시장과 외환 시장 그리고 상품 시장에 의존한다. 기업채권, 기업어음, 파생상품, 외환을 각각 다루는 시장이 그렇다. 이런 FICC 시장들은 (경제의 세 주체인) 가계와 기업과 정부의 차입금을 설정한다. 우리가 해외로 여행하거나 해외에서 물건을 살 때 사용하는 환율을 정한다. 우리가 먹는 음식과 원재료의 비용을 결정한다. 또한 기업이 투자·생산·거래할 때 발생하는 재무 위험을 기업이 잘 관리하도록 지원한다.

퇴직금과 위험에 대비하는 보험에 대한 기업의 책임이 증가함에 따라 시장들은 사람들에게 점점 더 중요해졌다. 의사결정의 적합성은 앞으로 FICC 시장들에 크게 의존할 전망이다. 그러므로 그 시장들이 잘 작동하는 것은 필수적인 사항이고, 잘 작동할 것처럼 보인다.

비록 FICC 시장들이 번영의 강력한 추진력이 될 수 있지만, 이 시장들이 잘못될 가능성도 얼마든지 있다. 지켜보지 않고 내버려두면 안정성을 잃어버리고 폭주하고 이런저런 비위행위에 이용될 수 있다. 올바른 기준이나 인프라가 없는 시장은 건축 법규나 소방서 혹은 보험이 마련되어 있지 않은 도시나 마찬가지이다. 빈약한 인프라 때문에 미국 서브프라임 위기의 불씨가 영국 시장의 화약고에 불을 붙여서 우리 생애 최악의 경기침체를 촉발했다. 구체적으로 보면 다음과 같다.

- 행동수칙을 제대로 읽는 사람이 너무 적고 또 너무 많은 사람이 행동수칙을 무시하는 등의 빈약한 '소프트' 인프라
- 금리 기준과 환율 기준이 사실상 고정되는 것과 같은 잘못된 '하드' 인프라
- 자본이 빈약해서 단기 자금조달에 의존하는 허약한 은행들

이 세 가지가 영국 시장을 불길로 몰아넣는 불씨를 만들었다.

중앙은행들도 이런 실패에 책임이 있었는데, 전 세계의 시장이 화염에 휩싸였을 때 모호함 때문에 전혀 도움이 되지 않았던 화재보험 시스템을 붙잡고 있었기 때문이다. 위기를 향해 치닫는 과정에서 중앙은행들이 일반적으로 채택했던 접근법은, 역사적으로 비공식 규범과 이해에 크게 의존했던 FICC 시장의 태도와 일치했다. 그런 비공식성은 이전 시대에나 잘 어울리던 것이었다. 그러나 시장이 혁신하고 성장함에 따라서 그것으로는 부족하다는 게 판명되었다.

가장 성가신 것은 그런 비공식성을 악용한 수많은 불법행위와 관련된 사건이었다. 그 바람에 대중의 신뢰는 추락했고 시스템의 안정성이 불

안하게 흔들렸다. 시장 참여자들 사이에서 생겨난 불신 때문에 대출 비용은 늘어났고 신용가용성*신용 공급을 얼마나 할 수 있을지 나타내는 정도은 줄어들었다. 시장 회복력에 대한 신뢰도가 떨어짐에 따라서 기업은 생산적인 투자를 미루었다. 그리고 불확실성 때문에 사람들은 일자리나 집을 옮기길 망설였다.

이런 효과들은 결코 사소하지 않은데, 이 효과들은 금융 위기 이후 지금까지 오랫동안 우리 경제의 역동성을 갉아먹었다.[24] 널리 퍼진 불신의 뿌리 역시 한층 더 깊은 간접 비용을 경제 주체들에게 물리고 있다. 시장은 그 자체로 목적이 아니며, 모두의 번영과 안정을 위한 강력한 수단이다. 그러므로 시장은 정상적으로 작동하고 혁신하고 성장하는 것에 대해서 사회의 동의(사회적 허가)를 계속 유지할 필요가 있다. 불법행위가 반복됨에 따라서 지금은 모든 사람이 낙담한 상태이다. 그러므로 금융계에 있는 사람이라면 공공 부문이든 민간 부문이든 가릴 것 없이 모두 이런 문제들을 바로잡는 것에 책임감을 가져야 한다.

이번에도 전혀 다르지 않다. 언제나 그렇듯이 시장은 확실하지 않다. 그리고 우리는 시장의 비도덕성 때문에 고통을 받을 수 있다. 이런 사실을 알고 있는 지금 우리는 이 지식을 가지고 무엇을 해야 할까? 그리고 이 지식을 어떻게 유지할 수 있을까?

여기에 대답은 한층 더 안전하고 단순하고 공정한 금융 시스템을 만들어내는 G20 차원의 개혁 조치들을 담은 근본적인 프로그램에서 시작된다. 이 금융 시스템은 경기가 좋을 때뿐 아니라 나쁠 때도 가계와 기업에 더 잘 복무할 수 있는 시스템이며, 또 한층 더 큰 포용성과 탄소중립 경제로의 이행을 지지하는 시스템이다. 이런 친시장 개혁 조치들이 반드시 필요기긴 하지만, 이것만 가지고서는 충분하지 않다.

규제만으로는 800년 동안 이어온 금융의 호황과 불황 주기를 깨지 못한다. 우리가 다시 한 번 더 금융의 세 가지 거짓말이라는 주문에 홀리면 최근에 거둔 이익까지도 홀랑 사라져버릴 것이다. 정책 입안자와 시장 참여자가 이 유혹에 저항하려면, 그 옛날 오디세우스가 사이렌의 유혹에 홀려 바다에 스스로 몸을 던지지 않도록 돛대에 자신의 몸을 묶었듯이, 자신의 몸을 스스로 돛대에 묶어야 한다. 비유를 던지고 현실적으로 말하자면, 시장의 한계를 깨닫고 금융 시스템에 대한 책임성을 재발견해야 한다는 뜻이다.

시장의 불확실성에서 비롯되는 결과들을 어떻게 처리할 것인가

시장을 한층 덜 복잡하고 한층 더 튼튼하게 만들겠다는 목적으로 여러 가지 중요한 개혁들이 지금까지 나왔다. 이런 개혁들의 핵심적인 목표는 실물 시장real market들을 다시 구축하는 것이었다. 실물 시장은 회복력이 강하고 공정하고 효과적이다. 이 시장은 사회적 허가를 유지한다. 실물 시장은 그냥 나타나지 않으며, 시장 인프라의 질에 의존한다.

튼튼한 시장 인프라는 훼손의 위험을 끊임없이 받는 일종의 공공재이다. 그렇기 때문에 최고의 시장은 끊임없이 개혁한다. 공공 부문과 민간 부문을 따질 것 없이 시장에 참가하는 모든 주체가 그 시스템 전체에 대해서 자기가 책임져야 하는 것이 무엇인지 인식할 때만 비로소 시장 훼손의 위험을 극복할 수 있다.

10년 전에 장외에서 이루어지던 파생상품(OTC 파생상품) 거래는 대부분 규제를 받지 않았으며 보고의 의무도 없었고 그저 거래 당사자들 사이에서만 모든 것이 끝났다. 리먼브라더스가 파산할 때 이런 거래에 내포된 위험 노출과 관련된 불확실성이 공황을 촉발하는 불씨가 되었다. 그

때 이후로 여러 개혁 조치들이 실행되면서 해당 시장들은 한층 더 안전하고 투명하게 바뀌었다. 거래 보고를 의무화하고 장외 거래의 최종 체결을 (거래 당사자들 사이에서만이 아니라) 중앙에서 처리할 것을 장려하는 등의 개혁 조치들이었다. 그 결과 단일통화 금리파생상품* **금리 또는 다른 금리 계약에 연계되어 현금흐름이 결정되는 이자지급형 금융상품**은 현재 미국에서 중앙 차원에서 거래가 최종 체결된다. 그리고 전 세계로 보자면 현재 1조 달러의 추가 담보가 모든 파생상품 거래에 대한 담보로 설정되어 있다.[25]

세계 금융 위기 이후 10년 동안 일련의 조치들이 금융 위기의 핵심에 놓여 있던 그림자 금융의 여러 유독한 형태들(예를 들면 캐나다 자산담보부기업어음)을 제거해서, 자금을 조달하거나 운용하는 데서의 만기불일치 비율이 높다든가 레버리지가 높고 불투명하다거나 혹은 (거래를 회계장부에 기재하지 않고 임의로 처분하는) 장부 외 거래를 한다거나 하는 관행을 철폐했다. 시장 기반 금융의 한층 더 건설적인 형태들(여기에는 금리연동제 단기투자펀드 시장MMF market과 환매조건부채권(리포) 시장repo market이 포함된다)은 위험을 줄이고 수익을 강화하는 새로운 정책 조치들을 유도했다.

선진국에서는 낡은 관행들이 줄어들었지만, 몇몇 신흥국에서는 이런 것들이 점점 커지고 있다. 예를 들어서 지난 30년 사이에 중국이 거둔 경제 성장은 그야말로 기적처럼 놀랍지만, 중국이 금융 위기 이후 거둔 성과는 그림자 금융과 관련된 부채의 폭발적 증가에 크게 의존했기에 가능했다. 예를 들면, 비은행 금융 부문의 규모가 10년 전에는 GDP의 약 10퍼센트였지만 지금은 100퍼센트를 상회할 정도이다. 그런데 이런 양상은 금융 위기 이전에 미국에서 나타났던 양상과 매우 비슷한데, 당시 미국에서는 대규모 만기 불일치와 환매조건부채권(리포) 시장에서의 급격한 재융자 증가 그리고 대출자와 은행의 우발채무contingent liabilities* **현재에는 채무가 아니나 장차 어떤 특정한 사태로 말미암아 채무가 될 수도 있는 불확실한 채무**의 증가 등과 같은 현상이 일어났다.

좀 더 폭넓게 보자면, 잠재적으로 중대한 새로운 취약성이 G20 국가 전반에 걸쳐서 나타났다. 흔히 그렇듯이 이런 위험은 긍정적인 발전과 동반해서 나타난다. 전 세계에서 운용되는 자산은 10년 전의 약 50조 달러에서 현재 약 90조 달러로 늘어났으며, 금융 위기 이후 신흥국들에서 외채가 증가한 것도 이런 맥락에서 설명할 수 있다. 이런 현상은 금융 시스템에 반가운 다양성을 가져다주고 있다.

그러나 30조 달러가 넘는 자산이, 당연히 비유동적일 수밖에 없는 초자산에 투자되어 있음에도 불구하고 일별 유동성daily liquidity을 제공한다고 약속하는, 즉 유동성이 매우 높은 펀드들에 투자되어 있다.[26] 이런 유동성 불일치는 다른 투자자들보다 (특히 자금 압박을 받는 투자자들보다) 먼저 상환하는 투자자들에게 유리하다. 이 '선점자 우위' 현상은 문제가 맨 처음 발생하는 시장에서뿐 아니라 비슷한 위험을 안고 있는 모든 시장 전반에 걸쳐서 출구를 향해 달려가는 불안정함 쏠림을 촉발할 수 있다. 현재 널리 사용되는 도구인 펀드 거래정지fund suspension가 이 문제를 한층 더 악화시킨다.

다른 말로 하면, 시장은 언제나 확실하다는 거짓말 위에 구축되어 있기 때문에 그만큼 불안하다는 것이다.

개방형 펀드＊펀드의 만기가 끝나기 전이라도 투자금을 도중에 환매할 수 있는 펀드. 반대로 만기까지 중도에 환매할 수 없도록 설계된 것을 폐쇄형 펀드라고 한다에서 투자금이 빠져나가는 현상은, 펀드가 한층 더 비유동적인 자산일 때 그리고 시장 조건이 한층 더 나쁠 때 펀드의 실적에 한층 더 민감하게 반응한다. 비록 지금까지 위험들은 몇몇 특정한 관리자들이나 상대적으로 규모가 작은 시장에서 그리고 충격이 그동안 억제되었던 경우에 현실화되긴 했지만, 유동성이 상대적으로 낮은 자산의 보유 비율이 펀드에서 계속 늘어날 때 이런 위험들은 시스템에 고착될 가능성이 있다.

은행의 경우와 마찬가지로 시장 기반 금융의 핵심에 있는 기관들은

도표 8 - 2 • 뮤추얼펀드 설계의 회복력을 위한 영국 금융감독청의 원칙

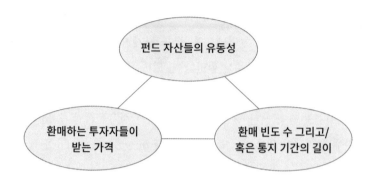

(특히 개방형 투자펀드들은) 레버리지와 유동성을 신중하게 관리해야 한다. 몇몇 펀드 자산들의 유동성과 환매 조건 사이에 불일치가 존재한다는 것은, 다른 사람들보다 (특히 자금 압박을 받는 사람들보다) 먼저 환매하는 투자자들에게 유리하다는 뜻이기 때문이다. 이것이 시스템상의 위험으로 내재될 가능성이 있다. 선점자 우위 효과가 출구를 향해 달려가는 불안정함 쏠림을 촉발할 수 있기 때문이다.

이런 문제에 대한 대응으로 잉글랜드은행과 영국 금융정책위원회는 펀드의 자산들과 이 펀드의 환매 조건이 한층 더 높은 수준으로 일치해야 한다고 판단했다(〔도표 8-2〕 참조). 그래서 다음과 같은 규정을 정했다.

- 펀드 자산들의 유동성은 해당 자산들의 수직 슬라이스＊여러 자산을 포개서 '합성'한 다음에, 자산이 모두 조금씩 포함되도록 쪼갠 하나의 조각. 이 조각은 파생금융상품의 한 단위가 된다를 빠르게 판매하는 데 필요한 가격 할인으로서 또는 중요한 가격 할인을 피하기 위한 판매에 필요한 시간으로서 평가되어야 한다.
- 환매하는 투자자는 특정 상환 통지 기간에 펀드 자산 가운데서 요

구되는 부분을 매각하는 데 필요한 할인을 반영하는 단위 가격을
반드시 보장받아야 한다.

- 상환 통지 기간은 자산 가운데서 요구되는 부분을 매각하는 데 필
  요한 시간을 반드시 반영해야 하며, 이때 환매 투자자가 받는 가격
  에서 포착되는 할인을 초과하는 할인이 이루어져서는 안 된다(〔도
  표 8-3〕 참조).

금융 위기 때 현금이 많은 은행이 여분의 자금을 과도하게 많이 보유
함에 따라서 유동성이 말라버렸다. 특히 은행 간 시장(은행 간 단기자금 시
장)에서 더욱 그랬다. 이런 현상과 나란히, 상대방이 안고 있는 위험에 대
비하기 위한 담보물의 헤어컷＊담보 자산의 가치 할인으로 촉발된 '리포 런run
on repo(갑작스러운 환매 행렬)'은 선진국의 그림자 금융을 붕괴로 몰아넣었

**도표 8 - 3 • 다른 사람들보다 먼저 환매하겠다는 동기를 줄이는 데 필요한, 가격
할인과 통지 기간의 표준화된 조합들**

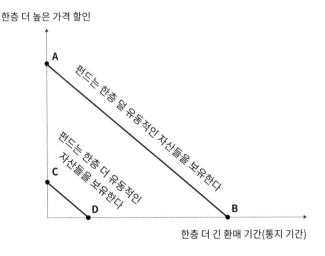

다. 유로 지역에서 국가부채 위기는 이런 문제들을 악화시켰고, 그 바람에 몇몇 시장들은 국가별로 쪼개졌다.

전 세계적인 개혁 조치들은 이런 혼란을 일으킨 갈등을 해결했다. 유동성 규제에 대한 새로운 세계적 표준은 지금 튼튼하게 자리를 잡았다. 예를 들면 유동성커버리지비율Liquidity Coverage Ratio, LCR ✽한 달 기준의 국채 등 고유동성 자산을 순현금유출로 나눈 비율. 이 비율이 높으면 유동성 위기가 발생했을 때 그만큼 오래 견딜 수 있다과 순안정자금조달비율Stable Funding Ratio, NSFR ✽유동성을 감안한 은행 보유자산 대비 안정적 자금조달의 비율이 그런 표준이다. 은행의 자본 기준은 현재 그림자 금융에 대한 노출 정도를 고려하고 (여기에는 그림자 금융 개입 위험step-in risk도 포함된다) 또 한 주기의 수익률을 고정함으로써 민스키 주기 변환에 따른 대출 수익의 변동성을 예방한다. ✽앞에서도 언급했듯 민스키 신용 주기의 5단계는 대체, 호황, 도취, 이익 실현, 공황이다 이런 개혁 조치들은 유동성 관리에 대한 은행들의 접근법을 바꾸어놓고 있으며 금융 시스템 전체의 회복력을 높여준다. 예를 들어서 유동성 자산의 규모는 (이 규모는 쉽게 환매될 수 있는 부채 규모와 비례한다) 금융 위기 이전의 열 배나 된다.[27]

그러나 최근에 미국 달러화 환매조건부채권(리포) 시장들에서의 변동성은 여전히 해결해야 할 문제로 남아 있다. 이런 시장들에 압박이 생성되었던 2020년에 은행들은 현금 대출에 발을 들여놓지 않았다. 당국이 규제하는 유동성 요건으로 사람들이 인식하는 것에 미치는 영향을, 수익을 낼 기회가 상쇄하기에 역부족이라고 보았기 때문이다. 연방준비제도의 개방형 시장 운영 원칙이 결국에는 시장을 진정시켰지만, 딜러들이 금융 위기 때와 비슷한 불씨가 미래에 형성될 가능성이 높다고 바라보았기 때문에, 상대적으로 장기인 환매조건부채권(리포) 금리repo rate ✽자본시장에서 대상이 되는 증권이나 채권을 매도(매수)함과 동시에 사전에 정한 기일에 증권을 환매수(환매도)하는 금리는 여전히 높은 수준으로 남아 있었다. 이것은 미국과 독일의 국채 시장에 나타났던, 경색 상태의 단속적인 시장 유동성의 한층 광범위한 문제들을 가리키는 일련의 사건들 (여기에는 발작도 포함된다) 가운데 하나였다.

해결책은 금융 위기 후의 유동성 규제를 푸는 것이 아니다. 규제를 푸는 것은 과거의 거대한 시스템상의 위험들을 시간이 지난 다음에 되살리는 것일 뿐이다. 게다가 이런 사건들이 빚어낸 제한된 시스템적 결과에 주목해야 한다. 어쨌거나 자산의 위험성은 자산을 보유한 주체에 따라서 달라진다. 주변 시장들에서 '위기'로 느껴지는 것은 그 시장에서 참가하는 사람들에게 고약한 하루에 지나지 않는 반면에, 은행 시스템의 핵심에서 나쁘게 느껴지는 날은 실물 경제에서의 끔찍한 한 해를 암시한다.

앞의 여러 장에서 보았듯이 중앙은행들은 일시적인 유동성 부족이 지불능력 위기로 발전하지 않도록 예방할 목적으로, 수백 년에 걸쳐서 은행들이 의지할 수 있는 최후의 대부자 역할을 구축해왔다. 모든 중앙은행은 "공황을 피하려면 중앙은행은 지불능력이 튼튼한 회사를 상대로 해서 좋은 담보를 잡고 높은 금리로 조기에 그리고 자유롭게 자금을 빌려주어야 한다"는 월터 배젓의 격언을 학습하면서 성장한다.[28] 그런데 그게 말처럼 그렇게 쉽다면 얼마나 좋을까.

배젓을 중앙은행 총재로 임명한다고 치더라도 중앙은행 총재는 여러 과제에 맞닥뜨릴 수밖에 없다. 첫 번째 문제는 어떤 기업이 지불 능력이 튼튼한지를 판단해야 하는 까다로운 문제이다. 은행이 어느 정도의 금액을 고객 기업에 빌려줄 수 있을까 하는 문제는 해당 기업의 자산 건전성을 따진다는 뜻이다. 은행이 자산 사정이 건전하지 않은 기업에게 돈을 빌려줄 경우, "시장은 이 은행이 유동성을 유지할 수 있는 기간보다 더 오래 잘못될 수 있다." 유동성을 유지한다는 것은 자산의 건전성을 유지하는 것이다.

두 번째 문제는 좋은 담보물이 무엇인지 판단하는 문제이다. 신중하고 꼼꼼한 중앙은행원이라면 국채와 같은 고품질의 자산을 담보로 맡으려 하겠지만, 이런 서비스는 별로 쓸모가 없다. 금융 위기 때 분명하게 드러난 사실이지만, 그렇게 하는 것은 금융 시스템의 작동에 없어서는 안 되는 위치로 이미 성장해버린 자산담보부증권 등과 같은 여러 시장의 유동성에 오로지 제한된 규모의 연쇄 효과만 가져다줄 뿐이다. 은행들은 시장 기능을 개선하기 위해 유동성이 자유롭게 흐르게 하기보다는 자기가 확보한 유동성을 쟁여두는 경향을 보여왔다. 은행들에게 도움을 주는 최후의 대부자 기능이 점점 더 사회에는 도움을 주지 않게 된다.

세 번째 문제는 높은 수준의 벌칙 금리가 오히려 문제를 유발할 수 있다는 점이다. 고금리는 모럴 해저드를 막을 목적으로 설계되었다. 즉 은행들이 중앙은행의 도움을 어렵지 않게 받으면서 유동성 관리를 할 수 있다는 전제 아래에서 낮은 유동성 상태로 운영하지 못하도록 설계되어 있다는 말이다. 게다가 중앙은행에 고금리로 자금을 빌리는 데는 오명이 따라붙는다. 그런 행위가 자금 경색 상황에 놓여 있음을 알리는 신호이기 때문이다. 그렇기 때문에 은행들이 중앙은행에 손을 벌리는 것을 최대한 미룬다. 그러다 보니 실제로 그들이 중앙은행을 찾을 때는 이미 너무 늦었을 수도 있다.

이것은 또 다른 변수인 가치관의 갈등과 밀접하게 연관되어 있다. 전통적인 중앙은행은 그림자처럼 기능했다. 긴급 대출은 비밀리에 이루어질 수 있었다. 그러나 민주적인 책임성의 시대에서는 이런 관행이 지속가능하지 않다. 납세자가 낸 엄청난 금액의 예산이 위험해질 수 있다. 하지만 그렇다고 해서 긴급한 은행 대출을 공개할 경우에는 애초에 긴급한 유동성을 설계할 때 예방하려고 했던 뱅크런의 위험이 초래될 수 있다.

이러한 요인들을 종합하면, 최후의 대부자라는 중앙은행 기능은 처음과는 거의 몰라볼 정도로 많이 바뀌었다. 지금의 중앙은행은 은행들과 채권 중개업체들 그리고 금융 시장 인프라(예컨대 파생상품 시장의 핵심에서 중앙은행과 같은 기능을 하는 기관)의 광범위한 거래 당사자들에게 투명한 유동성 경매 기회를 제공하는 데 초점을 맞춘다. 지난 몇 년의 경험을 놓고 보면 그것이 여전히 더 확장될 필요가 있음을 알 수 있다.

환매조건부채권(리포) 시장 경색의 기저가 될 잠재적인 문제들 가운데 하나는, 총액 규모로는 충분한 유동성으로 보이는 것이라고 하더라도 기관들이나 국가들 사이에서 비대칭적으로 분포되어 있을 때는 전혀 충분하지 않을 수 있다는 점이다. 그렇다면 중앙은행은 지원 기업의 대차대조표에 대한 접근권을 확대하는 것을 포함해서 전체적으로 훨씬 더 많은 유동성을 제공해야 한다는 말이 된다.

예를 들어보자. 잉글랜드은행은 브렉시트에 동반될 잠재적인 여러 위험을 예상하면서, 자금 경색이 발생할 경우 이 충격을 흡수하는 데 사용될 영국 파운드화, 미국 달러화, 그리고 유로화 등의 주간 경매를 일반 은행을 상대로 시작했다. 또한 잉글랜드은행은 필요한 경우에 훨씬 더 많은 빈도로 활성화될 수 있는 환매조건부채권기구CTRF라는 조직을 갖추고 있으며, (유럽중앙은행과 마찬가지로) 매우 다양한 기관들에게 다양한 담보물을 받고 돈을 빌려줄 수 있다.

중앙은행과 감독기관은 또한 유동성 기구들과 완충 장치들이 활용될 것을 전제로 존재한다는 사실을 분명히 알아야 한다. 예를 들어서 잉글랜드은행은 통상적인 사업 과정에서 유동성을 제공할 것이라는 감독기관의 의지를 분명히 했다. 잉글랜드은행은 기업들이 어떤 유동성 이용도 합리화할 것이라고는 기대하지 않으며, 또 은행들이 잉글랜드은행의 기구들을 사용하기 전에 자체 완충 장치를 사용할 것이라는 추정은 아예 하지도 않는다.

중앙청산central clearing＊거래 계약 체결 후 대금 지급이 당사자들 사이에서 이루어지는 게 아니라 중앙에서 자금의 지급 지시나 증권의 이체 지시를 대신하는 청산 방식을 늘이는 것이 환매조건부채권(리포) 시장의 유동성을 개선하는 자본효율적인 방법이 될 것이다. 특히 규모가 작은 기관들이 직접 참가할 경우 가장 효과적일 것이다. 또한 기업이 한층 더 총체적인 접근법을 채택해서 내부 자본

관리에 접근하면 이 기업은 한층 더 기민해진다. 개별 단위에서 레버리지 비율을 적용하지 않아도 되는 것이 그런 기민성의 효과이다.

자산관리자와 같은 금융 시장의 광범위한 참여자들에게 중앙은행 기구 접근권을 확대해야 한다는 강력한 주장이 있다. 지난 10년의 경험을 놓고 보면, 자금이 경색되는 상황에서는 은행들이 충분한 유동성을 제공함으로써 시장 기능을 개선하려 들지 않는다. 이것은 시장의 변덕을 악화시키는 연쇄 효과를 유발하는데, 이런 시장의 변덕은 한층 더 비정상적인 중앙은행의 개입을 촉발할 수 있다. 이 개입에는 기업과 고수익 부채 관련 자산매입 프로그램들이 포함되는데, 이런 프로그램들은 금융 정책의 목표를 달성하기보다는 금융안정을 꾀하는 목적으로 수행된다.

"이번에는 다르다"는 거짓말에 대처하기

금융 위기와 코로나 위기의 경험이 우리에게 가르쳐준 것이 있다. 바로 겸손함이다. 우리는 모든 우발적인 사건에 대해서 모든 위험이나 계획을 미리 알거나 마련하지 못한다. 그러나 우리는 실패에 대비하는 계획을 반드시 세워야 하고, 또 그런 계획을 얼마든지 세울 수 있다. 이런 계획을 세운다는 것은 충격을 받을수록 더욱 강해지는 시스템, 즉 이미 알려진 위험들을 강화하고 럼스펠드 식의 알려지지 않은 위험들을 구체화하는 것도 잘하는 시스템을 만드는 것을 뜻한다. ＊부시 정부의 국방부 장관으로 이라크전쟁을 주도했던 럼스펠드는 대량파괴무기가 발견되지 않은 것을 놓고 이렇게 말했다. "잘 알려진 확실한 일들이 존재합니다. (…) 또 우리는 잘 알려진 불확실한 일들이 존재한다는 것도 알고 있습니다. (…) 하지만 알려지지 않은 불확실한 일도 있습니다. 즉 우리가 그것을 모른다는 사실조차 알지 못하는 일이 있다는 것입니다."

대중적인 신뢰에 가장 심각한 타격을 주었던 것은, 덩치가 크다는 이

유만으로 죽지 않고 살아남는 은행들이 금융 시스템의 핵심에 너무도 많다는 사실이 아니었을까 싶다. 10년 전에 덩치가 크고 복잡한 은행들이 "동전을 던져서 앞면이 나오면 내가 이기고, 뒷면이 나오는 네가 진다"는 거품 속에서 흥청거리며 좋은 시절을 보냈다. 그들은 금융 위기가 닥치기 전에는 수익을 자기 몫으로 챙겼으며, 음악이 멈추고 위기가 닥쳤을 때는 손실을 사회의 몫으로 돌렸다. 2008년 가을에 정점을 찍었던 민간 금융에 대한 신뢰의 완전한 상실은 다음 해 긴급구제금융과 은행 부채에 대한 정부 보증 그리고 중앙은행의 특별 유동성 계획이라는 총금액 15조 달러의 공적 지원을 받아서 가까스로 바로잡혔다.

위험과 보상에 대한 부당한 공유는 불평등에 직접적으로 기여했다. 그러나 더 중요한 사실은 사실이 있다. 이 부당한 공유가 금융이 의존하는 한층 폭넓은 사회적 교직(예컨대 사회를 구성하는 여러 제도와 상식)을 해쳤다는 점이다. 강력한 힘을 가진 은행들의 암묵적 특권을 시장의 철저한 규율로 대체할 때, 우리는 사회적 자본을 재건하고 경제적 역동성을 높일 수 있다. 바로 이런 점에서 충격과 무질서 속에서도 번성할 수 있는 시스템을 만드는 일이 긴급하게 중요하다.

이렇게 하기 위해서 현재 은행의 자본준비금은 금융 위기 이전 기준의 10배로 설정되어 있다. 10년 전에는 은행들의 자본금이 말이 되지 않을 정도로 적었다. 어떤 은행들은 장부외 거래들이 잘못되자 자기 자본 대비 부채의 비율이 50배가 넘기도 했다. 역사가 신중하다고 평가했던 15배에서 20배와 비교하더라도 엄청나게 높은 수치였다. 그런 부실한 은행들은 나중에 결국 시장의 호의에, 궁극적으로는 납세자의 호의에 부담을 지우고 마는 복잡한 사업 모델들을 가지고 있었다. 자기 자본 대비 부채의 비율이 최대 10배로 설정됨에 따라서 은행들은 1.5조 달러가 넘는 자본을 조성했다. 그리고 그들은 낮아 보이긴 하지만 결코 낮지 않다고 판명되는 여러 위험에 대비하는 새로운 레버리지 비율로 단련된다.

금융 시스템은 예전보다 더 간소한데 이렇게 된 부분적인 이유는, 은행들이 예전보다 덜 복잡하게 또 더 집중적으로 사업을 하기 때문이다. 높은 레버리지 비율과 위험한 거래 활동 그리고 도매시장을 통한 자금조달wholesale funding 등에 의존하던 비즈니스 전략이 사라지고 있는데, 물론 이것은 금융 위기 이후의 개혁 조치들이 의도한 방향이다. 거래 자산의 규모가 반으로 줄었고, 은행과 은행 사이의 대출도 3분의 1로 줄었다. 은행들은 가계와 기업에 더 많이 빌려주고, 서로에게는 덜 빌려준다.

시장의 규율을 되살리고 공적 자금에 대한 의존을 종식하겠다는 목표로 제시된 G20 표준은 세계화의 시스템을 갖춘 은행들이 미래에 안전하게 파산할 수 있도록 보장한다. 은행들은, '사망 선택 유언'＊본인이 직접 결정을 내릴 수 없을 정도로 위독한 상태가 되면 존엄사를 시켜달라는 뜻을 밝힌 유언을 작성하고 또 설령 투자은행 사업에 심각한 자금 경색이 발생하더라도 가계와 기업에 계속 복무할 수 있도록 스스로를 재조직함으로써, 자기의 문제를 한결 쉽게 해결할 수 있도록 해야 했다. 가장 중요한 점은, 지금은 은행들이 충분히 많은 부채를 안고 있어서, 한 은행이 파산하더라도 이 은행의 부채를 떠안은 다른 은행이 회사의 자본 구성을 재편해서 가장 중요한 활동들을 계속해서 이어가도록 지원하게 되어 있다는 것이다. 그 결과, 영국의 대형 은행들이 누리던 공적 자금 지원금이 90퍼센트나 줄어들면서 시장의 규율이 회복되었다. 지금은 은행이나 이들의 경영진 사이에서도, 다른 산업 부문들의 경우와 마찬가지로 실패에 따른 결과를 스스로 감당하는 것이 당연한 규칙으로 자리를 잡으면서 금융 시스템이 예전보다 공정해졌다.

과거의 금융 위기들은 금융 손실에 뿌리를 뒀지만 지금과 같은 디지털 시대에서는 금융 시스템이 받는 충격은 사이버 공격 등과 같은 비금융적인 데서 비롯될 수도 있다. 영국의 대형 은행들은 회사의 사이버 보안을 개선하기 위해서 현재 사이버 침투 테스트를 받고 있다. 아울러 우리는 금융 시스템이 잘못될 경우에 대비하는 계획을 세우고 있다. 예를 들어서 중요한 금융기관들이 사이버 공격을 당했을 때 복구 시점에 대한 정확한 기준을 마련하는 것도 그런 계획에 포함된다.

거시건전성 접근법은 당국자들에게 지나간 전쟁을 놓고 싸우지 말고 다음 차례의 과제에 대처하라고 촉구한다. 그들은 일어날 가능성이 가장 높은 일에 대비하면서 헛된 위안을 구할 게 아니라 '무슨 일이 일어날 수 있을까?' 하는 질문을 놓고 탐구해야 한다. 거시건전성 접근법은 시스템 전체에 걸친 위험을 찾아야 한다.

거시건전성 정책의 존재 이유는 금융 시스템이 경제를 지원하도록 보장하는 것이다. 거시건전성의 틀은 경기순환 주기와 반대되는 주기로 이어지는데, 위험들이 늘어날 때는 회복력을 구축하고 그 위험들이 구체화할 때 그 회복력에 의존한다. 거시건전성 정책의 구체적인 목표인 금융 안정성은 금융안정성이 없을 때를 가정하면 가장 쉽게 이해할 수 있다. 금융안정성의 반대 개념으로는 거품의 불안정성, 위기, 공황 등을 들 수 있다. 금융안정성은 시장 상황이 좋을 때나 나쁠 때나 변함없이 금융 시스템이 금융 서비스를 제공할 수 있는 역량이나 상태를 말한다. 이런 조건에서는, 금융 시스템이 금융 서비스 가운데 몇 가지 중요한 서비스를 제공하지 못한다거나 하는 일이 일어나지 않고 경제 충격을 거뜬히 이겨 낼 수 있을 것이라는 믿음이 존재한다.

시장 상황이 좋을 때나 나쁠 때나 변함없이 금융 시스템이 경제를 지원할 수 있으려면 이 시스템에 꼭 필요한 조건이 있다. 그것은 바로 경제 충격이 발생했을 때 가계와 기업에 계속해서 돈을 빌려줄 수 있을 정도로 충분히 튼튼해야 한다는 점이다. 이것은 거시경제적 침체는 감당할 수 없는 부채의 부담이 아닌 다른 이유로 악화된다는 말이기도 하다.[29]

이런 목표들을 달성하기 위해서 거시건전성 당국자들은 시스템에 내재된 여러 위험에, 즉 성장을 실질적으로 가로막기에 충분할 정도로 커다란 위험들에 초점을 맞춘다. 이런 시스템상의 여러 위험은 크게 두 부류로 나눌 수 있다. 주기적인 위험과 구조적인 위험이다. 주기적인 위험은 시간이 흐름에 따라서, 즉 경제가 강화되고 사람들이 한층 더 태평하게 됨에 따라서 금융 조건들이 느슨해지고 부채가 늘어나는 경향이다. 이것의 극단적인 사례가 고전적인 민스키 주기이다. 구조적인 위험은 주기에 따라서 바뀌지 않는 시스템상의 위험이다. 이런 위험은 일반적으로 금융 시스템 내부의 상호 연결 및 집중과 관련이 있지만 금융계약이나 규제의 구조 때문에 발생할 수도 있다.

예를 들어보자. 금융기관들이 파생상품들을 매개로 서로의 위험 노출이 거미줄처럼 연결된 상황에서 한 은행에서 문제가 터지면, 이 문제는 연쇄 반응을 일으켜서 시스템 전체를 흔든다. 혹은 여러 개의 은행이 동일한 시장에서 위험에 노출될 때 그 시장에서 발생한 문제들은 이들 은행에 대응하는 방식 때문에 크게 증폭될 수 있다. 구조적으로 허약한 투자회사들, 즉 자기 자산을 싼값에 털어낼 경향이 있는 투자회사들이 중요한 시장에서 의미 있는 역할을 수행한다. 그리고 구조적으로 부족한 시장 인프라 때문에 시장의 복잡성과 불투명성은 높아지는데, 그 바람에 시장에서 위험을 포착하기란 한층 더 어려워진다.

지난 10년 동안 거시건전성 정책 행동의 일진광풍이 불면서 금융 위기를 유발했던 요소들을 바로잡아왔다. 예를 들면 은행 자본의 최소 기준을 높이는 것, 은행들의 유동성 완충장치를 도입하는 것, (모기지 대출에 대한 규제를 강화함으로써) 은행들 사이의 상호 연결성을 줄이고 은행들의 정리 가능성resolvability을 개선하는 것, 허약한 장외 파생상품 시장들을 건전하게 바로잡고 그림자 금융의 유독한 형태들을 줄여나가는 것, 그리고 한층 회복력이 높은 시장 기반 금융을 구축하는 것 등의 작업을 해왔다.

제도 개선에 초점을 맞추는 것과 이렇게 하는 것에 대한 폭넓은 지지는, 부분적으로 사람들이 금융 위기를 경험하면서 커다란 비용에 치렀던 바로 그 경험이 반영된 것이었다.

거시건전성 정책을 위한 선명한 틀은 앞서 4장에서도 설명했듯이, 금융 주기상의 이 암울한 무사안일주의 곡선을 깨뜨려서 정책 입안자들을 올바르게 이끌고 또 거시건전성 정책의 이해와 효과를 개선하는 데 도움이 될 수 있다. 이 선명한 틀은 또한 민간 금융 부문 내부에 자기강화 행동을 촉진할 수 있다. 그리고 중앙은행이 의회 그리고 의회가 복무하는 시민에 대해서 가지는 책임성과 투명성을 개선할 수 있다.

궁극적으로는 거시건전성 정책의 효과를 검증하는 진정한 시험은 금융 시스템이 이런저런 충격에 얼마나 잘 반응하는가 하는 것이다. 코로나야말로 우리가 상상할 수 있는 가장 규모가 큰 시험이었다. 영국의 주요 은행들이 이 시험을 통과했다. 그들이 보여준 이런 회복력은, '과거에 알지 못한다는 사실 자체를 알지 못했던 위험unknown unknown risk'이었던 것이 현실에서 나타날 가능성에 대해서 금융 부문이 취할 수 있는 높은 수준의 대비에 기여한다.

이런 힘은 저절로 만들어진 게 아니다. 이 힘은 필요할 때 사용될 수 있도록 거기에 있었다. 이것은 목적이 있는 신중함이었다. 이유가 있는 회복력이었다. 그리고 그 이유는 잉글랜드은행의 통화 기능과 금융 기능을 통합하는 궁극적인 목표이다. 그 이유는 바로, 1694년 헌장의 첫 문장에서 찾을 수 있는 중앙은행의 존재 의미인 "영국 국민의 이익을 증진하기 위해서"이다.

시장에 도덕성을 복원하기

일련의 스캔들이 금융의 사회적 허가라는 개념에 의문을 품게 만들었다. 금융 부문의 여기저기 구석에서 나타나는 문제들은 규제 조치들과 진정한 문화적 변화가 동시에 자리를 잡을 때만 비로소 해결될 수 있다.

금융 시장에서 윤리적 차원의 표류가 나타날 수밖에 없었던 요인에는 여러 가지가 있다. 사람들의 시장표준에 대한 이해도가 낮았고, 심지어 시장 참여자들은 자주 이 시장표준을 무시했다. 또 시장표준은 늘 권한과 역량이 부족했다. 너무도 많은 시장 참여자가 금융 시스템에 책임감을 느끼지 못했으며 또 자신이 하는 행동이 시장과 시스템에 어떤 충격을 주는지 깨닫지 못했다. 나쁜 행동은 제지되지 않은 채 곳곳에서 나타났고 나중에는 당연한 것으로, 표준으로 자리를 잡았다.

'스캔들-대응-문제없음-표류-새로운 스캔들'이라는 순환 속에서 잠재적 해결책은 최소의 규제와 전면적인 규제라는 두 극단 사이에서 오락가락했다. 이 두 개의 극단 모두 문제가 있다.

최소 규제는 금융 인프라가 실제의 시장들에서 가지는 중요성을 평가절하함으로써 결국 금융 위기를 부르고 말았다.

그러나 전면적인 규제와 대규모 사후 제재에 의존하는 시스템 역시 마찬가지로 실패하고 만다. 왜냐하면 이것은 법률의 정신이 아니라 법률의 자구를 따르는 문화를 촉진하기 때문이며, 또 필연적인 과정이지만 당국자들은 빠르게 바뀌는 시장을 따라잡지 못하기 때문이다.

한층 더 포괄적이고 오래 지속되는 해법은 공적인 규제와 사적인 기준을 결합해서 개인이 자신이 한 행동에 그리고 전체 시스템에 지는 책임성을 복원하는 것이다. 이 해법의 구성하는 요소는 세 가지이다.

- 보상을 가치관과 나란히 묶을 것
- 고위 경영진의 책임성을 높일 것
- 금융 부문의 직업의식을 새롭게 할 것

금융 위기를 통해서 얻은 교훈은, 단기 수익에 대해서 많은 보너스를 지급하는 보상 구조 때문에 사람들이 장기적인 차원의 꼬리위험 * 거대한 일회성 사건이 자산 가치에 엄청난 영향을 줄 수 있는 위험을 대수롭지 않게 여기도록 만들었다는 사실이다. 요컨대 현재의 가치를 과대하게 높이 평가하고 미래의 가치를 과도하게 깎아내리도록 유도한 보상 구조였다는 말이다.

현재 영국의 은행과 보험 그리고 자산관리 부문에서는 사람들이 자기 회사의 (폭넓게 말하면 자기가 속한 사회의) 장기적인 이익을 추구하는 방향으로 인센티브 체계를 조정하기 위해서 보상의 상당 부분을 최대 7년까지나 뒤로 미루어두고 있다.[30] 영국은 또한 비밀유지 규정을 어기고 회사를 옮기는 사람들이 저지르는 행동과 준수 관련 쟁점들을 처리하는 제도를 도입했다. 지금은 금융사들이 자기 직원이 규정을 어기고 잘못된 행동을 한 일, 특정 직원의 업무 결과의 적합성 평가 내용 그리고 만일 징계가 있었다면 징계 사유와 청문 결과 등을 공개해야 한다. 미꾸라지 한 마리가 되어 물을 흐린 행동을 했던 사람이 다른 직장에 취업하려 할 때 이 직장에서 그 사실을 알고 그 사실을 참조해서 채용을 결정할 수 있게 되었다는 뜻이다.[31]

보너스 지급이 연기된다는 것은, 해당 직원의 위법행위, 실수, (개인적으로든 팀의 구성원으로든 간에) 위험 관리 실패 혹은 예상치 않은 금융 실적 저하 등을 입증하는 증거가 나올 때는 그 보너스를 몰수한다는 뜻이었다. 영국에서 시행되는 고위관리자체제Senior Managers Regime, SMR * 회사 내에서 한 개 이상의 주요 업무를 담당하는 임원은 SMR의 적용을 받아서, 자신이 책임지는 사안에서 문제가 발생할 경우 감독 당국의 직접적인 제재 대상이 된다 아래에서는 이런 조항들이, 특정한 기업 문화나 전략을 구축한 책임자로서 거기에 따른 책임을 당연히 져야만 하는 고위 경영진뿐 아니라, 과실이 있다고 판단되는 직원이나 명백하게 위험이나 불법행위를 포착하고 제어할 수 있었음에도 불구하고 그렇게 하지 않은 사람들에게도 적용된다. 성과 혹은 위험 관리와 관련된 문제들이 만연한 곳에서는 보너스가 전체 직원을 기준으로 해서 조정될 수도 있다.

이런 조치들은 개인이 하는 행동에서 비롯되는 장기적인 결과에 대한 개인의 책임성을 강화한다. 또한 고위 관리자가 부하직원을 훈련시키고 그들의 성과를 감독하는 책임을 지게 해서, 조직 내에 올바른 연대감이 형성되도록 했다. 비록 금융 부문에 속한 몇몇 사람들에게는 보너스가 '과도한' 보상이지만, 보상의 상당 부분이 지급되지 않을 수도 있는 위험에 노출시키는 것이야말로 보상을 위험과 연동시키는 데 꼭 필요하다. 보상은 보상 지급 대상년도의 성과만이 아니라 그해에 이루어진 핵심 의사결정들이 장기간에 걸쳐서 발휘하는 효과도 함께 판단 기준으로 삼아서 결정되어야 한다. 예를 들어서, 나중에 휴지조각이 되고 마는 신용보험을 명목상으로만 존재하는 회사부터 매입한 런던 소재 은행들의 트레이더들은 애초에 보너스를 받을 자격도 없었음에도 두둑한 보너스를 챙겼다. 영국에서 지급이 유예된 보너스는 몰수될 수 있으며, 만일 불법행위가 확인될 경우에는 이미 지급한 보너스라고 하더라도 회수할 수 있다. (영국에서는 보너스 지급이 최대 10년까지 유예될 수 있다.)

이러한 접근법은 사람들의 마음을 집중시키고 각 개인으로 하여금 자신이 하는 행동의 장기적인 의미를 고려하게 만든다. 또 내가 잉글랜드은행 총재로 있을 때 우리가 유럽의 보너스 한도를 반대했던 이유도 설명해준다. 금융 부문에 종사하는 사람들이 누리는 높은 수준의 보너스에 불편함을 느끼는 사람들에게는 매력적으로 들릴지 몰라도, 그 제도는 위험을 다루는 분야의 성과 관련 보상을 줄이긴 하지만 (그래서 직원은 책임과 책임을 회피하게 된다) 전체 보상 금액은 바뀌지 않는 (몇몇 경우에는 오히려 더 늘어나는) 의도하지 않았던 결과를 낳았기 때문이다.

물론 그 어떤 보상 패키지도 개인의 행동이 시스템상의 위험(여기에는 시스템에 대한 신뢰도 포함된다)에 미치는 영향을 완전히 내재화할 수 없다. 그것이 가능하려면 시장 참여자가 진정한 이해 당사자 혹은 주주가되어야 한다. 즉 자신이 하는 행위가 자기 개인의 보상뿐 아니라 자신이 이해 당사자로 소속된 시스템의 정당성에도 영향을 미친다는 사실을 깨달아야 한다.

많은 은행이 윤리 행동규범이나 사업 원칙을 올바르게 잘 만들어왔다. 그러나 모든 트레이더가 그것의 의미를 온전하게 이해하고 실천한다고 볼 수 있을까? 트레이더들이 빠르게 돌아가는 단기자금 시장에 아리스토텔레스 원칙을 적용하는 것이 현실적이지 않음을 인정하자. 그렇다면 시장에 대한 신뢰를 회복할 보완적인 접근법은, 진정한 시장을 구성하는 요소가 어떤 것들인지 트레이더들이 직관적으로 이해하는 내용에 의존하는 것이다.

이런 이해를 올바르게 할 수 있도록 우리는 FICC(채권, 외화, 상품) 시장들에 대해서 공정하고 효과적인 시장의 원칙 몇 가지를 개발했다.[32]

공정한 시장이란 다음 조건을 갖춘 시장이다.

(1) 선명하고 균형이 잡혀 있으며 일관되게 적용되는 시장 관행의 기준을 가진다.
(2) 그 기준이 일관되게 적용됨을 사용자가 입증할 수 있을 정도로 충분히 투명하다.
(3) 모든 사람이 이용할 수 있도록 (직접적으로 혹은 개방적이고 경쟁적이며 잘 규제되는 중개 시스템을 통해서) 개방되어 있다.
(4) 시장 참여자들이 각자 강점을 가지고서 경쟁하는 것을 허용한다.
(5) 시장 참여자들이 완전성을 갖추고서 성실하게 행동할 것이라는 신뢰를 준다.

또한 효과적인 시장이란 다음 조건을 갖춘 시장이다.

(1) 최종 사용자가 투자, 자금 조성, 위험 이전 및 그 밖의 거래를 예

측 가능한 방식으로 수행할 수 있게 허용한다.

(2) 시장 참여자들이 사용 가능한 유동성을 구할 수 있도록 도움을 주는 튼튼한 거래 인프라와 거래 후 인프라의 뒷받침을 지원받는다.

(3) 시장 참여자들이 경쟁가격을 형성하고 발견하며 또 이 가격에 거래할 수 있게 한다.

(4) 자본과 위험의 적절한 배분을 보장한다.

올바른 원칙을 가지는 것이 필수적이라는 마그나카르타의 교훈을 바탕으로, 이상의 조건들을 구체화할 수 있는 실질적인 사례를 제시하는 것은 매우 가치 있는 일이다. 민간 부문에서 고안한 새로운 행동규범과 기준은 공정한 시장의 원칙에 생명을 불어넣는다. 공정하고 효과적인 시장을 재창조하기 위해서 당국자들은, 쉽게 이해되며 널리 따르고 또 가장 중요하게는 시장 발전과 보조를 맞춰나가는 시장 관행의 표준을 개발할 것을 시장 참여자들에게 권고해왔다. 중요한 사례들 가운데는 글로벌 외환시장 행동규범FX Global Code과 민간 부문인 시장표준위원회가 개발한 FICC 시장들을 위한 일련의 표준이 있다.[33]

물론 어떤 행동규범이든 간에 아무도 읽지 않고 따르지 않고 또 강제하지 않는다면 아무 소용이 없다. 그렇기 때문에 영국의 고위관리자체제와 같은 제도들이 필요하다. 고위관리자체제는 기업들에 인센티브를 부여하는 방식으로 자발적인 행동규범에 권한을 부여한다. 고위관리자체제는 고위 의사결정권자 대부분의 신원과 이들에게 지워진 책임을 요구함으로써 고위직과 책임성 사이에 연관성을 새로 설정해서 개별적인 책임성을 강화하고 또 총체적인 책임성을 강화한다.

고위관리자체제 아래에서 은행과 보험사 그리고 주요 투자사의 대부분 고위 의사결정권자는 현재 자기 책임 영역에서 (여기에는 부하직원 훈련과 적절한 감시도 포함된다) 규제 위반사항이 나타나지 않도록 적절한 조치를 취하지 않을 경우 개인적으로 책임을 지게 되어 있다. 고위 관리자가 한 행동이 합리적이고 적절한지 여부는 영국 금융감독청이 공개적으로 인정해온 자발적인 행동규범을 선정하기 위한 참조문건으로 판단할 수 있다. 또 금융사 고위경영자인증제도Senior Managers and Certification Regime, SM&CR 아래에서 기업들은 위험을 감수하는 다양한 직무에 걸친 직원들의 적절성과 적합성을 해마다 평가하고 인증해야 한다. 현재 이 접근법을 채택하는 사례가 늘어나고 있으며, 몇몇 국제 기업들은 해외 사업부를 강화할 목적으로 고위관리자체제의 인증 요구와 관련된 여러 요소를 해외 사업부를 강화할 목적으로 해외에서도 채택해서 실행한다. 홍콩, 호주, 싱가포르 등 많은 국가가 고위관리자체제의 원칙과 특성을 도입해서 실행하고 있다. 그리고 G20의 산하 기구인 FSB 관리 도구에도 이 요소들은 포함되어 있다.[34]

올바른 보상과 행동 체제는 반드시 필요하다. 그리고 영국에서는 지금까지 보상을 위험행위와 한층 더 적절하게 연동시키는 커다란 발걸음을 이루었으며, 다른 여러 나라에서도 (특히 미국에서) 이 제도를 모방하고 있다. 고위관리자체제 역시 금융계 전체에 고위 관리자의 의무와 책임을 규정하는 최고의 관행으로 자리를 잡았다. 그러나 궁극적으로 완전성(청렴성, 성실성)은 돈으로 살 수도 없고 강제로 통제할 수도 없는 덕목이다. 이것은 오로지 개인과 사회의 가치관에서만 비롯되며 또 거기에 뿌리를 내리고 있다.

강력한 은행 문화는 업계가 단호함을 지속적으로 유지할 때만 가능하다. 영국 은행표준심의위원회Banking Standards Review Council, BSRC와 같은 기구와 이 기구가 펼치는 운동은 영국의 산업 전반에 높은 수준의 역량과 행동을 촉진함으로써 금융 분야 종사자의 건전한 직업의식을 창출할 목적으로 고안되었다. 은행표준심의위원회의 가장 중요한 목적은 내부와 외부 평가 과정을 통해서 각 개별 은행이 행동과 역량의 표준을 개선하는 작업에 도움을 주는 것이다. 여기에는 문화, 역량 및 직원의 능력 개발, 그리고 고객에게 돌아가는 결과를 정기적으로 평가하는 지속적인 개선 과정이 필요하다. 6장에서 살펴본 것처럼, 문제와 문제해결 방안을 이렇게 바라보는 가치관은 근육과 마찬가지로 훈련을 필요로 한다.

대형 금융사를 운영하는 사람이라면 선명하게 규정된 책임성을 가져야 하며 진실성과 정직함 그리고 기술을 가지고서 행동해야 한다. 그리고 이 사람들은 자신의 역할이 금융 시스템의 가치관을 드높이는 것임을 깨달아야 한다. 이 사람들은 또한 연대감을 가져야 한다.

규모가 크든 작든 간에 모든 시장 참여자는 시장의 진실성이 공정한 금융자본주의의 필수 요소임을 깨달아야 한다. 그런 시장들의 진실성에 대한 신뢰는 진정한 경쟁과 나란히 강화되어야 한다. 그래야만 최종 소비자가 바라는 것(수요. 니즈)이 적절하고도 효과적으로 충족될 수 있다.

3부에서 살펴보겠지만 이 과정은 이사진과 고위 경영진이 자기 조직의 목적을 선명하게 규정하고 이를 통해서 윤리적인 사업 문화를 촉진하는 것에서 시작된다. 직원들은 자신의 고객들과 자신이 속한 공동체와의 강력한 연결 속에 뿌리를 내려야 한다.

G20의 개혁 조치들은 한층 더 강력하고 단순하고 공정한 금융 시스템을 만들어냈다. 이렇게 만들어진 금융 시스템은 코로나 위기를 통해서 회복력을 입증했고, 오랜 기간 가계와 기업에 지속적으로 서비스를 제공함으로써 사람들의 신뢰를 되찾았다.

현재의 영예로움에 안주할 수 없음을 우리는 잘 안다. 금융의 역사는 시민에게 엄청난 규모의 비용을 부담시켰던 사례로 점철되어 있다. 우리는 경계를 늦추지 말고 금융의 세 가지 거짓말에 저항하며 몇 가지의 핵심적인 금융 진실을 강화해야 한다.

다음번이라고 해서 다르지 않을 것이므로, 당국자들과 시장 참여자들은 사이버에서 암호로 이어지는 새로운 위험을 예측하고 대비하려고 노력해야 한다. 그러나 우리는 미래에 닥칠 모든 충격을 예측할 수는 없으므로, 우리가 알지 못하는 충격이 닥치더라도 해결할 수 있는 튼튼한 시스템을 유지할 필요가 있다.

시장은 언제나 확실하지 않으므로, 중앙은행들은 최후의 대부자라는 자기 역할에 적응할 필요가 있지만, 또한 언제나 옳지는 않으며 또 어떤 방향으로도 튈 수 있는 시장의 결과를 인식하고 여기에 잘 대처해야 한다.

그리고 시장은 본질적으로 도덕적이지 않아서 방치될 때는 언제든 가치를 왜곡하고 가치관을 훼손할 수 있다. 우리는 보상과 행동규범 그리고 규제를 통해서 책임성, 의무, 연대, 진실성 그리고 신중함의 가치관을 우리가 할 수 있는 한 최대로 촉진할 필요가 있다. 아울러 다른 한편으로는 이런 것들은 오로지 문화와 실천을 통해서만 온전하게 개발되고 효과를 발휘할 것임을 깨달아야 한다.

그러니 당국자들이 소프트 인프라와 하드 인프라를 적절한 자리에 설치해서 시장이 제대로 작동하게 만들어야 하지만, 그렇다고 해서 금융 역사의 주기를 끊을 수 있는 간단한 공식은 그 어디에도 없다. 물리학이 도움이 되겠지만 물리학으로는 금융을 구하지 못한다. 그러나 모든 시장 참여자가 사회의 핵심 가치관을 가지고 살아가는 시스템을 촉진할 때는 금융을 구할 수 있을 것이다.

9장

코로나 위기,
어쩌다가 이렇게 되었을까

2020년 2월 말, 나는 리야드에 있는 화려한 알 야마마Al Yamamah 궁전에서 금박 의자에 앉아 있었다. G20의 재무부 장관들과 중앙은행 총재들이 모이는 회의장에 내가 마지막으로 참석한 자리였다. 15년 넘게 참석하던 자리였기에 그 모임의 분위기는 익숙했다. 국제기구의 수장들은 불균형적인 성장, 늘어난 불평등, 만성적인 환경 지속불가능성 등을 경고하곤 했지만, 금융 위기의 기억들이 희미해짐에 따라서 세계 각국의 장관들은 그런 경고에 무관심해 보였다. 그들은 점점 더 미리 작성된 각본에 따라서 움직였으며, 보좌진이 작성해준 논점들만 빠르게 줄줄 말했다. 그들의 모습에는 시차로 인한 피곤함이 묻어났다. 그들은 국내 정치의 긴급성 때문에 조급해했으며, 소셜미디어에만 기계적으로 관심을 쏟았다. 그렇게 그들은 자신이 발언을 하지 않을 때는 다른 사람들의 발언, 특히 경고에 충분한 관심을 기울이지 않았다. 그게 평소 G20 회의의 분위기였다.

그러나 그날은 조금 달랐다. 여러 장관이 재앙이 임박했다면서 한껏 흥분했다. 그 모습에서는 민활함과 힘이 느껴지기까지 했다. 사람들은 모두 발언자를 주목했다. 탁자에 둘러앉은 모든 사람이 당시 아시아 지역에 국한되어 있다고 생각되던 코로나 바이러스를 잘 알고 있었다. 심지어 몇몇 사람은 그 바이러스의 이름을 변종명까지 붙여서 '코비드19'라고 불렀다. 그러나 불과 몇 주 뒤에 자기 나라를 덮칠 그 재앙에 대비하려면 무엇을 준비해야 할지 아는 사람은 거의 없었다. 그리고 자신이 아는 모든 사람, 즉 지구상의 모든 사람의 직업과 일상에 어떤 일이 생길지 아무도 상상조차 하지 못했다.

싱가포르와 한국에서 온 두 장관이 각각 자기 나라에서 이 바이러스를 통제하기 위해서 취할 조치들을 설명했다. 거기에는 검사와 역학조사도 포함되어 있었는데, 얼마 뒤에 탁자에 둘러앉은 모두 사람이 부러워하게 될 바로 그 내용이었다. 이탈리아 재무부 장관 로베르토 괄티에리 Roberto Gualtieri는 롬바르디아에서 코로나로 인한 위협이 증가하고 있다고 말했다. 아닌 게 아니라 그로부터 얼마 뒤에 그곳에서는 코로나 확진자와 사망자가 폭발적으로 발생하기 시작했다.[1]

사람들이 예전과는 다르게 위험에 귀를 기울이긴 했지만 장차 어떤 일이 벌어질지 아는 사람은 거의 없었고 제대로 준비가 되어 있던 사람은 아무도 없었다. 바로 그 시점에 우리는 영국과 캐나다에서 각각 약 20건 그리고 미국에서 약 60건의 코로나 확진 사례가 발생했다는 사실을 나중에야 알았다.[2] 당시 이 세 국가에서는 이동제한 조치가 전혀 없었다.[3] 국지적 격리 조치도 없었고, 방역 필수 장비를 비축한다거나 의료 역량을 확대한다거나 하는 조치도 전혀 없었다. 그 나라 국민은 위협의 수준이 높지 않다는 말만 들었다.

그 회의에서 들은 내용에 큰 충격을 받았던 나는 영국으로 돌아온 뒤에 세계적으로 존경받는 유행병 전문가인 피터 피오트 Peter Piot에게 전화를 했다. 피터와는 여러 해 전에 어떤 컨퍼런스 자리에서 처음 만났는데, 그때 그는 에볼라 바이러스를 상대로 한 싸움을 이끌었던 경험을 들려주면서 또 다른 팬데믹이 발생할 가능성이 매우 높다고 경고했다. 그때 이후로 우리는 계속 연락을 주고받으며 지냈다. 그러나 잉글랜드은행 총재라는 직함을 달고 만나왔던 것은 아니고 그저 친구 사이로 지냈다. 잉글랜드은행 총재에게는 많은 책임이 뒤따르지만, 팬데믹 대비는 그 책임에 속하지 않았기 때문이다. 그러나 나는 알고 있었다. 잉글랜드은행이 경제금융 부문의 위기에 대응하는 데 결정적으로 중요한 위치에 있다는 사실을. 상황이 전개되는 속도를 볼 때 잉글랜드은행이 행동을 최대한 빠르게 해야 하지 않을까 하는 우려가 점점 커지고 있었다. 그때 나는 임기가 2주 정도 남아 있었는데, 가능하면 그 기간 안에 무언가 조치를 취해두고 싶었다. 정부의 관련 부서에서는 별문제 없을 것이라고 했지만 말이다.

상냥하고 언제든 간결하고 명쾌하게 놀라울 정도로 모든 질문사항에 답할 준비가 되어 있던 피오트는 바이러스에 대해서 물어보는 나의 기본적인 질문에 명쾌하게 그리고 약간의 우려를 담아서 대답했다. 그의 대답을 듣고 나니 두려움이 한층 더 커졌다. 그런데 그가 이렇게 제안했다. 자기 팀에서 코로나를 모델링한 내용을 잉글랜드은행에 공유할 테니까, 코로나가 가져다줄 잠재적인 경제적·재정적 충격을 측정하고 이 결과를 토대로 대응 정책을 마련해보는 게 어떠냐는 것이었다. 이렇게 해서 그가 조언한 대로 며칠에 걸쳐서 작업이 진행되었는데, 우리가 확인한 내용은 충격적이었다. 경제 예측 책임자인 제이미 벨Jamie Bell이 나에게 보고한 그 질병이 가져다줄 충격의 추정치는 어마어마했다. 집단면역**집단 내에서 **구성원 대부분이 특정 감염성 질환에 대한 면역력을 가진 상태**이 형성될 때까지 코로나를 그냥 내버려두면 25만 명이 사망한다는 것이었다. 학교 폐쇄와 봉쇄 조치(락다운)를 포함한 예방 조치의 경제적 영향은 처음에는 도무지 이해하기 어려울 정도였다. 우리의 분석 모델이 예측하는 대로라면, 불과 몇 주 안에 GDP가 10퍼센트나 감소하는 것으로 나왔기 때문이다. 경제가 가까스로 목숨이라도 이어가려면 산소호흡기를 달아야 한다는 뜻이었다.

3월이 시작되던 시점에 우리는 즉각 비상계획을 세우는 작업에 들어갔다. 금융 부문의 힘을 빌려서 가계와 기업을 지원하겠다는 계획이었다. 일단 우리 은행부터 사적인 모임을 모두 취소하고 재택근무 비상계획을 새로 짰다. 또 금융 시장이 얼어붙을 경우에 대비해서 유동성 확보 장치들을 만들고, 혹시 필요할 수도 있는 잠재적인 통화부양책들을 모색했다. 내 뒤를 이어서 잉글랜드은행을 이끌어갈 앤드루 베일리Andrew Bailey에게, 앞으로 다가올 몇 달 동안에 일어날 만일의 사태에 잘 대처할 수 있도록 철저하게 준비된 은행을 인계해주고 싶었기 때문이다.

그 모든 계획은 열흘 안에 작동이 시작될 것이고 한층 더 큰 지원을 제공하는 일들이 새로운 기구들과 장치들을 통해서 진행될 수 있도록 조치했다. 베일리와 그의 동료들은 침착한 단호함과 놀라운 속도로 그 조치들을 (그리고 내가 준비했던 것들 말고도 더 많은 것들을) 그 뒤 몇 주에 걸친 기간에 강력하게 시행했다. 잉글랜드은행이 실행하는 여러 행동의 규모와 이 기관이 가지는 공식적인 신뢰도를 제대로 결합한다는 것은, 그렇게 해서 국가적 재앙을 피할 수 있다는 뜻일 뿐만 아니라 금융 시스템 전체의 역량을 국민의 이익을 위해서 투입한다는 뜻이기도 했다. 금융 위기 때와 다르게 이번에는 영국의 금융 시스템이 혹독한 테스트를 거쳤고, 또 무사히 통과했다.

한층 더 폭넓은 보건 분야의 대응 과제는 더욱 더 컸다. 보건 시스템이 기존의 프로토콜이나 명확한 제도적 신뢰에 의존하지 않았기 때문이 아니었다. 위협의 규모가 워낙 컸기 때문이었다. 보건 당국이 위협의 규모를 마침내 인정했고, 그 뒤에 전체 인구를 대상으로 하는 락다운을 즉각적으로 시행했다. 이 조치는 국가가 국민을 보호해야 할 의무를 강압적인 힘을 동원해서 실행한 극단적인 사례였다. 이런 행동들이 효과가 있을지 없을지는 궁극적으로 국가의 정당성에 의해 결정되었다. 이 과정에서 사람들에게 요구되었던 희생은, 이런 사태에 미리 준비되지 않은 사회가

할 수 있는 비상 대응책인 셈이었다.

전 세계 국가 대부분의 정부가 취했던 접근법은 보건 비상사태를 최우선 해결 과제로 설정하고, 여기에 따르는 경제적 결과를 해결하려고 노력하는 것이었다. 그러나 상황은 점점 더 심각하게 진행되었다. 처음에는 코로나의 습격으로 경제 활동의 대폭적인 축소, 대규모 일자리 감소, 광범위한 자산가치 하락이 나타났다. 시간이 흐름에 따라서 보건과 경제 가운데 무엇을 우선적인 해결 과제로 설정해야 할 것인가 하는 선택의 압박은 점점 커졌는데, 이것은 한 사회가 공동의 목적을 강화하는 것이 얼마나 중요한 과제인지 새삼스럽게 부각시켰다.

경제 문제와 보건 문제라는 쌍둥이 과제를 해결하는 데는 모든 영역에서의 연대가 요구된다. 가족 내에서, 이웃과 지역 공동체 내에서, 고용주와 노동자 사이에서, 재화 및 서비스 제공자와 소비자 사이에서 그리고 또 은행과 고객 사이에서 연대감이 형성되어야 한다. 국가와 국가 사이의 연대와 협력이 전제되었다면 코로나 대응 행동들이 발휘하는 효과는 한층 커졌을 것이다. 그러나 이런 연대와 협력은 사실상 없었다. 그동안 각각의 국가는 대부분 단일한 민족국가로서 존재해왔다. 그랬기에 부담을 공유하고 위험을 공동으로 관리하는 기회는 대부분 사라지고 없었다.

경제와 관련된 주요 문제들은 단기 불황의 골이 얼마나 깊을 것인가 하는 우려가 아니라 우리 경제의 생산 역량과 시민의 삶이 얼마나 보전될 수 있는가 하는 우려였다. 이러한 목표들은 중앙은행과 정부가 이 거대한 (그러나 궁극적으로는 일시적인) 충격을 극복하기 위해 고안했던 일련의 전례 없는 조치들을 시작한 이유를 설명해준다. 이 조치들 가운데는 일시적으로 해고된 노동자들에게 급여 일부를 지급하는 것과 개인 및 중소기업에 현금을 지원하는 것 그리고 대기업에 긴급자금을 빌려주는 것이 포함된다.

뒤에서 살펴보겠지만, 몇몇 익숙한 가치들(즉 가치관)은 코로나 위기에 대응하는 방식의 핵심에 놓여 있다. 구체적으로는 다음과 같은 것들이다.

(1) **연대**: 가족부터 회사와 은행에 이르는 모든 층에 걸친 연대를 말한다.

(2) **책임감**: 서로에 대해서 모든 사람이 지고, 기업이 직원에게 지며, 또 상품 공급자가 고객에게 지는 책임감이다.

(3) **지속가능성**: 코로나는 노인층에게는 보건 관련 위협을 제기하고 젊은층에게는 경제 관련 위협을 제기함으로써 세대와 세대 사이의 위기라는 성격을 띠기 때문이다.

(4) **공정성**: 모든 국민의 보건 혜택에 대한 접근성이나 경제적인 부담 감내와 관련된 공정성, 그리고 선진국이 신흥국 및 개발도상국과 부담을 분담해야 한다는 책임성과 관련된 공정성이다.

(5) **역동성**: 이 위기의 가장 날카로운 국면이 지나가고 나면, 우리 경제가 역동성을 회복하도록 지속적인 노력을 기울일 필요가 있다. 특히, 위기를 거치는 과정에서 국가가 거대하게 팽창했고 민간 부문이 한층 더 취약해졌음을 염두에 두면 더욱 더 그렇다.

이 가치들(가치관)은 코로나 위기가 제기하는 결정적으로 중요한 몇 가지의 질문에 대한 대답에서 비롯된다. 그 질문들을 구체적으로 적으면 다음과 같다.

• 이런 일이 어떻게 일어날 수 있었을까? 어째서 그토록 많은 국가가 국민을 보호하는 의무를 다하지 못했을까?

• 락다운에 대한 국가와 국민의 반응은 사회의 근본적인 가치관에 대해 무엇을 드러냈는가?

- 개인은 사회에 무엇을 기대할 수 있으며, 또 사회는 우리 개인에게 무엇을 기대할 수 있을까?
- 어떤 질병에 맞서서 싸우기 위해서 경제적인 차원의 제한과 구속을 설정하는 것이 과연 정당할까?
- 우리가 사회에서 가장 취약한 계층을 대하는 방식에 대해서 코로나 위기가 세상에 드러낸 사실은 무엇인가? 과연 우리는 "남이 자신에게 해주길 바라는 그 모습 그대로 남에게 베풀어라"는 황금률을 따라야 할까, 아니면 공동의 선, 즉 공익을 추구해야 할까?

국가의 의무

국가의 가장 본질적인 의무는 국민을 보호하는 것이다. 토머스 홉스는 고전적인 저서 『리바이어던』에서 국민이 국가로부터 보호를 받는 조건으로 특정한 개인적 자유를 포기하는 과정을 묘사했다.

"국민은 외국인의 침략으로부터 그리고 서로가 서로에게 입히는 상해로부터 국가의 보호를 받음으로써, 각자 자신이 하는 일 그리고 지구가 제공하는 열매에 의지해서 영양분을 섭취하고 만족스럽게 살 수 있다."[4]

홉스가 정리한 국가와 국민 사이의 관계 개념은 인간성을 바라보는 그의 부정적인 관점에서 비롯되었다. 그는 정부가 존재하지 않으면 사람들이 살아가는 삶은 "역겹고, 짐승 같고, 짧을 것"이라고 보았으며, 전쟁이 끊이지 않아서 폭력적인 죽음의 위험 속에서 끊임없이 두려워하며 살 것이라고 보았다.[5] 또 이런 갈등을 제한하려고 사람들은 국가의 통치에 복종하고, 국가가 자신을 보호할 수 있는 한 국가에 복종하는 의무를 자발적으로 짊어진다고 보았다.[6] 국가는 강압적인 힘과 독점권인 폭력을 통해서 권력을 행사한다.

존 로크는 홉스에 비해서 인간성을 따뜻한 시선으로 바라보면서 정부가 없는 국민의 삶은 호의와 상호 부조로 매우 평화로울 것이라고 믿었다.[7] 그러므로 국가의 정부는 자연 상태보다 당연하게 더 선호되는 게 아니라고 했다. 즉 정부의 정당성은 국민의 동의에 전적으로 의존한다는 것이었다. 그리고 이런 사회적 계약은 평화를 유지하는 범위보다 훨씬 더 넓게 확장될 수 있다고 했다. 국가의 궁극적인 의무는 국민을 부상과 폭력으로부터 보호하는 것이라는 점에 관해서는 로크가 홉스에게 동의했다. (로크는 그 보호 대상에 재산권의 보호도 포함시켰다.) 그러나 로크는 국가가 이것 외에 따로 져야 하는 의무는 국민의 동의에 의해서만 설정될 수 있다고 믿었다.[8] 그 뒤에 장 자크 루소는 로크와 비슷한 견해를 내놓았는데, 동의야말로 '모든 권위의 토대'라고 바라보았다.[9]

국가의 의무 범위가 이렇게 확장되는 과정은 수백 년에 걸쳐서 진행되었다. 보호자로서 정부의 역할은 현재 폭력이나 직접적인 상해로부터 국민을 보호한다는 차원에서 멀리 더 나아가서, 지금은 금융안정성을 촉진하고 환경을 보호하며 데이터 관련 개인정보data privacy를 보호하는 것으로까지 확장되었다. 이런 발전 가운데 많은 부분은 정부기관으로부터 한층 더 큰 보호를 기대하는 위험회피 집단에 대한 정부의 대응으로 나타났다.[10] 게다가 오늘날 정부의 의무는 기본적인 서비스 제공, 복지 증진, 문화 육성 등과 같은 전통적인 보호자 역할보다 훨씬 더 많은 내용을 담고 있다. 뒤에서 살펴보겠지만, 통화 정책에서와 마찬가지로 코로나 위기에서 정부가 취하는 조치의 효과는 정부에 대한 신뢰에 따라서 좌우되는데, 이 신뢰는 다시 부분적으로 정부가 주어진 다양하고 많은 역할을 얼마나 잘 수행할 수 있는지에 따라서 좌우된다.

로크와 루소 두 사람 모두의 관점에서 볼 때, 국가의 의무는 교환의 산물이다. 즉 국민이 자신에게 주어진 자유를 제한당하고 국가에 대한 의무를 받아들이는 대신 정부는 국민과 합의한 의무를 충실하게 수행하기로 약속했고, 그래서 국가의 의무라는 개념이 나타났다는 말이다. 국가 권력이라는 두 사람 개념의 핵심에는 호혜성이 놓여 있다.[11] 국가는 국민을 보호할 의무를 지고, 국민은 만족스러운 결과를 얻기 위해서 국가에 대한 의무를 지며, 국가와 함께 그리고 다른 국민과 함께 일을 해야 한다. 국가의 의무가 크면 클수록 자유에 대한 구속이나 사회에 대한 관련 의무 사항이 더 커진다. 루소가 경고했듯이, 때로 우리는 "우리 안전의 원천을 지키기 위해서 이런저런 위험을 무릅쓸 것"을 요구받을 수 있다. 예컨대 국민은 군대에 징집되는 물리적인 시련이나 락다운 조치가 내려졌을 때의 재정적인 시련을 감내해야 한다.[12]

흡스와 로크 그리고 루소는 모두 사회계약설의 각자 다른 버전을 발전시켰다. 사회계약설은 국민으로서 우리는 모든 당사자의 의무와 권리를 기술하는 협정을 국가와 맺는다는 발상이다. 그런 이런 '계약' 모델로는 실제 현실을 묘사하는 데 한계가 있다. 사람들이 계약을 취소한다는 선택을 할 수도 없고, 본인이 계약 당사자가 되겠다는 명확한 동의를 제공할 수도 없기 때문이다. 하지만 사회계약설 개념 덕분에 우리가 국가와 우리의 관계를 돌아보고 우리가 정부로부터 무엇을 기대할 수 있는지, 정부는 우리에게 무엇을 기대할 수 있는지, 그리고 궁극적으로 우리 국민은 서로에게서 무엇을 기대할 수 있는지 생각해볼 수 있다. 그런 기대치들이 코로나19 발생 초기 몇 달 동안 극단적인 시험을 거쳤다. 많은 계약이 그렇듯이 (공동의 목적corporate purpose에 대해서는 14장을 참조하라) 사회적 계약은 아무리 추상적인 것이라고 하더라도 관계에 제한을 가하는 것이 아니다. 의무에 대한 인식 그리고 심지어 문화라고까지 할 수 있는 사회적 자본은 회복력이 있는 사회의 필수 요소이다.

국가의 역량

국가는 자기에게 지워진 의무를 다하는 데 필요한 능력, 즉 국가 역량을 보유해야 한다. 국가 역량은 크게 다음 세 가지 요소로 나뉜다. 이 세 가지 역량은 서로 보완적이며, 이 가운데 어느 하나라도 부족할 때는 다른 역량들도 손상된다.[13]

(1) **법률적인 역량**: 규제를 만들어내고 계약 내용을 강제하며 재산권을 보호하는 국가의 능력을 말한다.
(2) **총체적인 역량**: 공적인 서비스를 제공하는 국가의 능력을 말한다.
(3) **재정적인 역량**: 세금을 부과하고 예산을 지출하는 국가의 힘을 말한다.

국가 역량의 서로 다른 세 가지 유형들이 서로를 강화하는 속성을 가지고 있다는 점과 국가가 의무를 실행하는 데 이들 각각의 유형이 어떻게 기여하는가 하는 점은, 각국 정부가 전염병에 대응해왔던 역사를 보면 명확하게 드러난다. 14세기에 흑사병이 유럽을 강타했을 때 유럽의 국가들은 이에 대응해서 자국민을 효과적으로 보호할 역량을 갖추고 있지 못했다. 당시에 많은 사람이 흑사병과 관련된 설명을 듣고 치료를 받으려고 기독교로 개종했다.[14]

국가가 질병으로부터 국민을 보호하는 관행은 전염병의 파도가 그로부터 수백 년에 걸쳐서 주기적으로 돌아오면서 서서히 발전했다. 정부는 법률적인 역량을 동원해서 실행하면서 검역을 하고 위생격리구역을 설정하며 전염을 줄이기 위한 이른바 '사회적 거리두기' 규제 등을 배웠다.[15] 1700년까지 총체적인 역량은 질병 발생에 대응하는 업무를 맡은 보건위원회가 유럽 전역에 존재할 정도로 높아졌다. 전염병 환자를 격리수용하는 특수병원들도 설립되었으며, 질병 대응 당국도 전염병 확산을 막으려고 환자가 사용하던 침구와 의류를 훈증 소독하거나 폐기했다. 그리고 몇몇 정부는 가난한 가구가 강제 격리를 무사히 버틸 수 있도록 지원했다.

규제와 공공 서비스는 시행착오를 거치면서 개선되었다. 그러나 질병의 원인에 대한 무지는 여전히 국가의 대응 효과를 갉아먹었다. 심지어 19세기 중반에 있었던 국제위생회의International Sanitary Conference에서조차도 전염 원인에 대한 제각기 다른 이론들이 경쟁함으로써, 당국자들 사이에 협정이 체결되거나 실질적인 정책이 개발되는 데 걸림돌이 되었다.[16] 이런 현상은 그로부터 수십 년이 지난 뒤에 세균 유래설*모든 질병의 원인이 세균 감염이라는 이론이 널리 수용되면서부터 바뀌기 시작했다. 이런 변화는 국가가 지식과 교육 분야에 투자를 했기에 가능했다.

20세기에 국가의 재정적인 역량이 커짐에 따라서 국가가 국민을 전염병으로부터 보호하는 능력은 한층 확대되었다. 근대 초기에는 질병에 대응하는 데 투입되는 공적자금은 제한적이었다. 심지어 19세기 후반에도 세수는 국민소득의 10퍼센트를 밑돌아서 이 예산으로는 경찰, 사법제도, 군대, 일반 행정을 지원하기에도 빠듯해 그 외의 분야에는 거의 지원할 수 없었다.[17] 그러나 지금은 달라졌다. 소득세, 소비세, 자본이득세 등을 거두고 또 한층 더 효과적인 세수 시스템 구축에 투자하면서, 선진국에서 국가가 거둬들이는 세수는 GDP의 4분의 1에서 2분의 1에 조금 못 미치는 수준으로까지 늘어났다.[18] 재정적인 역량이 이렇게 늘어나자, 보건 부문에 대한 정부 지출의 규모도 19세기에 0.5퍼센트 미만이던 수준에서 20세기 말이 되면 거의 10퍼센트에 가까울 정도로 늘어났다.[19]

물론, 보건 부문 예산을 확대하는 목표는 예산 규모가 거대한 국가를 만들겠다는 것이 아니다. 사회의 목표를 달성하는 데 필요한 역량을 갖춘 스마트한 국가를 만들겠다는 것이다. 효과적인 국가 역량은 국가의 자원을 배치하는 기준이 되는 장기적 우선순위에 대한 합의가 있을 때 구축될 가능성이 한층 더 높다. 그런데 그 합의는 국가가 국민을 결속하고 사회가 정부의 책임과 시민의 책임에 대한 생산적인 의견을 교환할 수 있을 때 비로소 이루어진다.

박테리아와 바이러스 그리고 그 밖의 여러 병원체에 대항하는 국가의 군비 확대는, 국민의 보호자로서의 국가라는 전통적인 발상에 뿌리를 둔 일종의 의무와 역량에 대한 확장된 이야기이다. 이런 맥락에서 보자면 국가가 국민을 보호하지 못한다는 것은 국가가 수행해야 하는 가장 우선적이고 가장 중요한 의무를 다하지 못하는 셈이 된다.

그러나 정부의 실패를 추상적인 수준에서 지적해서는 안 된다. 정부가 의사결정을 내리는 방식 때문에 (예를 들면 내재적인 정치적인 단기주의＊단기적인 성과에만 집중하는 경향를 추종했기 때문에) 적절하지 못한 보호 조치가 일어났을까? 적절하지 못한 보호 조치는, 초기의 실패가 자신감의 상실과 규정 준수 미비로 이어지며 결국 문제를 한층 더 악화시키는 경로의존성＊일정한 경로에 한번 의존하기 시작하면 나중에 그 경로가 비효율적이라는 사실을 알고도 여전히 그 경로를 벗어나지 못하는 경향성의 결과였을까? 팬데믹 대비는 정부를 통해 표현된 것이라고 우리가 평가하는 것에 어느 정도까지 깊이 뿌리를 두고 있을까?

국민을 보호하는 장치로서의
팬데믹 대비

국가가 국민을 보호하는 범위는 현재 진행 중인 위협과 싸우는 것을 훌쩍 넘어서서 장차 닥칠 수 있는 위험에 대비하는 것까지 포함한다. 국가는 외부 침입을 받을 위험이 매우 희박한 상황에서도 상비군을 유지한다. 그런데 팬데믹 발생의 위험은 외부 침입의 위험보다 훨씬 멀리 떨어진 위험이다. 우리가 사는 세상은 연결되어 있고, 인구 밀집도가 높다. 따라서 전염병은 매우 빠르게 확산될 수 있다. 어떤 전염병이 최초 발생한 지점에서 이 질병의 파괴적인 효과를 충분히 파악하기 전에 이미 이 질병은 다른 대륙으로 전파될 수 있다. 그러나 우리의 방어선은 여전히 제한적인 수준에 머물렀다.

전문가들은 팬데믹의 잠재적인 심각성을 확실히 인지했으며, 최근 수십 년 동안 정기적으로 경고했다. 예를 들어서 세계보건기구WHO가 1999년에 발표한 「인플루엔자 팬데믹 계획Influenza Pandemic Plan」은 각국 정부에게 '국립 팬데믹계획위원회'를 설치할 것과 책임성을 가지고 행동에 나설 것을 촉구했다.[20] 전염병학자들이 2006년에 학술지《랜싯Lancet》에 발표한 모델링은 현대 사회에 팬데믹이 발생하면 사망자가 5,000만 명에서 8,000만 명이나 될 것이라고 추정했다.[21]

팬데믹을 경고하는 목소리도 정기적으로 미디어에 등장했다. 신문, 잡지, 케이블뉴스 그리고 심지어 할리우드 영화까지도 다가오는 세계적인 차원의 보건 위기가 몰고 올 충격을 예상했다. 2015년에 빌 게이츠는 핵전쟁과 같은 위협에 초점을 맞춘 국가 보호 개념은 이미 낡았으므로 보건 안보라는 발상으로 대체하자는 내용으로 테드 강연을 했다. 이 강연은 그동안 줄곧 외면받다가 2020년에 새롭게 각광받았다. 이런 이야기들과 보도들과 발표들의 전반적인 어조는, 불길하게 보이는 미생물 이미지와 지금은 너무도 명백한 사실로 수용되는 "경고, 우리는 다음 차례의 팬데믹을 맞이할 준비가 되어 있지 않다"는 문구로 장식된 2017년《타임Time》의 표지가 가장 잘 요약하는 것 같다.

이런 전반적인 위협에도 불구하고 각국 정부는 구체적이고 확실한 질병 발병이 확인될 때만 세계적인 보건 위기에 대응하는 단계를 밟아나가겠다는 의지를 표명했다. 사스와 에볼라가 한 차례 휩쓸고 지나간 다음에야 비로소 국제 공조를 개선하겠다는 변화가 나타났다. 어떤 질병이 발병했을 때 이 내용을 감시하고 적시에 전 세계에 알리는 것과 관련이 있는 이러한 개선들 가운데서 큰 부분을 차지하는 요소는 사스 이전과 마찬가지로 콜레라, 페스트, 황열병 발병 사례만 각 국가가 알아서 보고하도록 의무를 지우는 것이었다.[22]

국가적인 보건 역량을 구축하는 데 실패한 것은, 이 문제가 가지는 중요성에 대해 집중적으로 분석했지만, 이 문제를 해결하기 위해서는 그저 소박한 행동밖에 하지 못한 결과였다. 에볼라 위기 이후에 WHO는 보건 위기 대응 역량이 국가별로 천차만별임을 확인했다.[23] 2018년에는 100개국 이상이 공동 외부평가Joint External Evaluation와 시뮬레이션 훈련Simulation Exercise을 수행했으며, 50개국 이상이 사후 리뷰After Action Review을 완료했다.[24] 이런 리뷰들을 통해서 많은 국가의 기본적인 보건 서비스 시스템이 새롭고 특이한 병원체와 싸워 이기기에는 충분하지 않다는 사실이 확인되었다.

국가별 역량 격차를 확인하는 것은 필요조건이기는 하지만 충분조건은 되지 못한다. 반드시 행동이 뒤따라야 한다. 불행하게도 WHO의 평가 훈련에 참여한 국가 가운데서 절반 조금 넘는 국가만 WHO가 추천한 대로 '보건 안전성을 위한 국가 행동 계획National Action Plan for Health Security'을 세웠고, 게다가 이 가운데 단 한 국가도 코로나19가 발생할 시점까지 각자 세운 계획에 필요한 예산을 온전하게 확보하거나 그 계획을 실행하지 않았다.[25] WHO가 세계적인 차원의 보건을 안전하게 지키는 데 필요한 기준을 설정한 국제보건규정International Health Regulations, IHR을 준수하는 국가는 3분의 1밖에 되지 않았다.[26]

예를 하나 들어보자. 글로벌 보건 위기 상황에서 개인용 보호구는, 뒤늦게야 깨달은 사실이지만 절대적으로 필요하다. 그러나 코로나19가 등장한 시점에 개인용 보호구의 재고량과 생산 역량을 적절한 수준으로 확보하고 있던 나라는 단 한 곳도 없었다. 영국에서 2009년에 국가 비축품 대상을 설정할 때 얼굴 가리개와 가운과 같은 필수용품이 대상 목록에서 제외되었다. 정부는 부족한 장비와 용품을 확보하라는 자체 자문단의 경고를 무시했다. 이 시점은 코로나19가 확산하기 시작하던 여섯 달 전이었다.[27] 캐나다에서 연방정부가 확보하고 있던 물량은 코로나19 제1차 유행 기간에 온타리오라는 단 한 개 주가 일주일 동안 필요로 했던 양에도 미치지 못했다. 게다가 캐나다 공중보건국은 장비 비축물량의 적정 기준도 마련해두지 않았으며, 각 지방의 비축물량의 규모가 어느 정도인지도 알지 못했다.[28]

　미국에서는 전략적 국가비축Strategic National Stockpile *** 위기 상황에 대비해 의료 물자 등 필요한 것들을 비축하는 기구**이 공급한 마스크의 양은 심각한 팬데믹 상황에서 필요한 총수요량의 대략 1퍼센트밖에 되지 않았다.[29] 비축물량은 2009년 H1N1 대유행 기간에 고갈되었고, 물량 확보가 필요하다는 거듭된 경고에도 불구하고 의회 예산안에서는 해당 예산이 번번이 빠졌다.[30] 비축물량을 확보하는 데 필요한 예산을 적절하게 책정하지 않은 이유가 무엇이냐는 질문에, 2011년 비축물량의 감독을 책임지고 있던 세출위원회 위원장이던 데니 레버그Denny Rehberg는 "그것보다 훨씬 더 많은 비축물량을 필요로 할 정도의 공중보건 위기를 예측하기란 불가능했다"고 대답했다.[31]

　독일과 프랑스 역시 개인용 보호구 부족으로 고통을 받았다. 비상한 조치들이 시행되고 채 2주도 지나지 않았을 무렵에 두 나라의 의료 종사자들은 벌거벗은 자기 모습을 사진으로 찍어서 사회관계망서비스SNS에 올리는 방식으로 장비 부족 상태를 고발했는데, 이런 모습은 안전하지 않은 조건에서 일해야만 하는 의료 종사자들의 취약한 상황을 상징적으로 보여주는 것이었다.[32]

　하지만 이런 선진국의 상황은 그래도 나은 편이었다. 개인용 보호구가 턱없이 부족한 개발도상국의 상황은 끔찍했다. 깨끗한 물과 비누조차도 공급이 제대로 되지 않을 정도였다.[33] 인구가 수백만 명인 나라에서 산소호흡기가 불과 몇 개밖에 되지 않았으며, 그나마 아프리카의 10개국에는 산소호흡기가 한 개도 없었다.[34]

위기 상황에서 비축물량이 부족하면 수입을 늘리거나 국내 생산을 늘리면 된다. 그러나 이것은 이론적으로만 가능할 이야기일 뿐, 수입이나 국내 생산 둘 다 대비가 미흡했다. 글로벌 공급망은 효율성이 높지만 취약하며, 위기 상황에서 여기에 의존하다가는 매우 위험해질 수 있다. 코로나19의 첫 번째 파도가 덮치는 동안에 수요가 급증하고 각국이 보호주의로 무장함에 따라서 많은 나라가 보건 관련 장비와 물품 부족에 시달렸다.

한편 국내 생산 역량의 향상도 다양한 제조 부문이 국내에 동시에 존재해야만 가능하다. 하지만 글로벌 공급망과 초전문화의 시대에서는 이런 조건이 점점 더 비정상적일 수밖에 없다. 설령 국내 기업이 국익을 위해 기존의 제조공장을 특정한 제품을 생산하는 시설로 기꺼이 전환할 의향이 있다고 하더라도(혹은 그렇게 하도록 정부로부터 강요받는다고 하더라도), 생산 설비를 전환하기까지는 시간이 걸리고 또 제대로 된 원재료를 확보하는 것은 여전히 별도의 공급망 문제로 남는다. 예를 들어서, 마스크 필터로 사용되는 부직포 폴리프로필렌만 하더라도 전 세계 공급량의 절반이 중국에서 생산되고 있으니까 말이다.[35]

관련 장비나 물품이 전 세계의 팬데믹 상황에 대비하기에는 부족하다고 하더라도, 이런 상황을 해결하는 데 필요한 투자는 그다지 어려운 일이 아니었다. 세계은행이 2019년에 추정한 바에 따르면 국제보건규정 IHR이 규정한 핵심 역량을 개선하려면 저소득-중산층 국가는 1인당 평균 2달러 미만을 지출해야 할 것이다.[36] 2016년에 한 위원회는 팬데믹에 대비해서 전 세계의 총지출을 해마다 45억 달러씩 늘릴 것과 그 가운데 4분의 3은 국가 역량을 개선하는 데 사용하고, 나머지는 전염병을 탐지하고 여기에 대응하기 위한 연구개발에 투입할 것을 권고했다.[37]

에볼라 위기의 여파 속에서 국제연합UN(이하 유엔)은 세계준비태세 감시위원회Global Preparedness Monitoring Board, GPMB라는 기구를 만들었다. 이 기구는 전문가들로 구성된 독립성을 띠며, 보건 관련 위기에 대한 전 세계적인 차원의 대비책 현황을 해마다 유엔에 보고한다. 이 위원회의 첫 번째 보고서는 2019년 11월에 발표되었는데, 이 보고서는 다음 문장으로 시작되었다.

"세계는 지역 차원 혹은 전 지구적 차원에서 전개될 팬데믹의 치명적인 위험에 노출되어 있는데, 이 위험은 사람의 목숨을 앗아갈 뿐 아니라 경제를 파탄으로 몰아넣고 사회를 혼란의 도가니로 만들 수 있다."[38]

그리고 이 보고서는 비록 에볼라 팬데믹 이후로 몇 가지 긍정적인 발전이 있긴 했지만, "현재의 노력만으로 여전히 터무니없이 부족하다"고 결론을 내렸다.[39] 2019년의 세계보건안전지수Global Health Security Index * 영국의 《이코노미스트The Economist》와 미국의 존스홉킨스대학교가 함께 만든다가 확인한 중심 내용도 그 보고서 결론과 맥락이 같았다.

"국가보건안전은 근본적으로 전 세계가 모두 취약하다. 국지적인 차원의 전염병이든 세계적인 차원의 전염병이든 간에 제대로 대비를 하고 있는 나라는 한 곳도 없다. 모든 나라가 기준에 미치지 못하는데, 이 문제를 제대로 해결하는 것은 매우 중요한 일이다."[40]

지금 와서 돌이켜보면, 팬데믹 대비를 개선하는 데 들어갔을 비용은 코로나 위기 때문에 실제로 발생한 비용과는 비교가 되지 않을 정도로 적다. 팬데믹 대비 연간 투자 권고액의 두 배라고 해도 이 금액은, 팬데믹 대비와 관련해서 적절한 조치를 취하지 않음으로 해서 발생한 전 세계의 생산량 손실의 단 하루치밖에 되지 않는다. 전 세계적으로 많은 국가는 팬데믹에 잘 대처할 역량을 가지고 있었지만 그 역량을 제대로 배치하지 못해서 결과적으로는 국민을 보호해야 하는 자신의 임무를 다하지 못했다.

이유가 무엇일까?

드러난 가치관 - 회복력과 준비성

내가 리야드에서 열린 G20 회의에 참석했을 때 한국은 코로나19 확진자가 발생한 초기 국가들 가운데 하나였다. 2020년 2월 말을 기준으로 할 때 한국은 중국 다음으로 코로나 확진자가 많이 발생했다. 확진자 수가 많고 도시의 인구밀도가 높은 점을 놓고 판단하자면 한국은 바이러스 전파의 중심국이 될 게 뻔했다. 그러나 이런 일은 일어나지 않았다. 신규 확진자의 수가 3월 초에 가파르게 줄어들었고, 4월 말이 되면 한국의 확진자 수는 인구 수가 비슷한 스페인의 10분의 1 수준밖에 되지 않았다. 게다가 한국은 락다운이라는 전면적인 봉쇄 조치를 전혀 동원하지 않고서도 이런 성과를 거두었다.

한국이 코로나 바이러스를 억제하는 데 성공한 것을 한마디로 설명하자면 대비가 잘되어 있었던 덕분이다. 한국은 2015년에 메르스의 창궐로 한 차례로 홍역을 치렀는데, 그 뒤로 전염병에 효과적으로 대응하도록 법령과 정책을 정비했던 것이다. 특히 주목할 점은 이 조치 덕분에 검사가 신속하게 이루어질 수 있었고 또 정부가 개인의 동선 데이터를 사용할 수 있었다. 그런데 다른 많은 나라에서는 이 두 가지 조건이 갖추어지지 않아서 바이러스를 차단하는 데 무척 애를 먹는다. 위의 두 가지를 포함한 여러 조치가 제자리를 잡으면서 한국은 광범위한 검사-추적 시스템을 갖출 수 있었고, 이 시스템 덕분에 한국은 코로나에 대항하며 우위를 차지할 수 있었다. 그것도 매우 빠른 속도로.[41]

모든 나라가 한국처럼 코로나 이전에 또 다른 전염병 발병으로 홍역을 치르지는 않았지만, 모든 나라는 그런 전염병이 언제든 창궐할 수 있다는 경고를 분명히 받았다. 모든 나라가 그 결과가 어떨지 알고 있었지만 한국만 예외적으로 대비 행동을 취했다. 그렇다면 왜 다른 나라들에서는 그 경고가 먹히지 않았을까?

한마디로 말하면 회복력을 과소평가했기 때문이다. 국민을 보호해야 한다는 국가의 책임성에는 실패에 대비하는 계획이 요구된다. 여기에서 실패는 전 세계가 하나로 연결된 금융 시스템의 붕괴를 관리하는 것의 실패부터(8장을 참조하라) 기후변화에서의 민스키 모멘트들을 예방하는 것의 실패(12장을 참조하라) 그리고 테드 강연의 주제가 되고 《타임》의 표지 기사가 될 정도로 부각되는 보건 관련 경고가 단지 경고에 그치지 않고 현실이 된다는 사실을 깨닫지 못하는 실패에 이르는 모든 실패를 아우른다.

재앙이 발생하고 이 재앙을 이겨내는 데 필요한 장기적인 투자를 해야 할 때 우리의 뇌는 종종 오작동을 일으킨다. 행동심리학 분야의 여러 연구 결과들은 우리가 매우 많은 종류의 인지편향을 가지고 있음을 확인했다. 그만큼 사람들이 회복력을 과소평가한다는 뜻이다. 우리는 현재에 치중하는 편향을 가지고 있어서 미래에 발생할 문제나 편익을 과소평가한다. 설령 현재 즉각적으로 누릴 수 있는 보상의 규모가 미래에 누릴 보상의 가치보다 적다고 하더라도 미래의 보상보다는 현재의 보상을 선호한다.[42] 우리는 다른 위협들이 훨씬 더 큼에도 불구하고 최근에 반복해서 발생하는 재앙을 예방하는 데만 흔히 초점을 맞춘다. 그래서 비행기 추락 사고가 발생하기라도 하면 비행기 안전 조치를 강화하라고 목소리를 높인다. 사실은 자동차 사고로 인한 사망자 수가 비행기 사고로 인한 사망자 수보다 훨씬 더 많음에도 불구하고 말이다.

그리고 의사결정권자를 포함해서 우리 모두는 확증편향을 보이며 사스, 신종플루, 에볼라 바이러스 등을 막아낸 상대적인 성공에 초점을 맞추고서 치명적인 전염병이 전 세계적으로 발생할 가능성이 높다는 분명한 경고에도 불구하고 스페인 독감의 결과를 무시한다. 결국 금융 위기라는 역사의 안타까움은 팬데믹 대비 미흡의 안타까움으로 반복해서 이어진다. 그리고 이 과정에서 사람들은 "이번에는 다를 거야"라고 생각하며, 자기 나라뿐 아니라 전 세계를 파괴하는 보건 위기는 그저 과거의 일일 뿐이라고 생각한다.

이런 사고 형태들은 갖가지 인지적인 편향에 사로잡혀 있는 공무원들을 통해서, 또 선제적으로 문제를 해결하는 것이 아니라 즉각적인 이익에 초점을 맞추는 정치인을 선호하는 일반 대중을 통해서 국가의 통치제도 속에 단단히 박힌다. 회복력의 가치가 제대로 평가되지 않을 때 예산은 다른 곳으로 전용되며, '보건 안전성을 위한 국가 행동 계획'은 예산을 배정받지 못한 채 껍데기로만 남는다.

전염병 발생은 또한 책임성의 분산이라는 문제를 제기한다. 팬데믹에 효과적으로 대응하려면 국제기구들과 정부의 각급 단위들 그리고 폭넓고 다양한 정부기관들의 공조가 필요하다. 평화로운 시기에는 역할이나 책임이 명확하지 않더라도 이런 사실이 드러나지 않는다. 그러나 역할이나 책임의 모호함과 중복은 결국 부적절한 대비로 이어지며 위기 기간에는 갈등과 충돌을 유발한다. 에볼라 위기에 대한 유엔의 2016년 보고서는 다음 사실을 발견했다.

"위기가 발생했던 초기의 며칠 동안에는 정부에서 어느 기관이 위기 대응의 지휘부가 되고 또 어떤 기관들이 관련 회의에 참석해야 하는지 명확하게 확인되지 않았다. 고립된 상황에서는 부서 간의 경쟁과 명확하지 않은 보고 체계 때문에 의사결정이 더뎠다."[43]

2019년 미국 시뮬레이션 훈련에 대한 평가보고서가 일반에 유출되었는데, 이 보고서 역시 비슷한 맥락으로 "인플루엔자 팬데믹 대응 상황에서 연방 내 관련 기관들 사이에서는 역할과 책임에 대한 명확한 인식이

부족했다"고 훈련 참가자들을 지적했다.[44]

정부 역시 심각한 문제를 안이하게 대할 수 있다. 예를 들어 영국의 경우 브렉시트는 2016년부터 공개적인 담론이었으며 이 문제에 관한 한 정부는 여러 자원을 아낌없이 지원했지만, 국민건강보험은 예산 부족 상황에서 허덕이고 있다. 《타임》의 보도에 따르면, 중대한 보건 위기에 대비할 핵심인력을 육성하는 훈련은 2년 동안 보류되었는데, 이것과는 대조적으로 비상계획은 브렉시트 불발에 대비하는 것으로 매끄럽게 전용되었다.[45]

요약하자면, 여러 가지 인지편향과 시스템상의 많은 요인 때문에 우리는 보건에 치명적이며 경제를 황폐하게 만드는 위기를 맞이하고 말았다.

까다로운 선택을 내리는 방편으로서의 비용편익분석

팬데믹의 확산으로부터 국민을 보호하지 못한 국가들은 나쁜 결과를 희석하는 데만 집중하고 있다. 보건과 경제의 쌍둥이 위기 사이의 복잡한 관계 때문에 당국으로서는 경제 활동과 개인의 자유에 대한 다양한 제약을 대상으로 한 비용과 편익의 각 추정치에 가중치를 설정해야만 한다. 늘 그랬듯이 위기는 사회가 어떤 가치를 소중하게 여기는지 밝히는 데 도움을 주었다. 코로나 팬데믹 때문에 사회는 극단적으로 어려운 일련의 가치판단을 어쩔 수 없이 내려야만 했고, 이 상황은 지금도 계속 진행되고 있다.

코로나 대응 정책을 둘러싼 논의는 단언하건대 그 어떤 논의보다 어렵고 또 의미가 크다. 지금까지 논의되었던 그 어떤 주제 못지않게 성스러운 가치와 세속적인 가치를 평가하고 판단해야 하기 때문이다. 이런 결정들을 내리는 과정에서, 정부와 규제 당국이 지난 수십 년에 걸쳐서 일련의 소규모 결정(예를 들면 자동차에 에어백 장착을 의무화할 것인가 말 것인가 하는 문제에 대한 결정)을 내릴 때 널리 사용했던 어떤 도구가, 과거의 그 어떤 결정보다 규모가 훨씬 더 크고 복잡하며 중요한 거시적인 정책 결정(예를 들면 경제의 전 부문을 개방/폐쇄할 것인가 하는 문제에 대한 결정)에 적용되었다. 이런 의사결정을 올바르게 유도하겠다는 노력의 일환으로, 코로나19 발생 첫 몇 달 동안에 락다운에 대한 비용편익분석이 여러 학술기관과 연구소에서 수도 없이 나왔으며,[46] 또 그런 의사결정이 내려지는 방식에 대한 정밀한 조사가 늘어났다.[47] 각국 정부는 자기들은 과학적인 분석을 따른다는 판에 박힌 말을 반복하는 것 말고는 자기가 채택한 전략이 어떻게 해서 도출되었는지 밝히려 들지 않았다. 설령 비용편익분석이 코로나19 브리핑에서 그리고 때로는 정책을 결정하는 때서 중요한 역할을 했다고 하더라도 마찬가지였다.

비용편익분석을 수행할 때 누릴 수 있는 주요한 이점은, 분석에 동원되는 변수와 거기에 동반되는 가정을 어떤 식으로든 연결해서 논리적인 추론의 형식을 취할 수 있다는 점이다. 그러나 이렇게 도출된 명확성에는 수많은 현실적인 문제가 수반된다. 확실하게 어려운 점은, 흔히 핵심적인 변수들이 빚어내는 결과의 신뢰도가 낮을 수밖에 없음에도 일단 어떤 식으로든 추정 결과가 나오면 이 추정 결과에 과도한 권위가 부여된다는 사실이다. 코로나19의 경우, 치명률＊어떤 질환에 의한 사망자 수를 그 질환의 환자 수로 나눈 것과 재생산지수＊한 명의 확진자가 감염시키는 사람의 수. 1 미만이면 '유행 억제'를 1 이상이면 '유행 확산'을 나타낸다와 같은 결정적인 요소들이 부족한 자료 때문에 초기에는 예측하기 쉽지 않았는데, 코로나19가 사람들의 건강에 지속적으로 미치는 효과나 락다운이 사회적 고립이나 가정폭력에 미치는 영향 등을 실시간으로 측정하기란 한층 더 어려웠다.

설령 어떤 변수의 현재 가치가 상당한 수준의 확실성으로 판정된다고 하더라도, 이것의 미래 예측 가치는 다른 많은 변수가 함께 동원된 여러 가정을 토대로 해서 판단된다. 재생산지수는 대중이 당국의 봉쇄 조치 명령을 사람들이 얼마나 잘 따르냐에 따라서 바뀌는데, 이것은 시간이 지남에 따라서 어떤 식으로든 바뀔 수밖에 없는 수많은 힘의 산물이다. 더 나아가, 의사결정을 내릴 때는 현재의 상황이 아니라 미래에 투사된 상황을 염두에 두고 비교할 필요가 있다. 봉쇄 조치에 따르는 경제적 차원의 비용도 반드시 올바른 반대 사실과 비교해야 한다. 즉 봉쇄 조치가 내려지기 전에는 사람들이 코로나 위기 이전 수준의 소비 양상을 보이다가 봉쇄 조치가 내려진 다음에는 그 양상이 완전히 달라지는 게 아니다. 많은 사람은 설령 봉쇄 조치가 없었다고 하더라도 자신의 건강을 염려해서 외부 활동과 소비를 자발적으로 줄였을 것이기 때문이다. 그러므로 온전하게 설계된 비용편익분석은 서로 연결된 일련의 가정들로 구성된다. 그렇기에 결과를 해석할 때는 매우 높은 수준의 주의가 필요하다.

앞에서 살펴보았듯이 비용편익분석이 안고 있는 근본적인 과제는, 순수하게 어떤 특정한 의사결정을 원인으로 해서만 나타나는 효과를 측정할 수 있도록, 여러 변수를 양립할 수 있는 단위로 어떻게 변환하느냐 하는 것이다. 이것은 경제적 비용과 보건 그리고 우리 삶의 질에 미치는 영향을 비교할 때 특히 어렵다. GDP의 예상 감소 규모는 달러화 숫자로 나타나지만, 삶에서 소중한 것들을 잃어버렸음을 나타내는 즉각적이고 명확한 (금전적인 것이든 어떤 것이든 간에) 숫자적 가치 표현 방식은 없다. 대신에 비용편익분석 모델을 구축하는 사람이라면 삶의 가치나 삶의 질 저하를 나타내기 위한 어떤 추정치를 반드시 포함시켜야 한다. 삶의 이 '금전화monetisation'를 어떻게 추정할 것인가 하는 문제를 파고들 때 우리가 살고 있는 시장 사회에 대해서 많은 것을 알 수 있다. 코로나 위기 동안에 이 '금전화' * '금전화'에 대한 자세한 논의는 15장에서 다시 다룬다를 활용하는 방식은 잠재적인 가치관의 변화 가능성을 강조한다.

삶의 가치화valuations of life는 (비록 현대의 규제국가에서 이것이 여전히 중요한 의미를 띠긴 하지만) 완전히 새로운 현상은 아니다. 선지자 무함마드는 자유로운 무슬림 한 명의 가치를 낙타 100마리로 보상하겠다고 했다.[48] 오랜 옛날의 앵글로색슨 율법에 따르면, 살인을 한 사람은 피해자의 가족에게 피해자가 평생 모은 재산에 해당되는 금액을 갚아야 했다.[49]

17세기에 윌리엄 페티는 (우리는 이 사람을 1장에서 GDP의 아버지로 이미 만났다) 영국의 국부를 추정하기 위해서 한 사람의 인생이 어느 정도의 가치를 지니는지 파악하려고 했다. 페티는 연평균 노동가치에 20년을 곱한 추정치를 적용하는 방식으로 한 사람의 가치를 평가했다.[50] 이렇게 해서 나온 한 사람의 가치는 당시 80파운드였는데, 그는 이것을 기준으로 해서 전염병이나 전쟁과 같은 사건으로 인한 국가적 손실을 추정할 수 있다고 말했다.[51] 그의 이런 작업은 정부가 의사결정을 근거로 삼기 위해서 인간의 삶을 수치로 가치화하려던 초기의 시도이다. 그런데 그의 작업은, 수십 년 동안 오로지 생산에만 초점을 맞추었던 나라들이 부와 복지를 측정하는 데 다시 관심을 가짐에 따라 오늘날에도 여전히 유효하다.

페티 이후 수백 년이 지나면서 산업혁명은 인구밀도가 높은 도시와 안전하지 못한 노동 환경을 만들었는데, 이것은 다시 억울한 죽음이라고 목소리를 높이는 주장이 발전하고 생명·사고보험이 왕성하게 나타나는 결과로 이어졌다.[52] 페티가 국부를 계산했을 때와 마찬가지로 보상의 초점은 손실된 수익에 머물렀다. 보험사들은 이자율표, 표준사망률표와 함께 보험가입자의 나이와 잉여소득을 따져서 한 사람의 삶의 가치를 계산했다.[53] 법원도 손실된 미래소득에 대한 징벌적 손해배상금을 따지는 데 초점을 맞추었다.

노동 잠재력을 가지고서 삶의 가치를 평가하는 것은 이미 고인이 된 사람에 대한 시민적 보상이나 보험의 경우에는 타당하며, 이렇게 하는 것의 목적은 고인의 가족을 재정적으로 안전하게 만드는 것이다. 그러나 이 평가 방법의 단점은 점점 더 명백하게 드러나기 시작했다. 20세기에 들어서서 각 국가의 정부는 죽음을 보상하기 위해서가 아니라 죽음을 예방하는 것이 얼마나 바람직한지 평가하기 위해서 삶의 가치를 점점 더 높게 평가했기 때문이다. 후자의 경우에서는 금전적인 안정성과 원가 계산만 따질 수 없다. 만일 그렇게 따진다면, 퇴직자와 노동력을 영원히 상실한 사람의 생명을 구하는 데는 단 한 푼의 돈도 지출해서는 안 된다는 말이 된다. 그 논리대로라면 이런 사람들이 죽는다고 해서 사회적인 차원에서 금전적 손실은 전혀 발생하지 않기 때문이다.

그러나 처음에는 이것과 다르게 분석을 수행할 방법이 파악되지 않았다. 이 문제는 1950년대 초에 랜드연구소를 당황하게 만들었다. 랜드연구소가 다른 임무의 총비용을 추산하려고 전투기 조종사들의 목숨 가치를 결정하려고 시도했을 때였다. 미 공군 조종사의 몸값은 그 사람을 그때까지 훈련시키는 과정에 들어간 비용과 새 조종사로 교체할 때의 비용을 참고하면 쉽게 알 수 있다. 그러나 연구소 내부의 문건이 지적했듯이 그것만으로는 충분하지 않았다. 왜냐하면 "우리 사회에서는 어떤 직원의 삶은 그 사람이 대표하는 투자금보다 더 높은 내재가치를 가지고 있기" 때문이다.[54] 심지어 닥터 스트레인지러브*＊영화 〈닥터 스트레인지러브〉의 등장인물도 내재가치intrinsic value와 대체가치replacement value가 다르다는 것을 알고 있었다.

이런 한계 때문에 삶의 가치를 평가하는 새로운 방법에 대한 갈망이 깊었다. 그리고 마침내 2장에서 살펴보았던 주관적인 가치 혁명과 많은 유사점을 가진, 삶의 가치라는 개념에서의 변화가 나타났다. 비록 지난 60년이라는 짧은 기간이긴 하지만 말이다.

이 혁명을 몰고 온 발전의 주인공은 장차 노벨상을 타게 될 경제학자 토머스 셸링Thomas Schelling이 1968년에 발표한 논문 「당신이 구하는 생명은 바로 당신의 생명일지도 모른다The Life You Save May Be Your Own」였다. 셸링의 핵심적인 통찰들 가운데 하나는 가치를 평가하는 주체를 바꾸는 것이었다. 그는 생명을 구하는 것과 관련된 질문들에서 중요한 것은 관련자들에 대한 가치가 아니며, 생명을 구하는 것에 대한 투자의 가치는 그 투자에 영향을 받을 개인에게 미치는 사적인 가치 차원에서 평가되어야 한다고 주장했다. 셸링이 제기한 의문은 "누구의 가치를 따질 것인가?"였고 이 의문에 그가 내린 답은 "죽을 수도 있는 사람의 가치"였다.

셸링의 또 다른 중요한 통찰은 그 가치를 계산할 때 삶의 가치를 평가할 필요는 없고 죽음이 유예된 기간의 가치를 평가하면 된다는 것이었다. 그는 특히 특정한 죽음의 유예가 아니라 통계적인 죽음의 유예에 초점을 두었다. 사람은 대부분 자기가 얼마 뒤에 확실하게 죽는다는 사실에 직면하면 자기 삶의 가치를 터무니없이 높은 수준으로 매긴다. 그러므로 이런 가치평가는 정부 정책의 유용한 지표가 될 수 없다. 그러나 셸링은, 위험을 줄이는 것으로서 사람들의 선호가 결정될 수 있음을 깨달았다. 그렇다면 죽음의 위험을 아주 조금 줄이는 데 사람들은 어느 정도의 돈을, 즉 가치를 기꺼이 지불할까?

물론 그의 논문 「당신이 구하는 생명은 바로 당신의 생명일지도 모른다」는 발표되자마자 엄청난 비판을 받았지만(그리고 또 뒤에서도 살펴보겠지만, 오늘날에도 비판받을 점들이 있긴 하지만), 셸링의 저작은 정책 입안자들이 삶의 가치를 측정하는 방식의 토대를 형성하게 되었으며 또 그가 만든 용어인 '인간 생명의 통계적 가치VSL'는 유행어가 되었다.

삶의 가치라는 수수께끼를 푸는 셸링의 해법은 사람들이 위험을 받아들일 때 사람들의 선호가 무엇인지 판단하는 것이었다. 이렇게 하기 위해서 그는 기존의 가격 구조를 바라보는 현시선호revealed preference 방법론＊소비자의 실제 소비 행동과 지출액을 근거로 특정 자원의 경제적 가치를 추정한다과 설문조사 작업을 수행하는 진술선호stated-preference 방법론＊가상적 시장 상황에 따론 자원 이용자의 수요나 선호의 변화를 토대로 특정 자원의 경제적 가치를 추정한다을 동시에 진행해야 한다고 주장했다. 오늘날에는 이 두 가지 방법을 모두 채택하고 있다.

현시선호 방법론은 가격이 죽음의 위험 차이를 반영하는 시장에서 개인이 하는 행동을 토대로 한다. 쾌락 임금hedonic-wage(헤도닉 임금) 접근법에서는 VSL은 어떤 사람이 위험한 직무를 수행하는 대가로 받는 임금 프리미엄이라는 점과 관련해서 계산된다. 단순한 예를 들어보자. 위험도가 높은 직무에서 사망 위험이 1만 분의 1이고 노동자가 위험수당으로 연간 300달러를 받는다면, VSL은 300만 달러로 추정된다. 위험을 회피하는 접근법에서는 VSL이 사람들이 나쁜 결과의 확률이나 심각성을 줄이기 위해서 기꺼이 감당하는 지출(예를 들면 안전모 구입에 따른 지출)이라는 점과 관련해서 계산된다.

이와 달리 진술선호 방법론은 주어진 사망 위험의 변화에 대해 가상의 시장을 만든 다음에 그 위험을 줄이기 위해서 얼마나 되는 돈을 기꺼이 지불할 것인지에 대해 설문조사를 통해 응답자에게 직접 묻는다. 조건부 가치평가contingent-valuation 접근법은 자신의 사망 위험을 직접적으로 줄여줄 어떤 공공 프로그램이 있을 때 이 프로그램에 얼마나 기꺼이 돈을 지불할 의사가 있는지 묻는다. 선택 모델링choice-modelling 접근법은 제각기 다른 특성을 가진 보건상의 위험들과 금전적인 비용 사이에서 일련의 선택을 하라고 요구한다.

현시선호 방법론과 진술선호 방법론은 각각 강점과 약점을 가지고 있으며 제각기 다른 환경에서 그리고 제각기 다른 나라에서 채택되고 있다. 미국은 원칙적으로 쾌락 임금 접근법을 사용하는 반면에, 유럽의 여러 나라에서는 선택 모델링 접근법이 인기를 끌면서 진술선호 방법론을 사용하는 경향이 있다.[55]

이 방법론의 차이 때문에 VSL은 국가별로 상당히 높은 편차가 나타난다. 2012년에 발표된 OECD 설문조사 보고서에 따르면, 캐나다에서 VSL은 340만 달러부터 990만 달러까지 추정되는 반면에 미국에서는 이 폭이 최저 100만 달러에서 최고 1,000만 달러이다.[56] 한편 유럽연합 집행위원회는 VSL은 100만 파운드에서 200만 파운드 사이의 어느 지점이 되어야 한다고 권고했고, 영국의 운수성은 163만 8,390파운드라는 당혹스러울 정도로 정확한 수치를 사용했다.* 2021년 9월의 어느 날을 기준으로 100달러는 72파운드이다 유럽에서의 가치가 두드러지게 낮은 것은 기본적으로 유럽 국가들은 가장 높은 추정치를 제시하는 경향이 있는 쾌락 임금 접근법을 사용하지 않기 때문이다. 그리고 방금 언급한 수치들은 고정된 게 아니다. 정부기관들은 인플레이션을 고려해서 VSL을 조정하는데, 적어도 미국에서 VSL은 인플레이션을 초과하는 빠른 속도로 상향조정되어 왔다.[57] 적어도 사람들이 자기 삶의 가치를 추정하는 점을 놓고 보자면 미국은 그저 위대하다고만 할 수 없고, 과거 그 어느 때보다도 위대하다고 해야 한다.

보건의료 부문에서는 VSL의 대안으로 비용편익분석 대신 비용효용분석cost-utility analysis을 사용하는 것이 일반적이다. 전자는 수명을 평가하여 편익에 금전적 가치를 부여하지만, 후자는 단위금액당 발생하는 추가 효용에 초점을 맞춘다. 국가에 따라 공공 보건기관이나 보험사는, 자기가 환자에게 해마다 지급하기로 정해진 금액보다 적은 비용이 치료에 소요된다면 환자의 치료를 승인할 가능성이 높다. 비용효용분석은 삶의 가치를 구체적으로 평가하지는 않지만, 그 분석의 결과를 가지고 의사결정자는 기설정된 예산 제약 범위 안에서 이해된 삶의 가치를 토대로 해당 치료나 프로그램을 승인한다.

인간의 수명은 보통 삶의 질에 따라 조절되므로, 완전히 건강한 상태의 1년이 질보정수명Quality-Adjusted Life Year, QALY 1년이므로, 진단 가능한 정신 질환을 가진 상태의 1년은 0.8 QALY밖에 되지 않는다. 질환이 삶의 질에 미치는 영향은, VSL을 따지는 진술선호 방법론과 비슷하게 인구

총조사에 의해서 결정된다. 예를 들어 EQ-5D는 이동성, 자가 관리, 일상 활동, 통증, 그리고 불안이라는 다섯 개 요인을 반영하는 설문지이다.[58]

오늘날 VSL과 QALY는 전 세계에서 정책결정 과정에서 두루 사용된다. VSL은 캐스 선스타인이 지난 50년 동안 미국뿐 아니라 캐나다, 호주, 영국, 북유럽 국가들과 유럽연합 국가들에서 나타났던 '비용편익혁명cost-benefit revolution'이라고 이름을 붙인 것에서 꼭 필요한 요소이다.[59] QALY는 영국에서 보건 관련 정책의 중추이며, 수많은 국가에서 보건 관련 치료의 효과를 평가하는 데 사용된다. 계량화 기법들이 이렇게 널리 보급된 것은 명확한 숫자가 있으면 명확한 의사결정을 내릴 수 있다는 점 때문이다. 그러나 이러한 명확함이 과연 정당할까? 그리고 우리가 사회 속에서 추구하려고 노력해야 할 가치를 과연 반영할까?

주관적인 가치에 의존하는 위험으로 되돌아가기

셸링에게는 삶과 관련이 있는 무형의 질들이 다른 소비재 제품들의 질과 전혀 다르지 않았다. 시장을 통해 이부프로펜이라는 진통제의 가격을 책정할 때는 고통에 가치를 매기고 펩시콜라 가격을 책정할 때는 쾌락에 가치를 매긴다. 셸링은 신고전주의자들과 이들이 가졌던 주관적인 가치이론에 따라서, 무형의 대상이 가지는 가치에 대한 이러한 판단은 경제학자들이 아니라 일반인들에 의해 이루어진다는 점이 중요하다고 주장했다.

시장 가격이 가치의 척도로 사용되는 일반적인 소비재의 가치와 삶의 가치가 근본적으로 다른 이유는 크게 세 가지이다.

첫째, 삶은 대부분의 소비재와 다르게 몇몇 경제학자들이 '비지위재 non-positional good(기능재)'라고 부르는 것이다. *재화 또는 서비스 자체의 기능과 품질보다 그것이 가지는 이미지나 상황 등에 의해서 거래되는 재화를 '지위재'라고 하고, 기능과 품질을 기준으로 거래되는 재화를 '기능재' 혹은 '비지위재'라고 한다 즉 어떤 사람의 삶이 가지는 가치 가운데 그 어떤 부분도 다른 사람들의 삶과 비교되는 상대성에서 비롯되지 않는다. 내 주변 사람들의 삶이 쪼그라든다고 해서 내 삶이 그만큼 더 좋아지지 않는다는 말이다. 비록 좋은 차를 소유하면 기분이 한결 좋아지긴 하겠지만 말이다. 이와 대조적으로, 행동 연구 분야에서 많은 증거를 끌어낸 경제학자 로버트 프랭크는 많은 소비재의 가치는 부분적으로 사용자의 실제 지위 또는 인식된 지위에 영향을 미치는 방식에 따라서 달라진다고 주장한다.[60] 지위재의 가치는 기본적으로 자기가 가진 절대적인 특성이 아니라 희소성에서 비롯된다. 그래서 여러 행동 연구 결과를 보면 사람들은 절대적으로 크지만 상대적으로 작은 집보다는 절대적으로 작지만 상대적으로 큰 집을 선호한다. 이런 경향은 이른바 '지출 연쇄작용expenditure cascade'으로 이어지고, 주변 사람들보다 조금 더 우월하게 보이고 싶어서 지출을 하는 양상은 마치 냉전 시대의 군비 경쟁과 비슷하게 전개된다. 그러나 지위재를 바라보는 이런 양상과 다르게, 사람들은 작업 현장의 안전성과 사망 위험을 절대적인 잣대로 평가한다는 사실이 여러 증거로 확인되었다. 사람들은 다른 사람들의 기대수명이 늘어나더라도 자기의 기대수명이 늘어나는 대책이면 이 대책을 지지한다. 그래서 프랭크는 삶은 확실하게 비지위재라고 결론을 내린다.

굳이 이런 말을 하는 것 자체가 이상하지만, 인생은 펩시콜라와 다르니까 말이다.

둘째, 셸링의 추론 과정에서 군중의 지혜에 대한 이 추론의 (암묵적인) 믿음과 함께 심각한 우려가 제기된다. 예를 들어서 삶의 가치를 추정하는 현시선호 방법론은 시장과 결코 만족할 줄 모르는 인간 성정에 대한 일련의 엄격한 가정들에 의존한다. 고위험 직업 종사자가 직업과 관련된 사망 확률을 알고서 이 확률을 급여 보험료와 논리적으로 분석할 때 이것

외의 다른 변수는 모두 배제한다는 가정은 신뢰하기 어렵다. 행동심리학과 경제학에서의 발전으로 개인이 하는 행동은 수없이 많은 비합리성으로 점철되어 있음이 드러났다. 그런데 이런 비합리성은 대수의 법칙law of large numbers ＊표본의 수가 많을수록 해당 사건의 확률이 통계적 예측과의 오차가 줄어드는 것으로 넘어설 수 없다. 인지와 관련된 여러 편향과 정보에 대한 적절한 접근이 이루어지지 않는 현상이 시장에 만연해 있음을 일러주는 증거는 넘쳐나기 때문이다. 진술선호 조사에서 제시되는 질문들에 대해서는, 우리가 가정하는 것이 순진한 태도일 확률을 이성적으로 평가할 필요가 있다.

응답자의 편향들과 정보 부족 때문에 이런 연구조사가 가치 있는 결과를 내놓지 못한다는 증거는 삶의 질을 다루는 영역에서 가장 뚜렷하다. 지금까지의 연구는 일반적인 대중은 (모두는 아니라고 하더라도) 많은 보건 조건들에서 부정적인 충격을 과다하게 예측하는 경향이 있다는 사실과, 우리가 선호도 질문에서 초점을 맞추는 것들이 흔히 실제 경험에서는 중요하지 않은 경우가 많다는 사실을 확인했다.[61] 삶의 질을 조사하는 설문조사에 응하는 응답자는, 이미 실제로 다리 하나를 잃은 사람의 삶의 질이 아니라 자신이 다리를 하나 잃어버릴 수도 있는 공포 상황을 더 많이 이야기하게 된다. 이런 편향들을 토대로 해서 어떤 치료가 적절할지 판단할 때는, 보통사람과는 다른 능력을 가졌거나 관리 가능한 보건의료 조건 때문에 고통을 받는 사람들이 살아가는 삶의 가치를 실제보다 낮게 평가할 수밖에 없다.

셋째, 이처럼 삶의 가치를 시스템적으로 낮게 평가하는 것은 방법론적인 결함을 초월할 정도로 한층 더 넓은 논점에 대해서 이야기해준다. 주관적인 가치이론을 따를 때 VSL 계산이나 삶의 질을 결정하는 현시선호 방법론과 진술선호 방법론은 개별적인 선호들의 총가치를 찾는다. 개별적인 선호들은 사람들이 자신의 삶을 얼마나 소중히 여기는지 설명하지만, 우리가 그것들을 마땅히 얼마나 소중하게 여겨야 하는가 하는 문제에 대해서는 전혀 상관하지 않는다. 언제나 그렇듯이, 시장에 맹목적으로 의존하지 않도록 조심해야 하는 이유는 여러 개가 있다. 위험 확률이 낮은 사건들을 정교하게 이해할 것을 전제로 하는 시장이라면 특히 더 조심해야 한다.

소득불평등에 따른 충격을 살펴보자. VSL은 현재의 재산이나 미래의 소득을 고려하지 않지만, 설문조사 표본의 선호를 통해서 그런 것들이 변수로 고려된다. 그러므로 50대 응답자는 20대 응답자보다 상대적으로 높은 VSL을 드러내며, 국가 차원으로 비교해봐도 선진국이 개발도상국보다 상대적으로 높은 VSL을 드러낸다.[62] 그러나 과연 우리는 아무런 마음의 동요도 없이 정부 정책이 이런 묘사적인 사실들과 일치하는 방향으로 마련되어야 한다는 말을 할 수 있을까?

바로 이 문제가 1991년에 세계은행에서 유출된 메모의 주제였다. 그 메모는 선진국에서 발생한 유독성 폐기물처럼 건강에 해로운 오염물질을 저개발국이 받아들이도록 하는 것이 경제 논리로는 가능하지 않겠느냐 하는 내용을 담고 있었다.[63] 이 주장의 논리는 흠잡을 데가 없었지만 격렬한 반발이 쏟아졌으며, 이 메모를 쓴 장본인인 래리 서머스는 나중에 "미친 사람이 아니고서야 유독성 폐기물을 사람이 사는 곳 주변에 버릴 생각을 어떻게 하겠는가?"라는 말로 사태를 진정시켜야 했다.[64] 오늘날 세계은행은 국가별로 소득에 따라서 VSL 추정치를 정할 것을 권고하면서도, VSL을 국내 정책의 의사결정에만 사용해야 하며 국가 간 비교 목적으로 사용해서는 안 된다고 강조한다.[65]

VSL과 같은 기술적 측정치를 동원하면 도덕적으로 공평하다는 인상을 줄 수 있다. 그러나 실제로는 도덕적으로 전혀 공평하지는 않다. VSL이라는 개념을 사용한다는 것은 하나의 도덕적인 선택일 뿐이다. 그래서 수많은 비판자가 VSL 이외의 대안적인 개념, 특히 후생복지와 관련된 내용을 한층 더 정확하게 설명하는 대안적인 개념을 사용해야 한다고 주장했다.[66] 비용편익분석을 통해서 결국 가치를 돈으로 환산함으로써 우리는 부를 극대화하는, 즉 그래서 소비를 극대화하는 방안을 선택한다. 그러나 이렇게 한다고 해서 복지가 최적화되었다는 뜻은 아니다.[67] 예를 들어서 가난한 집단이 적은 비용을 부담해서 부유한 집단이 커다란 큰 이득을 챙기도록 하는 정책은 부를 최적화할지는 몰라도 후생복지를 최적화하지는 않는다. 이런 최적화의 발상을 비판하는 사람들에게 생명처럼 소중한 변수를 금전적인 가치로 계량화한다는 것은, 결국 애초에 어떤 결정이나 정책을 심사숙고하게 만드는 바로 그 가치관을 하찮게 만들어버리는 게 되고 만다.[68]

VSL은 또한, 수명의 연수years of life가 아니라 삶 자체가 분석의 정확한 단위라는 근본적인 가정을 한다. 수명의 연수는 인간 수명의 통계적 가치Value of a Statistical Life Year, VSLY로 측정되는데, VSL과 VSLY의 차이는 교통 법규와 같은 쟁점을 다루는 데서는 중요하지 않다. 교통 법규에 따른 효과는 특정한 연령대의 집단에게 치우치지 않기 때문이다. 그러나 이런 게 아닌 다른 쟁점들에서는 그 차이가 중요할 수 있다. 예를 들어서 코로나19라는 사건에서 락다운의 편익을 따져야 하는 상황에서는 VSL을 사용할 때와 VSLY를 사용할 때가 상당히 달라진다. 바이러스는 수명이 상대적으로 적게 남은 사람들에게 훨씬 더 치명적이기 때문이다.

어떤 단위를 사용할 것인가 하는 문제는 평등성과 관련된 문제이다. 즉 우리 인간은 모두 평등한가, 아니면 수명에 따라서 평등한가 하는 문제이다. 어떤 접근법에 손을 들더라도 윤리적인 주장이 개재되며, 어느 하나를 선택한다는 것은 가치가 개재된 판단을 한다는 뜻이다. 누가 그렇게 생각을 하든 말든 상관없이 말이다.

마찬가지로 비용편익분석의 틀을 구성하는 사람도 죽음이라는 특성에 가치를 부여할 것인지 말 것인지, 부여한다면 어떻게 할 것인지 결정해야 한다. 일반적인 VSL은 모든 죽음이 동일하다고 가정하지만, 진술선호 연구에 따르면 사람들은 죽음의 유형에 따라서 죽음을 두려워하는 정도가 다르다는 사실이 드러났다. 예를 들어, 팬데믹 때문에 사랑하는 사람과 격리된 채 환자들만 우글거리는 병원에서 죽음을 맞을 위험을 줄일 수만 있다면 사람들은 한층 더 많은 비용을 지불하려 든다는 말이다.[69] 존엄한 죽음에 따른 손익을 보정하기 위해서 VSL을 늘리거나 줄이는 의사결정은 (혹은 늘리거나 줄이는 것 둘 중 하나를 포기하고, 죽음에 대한 서로 다른 인식을 분석 과정에서 매끄럽게 처리해야 할 일종의 시장왜곡으로 바라보기로 하는 의사결정은) 도덕성을 기준으로 삼아서 판단할 문제로 남는다.

정부가 추구해야 할 인간성 회복

정부는 국민을 보호해야 한다는 본질적인 의무를 가졌음에도 코로나 위기에 맞닥뜨리기까지의 과정에서 제도적인 문제 때문에 회복력을 평가절하했다. 다음 장에서는 이런 대비 부족이라는 좋지 못한 결과에 초점을 맞춰서 살펴볼 것이다. 아울러 코로나가 전체 개체군에 미치는 불평등한 효과도 살펴볼 것이다. 그런 다음에는 우리의 팬데믹 대응에서 나타났던 온갖 실패들 속에서도 이 위기에서 벗어날 길잡이가 될 수 있는 성공들, 그래서 나중에 닥칠 수도 있는 또 다른 위기에 대한 대비와 준비를 어떻게 하면 될지 일러주는 성공들도 함께 살펴볼 것이다.

정부의 역할과 의무는 국민이 만들어낸다. 그러나 우리는 정부가 행동할 수 있도록 정부의 등을 떠미는 사회적인 가치관이 아니라 시장 기반의 가치 지표에 점점 더 많이 의존한다. 코로나와 관련한 정책 결정의 중심에는 비록 그 결정들이 암묵적이긴 했지만, 삶의 질 그리고 죽음의 존엄성에 대한 평가의 여러 형태가 있었다. 비용편익분석의 관점에서 이 요소들을 추가하면, 이러한 신성한 가치관에 내포된 금전적인 가치를 추정해야 하는 어려운 과제가 곧바로 나타난다. 또 정책적인 의사결정을 할 때는 코로나의 발병률을 포함하는 공정성의 문제 그리고 경제적 역동성 유지의 중요성뿐 아니라 지금 당장 해결해야 하는 경제적 어려움의 문제 등을 모두 꼼꼼하게 따져야 한다.

코로나에 대한 사회의 반응은 국민과 국가 사이의 관계 그리고 사회의 가치관에 대해서 많은 것을 드러내고 있다. 가장 근본적으로는, 재앙이 닥쳤을 때 정부와 국민은 자신들이 가진 핵심적인 가치관에 의지했으며 금전적인 차원의 최적화가 아니라 인간적인 열정을 토대로 의사결정을 내렸다. 지금까지 드러난 사실들에서 단서를 포착해서 우리는 질병 문제와 경제 문제가 겹친 코로나 위기를 헤쳐나갈 틀을 만들어야 한다. 이제부터는 각국의 정부가 이 위기에 어떻게 대응해왔는지, 사람들은 어떻게 행동해왔는지, 그리고 이것이 가치와 가치관 사이의 관계에 대해서 드러내는 내용이 무엇인지 계속해서 살펴보자.

10장

사회 붕괴와 회복 그리고 르네상스?

코로나19 대응에서 드러난 사실들

2019년 12월 31일, 중국은 WHO에 우한에서 급성 호흡기 질환이 발생한 사실을 긴급하게 알렸다. 그리고 곧 중국 당국은 이 질병이 새로운 형태의 코로나 바이러스로 확인되었다고 발표했다. 2020년 1월 말까지 아시아 전역에서 그리고 서태평양, 유럽, 북미에서 환자가 발생했다.[1] 2월 말에 사람이 사는 전 세계 모든 대륙에서 코로나 확진자가 발생했다. 중국은 바이러스의 진원지로 여전히 남아 있었다.[2]

2020년 3월은 코로나19가 수없이 많은 뉴스 가운데 하나에서 21세기 역사에서 획기적인 사건으로 기록될 재앙으로 전환하는 결정적인 전환점의 기간이었다. 3월 한 달에 걸쳐서 지역사회 감염을 경험한 국가 수는 18개국에서 150개국으로 늘어났으며, 환자의 수는 8만 5,000명에서 75만 명으로 늘어났다. 그리고 보고된 사망자 수도 133명에서 3만 6,000명을 넘어섰다.[3] 전 세계 수십억 명에게 이 바이러스는 명백하고도 현재적인 위험이 되었다.

각국 정부는 이 위협에 대응해서 바이러스의 확산을 막으려고 극단적인 조치를 취했다. 학교를 비롯한 공공장소가 폐쇄되었다. 정부는 기업에 폐쇄 명령을 내렸고, 사람들의 이동을 제한했으며, 여행을 금지하고, 국경을 폐쇄했다. 격리와 통행금지 그리고 그 밖의 여러 제한 조치들이 시행되었다. 중앙집중적인 행정권을 발동했고, 군대를 배치했으며, 또 몇몇 나라에서는 선거를 연기하기까지 했다.

봉쇄 조치(락다운)는 중국에서 1월에 처음 내려졌다. 그러나 3월에는 다른 많은 나라에서도 시행되었다. 옥스퍼드대학교의 블라바트닉 정부학교Blavatnik School of Government는 각국에서 진행되는 코로나19 대응 정책을 추적하고 평가해서 100점 만점 기준으로 점수를 매겼다. 2월 29일 기준으로 5개국(중국, 이탈리아, 한국, 홍콩, 몽골)만이 50점이 넘는 봉쇄 정책을 시행하고 있었다. 그리고 한 달 뒤인 3월 31일 기준으로는 봉쇄 정책을 시행하는 나라는 158개국으로 늘어났다.

봉쇄 정책에 이어서 병원의 수용 역량을 높이고 백신 연구에 예산을 지원하는 보건의료 정책 그리고 재정적인 경색을 해소하려는 경제 정책이 시행되었다. 그러나 각국 정부가 현대사에서 보지 못했던 수준으로 국민의 삶을 통제한 것은 봉쇄 정책이었다. 많은 나라에서는 심지어 운동을 하거나 직계 가족을 방문할 목적으로 집을 나서는 것조차 금지되었다. 전 세계 사람들은 삶 자체를 박탈당했으며, 정부의 도움을 받지 않고서는 자기 자신이나 가족을 부양할 수 없게 되었다.

많은 국가의 정부는 국민들에게 봉쇄 조치를 준수하도록 하려고 강제력을 동원했다. 벌금은 가장 흔하게 사용되는 수단이었지만(벌금 액수가 상당히 큰 경우가 많았다), 봉쇄 조치를 어긴 사람에게 징역형을 선도하거나 구금하겠다고 위협하는 나라도 있었다. 필리핀에서는 통행금지 위반으로 체포된 사람이 한 달 동안 10만 명이 넘었으며, 말레이시아에서는 불법체류 노동자들이 체포되어 구치소에 수감되었다.[4] 중국과 헝가리 등에서는 바이러스 관련 가짜뉴스를 퍼뜨리는 사람들이 (여기에는 의사와 기자도 포함되어 있었다) 조사를 받고 구금되었다.[5]

이뿐이 아니었다. 경찰관들은 군중을 해산할 때 종종 최루탄, 물 대포, 고무 총알 등과 같은 폭력을 동원했다. 스페인, 이스라엘, 미국, 인도 등의 수십 개국에서는 경찰이 봉쇄 조치를 어긴 시민과 격렬한 언쟁을 벌이는 동영상이나 보도가 나왔다.[6] 공권력은 때로 사람의 목숨을 앗아가기도 했는데, 나이지리아와 남아프리카공화국 그리고 엘살바도르를 비롯한 여러 나라에서는 공권력에 의해 사망자가 발생했다는 보도가 통신사와 인권감시기구를 통해서 나왔다.[7]

영국 내전(1642~1651)※ 잉글랜드 왕국의 왕당파와 의회파 간에 있었던 내전으로, 의회파가 승리해서 국왕 찰스 1세의 목을 자르면서 끝났다의 혼란 속에서 글을 썼던 토머스 홉스가 보기에는 시민이 국가에 복종하는 것은 국가로부터 보호받는 대가였다. 시민은 국가의 권력에 복종해서 국가가 '폭력을 독점적으로 행사'할 수 있도록 하는 대가로, 국가가 제공하는 한층 더 폭넓은 안전을 보장받았다. 그러나 우리는 홉스와 다르게 국가의 행동을 폭력적인 무정부 상태로 바라보지 않고 감사하는 마음으로 복종한다. 국가가 하는 행동은 과잉금지의 원칙에 적합한지 판단을 받는데, 이 판단은 효과적인 대응 과정에서 신뢰성, 연대성, 공정성이라는 기준을 얼마나 충족하느냐에 따라서 이루어진다. 이러한 가치관을 구현한 국가는 처벌이라는 위협에 의존하지 않고 국민의 자발적인 기여에 의존해서 위기를 극복한다. 여기에서는 한층 더 넓은 사회적 자본뿐 아니라 정당성과 상호주의와 같은 국가의 소프트 파워가 무엇보다 중요하며, 또한 정부와 국민이 가지고 있는 가치관은 삶과 죽음을 가를 정도로 중요하다.

드러난 가치관 – 정당성과 상호주의

국가와 국민이 락다운에 반응한 모습이야말로 사회의 내재적인 가치관에 대한 많은 것을 드러냈다. 회복력을 과소평가한 바람에 위기 대비가 변변 찮을 수밖에 없었고, 사람들이 합의나 약속을 위반하는 경우가 한층 더 많아졌으며, 따라서 공정성이 중요하다고 아무리 이야기해봐야 경제와 보건 차원의 불평등은 심화되기만 했던 것이다.

한 국가의 정당성은 그 국가의 국민이 정부의 구조, 관리, 과정에 대해 가지는 믿음에서 비롯된다. 국가의 법률과 규정을 지킬 가치가 있는지 여부는 그것들이 어떻게 결정되었고 또 누가 결정했느냐에 달려 있다.[8] 시민이 법률과 규정을 잘 지키는 것은 당국에 기꺼이 복종하겠다는 의지와 책임감에서 비롯된다. 그렇게 법률이나 규정을 지키는 것이 자신의 즉각적인 이익에 반하는 경우에는 특히 더 그렇다. 가치 기반의 이 정당성은 정부에 대한 신뢰와 함께 존재하는 절차적 정의 수준과 전반적인 신뢰도에 대한 판단과 인식에서 비롯되는데, 이런 판단과 인식은 정부가 거두는 성과, 리더십 동기부여 그리고 행정 역량을 바라보는 관점에 의해서 형성된다.[9]

사람의 인식은 역사적인 경험과 문화에 녹아 있는 여러 믿음에서 형성되지만, 현재적인 맥락에 따라서도 형성된다. 4장에서 살펴보았듯이, 마그나카르타가 역사를 초월해서 가지는 중요한 것 가운데 한 부분은, 국가 권력을 제한하는 영국의 국가적인 전통을 (이 전통은 명문화된 헌법이 없는 상황에서는 특히 중요하다) 구체적으로 명문화했다는 점이다. 새로 선출된 정부가 제한된 권력과 자비로운 통치를 수용하는 여러 세대의 지지를 동시에 받을 때 이 정부는 정당성을 가진다. 통치의 이런 선순환은 소중히 여기고 지켜야 할 호사이다. 왜냐하면 이와 반대인 통치의 악순환은 언제든 나타날 수 있을 뿐만 아니라 너무나 자주 현실로 존재하기 때문이다. 당리당략, 사리사욕, 추문, 무능함 그리고 부당한 절차 등이 개입할 때 정부에 대한 신뢰는 추락한다.

신뢰는 과정에서 발견되지만(어떤 결정이 공정한 과정을 거쳐서 내려질 때 사람들은 이 결정을 한층 더 많이 존중한다), 정당성은 주로 그 과정에 녹아 있는 가치관과 관련이 있다. 순전히 강압적인 권력만 가지고도 통치는 가능하지만, 정당성을 가진 권력의 통치는 한결 쉽고 효과적으로 이루어진다.[10] 심지어 권위주의 체제도 강압에만 의존하지 않고 종종 자기의 통치를 정당화하는 데 상당한 자원을 투자한다.[11] 정당성은 종종 정부가 일반 국민의 후생복지를 위해 행동한다는 믿음과 관련이 있다.

민주주의 제도 자체는 국가에게 정당성을 거의 부여하지 않으며, 훌륭하게 작동하는 민주주의의 결과가 국가라는 주장이 있을 수 있다.[12] 민주주의 국가는 권위주의 국가에 비해서 절차적 정의가 사회에 더 많이 녹아 있고 또 정부의 품질도 더 낫다.[13] 이런 시스템들이 하나로 결합해서 부패와 차별 그리고 공명정대함에 위배되는 여러 가지 것들을 최소화해서 정당성을 강화한다.[14] 민주적인 국가 가운데서도 생긴 지 얼마 되지 않은 국가들은 절차적 정의 시스템이 검증되지 않아서 위기에 취약하며, 정치인들이 신뢰할 만한 약속을 하기 어렵다 보니, 다른 민주적인 국가에 비해서 통치의 질과 정당성이 떨어진다.[15] 즉 투표라는 상징적인 행위 자체가 국가에 대한 신뢰를 쌓는 것이 아니라, 민주적인 기관들이 내놓을 수 있는 의미 있는 책임성과 공정한 처리절차가 권위주의 정권이 달성할 수 있는 것보다 높은 수준의 정당성을 만들어낸다는 말이다.

정치학자들은 투표나 자발적인 군 복무, 성실한 납세 등과 같은 국민의 순종 혹은 협력을 기준으로 삼아서 어떤 국가의 정당성을 판단한다. 애플과 구글이 발표한 락다운 기간의 이동성 데이터가 이런 지표들을 보완한다. 뉴질랜드를 예로 들어보자. 소매 활동과 여가 활동은 전면적인 락다운 첫날에 평상시보다 90퍼센트가 줄어들었으며, 5주 동안 이어진 전체 락다운 기간에 적어도 85퍼센트나 줄어든 상태를 유지했다.[16] 정부의 명령이 그만큼 즉각적이고도 지속적으로 먹혀들었다는 말인데, 이것은 뉴질랜드 정부의 정당성이 그만큼 높다는 뜻이다. 뉴질랜드 정부가 여행 제한 및 락다운과 관련된 초기 조치 속에서 정당성을 확보했기에 뉴질랜드는 6월까지 바이러스를 완전히 퇴치할 수 있었다. 6월에 뉴질랜드에서는 코로나19 사망자는 사상자가 20명 정도밖에 되지 않았다.

이동성 감소에 대해서는 국가별로 정확하게 비교할 수 없다. 필수 서비스 부문을 규정하는 범위가 나라마다 달랐고 또 야외 활동이나 공원 폐쇄 등에 대해서도 나라마다 접근방식이 달랐기 때문이다. 그러나 각국 국민이 정부 지침을 얼마나 신속하게 그리고 얼마나 오랜 기간 꾸준하게 지키는가 하는 점은 각국 국민의 자국 정부에 대한 신뢰도의 증거가 된다. 정부가 지시한 규정을 국민이 잘 지키지 않는다는 것은 그 국민이 자국 정부의 권고를 따라서 행동하지 않고 언론 보도나 사회적 압력 혹은 바이러스의 영향을 받은 친구와 가족 등과 같은 다른 정보에 따라 행동했음을 시사한다. 국민이 정부 지시나 정책을 순순히 따르지 않은 것은 정부에 대한 신뢰가 락다운 조치의 불편함과 고통을 이겨낼 만큼 강하지 못했음을 시사한다.

이탈리아에서는 3월 12일을 시작으로 필수적인 업무 이외의 모든 상업 활동을 금지하는 락다운 조치가 전국적으로 시행되었지만, 이동성의 감소 양상은 뉴질랜드 경우보다 훨씬 느려서 기대한 수준으로 이동성이 줄어들기까지 나흘이나 걸렸다. 락다운 시행 처음 2주 동안에 일별 이동률은 20퍼센트 변동했다.[17] 미국 뉴욕주에서는 소매 활동과 여가 활동의 감소율은 주 전체를 대상으로 한 락다운 첫 2주 동안 50퍼센트에서 60퍼센트 수준을 맴돌았고, 그 이후에는 50퍼센트에서 70퍼센트 수준을 맴돌았다.[18] 두 경우 모두 락다운 조치 준수 수준이 뉴질랜드보다 훨씬 낮았다.

뉴욕주의 규정 준수 수준은 미국인 전체의 수준을 대표하는 것이었다. 데이터 회사인 유나캐스트Unacast에 따르면, 정부의 여러 고위 인사가 사람들에게 집에 머물 것을 촉구하고 다섯 개 주를 제외한 모든 주가 락다운 조치를 취했음에도 불구하고, 4월 한 달 동안 미국에서 이동성이 55~70퍼센트 수준으로 줄어든 날은 딱 이틀뿐이었다.[19] 그 외 다른 날에는 이동률 감소가 40퍼센트 미만이었고, 바이러스의 지속적인 확산에도 불구하고 5월 중순까지 이동률 감소는 25퍼센트를 넘지 않는 양상이 일반적이었다.

미국은 팬데믹 초기 단계에서 정부의 각급 단위들 사이에서 빚어졌던 높은 수준의 불협화음과 극심한 당파주의로 고통받았고, 이런 것들이 정부에 대한 신뢰와 국민의 규정 준수율을 떨어뜨렸다. 트럼프 대통령은 보건 전문가들과 공공연하게 대립했으며 주지사들과도 불화를 빚었다. 마스크를 쓰는 행위가 이념적인 당파성을 드러내는 행위가 되었다. 그래서 자발적인 권고사항인 마스크 착용 비율은 민주당원과 공화당원 사이에 20퍼센트 넘게 차이 났다.[20]

정치적으로 우파 성향인 자이르 보우소나루 대통령이 지도자로 있는 브라질도 비슷한 갈등을 겪으면서도 바이러스를 차단하려고 노력했다. 캐나다를 비롯한 다른 연방주의 국가들에서는 제각기 다른 정당이 지배하는 주정부들과 연방정부 사이에 높은 수준의 협력을 과시했다. 그래서 국민에게 전달되는 메시지는 한목소리였고, 공익을 위해 전통적인 정치적 적대감을 잠시 옆으로 밀어두었다.

국가별로 차이가 나는 이런 성과들은 국가의 정당성과 국가의 역량 그리고 사회적 자본이 얼마나 중요한지 일러준다. 이런 것들을 빼고 나면 위기 대비는 달리 할 게 없을 정도이다. 2019년 10월에 세계보건안전지수가 보건 위기 대비 정도의 국가별 순위를 발표했는데, 여기에서 뉴질랜드는 브라질, 이탈리아, 스페인 등과 같이 코로나19에 미흡하게 대처했던 국가들보다 한참 뒤진 54위를 기록했다.[21] 장차 코로나 바이러스와 힘겨운 싸움을 벌이게 될 미국과 영국이 각각 1위와 2위였으며, 코로나19에 대항해서 포괄적인 행동을 초기에 취하게 되는 싱가포르는 겨우 28위였다. ⁕이 발표에서 한국은 9위였다 전체적으로 보면 이 순위는, 기껏해야 지수 발표 직후에 시작될 팬데믹 상황에서 각각의 국가가 실제로 거두는 성과와 그다지 일치하지 않는 것 같다. 세계보건안전지수의 순위는 예방, 탐지 및 보고, 신속한 대응, 보건의료 시스템, 국제규범 준수, 위험 환경 등 여섯 가지 변수를 토대로 결정된다.[22] 즉 사회적 신뢰나 현재의 정치적 리더십 혹은 국가의 정당성을 고려하지 않는다는 말이다.

이에 비해서 국제투명성기구Transparency International가 발표하는 국가별 부패인식지수Corruption Perceptions Index는 순전히 국가의 정당성을 결정하는 요소들을 토대로 산출된다. 이 지수는 공공 부문의 부패를 바라보는 사람들의 인식에 따라서 결정된다. 2019년 지수에서 뉴질랜드는 세계에서 가장 부패가 적은 나라로 꼽혔고, 그 외 코로나19 팬데믹에 성공적으로 대처했던 국가들인 덴마크(뉴질랜드와 공동1위), 핀란드, 싱가포르, 노르웨이, 독일 등이 10위권 안에 많이 들었다. 또 다른 주목할 만한 성공 국가인 아이슬란드는 11위에 올랐다.[23] ⁕한국은 2017년에 51위, 2018년에 45위, 2019년에 39위, 2020년에 33위를 각각 차지했다 부패인식지수는 코로나19 팬데믹 대응 성과와 완벽하게 일치하지는 않지만, 팬데믹에 성공적으로 대응한 상위 순위 국가들을 보면, 위기에 대처해서 죽을 수도 있었던 사람들을 살려내는 데는 신뢰와 국가의 정당성이 결정적인 요인임을 알 수 있다.

정부가 락다운 명령을 내렸을 때 국민이 집에만 머무르거나 마스크 의무 착용을 준수하는 행동들을 우리는 홉스가 말했던 복종-보호의 상호교환이라는 발상으로 볼 수 있다. 그러나 이것은 전체 그림 가운데서 중요한 부분 하나를 놓치고 만다. 많은 사람에게 이 복종은 적법하고 신뢰받는 권력의 명령에 따르려는 본인의 의지와 그리고 다른 사람을 돕겠다는 본인의 열망에서 비롯된다. 그러므로 이런 규정 준수는 홉스가 말했던 국가의 강요에 대한 대응이라기보다는 사회적 계약에서의 모두가 지켜야 할 의무사항인 사회의 성공에 자발적으로 기여하는 행동이다. 극단적인 상황에서는 강압이 필요할 수 있지만, 강압은 결코 정부가 목적을 달성하기 위해서 행사할 주요 수단은 아니다.[24]

드러난 가치관 - 연대

정책이 시민의 가치관과 일치할 때 규정 준수는 강화된다. 위기가 닥치면 해당 사회가 가지고 있던 가치관이 드러난다. 전 세계의 시민은 자유주의자나 공리주의자가 아니라 존 롤스나 공동체주의자처럼 행동해왔다. 즉 정부의 락다운 조치와 막대한 정부 지출을 폭넓게 지지했다. 그것도 본인은 개인적으로 거의 위험을 느끼지 않으면서도 말이다.[25] 대부분의 엄격한 조치가 시행되던 2020년 3월까지만 하더라도, 사람들은 코로나19가 노인 집단과 기저질환자 집단에게만 유의미한 수준으로 위험하다고 생각했다. 이런 맥락에서 보면 기저질환 여부와 상관없는 모든 연령대의 사람들이 자기 가족과 이웃 그리고 사회의 공동선(공익)을 위해서 개인적인 희생과 재정적인 희생을 기꺼이 감수하는 모습은 강력한 연대감이 표현된 것이라고 할 수 있다.

　게다가 사람들은 단순한 규정을 준수하는 차원을 넘어서서 공동체를 위한 이타적인 행동을 조직하고 실천했다. 취약 계층에게 마스크와 음식을 나누어주고, 코로나 방역 일선에서 싸우는 사람들의 영웅적인 행동을 격려하고 그 사람들에게 박수를 아끼지 않았다. 지역사회에 필요한 일을 해결하고자 하는 민간 봉사단체가 늘어나자, 각국 정부에서는 공식적인 자원봉사 캠페인을 시작했다. 영국에서는 국민건강보험 자원봉사자 모집 호소에 100만 명이 넘게 응답했다. 각국 정부는 사회적 거리두기가 타인에게 주는 배려를 강조함으로써 이타주의를 장려했다.

바이러스 위협에 대한 대중의 반응은 연대와 공동체라는 가치들(즉 가치관)을 드러냈다. 동료를 돕고 사회에 대한 의무를 다하겠다는 의지 때문에 커다란 대가를 치러야 할 때도 있다. 이런 대가는 현실적인 희생이었지 말로만 하는 희생이 아니었다. 사람들에게 봉쇄 조치는 경제적 불확실성을 심화시키고 사회생활을 방해하며 측정할 수도 없는 커다란 스트레스와 불안감을 안겨주었다. 이러한 희생은 공동체감과 연대감 속에서 이루어졌고, 많은 사회에서 코로나가 드러낸 깊은 불평등을 더욱 혹독하게 만들었다.

팬데믹 속에서의 연대는 긍정적인 행동의 전염되는 현상의 한 가지 사례라고 할 수 있다. ('행동 전염'이라는 용어는 경제학자 로버트 프랭크가 만들어낸 것이다.) 사람은 누구나 주변 사람이 하는 행동에 영향을 받는다. 어떤 사람의 친구들이 담배를 피우면, 그 사람도 담배를 피우게 될 가능성이 높다. 어떤 사람 주변에 있는 사람들이 락다운 규정을 잘 지키고 마스크를 잘 쓴다면, 그 사람도 그렇게 할 가능성이 높다. 사회적 밈이라고도 부를 수 있는 이 개념은 애덤 스미스의 도덕감정까지 거슬러 올라간다. 프랭크는 중요한 행동적인 외부성(외부효과)* *'외부성'은 어떤 거래가 제3자의 경제적 복지후생에 영향을 미치는 현상을 뜻한다의 존재가 공공 정책에 영향을 미친다고 주장한다. 좋은 아이디어와 행동이 종종 승리하지만, 아이디어와 행동의 시장이 신뢰성 있게 공익을 촉진한다는 가정은 없다. 따라서 "우리는 사회적으로 유익한 밈을 장려하고 사회적으로 해로운 밈을 억제하는 것에 강력하고도 정당한 공공 정책적 관심을 가지고 있다."[26]

드러난 가치관 – 불평등한 사회 속의 공정성

코로나가 드리우는 파장의 효과로만 보자면 코로나는 기본적으로 불평등하다. 그렇기에 코로나의 존재는 우리 사회에 깊은 불평등을 노출시킨다. 코로나 바이러스는 노인층과 (코로나19로 인한 사망자의 94퍼센트는 나이가 예순 살이 넘는 사람들이다) 비만, 고혈압, 당뇨 등과 같은 질환을 앓고 있는 사람을 표적으로 삼는다.[27] 낯선 사람과의 접촉을 피하거나 줄일 수 있는 사람은 이 바이러스의 침입을 우선적으로 피할 수 있는데, 그렇기 때문에 직업이나 사회적 지위에 따라서 이 바이러스에 노출되는 빈도는 달라지고, 따라서 계층별로 감염의 불평등이 나타난다. 캐나다 통계청은 최종학력이 고졸인 가구의 주 소득자 가운데 30퍼센트만 재택근무를 하는 반면에, 대졸자나 그 이상의 학력을 가진 주 소득자 가운데서는 약 66퍼센트가 재택근무를 한다는 사실을 확인했다.[28] 그렇기 때문에 코로나19에 걸릴 확률은 학력 수준에 따라서 불평등하게 나타난다. 영국에서는 코로나19로 사망할 확률은 저숙련 직종 남성 종사자가 전문 직종 남성 종사자의 거의 네 배나 된다.[29]

한 사회 안에서 직업과 소득 등 사회경제적 요인이 인종 및 민족의 구분과 겹치는 측면이 있는데, 그래서 세계 각국에서는 국내 인구 가운데서도 인구구성 집단별로 코로나19 사망률의 차이가 발생한다. 잉글랜드와 웨일스에서는 흑인, 파키스탄인, 방글라데시인의 사망률이 백인 사망률의 거의 두 배였다.[30] 브라질 상파울루에서는 백인보다 유색인종이 62퍼센트 더 많이 코로나19로 사망했다고 보고되었으며, 미국에서는 아프리카계 미국인이 다른 인종 집단에 비해서 사망률이 두 배가 넘는다고 보고되었다.[31] 그리고 캐나다에서 가장 큰 두 도시인 토론토와 몬트리올에서 코로나19의 피해가 가장 큰 지역은 이민자가 많은 저소득자가 밀집해서 거주하는 지역이었다.[32]

락다운 조치의 충격은 인구 집단별로 다르게 나타나는데, 서비스와 접대 그리고 오락 산업 부문에서 일자리가 많이 사라졌다. 영국에서 해고 또는 근무시간 단축의 위험이 있는 일자리의 거의 절반은 시간당 10파운드 미만의 임금을 받는 일자리였다.[33] 실업률 증가는 청년과 소수 민족 그리고 여성 등의 인구 집단에 상대적으로 더 큰 영향을 미쳤다([도표 10-1]과 [도표 10-2] 참조).[34] 불법체류 외국인 노동자와 임시 외국인 노동자는 소득 지원 프로그램 대상에서 제외되었다.[35]

거의 모든 국가가 무상으로 제공하는 초등·중등 교육은 기회의 평등에 크게 기여했지만, 코로나19 확산을 방지할 목적으로 초등·중등 학교가 폐쇄될 때 분배 효과는 엄청난 영향을 받아서, 학교와 교육이 기회의 평등에 기여하는 몫이 위협을 받을 수밖에 없다. 락다운 상태에서의 교육은 부모의 지도와 컴퓨터와 초고속 인터넷 접근성에 거의 전적으로

도표 10 - 1 · 연령대별 실업률

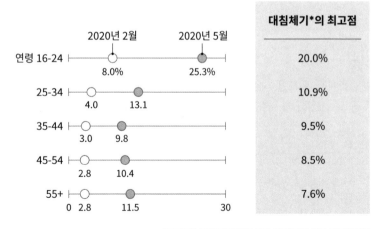

* 2008년 세계 금융 위기 이후 전 세계가 겪은 경기침체기

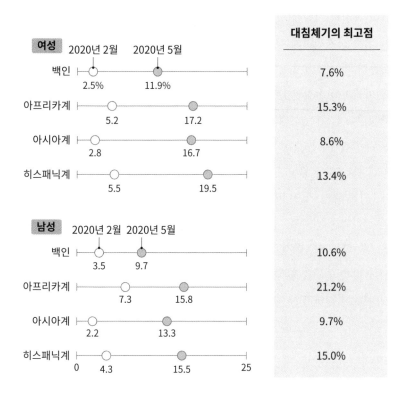

의존할 수밖에 없는데, 결국 고소득자 자녀에게 구조적으로 유리할 수밖에 없는 조건이 형성된다. 락다운이 한창 진행되던 무렵에 15억 명의 어린이들 가운데 약 절반이 컴퓨터를 사용할 수 없는 환경에 놓였다고 유엔은 추정했다.[36] 공교육혁신센터Center on Reinventing Public Education, CRPE에 따르면 미국의 부유한 학군들은 저소득층 학군들보다 비디오로 실시간 교육을 제공할 가능성이 두 배 높았고, 시골 학생들은 도시 학생들보다 훨씬 더 많이 교사와 단절되었다.[37] 한편 사립학교는 공립학교보다 교습 체계를 화상교육으로 더 신속하게 전환했으며, 락다운 상황에서도 교

사와 학생 사이에 정기적인 의사소통 기회를 제공했다.

심지어, 과거 학교 폐쇄 사례를 연구한 논문들은 폐쇄 기간에 학생들이 적절한 교육에 접근할 수 없었던 것이 원인이 되어서 학생들이 적절한 기술을 개발하지 못하고 교육 성취를 떨어뜨린 결과로 이어졌음을 보여준다.[38] 노르웨이 통계청은 학교 폐쇄에 뒤따르는 비용이 어린이 한 명당 미래소득 손실과 부모 생산성 손실 차원에서 하루에 173달러나 된다고 추정했다.[39] 이런 사정을 놓고 볼 때, 코로나19의 직접적인 영향을 상대적으로 훨씬 덜 받는 젊은이들이, 심지어 현재의 비상 대응 조치에 조성된 자금 때문에 평생 높은 세율의 세금을 내야 한다는 사실을 깨닫기도 전에, 이 질병이 가져다준 경제적 비용의 상당한 부분을 책임져야 한다. 정말 안타까운 일이다. 미래 세대들에 대한 제약이 강화될 수도 있다는 점을 생각해볼 때, 현재 닥친 문제를 해결하기 위해 국가의 재정 중에서 얼마나 많은 부분을 할애해야 하는지에 대해 고려해야 할 사항들 가운데 하나이다. 여기에 대해서는 16장에서 자세하게 다룰 것이다.

코로나 팬데믹에서 공익을 위한 틀(프레임워크) 짜기

내가 금융 분야 공부를 시작할 때 나에게는 멘토가 여러 분이 있었다. 이 멘토들 가운데 한 분이 제럴드(제리) 코리건Gerald Corrigan이었다. 1895년부터 1993년까지 제리는 세계 금융계에서 강력한 영향력을 행사하던 뉴욕 연방준비은행의 총재였다. (세계 금융 위기 당시에 팀 가이트너가 이 은행의 수장이었다는 사실이 얼마나 다행이었는지 모른다.) 1987년 10월 19일의 '검은 월요일' 당시에 미국 주식 시장은 23퍼센트 폭락했는데, 미국 주식 시장 역사에서 가장 규모가 큰 폭락이었고, 지금도 그 기록은 깨어지지 않고 있다. 그 암울하던 날에 그리고 그 뒤를 이어서 유동성이 널을 뛰던 날들에 많은 사람이 거래를 중단하라고 아우성쳤다. 당시 사람들은 시장이 이미 제정신을 잃었다고 말했다. 어린아이에게 주는 휴식시간 같은 게 필요했다. 하지만 당시 뉴욕연방은행의 총재였던 제리는 그럴 생각이 전혀 없었다. 그는 "시장을 닫는 것의 문제는 나중에 다시 그 시장을 열어야 한다는 데 있다"고 말했다. 대부분의 군대 지도자가 어린 시절부터 알았지만 많은 정치인이 큰 대가를 치르고 배워야 하듯이, 전쟁을 시작하기란 쉽지만 전쟁에서 빠져나가기란 매우 어렵다.

코로나 팬데믹에 대한 대비가 부족했다는 점과 초기 대응이 늦었다는 점을 염두에 둘 때, 대부분 국가의 정부가 행동을 취했을 때는 이미 경제를 폐쇄하는 것 말고는 달리 선택의 여지가 없었다. 코로나19가 엄청나게 많은 사람을 죽음으로 몰아넣고 또 인간의 존엄성에 끔찍한 결과를 초래하면서 폭발적으로 번져가는 상황을 되돌리는 것이 무엇보다 중요했다. 진작 조치를 취했더라면 그리고 미리 대비를 잘했더라면 좋았겠지만, 이제는 돌이킬 수도 없었다. 그리고 락다운 결정은 말 그대로 실행 가능한 마지막 선택이었다.

그렇지만 문제는 경제를 폐쇄했을 때 나중에 어떻게 다시 열 것인가 하는 점이었다. 락다운으로 빚어지는 실질적인 경제 비용이라는 관점에서 볼 때 많은 사람이 이 결정을, 보건의료 차원의 결과와 경제 차원의 결과라는 각각의 추정 가치 가운데 어느 하나를 선택해야 한다는 발상으로 바라보았다. 예를 들어서 브라질의 보우소나루 대통령은 브라질 경제가 '실업의 파도'를 감당할 수 없다는 이유로 락다운 조치를 아예 검토조차 하지 않았고, 미국의 트럼프 대통령은 미국에서 락다운 조치에 따르는 비용을 감수하면서까지 굳이 죽음을 피해야만 하는 상황은 아니라는 식으로 자주 말했다.[40] 영국에서는 전 보수당 대표 이안 덩컨 스미스가 국민의료보험에 필요한 자금을 조성하려면 사람들이 당장 일터로 돌아가야 한

다고 주장함으로써 경기 회복을 보건 관련 문제의 결과와 직접 연결시켰다.[41]

문을 닫았다가 다시 여는 문제에 대한 이런 식의 접근 틀은 가치와 가치관 사이의 관계를 이해하는 것이 얼마나 중요한지 냉혹하게 보여준다. 앞에서도 살펴보았듯이 임상적 의사결정을 내리는 데는 몇 가지 방법이 있다. 정책 입안자는 인간 생명의 통계적 가치vsl와 같은 가치평가 기법들과 비용편익분석과 같은 의사결정 도구들을 결합함으로써, 현재와 미래의 잠재적인 경제 손실을 (제2장에서 살펴본 한계혁명 ※ '한계'라는 개념을 통해서 경제를 분석하는 방식. 한계 분석이 도입됨으로써 근대 경제학이 출현한 일과 개념에 따라서 죽음과 상업의 한계비용과 한계편익이 같아지는 순간까지) 늘어나는 사망률의 '금전적인 비용' 추정치를 감안해서 따져볼 수 있다. 이런 분석에 노동자의 기술 수준과 기업의 생산 역량을 유지하는 차원에서 경제를 다시 열 때의 편익 추정치뿐 아니라 락다운이 사람들의 정신건강과 학생들이 박탈당한 교육 기회에 따른 비용 추정치를 추가할 때 한층 더 정교해질 수 있다. 이렇게 변수를 확대할 때 락다운 결정에서 고려해야 할 중요한 사항들이 추가된다. 비록 생명을 포함한 모든 변수가 각각 금전적인 추정 가치를 가져서 다른 경제적 가치 극대화 문제에서와 마찬가지로, '최적의 해법'이 도출되는 틀(프레임워크)이긴 하지만 말이다.

그러나 이런 접근법은, 코로나 살육이 머지않은 미래에 전개될 것이라는 상황에 맞닥뜨릴 때 최대한 많은 사람을 구하겠다는 노력을 기꺼이 하고 나설 사람들이라면 거들떠보지도 않을 것이다. 앞에서 보았듯이 코로나 위기를 맞이해서 사람들이 보여주는 대응은 연대와 공정성과 책임이라는 가치관이 얼마나 소중한지 증명하고 있다. 그러므로 코로나19로 야기된 경제와 보건의료라는 쌍둥이 위기를 극복할 올바른 틀은 합의된 사회적 목표 속에 이 가치관을 구하고, 그런 다음에 우리가 채택할 후보 정책들이 그 가치관에 어떤 영향을 줄 것인가 하는 차원에서 그 실행 정책을 평가해야 한다.

공익을 구현하기 위한 코로나 정책 틀을 개발할 때 기후변화에서 얻은 교훈을 이용할 수 있다. (기후변화에 대해서는 다음에 이어질 두 개의 장을 참조하라.) 기후변화 경우에는 환경의 지속가능성이라는 압도적인 목표가 있다. 이 목표는 세대 간의 평등과 공정성이라는 사회 가치관으로 설정된 것이다. 환경의 지속가능성은 특정한 표적 목표를 달성함으로써 이룰 수 있다. 그 표적 목표는 바로 온실가스 배출량을 탄소예산* 지구 평균온도가 섭씨 1.5도 이상 오르지 못하도록 한다는 전제 아래에서, 그 범위 안에서 지구인이 앞으로 배출할 수 있는 이산화탄소의 양 범위 안으로 제한해서 미래의 지구 평균온도 상승폭을 섭씨 1.5~2.0도 이내로 묶는 것이다.* 이하에서는 온도 표기는 모두 '섭씨' 표기이다 이 표적 목표는 정확한 기후 관련 결과의 윤곽을 그리는 방법에 대한 불확실성뿐 아니라 측정상의 불확실성에 영향을 받을 수밖에 없지만(예를 들어서 설령 탄소예산을 존중하고 또 아껴서 쓴다고 하더라도 피드백루프* 결과를 자동적으로 재투입시키는 궤환 회로 등의 요인으로 나쁜 결과로 이어질 수 있다), 출발점을 전제로 한다면 사회가 소중하게 여기는 가치를 획득하는 방향으로 나아가는 데는 최상의 위험 관리 접근법이다.

코로나19가 안겨준 충격에 대처하는 올바른 정책들을 결정하려면 우리는 먼저, 그런 목표들을 성공적으로 달성했다는 근거가 되는 측정치와 관련해서 목표들과 지표들을 선명하게 설정할 필요가 있다. 이상적으로 말하면, 이런 결과들을 이끌어내는 표적 목표들은 여러 대안과 그 목표들을 달성하기 위한 행동들 그리고 그런 행동들의 상대적인 성공 가능성 등을 놓고 공개적인 토론을 한 이후에 설정되어야 한다. 그런 다음에 그 목표를 달성하기 위한 정책들을 분석하고 실행해야 한다.

경제학자들인 팀 베즐리Tim Besley와 닉 스턴Nick Stern은 제각기 다른 방식으로 목표를 달성할 때 각각 들어가는 비용을 관리하고 평가하는 방법을 따지는 비용효과분석cost-effectiveness analysis이라는 접근법을 주창해왔다.[42] 비용효과분석에서는 목표들을 먼저 설정한다. 이 목표들은 사회의 가치관을 토대로 하는데, 이 목표들에 대해서 선명한 지표/수치를 매긴다. (예를 들면 지구 평균온도 상승을 1.5도 범위 안에 묶어놓는 탄소예산이나, 뒤에서 살펴볼 코로나19를 대상으로 한 낮은 수준의 감염재생산지수R0 등이 그런 지표/수치가 된다.) 그런 다음에 대안이 될 수 있는 여러 정책을 검토해서 사회가 원하는 가장 효과적인 실행 방법을 확정한다. 그런데 비용효과분석과 비용편익분석의 차이를 잘 알아야 한다. 비용편익분석에서는 일련의 가치 예상치들이 전제되는데, 시장 가격을 토대로 한 것들까지 포함한 이 일련의 가치들에는 그 가치들에 대한 일련의 판단이 녹아들어 있다. 그런 다음에 거기에 비용들과 편익들이 더해지고, 거기에서 다시 '한계'라는 개념을 통해서 최종적인 의사결정이 내려진다. 그런데 여러 가지 가치가 뒤섞인 가운데서 내리는 판단은, '확실한' 숫자가 가져다주는 유혹적인 편안함 때문에 모호해질 수 있다. 비용효과분석은 사회가 소중하게 여기는 것, 즉 사회의 가치관을 달성하려고 분명하게 노력한다. 그런데 비용편익분석에서는 자칫 그 가치관을 이미 스스로 결정해버렸을 수 있다.

그렇다면 이 이론을 직접 실행해보자. 코로나에 대응하는 정책의 표준적인 틀은 매우 영향력이 있는 어떤 블로그에 잘 요약되어 있다. 작가이자 엔지니어이며 사업가이기도 한 토마스 푸에요Tomás Pueyo가 운영하는 이 블로그에서 코로나 대응의 구성요소를 정리한 내용은 다음과 같다.

(1) **망치**: 자칫 통제가 불가능해질 수도 있는 바이러스의 확산을 통제함으로써 건강한 사람들을 보호하겠다는 일련의 초기 극단적인 제한조치를 말한다. 이것은 또한 전 세계의 많은 사회에서 본능적으로 나타난 대응이기도 했다. 망치에는 대부분, 기업과 학교 등이 문을 닫는 상황을 맞아서 기업과 가계가 부정적인 경제

충격을 받지 않도록 보호하기 위한 일련의 경제적인 긴급구제 조치들이 뒤따른다.

(2) **춤**: 사회적 거리두기와 그 밖의 여러 격리 조치들을 권장하는 가운데서도 락다운 등 여러 제한 조치들의 불편함을 조금씩 해소하며 경제의 활동성을 점진적으로 다시 회복해나가는 시행착오 과정을 말한다. 이 두 번째 국면에서는 비록 팬데믹을 완전히 제압하지는 못했다고 하더라도 이것을 통제할 수 있는 범위 안에 반드시 가둬둬야 한다.[43]

코로나 대응과 관련해서 푸에요가 이런 생각을 할 때 많은 정책 입안자가 가졌던 견해는 코로나가 보건의료 서비스를 압도하면서 확산되는 것을 막으려면 락다운이 필수적이라는 것이었다. 무급휴가나 저리 신용대출 등과 같은 경제적인 지원 조치들의 목적은 회사의 생산 역량을 보존할 목적으로 노동자들을 일자리에 계속 붙잡아두는 것이었다. 이런 정책들은 코로나와 함께 살아갈 기간이 길지 않을 것이라는, 즉 코로나의 경험은 만성적인 것이 아니라 굵고 짧게 끝날 것이라는 암묵적인 가정 아래에서 일종의 교량 역할을 해주길 기대하며 설계되었다. 사람들과 각국 정부는 보건 문제를 다른 어떤 것들보다 우선순위에 뒀으며, 그런 다음에 경제적인 어려움의 강도를 낮출 수 있는 일들을 했다.

그런데 몇 주가 몇 달이 되고 예전의 일상으로 돌아갈 전망은 점점더 까마득해졌다. 그러자 네 가지 변화가 나타났다. 첫째, 재생산감염지수가 1 미만으로 떨어짐에 따라서 (이 지수가 1보다 클 때는 신규 확진자가 기하급수적으로 늘어난다) 이 병을 완전히 박멸하는 게 아니라 함께하는 과정으로 발전해나갔다. 둘째, 정부의 재정 적자 규모가 2차 세계대전 이후로 가장 높은 수준까지 치솟음에 따라서 경제적인 비용이 상당히 증가하기 시작했다. 셋째, 비활동의 기간이 계속 연장됨에 따라서 노동자와 기업의 생산 역량이 잠식되기 시작했다. 이런 현상은 경제 전반에 걸쳐 점점 더 불균일한 양상으로 퍼져나갔다. 특정 경제 부문에 대한 지원제도가 승자들을 뽑는 데 그칠 것이라고 각국 정부가 우려하는 가운데서 코로나는 접대와 소매유통 그리고 운송 부문에서의 패자들을 가려내서 패대기치기에 바빴다. 마지막으로 넷째, 팬데믹이 제각기 다른 사회경제적 집단(여성과 소수민족 그리고 청년층), 그리고 한층 더 폭넓은 환자 집단(정신질환자와 가정폭력 피해자 그리고 기존에 가지고 있던 질병의 치료를 받지 못하는 사람도 여기에 포함된다)에 불평등하게 미치는 영향이 점점 더 뚜렷하게 드러나기 시작했다.

이런 환경에서 보건 관련 비용편익과 경제적인 비용편익 사이에 한층 더 명확한 절충의 필요성이 커지고 있다. 이 모든 것들을 올바로 평가하려면 통계적 삶의 가치에 대한 어떤 추정치들이 필요하고, 그런 다음에 락다운 상황에서 점점 늘어나는 경제적·사회적 비용과 비교해서 그 가치 추정치들을 따져봐야 한다. 이것을 따질 수 있는 여러 정교한 틀이 있는데, 그 가운데서도 특히 행복에 관한 한 원로 전문가인 영국의 경제학자 리처드 레이어드와 여러 사람들이 개발한 틀이 있다.[44] 이 틀은 저자들이 '웰비스WELLBYS'라고 이름을 붙인 후생복지 측정치에 초점을 맞추고서, 락다운으로 인한 일련의 사회경제적 비용과 편익의 균형을 따지는 방식으로 락다운을 철회하는 적절한 기간이 언제인지 알아냈다.

그러나 이런 내용을 신중히 고려할 때조차도, 이런 분석에는 9장에서 살펴보았던 여러 어려움에 맞닥뜨릴 수밖에 없다. 가정假定은 많고, 방법론은 결함투성이며, 최적화가 최우선으로 고려되는 동안에 공정성은 뒷전으로 밀려나며, 도덕적 태도는 적절한 생각도 없이 계산 속에 포함된다. 가치관에 따라서 매기는 가치의 값이 달라질 수 있는 삶과 같은 변수들에 명백한 어떤 가치를 매기는 순간, 우리 사회를 지탱하고 유지하는 가치관이 부식될 수 있다.

삶과 죽음 그리고 건강이라는 문제를 다룰 때는, 계량적인 접근법이 지금 당장 생각해야 하는 윤리적인 쟁점들과 지금 당장 내려야만 하는 현실적인 의사결정과 관련해서 알려줄 수 있는 통찰력이 제한된다. 비용편익분석과 VSL과 같은 접근법을 사용한 바람에 신뢰할 만한 권위가 보장되지 않는 경우는 너무도 많다. 셸링의 주관적인 혁명은 비록 노동력을 가지고서 삶의 가치화를 개선하는 데 기여했지만 부족한 점이 여전히 많다. 노벨상을 받은 인도의 경제학자 아마르티아 센Amartya Sen을 포함해서 많은 사람이 주장했듯이, 삶은 달러화든 파운드화든 혹은 웰비스든 간에 단일한 어떤 수치로 증류될 수 없다. 정치인은 공개적인 자리에서 인간의 생명과 삶에 금전적인 가치를 매기길 꺼린다. 그런 태도가 일반 대중의 정서에 어긋난다는 걸 잘 알기 때문이다.[45] 아닌 게 아니라, 몇몇 집단은 자기 삶이 다른 사람들의 삶과 비교해서 마땅히 부여되어야 할 가중치가 적절하게 부여되지 않았다고 느낄 때는 VSL 추정치에 반대하는 의견을 한목소리로 내곤 했다.[46]

한층 더 현실적으로 말하면, 비록 경제적인 목적과 건강상의 목적이 흔히 반대로 놓이긴 하지만(즉 락다운을 해제해서 보건상 한층 더 나빠진 결과를 받아들임으로써 경제적인 이득을 누리긴 하지만), 현실의 모습은 한층 더 복잡하다. 잉글랜드은행의 내 동료인 거찬 '얀' 블리게Gertjan 'Jan' Vlieghe는 이 두 개의 목적이 일반적으로 상호 보완적이라는 증거가 여러 나라에 걸쳐서 많이 있다고 말했다. 예를 들어서 여러 나라의 데이터를 보면, 바이러스가 광범위하게 확산됨에 따라서 이동성 감소의 80퍼센트 이상이 자발적임을 알 수 있다.[47] 사람들은 자신의 건강에 위협이 된다고 걱정하면 직장으로 돌아가려 하지도 않으며 소비를 하러 바깥으로 나가려 하지도 않는다. 그래서 락다운 조치를 해제한다고 하더라도 이 조치가 수요와 공급에 미치는 영향은 제한적일 수밖에 없다. 사람들이 감염 위험이 상대적으로 높아서 두려움을 느낄 때는 오락 부문에 돈을 쓰는 경향이 줄어든

다. 감염률이 급등하면 경제 전망을 바라보는 소비자와 신뢰와 시장에 대한 신뢰가 줄어든다.[48]

게다가 만약 사람들이 모든 것이 예전처럼 정상으로 돌아갈 것이라는 헛된 약속을 믿었다가 배신당했다면, 질병의 파도가 연속해서 덮칠 것이라는 전망이 신뢰에 더 손상을 줄 것이다. 그렇기 때문에 질병과 질병의 전파와 관련해서 세상에 알려진 것과 그렇지 않은 것에 대해 명확하고 솔직한 의사소통이 특히 중요하다. 코로나는 가장 어려운 극복 과제이다. 단순히 위험을 관리하는 차원의 문제가 아니라 근본적인 불확실성을 관리하는 차원의 문제이기 때문이다.[49] 코로나19와 유사한 사례들이 있긴 하지만 새로운 변종과 증상 없는 전파 그리고 돌연변이의 가능성이라는 코로나19의 특성을 감안한다면, 이것의 진정한 선례는 없다. 알려진 것과 그렇지 않은 것을 명확하게 하는 것 그리고 그것이 바뀌었을 수도 있는 이유를 명확하게 설명해서 대중에게 계속 업데이트된 조언을 주는 것은, 국가의 정통성을 유지하고 시민들의 상호주의를 장려하는 데 꼭 필요하다. 만일 그런 조치들이 제대로 효과를 발휘하도록 충분히 많은 사람이 그 조치들을 따르기만 하면 그 조치는 의미가 있다. 따라서 사람들은 그 이유를 인식할 필요가 있다.

이것은 너무도 중요한 일이라서 공중보건 관료들에게만 맡겨둘 수 없다. 궁극적으로는 재생산감염지수의 근본적인 기본 목표를 1 미만으로 떨어뜨리기 위해서 당국자들이 '과학을 추종할' 필요가 있지만, 사회가 중요하게 여기는 것의 가치를 진정으로 평가하기 위해서 다양한 목표에 걸쳐서 최적화를 수행할 필요도 있다.

이상적인 과정은 이렇다. 합의 도출 과정을 통해 사람들의 합의를 이끌고 합의된 사회 전체의 삶의 질 측면에서 핵심 목적을 정의한 다음에, 이러한 목표를 달성할 가장 비용효과적인 개입 방식을 결정해서, 공동의 선을 구축하기 위한 포괄적인 접근 방식을 취하는 것. 이것이 이상적이다. 삶과 일의 존엄성 그리고 현재와 미래에 번창하는 인간의 가치를 어떻게 평가하느냐에 따라 사회의 선택이 이루어져야 한다.

앞에서 살펴봤듯이 코로나 팬데믹의 한가운데서 드러난 시민의 가치들(즉 가치관)은 연대와 공정성, 책임감이었다. 이 가치관은 코로나 정책의 중요한 목표들은 보건의료 차원의 결과와 사회적 차원의 결과에 초점을 맞추어야 한다고 요구한다. 사람들의 사망 위험을 최소화하고 환자가 적절한 치료를 받으며 사회적 거리두기에서 비롯되는 무거운 짐을 덜어야 하며, 국가가 제공하는 보호 조치들의 편익이 사회 전체에서 공정하게 골고루 공유되어야 한다는 말이다. 이 목표가 어떤 식으로는 상당한 수준으로 달성되었다면, 정책 입안자는 경제에 미치는 긍정적인 효과를 최대화하고, 선택적 개방에 따라서 코로나가 재확산할 수도 있는 위협을 최소화할 방법을 찾아야 한다. 규제와 제한의 완화를 추구할 때 정책 입안자는 분배에 특히 주의를 기울여야 한다. 락다운의 강도를 느슨하게 풀 때 발생하는 소비자와 근로자에 대한 직접적인 편익 및 비용의 규모와 분배는 (임금, 소비, 고용 및 감염률 등의 변화 측면에서 볼 때 그렇다) 매우 다양하다.

당국에서는 위험 관리 접근법을 추구할 필요가 있다. 그것은 바로, 대중이 설정하는 우선순위와 일치하는 방식으로 극단적으로 부정적인 사건의 가능성을 먼저 제한한 다음에 기대 결과를 최적화하는 접근법이다. 대중이 보다 더 나은 보건의료 상황을 높게 평가한다는 사실을 당국이 인정하려면, 당국으로서는 어떤 상황이 전개되더라도 코로나 감염률을 통제하는 것이 필요하다. 코로나 감염률을 통제한다는 것은 재생산감염지수를 1 미만으로 유지한다는 뜻이다. (이 지수가 0에 가까워지는 일은 코로나의 재확산 전망과 코로나의 완전한 박멸 비용에 달려 있다.) 앞에서도 언급했듯이, 받아들일 수 있는 위험에 대한 합리적인 평가의 한 부분으로서 재생산감염지수를 사용하는 것과 기후변화에서의 온도표적목표(예를 들면 지구 온도의 상승폭을 2도 이하로 유지한다는 목표)를 사용하는 것에는 비슷한 점이 있다.

일단 팬데믹이라는 통제할 수 없는 극단적으로 위험한 시나리오의 위험이 제거되고 나면, 지속적인 락다운이 사람들의 정신건강에 미치는 상대적인 비용과 생산 역량 그리고 세대 간의 공정성 등의 문제가 중요하게 대두된다. 전면적인 락다운에서 복리複利로 작용하는 비용과 불확실성을 염두에 둔다면, 예전 상태로 돌아가게 해줄 백신을 확보하는 것이나 치료와 검사와 표적의 획기적인 조합을 찾아내는 것에 모든 것을 거는 것이 목적이 될 수는 없다. 정책이 수행해야 할 과제는 감염률을 통제 가능한 수준으로 유지하는 데 들어가는 경제적인 비용을 최소화하는 한편, 분배의 평등과 세대 간 평등이라는 쟁점에 상당한 관심을 기울이는 것이다. 아이들에게서 교육 기회를 박탈하거나 경제의 미래 생산 잠재력을 저해하는 것은 코로나 바이러스를 박멸하는 대가로는 너무 크다. 다시 말해, 평등과 역동성이라는 변수가 코로나 정책 결정을 유도하는 가치관에 추가되어야 한다는 말이다.

사회의 가치관을 확보하기 위한 통일적인 목표로 재생산감염지수를 낮게 유지하면 여러 가지 유리한 점이 있다. 첫째, 당연한 말이지만 이 정책은 코로나의 확산을 제한한다. 둘째, 코로나를 폭발적이지 않은 수준으로 유지함으로써 기존의 보건의료 역량이 이 질병을 충분히 감당하도록 해서, 병에 걸린 사람들이 공정한 치료를 받을 가능성과 생존하지 못하는 사람들이 존엄한 죽음을 맞이할 가능성을 극대화한다. 셋째, 보건의료 역량을 강화하고 환자의 치명률을 낮출 새로운 치료법을 개발하며 백신을 개발하고 관리할 가능성을 높일 시간을 벌게 해준다. 그리고 마지막으로는, 코로나가 느린 속도로 확산할 경우에 집단면역 체계가 형성될 수 있다. 그런데 중요한 사실은, 이번 팬데믹이 가진 특이한 성격 때문에 이 모든 변수의 불확실성이 매우 높다는 점이다.

재생산감염지수의 변화에 초점을 맞추면 공중보건과 경제도 하나로 묶인다. 락다운 완화는 잠재적 경제적 편익과 비교될 수 있는 경제적·보건의료적·사회적 결과와 함께 재생산감염지수를 높일 수 있다. 그러나 코로나에 대한 전략적 정책 접근법의 핵심은 분배 및 기타 사회적 결과에 대해서 최소한의 경제적 비용으로 감염을 원하는 수준으로 통제하는 것이다. 이런 비용을 계산하고 조정하는 과정에서, 검토 중인 제각기 다른 질병 통제 전략들에 대한 지침이 도출된다. 베즐리와 스턴이 주장하듯이 정책경제학policy economics의 중요한 교훈은 사회적 의사결정을 내릴 때 어떤 목표를 달성하기 위해서는 어떤 도구들을 조합해야 할지 파악하는 것이 꼭 필요하다는 점이다.[50] 코로나의 경우를 놓고 보면, 공정성(일자리 보존, 사회적 지원, 보건의료적 결과 등), 교육에 뒤따르는 사회적 이득, 경제적인 동기부여, 세대 간의 평등(교육과 경제적인 기회) 그리고 경제적 역동성(손상 및 생산 역량 파괴를 최소화함으로써 가능하다) 등에 미치는 충격에 관심을 기울여야 한다는 말이 된다.

정책을 마련하는 과정에서, 코로나19는 본질적으로 비대칭적이라는 사실을, 즉 이것이 사람들에게 주는 충격이 계층별로 비대칭적이라는 사실을 깨닫는 것이 중요하다. 이 질병은 청년보다는 노인을 괴롭힌다. 경제 분야에서도 그 충격은 부문별로 다르게 나타난다. 그래서 감염이 쉽게 이루어지는 몇몇 산업 부문(오락, 접대, 소매유통 등) 종사자들을 집중적으로 강타하며, 그렇지 않은 산업 부문[전자상거래(e-커머스), 전자학습(e-러닝), 원격의료(e-헬스) 등]의 경쟁우위를 오히려 강화한다. 적어도 이런 사실은 어떤 지원 프로그램이 마련되든 간에 특정한 경제 부문들이나 인구층들을 대상으로 하는 것들로 보완되어야 한다는 뜻이다.

경제의 어떤 부문들을 폐쇄할지 혹은 열지 결정할 때 정책 입안자들은 어떤 시장에서도 평가되지 않았던 일련의 외부성(외부효과)을 반드시 평가해야 한다. 경제적 외부성은 어떤 경제 활동이 경제의 다른 부문들로까지 넘쳐나서 그에 영향을 주는 효과이다. 예컨대 자동차 산업이 성장하면 철강, 알루미늄 및 소프트웨어에 대한 수요가 증가한다. 감염 외부성은 질병 확산이 경제 활동에 영향을 주는 현상이다. 현장 공연과 접객 서비스는 대부분 감염 외부성이 높은데, 이 외부성이 공연이나 서비스의 가격에 반드시 온전하게 반영되지는 않는다.[51]

정책 입안자들은 이런 역학관계를 고려해서 경제적 외부성은 상대적으로 낮지만 감염 외부성은 높은 경제 활동 부문(예컨대 공연, 폐쇄된 식당업, 비필수 여행 등)은 제한하고 감염 외부성이 낮고 경제적 외부성이 높은 경제 활동 부문(예컨대 제약업, 은행업 등)은 열어주고 심지어 보조금을 지급해야 한다. 정책 입안자들이 넘어야 할 가장 큰 과제들은 경제적으로 꼭 필요하지만 감염 위험이 매우 높은 (그러나 감염률이 시간에 따라서 큰 변동폭을 보이는) 부문(예컨대 의료업, 필수 여행, 교육 등)에 놓여 있다. 아센차Assenza와 그의 공동 저자가 이 산업 부문의 범주를 도표로 제시했는데([도표 10-3] 참조), 이 도표는 모든 경제 활동은 경제적 외부성과 감염 위험 외부성에 따라서 보호를 받거나, 관리되거나, 제한을 받거나 혹은 그냥 내버려두어야 한다고 처방을 내린다.

심지어 감염의 잠재가격shadow price＊재화의 가격이 그 재화의 기회비용을 올바르게 반영하는 가격과 전체 산업 부문에 걸친 한계대체율＊소비자가 다른 재화를 얻기 위해 그 다른 재화가 동등한 만족을 준다는 조건하에서 포기할 용의가 있는 재화의 양. 상품 X의 한계단위로 그 상실을 보상하는 상품 Y의 수량을 나눈 비율이 X의 Y에 대한 한계대체율이다 개념 등을 포함한 온갖 복잡한 것들을 모두 동원해서 아센차 등이 제시한 고도로 정교한 분석들조차도 코로나 팬데믹이 정책 입안자에게 요구하는 복잡한 선택을 지나치게 단순화한다. 예를 들어서 대부분의 모델링 접근법은 일반적으로 제각기 다른 사회경제적 집단에 대한 경제적 충격의 발생 정도나 코로나 질병의 발생 정도를 따지지 않는다. 요컨대, 공정성을 과소평가한다는 말이다. 공정성이야말로 대중이 보이는 반응의 핵심이며 국가 정당성의 본질임에도 불구하고 그렇다. 그리고 이런 정태적인 균형은, 락다운 때문에 경제의 생산 역량이 상처를 받거나 줄어드는 일은 결

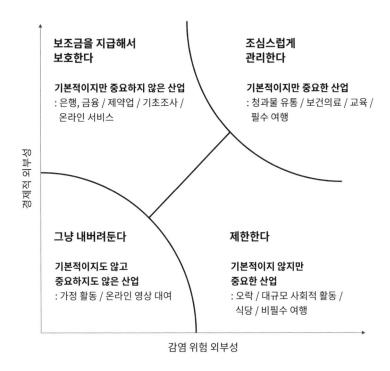

보조금을 지급해서
보호한다

기본적이지만 중요하지 않은 산업
: 은행, 금융 / 제약업 / 기초조사 /
온라인 서비스

조심스럽게
관리한다

기본적이지만 중요한 산업
: 청과물 유통 / 보건의료 / 교육 /
필수 여행

그냥 내버려둔다

기본적이지도 않고
중요하지도 않은 산업
: 가정 활동 / 온라인 영상 대여

제한한다

기본적이지 않지만
중요한 산업
: 오락 / 대규모 사회적 활동 /
식당 / 비필수 여행

정책적 외부성

감염 위험 외부성

코 없다고 여김으로써 경제의 역동성을 과소평가한다.

이런 추가적인 복잡성이 존재한다는 사실은, 코로나 팬데믹과 관련한 의사결정을 어떤 객관적인 기능의 수학적 기대치를 최적화하는 문제로 환원해서는 안 된다는 뜻이다.[52] 불확실성의 특성이나 결과로 드러나는 일들의 규모 그리고 가치관에 대한 불일치 가능성 등을 고려할 때, 정책 입안자는 가능한 시나리오의 범위에 걸쳐 다른 정책들보다 상대적으로 더 합리적으로 수행될 수 있는 견실한 정책 조치를 선택해야 한다. 이상적인 정책은 '후회 없는' 정책이겠지만, 코로나 사태의 안개 상황을 염두에 둔다면 우리가 바랄 수 있는 최상의 정책은 아마도 '후회를 조금만

할' 정책일 것이다.

16장에서 다루겠지만, 정부의 재정 역량을 활용하는 것이 결정적으로 중요하다. 금리가 구조적으로 낮음에도 불구하고 예산제약＊주어진 소득과 가격 아래에서 경제 주체가 구입할 수 있는 모든 가능한 재화의 조합 집합 한계가 있다. 동시에 경제적 비용을 최소화해야 한다는 원칙을 국고가 부담해야 하는 비용을 최소화해야 한다는 것과 혼동해서는 안 된다. 기업 규제에 따라서 발생하는 비용은 일자리 감소나 자산의 비효율적인 활용으로 이어질 수 있으며, 이로 인한 비용 가운데 많은 부분이 가격 인상 형태로 소비자에게 떠넘겨질 수 있다. 이런 점에서 경제의 역동적인 역량을 고려하는 것이 무엇보다도 중요하다. 정책 입안자들은 정책이 사람에 대한 교육과 기술개발에 그리고 기업의 생산 역량에 미치는 효과를 고려할 필요가 있다. 이런 것들은 다른 것들로 대체하기 어렵기 때문이다. 경로의존성이 중요하게 작용하기 때문이다.

마지막으로, 경제 재개 경로에 관한 이런 결정과 함께 보건의료 접근성에서의 공정성이 꼭 필요한 요소임을 잊어서는 안 된다. 이 공정성을 확보하지 못하면, 국가의 정당성 그리고 국민 사이의 상호주의라는 두 가지 기본적인 정책 목표 사이의 경계가 훼손된다. 따라서 규정을 지키지 않는 경향이 늘어나고, 보건의료 차원에서나 경제 차원에서 한층 더 나쁜 결과가 빚어진다. 보건의료 접근성뿐 아니라 락다운과 사회적 거리두기 과정에서 경험하는 불편함에서의 공정성도 마찬가지이다. 권력을 가진 사람이냐 아니냐에 따라서 공정성의 잣대가 바뀌어서는 안 된다. 아닌 게 아니라 락다운 기간에 정부 고위 관료들의 잘못된 행동과 축구 선수들이 저질렀던 잘못된 행동＊영국 에버튼 구단 소속 선수 모이스 킨은 락다운 기간인 2020년 4월에 자택에 친구들과 모델들을 불러 파티를 열었고, 이 일로 엄청난 질타를 받았다을 보고 일반 대중이 얼마나 분노했던가.

코로나19를 관리하는 일은 역동적인 과정이다. 정보가 제한되고 공포가 만연한 상황에서 내렸던 결정을 끝까지 고집해서는 안 된다. 새로운 발명과 발전 그리고 우리가 직면하는 위험에 대한 한층 더 나은 이해를 통해서 정책을 끊임없이 업데이트하고 보정해야 한다. 검사와 치료에서 개선이 이루어질 때 코로나의 위험 성격도 바뀐다. 경제는 규제에 적응할 것이다. 이러한 변화와 이 변화에 담긴 뜻 속에서 대중을 이끌어야 한다. 코로나 확산 속도를 늦추는 것이 지금까지 가졌던 의미는 이 병에 걸린 사람들에게 더 나은 건강 결과를 보장한다는 것이었다. 동시에 부채가 쌓이고 기술이 시들고 물적자본이 일이 없어서 녹슬고 교육 부족의 비극이 심화되면서 경제의 회복력과 사회의 회복력 모두 쪼그라들었다. 이런 전개 양상은 재생산감염지수를 관리한다는 중요한 목표가 달성되기만 한다면, 락다운을 풀고 경제를 재개하는 조치의 성격과 관련된 의사결정에 당연히 영향을 미칠 수밖에 없다.

가치 혹은 가치관은 바뀐다

코로나 위기로 국가가 얼마나 중요한지 그리고 국가가 잘못되었을 때의 비용이 얼마나 큰지 드러났다. 각국 정부는 위기로 이어지는 이 기간에 회복력의 가치를 과소평가했고, 그 바람에 결국 자기 국민을 보호하는 의무를 다하지 못했다. 정부가 유능함을 인정받는 나라에서는 국민이 락다운 조치의 명령을 순순히 잘 따랐고 규정 준수는 강화되었다. 전 세계 사람들이 떨쳐 일어나서 개인적으로 혹은 새로워진 시민사회를 통해서 연대감과 이타심을 보여주었다. 코로나 위기는 또한 깊은 긴장감과 불공정을 드러내고 있다. 사회를 유지하는 데 꼭 필요한 노동을 제공하는 필수 노동자의 가치가 그동안 저평가되었음이 드러났다. 그리고 그만큼 많은 사람이 보여준 동료 시민과의 연대와 사회에 존재하는 깊은 불평등의 대조는 냉혹할 정도로 극명하다. 이런 상황에서 삶의 모든 영역에서 공정성과 한층 더 높은 수준의 평등에 대한 기대치가 높아지는 것은 당연하다.

문제는 위기 기간에 드러난 가치관이 과연 위기가 끝난 이후에도 계속 남아 있을까 하는 점이다.[53] 이것은 부분적으로는 코로나가 끝난 뒤 세상의 가치관이 어떻게 바뀔 것인지에 달려 있다. 금융 시장의 가치(평가액)는 코로나 팬데믹의 기간과 심각성에 대한 인식이 바뀜에 따라서 요동쳤다.

한층 더 심각한 우려에는 경제가 단순한 수요 혼란 수준을 넘어서는 수요 파괴를 과연 어느 정도로까지 경험할 것인가 하는 점도 포함된다. 구체적으로 말하면, 한때 경쟁력이 있던 기업들 가운데 얼마나 많은 수가 경쟁력을 잃지 않은 채 살아남을까 하는 문제이고, 또 얼마나 많은 사람이 일자리를 잃고 노동력을 상실할까 하는 문제이다. GDP의 단기적인 급락 차원을 넘어서는 이런 문제들에 대한 대답은 정부와 기업과 은행이 내놓는 대응책들이 발휘할 효과의 진정한 시금석이 될 것이다.

재택근무, 원격의료, 원격학습, 경제 전반에 걸친 원자 이동에서 비트 이동으로의 가속화 등 코로나 위기가 이미 드러낸 실제 현실의 기회로 사람들의 관심이 쏠리고 있다.

디지털적·지역적 삶이 확장되고 물리적·세계적 삶이 수축함에 따라서 가치 창조와 가치 파괴가 동시에 진행될 것이다. 창의성과 역동성에는 여전히 높은 가치가 매겨지겠지만, 새로운 방향성이 경제적, 재무적, 심리적 그리고 사회적 차원에서 가치의 형태를 바꾸어놓을 것이다.

첫째, 코로나 위기는 글로벌 경제의 세분화를 가속화할 것이다. 백신이 널리 보급되기 전까지는 여행 제한 조치는 여전히 이어질 것이다. 심지어 그 뒤에도 지역 차원의 회복력이 글로벌 차원의 효율성보다 더 소중하게 여겨질 것이다.

둘째, 기업 가치의 많은 부분은 손실된 현금흐름과 특별한 재정적 지원, 즉 부채로 대체될 것이다. 이런 높은 수준의 부채 때문에 (해당 기업이 구조조정을 하거나, 부채 상환이 다른 조건으로 연기되거나 혹은 부채가 면제되지 않는 한) 기초 자본의 위험성이 높아지고 성장 역량이 압박을 받을 것이다.

한층 더 심각한 점은 국가와 민간 부문 사이의 재무적인 관계가 이미 극적인 수준으로 확대되어왔다는 사실이다. 이런 상황에서 출구 전략이 과연 얼마나 매끄럽게 먹힐 수 있을까? 혹은, 국가가 상업에 휘말려서 민간 부문의 역동성을 억제하지는 않을까?

셋째, 보건의료와 경제라는 통렬한 쌍둥이 위기의 경험 때문에 기업들은 위험과 회복력 사이에서 균형을 잡는 기준을 바꿀 것이다. 우리는 지금, 기업들이 검은 백조(블랙 스완)＊발생 가능성은 매우 낮지만 일단 발생하면 엄청난 충격과 파급 효과를 가져오는 사건에 당연히 대비해서 허약하지 않음에 (즉 회복력에) 높은 가치를 부여하고 실패에 대비하는 세상 속으로 진입하고 있다. 금융 부문은 이런 교훈들을 세계 금융 위기 때 힘든 대가를 치르고서 학습했다. 현재 은행들이 코로나 위기 해법의 한 부분을 담당할 수 있는 것은 과거의 교훈들을 깨우친 덕분이다. 한 걸음 더 나아가면, 어떤 얼빠진 기업가가 최소한의 유동성과 한계점에 다다른 공급망 그리고 형식적인 비상계획 따위만을 믿고 회사를 운영하려고 할까? 어떤 얼빠진 정부가 지역 차원의 위기를 해결하기 위해서 글로벌 시장에 의존할까?

넷째, 사람들의 경제 관련 서사가 바뀔 것이다. 경제적 위험은 수십 년 동안 개인에게 꾸준히 떠넘겨졌다. 이 위험 부담은 청구서 형태로 사람들에게 전달되었다. 그러나 사람들에게는 그 청구서를 결제할 돈이 없다. 전체 인구는 실업의 공포를 경험하며 보건의료 서비스가 부족하거나 이런 서비스를 아예 누리지 못할지도 모른다는 불안감에 휩싸여 있다. 이 교훈들은 금방 잊히지 않을 것이다. 그리고 이런 상황은 돈을 빌려서 소비를 하는 행태와 호황을 누리는 주택 시장 그리고 활기찬 긱 이코노미＊산업 현장에서 필요에 따라 사람을 구해 임시로 계약을 맺고 일을 맡기는 형태의 경제 방식에 의존하는 산업 부문들에 지속적으로 영향을 미칠 것이다.

여기에서 한층 깊은 마지막 다섯째 문제로 이어진다. 최근 수십 년 동안 우리는 시장 경제에서 시장 사회로 이행해왔다. 미묘하지만 무자비한 방식으로. 즉 어떤 자산이나 행동이 가치를 인정받으려면 시장 안에 있어야만 한다고 바라보는 경향이 점점 더 강화되어왔다. 모든 것의 가격이 모든 것의 가치가 되고 있다는 말이다.

이 위기는 인과관계를 뒤집어서 공적인 가치관이 사적인 가치를 형성하는 데 도움을 줄 수 있다. 우리 사회는 위기로 압박을 받을 때면 건강을 무엇보다도 우선시하고, 그다음에야 비로소 경제적 결과로 눈을 돌렸다. 우리는 자유주의자나 공리주의자가 아니라 (평등주의적 자유주의를 주장한) 존 롤스나 공동체주의자처럼 행동해왔다. 경제적 역동성과 효율성의 가치관에 연대, 공정성, 책임성, 연민 등이 추가되면서, 인간 생명의 통계적 가치를 계산하는 데 푹 빠져 있는 비용편익분석은 다행히도 버림을 받아왔다.

이 위기는 이해관계자 자본주의* 주주만이 아니라 고객, 종업원, 협력업체, 지역사회, 정부 등 이해관계자 모두의 공익을 추구하는 자본주의의 시험대였다. 이 위기가 지나가면, 기업들은 '전쟁 중에 한 일'로, 직원과 협력업체와 고객을 어떻게 대했나 하는 것으로, 누가 자원을 공유했는지 또 누가 사재기를 했는지 하는 것으로, 또 누가 나섰고 누가 물러났는지를 두고 평가를 받을 것이다.

많은 지도자가 현재의 위기를 보이지 않는 적과 치르는 전쟁이라고 표현했다. 이 위기가 끝나면 우리는 평화를 쟁취해야 할 것이다.

코로나 팬데믹이 몰고 온 어마어마한 사건들을 경험했기에, 나중에 우리 사회는 성장률뿐 아니라 성장의 방향과 질에 초점을 맞출 것이다. 세계 금융 위기 이후에 우리의 목표는 경제를 금융화에서 탈피시켜 균형을 다시 잡게 하는 것 그리고 금융계에서 대마불사의 헛된 신화를 더는 발붙이지 못하게 하는 것이었다. 보다 최근에는 이해관계자 자본주의를 구축하는 것이 목표였다. 코로나 위기 이후에는 사회적 지원 및 보건의료 서비스의 품질과 대상 범위를 개선하는 문제에, 꼬리위험을 관리하는 문제에 그리고 과학 분야 전문가의 조언에 더 많은 주의를 기울이는 문제에 대한 공공의 요구가 한층 더 커질 것이다.

우리 경제와 사회를 새롭게 하기는 쉽지 않을 것이다. 팬데믹과 맞서 싸우는 비용이 정부와 기업 그리고 금융기관이 자기 경제를 새롭게 할 역량을 (그리고 또 다음 차례의 위기에 맞서서 싸울 역량을) 쪼그라뜨릴 것이기 때문이다. 우리가 기후변화에 대처하는 방식은 이 새로운 가치관의 시험대이다. 어쨌거나 기후변화는 ①그 누구도 남의 일이라며 발을 뺄 수 없는 지구 전체의 문제이며 ②지금 당장은 꽤 뚱뚱한 꼬리위험에 불과하지만 내일이 되면 우리의 중심적인 과제로 대두할 것이라고 과학자들이 예측하는 문제이고 ③오로지 우리가 선제적으로 모두 연대해서 대응할 때만 비로소 해결될 수 있는 문제이기 때문이다.

많은 지도자가 코로나 위기를 두고 2차 세계대전 이후 인류가 극복해야 할 가장 커다란 과제라고 말했다. 1차 세계대전이 끝난 뒤에 영국 총리이던 데이비드 로이드 조지는 많은 일을 겪은 영국 국민을 규합해서 '영웅을 위한 영국'을 건설하겠다고 약속했다. 코로나19라는 보이지 않는 적을 상대로 한 이 전쟁이 끝날 때 우리의 야망은 더 대담해져야 한다. 그 야망은 바로 지구를 '우리 후손들이 살기 좋은 행성'으로 만드는 것이다. 의생물학계에서 가장 큰 문제를 해결하려고 많은 사람이 한자리에 모인다면, 기후물리학과 불평등을 이끄는 여러 힘과 관련된 과제들을 해결하려고 사람들이 한자리에 모일 수도 있다.

3부에서 지도자와 기업과 국가가 어떻게 위기에 대처해서 위기를 진정시킬지 살펴보기 전에 먼저 기후 위기부터 살펴보자.

11장

기후 위기가 불러온
불공정한 지구

마지막 빙하기 이후로 인류는 예외적으로 기후 안정성이 높았던 무려
1만 1,000년이 넘는 기간 동안 번영을 구가해왔다. 그 기간은 홀로세
Holocene(충적세)라 불린다. 그런데 지금 이 안정성이 불안하게 흔들리고
있다. 우리는 새로운 시대를 창조했다. 바로 인류세Anthropocene＊2000년 크
뤼천이 제안한 새로운 지질시대 개념으로, 인류의 자연환경 파괴로 인해 지구의 환경 체계는 급격하
게 변하게 되었고, 그로 인해 지구환경과 맞서 싸우게 된 시대를 뜻한다이다.

산업혁명이 전 세계로 확산되면서 지구의 기후가 바뀌기 시작했다.
1850년 이후로 세계의 기온은 10년마다 약 섭씨 0.07도씩 상승했다. 그리
고 지난 30년 동안에 이 상승 속도는 세 배로 빨라졌다. 지구의 평균온도
는 19세기 말 이후로 이미 1도나 올라갔다.[1]

이런 변화가 정교하게 조정되어 있는 지구 생태계에 미치는 영향은
점점 커지고 있다. 산업혁명 이후 우리의 바다는 30퍼센트 넘게 산성화되
었다.[2] 해수면은 지난 20년 동안 20센티미터 상승했고, 해수면의 상승률
은 지난 20년 동안 두 배로 증가했다.[3] 북극과 남극의 빙하 유실 속도는

도표 11 - 1 · 세계 평균기온 변화(1850~2019)

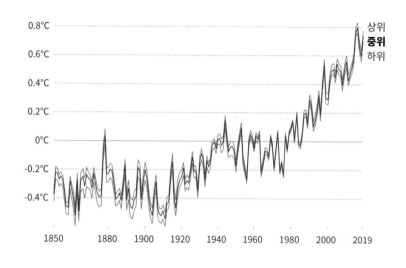

도표 11 - 2 · 세계 해수면 상승(1880년 이후)

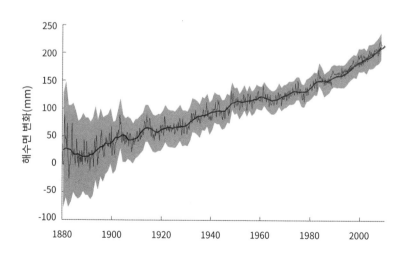

지난 10년 동안 세 배로 늘어났다.[6] 허리케인, 산불, 홍수와 같은 극한 기후 현상이 빠르게 증가해서, 어제의 꼬리위험 ＊거대한 일회성 사건이 자산 가치에 엄청난 영향을 줄 수 있는 위험이 내일의 중심 사건이 되고 있다.

이런 변화가 빚어내는 영향은 처음에는 개별적인 종을 없애는 것에서 시작해서 그다음에는 생물들의 서식지 전체를 파괴하는 것으로 이어졌다. 지구 역사상 대규모 멸종이 다섯 차례 있었는데, 지금 벌어지는 온갖 인간 활동이 지구를 전례 없는 속도로 여섯 번째 대규모 멸종 사태로 몰아가고 있다. 현재 멸종률은 지난 수백만 년 동안 평균의 약 100배나 된다. 내가 태어난 이후로 포유류, 조류, 어류, 파충류, 양서류의 개체 수는 70퍼센트 줄어들었다.[5]

과거에는 상상도 하지 못했던 일들이 지금은 일상이 되고 있다.

도표 11 - 3 · 북극 빙하의 양(1980~2020)

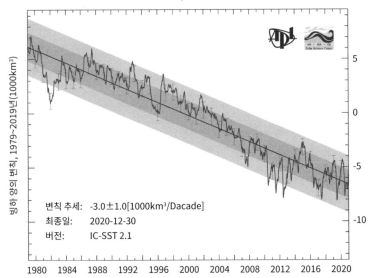

북극해 빙하 양의 변칙과 추세(예측디자인 PIOMAS의 모델링 결과)

아마도 그런 것들은 공식적으로나 금전적으로 가치가 없었기 때문에 사람들은 이런 현상이 벌어질 때 처음에는 경시했을 것이다. 그러니 굳이 원인을 따져봐야 당장의 이득이나 손실과는 아무런 관계가 없다고 생각했을 것이다. 그러나 이제 기후변화가 시장 가격이 매겨진 자산에 영향을 미치기 시작하면서 우리는 다가오는 재앙의 규모를 더욱 뚜렷하게 바라볼 수 있게 되었다. 이렇게 해서 기후변화는 해수면 상승과 한층 더 사나운 날씨가 재산을 파괴하고 사람들이 삶의 터전을 떠나게 만들고, 자산을 훼손하며, 작업의 생산성을 떨어뜨리는 악순환을 만들기 시작했다. 그리고 이제 코로나 위기는 회복력을 과소평가하고 시스템상의 위험을 무시했던 비극적인 어리석음을 드러내고 있다. 사회는 이 위험에 눈을 뜨고서 지속가능성에 한층 더 큰 가치를 부여하기 시작했는데, 이것이야말로 기후 위기를 해결할 전제 조건이다.

그러나 그렇게 하려면 우리는 먼저 그 원인과 결과를 제대로 알아야 한다.

탄소 배출량이 문제다

유엔의 기후변화에 관한 정부간 패널Intergovernmental Panel on Climate Change, IPCC은 지구의 현재 온난화 추세가 인간 활동이 원인이 되어 발생했을 가능성이 신뢰도 95퍼센트 이상이라고 결론을 내렸다.[6] 빠른 산업화와 세계 경제 성장이 대기 중의 온실가스 수준(특히 이산화탄소의 수준)을 놀라울 정도로 빠른 속도로 높여왔다. 인간이 처음으로 0.5조 톤의 탄소를 태우기까지 250년이 걸렸다.[7] 그러나 현재 추세대로라면, 같은 양의 탄소를 태우는 데는 40년도 채 걸리지 않을 것이다.

지금까지 이산화탄소 농도가 이렇게 높았던 적은 없었다([도표 11-4]

참조). 이 상황은 긴급한 과제 이상으로 긴급하다. 메탄, 아산화질소, 불소화가스 등을 포함하는 온실가스 가운데 이산화탄소가 가장 문제이다. 전체 가스 배출량이 지구온난화에 끼치는 영향의 4분의 3이 이산화탄소에서 비롯되는데, 이산화탄소는 온실가스 가운데서도 가장 끈질기다. 예컨대 지금 배출되는 탄소의 상당 부분은 수백 년 동안 지구 대기에 남아 있을 정도니까 말이다.[8]

과학자들은 지난 100년 동안의 탄소 배출량과 기온 사이의 상호 작용을 분석한 끝에 지구온난화의 속도가 대기 중에 포함된 이산화탄소의 양과 거의 비례한다고 결론지었다. 이 결론에 따른다면 우리에게 주어진 탄소예산carbon budget, 즉 임계값을 초과하기 직전까지 우리가 대기로 배출할 수 있는 이산화탄소의 한계배출량을 추정할 수 있다는 말이 된다.

탄소예산의 크기는 ① 온도 결과와 ② 불확실성(즉 그런 결과가 나올 확률)의 정도에 따라서 좌우된다. IPCC가 발표한 보고서들은 탄소예산

도표 11 - 4 · 대기 중의 이산화탄소 농도[9]

에 관한 한 가장 신뢰가 높으며 또 가장 많이 인용되는 데이터 출처이다. 2018년 IPCC는 탄소예산이 최소 420기가톤(지구 온도가 1.5도 상승하며, 이렇게 될 확률은 66퍼센트이다)에서 최대 1,500기가톤(지구 온도가 2도 상승하며, 이렇게 될 확률은 50퍼센트이다. 현재 추세대로라면 여기까지 도달하는 데는 대략 35년이 걸린다)으로 추정했다. 산업화 이전을 기준으로 해서 지구 온도 상승폭을 1.5도 안으로 막을 때 지구의 기후와 자연계가 위험한 악순환에 빠져드는 것을 막을 수 있다. 예를 들어, IPCC는 기온이 2도만 상승해도 17억 명이 한층 더 심각한 폭염에 노출되고 해수면이 10센티미터 더 상승할 수 있으며 또 산호초가 무려 99퍼센트나 감소할 수 있다고 예측한다.

확률 (%)	표적온도 (섭씨)	탄소예산(기가톤, 2020년 1분기 발표 기준)[10]	현재의 배출 수준을 유지 할 때 남은 연수(년)[11]
66	1.5	420~336(Q1 2020)	~8
50	1.5	580~496(Q1 2020)	~12
66	2	1,170~1,086(Q1 2020)	~26
50	2	1,500~1,416(Q1 2020)	~34

생태계의 복잡성을 감안하면 우리에게 남은 탄소예산은 이 추정치보다 더 적을 수 있는데, 바로 이 점이 온도 상승을 최대한 늦춰야 하는 이유들 가운데 하나이다. 지구는 수많은 피드백 루프와 티핑포인트＊균형이 깨어지고 특정 현상이 급속도로 퍼지거나 우세하게 되는 시점를 가지고 있어서, 선순환은 언제라도 악순환으로 바뀌고 이 과정이 가속화될 수 있다. 예를 들어서 극지방의 빙하는 빛을 반사해서 온난화를 줄인다. 그런데 이 빙하가 녹으

면 이 효과는 사라져서, 결국 극지방에서의 빙하 유실이 대기오염의 원인이 된다. 마찬가지로 내가 태어난 땅을 지탱하던 영구 동토층이 녹아내리면서, 이산화탄소와 메탄을 방출하며 지구온난화를 가속화하는 과정이 시작된다. 북극이 따뜻해지는 속도가 지구 평균의 두 배로 빨라짐에 따라서 이런 피드백 루프 발생 가능성은 더욱 높아졌다. IPCC는 영구 동토층 해빙에 따른 탄소 배출량이 1.5도 상승 목표에서 설정한 탄소예산 가운데 3분의 1이나 잡아먹을 수 있다고 추정한다.

대기에 추가되는 탄소의 양이 대기에서 제거되는 양보다 많을 때 (이런 일은 지금까지 100년 넘게 지속되었다) 대기 중의 이산화탄소의 비축량은 늘어난다. 지구 온도 상승폭을 1.5도에서 2도 사이에 묶어두려면 대기로 배출되는 탄소의 양과 대기에서 제거되는 탄소의 양이 동일한 상태인 탄소중립net zero에 도달해야 한다.

탄소중립은 단순한 구호가 아니라 기후물리학의 긴급한 과제이다.

온도 상승폭을 1.5도 범위 안에 묶어두려면 앞으로 20년 동안 탄소 배출량을 전년 대비 최소 8퍼센트 이상 줄여야 한다. 2020년의 총이산화탄소 배출량CO_2eq＊이산화탄소를 기준으로 환산한 6개 온실가스(이산화탄소, 메탄, 아산화질소, 수소불화탄소, 과불화탄소, 육불화황)의 배출총량을 가리킨다은 (코로나19로 인한 경제 폐쇄 때문이기도 했지만) 약 5~7퍼센트 줄어들었다. 그런데 이렇게 위기가 줄어드는 속도에도 불구하고, 우리는 앞으로도 계속해서 탄소예산을 소비할 것이다. 또한 우리는 현재 온도 목표를 달성하고자 하는 궤도에 올라서 있지도 않다. 2020년 한 해 동안 전 세계의 배출량이 10퍼센트 감소했지만, 정확하게 뜯어보면 이산화탄소가 33기가톤이나 배출되었다는 뜻인데, 이 배출량 수치는 2010년 이전의 그 어느 해보다도 높다.

온도 상승폭을 1.5도 안으로 묶어둔다고 할 때, 오늘 태어난 '평균적인' 세계 시민은 조부모가 평생 썼던 탄소예산의 8분의 1에 해당하는 예

도표 11-5 • 탄생연도별 세계 평균 1인당 잔여 탄소예산
(1.5도 시나리오와 2도 시나리오)

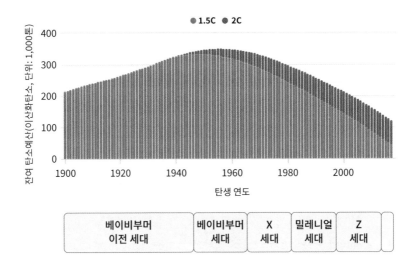

산만 쓸 수 있다는 말이 된다([도표 11-5] 참조). 그러니 베이비부머 세대로서는 "알았으니까 입 좀 다무시죠, 꼰대들OK, boomer"이라는 말을 들어도 할 말이 없다.

IPCC는 온실가스 배출량의 증가가 21세기 후반까지도 꺾이지 않고 지금처럼 이어진다면 지구의 온도가 4.0도 (적게 잡으면 2.4도이고 많게 잡으면 6.4도이다) 상승할 것이라고 추정한다.

온도 상승폭을 2도 미만으로 묶어두려면, 탄소 배출량 감소의 속도나 규모를 구조적인 차원에서 전면적으로 바꾸어야 한다. 이 과제 달성의 목표는 부문별로 불균일하게 분산될 수 있지만 모든 부문이 온도 상승을 막는 일에 기여해야 한다. 심지어 자연도 온실가스의 주요 배출원에서 탄소 저장고로 전환해서, 대기 중의 탄소를 제거하는 데 상당한 몫을 담당해야 할 것이다.

탄소 배출에 가장 큰 영향을 미치는 요인과 탄소중립까지의 거리가 가장 먼 요인을 정리하면 다음과 같다.

- **산업 과정**: 현재 전체 배출량의 32퍼센트를 차지한다. 공산품과 화학품 그리고 시멘트 등을 생산하는 과정으로, 1990년을 기준으로 할 때 지금까지 174퍼센트 늘어났다.
- **건물**: 현재 전체 배출량의 18퍼센트를 차지한다. 냉난방용 전기 생산에 에너지를 사용한다.
- **운송**: 현재 전체 배출량의 16퍼센트를 차지한다. 여기에는 자동차, 대형 화물차, 선박 및 항공기 등이 사용하는 에너지도 포함된다. 이 부문의 배출량은 지난 20년 동안 70퍼센트 늘어났다.
- **에너지 생산**: 현재 전체 배출량의 11퍼센트를 차지한다. 최종 용도 이외 목적의 에너지를 생산하고 공급한다.
- **식품과 농업/자연 기반 원천**: 현재 전체 배출량의 10퍼센트를 차지한다. 작물과 가축에 에너지를 사용한다.

에너지의 생산과 소비는 기후 역학에서 가장 중요한 요소로, 인간에 의한 전 세계 온실가스 배출량의 거의 4분의 3이 여기에서 비롯된다. 에너지 부문에는 운송, 전기와 열, 건물, 제조와 건설, '비산' 배출 飛散排出, fugitive emission * 석유 정제품 제조업, 석유 화학 기초 화학 물질 제조업, 합성 고무 제조업, 합성 수지 및 제철업 등의 배출 시설에서 나오는 오염 물질을 굴뚝 자동 측정기를 부착한 배출구를 통하지 않고 대기로 직접 내보내는 것 그리고 그 밖의 연료 연소가 포함된다. 이 가운데서 열과 전기 발생이 배출량 대부분을 차지하며(2016년 기준으로 15기가톤의 이산화탄소 배출, 또는 전체 배출량의 30퍼센트 배출), 그다음으로 교통(15퍼센트)과 제조 및 건설(12퍼센트), 주거용 건물(11퍼센트), 상업용 건물(6.5퍼센

도표 11 - 6 · 지구 상승 온도를 1.5도로 묶어두기 위한 제각기 다른 탄소 배출 감소 경로들

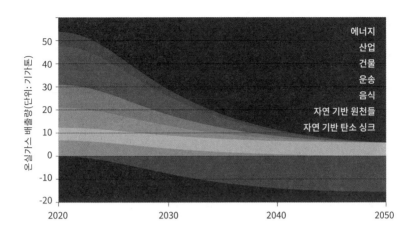

트)이 뒤를 이었다. 그리고 가솔린과 디젤 및 기타 운송 연료에서 발생하는 온실가스 총량의 15~40퍼센트는 정유 공장에서 나오기도 전에 생성된다.

탄소 배출을 줄이고 기후를 안정시키기 위해서는 다음 사항에 초점을 맞춰야 한다.

- **에너지를 생산하는 방법**: 화석연료에서 재생 에너지로 전환한다.
- **에너지를 사용하는 방법**: 석유 에너지 대신 전기 에너지를 사용함으로써 산업 과정을 친환경적으로 구축한다.
- **대기에서 탄소를 제거하는 양을 늘리는 방법**: 대규모 재조림을 조성하고 탄소의 포획·사용·저장 기술CCUS을 개발한다.

탄소중립이라는 목표를 달성하려면 에너지 시스템의 전면적인 변화가 필요하다. 전면적인 변화란 에너지 사용의 대부분을 전기로 바꾸고 모든 전기를 재생 에너지로 대체한다는 뜻이다. 이것 외에 결정적인 역할을 할 수 있는 기술로는, 특히 트럭이나 배 혹은 비행기를 동원하는 대규모 수송 경우에 수소 그리고 탄소의 포집 및 격리가 있다.*화석연료 사용 때 발생하는 이산화탄소를 모으는 것을 '탄소 포집'이라고 하고, 대기 중의 이산화탄소를 토양의 탄산염 또는 유기물 등 담체에 고정하여 지하 또는 지상의 특정 공간에 저장하는 것을 '탄소 격리'라고 한다 비록 경제성을 확보하려면 아직도 먼 길을 더 가야 하지만 말이다.

몇몇 부문은 다른 부문들에 비해서 탈탄소화*탄소 배출량을 줄이거나 이미 배출된 탄소를 제거하여 특정 지역과 처리 과정을 환경적으로 깨끗하게 만드는 것가 상대적으로 훨씬 더 어렵다. 전 세계 탄소 배출량의 4분의 1 이상을 차지하는 '탄소 절감이 어려운' 부문에는 항공, 해운, 장거리 운송, 시멘트 및 철강 생산 등이 포함된다. 탄소 배출량을 줄이려면 효율성과 새로운 산업 프로세스 그리고 새로운 기술이 필요하다. 항공과 운송에서 바이오 연료와 수소 엔진은 탄소 배출량을 상당히 줄일 잠재력을 가지고 있다. 예를 들어, 건설 부문에서는 3D 프린터가 48시간 만에 주택 한 채를 만들어낼 수 있어서 건설 폐기물이 3분의 1로 줄어들고 탄소 배출량도 절반으로 줄어든다.

어떤 사람들에게는 기술 혁신을 더욱 강하게 밀어붙이라는 말이 또 한 겹의 절망을 덧씌우는 주문일 수도 있다. 그러나 혁신가와 기업가들에게는 이런 도전이 엄청난 기회가 될 수 있다. 모든 경우에 속도와 규모가 매우 중요하다. 빌 게이츠가 단기간에 기술을 경쟁력 있는 규모로 끌어올리는 데 도움을 주고자 수십억 달러 규모의 '브레이크스루 에너지 벤처스 Breakthrough Energy Ventures'를 설립한 이유도 바로 여기에 있다.

게이츠의 저서 『빌 게이츠, 기후재앙을 피하는 법How to Solve the Climate Crisis』은 탄소중립에 도달하는 데 필요한 핵심 기술들을 자세하게 설명한다. 게이츠도 인정했듯이 이 기술들은 경제적·기술적 과제들뿐 아니라 정치적 과제들도 떠안긴다. 이 책은 금전적 가치를 사회적 가치관과 일치시킴으로써 그 목적을 실현하는 방법을 개략적으로 보여준다. 이 책은 또 게이츠를 비롯한 많은 사람이 추구하는 중요한 기술적 돌파구를 위한 시간과 공간을 벌기 위해서라도 탄소예산을 최대한 절약하는 것이 중요하다고 강조한다.

탄소 배출의 강도는 산업 부문별로 다를 뿐만 아니라 지역별로도 다르다. 탄소는 도시에서 압도적으로 많이 배출된다. 도시 면적은 지구 전체 면적에서 3퍼센트밖에 되지 않지만, 도시에서 배출되는 이산화탄소의 양은 전체 배출량의 70퍼센트이다. 전 세계적으로 보면 아시아가 배출량이 가장 많고(전 세계 배출량의 절반이 조금 넘는다), 북미와 유럽이 그 뒤

도표 11 - 7 • 전 세계 국가별 이산화탄소 배출량(2017)

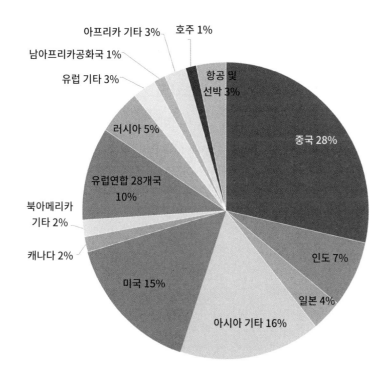

도표 11 - 8 · 1인당 이산화탄소 배출량(2018)

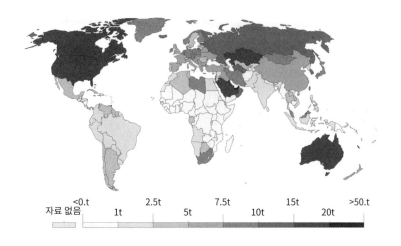

를 잇는다. 그런데 1인당 배출량을 보면 이야기가 달라져서 북아메리카가 가장 높다([도표 11-7]과 [도표 11-8] 참조). 지금까지의 누적 배출량은 비록 의도하지는 않았지만 서구의 책임이 가장 무겁다. 그런데 몇몇 강대국들이 탄소배출권을 수입하기 때문에 무역이라는 변수를 고려하면 상황은 한층 더 복잡해진다. 이 모든 것들이 우리가 얼마나 많은 노력을 기울여야 할지에 대해서 영향을 미치지만, 어쨌거나 기후 위기가 가지는 세계적인 의미가 어떤 것인지 그리고 야심적인 총체적인 행동이 왜 필요한지 입증한다.

빠른 속도로 산업화를 이룬 중국은 현재 전 세계 이산화탄소 배출량의 4분의 1 이상을 배출하고, 그 뒤를 미국과 유럽연합이 잇는다. 그런데 1인당 탄소 배출량은 국가별로 상당한 차이가 난다. 호주와 미국과 캐나다의 시민이 평균 배출량의 세 배를 배출한다. 차드와 니제르와 중앙아프리카공화국의 시민은 1인당 0.1톤밖에 배출하지 않는데, 이 수치는 호주와 미국과 캐나다의 시민에 비해서 160배 적다([도표 11-8] 참조). 한편 유럽연합과 영국의 경우는 평균에 가까운 수준으로 낮은데, 이런 결과는 부분적으로 이 나라들의 서비스 기반 경제 덕분이기도 하지만 기술과 전력(에너지) 생산 방식을 친환경적으로 선택한 결과이기도 하다.

선진국들은 규제받지 않았던 탄소 배출량과 빠른 속도로 이룩한 산업화 그리고 그에 따른 경제 성장 등의 혜택을 수십 년 동안 누려왔다. 그런데 지금 기후 위기의 심각한 여건은 개발도상국과 신흥국들에게 선진국들의 선례를 따르지 말라고 요구한다. 이런 상황은 온실가스 배출에 관한 한 흥청망청 살았던 베이비부머 세대가 남긴 짐을 밀레니얼 세대가 짊어져야 하는 상황과 비슷하다.

특히 미국은 1750년대 이후로 지금까지 약 4,000억 톤의 이산화탄소를 배출했는데, 이 양은 전 세계 배출량의 4분의 1이다([도표 11-9] 참조). 이에 비해 유럽의 배출량은 겨우 5분의 1이다. 1882년까지만 하더라도 영국의 이산화탄소 배출량은 전 세계 누적 배출량의 절반을 차지했지만, 그

도표 11-9 · 세계 각 지역의 누적 이산화탄소 배출량(1751년 이후)

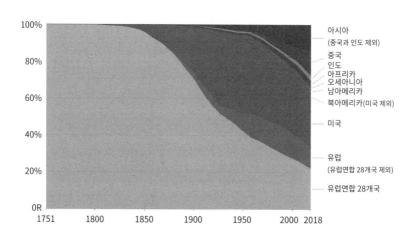

뒤에 유럽이 영국을 추월했고, 1950년에 다시 미국이 유럽을 추월했다. 이런 역사적 맥락에서 보면, 현재 중국이 가장 많은 이산화탄소를 배출하지만 중국의 배출량이 상대적으로 적어 보인다.

몇몇 국가는 탄소 배출량을 줄이면서도 경제 성장을 이룰 수 있었다. 예컨대 영국, 프랑스, 독일, 미국과 같은 몇몇 강대국은 탄소 배출 규제가 느슨한 국가(소비 기반과 생산 기반 탄소 배출량이 모두 낮은 국가)로 탄소 배출 생산 설비를 이전하지 않고서도 탄소 배출량을 줄였다. 탄소 배출량과 경제 성장의 이런 분리는 친환경적인 정책이나 기술뿐 아니라 비탄소집약적인 부문(예컨대 서비스 부문)에 대한 의존도 증가와 같은 구조적 변화를 반영한다.

한층 더 폭넓게 말하면, 내재된 탄소 배출량embedded emission ** 제품에 이미 내재되어 있는 탄소량의 무역은 선진국과 개발도상국의 격차를 드러내면서 이런 변화가 세계적인 차원에서 진행되어야 할 과제를 해결하는 데 어떤 의미를 지니는지 강조한다. 서유럽의 대부분과 남북 아메리카 그리고 아프리카의 많은 국가가 배출가스 순수입국이며, 동유럽과 아시아 국가는 대부분 순수출국이다. 그런데 아시아에서 탄소 배출량이 많은데, 그 배출량 가운데 일부는 (생산 설비 이전이라는 방식을 통한) 서구의 배출량 욕구가 반영된 것이다.

1989년에 베를린장벽이 무너진 뒤로 세계는 GDP 성장과 이산화탄소 배출량 증가를 총체적으로 분리해왔다. 그러나 앞에서 언급했듯이, 코로나 팬데믹 때문에 전체 경제가 폐쇄된 상황에서도 이산화탄소 배출량은 여전히 증가하고 있다. 그 결과, 지구 온도 상승을 재앙을 초래할 수준 미만으로 억제하기 위한 탄소예산이 빠른 속도로 소진되고 있다.

과학을 기반으로 한 측정치들로 보자면, 우리에게 요구되는 에너지 혁명의 규모는 엄청나게 크다.

만약 우리가 탄소중립 노력을 2000년에 시작했더라면, 30년마다 이

도표 11 - 10 • 세계 각 지역별 이산화탄소 배출량

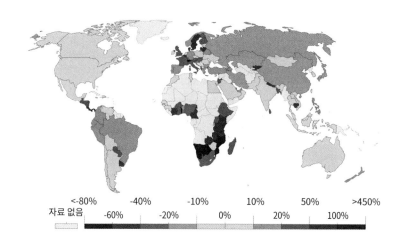

산화탄소 배출량을 절반으로 줄여나가서 1.5도 목표를 달성할 수 있었을 것이다. 그러나 지금 우리는 10년마다 배출량을 절반으로 줄여야 한다. 게다가 아무것도 하지 않은 채로 4년을 그냥 보내버린다면, 그때부터 우리는 해마다 이산화탄소 배출량을 절반으로 줄여야만 1.5도 목표를 달성할 수 있을 것이다. 또 8년을 그냥 미적대면서 기다린다면, 1.5도 목표의 탄소예산은 이미 소진되고 없을 것이다.

기업가이자 엔지니어인 사울 그리피스는 우리가 운용하는 물적자본의 탄소 배출 특성으로 볼 때, 우리가 내연 엔진이 장착된 자동차를 아무도 사지 않고 가스 연소식 온수 히터를 새로 설치하지도 않으며 또 석탄 발전소를 새로 건설하지 않는다 하더라도, 남은 탄소예산을 결국 다 써버릴 수 있다는 뜻이라고 주장한다.[12] 누구든 자동차를 새로 구입할 때 이 자동차가 10년 넘게 쓸 수 있으리라 예상하듯이, 우리는 기계가 완전히 감가상각될 때까지 사용할 수 있다고 기대하고 또 그렇게 사용할 것이기 때문이다. 만약 모든 기계가 유효수명 기간에 배출한 탄소량이 1.5도 목표의 탄소예산을 크게 소진한다면, 앞으로 새로 생산되어 사용될 자동차를 포함한 거의 모든 새로운 기계는 탄소 배출량 제로라는 기준을 충족해야 할 것이다. 현재 전기차가 시장에서 가장 뜨거운 이슈 가운데 하나임에도 불구하고 전체 자동차 판매량 가운데서 전기차 판매량이 차지하는 비율은 한 자릿수이다. 이런 사실은 지구 온도 상승폭을 1.5도 미만으로 묶어둔다는 목표를 달성하려면, 우리가 지금 당장 폐기해야 할 자산, 즉 좌초자산＊이미 투자되었으나 수명이 다할 때까지 더는 수익을 내지 못하는 자산으로, 온실가스 대량 배출 산업에 이런 자산이 많다이 존재한다는 사실을 암시한다.[13]

만일 우리가 시의적절하게 탄소 배출량을 줄여나가지 못할 때 어떤 일이 일어날까? 기후변화의 잠재적인 비용은 얼마일까? 그리고 우리가 탄소중립을 달성한다면 어떤 가치가 보존될까?

기후변화의 위험한 결과들

기후변화의 여러 결과를 측정하는 문제는 가치 및 가치관과 관련해서 우리가 해결해야 할 과제들의 핵심 문제이다. 몇몇 비용들은 극단적 기상현상으로 인한 물리적 손상처럼 즉각적이고 필연적이며 계량화할 수 있다. 다른 비용들은 기후변화가 경제적 가치의 표준적인 척도인 GDP에 잠재적 영향을 미칠 수 있는 여러 시나리오를 통해 추정할 수 있다. 그러나 가치 혹은 가치관에 대한 보다 근본적인 질문도 있다. 왜냐하면, 특히 생물 다양성이나 공동체처럼 기후변화가 파괴하는 가치의 많은 부분이 명시적으로(즉 금전적으로) 평가되지 않기 때문이다. 우리가 기후변화를 해결하기 위한 정책의 상대적 가치를 어떻게 평가할 것인가 하는 점은 우리가 미래를 얼마나 중시하느냐에 따라서 달라진다.

기후변화에 따른 비용 추정치와 지속가능성의 가치에 대한 추정치에는 많은 불확실성이 뒤따른다. 이 추정치들은 대기 중 온실가스의 농도가 지구의 평균기온과 기후 변동성에 정확하게 얼마나 영향을 미치느냐 하는 점에서 출발한다.

기후 관련 비용에 대한 불확실성은 GDP 성장, 고용, 임금 등과 같은 핵심적인 경제 변수들의 수준과 변화율에 극단적인 날씨가 미치는 영향으로까지 확장된다. 그리고 이 불확실성에는, 혁신과 적응이 경제적 가치 측정에 미치는 영향을 얼마나 누그러뜨릴 수 있을까 하는 불확실성도 포함된다. 생물종들의 가치와 사람들의 삶의 가치를 평가하자면 신성한 가치를 (혹은 가치관을) '화폐화(금전화)'하는 것과 관련된 익숙한 과제들을 만날 수밖에 없다. 그리고 기후변화와 관련된 비용과 관련된 사실상 모든 추정치는, 이런 추정이 사회적 자본과 제도에 미치는 잠재적 영향과 후생복지에 미치는 직접적인 영향 그리고 경제적 가치 창조에 대한 피드백을 무시한 것이다.

이런 논지들을 도출하기 위해, 지금까지 줄곧 그랬듯이 중앙은행들이 기후변화의 위험을 어떻게 바라보는지 살펴본 다음에 위험에 처한 가치를 한층 더 폭넓게 측정해보자.

기후변화는 물리적인 위험physical risk과 전환 위험transition risk이라는 두 개의 위험을 동시에 만들어낸다. 물리적인 위험은 재산과 관련한 피해를 입히고 농작물을 파괴하며 무역을 방해하는 기후와 날씨 관련 사건(예컨대 화재, 홍수, 폭풍 등)의 빈도와 심각성이 증가함에 따라서 발생한다. 물리적 위험이 현실화되면 부동산이 손상되고, 인간과 자연계가 교란 상태에 빠지며, 재무적인 가치들이 훼손된다.

재무적인 가치가 훼손되는 확실한 사례는 보험의 인수위험under-writing risk * 보험사가 보험료를 받고 인수하는 특정한 위험이 뚜렷하게 커지는 것이다.

허리케인, 홍수, 산불, 해수면 상승 등과 같은 극단적인 기후 관련 사건들은 기업과 공동체가 의존하는 결정적으로 중요한 인프라를 위험하게 만든다. 농작물이 훼손되고 주택이 파괴되고 운송망이 망가지면서 전체 생태계가 말살될 수 있다.

1980년대 이후로 날씨와 관련된 재산상의 손실 사례 건수는 세 배로 늘어났으며, 인플레이션을 고려한 보정 피해액은 다섯 배로 늘어났다. 기후변화의 가속화 속도에 따라 기후 관련 보험 손실 비용은 지난 10년 동안 여덟 배로 증가했는데, 그 비용을 연평균으로 따지면 600억 달러나 된다.[14] 이런 추세는 앞으로도 계속되어서 금세기 동안 해안침수는 50퍼센트 늘어날 것으로 예상되는데, 이 정도 규모면 전 세계 GDP의 20퍼센트에 해당하는 규모의 자산이 위협을 받는다.[15]

GDP는 부의 재고stock of wealth를 측정하는 척도인 자산 가치의 손실 추정치와 다르게 흐름, 즉 부의 증가increase in wealth를 측정하는 척도이다. 해결되지 않은 기후변화가 경제 활동의 수준과 성장에 미치는 잠재적 영향에 대한 추정치는 매우 크며, 이 추정치에는 한층 더 극단적인 날씨로 인한 경제 활동 중단으로 발생하는 비용뿐 아니라 평균기온의 점진적 상승에 따른 영향도 포함된다. 예를 들어서 기온 상승과 지속적인 폭염은 노동생산성, 특히 실외 육체노동자의 노동생산성에 영향을 미칠 것이다. 여러 연구에 따르면 34도에서 노동자는 자신의 작업 역량의 50퍼센트밖에 발휘하지 못한다.[16] 직장에서 더위 때문에 발생하는 열 스트레스heat stress로 인한 경제적 손실은 1995년에 2,800억 달러로 추정되었다. 그런데 이 금액은 2030년까지 여덟 배 가깝게 늘어나서 2조 5,000억 달러가 될 것으로 예상된다. 그리고 2050년까지 현재 인도 인구와 맞먹는 12억 명이 해마다 치명적인 폭염의 위협 아래 살아갈 것으로 추산된다.

전 세계 탄소 배출량의 약 4분의 3을 발생하는 국가를 대표하는 80개 중앙은행의 협의기구인 녹색금융협의체Network for Greening the Financial

System, NGFS는 기후 위험이 앞으로 어떻게 발전하고 또 실물 경제와 금융 경제에 어떤 영향을 미칠지 보여주는 여러 시나리오를 마련했다.[17] 이 시나리오들 가운데 하나인 '온실 지구hothouse earth'는 기후변화와 탄소 배출량 증가 그리고 3도 이상 기온 상승 등에 대해서 (지금과 다른 정책을 취하지 않는 경우의 시나리오를 IPCC는 4도의 시나리오로 설정하고 있음을 상기하기 바란다) 제한적인 조치만 취할 때 일어날 상황을 시뮬레이션한다. 이 경우 해수면이 상승하고 한층 더 많은 극단적인 기후 관련 사건들이 발생해서 기후변화의 물리적 위험이 현실화되는데, 그 결과 21세기 말까지 GDP의 25퍼센트에 해당하는 규모의 손실이 발생한다. 이것조차도 NGFS는 보수적인 추정치로 판단한다.

이 업계에 속한 사람이 아니면 아는 사람이 거의 없는 사실인데, 잉글랜드은행은 세계에서 네 번째로 규모가 큰 보험 산업을 규제하고 있다. 내가 이 은행의 총재가 되었을 때, 보험사들이 기후변화의 최전선에 서 있다는 사실을 금방 깨달았다. 보험사들은 상업적인 이유로 한층 더 예민해진 세계 시민으로서 기후변화를 단기적으로 이해하고 해결할 가장 큰 동기를 가지고 있다. 예를 들어서 런던에 있는 국제보험업자협회인 런던 로이즈Lloyd's of London의 보험 인수 담당자는 사업 계획이나 보험 인수 매뉴얼에서 기후변화를 반드시 고려하게 되어 있다. 과거는 미래를 암시하는 프롤로그가 아니라는 사실 그리고 미래에 재앙을 안겨줄 규범은 오늘의 꼬리위험에 있다는 사실을 잘 알고 있다는 점이야말로 그들이 보유한 천재성의 핵심이다. 그런 통찰력이 있었기에 생존이 걸린 이런 문제들을 해결하는 데 보험 부문이 특히 민감하게 반응했으며 또 적극적인 태도를 보였음은 그다지 놀라운 일도 아니다.[18]

부동산·손해보험사와 재보험사는 이미 홍수 위험부터 극한 기후 상황이 국가 위험에 미치는 영향에 이르기까지의 가장 즉각적인 물리적 위험에 맞춰서 사업 모델들을 조정하고 있다. 여러 사례 가운데 하나로 런던로이즈가 수행한 연구를 들 수 있다. 연구는 다른 모든 변수를 고정할 때, 1950년대 이후로 맨해튼 끝 지역에서 해수면이 20센티미터 상승한 바람에 슈퍼 폭풍 샌디로 인한 손실이 뉴욕에서만 30퍼센트 늘어났다고 추정했다.[19]

보험사들은 지금까지 정교한 예측과 미래지향적 자본제도 그리고 단기 커버리지(보험 보장 범위)를 중심으로 구축된 사업 모델 등을 결합함으로써 물리적인 여러 위험을 상대적으로 잘 관리해왔다.[20] 보험사는 자기가 의존하는 사업 모델을 지속적으로 갱신하고 적용 범위를 신중하게 조정해야 한다. 시간이 지남에 따라 우리 경제의 점점 더 많은 부분은 공공의 안전장치가 없을 경우 보험에 가입할 수 없게 될 수 있다. 예컨대 최저 2,500억 달러에서 최대 5,000억 달러로까지 추산되는 미국 해안 부동산은 2100년이 되면 해수면 아래로 내려갈 수 있으니까 말이다.[21] 게다가 보험 적용 대상이 되지 않는다면, 금융 시스템의 한층 더 넓은 부분이 점점 더 크고 변화무쌍한 물리적 위험에 노출될 것이다.

기후와 관련된 금융 위험의 두 번째 범주는 전환 위험이다. 이 위험은 저탄소 경제lower-carbon economy로 나아가기 위한 조정의 결과로 발생한다. 정책과 기술 그리고 물리적 위험 등에서의 변화 때문에, 전환에 동반되는 비용과 기회가 명백해짐에 따라서 광범위한 자산의 가치에 대한 재평가가 촉진될 것이다. 이런 상황에서 의미 있는 조정이 지연될수록 전환 위험은 더욱 커질 수밖에 없다.

탄소중립 경제로의 조정이 전개되는 속도는 불확실하며 또한 이 조정은 금융안정 차원에서 결정적으로 중요할 수 있다. 환경 정책이나 성과의 변화로 가격이 상승한 몇 가지 눈에 띄는 사례가 있다. 미국 상위 네개 석탄 생산업체의 시가총액은 2010년 말 이후로 지금까지 99퍼센트 이상 감소했으며, 몇 개 기업은 이미 파산했다. 지구 온도 상승을 1.5도 미만으로 묶어두려면, 현재 화석연료의 매장량(석탄의 4분의 3과 가스 절반 그리고 석유 3분의 1 포함)의 80퍼센트 이상이 땅에 묻혀 있어야 한다. 2도 미만으로 묶어두려면 화석연료 자산의 약 60퍼센트가 땅에 묻혀 있어야 한다. 물론 이런 경우에 이 화석연료는 더는 자산이 되지 못한다.

2015년에 나는 어떤 연설을 하면서 좌초자산을 언급했는데,[22] 그때 해당 업계에서는 나를 향해 분노를 쏟아냈다. 이런 일 일어났던 이유 가운데 한 부분은, 파리기후변화협약(파리협약)＊2020년 만료 예정의 교토의정서를 대체해서 2021년 1월부터 적용될 기후변화 대응을 담은 조약으로 2016년 11월에 발효됐다에서 합의되었던 목표, 즉 지구의 온도 상승을 2도 이내로 제한하자는 목표와 (이 목표는 과학이 추정했던 탄소예산의 양에 따른 것이었다) 이 목표가 화석연료 채굴에 미칠 것이라고 예측한 결과 사이의 기본적인 조화를 수행하길 많은 사람이 거부했기 때문이다. 그 사람들은 10대 소녀인 그레타 툰베리＊스웨덴 출신의 환경운동가조차도 쉽게 이해하고 강력하고 추진했던 이 기본적인 계산을 할 수 없었거나 아예 하려 들지 않았다. 지금은 석유 산업과 가스 산업 내부에서도 일부 화석연료는 채굴되지 않은 채 땅에 계속 묻혀 있게 될 것이라는 인식이 점점 커지고 있다. 그러나 이 장의 뒷부분에서 볼 수 있듯이, 금융 시장에서의 가격 책정은 이런 전환의 양상과 일치하지 않는다.

좌초자산은 화석연료에만 국한되지 않는다. 적도에서 숲이 사라지는 원인의 70퍼센트가 야자유, 콩, 소, 목재 등을 주로 생산하는 상업적인 농업에 있다. 그래서 관련 국가들의 정부가 이 지역에서 새로운 토지허가를 제한하거나 기존의 토지 용도를 제한하는 방식으로 삼림 파괴를 제한하는데, 이런 조치 때문에 몇몇 기업농들은 버텨내지 못한다.[23] 유럽연합에서는 최대 2,400억 유로에 이르는 유럽 자동차 산업의 자산이, 전기자동차와 무인자동차, 차량 공유 서비스라는 세 가지의 잠재적 파괴 요소 때문에 퇴출 위기를 맞고 있다.[24] 중앙은행들은 기후 관련 정책이 대폭 강화될 가능성에 맞서서 금융안정과 관련된 잠재적 위험을 관리하는 방법에 점점 더 많이 관심을 기울인다. 갑작스러운 조정을 방지하고 전환이 매끄럽게 이루어지도록 하기 위한 작업은 다음 장에서 자세하게 설명할 것이다.

기후변화에서 비롯되는 위험은 경제성장률과 일자리 창출 속도 그리고 임금과 인플레이션에 영향을 미치는 경제적 충격이라는 모습으로 나타난다. 경제적 충격에는 수요 충격과 공급 충격이라는 두 가지 유형이 있다. 수요 충격은 소비, 투자, 정부 지출 그리고 순수출에 흔히 영향을 미친다. 수요 충격은 본질적으로 단기적인 경우가 많으며, 일반적으로는 경제의 장기적인 궤적이나 생산 역량에는 영향을 주지 않는다. 그러나 공급 충격은 다르다. 공급 충격은 성장 추동자들(노동력 공급과 생산성의 확대)과 이 추동자들의 기본적인 결정자들(즉 물적자본, 인적자본 및 자연자본, 기술 그리고 혁신의 정도 등)에 직접적으로 영향을 준다.

경제에 미치는 부정적인 충격은 GDP의 성장 수준과 GDP의 성장률 모두에 영향을 미칠 수 있다. (그런데 언제나 우울한 전망을 하는 과학자들인 경제학자는 경제에 중대한 개선 효과를 낳는 어떤 예측 불가능한 사건을 긍정적인 놀라움이라고 부르기를 거부한다.) 과거 금융 위기의 표본 규모가 컸음에도 불구하고, 이러한 '관습적' 충격이 성장률 추세에 미치는 영향에 대해서는 공감대가 형성되지 않았는데, 부분적으로는 그것의 지속적인 충격은 정책 대응에 따라서 달라지기 때문이었다. 그런데 기후 충격의 영향을 예측하기란 중요도 측면에서 금융 충격의 영향을 예측하기보다 훨씬 더 어렵다.

기후변화가 GDP에 미칠 수 있는 잠재적 영향에 대한 몇 가지 추정치가 존재해왔다. 그런데 이 추정치들에는 다음과 같은 여러 불확실성이 내포되어 있다.

- 온실가스와 기후 결과의 연관성. (이것은 기후 역학의 과학적 불확실성과 비선형성의 영향을 받는다.) 앞에서 살펴보았듯이 기후변화의 과학은 일직선으로 진행되지 않고 피드백 루프와 비선형적인 역학을 따른다. 과거는 미래를 암시하는 프롤로그가 아니라는 말이다.
- 온도와 GDP 사이의 관계 (그리고 이것이 평균, 변화율 또는 변동성에 따라 어떻게 달라질 수 있을까 하는 것)
- 물리적인 기후 관련 사건들이 (노동과 생산 과정들 그리고 부정적인 사회적 충격에 따른 부정적인 피드백 등에 대한 충격을 줌으로써) GDP에 일정한 수준의 영향을 주는지 혹은 추세적인 성장에 영향을 주는지 결정하는 것
- 기후로 인한 충격을 누그러뜨리는 적응과 혁신의 정도

이런 근본적인 고려사항과 중요한 주의사항을 염두에 두고서, 지금부터는 기후변화가 GDP에 미칠 수 있는 잠재적 영향과 관련된 추정 내용을 살펴보자. 일반적으로 볼 때 기후변화 때문에 사라지는 전 세계 GDP의 규모는 15퍼센트에서 30퍼센트나 된다.[25] 기후변화 때문에 10년 동안 경제가 전혀 성장하지 않을 수도 있다. 게다가 GDP는 경제에서 단 한 해 동안의 부가가치를 나타낸다는 점을 기억해야 한다. 일반적으로 기후변화의 영향을 추정할 때는 손실된 것은 손실된 채로 계속 남을 가능성이 높다고 바라본다. 그러니까 기후변화는 계속 이어지고 축적되는 저주이다.

그런데 중요하게 지적할 사실이 하나 있다. 현재 이루어지는 추정 사항은 불완전하다는 점이다. 수자원, 운송, 이주, 폭력적인 분쟁, 에너지 공급, 노동생산성, 관광, 여가 활동 등 수많은 중요한 쟁점에 기후변화가 미치는 영향이 사람들로부터 온전한 관심을 받지 못했기 때문이다. 그 모든 사항을 아우르는 추정치는 없다. 이런 누락 때문에 부정적인 추정치는

하향조정되고 온실가스 배출이 줄어든다는 착시 현상이 나타난다.

제각기 다른 추정치들은 모두 GDP가 따지는 변수들과 따지지 않는 변수들 때문에 어려움을 겪는다. 특히 가치 척도로서의 GDP는 상대적 평등, 튼튼한 사회적 자본, 행복하고 건강하며 번영하는 사회를 특징짓는 후생복지 등과 같은 무형의 변수들을 포착하지 못한다. 기후변화로 황폐해진 세상에서는 모든 것이 압박을 받을 것이다.

기후변화의 충격이 GDP에 미치는 충격을 추정하는 계산식에서 몇몇 변수들은 아예 고려조차 되지 않는다. 이런 변수들은 우리 인간의 후생복지에 꼭 필요하며 경제적인 결과를 직접 산출함에도 불구하고 말이다.

기후변화로 강제 이주가 늘어날 것이다. 기후 난민은 극심한 기상 상황, 물 부족, 해수면 상승 등의 충격에 떠밀린 사람들이다. IPCC는 이미 1990년에 기후변화가 우리 사회와 경제에 미치는 가장 큰 단 하나의 결과가 기후 난민 집단일 수 있다고 지적했다.[26] 2017년에는 기후와 관련된 재난으로 난민이 2,500만 명 가깝게 발생했는데, 이 수치는 2050년까지 2억 명으로 늘어날 것이라는 추산이 나와 있다.[27] 강제 이주는 도시와 보건의료 체계에 부담을 주는 경제적인 결과를 초래할 뿐 아니라 지역사회의 공동체가 해체되고 사회적 자본이 파괴되는 사회적인 결과를 초래할 수도 있다.

기후변화로 질병 발생률이 높아질 것이다. 인간이 기후 회복력이 높은 지역으로 이동함에 따라, 그 지역에는 인구 과잉 현상이 나타날 수 있다. 인구 과잉은 질병의 온상이 된다. 질병을 옮기는 숙주들의 서식지와 먹이사슬이 파괴되면서 이 숙주들은 인간에게 한층 더 가까이 다가간다. 말라리아를 퍼뜨리는 모기 때문이든 에볼라 바이러스를 옮기는 박쥐 때문이든 간에 질병이 늘어나면 막대한 경제적 비용도 함께 늘어난다.[28]

WHO는 인간 활동으로 인한 기후변화의 결과로 빚어지는 다양한 건강상의 부작용과 관련된 과도한 위험은, 홍수, 말라리아, 영양실조 그리고 설사가 2030년까지 증가함에 따라서 두 배 이상으로 늘어날 것이라고 추정한다. WHO는 기후변화가 전 세계적인 팬데믹 위험을 한층 더 높일 수 있다고 지적한다.[29] 코로나19는 우리 시스템에 존재하는 위험을 심각하게 받아들이는 것이 얼마나 중요한지 일러주는 경고이다. 혹은 그 이상의 의미를 담고 있는지도 모른다. 또 다른 팬데믹의 위험이 높은 수준으로 존재한다는 사실 때문에라도 우리는 기후변화 문제를 반드시 해결해야 한다.

마지막으로 기후변화는 분쟁 위험을 높인다.[30] 사람들이 물, 기후 회복력이 있는 땅, 그리고 에너지와 같은 희소한 자원을 놓고 경쟁함에 따라, 국가 내부의 분쟁이나 국가 간 분쟁 위험은 늘어난다. 특히 가뭄이나 홍수와 같은 기후 관련 사건이 긴장을 악화시키고 법치를 무너뜨릴 수 있는 취약한 국가에서는 더욱 그렇다.

이 시나리오들은 전 세계 수백만 명에게 실제 현실이 될 것이다. 또 기후변화의 영향은 지역적으로나 사회적으로 균등하지 않을 것이다. 기후변화는 가장 가난한 나라 그리고 가장 가난한 지역 공동체에 가장 큰 경제적·사회적 충격을 안겨줄 것이다.

예를 들어, 재산과 사회기반시설(인프라)의 손상이 커질수록 저소득 국가와 중간소득 국가의 국민이 각각 누릴 수 있는 보험 보호의 격차가 커지는 현실은 보험에 가입하지 않은 사람들이 훨씬 더 많은 기후변화 비용을 부담하고 있음을 말해준다. 2017년에 보험 손실은 1,400억 달러였다. 어마어마한 금액이다. 그러나 이 금액은 보험에 가입하지 않은 사람들의 2,000억 달러의 손실 앞에서는 오히려 무색해질 정도이다. 방글라데시, 인도, 베트남, 필리핀, 인도네시아, 이집트, 나이지리아 등과 같이 기후변화에 가장 많이 노출된 나라의 보험침투도(보험심도)✱ 국가의 GDP 대비 보험료. 2020년 발표 기준으로 한국은 약 11.6퍼센트이다는 1퍼센트 미만이다. 생산성 감소가 나타날 가능성은 농업과 건설 부문이 지배하는 개발도상국이 가장 높은데, 2030년에는 열 스트레스로 인해서 노동시간이 농업과 건설 부문에서 각각 60퍼센트와 19퍼센트 줄어들 것으로 추정된다. 미국의 루이지애나에 사는 사람이나 파키스탄의 라호르에 사는 사람이나 똑같이 기후변화에 따른 이주 압박을 받을 수 있다. 그러나 이렇게 기후 난민이 되는 사람들을 위한 제도적 지원의 질과 강도 그리고 이주 기회는 모든 세계인에게 공평하지 않다.

마찬가지로 제도적인 지원과 사회적 인프라의 질은 점점 늘어나는 질병 발생률과 맞서 싸우는 데 매우 중요한데, 이런 것들이 다시 또 사회의 가장 가난한 사람들에게 부정적으로 작용한다. 제도가 잘 정비된 나라일수록 1인당 소득이 높은 나라일수록 또 무역 개방성이 높은 나라일수록

도표 11 - 11 · 인간 거주지 지속가능성*의 변화 예상

2070년 인간 거주 적합성의 예상 변화
(산업화 이전보다 온도가 2도에서 2.5도 사이의 범위로 상승할 때)

변화 없음
상대적으로 적합   상대적으로 부적합

거주 불가능

* 온도와 강수량을 기준으로 했다

도표 11 - 12 · 지구 온도 2도 상승에 따른 경제적인 충격

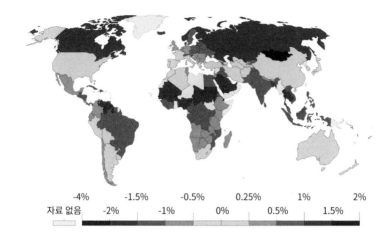

| 자료 없음 | -4% | -1.5% | -0.5% | 0.25% | 1% | 2% |
| | -2% | -1% | 0% | 0.5% | 1.5% | |

극심한 날씨로 인한 재난 충격을 더 잘 견뎌낼 수 있고, 더 나아가 국부의
유출을 더 잘 막는다는 많은 연구 결과가 나와 있다.[31]

기후변화의 경제적 비용 추정치는, 비록 완벽하지는 않겠지만 기후
변화가 여러 생산요소(즉 물적·인적·자연 자본)에 미치는 영향 및 생산성과
투자 그리고 소득에 미치는 기술적 변화를 추정함으로써 도출할 수 있다.

그런데 불완전하게나마 금전적인 추정치로 쉽게 전환되지 않는 다른
요소들이 있다. 기후변화가 파괴하는 것(예컨대 생물종들, 인간과 생물종의 거
주지-서식지, 삶의 방식, 자연의 아름다움 등)의 대부분은 공식적으로 가치가
평가되지 않는다. 시장이 아마존의 미래 수익 가치를 추정할 수 있다. 그
러나 이런 일은 아마존의 열대우림이 사라져서 '생산적인' 용도로 전환되
고 난 다음에야 일어날 수 있음을 상기하자.

예를 들어, 기후변화에 따른 GDP 변화 시나리오에서는 산호초의 파
괴가 포함되어 있지 않다. 지구의 온도가 1.5도에서 2도까지 상승할 때

어떤 변화가 광범위하게 일어날지 연구한 첫 번째 연구논문이 2016년에 나왔는데, 이 논문은 지구 온도가 1.5도 상승할 때 열대 암초의 90퍼센트가 "2050년 이후부터 온도 상승으로 인한 표백 효과 때문에 심각한 손상 위험에 놓일 것"이라고 경고했다.[32] 아울러 지구 온도가 2도 상승하면 열대 암초의 98퍼센트가 위험해진다고 이 논문은 예상했으며, 0.5도만 상승하더라도 "열대 산호초의 미래가 결정적으로 영향을 받을 것"이라고 밝혔다.[33]

산호초가 광범위하게 사라지면 생태계와 경제와 사람은 황폐한 결과를 맞을 것이다. 국제자연보전연맹International Union for Conservation of Nature, IUCN에 따르면 "암초가 전체 해저 면적에서 차지하는 비율은 0.1퍼센트밖에 되지 않지만, 암초 주변에 서식하는 해양 어종은 전체 해양 어종의 4분의 1이 넘는다." 산호초는 또한 "전 세계에서 5억 명이 넘는 사람들이 생계를 꾸려가는 터전인데, 이들은 대부분 가난한 나라 사람들이다."[34]

《생물 다양성의 경제학에 대한 다스굽타 리뷰Dasgupta Review on the Economics of Biodiversity》는, 우리 인간이 지속가능하지 않은 방식으로 자연과 관계를 맺게 된 근본적인 이유는 자연을 자산으로 바라보지 않은 것과 자연이 손실되는 것을 자산관리 차원의 문제로 바라보지 않은 것이라고 일러준다. 자연이라는 자산은 생산된 물적자본이나 인적자본과 마찬가지로 시간이 지남에 따라 재화와 서비스의 흐름(즉 생태계 서비스)을 만들어낸다. 이 리뷰는 생물 다양성이야말로 생태계 서비스 제공에서 중요한 역할을 하는 자연의 한 가지 특성으로 바라본다. 다양한 생태계일수록 안정적이고 생산적이며 탄력적이고 적응력이 높다. 금융자산의 포트폴리오가 다양성을 확보할수록 위험과 불확실성이 줄어드는 것과 마찬가지로, 생물 다양성이 커지면 자연자산 포트폴리오 내의 위험과 불확실성은 줄어든다. 정책 입안자와 금융 분야 종사자는 자연자본 회계natural capital accounting와 자연자본 평가를 통해 이 쟁점에 대한 이해를 높일 수 있다. 이런 틀(프레임워크)들은 예를 들어 유엔의 환경경제통합계정System of integrated Environmental and Economic Accounts, SEEA 등과 같은 기관을 통해 공공 부문과 민간 부문이 함께 사용할 수 있도록 개발되고 있다. 유엔 환경계획UN Environment Programme의 글로벌 자본 계정 데이터에 따르면, 1990년대 초반 이후 지금까지 1인당 전 세계 자연자본은 40퍼센트 가까이 감소한 반면에 물리적 자본은 2배, 인적자본은 13퍼센트 각각 증가했다.

요약하자면, 우리는 계량화할 수 있는 비용(예컨대 재산에 가해진 손상)이 놀랄 정도로 높고 빠르게 증가할 수 있는 상황을 눈앞에 두고 있다. 경제적으로 받을 충격의 추정치는 매우 높아서, 대부분 10년 남짓한 시간이 지나면 글로벌 성장이 멈추는 것으로 나타난다. 물론 이런 일은 현대에서는 유례가 없는 일이다. 그런데 이런 계산은 기후 피드백 루프와 수많은 경제 관련 채널이 배제되면서 과소평가될 가능성이 높다. 지금까지 지구에서는 대규모 멸종이 다섯 차례 있었는데, 바야흐로 진행되는 제6차 대규모 멸종에서는 멸종되는 종의 가치와 같은 비非시장가치는 고려하지 않는다.

그렇다면 우리는 무엇을 긴급하게 해야 할까? 대략 15년 전에 캐나다가 주최가 되어 에너지와 환경을 주제로 한 G20 세미나를 밴프스프링스 호텔에서 열었다. 당시 다국적 석유 기업 로열더치셸의 CEO이던 마크 무디 스튜어트Mark Moody-Stuart는 지구 온도 2도 상승 시나리오에서 기후변화와 탄소예산을 이야기했다. 그는 기후 과학과 관련된 예측이 불확실할 수밖에 없음은 인정했지만, 적어도 위험이 그만큼 클 가능성이 75퍼센트가 넘는다고 보았다. 그리고 나서는 자신이 그동안 오랜 세월 사업을 하면서 수십억 달러 규모의 결정을 내리는 경우가 많았지만 그때도 성공 가능성이 훨씬 더 낮은 상황에서 그런 결정을 내렸다면서, 현재 제시된 위험이 그야말로 생존이 걸린 위험이니만큼 지금 당장 행동에 나서는 것은 너무도 명확한 진리라고 말했다.

그때 이후로 셸은 석유 비축물량을 50퍼센트 늘렸고 전 세계 탄소 배출량은 거의 70만 톤(즉 25퍼센트) 증가했으며, 그 뒤 9년 동안 역사상 가장 뜨거운 기록이 이어졌다.

변화의 동기가 부족하다

기후변화는 시간 지평의 비극이다. 기후변화가 초래할 충격은 기후변화를 초래한 사람들이 아닌 그 이후의 세대가 느낄 문제이며, 또 현재 세대로서는 그 문제를 바로잡을 직접적인 동기(인센티브)가 없기 때문에, 결국 미래 세대가 그 비용을 부담하게 된다. 그러므로 기후변화는 현재의 경기순환과 정치적 순환을 초월하며, 또한 잠재적으로는 (자기의 명령에 구속된 중앙은행과 같은) 기술적 권위자의 지평을 넘어서는 문제라는 뜻이다.

통화 정책의 지평은 2년이나 3년 뒤까지 확대된다. 금융안정성의 지평은 이보다 좀 더 길지만 일반적으로 신용 주기의 외부 경계선인 약 10년 정도이다. 다시 말해 기후변화가 금융안정성의 결정적인 쟁점이 되면, 그때는 이미 너무 늦을 수도 있다는 것이다. 그때가 되면 우리가 현재 가지고 있는 지구 온도 1.5도 상승 시나리오의 탄소예산이 이미 바닥을 드러낼 수 있다.

이 역설은 로드 스턴Lord Stern을 비롯한 여러 사람이 입증해왔듯이 한층 더 깊다. 기후변화 관련 위험은 탄소의 누적배출량에 비례하므로, 선제적인 조치를 취할 때 비용이 적게 든다는 뜻이다. 어떤 추정에 따르면, 행동을 1년 앞당겨 실행할 때 마지막 시점의 이산화탄소 배출량을 35기가 톤 넘게 줄일 수 있으며, 이 수치의 금전적인 가치는 탄소 순현재가치＊편

익과 비용을 할인율에 따라 현재 가치로 환산하고 편익의 현재 가치에서 비용의 현재 가치를 뺀 값

로 2019년 세계 GDP의 약 5퍼센트에 해당한다. 탄소예산은 지금 당장 행동하지 않을 때 미래에 얼마나 더 많은 노력과 희생이 필요할지 분명하게 보여준다. 30년에 걸쳐서 배출량을 절반으로 줄이는 것이 10년에 걸쳐서 절반으로 줄이는 것보다 훨씬 쉽다는 것은 너무도 간단한 산수이다.

온실가스는 백 년 넘게 대기 중에 남기 때문에, 기후변화에 따른 비용과 이 변화를 완화할 때의 편익은 대부분의 다른 사회경제적 정책보다 훨씬 더 긴 안목으로 바라보아야 한다. 할인율＊미래 시점의 일정 금액과 동일한 가치를 갖는 현재 시점의 금액(현재 가치)을 계산하기 위해 적용하는 비율의 선택은 여러 경제 분석 모델이 미래 기후 위험을 줄이기 위해 지금 당장 투자하는 것을 지원할지 말지를 결정하는 데 매우 중요하다. 왜냐하면 이 모델들은 서로 다른 시점에 발생하는 총비용과 총편익에 대한 가중치를 결정하기 때문이다.[35]

이 결정에서 핵심 요인은 우리 세대가 미래 세대의 복지를 얼마나 중요하게 여기는가 하는 점이다. 우리가 후대에 남길 기후 유산은 우리가 미래를 얼마나 소중히 여기느냐에 따라서 달라진다. 다시 말해, 난장판이 된 세상을 후대에 물려줘도 괜찮을까, 베이비부머 꼰대들Are boomers OK?＊'알았으니까 입 좀 다무시죠, 꼰대들OK, boomer'이라는 표현의 패러디이다.

경제학자 니컬라스 스턴은 평균 1.4퍼센트time-preference rate(순수시간선호율＊현재를 얼마나 가치 있는 것으로 여기는지를 나타내는 수치. 이것이 높은 사람은 현재의 소비에 상대적으로 큰 가치를 부여하여 소득의 대부분을 저축하지 않고 현재에 소비한다로는 0.1%)라는 낮은 할인율을 주장하는데, 이것은 현재 세대와 미래 세대에 가중치를 거의 동일하게 설정하는 것이다.[36] 이것은 할인율에 대한 규범적인 접근법을 토대로 한다. 즉 기후변화의 충격은 현재 이루어지는 결정에서 발언권이 없는 미래 세대에 영향을 미칠 것이므로, 그들이 부담해야 할 피해에 높은 할인율을 적용하는 것은 비윤리적이라고 스턴은 주장한

다. 오늘날 젊은 기후 활동가들도 비슷한 주장을 한다.

시간 지평의 비극이 어마어마하게 중요하며 현실적으로도 중요한 또 다른 이유가 있다. 역사적으로 기술 채택은 '기술 S-곡선'으로 일컬어지는 비교적 예측 가능한 생애 주기를 따른다. 이 주기에는 연구개발과 대량 채택 그리고 성숙이라는 세 가지 단계가 있다. 첫 번째 단계는 새로운 기술이 변곡점에 도달할 때까지 느리고 점진적이며 비용이 많이 드는 경향이 있으며, 비용 효율성이 높고 채택이 빠르게 증가한다.

대량 채택이라는 두 번째 단계에 도달하기까지는 보통 45년이 걸리는데, 기후변화와 관련해서 보자면 45년이라는 기간은 남아 있는 탄소예산으로 버티기에는 너무 길다.[37] 게다가 에너지 전환에는 시간이 많이 걸린다는 점도 기억해야 한다. 게다가 우리는 그야말로 기념비적인 규모로 에너지 전환을 해야 하니까 말이다. 이 전환 작업에는 엄청난 규모의 인프라와 경제적 조정이 필요하다. 제임스 와트가 1768년에 증기기관을 발명했지만, 석탄 수요가 나무, 토탄土炭, 동물의 똥 등과 같은 '전통적인 바이오매스 연료'의 수요를 따라잡은 것은 1900년대 초가 되어서였다. 지구 온도 상승을 2도 이내로 묶어두려면 앞으로 30년 동안 우리는 훨씬 더 빠르고 훨씬 더 광범위한 에너지 전환에 성공해야 한다. 다음 30년에서 50년 동안에 현재 화석연료를 원료로 해서 생산되는 전 세계 에너지의 90퍼센트 이상은 재생가능에너지 원자력 발전 혹은 폐기물을 배출하지 않고 매장하는 화석연료 발전소에서 공급될 필요가 있다.

그렇지만 좋은 소식도 있다. 새로운 기술이 과거 어느 때보다도 빠르게 채택된다는 소식이다([도표 11-13] 참조). 2000년 이후 S-곡선의 짧은 꼬리(대량 채택에 이르는 연구 및 개발 과정)가 평균 약 10년으로 단축되었다. 더 좋은 소식도 있다. 기후변화의 경우, 2도 미만으로 지구 온도 상승을 묶어두겠다는 목표를 달성하기 위해 사람들은 이미 부문별로 공략해야 하는 정확한 S-곡선을 설정하고 있다.

도표 11 - 13 · 신기술 발명과 기술 채택률

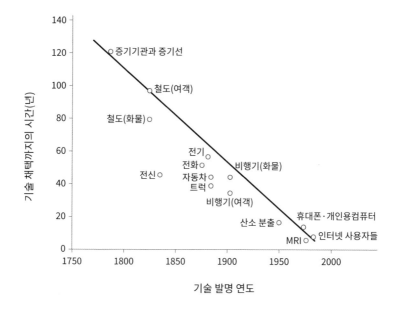

이 S-곡선들은 투자가 필요할 수 있는 지점을 시장에게 보여주고 기술 도입을 가속화하기 위해 공공 정책 개입이 필요할 수 있는 지점을 정부에게 보여주는 데 도움이 될 수 있다. 예를 들어, 전기자동차 분야에서 정부는 전기자동차 채택률을 높이는 데 필요한 충전 시설을 마련하거나 전기자동차 구매를 유도하기 위한 정책(예컨대 전기자동차에 대한 도로세율을 인하하는 것, 또는 전기자동차 전용 주차구역 또는 전용 차선을 마련하는 것)을 마련하거나 혹은 특정한 날짜까지 전기자동차 판매를 의무화하는 규정을 만드는 데 도움을 줄 수 있다.

기후 위기를 해결하려면 미래에 하게 될 일을 미리 앞당겨서 해야 한다. 하지만 이것은 근본적으로 우리가 미래를 얼마나 소중히 생각하는가에 따른 문제이다.

환경경제학의 고전적인 문제로는 공유지의 비극을 들 수 있다. 이 비극은 각 개인이 독립적으로 자신의 개인적인 이익을 좇아서 공유자원을 고갈시키거나 훼손함으로써 사회 공동의 이익, 즉 공익에 어긋나는 행동을 할 때 발생한다. 이런 사례는 많다. 예를 들면 어족자원 남획과 삼림 벌채가 있고, 고전적인 사례로는 19세기 초 잉글랜드와 아일랜드에서 사람들이 다들 자기 양떼를 공유지에 풀어놓아서 결과적으로 공유지가 망쳐지고 말았던 일이 있다. 공유지의 비극은 부정적인 외부성(외부효과), 즉 어떤 경제 활동이 그 활동에 참여하지도 않았고 또 그 행동으로 이득을 보려 하지도 않는 다른 사람에게 의도하지 않은 혜택이나 손해를 가져다주는 현상의 극단적인 예이다. 지구의 기후와 생물권은 인류의 궁극적인 공유지인데, 이 지구에서 생산자는 생산 과정에서 자신이 배출하는 이산화탄소에 대한 비용을 지불하지 않으며 소비자 역시 자신이 소비하는 탄소에 비용을 지불하지 않는다.

공유지의 비극을 해결하는 해법은 세 가지가 있다. 외부성에 가격을 매기는 것과 (재산권 할당을 통해서) 민영화하는 것 그리고 공유지를 사용하는 공동체가 공급을 관리하는 것이다.

첫째, 외부성을 내부화하고 사람들의 행동 변화를 유도하기 위해 수수료나 세금이라는 방식을 통해서 외부성에 가격을 매길 수 있다. 기후변화에 대처할 목적으로 오염물질이 (또는 궁극적으로 오염물질의 소비자가) 적정한 대가를 치를 수 있도록 탄소에 가격을 매기는 방식이다. 그런데 이 방식이 이론상으로는 잘 통할 것 같지만 실제로는 지극히 일부 경우에서만 통한다. IMF에 따르면 현재 74개국이 탄소에 가격을 매긴다. 그런데 그 대상은 전 세계 탄소 배출량의 약 20퍼센트밖에 되지 않으며, 평균 가격은 톤당 약 15달러이다.[38] 그런데 파리기후변화협약 내용과 일치하는 탄소 가격 추정치는 대부분 톤당 50~120달러 범위 안에 있으며, IMF의 추정치는 75.39달러로 그 범위의 중간쯤에 있다.[39] 다음 장에서도 확인하

도표 11 - 14 · 국가별 탄소 계획의 가격(2019)

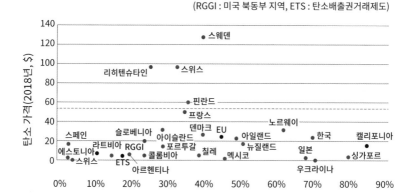

(RGGI : 미국 북동부 지역, ETS : 탄소배출권거래제도)

국가별 가격 설정 온실가스 백분율

겠지만 탄소 가격의 수준과 예측 가능성은 둘 다 중요하다.

공유지의 비극을 해결할 두 번째 해법은 민영화, 즉 재산권 할당이다. 이것은 공유 목초지를 민영화했던 인클로저 운동*근세 초기 영국에서 영주나 대지주가 목양업이나 대규모 농업을 하기 위하여 미개간지나 공동 방목장과 같은 공유지를 사유지로 만든 일을 뒷받침하던 정신이다. 이렇게 해서 그 땅이 한층 더 지속가능한 방식으로 관리되긴 했지만, 소유권 할당 과정에는 재산 이전이 명백하게 발생했으며 또 이 과정에서의 형평성을 둘러싸고 깊은 의문들이 제기되었다. 작은 지역 차원에서도 이런 결정이 그토록 어려웠는데, 전 세계적인 차원이라면 사실상 불가능하다고 봐야 한다. 14장에서 자세하게 살펴볼 코즈 정리Coase Theorem*외부성을 해결하는 방안 가운데 하나로, 재산권이 확립되어 있고 거래비용이 없다면 정부 개입 없이도 이해관계 당사자 간의 협상으로 외부성을 효율적으로 해결할 수 있다는 정리는 한 사람이 전 세계를 얻을 수 있으며 우리는 우리의 영혼을 잃지 않을 것이라고 제안한다. 그러나 교토의정서에서 명시했던 탄소거래 허가와 관련된 협약이 잘 지켜지지 않았던 경험에 비추어볼 때, 코즈 정리가 말처럼 그렇게 쉬울 것 같지는 않다.

이상 두 개의 전통적인 경제적 해법은 외부성을 내부화하고 자원의 지속가능성에 가치를 부여하기 위해서 가격 메커니즘에 의존한다. 그러나 "왜 누군가는 멍청이가 되지 않기 위해 돈을 받아야 하는가?" 하는 의문이 제기될 수 있다.[40] 탄소중립에 어긋나는 길을 고의로 걸어가면서도 자기는 정당하다고 말을 하는 기업들이 있다. 예컨대 복잡한 역외 조세피난처를 이용해서 세금 포탈을 합법적으로 자행하면서도 "우리는 납부해야 하는 모든 세금을 내고 있다"고 뻔뻔하게 목소리를 높이는 기술기업들＊대표적으로 구글이 있다. 반면에 탄소에 대한 잠재가격＊재화의 가격이 그 재화의 기회비용을 올바르게 반영하는 가격으로 운영되는 기업들이 의사결정 과정에서 외부성을 내부화하기로 선택한 사례들이 있다. 예를 들어서 영국의 석유회사 BP는 최근에, 전문가들이 사회의 목표를 달성하려면 꼭 필요하다고 생각하는 가격과 일치하는 가격, 즉 톤당 100달러라는 가격을 도입했다.

노벨상 수상자인 경제학자 엘리너 오스트럼Elinor Ostrom이 가능성을 입증한 공유지의 비극을 해결할 세 번째 해법은 공동체의 구성원들이 협력하거나 규제를 정하는 방식으로 희소한 자원을 신중하게 이용하는 것이다. 선도적인 기업들과 지자체들 그리고 국가들이 기울이는 노력이 성취하고자 하는 것, 즉 공동관리를 하는 것으로 이어지며 또한 그렇게 함으로써 민간 부문의 역동성을 이끌어내는 어떤 정치적 합의가 바로 그 세 번째 해법이다.

기후변화는 팬데믹과 마찬가지로 전 세계적인 차원의 문제이다. 어느 한 나라 혹은 몇 개 나라가 나서서 풀 수 있는 문제가 아니다. 팬데믹과 다르게 그 어떤 나라도, 락다운으로 바이러스의 침투를 효과적으로 막은 다음에 백신과 치료약이 개발될 때까지 기다리면 되는 뉴질랜드와 같은 섬으로 존재할 수 없다. 기후변화에 관한 한 우리는 하나의 태풍 아래 한 배를 타고 있다.

기후변화로 전 세계는 2차 세계대전 이후와 비슷한 양상의 외교 노력을 기울이게 되었다. 1944년에 조인된 브레턴우즈 협정의 특징 가운데 몇몇은 (예컨대 국가 이기주의, 역사적인 빚, 새로운 기구 창설 등) 오늘날의 기후 외교에서도 반복된다. 기후 외교는 1992년 리우정상회담에서 처음 시작되었다. 이 회담에서 세계 정상들은 온실가스 농도를 안정시키겠다는 목적 아래 유엔기후변화협약UNFCCC에 따라 일련의 국제환경협정을 채택하기로 합의하면서 기후 외교는 본격적으로 시작되었다. 당사국총회 COP가 해마다 열려서 유엔기후협약을 다스린다. 여기에서 했던 첫 번째 중요한 합의는 1995년의 제1차 당사국총회COP1에서 구체적인 방향을 합의했으며 1997년의 제3차 당사국총회COP3에서 채택되었던 교토의정서이다. 이것은 온실가스 배출량을 제한하는 최초의 구속력이 있는 합의문이었지만, 선진국들만 의무적인 이행 대상국에 이름을 올렸다.

그로부터 채 10년도 지나지 않아서 교토의정서에 흠이 많다는 게 분명하게 드러났다. 구속력이 명목상으로만 존재했기 때문이다. 그래서 새로운 틀이 필요하게 되었다. 이 틀은 한층 더 많은 국가가 참여하고 실질적인 행동까지 하는 명실상부한 구속력을 확보할 필요가 있었다. 과거의 배출물에 대한 뿌리 깊은 의견 불일치 때문에 2009년 코펜하겐에서 열린 제15차 당사국총회COP15에서도 그토록 희망했던 개선된 틀을 마련하지 못했다. 코펜하겐협정문이 공식적으로 채택되지는 않았지만, 이 회의에서는 참석한 나라들이 지구 온도 상승폭을 2도 미만으로 제한하기 위한 중요한 전망에 합의했으며, 배출량을 줄이는 조치를 이행하겠다고 약속했다.

이 회의는 기후변화에 맞서 싸우기로 다짐하는 2015년의 커다란 변화를 준비하는 토대가 되었다. 총 197개국과 유럽연합이 2015년 파리에서 열린 제21차 당사국총회COP21에 참석해서 지구 온도 상승폭을 2도 미만으로 제한하기로 합의하는 한편, 더 나아가 지구 온도를 산업화 이전 수준보다 1.5도밖에 높지 않은 수준으로 제한하려는 노력을 계속 이어가기로 합의했다. 이 파리기후변화협약은 각 국가별 국가 온실가스 감축목표NDC＊NDC는 각 회원국이 온실가스 배출에 대한 각자의 책임과 역량을 고려하여 자발적으로 온실가스 배출을 얼마나 줄일지 유엔기후변화협약에 공식적으로 제출하는 계획이다를 토대로 했다. 또한 각국은 기후변화의 부정적 영향에 적응하는 데서 서로 지원하기로 합의했고, 선진국들은 금융 흐름이 배출량 감축의 경로와 일치하도록 만들겠다고 약속했다.

이 상향식 접근법은 국가 간의 합의에 크게 의존한다. 각 국가는 국제법적 요구사항을 준수하면서 NDC를 보고하고 검토하도록 권고되었는데, 이 과정이 법률적인 구속력을 가진 것은 아니었다. COP21은 또한 훨씬 더 광범위한 이해관계자 집단을 참가시킴으로써 다른 당사국총회와 구별되었다. 한때 기후 외교관과 과학자들의 전유물이었던 당사국총회 정상회담에는 노년층, 세계 최대의 다국적 기업들과 금융사들 심지어 (가끔씩이긴 했지만) 중앙은행 총재들뿐 아니라 다양한 시민사회 집단들과 젊은 사람들까지 끌어들인다.

비록 파리기후변화협약이 기후 외교에서 큰 성공을 거두긴 했지만 이 협약의 효과는 채택이 아닌 이행에 달려 있다. 지금까지 각 국가의 온실가스 감축목표와 정책 약속으로는 우리가 목표에 도달하기 위한 과정에 올라서기에는 충분하지 못했다. 지금 세계는 모든 약속과 목표가 충족될 경우 21세기 말까지 지구의 온도 상승폭을 2.6도 미만으로 묶어놓는다는 목표를 향해 나아가고 있다. 그러나 이 목표를 달성하기 위해서 실제로 필요한 정책들은 여전히 부족하며(그래서 2.9도 상승을 예상한다), 지금 상태라면 지구 온도가 최대 4도까지도 상승하지 않을 것이라는 보장이 거의 없다([도표 11-15] 참조).

도표 11 - 15 · 2100년까지의 지구 온도 상승 추정치

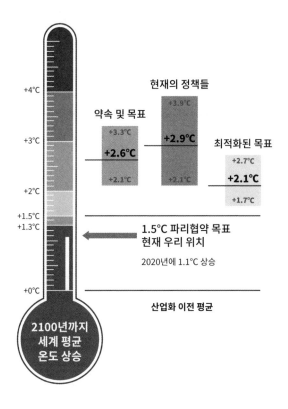

다음 장에서 살펴보겠지만, 보다 더 많은 나라가 영국처럼 파리기후변화협약의 목표를 법제화하고 구체적인 행동을 실천한다면, 실물 경제와 금융 시스템은 이런 정책들이 불러올 충격에 대응할 수 있을 것이며 또 그 영향을 증폭할 것이다. 신뢰할 수 있고 장기적으로 일관되며 단호한 정부 정책의 틀이 마련되기만 한다면 지속가능한 투자가 촉진될 것이며, 또 탄소중립의 세상에서는 더는 존재할 수 없는 지속 불가능한 활동도 사라질 것이다.

일찍 행동에 나서는 나라는 녹색혁명의 혜택을 누릴 것이다. 영국은

1차 산업혁명을 통해 이 사실을 깨달았다. 1차 산업혁명은 새로운 기계와 에너지원을 통해서 상상도 못 했던 발전을 영국에 안겨주었으며 또한 이 혁명은 영국의 금융 역량에 힘입어 세계 시장으로 수출될 수 있었다. 이 경우와 마찬가지로 탄소중립 경제로의 전환은, 금융 부문의 지원에 힘입어 혁신적인 기술들과 에너지 전환들에서 리더십을 강화해서 지속가능한 혁명을 실현할 전략적 기회가 될 수 있다.

과학자들과 강단의 학자들은 전염병부터 유성 충돌과 화산 폭발에 이르는 전 세계에 큰 영향을 미치는 사건들을 꾸준하게 경고해왔다. 그러나 인류는 이런 경고들을 꾸준하게 무시해왔다. 코로나19는 이런 무시가 얼마나 비싼 대가를 치러야 하는 파괴적인 전략적 선택인지 새삼스럽게 일깨운다.

우리가 그런 온갖 위협을 완전히 제거할 수는 없다. 그러나 위험을 줄일 방법을 생각해볼 수는 있다. 여기에는 재해를 미리 경고하는 시스템을 개발한다거나 혹은 재해가 발생할 때 재해 상황이 전개될 방식을 미리 고려하는 매뉴얼을 개발한다거나 하는 작업이 포함될 수 있다. 2008년 세계 금융 위기 때 미국의 재무부 장관이었던 팀 가이트너가 했던 "계획이 무계획을 이긴다"는 발언을 떠올려보자. 계획은 공동의 목표를 중심으로 노력을 집중하고 사람들을 하나로 묶음으로써 문제를 해결하는 데 꼭 필요한 명확한 마음을 가져다준다. 아무리 어설프더라도 즉각적인 위험에서 벗어나게 하는 해결책이라면, 완벽한 해결책을 기다리다 전멸하는 것보다는 낫다.

우리 인간의 정신과 정치 시스템은 이런 장기적인 계획에는 도무지 맞지 않게 설계되어 있다. 우리는 정보를 효율적으로 처리하기 위해서 경험에 의존한다. 그런데 문제는 재앙은 기본 속성상 언제 어떻게 나타날지 모른다는 데 있다. 즉 과거는 미래를 정확하게 반영하지 못한다는 경험칙상의 문제가 있다. 또 우리는 미래를 지나치게 낙관하고 자신하는 경향이 있다. 안다고 알려진 것만 다루지 모른다고 알려진 것은 거의 고려하지 않으며 또 모른다는 사실조차 모르는 것에는 아예 눈을 감는다. 설령 어떤 위험을 인식하더라도 그런 위험이 우리에게 일어나지 않을 것이라고 혹은 그 위험을 나중에 얼마든지 해결할 수 있을 것이라고, 아무런 근거도 없이 확신한다.

우리의 정치 시스템은 흔히 이런 오류를 극복하지 못하고 오히려 증폭시킨다. 꼬리위험을 줄이기 위한 행동은 정부나 여당에게 즉각적인 정치적 이익을 안겨주지 않으며, 정치인은 미래의 유권자가 아닌 현재의 유권자를 대표해서 선출된다. 그러나 진정한 지도자는 자신이 물려받은 조직이나 시스템 또는 사회에 봉사하는 사람이다. 진정한 지도자는 자신에게 주어진 리더십이 일시적인 것이며 자신은 주인이 아니라 그저 관리인일 뿐임을 깨닫고 그에 맞게 행동한다.

탄소중립 경제로의 전환 비용

비록 그런 목적과 의도가 커지고는 있지만 아직은 충분할 정도로 빠르게 진행되고 있지 못하다. 금융 시장들이 앞으로 지구의 온도 상승폭이 2도 미만으로 유지되는 탄소중립 경제로 전환할 것이라는 가능성을 매우 낮게 바라본다는 증거는 널려 있다.

탄소 가격은 많은 정책 수단 가운데 하나일 뿐이지만 탄소중립 경제로의 전환이 가지는 성격에 유용한 도구 역할을 할 수 있다. 주요 국가들의 중앙은행들이 모인 협의체인 녹색금융협의체NGFS가 마련한 시나리오들은 탄소중립의 질서정연한 전환과 무질서하게 지연되다가 갑작스럽게 전개되는 탄소중립으로의 전환 그리고 별다른 노력 없이 슬금슬금 온실 지구로 나아가는 경로라는 세 가지 상황을 전제로 해서, (탄소 가격으로 대표되는) 전반적인 규제 노력에 대한 잠재적인 여러 경로에 대한 하나의 관점을 제공한다.

〔도표 11-16〕에서 보듯이 에너지 기업들은 탄소 잠재가격을 현재의 실제 가격보다 일반적으로 높게 설정하고 있지만, 이런 가격 상승이 앞으로 수십 년 사이에 일어날 것이라고는 예측하지 않는다. 그리고 이런 기업들은 계몽이 된 기업들로서, 이들은 실제로 자기가 예측하는 탄소 가격을 공개한다. 이들은 탄소 가격 목표를 실제로 공개하는 계몽된 에너지 회사들이다. 자본 투자를 스트레스 테스트 ※스트레스 상황을 전제로 하는 테스트하기

도표 11 - 16 · 제각기 다른 시나리오 아래에서의 탄소 가격 평가

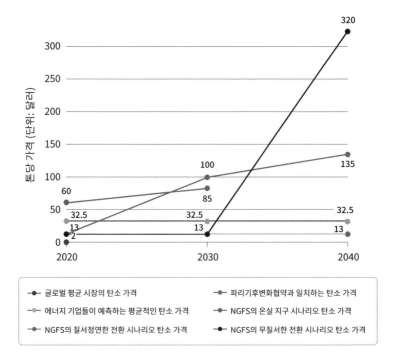

위해서 탄소 가격을 사용하는 기업 가운데 시간이 지남에 따라 상승하는 미래 전망 가격을 사용하는 비율은 15퍼센트밖에 되지 않지만, 나머지는 고정 가격을 사용하거나 아예 그 가격을 공개하지 않는다.

기업들이 자기의 재무 상태를 공개할 때도 그 가격은 (탄소중립을 위해서 필요하다고 추정되는 가격인) 톤당 50달러에 훨씬 못 미친다. 공익기업* *전기, 가스, 상하수도, 교통 등의 공익적인 부문에 종사하는 기업의 90퍼센트에서도 그렇다. 그러나 몇몇 선도적인 기업들이 있긴 하다. 예를 들어서 BP는 최근에 내부 모델들에 이산화탄소 1톤당 100달러의 가격을 적용함으로써 자산가치가 175억 달러나 감소했다고 밝혔다. 그러나 이런 경우는 그야말로 예외일 뿐이다. 은행과 보험사의 4퍼센트만이 기후 위험의 가격이 올바르게 책정되고 있다고 생각한다.[41] 그들의 생각은 틀린 게 아니다.

탄소정보공개 프로젝트Carbon Disclosure Project, CDP* *지속가능발전 경제 시스템 구축을 목표로 2000년 영국에서 출범한 비영리기구. 전 세계 기업의 기후변화 대응과 관련된 정보 공개를 요구하고 분석해서 투자자와 금융기관에 제공한다의 자료에 따르면, 기업들이 사업을 운영할 때는 잠재가격을 사용하지만(이 잠재가격이란 위험과 기회를 드러낼 목적으로 그들이 선택한 탄소의 가상 가격이다), 이 가격의 대부분이 여전히 앞서 이야기한 여러 시나리오상의 가격에 미치지 못하며 부문별로 엄청난 편차를 보이기도 한다. 그리고 표본 기업들 가운데 겨우 16퍼센트만 가격 변동제를 사용했는데, 그나마 이 비율도 오랜 시간에 걸쳐서 늘어난 것이다.

앞에서도 언급했듯이, 좌초자산이라는 개념이 점점 많은 호응을 얻고 있다. 그러나 기존 보유자산에 대한 가치평가나 새로운 분야에 대한 투자 규모는 아무리 봐도 탄소중립 경제를 향한 시의적절한 움직임과는 일치하지 않는 것 같다. 시장에서 이루어지는 가치평가가 탄소중립으로 나아가는 경로와 목적지에 의존한다고는 하지만(지구 온도의 1.5도 상승과 2도

상승은 연소되는 화석연료의 BTU＊영국의 열량 단위. 1파운드의 물을 화씨 1도 올리는 데 필요한 열량에서 큰 차이가 있다), 시장에서 이루어지는 가치평가를 보고 판단하자면 지금 이 세상은 21세기 말에 지구 온도가 3~4도 상승하는 길로 나아가는 것 같다.

1.5도 미만의 온도 상승이라는 목표를 달성하려면 현재 남아 있는 화석연료의 약 80퍼센트는 계속 땅에 묻혀 있어야 한다는 뜻임을 상기하라. 2도 상승일 경우에는 이 비율은 60퍼센트이다.

2020년에 다국적 에너지 기업인 로열더치셸은 보유한 석유와 가스 자산의 가치를 220억 달러 넘게 줄여서 평가했다. 또 2020년 2사분기에 BP는 전략적인 검토의 일환으로, 장기예측 석유 가격을 배럴당 20달러 인하하고 장기예측 탄소 잠재가격을 톤당 40달러에서 100달러로 유럽 기준의 세 배로 인상했다. 에너지 전환 속도에 대한 이러한 판단으로 BP의 자산가치는 110억 파운드 줄어들었으며, 새롭게 부상하는 에너지원에 대해서 BP가 주목하는 상대적 강점이 강조되었다.

에너지 부문에서 총규모 80억 달러의 자산가치 감소가 있었다. 여기에는 이탈리아 최대의 에너지 기업 에니Eni의 35억 유로, 스페인 최대의 에너지 기업 렙솔Repsol의 15억 달러, 그리고 영국의 다국적 에너지 기업 툴로우오일Tullow Oil의 17억 달러 등이 포함되었다. 탄소집약도＊소비한 에너지에서 발생한 이산화탄소의 양을 총에너지소비량으로 나눈 값을 말한다. 탄소집약도가 높다는 의미는 상대적으로 탄소함유량이 많은 에너지 사용 비율이 높다는 뜻이 된다가 높고 비축라인 reserve line이 긴 자산들이 가장 위험해졌다. 이런 현상에 대한 설명은 다양하지만, 에너지 전환은 무엇보다 중요한 요인이며 그런 자산가치 축소 결정은 기업들이 공식적으로 좌초자산 위험을 인정한 것이라고 할 수 있다.

새로 구축된 인프라뿐 아니라 오래 지속되는 자산도 일반적으로 '좌초' 위험에 취약하다. 예를 들어서 40년 이상 가동되도록 설계된 화석연료 사용 발전소, 제철소나 석유화학 공장 같은 중공업 자산, 석유나 가스 등의 장거리 수송을 위한 파이프라인 등이 그런 자산이다. 이런 좌초의 취약성을 줄이는 요인으로는 낮은 초기 비용과 짧은 가동 기간 그리고 적응성 등이 포함된다. (적응성의 사례를 들면, 북해의 몇몇 인프라는 석유에서 바람으로 대상을 갈아타고 있으며, 가스 수송에 사용되는 일부 파이프라인은 언젠가는 수소 수송에도 사용될 수 있다).

탄소집약도가 높은, 즉 고탄소 에너지 프로젝트의 자본비용*기업이 자본을 조달하여 사용하는 것과 관련해 부담해야 하는 비용이 크게 늘어났다는 여러 가지 징후가 있다. 이런 사실은, 자본비용이 수요 감소를 초과하는 폭으로 상승하는 바람에 탄소 자산이 좌초됨으로써 탄소중립 경제로 전환될 가능성을 시장이 점점 더 높이 평가함을 뜻한다. 골드만삭스는 투자자들이 탄화수소 투자에서 계속해서 발을 빼기 때문에 석유와 가스 투자 및 재생가능 프로젝트 투자의 자본비용에 상당한 수준의 변동성이 나타난다고 밝힌다. (석유와 가스 투자의 절사율은 10~20퍼센트이고, 재생가능 프로젝트 투자의 절사율은 3~5퍼센트이다.*절사율 hurdle rate은 어떤 투자 프로젝트의 채택 여부를 결정할 때 사용되는 최소 필요투자이익률이고, 이것이 낮을수록 투자는 쉽게 이루어진다) 골드만삭스는 고탄소 투자 대 저탄소 투자의 자본비용 차이 때문에, 탄소 가격이 대부분의 탄소가격제에서 나타나는 가격을 훨씬 초과해서 톤당 40~80달러에 형성된다고 추정한다.

이런 상황은 석유가스 산업의 투자 능력을 구조적으로 제약한다. 신규 장기 석유 프로젝트에 대한 자본 지출은 지난 5년 동안 그 이전 5년 동안에 비해서 60퍼센트 넘게 감소해서 비축유의 수명 주기가 줄어들었다. 골드만삭스가 보기에 이 현상은 석유와 가스 가격 상승을 유발함으로써 에너지 전환으로 이어질 수 있다. 골드만삭스의 분석에 따르면, 회복가능 자원recoverable resource의 주기는 2014년에 약 50년이던 것이 2020년에는 약 30년으로 크게 줄어들었다.

한편 거대 석유업체Big Oil들은 거대 에너지업체Big Energy로 전환하기 시작했다. 유럽의 거대 석유업체들은 2020년 초부터 기후변화 공약 실천을 강화했다. 골드만삭스는 총자본비용의 백분율로 저탄소 에너지(주로 재생 에너지이지만 바이오 연료와 자연저장소 그리고 탄소 포집이 여기에 포함된다)가 2018~2019년 기준 2~5퍼센트에서 2020~2021년 평균 약 10~15퍼센트로 늘어났다고 추정한다. 만약 천연가스를 저탄소 연료에 포함한다면(저탄소 연료의 탄소집약도는 석탄이나 석유의 절반 수준이다), 거대 석유업체들은 이미 자본비용의 50퍼센트를 저탄소 전환에 지출하고 있는 셈이다. 이는 주주들이 기후변화라는 쟁점에 적극적으로 참여한 결과라고 할 수 있다.

골드만삭스는 2021년 에너지 산업에서는 재생 에너지가 사상 최초로 석유와 가스를 뛰어넘어서 가장 규모가 큰 지출 영역이 될 것으로 전망한다. ＊참고로 산업부 2022년 1월 5일 보도자료에 따르면, 우리나라의 경우 전체 에너지 발전량 가운데 재생 에너지 발전량 비중은 2021년 10월 기준으로 6.5퍼센트이다 이런 투자들은 대부분 재생가능 에너지와 바이오 연료 그리고 전기화(배전망과 충전망을 모두 포함)의 새로운 시대를 지원하는 데 필요한 인프라 투자를 아우른다.

16장에서 자세히 살펴보겠지만, 새로 개발된 측정지표들은 어떤 투자 포트폴리오가 파리기후변화협약에서 합의한 온도 상승 억제 목표와 얼마나 일치하는지 보여줄 수 있다. 투자 포트폴리오에 포함된 기업의 탄소 배출량을 기준으로 지구의 온도 상승을 계산하면 된다. 이런 지표는 미래지향적이고 소통하기 쉬우며 사회가 정한 목표를 지향하기 때문에 특히 유용하다.

몇몇 대형 투자자들은 기업과 협력하고 절대적으로 필요한 곳에 투자를 하거나 절대적으로 불필요한 곳에서 (예를 들어 탄소 저배출의 세상에서는 특정한 산업이나 기술이 설 자리가 없다는 게 명백해지는 경우) 투자를 철회함으로써, 이미 자발적으로 탄소 배출량 관련 정보를 공개하고 있으며, 파리기후변화협약이 정한 목표와 일치하는 방향으로 포트폴리오 관리를 하고 있다. 세계 최대 보험사이자 투자사인 악사AXA는 이 접근법을 이용해서 기업에 대한 자기의 투자가 지구 온도를 얼마나 올릴 것인지 계산했으며, 탄소집약도가 높은 화석연료 자산들을 처리한 이후임에도 불구하고 자기들이 3도가 넘는 수준의 온난화에 기여한다는 사실을 발견했다. 일본의 연기금인 GPIF, 독일의 주요 보험사인 알리안츠, 미국 최대 연기금 가운데 하나인 캘퍼스CalPERS도 비슷한 결과를 확인했다. 이 투자사들은 모두 포트폴리오를 통해서 파리기후변화협약에 맞춰서 지구 온도를 관리하는 데 전념한다.

이러한 사실을 뒷받침하는 측정지표들은 최근 몇 년 동안에 나타났으며, 계산을 정교하게 다듬기 위해서는 더 많은 작업이 필요하다. 기업들의 배출량 관련 데이터는 아직 종합적이지 않은데, 이것은 여전히 추정치들이 계산에 반영되었다는 뜻이다. 그리고 측정지표를 계산하는 방법이 다양해서 측정지표들을 놓고 비교하기도 어렵다. 그러나 이것은 아직 시작이다. 기업들의 관련 자료 공개가 늘어나고 지표 측정 방법론들을 한층 더 정교하게 다듬을 때, 이 방법론들은 자본시장 그리고 더 나아가 전 세계가 지구 온도 상승 1.5도를 목표로 나아가는 길을 보여주는 강력한 도구가 될 수 있다.

금융 부문 전반에서 탄소중립 경제로의 전환 위험 평가를 활동에 통합하기 시작했다. 신용평가기관들은 고탄소 제품에 대한 수요가 감소하거나 생산비가 상승함에 따라서 전환 위험이 현금흐름과 신용등급에 영향을 미칠 수 있음을 인식하고 있다. 따라서 탄소중립 경제로의 전환에 기업들이 얼마나 강력한 회복력을 발휘하는지 평가하기 위해서 신용평가기관들이 시나리오 분석을 사용하는 경우가 늘고 있다. 예를 들어서 최근에 무디스는 전환 위험에 가장 많이 노출되면서 3조 7,000억 달러의 부채를 안고 있는 16개 부문을 확인했다.

기후변화와 저탄소 경제가 투자에 미치는 영향을 보다 더 잘 이해하겠다는 목적을 가진 국제기구인 전환방안 이니셔티브Transition Pathway Initiative, TPI는 13명의 주요 자산 소유자와 5명의 자산관리자가 모여 2019년에 설립했다. TPI는 공개적이고 투명한 온라인 도구를 통해서 개별 기업이 저탄소 경제로의 전환을 위해 어떤 태세를 갖추는지 평가한다.[42]

TPI는 기후변화 목표를 기준으로 기업을 평가하여 진행 상황을 추적하고 한층 높은 수준의 실천과 성과를 기록한 기업에게 보상을 제공하는 주식시장지수인 FTSE TPIFinancial Times Stock Exchange Transition Pathway Initiative 기후전환지수를 발표했다. 파리 제21차 당사국총회COP21에서 합의한 2도 이내의 지구 온도 상승폭에 맞춰 목표를 설정한 회사만 이 지수에 포함된다. 증권거래소도 기업이 탄소중립 경제로의 전환을 어떻게 준비하는지 평가하는 전환 카이트마크Kitemark ＊영국 산업 규격 합격품 표시증 작업에 착수하고 있다.

탄소중립 경제로의 전환을 기대하는 전환 채권은 이 부문에서 또 하나의 혁신이다. '갈색' 기업들이 '초록' 기업을 지향하면서 수행하는 전환에 필요한 투자금을 조성하려 할 때, 이 새로운 전환 채권은 그 기업들에게 멋진 지원 수단이 될 수 있다.

공학과 정치, 그리고 금융이 필요하다

과학적 증거의 무게와 금융 시스템의 역동성, 이 둘이 나란히 놓인다는 것은 기후변화가 금융 회복력과 경제적 번영을 위협할 것임을 암시한다. 다음 장에서 보겠지만, 기후변화는 다각화를 통해서 벗어날 수 있는 위험이 아니다. 게다가 우리가 행동할 수 있는 범위는 한정되어 있고, 이 범위는 점점 줄어들고 있다.

기후 위기를 해결하려면 세 가지 기술이 필요하다. 첫째, 최근에 두드러지게 발전하고 있는 공학이다. 현재 남아 있는 탄소예산이 상황을 뒤집을 자본을 마련하는 데 충분한 시간을 허락하기만 한다면, 기후변화와 관련해서 우리가 전개하는 도전의 많은 부분이 성과를 거둘 것이다. 그러나 우리가 행동할 수 있는 범위가 한정되어 있음을 감안하면, 존 케리가 제0차 세계대전이라고 일컬었던 것과 싸우기 위해서는 투자가 전쟁 상황에서처럼 한층 더 빠르게 이루어져야 한다.

그리고 우리에게 필요한 두 번째와 세 번째 기술은 정치와 금융이다. 정치와 관련해서는 시간 지평의 비극과 공유지의 비극을 깰 합의가 필요하다. 이 합의는 지금 이 순간에도 발전하고 있다. 파리기후변화협약과 지속가능발전목표SDGs가 그 구체적인 목표를 정했다. 125개 이상의 국가가 탄소중립 목표를 설정했다. 그리고 각국의 정부기관들은 대중 앞에서 약속을 하고 또 계획을 세웠다. 공약을 내걸고 계획을 수립했다. 재계의 지도자들이 모인 기후지도자동맹Climate Leaders Alliance부터 탄소중립자산소유자동맹Net Zero Asset Owners Alliance에 이르는 산업계의 다양한 기구 혹은 단체가 자신에게 주어진 역할을 다하겠다고 약속했다. 이처럼 기후 위기 극복의 힘은 차곡차곡 쌓이고 있다. 물론 아직은 더 많은 힘이 필요하지만 말이다.

기후 정책의 영향을 극대화하기 위해서는 기후 정책과 나란히 나아갈 금융 시장이 우리에게 필요하다. 올바른 기반이 갖추어지기만 하면 금융 시스템은 미래의 위험을 한층 더 잘 이해하고, 투자자들을 위한 가격 책정을 더 유리하게 하며, 정책 입안자들이 보다 더 나은 의사결정을 내릴 수 있도록 돕고, 현재의 경제가 저탄소 경제로 매끄럽게 전환하는 선순환 구조를 구축할 수 있다.

새롭고 지속가능한 금융 시스템은 지금 현재 구축되는 과정에 있다.

이 시스템은 민간 부문에서 진행되는 운동과 혁신에 자금을 지원하고 있으며, 정부가 펼치는 기후 정책의 효과를 확대할 잠재력을 가지고 있고, 또 저탄소 경제로의 전환을 가속화할 수 있다. 우리가 요구하고 또 미래 세대가 마땅히 누릴 자격이 있는 탄소중립 세상을 만들기 위한 혁신과 투자의 선순환을 만드는 일은 이제 원하기만 하면 할 수 있다. 그러나 과제는 많고, 기회의 범위는 좁고, 위험은 우리의 생존을 위협할 정도로 크다.

기후 위기와 회복력을 금융 의사결정의 핵심으로 끌어들이려면, 기후 관련 정보 공개가 포괄적이어야 하고, 기후 관련 위험 관리가 혁신되어야 하며, 그리고 지속가능한 투자가 주류로 자리를 잡아야 한다.

어떻게 하면 이렇게 할 수 있을지는 다음 장에서 설명한다.

12장

시간 지평의 비극
깨부수기

기후변화와 관련된 문제를 해결하기 위한 노력은 지금까지 긴급하지도 않았고 그렇다고 마냥 안일하기만 했던 것도 아닌 투쟁이었다.

탄소예산이 10년 안에 소진될 수 있다는 긴급함. 기존의 탄소만 하더라도 남은 탄소예산이 금방 소진될 텐데 여기에 자동차, 가정, 기계, 발전소에 탄소를 추가해서 탄소예산을 마구잡이로 소모하는 안일함.

제6차 대규모 멸종이 임박했다는 긴급함. 개별 생물종들의 멸종과 전체 서식지의 파괴를 대수롭지 않게 여기는 안일함.

지속가능한 경제로 전환하는 데 앞으로 30년에 걸쳐서 필요한 수십조 달러의 투자 자금을 조성하기 위해 금융 시스템을 재정비해야 하는 긴급함. 그런데도 많은 재무 담당자들이 우리가 소비하는 탄소예산을 알지 못하고, 탄소중립 경제로의 전환 경로를 알고 있지 못하며, 또 존재 자체를 위협하는 영향을 전혀 이해하지 못하는 안일함.

그런데 오늘날 사회의 가치관이 연대와 회복력을 우선하는 방향으로 재규정되면서, 긴급함과 안일함 사이의 이 긴장들이 해소될 수 있는 기회가 생겼다. 안일함은 단호함으로 바뀔 수 있다. 긴급함이 기회로 전환될 수 있다.

지금 탄소중립 경제의 전환은 엄청난 기회이기 때문이다. 오랜 세월 동안 투자가 제대로 이루어지지 않았기에, 그 뒤에 이루어지는 전환은 자본집약적이다. 실업률이 급증하는 시점에서 지속가능한 미래를 건설하기란 쉽지 않다. 지금 우리의 세상은 갈색이지만, 미래는 녹색이다. 지금 우리가 지역에 매몰되어 있지만, 미래는 세계적이다. 그 미래는 이 세상이 미래에 필요로 하는 것이다. 그 미래는 우리에게 지금 당장 필요한 것이다.

기후 위기를 해결하려면 공학과 정치와 금융의 세 가지 '기술'이 필요하다.[1] 이 셋은 모두 우리가 손으로 잡을 수 있는 범위 안에 놓여 있다.

공학 기술 – 규모와 혁신을 추구하다

탄소중립으로의 전환 가능성이 얼마나 될까? 기존의 기술들은 얼마나 경제성이 있을까? 규모가 수행하는 역할은 무엇일까? 탄소중립은 미래에 나타날 혁신에 따라서 얼마나 좌우될까? 우리는 현재의 생활방식을 어느 정도로까지 바꿔야 할까?

핵심은 바로 모든 것을 전기화하는 동시에 녹색 전기＊풍력, 태양 에너지, 조력 등의 재생 에너지로 생산하는 전기를 개발하는 것이다. 탄소중립을 달성하려면 화석연료에서 재생 에너지로 전환해야 하고, 운송 분야에서는 탄소를 벗어나며(탈탄소) 산업 공정에서 발생하는 탄소 배출량을 줄여야 한다. 또한, 장거리 항공 여행이나 농업처럼 중기적으로도 공정의 전기화나 탈탄소가 불가능한 까다로운 분야를 관리할 새로운 접근법이 필요하다.

하나씩 차례대로 살펴보자.

탄소중립 경제를 구축하기 위한 첫 번째 요건은 에너지 발전을 녹색화하는 것이다. 탄소중립 경제에서는 전체 최종 에너지 수요량에서 전기가 차지하는 비율이 현재의 20퍼센트에서 2060년까지 60퍼센트 넘게 증가할 수 있다. 이런 사실은 21세기 중반까지 지구 전체의 총발전량이 지금의 거의 다섯 배로 늘어나야 하며, 또한 이 발전이 재생 에너지로 이루어져야 함을 뜻한다. 녹색 에너지원은 지금 우리가 손만 뻗으면 잡히는 범위에 있다. 태양열 · 태양광* 태양 에너지를 이용하는 발전 방식은 태양열 발전과 태양광 발전 두 가지가 있다, 풍력, 수력 등의 기술은 이미 존재하며, 비용 효율도 점점 좋아지고 있다. 2013년에 영국 정부는 2025년에 해상풍력 발전소가 문을 열면 140파운드/MWh의 균등화 발전 원가* 발전기가 생산한 전력의 단위당 단가로, 발전기 사용 기간 내 설치와 운영 비용 총액을 해당 설비가 생산하는 총 전력으로 나눈 값이다로 전기가 생산될 것이라고 추정했다.[2] 그런데 2016년에는 이 수치를 24퍼센트 줄여서 107파운드/MWh로 추정했다.[3] 그런데 가장 최근의 추정치는 거기에서 다시 47퍼센트가 줄어든 57파운드/MWh이다. 한편 미국에서는 해상풍력 발전의 가장 싼 균등화 발전 원가가 26달러/MWh이고 태양 에너지 발전은 37달러/MWh로 석탄의 평균 균등화 발전 원가인 59달러/MWh 미만이라고 추정한다.[4] 현재 미국에서는 보조금 제도 덕분에 이런 재생 에너지의 경쟁력은 매우 높은데, 육상풍력 발전과 태양 에너지 발전의 균등화 발전 원가는 각각 17달러/MWh와 32달러/MWh로 경쟁력이 매우 높다.

어떤 사람들이 2035년까지 풍력 발전과 태양 에너지 발전이 전체 전력 수요의 90퍼센트 가깝게 떠맡을 것이라고 예측한다.[5] 이것이 가능하려면 두 가지 전제가 충족되어야 한다. 첫째, 전력 생산의 변동성 문제(발전이 늘 일정하게 이루어지지 않는 문제)를 염두에 둘 때, 송전의 최적화를 위한 전력의 저장과 전력의 간헐성 문제를 감안하여 전력망 최적화를 위한 저장과 충전 측면에서의 발전이 전제되어야 한다. 둘째, 발전용량이 7년에 두 배씩 늘어날 수준의 발전 설비를 빠른 속도로 구축해야 한다. 그런데

도표 12 - 1 · 미국에서 발전 유형별 균등화 발전 원가

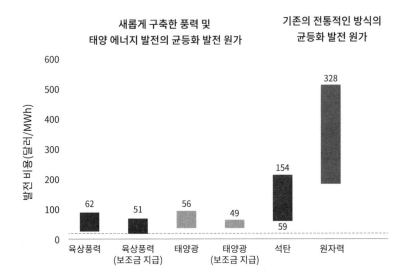

이 일은 조금 뒤에 살펴보겠지만, 공공 정책의 신뢰성과 예측 가능성에 따라서 절대적으로 좌우된다.

또, 재생가능 전력원으로 옮겨가는 것과 함께 전력 사용의 효율성을 크게 높여야 한다. 이런 점에서 보자면 에너지 효율이 특히 낮은 노후 주택들의 개보수가 첫 번째로 시급하다.

탄소중립 경제를 구축하기 위해 두 번째로 시급한 과제는 운송수단에서 탈산소를 최대한 많이 실행하는 것이다. 해결책은 거의 모든 육상 운송수단을 전기화하고, 그 외의 운송수단에는 수소를 포함한 지속가능한 연료를 사용하는 것이다. 대중교통의 물량과 사용량 그리고 전기화라는 세 개 분야에서 개선 작업을 필수적으로 해야 한다. 자동차에 필요한 기술은 이미 존재하지만, 이런 기술이 빠르게 도입되고 확산되려면 지원 인프라(예컨대 전기자동차 충전소를 많이 짓는 것)와 올바른 인센티브(예컨대

전기자동차로 교체할 때 보조금을 지급하거나 전기자동차에 대한 세금을 감면하는 것)가 필요하다. 현재 추세가 이어지되 성장 속도가 현재의 50퍼센트에서 33퍼센트로 느려진다고 하더라도, 2030년까지 전기자동차와 플러그인 하이브리드카＊하이브리드카와 전기자동차의 중간 단계로, 전기모터와 석유엔진을 함께 사용해 달리는 자동차가 전체 자동차 신규 판매량의 100퍼센트에 육박할 수 있다.

배터리와 전기는 트럭과 같은 중화물 운송의 최적 해결책이 아니다. 수소가 호환성이 훨씬 높지만, 수소를 에너지원으로 하는 운송 경제는 전력 기반 인프라에 비해서 아직 덜 성장한 상태이다. 충전소를 건설하고, 수소 연료 중화물 트럭 운송에 보조금을 지원하고, 미래의 혼합연료 규정을 마련하고, 수소 연료의 비율을 높이기 위해서 자동차와 연료에 대한 과세 규칙을 조정하는 것이 효과적인 정책 조정 방법이 될 것이다.

항공이나 해운과 같은 운송 분야에는 탈탄소 적용이 어렵다. 이 분야에서는 탈탄소 기술이 아직은 없거나, 있다고 하더라도 아직 상업적으로 강점이 없다. 장거리 항공에는 바이오제트 연료나 합성제트 연료가 필요하고, 장거리 해운에는 암모니아나 바이오디젤과 같은 연료가 필요하다. 이런 연료들은 기존의 화석연료보다 비싸기 때문에 항공과 해운의 탈탄소 비용이 1톤당 각각 115~230달러와 150~350달러이다.[6] 그러므로 이런 분야에서는 어떤 회의를 하든 간에 하늘을 날아다니는 대신에 광대역을 날아다니는 방식(즉 화상 회의)으로 항공 수요를 줄일 필요가 있을 뿐만 아니라, 탄소의 포집 및 저장과 같이 아직은 경제성을 확보하지 못한 탈탄소 기술들을 산업적인 차원으로 적용할 필요가 있다.

세 번째로 시급한 탄소중립 경제 구축 과제는 산업 공정에서 배출되는 탄소를 줄이는 것이다. 산업 부문에서 배출되는 이산화탄소의 양은 연간 17기가톤으로, 전 세계 총배출량의 32퍼센트를 차지한다. 여기에는 시멘트, 플라스틱, 알루미늄, 화학제품 등을 제조하는 중공업과 패션, 가구, 가전제품 등을 제조하는 에너지 집약도가 낮은 산업이 포함된다. 산업 부문은 에너지 소비량이 가장 많은 부문 가운데 하나이므로, 이 부문을 재생 에너지로 전환하면 상당한 성과가 나타날 것이다. 이 부문의 에너지집약도＊GDP 1,000달러당 이용되는 에너지의 양는 2030년까지 (기존 장비를 업그레이드하거나 시중에서 가장 우수한 장비로 교체함으로써) 최대 25퍼센트까지 줄일 수 있다. 그러나 실제 현실에서 지금 당장 사용할 수 있는 기술은 아직 많지 않다. 예를 들어, 시멘트 가마를 전기화하는 기술은 2040년이나 되어야 상업화될 수 있다. 많은 산업 공정들이 탈탄소를 적용하기 어려운 범주에 속한다.

산업 공정에서 배출되는 탄소량을 줄이는 방법에는 크게 네 가지가 있다. 수소 사용을 늘리는 것, 일부 공정을 전기화하는 것, 바이오매스＊광합성에 의해 생성되는 다양한 조류 및 식물자원 연료, 즉 생물연료 사용을 늘리는 것, 그리고 탄소 포집 기술을 활용하는 것이다. 여기에는 또한 우리가 사용하는 소재의 효율성을 높이고, 사용하는 소재의 절대량을 줄이고, 사용한 것을 재활용하는 노력이 동반되어야 한다. 현재 유럽연합 국가들에서는 강철, 콘크리트, 알루미늄과 화학물질을 1인당 연평균 800킬로그램이나 사용한다. 다행히 그 가운데서 재활용이 가능한 물질의 양이 증가하고 있는데, 여기에 따른 에너지 절약률이 최대 75퍼센트나 된다.[7]

탈탄소화가 원천적으로 어려운 모든 부문을 전 세계 GDP의 0.5퍼센트도 되지 않는 비용을 들여서 금세기 중반까지 탈탄소화하는 것은 기술적으로 가능하다.[8] 그러나 이것을 가장 잘 달성하는 방법에 대해서는 아직 논의가 진행 중이다. 예를 들어, 탄소 포집을 할 때 꼭 필요한 규모에 대해서는 아직 합의된 내용이 없다. 파리기후변화협약에서 정한 목표를 달성하기 위한 몇 가지 시나리오는, 2100년까지 탄소 포집과 탄소 격리가 연간 18기가톤의 탄소 방출 감소 효과를 유발할 것이라고 가정한다. 그런데 탄소 포집이 화석연료를 지속적으로 사용하는 것을 정당화하는 수단으로 악용될 수도 있다는 우려가 있다. 에너지전환위원회Energy Transition

Commission는 탄소 포집이 어려운 부문들을 염두에 두고서 탄소 포집 규모를 연간 약 5~8기가톤으로 보수적으로 가정한다.[9] 대부분 경우에 탄소 포집 기술은 이산화탄소 흐름 가운데 약 80~90퍼센트를 포집하며, 나머지 10~20퍼센트는 대기 중으로 그대로 방출된다.

요약하자면, 기존의 기술들은 (특히 이 기술들이 규모에 따라 적용한다면) 탄소 배출량의 약 60퍼센트를 경제적으로 줄여서 이 세상을 지구 온도 상승을 1.5도 미만으로 묶어두는 탄소중립의 길로 들어서게 만들 수 있다. 물론 시장의 자본이 탄소중립 경제로 전환되는 것을 전제하지만 말이다. 현재 발전, 제조업, 운송, 건물, 농업 등을 포함한 주요 산업 전반에 걸쳐 상업적으로 이용할 수 있는 기술의 탄소저감비용곡선은 매우 가파르게 내려가는데, 저비용 영역, 특히 발전 분야에 투자 기회가 크게 열려 있다. 그러나 한층 더 높은 차원에서의 탈탄소 비용은 빠르게 증가한다. 상업적으로 이용 가능한 이산화탄소 저감 기술들의 현재 원가를 기준으로 할 때, 저감되는 이산화탄소 1톤당 100달러도 되지 않는 돈을 들이면 현재 발생하는 인공적인 온실가스 배출량의 약 60퍼센트를 줄일 수 있다고 골드만삭스는 추정한다.[10] 이산화탄소 배출량 1톤당 100달러 미만이라는 탄소 가격은, 발전 산업을 탄소집약적 연료(석탄 및 석유)에서 청정 대안 연료(가스, 태양열, 풍력)로 옮겨가게 만들겠지만, 기술별로 특화된 인센티브를 제외하고는 이동성이나 산업 혹은 건물에는 거의 영향을 미치지 않을 것이다.

특히 눈에 띄는 점은, 현재 인공적인 온실가스 배출량의 약 25퍼센트는 현재 확보된 대규모 상업적인 기술들로서는 저감할 수 없다고 골드만삭스가 추정한다는 사실이다. 그러니까 탄소 격리 기술에 대한 추가적인 기술 혁신과 한층 더 많은 투자가 필요하다는 말이다. 탄소 격리에 대한 관심이 새로워졌음에도 불구하고, 재생 에너지와 같은 다른 이산화탄소 저감 기술들과 비교할 때, 전통적으로 비용 경쟁력의 돌파구로 이어졌

던 대규모 채택이나 규모의 경제 효과가 발휘되는 수준에는 아직 이르지 못했다. 지난 10년간 탄소의 포획·사용·저장CCUS 설비에 대한 투자는 재생가능 에너지에 대한 투자의 1퍼센트도 채 되지 않는다.

특히, 공기 중에서 직접 탄소를 흡수 저장하는 기술DACCS의 경제성은 매우 불확실한데, 대부분의 추정가격은 1톤당 40~400달러이며, 현재

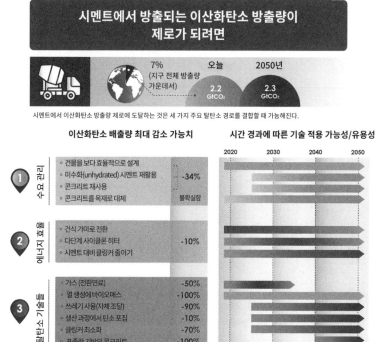

시멘트에서 방출되는 이산화탄소 방출량이
제로가 되려면

7%
(지구 전체 방출량
가운데서)

오늘

2050년

2.2
GtCO₂

2.3
GtCO₂

시멘트에서 이산화탄소 방출량 제로에 도달하는 것은 세 가지 주요 탈탄소 경로를 결합할 때 가능해진다.

이산화탄소 배출량 최대 감소 가능치

시간 경과에 따른 기술 적용 가능성/유용성

2020   2030   2040   2050

① 수요 관리
- 건물을 보다 효율적으로 설계
- 미수화(unhydrated) 시멘트 재활용
- 콘크리트 재사용
- 콘크리트를 목재로 대체

-34%

불확실함

② 에너지 효율
- 건식 가마로 전환
- 다단계 사이클론 히터
- 시멘트 대비 클링커 줄이기

-10%

③ 탈탄소 기술들
- 가스 (전환연료)
- 열 생성에 바이오매스
- 쓰레기 사용(자체 조달)
- 생산 과정에서 탄소 포집
- 클링커 최소화
- 포졸란 기반의 콘크리트
- 시멘트 없는 시멘트 : 가마의 전기화

-50%
-100%
-90%
-10%
-70%
-100%
-100%

탈탄소 비용의 최대치

이산화탄소 1톤당 비용

CO₂ +$10/ 120

B2B(기업에서 기업으로) 비용

+$100   +100%

시멘트 1톤당

최종 소비자 비용

+$10,500   +3%

150만 달러 집 한 채당

는 오로지 소규모 시범 공장들만 가동되고 있다. 그렇지만 DACCS는 거의 무한대로 확장이 가능하고 또 표준화가 가능해서 특정한 탄소중립 시나리오에서의 탄소 가격을 설정할 수 있는데, 바로 이런 점 때문에 중요하다.

경제의 다른 부문들은 다른 경로들을 가질 텐데, (철강을 포함한 7개 부문에서 산업 탈탄소화를 가속화하기 위해 노력하는 400개 이상의 기업과 선도적인

도표 12 - 3 • 2030년까지의 누적 투자 인프라 기회

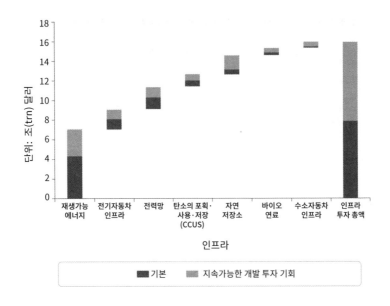

인프라

■ 기본   ■ 지속가능한 개발 투자 기회

비영리단체의 연합인) 미션 파서블 파트너십Mission Possible Partnership, 과학
기반 감축목표 글로벌 이니셔티브SBTi, 국제적인 탄소중립 운동인 레이
스 투 제로Race To Zero 등과 같은 단체나 캠페인은 각각 자기만의 추정치
를 가지고 있다. (산업과 운송 부문에 대한 표준화된 전환 사례는 [도표 12-2a]와
[도표 12-2b]를 참조하라.) 금융기관들은 이런 기준들에 따라서 개별 기업
이나 특정한 자산의 전망을 판단하며 또 어떤 것이 역사의 옳은 편에 서
고 어떤 것이 역사의 그른 편에 서는지 판단할 수 있다.

　　좌초되고 말 자산과 결국에는 폐기해야 할 자본이 있다. 더 이상의
기술적 돌파구가 없으면 구닥다리로 전락하고 말 부문들이 있다. 시의적
절하게 탄소중립 목표를 달성하려면 기술-채택곡선이 매우 빨라야 함은
앞서 11장에서 확인했다. 이것이 어떤 사람에게는 절망의 충고가 될 수
있지만 다른 사람에게는 엄청난 가능성이 될 수 있다. 항공 운송이나 철

도표 12 - 4 · 자본비용 비교, 재생가능 에너지 대 탄화수소 개발

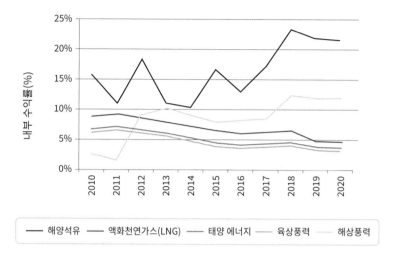

강 등의 산업들이 탄소중립에 도달하지 못하도록 가로막는 이런 기술적인 고비들이야말로 낙관적인 벤처투자사에게는 도저히 넘을 수 없는 힘든 과제로 위장하고 있지만 사실은 멋진 기회이다.

지속가능성으로 나아가는 길에서는 기존의 여러 기술에서 규모의 경제를 달성하는 것이 결정적으로 중요하다. 그런 기술들 가운데 어떤 것들은 지금은 비록 비싸지만 생산량이 늘어나서 규모의 경제가 작동하면 가격은 크게 하락할 수밖에 없다. 태양광 패널 생산도 그랬는데, 이것은 무어의 법칙의 반도체 버전인 스완슨의 법칙("산업 규모가 두 배가 될 때마다 태양광전지 가격이 20퍼센트씩 떨어진다")을 따랐다. 그 경로가 신빙성이 높을수록 커다란 기대 속에 투자도 늘어날 것이고, 한층 더 큰 규모와 한층 더 높은 효율의 선순환이 일어난다.

정치 기술 – 올바른 목표를 설정하다

우리에게 필요한 핵심적인 정치적 기술은 우리의 미래를 평가하는 것, 우리의 후대 세대들을 염려하는 것이다. 기후변화는 시간 지평의 비극이기 때문이다.

　우리가 빠르게 행동할수록 조정과 적응은 쉬워질 것이다. 저탄소 경제로의 전환이 조기에 시작되고 예측 가능한 경로를 따른다면 기후변화의 위험은 최소화될 것이다. 조금 뒤에서 살펴보겠지만, 시간 지평의 비극을 타개하려면 새로운 시장들을 만드는 것뿐 아니라 기존 시장들이 한층 더 잘 돌아가게 만드는 일련의 조치가 필요하다. 그러나 가장 근본적으로는, 사회가 자신의 가치관과 목표를 명확히 설정하고 또 정부와 기업 그리고 제3부문이 이 목표를 달성하기 위해 노력해야 한다.

◆ ◆ ◆

　사회는 자신의 가치관과 목표를 다양한 방식으로 또 다양한 차원에서 표현할 수 있다. 국제적으로 지속가능발전목표SDGs는 193개 유엔 회원국이 "모두를 위해 보다 더 나은 지속가능한 미래를 이루는 것"에 요구되는 것과 관련된 총체적인 견해를 드러낸다. 169개의 표적 목표가 뒷받침하고 있는 17가지 목표는 불평등부터 책임 있는 소비responsible consumption에 이르는 다양한 사회경제적 과제, 즉 한층 더 지속가능하고 풍요로우며 정의로운 세상을 건설하기 위해 2010년대 말까지 우리가 해결해야 할 과제들을 아우른다. SDGs는 도덕적이고 긴급한 것일 뿐 아니라 경제적인 것이기도 하다. 이것을 달성한다는 것은 생산성이 향상되고, 노동 공급이 늘어나며, 궁극적으로는 성장이 강화된다. 간단히 말해서, SDGs가 세계 경제를 현재의 세속적인 침체의 늪에서 구해줄 것이라는 말이다.

2015년 아디스아바바에서 열린 지속가능발전 정상회담에서 처음 합의되었을 무렵, SDGs에는 어쩐지 소수만 아는 비밀스러운 느낌이 묻어 있었다. 많은 사람이 이것을 다자개발은행 **다수의 차입국 또는 개도국과 다수의 재원공여국 또는 선진국이 가입 자격에 제한 없이 참여해서 경제개발자금을 지원하는 은행들이나 국제 금융기관들만 관여하는 어떤 것, 즉 지금은 그저 조롱거리로 전락해 버린 세계주의자들(지금보다 덜 냉소적인 시대에는 '인도주의자'라는 이름으로 불렸던 사람들)이 가장 최근에 했던 선행 프로젝트의 하나로 바라보았다. 그러나 지속가능발전이 국가적인 차원의 목표로 인식되고 또 선도적이며 목적의식적인 기업들이 앞장서서 이를 채택하자, 활기를 찾고 효과를 발휘하기 시작했다.

이런 사실은 다른 어떤 분야보다 기후 분야에서 확실히 더 드러났다. 지구에 활력을 불어넣겠다는 목표는 여러 SDGs 중에서도 특히 중요한데, 예를 들어 저렴한 에너지와 청정 성장, 지속가능한 도시와 지역사회, 기후행동과 수중 생물 등이 있다. 2015년의 파리기후변화협약은 기후 관련 지속가능발전목표들을 구체적이고 가시적인 목표로 전환하는 획기적인 사건이었다. 세계 정상들은 탄소 배출량을 억제해서 산업화 이전과 비교했을 때 지구의 평균 온도 상승폭을 2도 미만으로 억제하고, 온도 상승폭을 1.5도 미만으로 억제하는 노력도 함께 추진하기로 약속했다. 이 협약은 기후변화의 즉각적인 충격에 대응하려 노력하는 국가들을 지원하고 기후 위기에 직면하여 지구의 회복력을 구축하기 위해서 우선적으로 가장 취약한 국가들을 재정적으로 지원하기로 약속했다.

지난 5년 동안 이런 국제적인 목표들은 국가 차원으로 확실하게 전환되었다. 세계 GDP 총액의 절반 이상을 차지하는 125개국 이상이 2050년까지 탄소중립 목표를 달성할 수 있도록 파리기후변화협약을 공식적인 과제로 삼고 각국의 상황에 맞게 다듬어 선언하기 시작했다.[11] 많은 국가가 탄소 배출량 감소를 위한 중간 목표를 설정했으며, 또 지속가능한 민간 투자를 장려할 목적으로 경제의 제각기 다른 부문에 적용할 탈탄소 계획을 마련하며 녹색 인프라에 대한 공공지출과 다양한 정책 구조들을 지원하고 나섰다.

2015년 파리에서 각 국가는 국가 온실가스 감축목표의 개요를 작성했다. 이 목표는 파리기후변화협약에서 합의한 내용이 지켜질 수 있도록 각 국가가 특정한 시점까지 온실가스 배출량을 어느 정도로 줄이겠다고 자발적으로 제시하는 약속이다. 명칭이 암시하듯이 이것은 각 국가가 결정한다. 그러니까 철저하게 상향식이며, 각 국가가 제시한 탄소 배출량 목표의 합계가 탄소예산을 초과하더라도 개별 국가로서는 자기 목표를 수정해야 하는 의무는 없다.

파리에서 합의된 국가 온실가스 감축목표들 그리고 이 국가별 목표를 뒷받침하는 정책 약속들이 사실은 지구 온도의 상승을 2도 미만으로 억제하기로 전 세계적으로 합의했던 목표를 달성하기에 충분하지 않았던 것으로 알려졌다. 아닌 게 아니라 그 목표치들로만 된다면 21세기 말에 지구 온도는 산업화 이전보다 2.8도 상승하기에 충분하다는 계산이 나왔다. 그 뒤 몇 년 동안, 각 국가는 자기가 세운 목표를 달성하지 못했고, 결국 지구의 온도는 21세기 말까지 적으면 3도에서 많으면 4도까지 높아지는 온난화의 길을 걸어가게 되었다.[12]

그때부터 지금까지 각 국가는 지구온난화를 한층 더 심각하게 받아들이고 있다. 그렇지만 충분할 정도로 심각하게 받아들이지는 않았다. 그래서 스웨덴의 환경운동가 그레타 툰베리는 다음과 같이 분노하고 나섰다.

여러분은 헛된 말로 저의 꿈과 어린 시절을 빼앗았습니다. 그렇지만 그래도 저는 운이 좋은 편입니다. 사람들이 고통받고 있습니다. 사람들이 죽어가고 있습니다. 생태계 전체가 무너져 내립니다. 우리는 지금 대규모 멸종이 시작되는 지점에 서 있습니다만, 여러분이 할 수 있는 이야기는 그저 돈과 끝없는 경제 성장이라는 허황한 동화뿐이네요. 도대체 어떻게 그럴 수 있습니까! (…) 우리는 여러분이 이 책임을 피해 빠져나가게 두지 않을 것입니다. 바로 여기, 바로 지금, 우리는 더는 참지 않겠습니다. 전 세계가 깨어나고 있습니다. 여러분이 좋아하든 좋아하지 않든, 변화가 다가오고 있습니다.

그레타 툰베리, 유엔 기후행동정상회의에서 한 연설
(2019년 9월 23일)

이 말이 한자리에 모여 있던 각국의 대통령들, 총리들, 재계 지도자들 그리고 그 밖의 다른 '고귀한 사람들' 사이를 사납게 가로지를 때 나는 유엔 총회 자리에 앉아 있었다. 다른 사람들도 나처럼 기후변화 문제를 해결하는 데 헌신해야 한다고 느꼈기에 그 자리에 있었다. 또한 우리는 모두 모든 나라에서 고임금의 지속가능한 일자리를 늘리는 문제를 해결해야 한다고 느꼈다. 우리는 그런 자신의 모습을 흐뭇하게 여기며 회의장으로 들어갔다. 우리는 사태의 심각성을 부정하는 사람들이 아니었다. 우리는 그 모든 위험을 인지했다. 우리는 세계의 가장 큰 도전과제라고 우리가 알고 있던 것에 대해서 실용적인 해결책들을 가지고 있는 전위였다. 적어도 그렇게 생각했다.

하지만 우리가 잘못하고 있음은 너무도 명백했다.

그 뒤 몇 달 동안 나는 그레타를 여러 차례 만났다. 지나온 세월 동안 나는 정계, 재계, 종교계, 예술계 또 자선사업계에서 지도자 역할을 하는 사람을 수없이 만났다. 그런데 그 사람들이 대부분이 너무도 '평범하게' 보인다는 사실이, 그래서 그 사람들이 종종 너무도 실망스럽게 느껴진다는 사실이 그저 놀라울 따름이다. 그러나 때로는 예외적인 사람들도 있다. 예를 들면 알 아즈하르 모스크의 지도자, 보노, 에마뉘엘 마크롱 등이 그런 사람들이다. 그들은 에너지와 열정 그리고 목적의식으로 넘쳐났다. 그들은 도전하고 영감을 준다. 스웨덴의 10대 청소년 툰베리는 나이를 무색하게 만드는 명료함과 이성의 힘으로 무장했다. 그녀는 빠르게 소진되는 탄소예산의 무자비한 논리를 강화한다. 그녀의 결단력은 기후변화가 얼마나 급박한 문제인지 그리고 우리가 직면한 도전의 규모가 얼마나 큰지 생생하게 드러낸다.

그레타가 잉글랜드은행에 왔을 때 그녀는 당시에 제작 중이던 다큐멘터리에 넣을 장면을 찍겠다면서 나와 인터뷰를 했다. 그러고 나서 은행 내부의 기후 팀을 만났다. 그 뒤에 우리는 지하 금고에 있는 금을 보기 위해 함께 내려갔다. 엄청난 명목상의 가치를 지닌 채 지하실에 고이 모셔진 금은, 기후변화에 대처하는 데 필요한 자원에 대해서 우리가 조금 전까지 나누었던 대화를 한껏 비웃었다. 그레타와 함께 있으면 당신도 자신이 우선순위를 잘못 설정하고 있음을, 시간이 헛되이 사라지고 있음을, 국가적 과제의 우선순위를 새로 정해야 함을 깨달을 것이다. 그리고 지금 당장이라도 행동에 나설 것이다.

그레타와 그가 대표하는 운동을 보면, 사회가 결코 만족하면서 잠잠하게 있지는 않을 것이라는 생각이 든다. 사회는 헛된 몸짓을 부르기만 할 뿐인 가치 있는 진술에는 만족하지 않을 것이다. 사회는 전 세계 각국이 지구 온도 2.8도 상승 계획을 가지는 것에, 심지어 달성하려고 노력조차 하지도 않는 그런 계획을 가지는 것에 만족하지 않을 것이다. 말로만 그럴듯하게 녹색을 떠벌이면서도 정작 자기의 탄소발자국*개인, 기업, 국가 등이 상품을 생산하고 소비하는 전체 과정을 통해 발생시키는 온실가스, 특히 이산화탄소의 총량을 의미한다을 관리하지 않는 기업에 만족하지 않을 것이다. 자기가 하는 투자와 대출이 기후 역사 과정에서 옳은 쪽에 있는지 그른 쪽에 있는지 분간조차 하지 못하는 금융기관들에 만족하지 않을 것이다.

그레타가 하는 운동을 포함한 사회운동들은, 글로벌 지속가능발전목표와 탄소중립을 위한 국가적 차원의 약속과 실천이 얼마나 명확하고 긴급한지 보여준다. 탄소중립 경제로의 전환에는 여러 해가 소요된다는 점을 감안할 때, 기후 정책이 최대한 신뢰할 수 있고 예측 가능한 것이어야 한다는 것은 필수적이다. 이를 위해서는 지속가능한 경제라는 궁극적인 목표를 향해서 하향식의 합의뿐 아니라 상향식의 합의가 필요하며, 이 합의를 뒷받침하는 가치관이 확고하게 정립되어야 한다. 연대와 공정성 그리고 무엇보다 중요한 역동성의 가치관 말이다.

이것은 기후변화에 대해서 행동을 요구하는 사회운동이 얼마나 중요한지 보여준다. 최근 몇 년 동안, 우리가 해결해야 하는 도전과제의 규모가 점점 명확하게 드러남에 따라서 그런 요구들이 주류의 흐름 안으로 들어갔다. '미래를 위한 금요일Fridays for Futures' ＊그레타 툰베리가 이끄는 기후변화 대응 환경단체나 시민기후운동People's Climate Movement과 같은 단체들은 지속가능성에 대한 대중의 요구가 얼마나 강력하지 보여준다.

기후변화에 대한 관심은 지난 30년 동안 과학계와 활동가 집단이라는 좁은 구석에서 벗어나서 주류 언론과 폭넓은 대중의 양심으로 근거지를 옮겨왔다. 이 관심은 이제 더는 정치적으로 비주류에 속하는 환경 관련 정당들의 전유물이 아니다(〔도표 12-5〕 참조). 오늘날 청년층과 노년층 모두 경제적인 복지와 세대와 세대 사이의 형평성에 대한 근본적인 질문에 자극을 받아서, 다가오는 기후 위기를 피하기 위해 각국 정부와 기업이 신속하고 단호하게 행동해야 한다고 촉구한다.

2019년에 열린 기후위기비상행동Global Climate Strike은 전 세계 185개국에서 760만 명을 동원하는 기록을 세웠다. 그레타와 그녀의 '기후를 위한 등교거부Schools Strike for Climate'와 '미래를 위한 금요일' 운동은 다음 세대가 안전한 미래를 누릴 수 있게 해달라고 요구한다. '멸종 저항

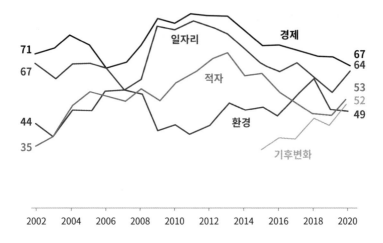

Extinction Rebellion'＊2018년 영국에서 시작한 저항 운동은 제6차 대규모 멸종을 유도하는 산업과 금융사의 행태에 압력을 가한다. 시민기후운동은 모든 사람이 함께 잘살 수 있으려면 저탄소 세상과 오염이 없는 지역사회 그리고 100퍼센트 재생 가능한 미래가 보장되어야 한다고 말하며 이런 것들을 위한 경제적 기회를 요구한다.

기후 운동이 소셜미디어에서 주류 미디어로, 또 가두시위와 거실 토론까지 확산된 현상은 유권자의 관심사와 투표 양상에도 반영되고 있다. 이 운동은 경제적인 복지에 한층 더 초점을 맞추면서 사회적인 양질전환의 결정적인 전환점에 도달했다. 기후 운명에 대한 관심을 끌기 위한 기후 시위와 등교를 거부한 아이들을 배경으로. 점점 더 많은 유권자가 투표에 가장 크게 영향력을 행사하는 요인으로 기후 문제를 꼽는다.[13]

이런 발전들은, 많은 사회에서 지속가능성에 대한 요구가 기존의 상식을 뒤엎을 티핑포인트에 도달하고 있음을 암시한다. 기후 관련 사회운동들을 연구한 결과를 보면, 이런 운동들이 다중 평형multiple equilibria(복합 균형)을 어떻게 이룰 수 있을지 보여준다. 이런 많은 운동은 처음에는 불가능해 보였지만, 여러 요인이 함께 작동하는 가운데 예상외로 추동력을 얻는다. 그 요인들에는 다음과 같은 것들이 포함된다. 선호 위장 preference falsification(즉 자기 머릿속에서 생각하는 것과 다르게 공개적으로 말하는 것), 다양한 기준점diverse thresholds(사람들이 저마다 자기 생각을 다른 사람보다 먼저 말하려고 하는 것), 상호 의존성interdependencies(우리가 말하고자 하는 것이 다른 사람이 말하고자 하는 것에 의존하는 것) 그리고 집단 양극화group polarisation(사람들이 자신과 같은 생각을 가진 사람들과 함께 있을 때 한층 더 극단적으로 치닫는 것).[14]

불과 몇 년 사이에 비주류이던 견해가 주류로 자리를 잡았다. 19세기 프랑스의 정치철학자 알렉시 드 토크빌이 "프랑스혁명은 아무도 예견하지 못했다"고 믿었던 것과 마찬가지로 존 애덤스와 토머스 페인은 미국 식민지가 독립하겠다며 들고일어났을 때 깜짝 놀랐다. 그러나 당시 프랑스와 미국에서 사람들이 기록했던 일기를 보면 개인적인 불만이 얼마나 폭넓었는지 알 수 있다.[15] 사람들이 생각하는 것과 말하는 것은 서로 매우 달랐다. 적어도, 결정적인 순간이 다가와서 개인적인 것이 대중적으로 바뀌고 모든 것을 근본적으로 뒤엎어야 한다는 인식이 보편적으로 자리를 잡기까지는 확실히 그랬다. 상호 의존성도 임계점에 도달하는 순간 미투 Me Too 운동의 급속한 확산을 부채질했고, 그래서 오랫동안 은폐되어 있던 수많은 범죄행위가 갑자기 세상에 드러났다. 행동과학의 연구 결과도 사람들이 새로운 사회 규범을 알게 되면 이것을 채택할 가능성이 한층 더 높아짐을 입증했다. (예를 들어서 몇몇 나라에 채식주의가 확산되는 것도 마찬가지 현상이다.)

경제학자들인 팀 베즐리와 토르스텐 페르손은 기후변화와 관련해서도 이것과 비슷한 역동성이 작용할 수 있다고 주장해왔다. 변화하는 환경 관련 가치관과 변화하는 기술들 그리고 변화하는 환경 관련 정책의 정치성 사이의 상호 의존성은 지속가능한 사회적 변화를 일으킬 수도 있고, 아니면 '기후 함정climate trap'에 갇혀버릴 수도 있다.[16] 두 사람의 모델에서 가치관은 내생적이다. 즉 이 가치관은 기술과 정부 정책의 온갖 경로에 따라 달라진다. 녹색운동이 어떤 경로를 선호하든 간에, 한층 더 많은 소비자가 지속가능한 제품에 대한 수요를 늘릴수록 녹색 기술에 돌아가는 경제적 이득이 늘어나고 또 녹색 정책에 돌아가는 정치적 이득이 늘어나는 자기 강화 주기를 촉진할 수 있다. 가치관은 가치관을 강화하는 가치를 낳는다.

금융도 비슷한 역할을 할 수 있다고 보는 게 타당하다. 금융 부문이 탄소중립 경제로의 전환에 초점을 맞추면 맞출수록, 기후변화에 대응하는 행동을 기대하는 곳에 새로운 기술 해법에 필요한 자금이 한층 더 많이 조달될 것이며, 또 한층 더 많은 예금자와 투자자가 자신의 투자가 자신의 가치관과 일치하는지 추적해서 투자 포트폴리오를 재조정할 수 있을 것이다. 지속가능한 투자는 변방이 아니라 주류가 될 것이고, 이 투자의 성공 가능성은 크게 높아진다.

사회운동은 느리게 진행되다가도 어느 한순간에 놀랍게 빠른 속도로 진행될 수 있다는 점이 중요하다. 사회적 밈, 행동 폭발behavioral cascade, 도덕적 감정 등의 다양한 용어로 표현되지만, 가치관에서의 이런 변화가 엄청난 사회적 변화를 갑작스럽게 몰고 올 수 있다. 이 가능성의 힘(모멘텀)을 실행 가능한 정책들로 전환하고, 이 정책들을 신뢰할 수 있고 예측 가능한 경로에 올려놓을 책임이 바로 정부에게 있다. 이렇게 할 수 있는 한 가지 방법은 예산과 관련된 모든 결정이 기후변화를 고려하도록 강제하는 제도적인 틀을 마련하는 것이다.

기업은 사회가 필요로 하고 원하는 것에서 단서를 찾는다. 지속가능발전목표와 파리기후변화협약 그리고 국가별 목표가 사회운동을 통해 폭넓게 지지를 받으면서 ESG(환경적environmental · 사회적social · 지배구조governance 요소에 초점을 맞추는 것)는 계몽된 기업의 전위대라는 지위에서 미국의 비즈니스 라운드 테이블Business Round Table ＊ 미국 200대 기업의 이익을 대변하는 경제 단체과 같은 주류의 지위로 빠르게 전환되었다. 14장과 15장에서 살펴보겠지만, 이제는 이해관계자 ＊ 주주뿐 아니라 협력업체, 직원, 고객, 지역사회, 정부 등 해당 경제 활동에 이해관계가 걸려 있는 집단을 가리킨다 가치라는 사회적 밈이 존재한다. 이해관계자 가치는 오랜 세월 동안 사람들이 생각만 했을 뿐 줄곧 억압되었던 접근법인데, 기업에 대한 목적의식적인 이 접근법이 이제는 스스로 추진력을 재생산할 수 있는 동력을 가지게 되었다.

기업은 크고 작은 문제에서 우리의 삶을 개선하고 시야를 넓히고 또 사회가 안고 있는 여러 문제를 해결하기 위해서 존재한다. 활기가 넘치고 어떤 주제에 집중하는 민간 부문이 없다면, 우리가 필요로 하는 인프라를 구축할 수 없고 또 4차 산업혁명을 통해서 번창하거나 기후변화에 대처하기 위해 반드시 필요한 기술을 익힐 수도 없고 혁신을 추진할 수도 없다. 세계 최대 기업 100여 곳이 ESG 요소를 자기 활동의 핵심이라고 바라보며 이것을 지속가능발전목표와 연결하는 것은 결코 우연이 아니다. 뱅크오브아메리카의 CEO이자 세계경제포럼World Economic Forum, WEF의 국제비즈니스협의회International Business Council, IBC 의장인 브라이언 모이니핸Brian Moynihan도 다음과 같이 천명했다.

"CEO로서 우리는 주주들에게 확실한 수익을 제공함으로써 그리고 지속가능발전 로드맵이 제시하듯이 사회의 장기적인 여러 목표를 해결하는 지속가능한 비즈니스 모델을 운영함으로써, 주주들에게 장기적인 가치 창출을 안겨주고 싶은 마음을 가지고 있다."

목적의식적인 기업은 지역사회를 비롯한 이해 당사자들에게 초점을 맞춤으로써 부정적인 외부성(외부효과)을 내재화할 가능성이 한층 높아진다. 이 기업들은 탄소중립 지향에 자기들이 기여하는 활동의 가치를 가장 먼저 중요하게 평가하는 집단에 속한다.

가장 앞서가고 미래지향적인 기업들은 이 새로운 세계에 적응하려는 전략을 가지고 있다. 이들 가운데 일부는 사회적인 차원의 선호와 태도에서의 선호가 바뀌는 현상을 예리하게 인식하기 때문이고, 나머지는 이 변화에 따른 정부의 입법과 규제를 예상하기 때문이다. 이들 기업은 지정된 날짜까지 탄소중립 목표를 달성하기 위한 높은 수준의 목표를 설정하는 데 그치지 않고, 연구개발비 지출부터 임직원 보상에 이르는 모든 경영 의사결정에 그 목표를 연동시킨다. 그렇게 함으로써 그들은 모두를 위한 가치를 창출하는 이해관계자 자본주의에 기여하며 또 거기에서 수익을 거둔다.

시간 지평의 비극을 깨고 탄소중립의 세상으로 매끄럽게 전환하려면 책임감을 가지고 공정하게 그리고 연대 속에서 행동해야 한다. 경제적 역동성이 번창하는 여건을 조성하고 강력하고 지속가능하며 균형 잡힌 성장에 필요한 투자와 혁신을 촉발하기 위해서는 공공 부문과 민간 부문 그리고 제3부문이 서로의 경계선을 넘어서서 협력해야 한다.

이것이 우리가 맞닥뜨린 기후변화를 존재론적인 위험이 아니라 우리 시대의 가장 큰 상업적 기회로 바꾸어놓고, 또 우리가 맞닥뜨린 금융 위기를 도덕적인 진보로 바꾸어놓을 것이다.

바로 이것이 가치관이 가치를 창출하는 방식이다.

향후 10년 동안 주요 탈탄소 기술들이 도입되고 또 새로운 정치적 기술이 도입될 전망인 가운데, 가치가 가치관을 반영하도록 하려면 금융 부문을 어떻게 조정해야 할까? 이 질문에 대한 대답을 지금부터 살펴보자.

금융 기술-금융 관련 의사결정에
기후변화를 고려하도록 보장하다

내가 유엔의 기후행동Climate Action 사무총장의 특사 및 영국 총리의 기후금융Climate Finance 고문으로 임명되었을 때, 우리는 잉글랜드은행과 백악관의 지원을 받아서 전문가들로 구성된 소규모 팀을 구성하고 간단하지만 중요한 임무를 정했다. 그 임무는 바로, 2021년에 글래스고에서 제26차 당사국총회COP26가 개최될 때, 금융 관련 모든 의사결정이 기후변화를 고려하도록 만드는 데 필요한 토대를 마련하는 것이었다.

금융과 관련한 모든 의사결정에서 기후변화를 고려하도록 만들려면 금융의 모든 측면(투자, 대출, 파생상품, 보험상품, 그리고 전체 시장들)이 탄소중립 경쟁에 체계적으로 영향을 미치도록 금융 시스템을 근본적으로 재정비해야 한다. 이 재정비의 목적은 기후변화가 신용도나 금리 또는 기술만큼이나 가치의 결정요인이 되는 금융 시스템을 마련하는 것인데, 이 시스템에서는 기후변화와 관련된 활동의 영향이 가치의 새로운 방향성, 즉 새로운 결정요인으로 기능한다.

이렇게 해서 이 책을 지금까지 읽은 독자라면 금방 알겠지만, 가치는 가치관을 반영한다.

금융과 관련한 모든 의사결정이 기후변화를 고려하게 만든다는 목표를 설정하는 것은 목적이 얼마나 큰 힘을 발휘하는지 보여주는 하나의 사례이다. 이 목표는 단순하면서도 어렵다. 조금 뒤에 살펴보겠지만, 이 목표를 달성하려면 보고, 리스크, 수익 등 사실상 금융의 모든 측면에서 중대한 변화가 이루어져야 한다. 그리고 또 몇 개의 시장이 새로 만들어져야 한다. 그러나 이 과제를 달성하는 것은, 사회가 바라는 것(지속가능한 미래)을 이루는 데 그리고 해당 작업에 대한 엄청난 조직화 원리를 확보하는 데 꼭 필요한 전제이다. 금융과 관련된 모든 의사결정이 기후변화를 고려하도록 만들기 위해서, 당사국총회의 실무팀은 이 과정이 민간 부문과 중앙은행 및 감독기관 그리고 비영리기구에서 각각 파견된 전문가들에게 의존해서, 어떤 변화들이 필요한지 파악한 다음에 이것을 밀어붙이는 방식으로 진행되도록 구성했다.

확실히 과거에는 민간 부문의 행동들이 문제의 한 부분이었다. 〔예를 들어서 외부성(외부효과)에 흔들리는 것, 그리고 공유지의 비극과 시간 지평의 비극에 굴복하는 것이 그랬다.〕 하지만 이제부터는 민간 부문 없이는 미래의 기후변화 문제를 해결하지 못할 것이다.

그 이유로는 첫째, 필요한 돈의 양이 너무 많다. 예를 들어 국제에너지기구IEA는 저탄소 전환에는 에너지 부문에서만 수십 년 동안 해마다 3조 5,000억 달러가 필요할 수 있다고 말하는데, 이 금액은 현재의 두 배 수준이다.[17] 기후변화에도 끄떡없는 인프라를 갖추는 데는 2015년부터 2030년까지 90조 달러가 투자되어야 한다. 의사결정들이 현명하게 이루어질 때, 투자가 경제적으로 수익을 보장받을 수 있고 환경적으로 지속가능성을 보장받을 수 있다. 공적 투자는 이 녹색 시스템의 근간을 만드는 역할을 한다. 그리고 개발도상국의 적응성과 회복력을 지원하기 위해서는 양허 금융concessional finance이 필요하다.＊ '양허'는 국제 통상에서 나라끼리 맺은 일종의 신사협정으로, 무역장벽을 낮추고 교류를 원활히 하겠다는 약속이다 그러나 오로지 주류에서 민간 금융만이 이러한 규모의 투자에 자금을 댈 수 있다. 주류가 아닌 영역만으로는 탄소중립에 결코 도달하지 못한다.

둘째, 기후변화의 문제를 해결하는 데는 민간 부문의 투자금 말고도 민간 부문의 통찰과 혁신도 함께 필요하다. 사회가 어떤 문제를 해결하는 데 초점을 맞추고 집중할 때, 민간 부문이 행동을 개시해서 정부기관들로서는 상상도 하지 못했던 해결책을 내놓으며, 빠른 속도와 경쟁적인 열정으로 (이 속도와 열정은 우리에게 늘 놀라움을 안겨준다) 이 해결책을 실행한다.

448

지금까지 살펴보았듯이, 탄소중립을 달성하려면 전체 경제가 (모든 기업, 모든 은행, 모든 보험사와 투자자를 포함) 사업 모델을 새롭게 조정해야 한다. 그러려면 결국, 민간 부문의 혁신에 자금을 지원하고 정부의 기후 정책 효과를 증폭시키며 또 탄소중립 경제로의 전환을 가속화할 새로운 지속가능한 금융 시스템이 필요하다. 이 시스템의 구성요소는 다음과 같다.

- **보고**reporting: 기후 관련 금융 충격에 대한 보고는 포괄적이어야 한다.
- **위험**risk: 기후 위험 관리는 개혁될 필요가 있다.
- **수익**returns: 탄소중립에 대한 투자는 반드시 주류 쪽에 투자해야 한다.

지속가능 금융 시스템의 첫 번째 조건, 포괄적 보고

시장은 효과적으로 작동하기 위해서 정보를 요구하는데, 이것은 "측정이 바로 관리다"라는 옛말과 정확하게 일치한다.

기업과 투자자는 극단적인 날씨 사건들(물리적 위험)과 탄소중립 경제로의 전환 위험이 사업 모델과 재무 결과에 어떻게 영향을 주는지 이해할 필요가 있다. 최근까지 기업들이 기후와 관련된 위험과 기회를 예측하고 대응하는 법에 대한 정보는 일관성이 없었고 단편적이었다. 그러나 최근 몇 년 동안 기후변화의 위험과 기회에 대한 보고의 양과 질 그리고 비교가능성이 한 단계 높아졌다.

2015년에 파리에서 개최된 제21차 유엔기후변화협약 당사국총회

COP21에서 금융안정위원회FSB는 G20의 요청에 따라※ FSB는 G20의 산하기구이다 민간 부문인 '기후변화 관련 재무정보 공개 협의체TCFD'를 설립했고, 이 협의체의 수장은 마이클 블룸버그가 맡았다. TCFD는 기후와 관련된 재무 위험에 대한 자발적이고 일관성 있고 비교 가능하며 신뢰할 수 있고 명확한 공시에 대한 권고안을 마련하는 과제를 부여받았다. 목적은 자금 투자자, 자금 대여자, 보험사 그리고 그 밖의 이해관계자들이 관련된 위험들을 관리하고 또 관련된 기회들을 포착하는 데 필요한 정보를 제공하는 것이었다.

TCFD의 구성원들은 G20의 선진국과 개발도상국의 민간 부문 인력으로 채워졌는데, 대기업, 대형 투자사, 세계적인 은행 및 보험사 등이 포함되었다. 또 주요 회계법인들과 신용평가기관들에서도 인력이 파견되었다. 기후와 관련이 있는 재무 분야 정보의 공개를 실제로 준비하고 요구하며 사용하는 사람들로 TCFD가 구성되었다는 말이다.

TCFD의 권고안은 시장에 의한 시장을 위한 해결책이다. 이 권고안은 2018년 함부르크에서 열린 G20 정상회의에 전달되었으며, 지금까지 전세계의 1,300여 개 대기업이 채택하고 있다.[18] 또 이 권고안은 세계 최대 은행들, 연기금들, 자산운용사들, 보험사들 등을 포함해서 총합계 170조 달러가 넘는 금액의 대차대조표를 관리하는 금융기관들의 지원을 받고 있다. 투자자들은 기후 관련 위험이 투자 위험이라는 사실을 점점 더 잘 인식하고 있으며, 이러한 위험을 모든 기업이 어떤 계획을 가지고 관리에 나서는지 알고 싶어 한다. 세계 최대 자산운용사들은 모든 기업이 TCFD의 권고안에 맞춰서 정보를 공개할 것을 요구한다. 140명의 CEO로 구성된 국제비즈니스협의회IBC도 회원들이 (여기에는 TCFD도 포함되었다) 공개하기로 서명한 공동측정지표에 합의했다. 그리고 유엔책임투자원칙UN Principles for Responsible Investment, UNPRI의 서명자 2,275명은 이제 TCFD를 공시하거나, 아니면 그 집단에서 배척당하는 위험을 감수하게 되었다.

자본을 조성하는 모든 기업이 사용하기에 적합한 TCFD 권고안은 객관적·주관적·미래 지향적 지표를 혼합한 것이다. 예를 들면 이렇다.

- 지배구조와 전략 그리고 위험 관리 등의 공개
- 탄소집약도가 가장 높은 부문들에 대한 구체적인 지표들만 아니라 모든 부문에 적용할 수 있는 비교 가능하고 일관된 지표들
- 저탄소 경제로의 전환이 전략 및 금융 계획에 초래할 위험과 기회의 잠재적 영향을 역동적으로 고려할 수 있는 시나리오 분석법을 사용할 것

공시되는 내용은 기업의 경영진과 기업에 투자한 사람 그리고 기업 채권을 가진 사람이 의사결정을 내릴 때 유용하게 사용할 수 있는 실행 가능한 정보를 제공한다. 이 권고안은 기존의 공시제도를 대체하기보다는 활용하기 때문에, 기업은 기후 관련 금융 위험과 기회를 기본적인 금융보고서에 공시함으로써 기존의 공시 의무를 보다 효과적으로 준수할 수 있다. 그리고 기후와 관련된 금융 위험 및 기회에 대한 고려가 기업의 지배구조와 위험 관리에 적절히 내재되어 있어야 한다. 기후와 관련된 위험을 관리하는 활동은 경영 전반에서 기본적이고 중요한 활동이다.

거대한 에너지 기업부터 소비재를 생산하는 기업에 이르기까지 모든 기업은 온실가스를 직접 배출하는 배출량(단계scope 1) 및 에너지 소비에서 비롯되는 배출량(단계 2)을 자체적으로 설정한 모든 탄소 배출 감축 목표에 맞춰서 일관된 방식으로 공시할 것을 권장한다. 이 둘이 적절하다고 판단될 경우, 예컨대 부품이 생산공장으로 운송되는 과정에서 탄소가 발생하는 공급자향upstream 배출량과 제품이 소비자에게 운송되는 과정에서 탄소가 발생하는 소비자향downstream 배출량(단계 3) ＊탄소 배출은 성격에 따라서 Scope 1, Scope 2, Scope 3이라는 세 단계로 구분하는데, Scope 1은 사업장에서 직접 배출되는

탄소, Scope 2는 각 사업장에서 사용하는 에너지로 배출되는 탄소, Scope 3은 물류, 출장, 공급망 및 제품 사용으로 인한 탄소 배출이다. Scope 1과 Scope 2를 직간접 배출이라 하고, Scope 3을 외부 배출이라 한다으로 보완할 수 있다.

TCFD 권고안은 현재의 탄소발자국이라는 정태적인static 공시는 기업의 기후 관련 금융 위험과 기회를 드러내기에는 충분하지 않다고 판단한다. 기후 정보의 필요성은 정태적인 것에서 전략적인 것으로 넘어간다. 시장은 저탄소 경제로의 전환이 가져다줄 기회를 어느 기업이 잡을 수 있는지 평가하기 위해서 이 정보를 필요로 한다. 어떤 자동차 제조사가 연비와 전기화에 앞장서는가? 에너지 회사들이 사용하는 에너지원들의 구성 비율은 어떨까?

투자자가 금융 관련 위험과 기회를 정확하게 평가하려면 가능성이 있는 공공 정책 개발과 기술 발전 그리고 진화하는 물리적 위험과 기회 등에 비추어서 해당 기업들의 전략을 따져볼 필요가 있다. TCFD는 획기적인 혁신을 꾀해서, 기업들이 제각기 다른 미래의 여러 잠재적인 시나리오 아래에서 기후와 관련된 위험과 기회가 자기의 사업 프로젝트와 전략 그리고 금융 계획에 미치는 잠재적 영향을 탐색하고 (이른바 '시나리오 분석'을 수행하고) 그 내용을 공시할 것을 권고한다. 투자자는 해당 기업이 현재 채택한 경로와 옵션을 계속 유지하는 것부터 (이 선택은 궁극적으로 재앙을 안겨줄 것이다) 탄소중립의 경제로 매끄럽고 시의적절하게 전환하는 것에 이르는 선택들을 놓고 비교하고 따질 필요가 있다.

기업들은 여러 부문의 정상이 모이는 TCFD 정상회의와 집중적인 TCFD 산업 준비자 포럼을 통해서, 어떤 정보를 필요로 하는 시장에 그 정보를 어떻게, 무엇을, 어디에 공개할 건지에 대한 지식을 지속적으로 공유해야 한다. 이런 흐름(모멘텀)이 선순환을 만들고 있다. 기업들이 TCFD 권고안을 적용하고 투자자들이 이 정보를 바탕으로 해서 기업들을 점점 더 차별적으로 바라보자, TCFD 권고안 채택이 확산되면서 공시 내용은 개선되고 또 이 과정은 한층 더 효율적으로 진행된다. 우리는 TCFD 공시의 양과 질을 모두 강화하기 위해서 이런 기반을 구축해야 하는데, 그럴 때 TCFD 공시 내용이 최대한 비교 가능하고 효율적이며 의사결정에 유용하게 사용될 수 있을 것이다.

그러나 민간 부문이 TCFD 공시와 같은 공공재 개발을 자발적으로 추진하는 데는 한계가 있다. 그러니 공공 부문이 나서서 노력을 조율하고 일관성을 보장할 필요가 있다. 지금은 기후 관련 사항을 공개하는 것을 의무로 정할 때이다. 여기에는 몇 가지 보완 방법이 있다.

첫째, 금융 당국이 자기에게 주어진 권한을 통해서 기후 관련 금융 보고를 의무로 정할 수 있다. 내가 잉글랜드은행에 있을 때였는데, 이 중앙은행의 감독기관인 건전성감독청Prudential Supervisory Authority이 은행들과 보험사들이 기후변화 문제에 접근하는 방식에 대한 기대사항을 담은 성명을 발표했다. 그 기대사항에는 TCFD에 따른 기후 관련 금융 위험의 공시에 대한 건전성감독청의 전망, 이런 위험을 관리하고 통제하는 방법, 그리고 해당 투자의 전략적인 회복력 평가에 대한 강제적인 검사가 포함되었다. 이런 일이 있은 뒤에, TCFD에 맞춰 기후 관련 금융 공시에 대한 지침을 내리거나 이것과 관련된 협의를 시작한 각국의 정부 당국도 적지 않다. 이 정보를 통해 가치사슬＊＊ 기업이 제품과 서비스를 생산해서 부가가치가 창조하는 일련의 과정 전체에 (그리고 궁극적으로 그들의 고객에) 놓여 있는 금융회사들은 자체 대차대조표와 포트폴리오에 기후와 관련된 위험과 기회를 보고할 수 있다.

둘째, 기후공시가 모든 주요 기업을 아우를 수 있도록 진정으로 포괄적이고 비교 가능하게 되려면, TCFD의 틀을 기반으로 하는 보고가 의무화되어야 할 것이다. 국제적으로 동일한 회계 기준을 정하는 책임을 지고 있는 국제회계기준IFRS과 증권 및 선물시장을 규제하는 국제증권관리위원회기구IOSCO는 TCFD 권고안을 보고의 표준으로 전환하는 방법에 동의해야 한다. 만일 이런 기관들이 조정 작업을 통해서 공통된 공시 체계를 만들어낼 수 있다면, 시장이 단편적이고 복잡하며 일관성이 없는 토론의 여지를 줄이면서 기후와 관련된 위험과 기회를 평가하는 데 도움이 될 것이다.

셋째, 국가도 다양한 경로를 통해 기후 관련 공시를 의무로 정할 수 있다. 캐나다, 벨기에, 프랑스, 스웨덴, 영국 등을 포함해서 전 세계에서 106개가 넘는 감독기관 혹은 정부기관이 TCFD를 지지한다. 이들은 TCFD 공시 권고안을 제각기 다른 접근법을 통해서 이행해왔다. 유럽연합에서는 유럽위원회가 유럽연합의 모든 상장기업을 대상으로 한 비재무보고공시지침NFRD을 통해 기후 관련 보고를 한다. 프랑스와 뉴질랜드는 TCFD 보고를 '원칙 준수·예외 설명comply-or-explain' ＊ 기본적으로 원칙을 준수하되, 예외적으로 준수하지 않을 경우에는 그 이유를 이해관계자에게 설명하는 것 방식으로 하도록 정했다. 영국은 2025년까지 모든 상장기업이 TCFD 공시를 하도록 했으며, 대기업은 따로 중간 보고를 하도록 했다.

지속가능 금융 시스템의 두 번째 조건, 위험 관리의 개혁

지속가능한 금융 시스템을 구축하는 두 번째 구성요소는 위험 관리이다.

11장에서 살펴보았듯이, 기후변화는 물리적인 위험과 전환 위험을 동시에 일으킨다. 물리적 위험은 홍수, 가뭄, 폭염과 같은 극단적인 기상 악화로 발생하는데, 이 위험은 재산을 파괴하고 지역 공동체를 훼손하며 사람들의 생계를 위협한다. 이런 위험은 점점 더 많이 또 강렬하게 우리를 위협한다. 이것과 달리 전환 위험은 현재의 경제가 저탄소 경제로 전환하는 과정에서 나타날 수밖에 없는 여러 조정의 결과로 발생한다. 정부가 정한 기후 정책과 기술 그리고 탄소 가격의 변화로, 온갖 다양한 분야의 자산에 대한 가치 재평가가 진행될 것이다. 은행을 예로 들어서 살펴보자. 은행에서 이 전환은, 탄소집약적인 부문들(예컨대 자산 가운데 많은 부분이 좌초자본으로 전락할 수 있는 에너지 산업)과 소비자 금융 부문(예컨대 특정한 자동차 종류는 새로운 배출가스 기준 아래에서는 잔존가치를 상실할 수 있다) 그리고 주택담보대출 부문(새로운 에너지 효율 요건이 강제될 때 몇몇 주택은 임차인에게 임대할 수 없게 된다) 등에 노출되는 위험에 영향을 줄 것이다.

한층 더 근본적인 차원에서 말하면, 기후 위험은 다음과 같은 몇 가지 중요한 측면에서 기존의 위험들과 다르다.

- 성격 자체가 유례가 없다. 과거의 경험과 역사적인 자료는 미래를 예측하는 데 좋은 지표가 되지 못한다. 실제로 보험사들이 뼈저리게 깨우쳤듯이, 어제만 하더라도 거의 가능성이 없던 일이 오늘이 되자 사회의 중심 사건이 되어 경제를 휘젓는다.
- 폭과 규모가 어마어마하다. 기후 위험은 모든 나라의 모든 부문 소비자에게 영향을 줄 것이다. 기후 위험의 충격은 상관성이 있으며 비선형적이고 비가역적이며 결국 양질 전환의 결정적인 지점인 티핑포인트로 치닫는다. 그러므로 금융기관들이 지금까지 관리했던 그 어떤 위험보다도 훨씬 더 큰 규모로 우리 앞에 닥칠 것이다.
- 기후 위험은 (물리적인 위험과 전환 위험이 결합해서 나타날 것임을 우리가 알고 있다는 점에서) 예측 가능한 동시에 (이 위험의 시점과 규모가 경로의존적이라는 점에서) 불확실하다. *어떤 선택이 관성 때문에 쉽게 바뀌지 않는 현상을 '경로의존성'이라고 한다 현재로서는 물리적인 위험과 전환 위험이 어떤 조합으로 결합해서 나타날 것인지 정확하게 말하기 어렵다. 그러나 이 조합이 어떤 식으로든 현실화될 것임은 확실하다. 현재처럼 계속해서 탄소를 배출하다가 거대한 물리적인 위험을 맞이할

것인지 아니면 경로를 바꾸고서 거대한 전환 위험을 맞이할 것인지, 어쨌거나 우리는 이 둘 가운데 하나는 선택해야 한다.[19]

- 마지막으로 비록 물리적 위험과 관련된 시간 지평이 길긴 하지만 (통상적인 3~5년 기간의 사업 계획이 아니라 수십 년을 내다보는 사업일 수밖에 없다), 내일 당장 현실이 될 수도 있는 중요한 여러 기후 위험에 대처하려면 오늘 당장 행동해야 한다. 지금부터 10년에 걸쳐서 (아니, 3~5년에 걸쳐서) 우리가 실천하는 행동에 따라서 미래에 닥칠 위험의 크기의 균형이 달라질 것이다.[20]

금융 시스템이 이 위험에서 벗어날 길을 다각화할 수 없음은 자명하다. 코로나 팬데믹을 통해서 드러났듯이, 실물 경제와 금융 시스템 사이에 존재하는 상호 연결성의 뿌리는 깊다. 그리고 코로나19와 마찬가지로 기후변화는 경제 전반에 영향을 미치는 광범위한 시스템 차원의 위험이고, 이 위험에서 금융 시스템은 자유롭지 않다.

이런 맥락에서 잉글랜드은행의 상임이사 사라 브리든은 다음과 같이 말했다.

마찬가지 이유로 개인투자자들은 투자금을 회수할 수 있지만, 전체 금융 시스템은 그럴 수 없습니다. 사실, 전환을 지연시키는 개인의 행동은 합리적인 것처럼 보이지만, 실제로는 총체적인 집단으로서 우리가 미래에 맞이할 문제를 훨씬 더 크게 키울 뿐입니다. 우리가 당장 실행해야 할 필요가 있는 변화의 규모를 감안한다면, 우리는 탄소중립 경제로 도저히 진입할 수 없을 것입니다.[21]

금융 위험을 줄이려면 실물 경제에 근원적으로 녹아 있는 기후 위험을 관리해야 한다. 그리고 이 집단 차원의 총체적인 행동 문제를 해결하는 것은 금융기관과 감독기관의 공동 책임이다. 이 문제를 해결하려면 공공과 민간이 협력해야 한다. 즉 위험 관리 전문 역량을 신속하게 개발해야 한다는 뜻이다.

전문 역량이 필요한 이유는 통상적인 방법으로는 금융 위험 평가가 어렵기 때문이다. 기후변화 관련 재무정보 공개 협의체TCFD가 강조하듯이, 기후 관련 정보 공개(공시)는 정태적인 차원(즉 현재 기업들이 배출하는 탄소 배출량)을 넘어서서 전략적 차원(즉 미래의 배출량 그리고 이것과 관련된 재무적인 충격에 대해서 기업들이 가지고 있는 계획)으로 넘어가야 한다. 이것은 전환 위험에 대해서 기업이 가지고 있는 전략의 회복력을 평가해야 한다는 뜻이다. TCFD는 시나리오 분석을 사용할 것을 권장하지만, 이 분야는 아직 개발 중이며 기술의 개선과 축적이 시급하다.

잉글랜드은행은 재무안정성과 신중한 규제 명령에 맞춰서 이런 위험 평가를 촉진할 필요가 있다는 사실을 알고 있다. 잉글랜드은행은 세계에서 네 번째로 규모가 큰 보험 산업의 감독자로서, 일반 보험사들과 재보험사들이 기후변화에 따른 물리적 위험을 관리하는 최전선에 서 있음을 알고 있었다. 보험사들은 모델링과 예측 기능을 개발해서 위험 노출 관리를 개선해 보험의 적용 범위와 가격을 조정하는 것으로써 기후변화의 위험에 대응했다. 그 과정에서 보험사들은 어제의 꼬리위험이 오늘의 중심적인 사건이 될 가능성이 한층 더 높다는 사실을 알았다. 한편 은행들은 모기지 채권이 홍수 위험에 노출되는 것에서 극단적인 기후 관련 사건들이 소버린 위험＊국제금융 시장에서 자금을 빌린 국가가 채무상환을 하지 못했을 때 발생하는 위험에 미치는 영향에 이르기까지, 자기의 사업 모델이 가장 즉각적으로 노출될 수 있는 물리적 위험을 고려하기 시작했다. 그리고 은행들은 기후변화에 대처하는 행동을 예상하면서 전환 위험과 관련된 노출을 평가하기 시작했다. 이 평가의 대상이 되는 자산에는, 예컨대 탄소집약적인 부문들과 디젤 자동차를 담보로 한 소비자 대출 그리고 에너지 효율이 높은 새로운 설비의 도입 가능성을 감안할 때의 임대 목적 부동산에 대한 담보 대출 등이 포함되어 있었다.

이러한 위험 관리 능력을 한층 더 깊이 개발하고 현실에 적용하기 위해서 잉글랜드은행은 다양한 기후 관련 경로를 놓고 영국의 금융 시스템에 대해 스트레스 테스트를 실행할 것이다. 그 경로들에는 현재의 경고를 유지하는 재앙적인 경로와 영국의 입법 목표와 일치하는 탄소중립 경제로 2050년까지 전환하는 이상적인 (그러나 여전히 성취하기 어려운) 경로가 포함된다. 잉글랜드은행의 이런 움직임에 대응해서 은행들은, 자기에게 돈을 빌려간 기업들이 현재와 미래의 기후 관련 위험과 기회를 어떻게 관리하고 있는지 파악할 필요가 있다. 이런 평가들을 통해서 어느 기업이 탄소중립 경제로의 전환 전략을 가지고 있는지, 어느 기업이 신기술 혹은 정부의 무행동에 판돈을 거는 도박을 하는지, 또 어느 기업이 아직 위험과 기회를 전혀 고려하지 않는지 드러날 것이다. 이 테스트는 최첨단의 위험 관리 기술들을 개발하고 이 기술들을 주류화하는 데 도움이 될 것이며, 세계 금융 시스템의 핵심이 기후변화와 정부의 기후 정책에 한층 더 민감하게 대응할 수 있게 할 것이다.

기후 위험의 특성을 완전히 파악하고자 하는 기후 스트레스 테스트는 일반 스트레스 테스트와 다르다. 기후 스트레스 테스트는 거시적이고 재무적인 전통적인 영향들뿐 아니라 기후 결과까지 테스트 대상에 포함할 것이다. 특히 이 테스트는 물리적 위험과 전환 위험을 함께 묶어서 평가할 필요가 있는데, 왜냐하면 기업과 우리 경제는 두 가지 위험에 모두 직면할 것이기 때문이다.

동시에 나타날 물리적 위험과 전환 위험의 정확한 비율은 기후변화에 대한 정부의 정책 대응에 따라서 주로 달라진다. 예를 들어서 정책의 결정적 전환은 물리적 위험의 규모를 제한하지만 일부 전환 위험을 발생시키는 반면에, 기존의 경로를 계속 고집하는 경우에는 한층 더 심각한 물리적 위험이 제기된다. 이런 점들을 고려한다면, 스트레스 테스트는 전환이 완료되는 2050년까지 수십 년에 걸친 위험을 살펴야 한다. 마지막으로 예측 모델링은 상향식이어야 한다. 즉 기업은 고객과 거래 상대방으로부터 정보를 수집해서 전환을 관리하는 주체가 누구인지 파악해야 한다는 말이다.

그러니까 결국 기후 스트레스 테스트는 기후 위험 모델링 기술을 개발하는 것이기도 하지만 전략과 거버넌스(지배구조·관리)에 관한 것이기도 하다. 이 테스트들은 확실히, 마지막에 가서는 으레 자본차입비용 capital charge으로 이어지는 합격-불합격 스트레스 테스트가 아니다. 은행들은 제각기 다른 여러 기후 시나리오에 따라서 자산의 손실을 평가하고 자산 가치를 재평가할 필요가 있지만, 기준수익률도 없고 자본차입비용도 없을 것이다. 기업의 전략이 탄소중립 경영과 일치하는 방향성을 가지는지에 대한 평가가 이루어질 것이고, 그리고 만일 그렇지 않다면 어떤 전략적인 변화가 필요할지에 대한 질문들이 제기될 것이다.

가장 근본적으로, 기후 스트레스 테스트는 금융 행위자들이 자금을 빌려주거나 보험에 가입하거나 투자하는 사업체들뿐 아니라 금융 행위자들 본인의 시야를 넓히는 데 도움이 될 것이다. 스트레스 테스트는 위험관리 역량을 개선해서, 새로 막 시작된 분야의 지식과 전문성을 쌓는 데 도움을 줄 것이다. 스트레스 테스트는 또한 우리가 탄소중립 전환에 얼마나 뒤처져 있는지를 정책 입안자들과 시장에 보여줄 것이다. 정책 입안자들은 얼마나 많은 기업이 전환 계획을 가지고 있는지, 그 계획들이 얼마나 정교한지, 또 금융 부문은 이런 기업들에 얼마나 노출되는지 등에 관한 자료를 확립함으로써, 현재 시점에 경제 전반에 걸쳐서 요구되는 탁월한 행동을 폭넓게 이해할 것이다. 스트레스 테스트의 결과는 또한 기후변화로 비롯될 거시경제적 충격을 한층 더 정확하게 추정하는 데 도움이 될 것이고, 이것은 다시 정책 행동에 유용한 정보를 제공할 것이다.

기후공시와 마찬가지로, 전 세계가 지구 온도 상승을 2도 미만으로 붙잡아두려면 전략적 평가들도 세계화할 필요가 있다. 전 세계 80개 중앙은행의 협의체인 녹색금융협의체NGFS는 스트레스 테스트와 관련된 경험과 모범 사례를 공유하며 공공과 민간 부문에서 기후 위험 관리 전문 역량을 양성하는 데 중요한 역할을 하고 있다. 동시에, G20 산하 기구인 NGFS는 기후변화의 위험전파 통로들의 현황을 조사하기 시작했다. IMF는 국가별 대비 상태를 평가할 때 기후 위험 항목을 포함하기 시작했다.

지속가능 금융 시스템의 세 번째 조건, 투자 수익

기후변화에 따른 문제를 해결하는 것은 위험을 관리하는 것만이 아니라 그 이상이다. 궁극적으로 그것은 사회가 원하는 것을 제공하고, 사회가 소중하게 여기는 것을 중요하게 여기는 것이다. 이것은 녹색 경제로의 전환이 우리 시대에 가장 큰 상업적 기회가 될 수 있다는 뜻이다. 앞으로 30년 동안 에너지 부문 한 곳에만 필요한 투자액이 무려 연간 3조 5,000억 달러이다. 탄소 포집 및 바이오 연료 기술을 개발하고 확장하려면 여기에 추가로 연간 500억 달러에서 1,350억 달러가 더 필요하다.[22] 그리고 60억 명 이상이 도시 지역에 거주할 것이다. 또한 앞으로 10년 동안에 약 4억 채의 집이 지어질 것이며, 이 집들은 모두 탄소중립의 회복력 높은 전환과 나란히 가는 녹색 기술과 인프라를 요구할 것이다.

녹색채권green bond, 전환채권transition 등과 같은 녹색 투자상품이 새로운 금융 시스템을 개발하는 데 중요한 촉매제이지만, 이것만으로는 저탄소 미래로의 전환을 약속하기에 부족하다. 경제의 모든 기업이 탄소중립 경로를 따라가는 사업 모델을 채택하도록 지원하기 위해서는 주류 금용을 동원해야 한다. 전환 과정에서 최종 관문을 통과할 수 있는 가장 중요한 범용 기술을 확보하는 것뿐 아니라 선두 주자와 후발 주자를 파악할 때 비로소 가치가 창출될 것이다.

즉 기업이 한 시점에 어디에 존재하는지만이 아니라 갈색에서 녹색으로 전환하는 방법을 한층 더 정교하게 이해해야 한다는 뜻이다. 지금까지는 그렇게 하고자 했던 접근법들이 부적절했다. E(환경)와 S(사회) 그리고 G(거버넌스)를 결합하여 단일 ESG 지표를 제공하는 점수는 S와 G에 의해서 지배를 받았던 것이다.[23] 탄소발자국은 미래지향적이지 않다. 그리고 주주 참여의 영향은 계량적으로 측정하기 어렵다. 게다가 경제 전체가 녹색 경제로 전환한다는 것은 짙은 녹색의 활동에만 자금을 대거나 암갈색의 활동들을 블랙리스트에 올리는 것이 아니다. 탄소중립을 향하는 모든 기업을 응원하고 지원하려면, 과연 우리가 파리기후변화협약의 내용을 올바르게 실천하는지 종합적으로 평가하려면, 녹색의 50가지 색조가 필요하다.

이것은 투자자들이 기업의 전환 계획에 대한 신뢰성을 평가할 수 있어야 한다는 뜻이다. 전환 계획은 초기 단계이며 질도 제각각이다. 어떤 기업들은 말로는 탄소중립 목표를 가졌다지만, 이 목표를 달성하기 위한 신뢰할 수 있는 전략이나 전술은 아직 마련하지 않은 상태이다. 또 어떤 기업들은 기후 전략과 거버넌스(관리) 그리고 투자를 하나로 완전히 통합했다. 새롭게 등장하는 전환 계획의 모범 사례에는 다음과 같은 것들이 포함되어 있다.

- 탄소중립 목표를 1, 2, 3단계scope의 배출량으로 구체적으로 규정한다.
- 경영진이 진행 상황을 살피고 성공을 수치로 측정하기 위해 사용하는 명확한 단기 이정표와 지표를 개략적으로 설명한다.

- 이사회 차원의 거버넌스(관리)를 마련한다.
- 경영진에 대한 보상 기준에 지표의 수치를 설정한다.

과학기반 감축목표 이니셔티브SBTi나 전환방안 이니셔티브TPI와 같은 운동들은 이미 전환 계획을 마련하도록 기업을 지원하고 있으며, 적절한 조건을 충족한 기업에게는 인증서를 배부하고 있다. 그러나 15장에서 살펴보겠지만, 투자자 집단도 이런 중요한 판단을 외부에 의뢰하기보다는 자체적으로 전문 역량을 마련할 필요가 있다.

투자자가 전환 계획의 실효성을 평가하기 위한 틀은 마련하면, 이 틀은 투자자가 투자한 회사들에게 물어볼 이런저런 질문을 제공한다. 그러나 점점 더 많은 기업이 기후 위험에 대한 자기의 평가 성적을 공개함에 따라서 투자자들은 이러한 공시에 대해서 또 각 기업이 제시한 전환 계획의 질에 대해서 의견을 나눌 기회를 반드시 가져야 한다. 투자자(주주)들이 경영진이 받는 보상 수준에 대해 투표할 수 있는 임원 보상에 대한 발언권say on pay과 마찬가지로, 탄소중립 세상으로의 전환을 위한 기업의 준비 상태에 대한 투자자의 발언권say on transition이 보장되어야 한다는 목소리가 높아지고 있다. 이 메커니즘이 유한책임responsibility과 무한책임 accountability 사이의 중요한 연결고리를 단단하게 박아 넣을 것이다.

시간이 지남에 따라서 투자자들이 기업의 전환 계획을 판단할 뿐 아니라 투자자 자신들도 평가받을 것이다. 투자자는 전환과 관련해서 자신의 포트폴리오를 평가하고 자신이 계획하고 실천하는 투자 방향을 다른 시장 참여자들이 쉽게 이해할 수 있는 방식으로 공시할 의무가 있다. 이렇게 하는 데는 여러 가지 방법이 있다. 가장 기본적으로는 투자자가 탄소중립 목표를 견지하는 자산이 전체 포트폴리오에서 차지하는 비율을 계산할 수 있다. 공시가 실물 경제 속에서 개선됨에 따라서, 자신의 포트폴리오에서 자산의 온난화 지수가 얼마나 되는지 계산하는 것이 한층 더 정교한 옵션이 된다. 가치 기반 투자에 대해서는 15장에서 자세히 살펴보겠지만, '온난화 지수warming potential'(혹은 암시적 온도 상승Implied Temperature Rise)는 주어진 어떤 투자 포트폴리오에서 기업의 배출량과 관련된 지구의 온도 상승을 계산한다.

자산과 포트폴리오의 온난화 지수를 평가하면 여러 가지 부수적 이득이 따른다. 즉 정부는 이 지수를 토대로 해서 경제의 전환 경로로는 어느 쪽이 옳은지, 그리고 아울러 정부 정책의 효과가 어떨 것인지 알 수 있다. 한편 소비자들로서는 전환을 지향하는 기업에 올바르게 투자하는 선택에서 도움을 받을 것이다. 그래서 기후 관련 행동을 요구하는 우리 시민, 특히 청년층에게는 투자자들이 고객의 돈을 과연 고객의 가치관에 부응해서 투자하는지 어떤지 공개하는 것이 필수적인 사항이 되고 있다. 온도 계산은 또한 투자 관리와 관련된 의사결정이 지구에 어떤 영향을 미치는지 파악하는 데도 도움이 된다.

국제 금융 흐름과 기후 형평성

11장에서 나는 기후변화의 역사적인 불평등을 강조했으며, 또 지금까지 탄소를 가장 많이 배출했던 주체가 탄소중립 경제로의 전환에 앞장서야 한다고 말했다. 따라서 산업혁명의 요람이었던 영국은 2021년의 제26차 당사국총회 주재국으로서 지속가능한 혁명을 이끌어야 한다.

개발도상국들은 기후변화와 개발이라는 두 가지 과제를 안고 있다. 이들은 기후변화의 물리적 충격으로 가장 큰 피해를 입으며, 앞에서도 확인했듯이 회복력을 확보하고 한층 더 유동적인 기후에 적응하는 능력은 나라마다 엄청난 차이를 보인다. 게다가 녹색 기술은 기본적인 속성상 자본집약적이다. 또 개발도상국에서는 정치적인 불확실성과 규제상의 불확실성이 복합적으로 존재하며, 금융 시장의 유동성이나 발달 정도가 낮고, 기후 위험 자체가 초래하는 경제적 충격이 크기 때문에 자본비용이 상대적으로 높을 수밖에 없다.

선진국들은 개발도상국들의 기후변화 완화와 적응 문제를 해결하기 위해서 2020년까지 연간 1,000억 달러의 기후예산을 공동으로 확보한다는 목표를 세웠다. 이 약속은 2009년에 있었던 코펜하겐협정에서 제안되었고 2010년 칸쿤합의에서 공식화되었으며 2015년 파리기후변화협약에서 재확인됐다. 이 자금은 공공과 민간 및 양자 간과 다자 간의 다양한 재원에서 비롯된 것으로 알려져 있다. 이 재원에는 대안적인 여러 금융 원천도 포함되어 있다. 파리기후변화협약에서는, 이 자금 조성 목표를 2025년까지 계속 유지할 것 그리고 그 시점까지는 개발도상국들의 필요성과 우선순위를 고려하여 연간 1,000억 달러 수준으로 예산을 확보할 것을 결정했다.

새로운 지속가능한 금융 시스템이 신흥국과 개발도상국을 돕는 방법에는 세 가지가 있다.

첫째, 이 새로운 금융 시스템은 지속가능한 인프라에 투자금을 조달함으로써, 전 세계적으로 적용될 수 있는 중요한 기술이 (규모가 커질수록 효율성이 점점 더 커지는) 규모의 효율성을 촉진할 것이다. 이는 화석연료 발전의 설치 기반이 좁은 경제권에서 한층 더 큰 강점을 가진다. 따라서 화석연료를 이용한 발전 기반이 상대적으로 낮은 나라에서 특히 강점으로 작용할 것이다. 앞으로 15년 동안 대략 90조 달러라는 어마어마한 투자가 필요하다. 투자 대상에는 선진국의 노후화된 인프라, 특히 급속한 도시화로 인한 신흥국과 개발도상국의 높은 성장과 구조적 변화에서 비롯된 문제들이 포함된다. 신흥국과 개발도상국에 투자되는 투자금의 비율은 전 세계 인프라 투자의 약 3분의 2(또는 연간 약 4조 달러)를 차지할 것이다. 이렇게 해서 새롭게 마련될 인프라는 과거의 비효율적이고 무계획적이며 오염을 유발하던 온갖 시스템을 뛰어넘을 기회를 제공한다.

둘째, 선진국의 기업들이 1, 2, 3단계scope ✱각 단계에 대한 설명은 번역 본문 449쪽 참조 배출량을 종합적으로 보고함으로써 기후 위험을 최대한 줄이고 공급망 전반에서 얻을 기회를 최대한 늘릴 수 있다. 공급업체와 유통 및 소매유통 업체를 포함한 광범위한 영역에서 지속가능성 관련 문제를 해결하는 기업들이 등장함으로써, 3단계 배출량의 많은 부분이 발생하거나 아웃소싱되는 개발도상국에 대한 실질적인 녹색 투자가 권장될 것이다.

셋째, 탄소중립 경제로의 전환에는 개발도상국과 신흥국으로의 자본 흐름이 엄청나게 늘어나는 새로운 시장 구조가 필요할 것이다. 기업들이 탄소중립 혹은 그 이하를 약속하고 투자자들이 신뢰할 수 있는 전환 계획을 가진 기업을 찾을 때, 기업은 배출량 감소와 신뢰성이 있는 탄소 상쇄 carbon offset(카본 오프셋)를 적절히 혼합하여 (탄소 상쇄는 배출된 이산화탄소의 양만큼 온실가스 감축 활동을 하거나 환경기금에 투자하는 것인데, 여기에는 재산림화와 같은 자연 기반 해법도 포함된다) 탄소중립 목표를 달성할 계획을 보여줘야만 할 것이다. 이렇게 되면 수요는 연간 수백억 달러 규모로 빠르게 늘어날 것이다.

현재로서는 '배출량 상쇄offset'를 구입한다는 것은 불투명하고 번거로우며 비용이 많이 드는 과정이다. 2019년에는 9,800만 톤의 이산화탄소만 총시장 가격 2억 9,500만 달러에 거래되었다. 시장은 중앙 차원의 조정 없이 지역별·부문별 상쇄별(예컨대 자연기반 상쇄 등) 시장으로 다양하게 분할되어 있다. 탄소배출권 ✱6대 온실가스인 이산화탄소, 메테인, 아산화질소, 과불화탄소, 수소불화탄소, 육불화황을 일정 기간 배출할 수 있도록 개별 국가에 부여한 권리과 상쇄에 대한 통일된 표준은 아직 존재하지 않는다. 사정이 이렇다 보니, 예컨대 브라질에서 숲을 위해 구입한 신용거래와 인도에서 구입한 신용거래를 비교하기가 어려워져 가격 변동성이 발생한다. 그래서 비슷하게 들리는 상쇄의 가격들이 이산화탄소 1메가톤을 기준으로 0.1달러에서 70달러 이상까지 다양하게 나타난다. 이러한 불투명성 때문에 탄소중립을 달성하는 데 중요한 요건인 시장에 대한 신뢰 문제가 나타난다. 상쇄가 법제화되었다는 확신의 부재와 상쇄권 소유의 투명성 부족으로 신뢰 문제는 한층 더 악화된다. 최대 규모가 연간 1,000~1,500억 달러까지 될 수 있는 이 시장을 활성화하려면, 탄소중립 목표를 가진 기업의 수요를 탈탄소 운동에 자금을 지원할 필요가 있는 국가의 공급과 연결할 적절한 인프라가 필요하다. 이런 인프라가 개발도상국과 신흥국에게 특히 매력적인 제안이 되어야 하는데, 그 이유는 이런 국가들에서의 저탄소 활동과 프로젝트들이 가장 효과적인 상쇄 효과를 낳을 가능성이 높기 때문이다.

금융 부문은 이 시장을 개발할 수 있는 경험과 여러 자원을 가지고 있다. 그런데 이런 전례가 없는 게 아니다. 10년 전에 장외 파생상품거래는 거의 규제를 받지 않았으며 보고도 되지 않았고, 그저 거래 당사자들 사이에서 결제가 되면 그걸로 그만이었다. 금융 위기 때 리먼브라더스가 파산하자, 이런 위험 노출에 대한 불확실성이 시장을 공황 상태로 몰아넣었다. 금융 위기 이후에 G20 산하의 FSB는 거래 관련 보고를 요구하고 또 장외 거래의 중앙결제OTC central clearing를 장려함으로써, 한층 더 안전하고 투명한 파생상품 시장을 만들기 위해 그 부문과 협력했다. 제26차 당사국총회를 위해서 우리는 지금 스탠다드차타드 은행의 CEO인 빌 윈터스를 수장으로 한 지도력 아래에서, 해당 전문성을 활용하려 노력하고 있다. 우리가 이 시장을 개발하는 방향으로 빠르게 이동해서 기업이 탄소배출권을 구입하고 투자자가 신뢰성을 확신할 수 있도록 만들겠다는 기대를 안고서 탄소 시장에 대한 청사진＊2021년 10월 31일부터 11월 13일까지 열린 COP26에서는 세계 각국이 기후 위기 대응을 위해 석탄발전을 단계적으로 감축하고, 선진국은 2025년까지 기후변화 적응기금을 두 배로 확대하기로 하는 내용 등이 담긴 글래스고 기후조약Glasgow Climate Pact이 채택되었다을 마련하겠다는 것이다.

마지막으로 적절한 구조만 마련된다면 우리는 수십억 달러 규모의 공공 투자를 수조 개의 민간 투자로 전환할 수 있다. 이렇게 하려면, 지속 가능한 투자 기회를 상업적으로 실현할 공공 부문과 민간 부문의 파트너 십과 프로젝트 파이프라인* 프로젝트를 수행할 시스템 그리고 새로운 시장 구조 가 필요하다. 다자개발은행MDB들과 국가개발은행NDB들 그리고 (각국의 공적 금융기관에 해당되는) 개발금융기관DFI들은 기후변화에 대처하는 인프 라에 자금을 제공하고 기후변화에 적응하는 데 투자하기 위해서 프로젝 트에 내재된 위험을 줄이고 새로운 시장에 기술적 지원을 제공하는 데 중 요한 역할을 할 것이다. 또한 동시에 기후 관련 목표에 맞춰 대출과 투자 를 조정하는 데서도 중요한 역할을 할 것이다.

개발은행들은 지자체 정부와 협력하여 지속가능한 프로젝트의 파이 프라인을 개발한다든가 투자의 틀을 만드는 데 필요한 기술적 지원을 제 공한다든가 투명성을 높임으로써, 지역 시장들의 유동성을 높이는 데도 도움을 줄 수 있다. 이 과정에서 개발은행들은 운영과 대출에서 기후 위 험을 완전히 통합하는 일에, 그리고 파리기후변화협약에서 규정한 목표 를 실행하기 위한 비교할 수 있고 강력하며 은행 전반을 관통하는 계획을 전달하는 일에 전념해야 한다. 또 개발은행들은 국가 온실가스 감축목표 의 강화와 실행 주기를 통해서, 관련 국가들이 마련한 야심적인 기후 관 련 목표의 실행을 돕는 일에 집단적으로 협력해야 한다. IMF는 기후변화 문제에 능동적으로 나서겠다는 강한 의지 그리고 탄소 배출량을 줄이고 기후회복력을 높이는 목표를 가진 국가를 돕겠다는 강한 의지를 이미 표 명했다.[24]

정책과 기후행동 사이의 상호 작용

탄소중립 경제로의 전환에 필요한 요소로는 공공 정책과 기업 전환 계획

도표 12 - 6 • **탄소중립 경제로의 전환에서 공공 부문과 민간 부문의 수행하는**
역할

그리고 기후 관련 위험 및 기회에 대한 공시가 있다((도표 12-6) 참조).[25]
정책 신뢰도와 지속가능한 금융 시스템의 결합이 이런 노력을 가속화하
고 증폭할 것이다.

공공 정책은 탄소중립 경제로의 전환이 가능하도록 토대를 제공한
다. 공유지의 비극과 시간 지평의 비극은 민간기업과 금융기관이 자기가
하는 행동이 기후에 미치는 영향을 충분히 고려하지 않음을 의미한다. 비
록 선도적인 기업들이 미래의 기후 정책을 예측하고 지금 당장 그에 적응
하려 하지만, 궁극적으로 민간 부문에서 중요한 행동을 하도록 유도하려
면 효과적이고 예측 가능하며 신뢰할 수 있는 공공 정책이 필요하다.

정부 정책은 오염 행동에 비용을 부담시킨다든가 연구개발 및 특정
부문들을 지원한다든가 하는 금융 조치들 그리고 청정연료 규정이나 기
후 효율성으로 나아가는 경로를 정한다든가 하는 규제 조치들을 통해서,
특정하게 표적으로 설정한 지원을 제공하는 것 이상의 효과를 거둘 수 있

다. 이런 조치들이 기후 정책의 신뢰할 수 있고 예측 가능한 실적의 한 부분이 될 때, 정부 정책은 민간 투자의 틀을 만들어 시간 지평의 비극을 깨는 선순환을 만드는 기후행동을 유도할 것이다.

의미 있는 탄소 가격 설정은 효과적인 정책 틀에 대한 하나의 시금석이다. 온실가스 배출권에 매겨지는 명시적 가격은 한층 더 많은 지속가능 기업이 부당하게 불이익을 받지 않도록 하고 또 고탄소 기업이 기후변화에 대응하는 방향으로 스스로를 조정하도록 유도한다. 효과적이고 질서 정연하며 공정한 조정을 지원하기 위해서는 탄소 가격이 점진적이고 예측 가능한 방식으로 인상되어야 하며, 또 여기에서 비롯되는 수익금은 저소득가구 지원을 포함하여 공정하게 사용되도록 설계되어야 한다.

그러나 우리가 해결해야 할 과제의 규모가 크다는 사실은 그 모든 문제를 해결하기에는 탄소 가격만으로 충분하지 않음을 뜻한다. 정책 입안자들은 지속가능성 분야의 연구개발 부문에 대한 대출이나 보조금뿐 아니라 저탄소 인프라에 대한 투자를 포함한 전환과 관련된 공공 지출도 함께 고려해야 한다. 중대한 집단행동을 낳을 수 있으며 또 탄소가격제에 덜 민감할 수 있는 산업 부문들에서 특정 대상을 표적으로 설정되는 환경 관련 규제가 변화를 촉진할 수 있다.

기후변화에 대한 세계적 차원의 효과적인 대응을 지원하려면, 각 국가가 채택하는 전략의 야망 수준이 시간이 지남에 따라 한 곳으로 수렴될 필요가 있다. 한편, 고탄소 수입품에 추가 관세를 부과하는 탄소국경조정 제도는 기후변화에 선도적으로 대처하는 국가들이 탄소 누출을 피하면서도 한층 야심적인 목표를 추구하도록 만드는 동기부여로 작용할 것이다. 당연한 말이지만, 이런 조정은 WTO(세계무역기구)의 규정과 완전히 일치하도록 설계되어야 한다.

예측 가능하고 신뢰할 수 있는 공공 기후 정책이 많을수록 이 정책들이 민간 투자에 미치는 영향은 커진다. 이런 점에서 기후 정책은 과거에 통화 정책을 괴롭혔던 것과 같은 유형의 신뢰 문제를 겪을 수 있음을 (여기에 대해서는 앞서 4장에서 살펴보았다) 깨달아야 한다.

정치적 관점에서 보면, 단기적인 고용 문제를 지원하기 위해서 장기적인 인플레이션 안정성을 해치면서까지 금리를 바꾸려는 유혹은 늘 강렬했다. 이 문제를 극복하기 위해서 세계 각국의 정부는 명시적인 인플레이션 목표제를 채택했는데, 이 제도 덕분에 유권자는 낮고 안정적인 인플레이션 약속을 이행하지 못한 정부에 한층 더 쉽게 책임을 물을 수 있게 되었다. 또한 각국 정부는 통화 정책의 장기 목표를 수립하는 데서 수행해야 하는 역할을 제한해서, 이 목표를 달성하는 데 필요한 여러 수단을 (이런 수단들 가운데는 금리 설정도 포함된다) 단기적인 성장의 유혹에 덜 노출되는 독립적인 지위의 중앙은행에 위임했다.

비슷한 유형의 시간 불일치는 정부가 채택한 기후 전략의 신뢰성을 자주 훼손해왔다. 한 정부가 실시한 기후 정책의 효과는 다음 차례의 선거 이후 많은 시간이 지나야 나타나지만, 국가와 국민이 단기적으로 부담해야 하는 비용은 즉각적으로 체감하는 것이다. 그러므로 선출직 정치인은 한번 당선되고 나면 실질적인 실속보다 말만 번드르르한 것을 추구하는 유혹에 빠지고 만다. 그 바람에 기업들은 기후 정책이 미래에 어떻게 바뀔지 예측하기 어려운 나머지, 필요한 행동을 미루거나 혹은 그 요구에 귀를 막을 수 있다. 설령 정치인들이 나중에 가서는 기후 재앙을 회피하는 데 필요한 조치들을 채택할지라도 그 조치들에 대한 신뢰도가 높지 않을 수밖에 없고, 결국 그 조치들은 일찍이 모호하지 않고 명확한 행동을 했을 경우의 장점을 놓치고 만다.

반대로 만일 기후 정책이 단호하다면, 금융 시스템은 미래 정책을 예측하고서 기업들에게 신속하게 대응책을 마련하도록 권고할 것이다. 주어진 기후 목표를 달성하기 위해서 정책 입안자들이 강제적으로 개입할 필요도 줄어들 것이고, 좌초되는 자산도 상당한 수준으로 줄어들 것이다. 만

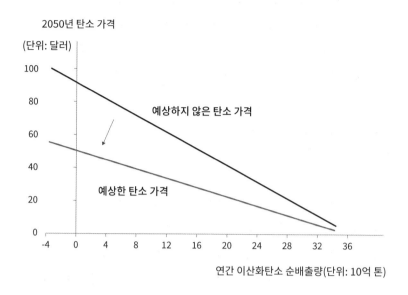

일 야심적인 기후 목표가 신뢰성을 가진다면, 기업들은 갈색 기술에 대한
투자를 줄이고 또 나중에 대안적인 녹색 기술이 나타날 때 자산가치가 완
전히 쪼그라들 고탄소 기계의 재고량을 줄일 것이다. 이렇게 된다면, 주어
진 온실가스 배출량 감소 목표를 달성하기 위해서 탄소 가격을 공격적으
로 올릴 필요도 없어진다(〔도표 12-7〕 참조). 이렇게 되면 탄소 누출 위험을
포함해 높은 탄소 가격이라는 의도하지 않은 결과를 줄일 수 있다.

　신뢰성이 확보되면 정책 입안자들이 주어진 목표를 더 쉽게 달성할
수 있음은 기후 정책에만 국한되는 진리가 아니다. 잉글랜드은행의 내 전
임 총재였던 머빈 킹은 축구를 비유 대상으로 동원한 이른바 '마라도나
금리론'을 말한 적이 있다. 마라도나는 거의 일직선으로 달리면서 영국
선수 다섯 명을 젖히고서 골을 넣었는데, 이 위대한 아르헨티나 선수의

골에 고무된 킹은 신뢰를 받는 중앙은행들이 인플레이션을 목표치에 근접한 범위로 유지하려면 금리 조정을 덜 공격적으로 할 필요가 있다고 주장한 것이다.

또 조기에 탄소 배출량을 줄이기 시작하면 마지막 시점에서의 대기 중의 탄소 농도를 한층 더 크게 줄일 수 있다.[26] 2020년의 G30 보고서에 담긴 분석은 '탄소의 사회적 비용'에 대한 그럴듯한 추정치를 사용해서 거기에 따른 편익이 매우 클 수 있다고 주장한다. 탄소중립 달성 시점을 1년 앞당기면 최종 시점의 탄소 배출량에서 이산화탄소가 35기가톤 이상 감소하는데, 이것을 현재 가치로 환산하면 2019년 전 세계 GDP의 약 5퍼센트이다.[27]

마지막으로, 믿을 수 있는 정책 틀들은 좌초자산이 추가로 축적될 위험을 줄여준다. 또한 기업이 미래 정책에 대해 잘못된 기대를 하고서 쓸모없는 기술에 계속 투자할 위험을 줄여준다. 정치인들은 명확한 전략을 설정함으로써 자신이 계획하는 정책과 관련된 미래지향적인 지침을 제공할 수 있다. 기후 정책의 이런 예측 가능성은 기업들이 오늘날 탄소중립 세상의 현실에 적응하는 데 도움이 되며, 또 그런 조정이 질서정연하게 이루어지도록 보장한다.

믿을 수 있고 예측할 수 있는 기후 정책들을 수립하는 길은 여러 가지가 있다.

첫째, 인플레이션 목표제의 경험에 따르면, 시간 불일치 문제를 해결하기 위해서는 정치적 스펙트럼의 다양한 위치에 놓인 정치인들이 해당 목표를 인정해야 한다. 예컨대 어떤 기업이 현재의 야당이 나중에 녹색 경제 정책을 시행할 가능성이 높다고 생각한다면, 이 기업은 경제적 수명이 수십 년이나 되는 녹색 인프라에 투자하는 데 필요한 확신을 가질 수 있다. 즉 신뢰할 수 있는 기후 정책은 광범위한 정치적·대중적 지지를 필요로 한다.

둘째, 행동은 말보다 힘이 세다. 신뢰할 수 있는 기후 정책들은 꾸물거리지 않는다. 최종 시점의 탄소 농도를 줄이기 위해서 오늘 당장 배출량을 줄인다. 그리고 이 정책들은 우리가 해결해야 할 도전과제의 규모와 우리가 실시하는 조치의 효과를 객관적으로 평가해서 결과를 제공한다. 구체적인 기후 정책들은 결국 달성할 것으로 예상하는 온실가스 감축 추정치와 연계되어야 한다. 그리고 전반적인 기후 전략이 탄소중립 경제로의 원활한 전환과 일치하는지에 대한 평가도 이루어져야 한다. 앞에서 언급했던 투자자 차원의 온난화 지수(혹은 암시적 온도 상승)를 국가 차원으로 변환해서 살펴보아야 한다는 말이다. 기후변화에 대한 증거는 탄소예산의 긴박함과 탄소 배출량 제로 목표의 필요성을 포함하는 기후물리학의 긴박함만큼이나 명백하다. 그런데 이 기본적인 진실이 너무도 자주 가려졌다. 탄소중립으로 나아가는 상황이 투명하고 신뢰성 있게 보고될수록, 정부 당국은 그만큼 더 많은 책임 추궁을 받을 수 있다.

셋째, 신뢰할 수 있는 정책 틀은 탄소중립 세계에서는 특정 활동이 불가능함을 분명히 밝히며 대안 활동을 지원하는 강력한 동기를 만들어낸다.

넷째, 신뢰도를 높이려면 기후 정책의 실적이 요구된다. 재정 정책이나 통화 정책 혹은 기업이 거둔 성과가 그렇듯이, 장기 전략들 및 목표들과 일치하는 중간 목표들을 파악하고 또 달성하는 것으로써 실적과 관련된 기록이 만들어진다. 그런데 만일 신뢰도가 낮으면 재정 및 통화 정책과 관련된 경험은 책임감 있다는 평판을 쌓기까지 몇 년씩 걸릴 수 있으며, 한층 더 엄격한 정책들이 필요할 수 있음을 일러주는 수많은 증거를 안겨줄 것이다. 정부는 장기 전략들과 일치하는 중간 목표들을 수립하고, 철강 생산에서의 탄소 배출량 목표나 적절한 탄소 가격 책정과 같은 특정 부문에 대한 정책을 수립할 필요가 있다.

정부는 통화 정책을 포함한 다양한 영역에서 제한적인 특정 의무를 독립적이고 기술전문적인 기관에 위임하는 방식으로 신뢰성을 구축해왔다. 2050년까지 탄소중립에 도달하겠다는 약속과 같은 기후 정책 목표를 설정하는 것은 완전한 민주적 책임제도 그리고 선출된 정부라는 조건이 갖춰질 때만 가능하다. 그러나 정부는 기후 정책의 예측 가능성과 신뢰도 그리고 영향을 개선하기 위해서, 이 목표를 달성하는 데 필요한 특정 도구(기구)들의 미세조정 등과 같은 특정 과제를 탄소이사회Carbon Council에 위임할 수 있다. 이 위임사항에는 다음과 같은 것들이 포함된다.

- 정부의 기후 정책들이 정부의 장단기 목표와 일치하는지 여부를 평가하는 것
- 도구(기구)들의 설정에 대해서 정부에 '원칙 준수·예외 설명'을 추천하는 것
- 중앙은행이 인플레이션 목표를 달성하기 위한 정책 설정과 비슷한 방식으로, 제한된 도구(기구)들의 수를 최종적으로 설정하는 것

비록 정부가 탄소이사회가 객관적이고 과학적인 증거에 입각하여 세부적인 조정사항들을 완전하게 결정하도록 위임한다고 하더라도, 정부는 그 과정에 대해서 온전한 통제를 유지해야 한다. 이렇게 할 때 선출된 정부가 탄소 가격의 분배 결과를 최종적으로 결정하는 것이 보장된다. 정부는 대부분의 기후 정책 수단에 대한 통제권을 유지하길 원할 수 있다. 거기에는 탄소 가격보다 상쇄하기 어려운 분배적 의미가 담겨 있기 때문이다. 이런 수단들에는 제조업체에 한층 높은 수준의 환경 표준을 제시하거나 (전기·수소 자동차의 도입을 촉진하기 위해서) 내연기관의 단계적 폐지를 가속화하는 것이 포함된다.

다양한 접근법들에 대한 찬반 양론은 국가를 다루는 16장에서 다룰 것이다.

◆ ◆ ◆

가장 큰 영향력을 행사하는 정책 틀은 시간이 일관되고(임의로 변경되지는 않는다), 투명하며(목표와 가격 그리고 비용이 명확하다), 약속된 것(예컨대 조약이나 국가 온실가스 감축목표, 국내의 입법사항과 합의 내용)이다. 전 세계 각국이 모두 실적을 쌓아가고 이 과정에서 이들의 신뢰도가 높아지면, 시장은 지금 당장 필요한 혁신과 성장을 이루기 위해서 자본을 적절하게 배정하고 저탄소 미래로 나아가기 위한 조정을 추진할 것이다.

보고가 많을수록, 위험 평가가 견실할수록, 그리고 수익 최적화가 한층 더 광범위하게 이루어질수록, 이러한 전환은 한층 더 빠르게 진행되어 시간 지평의 비극을 깨부술 것이다.

그레타의 메시지가 가진 힘은, 기후물리학의 냉혹한 논리와 기후 위기의 근본적인 불공정성을 제기하는 그녀의 방식에 있다. 현재 우리의 생활방식은 제한된 (그리고 재생이 불가능한) 탄소예산을 빠르게 소진하고 있으며, 여기에 대한 비용을 미래 세대가 부담해야 한다. 다른 사람들과 마찬가지로 나도 그레타가 가진 논리의 힘과 세대 간의 정의를 외치는 그녀의 절규에 설득되고 만다. 그러나 이 엄청난 문제를 어떻게 해결할 것인가 하는 방법론을 놓고서는 사람들 사이에 의견이 분분하다.

이 책에서 분명하게 밝혔듯이 나는 시장 근본주의자가 아니다. 시장이 모든 것에 대한 해답이라고는 생각하지 않는다는 점에서 그렇다. 동시에 나는 시장이 발휘하는 엄청난 힘을 여러 상황에서 보아왔으며, 또 인류가 직면한 가장 큰 도전에 대한 해결책의 중요한 부분이 바로 시장임을 잘 알고 있다. 성장 없이는 우리는 지속가능발전목표를 달성하지 못할 것이다. 또 혁신, 투자, 목적 그리고 수익 없이는 탄소중립 상태에 도달하지 못할 것이다. 나는 내가 겪은 경험 때문에 시장의 문제해결 능력을 깊이 신봉한다. 나는 성장과 진보를 지향하는 인간의 욕망과 자신과 가족을 위해 보다 더 나은 삶을 만들고자 하는 사람들의 열망을 날마다 보아왔다.

지속적인 성장은 동화가 아니라 필연이다.

그러나 모든 성장이 다 그렇지는 않다. 시장의 힘이 사회가 원하는 것을 성취하는 방향으로 향하도록 할 필요가 있다. 그렇게 하려면 우리의 가치관을 반영하는 후생복지와 소득을 일러주는 지표가 필요하다. 경제적 자본뿐 아니라 자연적·사회적 자본도 고려하는 지표여야 한다. 지구가 영원할 것만 같았고 시장의 사회적 규범이 불변의 존재로 보였던 100년 전에 고안된 GDP와 같은 지표가 더는 유효하지 않은 세상이 우리에게 필요하다.

기후 목표를 달성하기 위한 정책은 최소한의 비용으로 경제를 조정하고 기술 혁신을 장려하는 동시에, 국내적으로나 국가 간에 조정의 부담을 최대한 공정하게 분담할 수 있도록 설계되어야 한다. 광범위한 사회적 합의의 확립과 명확하고 일관된 커뮤니케이션 그리고 정부 정책과 규제에 대한 신뢰할 수 있고 예측 가능한 성과의 구축이야말로 결정적으로 중요한 성공 요인이다. 이런 조건들이 충족될수록 시장은 탄소중립 경제를 향한 조정을 앞당기며, 이 경제로의 전환을 한층 더 매끄럽게 유도한다.

지구 온도 상승폭 2도 미만의 경제로 전환 중인 시장은 보고와 위험 관리 그리고 수익을 기반으로 구축되고 있다. 기후 정책이 자리를 잡고 탄소집약도가 낮아짐에 따라서 머지않은 미래에는 기업 가치를 평가하는 방식이 지금과는 달라질 것이다. 전환 과정에 있는 시장은 시장과 정책 결정 사이의 피드백을 허용할 것이고, 이 과정에서 정책 입안자들은 시장의 대응을 바라보며 교훈을 얻을 것이며, 시장은 정책 입안자의 목표와 전략과 도구를 내재화할 것이다. 그리고 기업 운영과 탄소 배출 그리고 규제 강화에 따른 미래 비용도 드러날 것이다. 그리고 여론이 달라짐에 따라서 기후의 민스키 모멘트*270쪽 참조에 매몰되어 사람들이 폭탄 돌리기에만 열중하는 게 아니라, 시장에서 가격 조정이 매끄럽게 이루어질 것이다. 그리고 우리 시대의 가장 큰 비즈니스 기회가 열릴 것이다.

3부에서는 우리의 가치관을 회복하기 위한 한층 더 폭넓은 계획의 한 부분으로서, 그 기회를 붙잡을 지도자들, 기업들, 투자자들 그리고 국가들이 채택해야 할 실행 계획을 살펴볼 것이다.

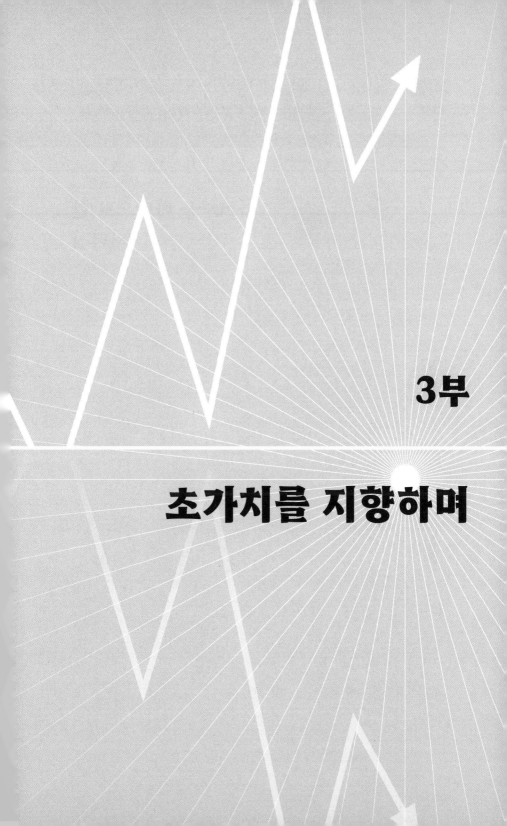

3부

초가치를 지향하며

13장

가치관을 바탕으로 한 리더십

리더십과 가치관에 대한 성찰은 다소 위험한 영역이다. 하지만 어쨌거나, 설교와 실천의 차이를 포착할 수 있는 비평가들이 마음껏 뛰어놀 수 있도록 표적이 여기저기 널려 있는 영역임은 분명하다. 실제로 리더십과 가치관을 다룬 어떤 책의 신문 서평은, 이 책의 출판 자체가 사람들이 지나친 자신감(폭풍전야의 고요함)에 사로잡혀 있음을 시사한다고 지적하며, CEO들과 투자자들은 '저자의 저주'를 경계해야 한다고 경고했다.[1]

금융 시스템이 무너지기 전에 오만이 하늘을 찔렀던 사례는 확실히 수없이 많다. 2008년 세계 금융 위기 이전 시기를 대안정기라고 불렀던 사람들을 생각해보자. 아니면, 영어에서 가장 비싼 네 개의 단어로 조합된 문장인 "이번에는 다를 거야This time is different"를 생각해보라. 그러나 나는 꿋꿋하게 앞으로 나아갈 것이다. 우리가 경험에서 배워야 하기 때문이기도 하지만, 사회 전반에 걸친 긍정적 리더십이야말로 우리의 가치관을 회복하는 방법의 핵심이기 때문이다.

리더십의 여러 가지 모델

사람들은 오래전부터 리더십에 관심을 가져왔다. 리더십을 다룬 책들은 수없이 많은데, 모두 수천 년에 걸친 성공과 실패의 무수한 사례를 다룬다. 어떤 사람들은 (특히 장군들이 그렇다) 카이사르와 폼페이 시대의 교훈을 얻으려고 플루타르코스의 『영웅전』을 뒤적이며, 또 어떤 사람들은 모든 나라에 영감을 불러일으킨 간디 같은 카리스마 넘치는 지도자들에게 끌리기도 한다.

비록 지금은 리더십의 이론과 실천이 경영학의 중요한 부분을 차지하지만, 공식적인 리더십 이론은 20세기에 등장했다. 초기의 리더십 분석은 지도자의 자질에 초점을 맞추었고, 그다음에는 상황적인 요인들의 중요성으로 관심이 옮겨갔다. 막스 베버가 1947년에 정리했던 영향력 있는 리더십 이론은, 카리스마 리더십과 합법적/관료적 리더십 그리고 전통적 리더십이라는 세 가지 유형으로 리더십을 파악했다.[2] 비록 이 분류법이 역사학과 사회학을 공부하는 학생들의 주된 관심사이긴 하지만 사람들에게 교훈을 주는 데는 이유가 있다. 황혼의 시기에 접어든 엘리트들에게 제도적인 권력의 한계를 암시하며, 변혁적 리더십을 위한 감성지능의 중요성과 관련된 향후 작업의 기초를 제공하기 때문이다.

베버는 사실 자기 개성의 힘이나 '은총의(즉 천성적으로 타고난) 특별한 자질(카리스마)'로 스스로 권위를 키운 카리스마적인 지도자들을 토대로 사회의 진보를 분석하고 설명함으로써, 리더십보다는 권위에 더 초점을 맞췄다. 어쨌거나 카리스마적인 지도자가 죽거나 혹은 다른 차원으로 넘어가더라도, 해당 조직이나 사회의 제도가 지속되려면 '전통적인' 모델이나 '합법적-합리적' 모델로 진화해야 한다. 군주제와 같은 전통적인 제도에서는 정당성(정통성)이 '영원한 어제의 권위'에서 비롯되는 반면에, 근대 민주주의와 같은 합법적-합리적인 제도에서는 개인들과 기관들이 직위로써 권력을 가진다. 이 권력은 어떤 형식으로든 간에 정의되는 권력이고, 제약을 받는 권력이며, 책임을 져야 하는 권력이다. 특정한 과제를 수행하도록 중앙은행에 위임된 권한은 합법적-합리적 권한의 고전적인 사례이다.

그러나 4장과 7장 그리고 8장에서 살펴보았듯이 권위는 리더십이 아니며, 제도적인 권위는 사회적 허가 없이는 지속가능하지 않다. 중앙은행들이 카리스마적이라고 비난할 사람은 아무도 없다. 그러나 중앙은행조차도 자기의 정책이 가장 큰 효과를 발휘하도록 만드는 데 필요한 믿음과 신뢰를 사람들에게 불어넣기 위한 행동을 해야 한다. 단지 사무실에서 의자를 지키는 것만으로는 안 된다는 말이다. 돌아가는 일들에 관여하고, 시장을 향해서 설명해야 하고, 자기 감정을 과장되게 드러내야 한다. 그런데 만일 이것이 여러 가지 측면에서 볼 때 본질적인 테크노크라시＊ **과학기술 분야 전문가들이 많은 권력을 행사하는 정치·사회 체제의** 높은 자리에 있는 사람들에게 요구되는 것이라면, 이것은 기업과 사회와 팀의 지도자에게도 적용된다고 볼 수 있다. 특히 경제적·사회적 변화가 크고 빠르게 진행되는 시기에는 더욱 그렇다.

지도자들이 어떻게 자신의 정당성을 지속적으로 확보하고 또 이것의 효과를 극대화하는지부터 살펴보자. 이것이 리더십의 모델을 구분하는 데 도움이 되지 않을까 싶다. 세심하게 분류되고 정리된 리더십은 매우 많지만, 나는 수많은 리더십 모델을 크게 세 가지 범주로 단순화해서 살펴보려 한다.

첫 번째 유형인 위인론은 역사를 통틀어서 지도자의 고유한 특성을 파악하며, 위대한 리더는 카리스마와 자신감과 지성을 타고났는데 이런 특성 덕분에 그들이 효과적인 리더십을 발휘한다고 주장한다. 이 범주의 이론들은 종종 위대한 지도자를 영웅적이고 신화적이며 운명적으로 묘사한다. 이 '위대한 인물 이론'(당시에는 이런 명칭으로 일컬어졌다)은 19세기에 인기를 얻었는데, 알렉산드로스 대왕이나 율리우스 카이사르 혹은 에이브러햄 링컨과 같은 지도자들을 그들의 배후에 있는 신화를 배경으로 삼아서 묘사하고 설명했다. 이 이론은 영향력 있는 역사학자 토머스 칼라일의 저술로 대표되는데, 칼라일은 "이 세상의 역사는 위대한 인물들의 전기일 뿐이다"라고 결론을 내렸다.[3]

역사의 진행 방향을 바꾼 예외적인 개인들이 분명 있었다. 그러나 이들 외에 수많은 사람이 지금까지 우리 사회의 크고 작은 조직을 바꾸어왔다. 군 경력을 성공적으로 마친 뒤에 리더십 연구를 직업으로 삼았던 스탠리 매크리스털 장군은, 특정한 리더십 특성들로 이루어진 조합이 자동적으로 성공을 낳는다는 주장을 '헛된 신화'로 규정하며 '아틀라스Atlas/공식 신화formulaic myth'라고 스스로 이름을 붙인 위인론을 비판한다. 그는 자신이 경험한 것에 따르면 위인이라면 당연히 가져야 한다는 특성들 가운데 그 어떤 것도 가지고 있지 않았지만 위대한 리더십을 발휘했던 지도자들이 많이 있었다고 했다.[4]

게다가 위인론의 토대가 되는 사례들은 온갖 다양한 변수가 성공과 실패를 가르는 중요한 역할을 했음에도, 조직의 성공을 전적으로 지도자의 공으로만 돌리는 경향이 있다. 실제로 지도자가 내리는 대부분의 중요한 결정은 엄청난 불확실성 속에서 이루어지기 때문에, 운이 좋은 사람이 훌륭한 사람이라고 평가받는 일은 충분히 일어날 수 있다. 게다가 만약 리더십이 단순히 타고난 자질의 산물이었다면, 그런 특성을 자질로 가진 사람들이 모두 훌륭한 지도자가 되지 않는 것은 어떤 말로도 설명할 수 없다.

연구 결과에 따르면, 리더십은 운명적으로 미리 정해진 것이 아니다. 해당 집단의 특성이나 특정한 리더십을 요구하는 특정한 상황 등을 포함한 수많은 요인이 특정한 지도자가 거두는 성공에 영향을 미친다.[5] 그렇기 때문에 이 책에서 설명하는 내용은 위인론이 아닌 다른 두 개의 리더십 이론 범주에 상대적으로 더 가깝다. 그 둘은 바로 행동적 리더십 behavioral leadership 이론과 참여적 리더십participative leadership 이론이다.

행동적 리더십 이론은 지도자는 태어날 때부터 지도자가 아니며 리더십도 천부적인 자질이 아니라고 주장한다. 행동주의 이론은 모든 행동은 조건화를 통해서 (혹은 우리가 지금까지 줄곧 도덕감정이라고 일컬어왔던 것을 통해서) 얼마든지 개발될 수 있다는 발상에 뿌리를 둔다.[6] 행동주의 이론은 지도자들의 정신적인 자질이나 내면적인 상태가 아니라 지도자들이 하는 행동에 초점을 맞추어서, 관찰과 교습을 통해 고도로 효과적인 리더십을 배울 수 있다고 주장한다. (그래서 변변찮은 우리에게 희망을 준다.) 뒤에서 살펴보겠지만, 지도자의 내면적인 속성은 지도자의 진정한 참모습과 지속적으로 탁월한 리더십을 발휘하는 데 필요한 덕목을 개발하기 위해서 중요한 역할을 한다.

참여적 리더십 이론은 다른 사람들의 의견에 의지하고 지도자와 다른 동료들 사이에 형성된 연결성에 초점을 맞추는 리더십이 이상적인 리더십 유형이라고 주장한다. 참여적 지도자는 집단의 구성원이 의사결정에 참여하는 것을 장려하고, 그들이 의사결정 과정에서뿐 아니라 의사결정 내용을 수행하는 데 더욱 헌신적으로 나서게 만든다. 이런 혁신적인 지도자는 집단 구성원들이 각각의 업무가 조직이 설정한 목적과 어떻게 연결되는지 알 수 있게 도움으로써 동기를 부여하고 영감을 준다.

내 경험으로는 행동적 리더십 이론이나 참여적 리더십 이론 둘 다, 지도자가 스스로 성취한 것보다는 동료들에게 분명한 목적의식을 전달하는 방법과 조직의 목적을 추구하는 과정에서 나타나는 행동을 촉진하는 방법과 결과에 초점을 맞춘다.

확실히 효과적인 리더십은 상황에 따라서 달라진다. 이것은 셰익스피어의 대사인 "시대가 영웅을 만든다"는 말보다 더 많은 것을 의미한다.

관리 유형은 도전과제의 성격과 맥락 그리고 지도 대상자들의 유형에 따라서 달라질 수밖에 없다.[7] 방어 또는 공격, 실제 작전 또는 전략, 일상적인 작업 또는 변혁적인 작업 등에 따라서 제각기 다른 리더십 접근법이 효과적이다. 훌륭한 지도자는 집단 구성원들에게 필요한 것을 평가하고 주어진 상황을 파악한 다음에 그에 따라서 자신이 취할 행동을 조정한다. 예를 들어서 지도자가 집단 내에서 지식과 경험이 가장 많다면 한층 더 공식적인 (혹은 권위주의적인) 리더십 스타일이 적절하고, 집단 구성원들이 모두 숙련된 전문가라면 한층 더 참여적이거나 민주적인 접근법이 보다 더 효과적이다.

이런 점에서 리더십 이론은 흔히 거래적 리더십transactional leadership 과 변혁적 리더십transformational leadership으로 나뉜다. 경영 리더십이라고도 불리는 전자는 특정 과제의 성취에 집중하며, 동기부여 방식으로 보상과 처벌을 사용한다.[8] 거래적인 지도자는 관료주의 체계나 대기업과 같은 기존 시스템 안에서, 원하는 결과를 얻기 위해서 자신이 가진 지식이나 법률적 권한을 사용한다. 기업계뿐 아니라 체육계에서도 종종 구사되는 거래적 리더십은 감독, 조직, 규칙 그리고 절차에 의존한다. 훌륭한 거래적인 지도자는 기대치와 기준을 설정한 다음에 구성원이 거둔 성과에 대해서 건설적인 피드백을 제공하며, 보상과 인정을 공정하게 분배한다. 이런 과정은 지도자와 구성원들 사이에 건설적이고 서로 도움을 주는 관계를 형성한다. 연구 결과에 따르면 거래적 리더십은 해결해야 할 문제가 간단하고 또 명확하게 정의되는 상황에서 가장 효과적이다.[9]

변혁적 리더십은 구성원들과 조직에 그리고 (함께 공유하는 어떤 목적을 통해서) 지도자 본인에게서 긍정적인 변화를 불러일으킨다. 변혁적인 지도자는 일반적으로 열정에 넘친다. 이 지도자는 자신이 가진 전망의 힘과 자신의 개성을 통해 공동의 목표를 성취하기 위해서는 기대치와 인식 그리고 동기부여를 바꾸어야 한다는 생각을 집단 구성원들에게 불어넣는다.

변혁적 리더십이라는 개념은 미국의 전기작가 제임스 맥그리거 번스 James MacGregor Burns가 베버의 카리스마적인 지도자를 분석한 내용을 바탕으로 대중화했다. 번스에 따르면, 변혁적 리더십에서 "지도자와 추종자는 한층 더 높은 수준의 사기와 동기부여를 가지도록 서로를 돕는다." 번스에 이어서 버나드 바스Bernard Bass는 변혁적 리더십의 네 가지 요소를 다음과 같이 정리했다.

(1) **지적인 자극**: 변혁적인 지도자는 현재 상태에 만족하지 않고 도전할 뿐만 아니라, 다른 동료들에게 창의성을 불어넣는다.

(2) **개인별 맞춤형 배려**: 변혁적인 지도자는 동료들이 생각을 자유롭게 나누고 각자 자신이 조직에 기여한 내용을 직접적으로 인정받을 수 있도록 의사소통 창구를 열어놓음으로써 집단 내의 각 개인을 지원하고 격려한다.

(3) **영감을 주는 동기부여**: 변혁적인 지도자는 명확한 전망을 제시하고 이 목표를 달성하기 위해 열정을 쏟는다.

(4) **이상화된 영향**: 변혁적인 지도자는 집단 구성원의 롤모델이 되어서, 지도자가 가진 이상을 모방하고 내재화하도록 격려한다.

효과적인 변혁적인 지도자는 자신이 가진 지능지수IQ의 필수적인 보조물로 흔히 높은 수준의 감성지능, 즉 감성지수EQ를 가지고 있다. 감성지능이라는 개념을 맨 처음 개발한 사람은 심리학자들인 피터 샐러베이와 존 메이어인데, 두 사람은 이것을 "감정을 지각하고, 생각을 보조하기 위해서 감정에 접근하고 감정을 생성하며, 감정과 정서적 지식을 이해하고, 그리고 정서적이고 지적인 성장을 촉진하기 위해 감정을 반성적으로 조절하는 능력"이라고 정의했다.[10] 그런데 심리학자 다니엘 골먼이 자아인식부터 공감, 그리고 효과적인 리더십에 이르는 감성지능의 중요성을 세상에 널리 알렸다.[11] 지도자들은 자신이 자기 감정을 인식하고 이해하고 관리하며, 함께 일하는 사람들의 감정을 인식하고 이해하고 그 감정에 영향을 주어야 한다는 것을 잘 안다.

변혁적인 지도자가 되려면 미래에 대한 강력하고 긍정적인 전망을 가지고 있어야 한다. 지도자라면 그 전망을 자기 혼자 믿는 것만으로는 충분하지 않고, 다른 사람들도 그 전망을 함께 믿도록 만들어야 한다. 변혁적인 지도자는 진실하고 열정적이며 동료를 지지하며 사람들에게 신뢰를 준다. 이런 지도자의 덕목은 집단의 구성원들이 집단을 위해 자신이 설정한 목표를 지지하도록 동기를 부여하는 데 도움이 되는 핵심적인 요소이다.

변혁적인 지도자가 이끄는 집단은 성공적이며 또한 충성심이 높고 이직률은 낮으며 헌신성은 높은 경향이 있다. 이런 집단의 구성원들은 끊임없이 영감을 느끼고 자율권을 부여받았다고 느끼기 때문에 집단의 성과 수준과 만족도 그리고 복지 수준이 상대적으로 높다는 사실은 증거로 입증된다.[12] 버나드 바스와 로널드 리지오는 『변혁적 리더십 Transformational Leadership』에서 다음과 같이 설명한다.

> 변혁적인 지도자는 (…) 추종자들이 비범한 성과를 거두고 또 그 과정에서 자신의 리더십 역량을 개발하도록 자극과 영감을 준다. 변혁적인 지도자는, 자신을 추종하는 개개인에게 권한을 줌으로써, 추종자 개인과 지도자와 집단 그리고 한층 더 큰 조직의 목표와 목적을 정렬함으로써, 개개인이 필요로 하는 것을 제공해서 추종자들이 성장해서 지도자로 발전하도록 돕는다.[13]

실제 현실에서 거래적 리더십과 변혁적 리더십이라는 두 개의 접근법은 중요하다. 어떤 거래를 실행한다는 것은 그 자체로도 중요하지만 거래의 실적이 지도자 역량에 대한 신뢰를 강화하기 때문에라도 매우 중요하다. 잉글랜드은행에서 우리는 우리가 하는 일들 하나하나가 모두 우리의 임무 수행 능력에 대해서 사람들이 가지는 신뢰에 영향을 준다는 것을 깨달았다. 현재 변혁(혁신)의 힘은 엄청나게 크다. 아닌 게 아니라 우리는 엄청나게 큰 경제적·기술적·사회적 변화의 시대에 살고 있다. 산업 전체가 무너지고(예컨대 소매유통 산업) 새로운 산업(예컨대 탄소 포집 및 저장 산업)이 나타나고 있다. 세계 경제에서는 (무역장벽으로 인한) 분열과 (사회관계망을 통한) 통합이 동시에 진행되고 있다. 제도 자체와 연관된 온갖 편견들이 노출되고 있기 때문에, 우리는 지금 기존의 자그마한 사회적 균열을 공통적인 인간성의 한 부분으로 포용할지 아니면 이것이 커다란 골이 되도록 방치할지 선택해야 하는 과제에 직면했다.

이런 기계 시대에 기술의 리더십은 거래적이어야 하는 동시에 변혁적이어야 한다. 인공지능AI은 응용 분야가 폭넓은 범용 기술인데, 이것이 가져다주는 생산성 향상의 이득을 우리가 과연 얼마나 누릴 수 있느냐는 공동의 목적을 달성하기 위한 리엔지니어링*기업의 체질 및 구조와 경영 방식을 근본적으로 재설계하여 경쟁력을 확보하는 경영혁신 기법에 달려 있다.

인공지능은 인간보다 미래를 더 잘 예측할 수 있으며 사용할수록 정확도가 향상되는 '예측 기계'라고 생각할 수 있다.[14]

기계학습machine learning*인공지능의 한 분야로, 외부 프로그래밍 없이도 기계가 학습을 하는 것은 보통 거래적 리더십이 요구되는 곳에서 가장 잘 통한다. 즉 질문이 명확하게 정의된 경우에, 미래는 과거처럼 행동할 것으로 예상되며 또 어떤 문제가 있더라도 그 문제를 계산하는 데 충분한 데이터가 존재한다. 금융을 예로 들면, 사기나 돈세탁을 미리 알아본다거나 보험에서 존재하는 공통적인 위험 혹은 중소기업의 채무불이행 위험 요소를 평가하는 것이 그렇다. 인공지능은 알고리즘이 인간이 볼 수 없는 기회를 포착해서 활용하는 금융 시장에서의 차익거래 등과 같이 규칙이 정해져 있는 게임에 특히 효과적일 수 있다. 그러나 인간이 볼 수 없는 기회를 포착해서 활용한다는 점에서, 보이지 않는 것을 바라보는 인공지능의 능력은 딥마인드DeepMind의 바둑 프로그램 알파고와 인간 기사 이세돌 사이에서 펼쳐졌던 그 유명한 바둑 대국과 같은 변혁적인 통찰로 이어질 수 있다. 이 대국에서 기계는 세계 최고의 바둑 기사들이 오랜 세월 동안 지배해왔던 바둑이라는 또 하나의 세계에서 자기 능력의 최대치를 발견했고, 따라서 그 대국은 하나의 변혁적인 사건으로 기록되었다.

기계를 관리한다고 할 때 이 관리 내용의 한 부분은, 기계의 연산을 인간의 판단과 결합함으로써 객관적인 예측이 언제 개선될 수 있을지 판단하는 것이다. 이렇게 할 수 있으려면 먼저 인공지능의 힘과 한계를 잘 이해해야 한다. 기계는 이용 가능한 데이터를 워낙 많이 확보하고 있어서 신용 평가, 특히 개인 대출 연장의 가부를 첫 화면※업무 처리를 시작하기에 앞서 대화형의 맨 처음 메시지로서 표시 장치에 나타나는 화면만으로 수행할 수 있다. 인공지능과 기계학습은 인간의 뇌보다 더 많은 데이터를 계산할 수 있어서 특정 변수에 지나치게 높은 가중치를 설정할 가능성을 낮추긴 하지만, 인공지능이 과연 인간이 가진 편견들을 온전하게 제거할 수 있을까 하는 점은 그 기계가 학습에 사용하는 역사적 데이터에 그런 편견들이 얼마나 녹아 있느냐 하는 사실에 달려 있다.

때로 의사결정이 완벽하지는 않아도 빨라야 할 필요가 있다. 특히 복잡한 세계에서는 더욱 그렇다. 인간이 최적의 해법을 찾지 못할 경우, 인간은 '아쉽지만 만족한다.' 즉 만족의 어떤 한계지점에 도달하는 선택에 만족하는 실용적인 접근법을 채택한다. 인공지능도 마찬가지로 학습할 데이터가 부족할 때는 인간 직관의 지배를 받는다. 과거가 미래를 암시하는 프롤로그가 아닐 때, 단선적이 아니라 폭넓게 퍼져나가는 인간의 사고 능력은 엄청난 가치를 지닌다.

인공지능은 특히 변혁적 리더십과 관련된 문제들로 어려움을 겪을 수 있다. 인공지능은 기후변화와 인구 고령화 그리고 인공지능 자체 등과 같이 장기간에 걸쳐서 전개되는 구조적 변화를 포착하고 이해하려고 노력한다. 그런데 결론을 이끌어내기 위한 자료가 너무 적으면 인공지능은 어려움을 겪는다. 연산에 동원할 데이터가 부족하면 아무리 인공지능이라도 내놓을 답변이 없다. 그래서 인간이 그렇듯이 모른다고 알려진 정보를 인식하지 못하거나 계산하지 못해서 빈칸을 채우지 못한다.

인공지능 모델들은 또한 해석하기 어려울 수 있다. 모델의 매개변수들은 일반적으로 개발자들이 알고 있지만(뉴럴 네트워크＊**인간의 뇌 기능을 모방한 네트워크**의 경우에는 언제나 그렇지는 않다), 매개변수의 수가 워낙 많고 모델의 형태가 비선형이라서 인간이 그것들을 파악하기는 쉽지 않다. 예를 들어 자연어 처리에 사용되는 아마존의 알렉스넷AlexNet은 6,000만 개의 추정 매개변수를 가지고 있다. 또 초점이 한층 좁게 맞추어진 신용등급 모델은 비선형적이거나non-linear 비모수적인non-parametric 수천 개의 매개변수를 가지고 있어서, 이것이 어떻게 작동하는지 설명하기가 어렵다.

금융안정성이라는 분야에서도 인공지능은 금융기관과 감독 당국에 소속된 인력들이, 예컨대 거래와 투자와 같은 의사결정이 어떤 과정을 거쳐서 형성되었는가 하는 것을 포함해서 꼬리위험＊**거대한 일회성 사건이 자산 가치에 엄청난 영향을 줄 수 있는 위험**에서의 행동을 이해하기 어렵게 만들 수 있다. 원인을 모른 채로 잘못된 것을 바로잡기는 어렵다. 제3자에 대한 의존도가 높아지면 운영 위험이 늘고, 단일 장애점single point of failure＊**시스템 구성요소 가운데서, 동작하지 않으면 전체 시스템이 중단되는 요소**의 발생 가능성이 높아지며, 이것은 어떤 행동의 결과가 처음보다 훨씬 더 큰 규모로 증폭될 수 있음을 뜻한다.

◆ ◆ ◆

다음에 이어지는 내용에서 당신은 신성한 권리나 독재적인 명령 어디에도 이끌리지 않을 것이라고 나는 가정한다. 그래서 당신은 큰 과제든 작은 과제든 간에 당신이 맞닥뜨린 리더십 과제에서 동료, 이사회, 주주 그리고 이해관계자들로부터 최소한의 동의를 (열정이면 가장 이상적이겠지만) 요구할 것이다. 당신이 속한 조직의 규모와 어떻든 상관없이, 그 동의가 한층 더 넓은 사회로 확장된다는 점을 기억하기 바란다. 검증의 시간에 우리 모두에게는 효과적인 운영을 잣대로 삼는 사회적 허가가 필요하다.[15]

리더십과 신뢰의 위기

많은 사회에서 신뢰의 상실을 말하는 것이 유행이다. 장기간에 걸친 추적 조사의 결과도 최근 수십 년에 걸쳐서 많은 기관에 대한 대중의 믿음이 전반적으로 하락하는 추세로 나타난다.[16]

이 신뢰 상실 현상을 '전문가들'에 대한 환멸이라는 개념으로 종종 설명하기도 하지만, 이것은 지나친 단순화의 결과이다. 설문조사에 따르면 오늘날 사람들은 과학적 전문지식을 상대적으로 신뢰하는 것으로 나타나며,[17] 반면에 정부와 언론을 가장 회의적으로 바라보는 것으로 나타난다. 2020년 에델만 신뢰 바로미터Edelman Trust Barometer에 따르면, 표본 국가의 대략 3분의 2에서 정부와 언론에 대한 신뢰가 50퍼센트 미만이었다.[18] 7장에서 살펴보았듯이 부유층과 금융 부문에 대한 신뢰 역시 매우 낮다.[19] 기관들에 대한 이러한 신뢰 부족에 대한 대중의 대응은 다른 곳으로 눈을 돌리는 것이었다. '당신과 같은 평범한 사람'은 이제 기술 전문가만큼 신뢰성이 높고, 기업의 CEO나 공무원보다 훨씬 더 신뢰를 얻을 수 있게 되었다. 이 현상은 소셜미디어에서 신뢰의 대상이 가족과 친구로 이동하는 것으로 반영되어 나타난다.

기관을 신뢰하지 않게 된 기원은 여러 가지가 있다. 이 가운데 몇몇은 실적이 변변찮다는 점에 뿌리를 두고 있다. 유능함이 중요하며, 무능함은 의심과 조롱을 낳는다. 금융 부문에서의 전환점은 의심할 것도 없이, 주류 경제학자들이 시장 근본주의적인 금융 시스템의 실패가 어떻게 금융 위기로 이어질지 예견하지 못한 일이었다. 대중의 회의적인 태도는 유로존 위기가 잇따르면서 한층 더 강화되었다. 유로존의 위기로 단일통화라는 제도적인 구조가 (이 구조는 당시까지만 하더라도 엘리트 프로젝트로 널리 인식되던 것이었다) 적절하지 않다는 미흡함이 드러났다.[20] 게다가 리보금리 조작 사건＊2012년, 트레이더들이 리보금리를 낮게 조작해 해당 은행들이 이득을 본 사건으로, 관련 은행들이 문 벌금만 60억 달러나 되었다과 같은 금융 스캔들은 대중의 환멸에 기름을 부었다.

비록 의료계 종사자들이 금융업 종사자들보다 더 잘 해왔긴 하지만, 1970년대 이후로 의료계에 대한 대중의 신뢰는 하락의 길을 걸어왔으며, 의료계의 실수들은 대중의 신뢰가 얼마나 떨어질 수 있는지를 여실히 보여준다. 품질관리를 위한 전문가 시스템이 유명하게 실패했던 사례는 MMR 백신＊홍역, 유행성이하선염, 풍진의 3종 혼합백신과 자폐증 사이의 연관성을 주장했던 연구논문으로, 이 논문은 권위 있는 의학 학술지 《랜싯》에 1998년 발표되었다. 이 논문이 발표된 뒤로 영국에서의 백신 접종률은 전국적으로 80퍼센트 미만으로 떨어졌고 유행성이하선염이 2005년까지 유행했다. 그런데 그 논문의 책임저자는 나중에 의료 기록부에서 제외되었으며, 《랜싯》은 그 뒤에 나온 논문들이 해당 백신과 자폐증 사이의 확실한 연관성을 규명하지 못하자 문제의 그 논문을 철회했다. 사실 그 논문은 겨우 열두 명의 어린이만을 대상으로 한 연구를 분석한 결과였다.

코로나 위기 동안에 보건 공무원들이 중앙무대를 차지하고서 모든 사람의 일상생활에 개입해 실질적인 권력을 행사했다. (이것은 '과학'을 따르겠다고 한 정부의 약속에 따른 논리적인 결과였다.) 엄청난 불확실성 속에서 실시간으로 조언을 해야 한다는 압박감은 해당 직업에 대한 대중의 신뢰라는 저수지에서 수위를 끌어내리는 일련의 판단들로 이어졌다. 팬데믹 기간에 과학자들은 무증상 환자들의 질병 전파 가능성, 마스크 착용, 사람과 사람 사이에 2미터 거리두기, 해외 입국자 격리 등과 같은 온갖 다양한 문제에 대해서 명확한 지침을 내려달라는 독려를 받았고 또 반대로 그 지침을 철회하라는 명령을 받았다. 코로나19 바이러스가 워낙 특이하다는 사실을 감안하면, 치명률을 예측하기는 어려웠고 피할 수 있었던 죽음과 같은 가짜 사실들이 버젓이 사실로 받아들여졌음은 그다지 놀라운 일도 아니다. 이런 각각의 발전은 학습이라고 볼 수도 있지만 오류로 인식될 수도 있었다. 따라서 이런 실패는 락다운 전략에 대한 믿음을 잠식하고, 더 나아가 사람들을 코로나 위협이 과장되었다고 느끼는 사람들과 과학적 조언이 경제적 · 정치적 목적에 휘둘릴 것을 우려하는 사람들로 나누었다.

쟁점을 둘러싼 여론의 양극화는 전형적인 현상인데, 이 현상은 정보기술 혁명을 먹고 자란다. 지식의 디지털화와 지식에 대한 자유로운 접근은 민주화와 권한 분산의 의미를 띤다.[21] 이와 동시에, 우리가 흡수하는 온갖 뉴스와 의견은 자신이 옳다고 생각하는 것만을 찾게 만드는 자기강화 검색 엔진과 소셜미디어 알고리즘의 표적이 되고 있다. 우리의 확증편향은 이런 것들을 먹고 점점 자라나며, 결국 우리에게는 위험을 기반으로하는 미묘한 판단이 들어설 공간이 점점 사라진다. 자기 의견을 검증받을 페이스북 친구나 트위터 팔로워가 널려 있는데 굳이 전문가의 의견을 누가 필요로 하겠는가?

이와 관련해서 런던정경대학교의 학장인 미노체 샤피크는 다음과 같이 결론을 내렸다.

"정보가 넘쳐나는 세상에서 교육의 미래 목표는 비판적인 사고를 길러서 학습하고 판단하는 능력을 가진 시민을 양성하는 것이 되어야 할 것이다."[22]

샤피크가 지적했듯이, 알고리즘이 사람들에게 늘 똑같은 생각만을 반복해서 들려주는 공간을 만들고, 가짜뉴스가 현실을 왜곡하며, '탈진실post-truth'＊진실보다 감정에 호소하는 것이 대중에게 호소력 있게 다가가는 현상이 냉소를 조장하고, 온라인의 익명성이 정보를 악용하는 개인과 국가에 힘을 실어줄 때 해당 정보의 품질을 평가하는 것 자체가 어려울 수 있다. 옥스퍼드 대학교 부설 로이터저널리즘연구소에 따르면 온라인 접속이 가능한 사람 가운데 절반이 소셜미디어를 통해서 뉴스를 접한다. 그런데 미국에서 이 수치는 2013년 이후로 두 배가 되었다.[23]

사용자가 과거에 보았고 좋아했던 콘텐츠들을 기반으로 해서 해당 사용자의 선호도를 추측하는 알고리즘이 제공하는 뉴스에 의존하는 사람은, 정보의 메아리방에 갇혀서 자신의 의견과 같은 의견만 늘 접하면서 살게 될 위험이 높다. 클릭 수가 돈벌이가 된 세상에서는 이런 위험들이 복합적으로 작용한다. 이런 시스템에서는 가장 날카로운 목소리가 보상을 받고 가장 극단적인 견해가 힘을 얻는다.

포퓰리즘 정치가 나타나면서 전문가와 전문지식에 대한 사람들의 불신이 커지고 있다. 포퓰리즘은 '진정한 국민'을 대변한다는 도덕적 주장을 내세운 정체성 정치의 특정한 한 형태이다.[24] 포퓰리즘은 속성상 반反다원주의적이고 반反엘리트적이며 '우리 대 그들'이라는 사고방식을 조장한다. 포퓰리즘의 정신적 특징은 포퓰리즘 정책을 지지하는 사람이 진정한 '국민'이며, 모든 지혜를 바로 이 '국민'에게서 찾는다. 이런 접근법의 한 가지 사례가 브렉시트 국민투표에서 나타났다. 당시 영국의 법무부 장관 신분으로 브렉시트를 찬성했던 마이클 고브Michael Gove는, 국민은 "이미 충분히 많은 전문가를 확보하고 있다"고 주장했다. 분명한 사실이지만, 고브의 그 주장은 오래 가지 않았다. 2년 뒤에 그는 코로나 위기에 대해서 "과학을 따르라"는 구호를 내건 정부 내각의 일원이 되었다.

◆ ◆ ◆

신뢰의 역학관계를 설명하는 비유는 다채롭게 많다. 예컨대 금융계에는 신뢰는 올 때는 걸어서 오지만 갈 때는 페라리를 타고 간다고 말이 있다. 경제학자이자 인도 정부의 고위 관료인 몬테크 싱 알루왈리아 Montek Singh Ahluwalia는 언젠가 나에게 신뢰는 코코넛 나무가 성장하는 속도로 커지다가 코코넛 열매가 나무에서 떨어지는 속도로 추락한다고 말했다. 이 두 개의 비유가 말하는 교훈은 똑같다. 신뢰를 쌓는 데는 오랜 세월이 걸리지만 신뢰가 파괴되는 건 순식간이라는 말이다.

이 점은 모든 조직의 지도자는 전문가라고 하는 사람들이 대중의 신뢰를 회복하기 위해 취해야 할 조치들의 여러 유형에서 명확하게 배울 수 있다. 특히 다음의 여섯 단계를 살펴보자.

첫 번째, 어떤 결정이 어떻게 그리고 왜 내려졌는지에 대해 이해하기 위한 충분한 정보를 국민이 가지고 있지 않을 때, 투명성 향상이 도움이 될 수 있다. 그러나 투명성은 늘 하는 입에 발린 말이 되어버렸고, 정보가 넘쳐나는 시대에는 효과가 없을 수 있다. 철학자 오노라 오닐이 강조했듯이, 이용 가능한 모든 정보를 가지고서 대중을 융단 폭격하는 것은 해결책이 아니다. ("어떤 기관이나 직업에 대한 정보가 아무것도 알려지지 않는다는 것은 너무도 지루한 일이다. 그러므로 그 내용은 세상에 알려질 수밖에 없다.")[25] 이해관계자들이 언어 때문에 정보에 접근할 수 없거나 혹은 해당 정보가 너무 복잡하거나 맥락에 맞지 않아서 그 정보를 평가할 수 없다면, 정보투명성이 아무리 높아도 전혀 도움이 되지 않는다. 이해관계자들은 효과적인 투명성을 필요로 한다. 정보에 접근하는 각 개인이 그 정보의 품질을 평가하고 거짓과 진실을 구분함으로써, 그 정보의 신뢰성을 판단할 수 있어야 한다.[26] 이것이 바로, 투명성과 책임성을 다룬 「워쉬 보고서 Warsh Report」가 나온 뒤에 잉글랜드은행이 이루고자 노력했던 목표이다. 잉글랜드은행은 어떤 단일한 결정과 관련해서 이해관계자들의 관심과 전문성에 관련된 모든 정보를 제공함으로써 바로 그 목적을 달성하려고 했다. 이럴 때 일반 대중은 가장 중요하게 제시되는 메시지의 명확성과 의도를 평가할 수 있고, 금융 시장 전문가와 학자는 메시지의 모든 문구와 측정점이 내포하는 의미를 파고들어 토론할 수 있으며, 언론은 전체적인 일관성을 판단할 수 있다.

두 번째, 사실관계를 입증한다. 지금은 고인이 된 미국의 전 상원의원 대니얼 패트릭 모이니핸은 "당신은 자기만의 의견을 가질 자격이 있지만, 자기만의 사실을 가질 자격은 없다"고 말했다. 그래서 몇몇 전통적인 기관들은 사실관계를 제공하기 위해서 영국의 국민의료보험의 건강정보 사이트NHS Direct나 국립보건원NIHP를 통해서 공공정보 서비스를 한다. 그리고 제공되는 정보의 품질을 평가하는 비전통적인 기관들도 팩트체크 사이트들과 같은 형태로 등장해 공적인 인물들이 말하는 주장을 세밀하게 뜯어보고 평가한다. 팩트체커들은 심지어 자신이 한 작업의 진실성을 사용자들이 평가하도록 하는 행동강령을 마련하기까지 했다.[27]

사실관계 확인이 가지고 있는 근본적인 중요성은 거대한 소셜미디어 기업에도 꾸준하게 반향을 불러일으켜 왔다. 유튜브와 트위터와 같은 기업들은 애초부터 자유로운 의사 표현과 정보 통제의 탈중심화라는 가치관을 기반으로 설립되었지만, 이것만으로 부족해서 콘텐츠 관리자를 수천 명 고용해서 어떤 것이 적절한 절차와 거버넌스 모델인지 실험을 진행하면서 잘못된 정보에 대한 조치를 점차 강화하고 있다.

거버넌스(지배구조, 관리) 개선이라는 점에서 특히 흥미로운 대상이 페이스북의 감독위원회인데, 장차 이 위원회는 논란이 되는 내용에 대해서 최종적으로 결정을 내리고 페이스북 경영진의 결정을 뒤집는 힘을 가질 것이다. 이 위원회는 전 세계의 유명인사들로 구성되어 있으며, 전직 총리와 노벨상 수상자 그리고 헌법 전문가들도 포함되어 있다. 항소 절차와 위원회 결정의 공표 등 의결 절차를 사법기관과 비슷하게 설정했다는 사실에서, 언론의 자유와 정확성의 문제를 투명하고 공정한 방식으로 균형 있게 다루겠다는 진정성을 읽을 수 있다.

의사결정 내용과 사용하는 모델들 그리고 기본적인 데이터를 공표하는 것은 어떤 전문가나 조직이 대중의 신뢰를 유지하기 위한 하나의 방법이다. 왜냐하면 외부자가 해당 주장이나 결과의 신뢰성을 검증할 수 있기 때문이다. 이상적으로만 보자면 정부도 비슷한 방식으로 해당 정책 관련 민감도를 공표해서 이해관계자들이 해당 결론의 건전성을 평가할 수 있게 (적어도 결과의 불확실성에 익숙해지게) 만들 수 있다. 잉글랜드은행에서 우리는 때때로 우리의 예측과 관련된 민감도와 다양한 가능성의 시나리오들을 발표하곤 했다. 이때 우리가 가졌던 목표는 어떤 경제 상황들이 발생했을 때 우리가 그에 각각 어떻게 대응할 것인지 (즉 잉글랜드은행의 반응함수를) 사람들이 판단할 수 있게 만들자는 것이었다.[28]

대중의 신뢰를 높이기 위한 세 번째 인기 있는 처방은 전문가들이 불확실성을 수용하는 것이다.[29] 버트런드 러셀도 예전에 "바보와 광신도들은 언제나 자신이 옳다고 자신만만하고, 현명한 사람들은 언제나 모든 것을 의심한다는 게 이 세상이 안고 있는 근본적인 문제이다"라고 한탄했다. 복잡한 세상에서는 어떤 의심이든 충분한 이유가 있다.

코로나 위기의 경험에서 볼 수 있듯이, 불확실성은 역학 모델이 설정한 가정의 아주 작은 변화로 팬데믹이라는 엄청나게 거대한 다른 결과를 초래할 수도 있다. 전문가들은 모델들의 보정에 대해서뿐 아니라 해당 모델들이 과연 올바른 것인지조차 확신하지 않는다.

그러므로 잘못된 확실성을 주장하며 잘못된 위험을 감수하기보다는, 불확실성에 대해 솔직해질 때 장기적으로는 전문가들이 신뢰를 확보할 수 있다는 주장이 제기된다. 작가 앙드레 지드가 말하지 않았던가, "진실을 추구하는 사람은 믿되, 진실을 찾았다고 말하는 사람은 의심하라"고 말이다.[30] 이 접근법의 고전적인 사례는 잉글랜드은행의 통화정책위원회 MPC가 경제 전망을 하면서 '팬 차트fan charts'를 사용하는 것이다. 그러나 이것은 주어진 초기 상황에서 인플레이션(물가상승), 성장 및 실업에 대해 가능한 광범위한 결과를 보여준다.

이 조언은 지면상으로 아무리 탄탄하다고 해도 한계를 안고 있다. 이런 불확실성이 언제나 언론에 전달된다거나, 혹은 또 그렇게 전달된다고 하더라도 대중이 온전하게 이해하리라는 생각은 지나치게 순진한 발상이다. 나는 잉글랜드은행이 민간 은행들을 스트레스 테스트하기 위해 사용했던 최악의 시나리오들이 전망이나 예측 혹은 심지어 약속이라는 표현으로까지 묘사되는 것을 자주 보았다. 게다가 불확실성을 전달하려면 메시지의 복잡성이 증가할 수밖에 없는데, 그 모든 것을 280자*트위터의 트윗 글자 수 상한선이 280자이다로 풀어내기는 힘들다.

전문가들이 미노체 샤피크가 경계했던 확증편향에 대응하려면 후회 없는 의사소통에 대한 판단을 내릴 필요가 있다. 나는 나쁜 일이 생겼을 때 준비가 안 되어 있는 것보다는 너무 비관적이라는 비난을 받더라도 위험에 대비하는 게 낫다고 생각한다. 브렉시트 대응과 관련해서 잉글랜드은행이 제시했던 최악의 시나리오가 앞으로 일어날 일에 대한 끔찍한 예측으로 잘못 이해되는 상황을 가정해보자. 내 동료인 샘 우즈Sam Woods가 말한 것처럼, "우리는 파멸의 상인이라는 이름으로 불려왔지만, 나는 이것을 칭찬으로 받아들인다." 샘이 한 말이 옳은데, 그 이유는 그 최악의 시나리오들이 애초의 목적에, 즉 영국이 유럽연합에서 사실상 탈퇴함으로써 빚어질 최악의 경제 환경을 영국 은행들이 버텨낼 정도로 충분히 튼튼할 수 있도록 보장하겠다는 목적에 부합했기 때문이다. 8장에서도 살펴보았듯이 실패에 대비하는 계획을 미리 세워둠으로써 우리는 성공을 보장하는 데 힘을 보탤 수 있다. 그 결과, 우리는 금융 부문이 노딜 브렉시트*영국이 유럽연합을 탈퇴할 때 아무런 협의 없이 탈퇴하는 것에 준비가 되어 있는 경제 영역이라고 확신했다. 게다가 코로나가 발생하고, 은행들이 해결책 가운데 한 부분이라고 잉글랜드은행이 말했을 때, 잉글랜드은행은 자기 역할을 수행하는 데 필요한 신뢰를 충분히 확보하고 있었다. 즉 잉글랜드은행은 시장과 사람들로부터 신뢰를 받고 있었다.

여기에서 보다 더 나은 의사소통이라는 신뢰 개선의 네 번째 단계로 이어진다. 소셜미디어와 미디어의 홍수 속에서 전문가들은 수많은 목소리 가운데 하나라는 사실은 분명하다. 그리고 그 수많은 목소리는 종종 다른 사람이 접근할 수 없는 언어로 말을 한다. 2017년에 잉글랜드은행 직원은 우리가 발표한 문건들의 언어적 복잡성을 다른 정보 문건들과 비교했는데, 그의 연구조사에 따르면 다섯 명 가운데 한 명만이 우리 문건의 내용을 파악하는 수준의 독해력을 가지고 있었다.[31]

이 문제를 해결하기 위한 대응으로 우리는 쉽게 읽히는 문건을 쓰도록 장려할 목적으로 모든 내부 문건과 외부 발표문을 가독성 점수를 기준으로 평가하기 시작했다. 또한 사람들이 우리의 핵심 메시지에 쉽게 접근할 수 있도록 여러 층의 의사소통 통로를 만들어서 원하는 사람은 데이터와 세부사항을 자세히 분석할 수 있도록 했다. 우리는 인플레이션과 고용이라는 경제 전문용어보다 '물가'와 '일자리'를 이야기하는 게 훨씬 더 효과적임을 배웠다.

그렇다고 해서 이 접근법이 어려움이 없었던 것은 아니다. 알기 쉬운 말로 설명할 때는 미묘한 뉘앙스 차이와 우리가 받아들이고 전달해야 할 불확실성을 온전하게 담아내기 어렵다. 경제 전망을 묻는 질문에 "우리는 아는 게 하나도 없다"가 정확한 대답일 수 있다. 그러나 이런 대답은, 통화 정책을 수립하기 위해서는 중앙은행인 잉글랜드은행이 가능한 경제적 결과에 대한 일정한 의견을 가져야 마땅하다는 점을 감안하면, 별로 도움이 되지도 않고 사람들에게 신뢰를 불러일으키지도 않을 것이다. 결국 잉글랜드은행은 가능성이 가장 높은 전망을 이야기한 다음에 실제 결과가 다르게 나타났을 때 어떤 것들이 달라졌는지 설명할 수밖에 없다. 알아듣기 쉽게 말하는 것에 따르는 두 번째 어려움은 일자리와 성장이라는 말은 정치인의 언어라는 점이다. 즉 잉글랜드은행이 경제인의 언어가 아니라 정치인의 언어로 말할 때, 사람들이 잉글랜드은행이 실제로 할 수 있는 것보다 더 많은 것을 할 수 있다고 결론을 내리고, 더 나아가 사람들이 독립적인 기술주의적 전문 기관을 정치적인 과정과 혼동할 위험은 높아진다.

여기에서 자신이 진행하는 차선, 즉 자기 경로를 지켜야 한다는 신뢰 개선의 다섯 번째 단계로 이어지는데, 연방준비제도이사회FRB의 제이 파월Jay Powell도 이 점을 강조했다. 4장에서 살펴보았듯이, 중앙은행들은 신중하게 조정된 제한된 재량권 아래에서 운영된다. 권한은 국민에게서 나오고, 이 권한은 특정한 과제를 완수하도록 전문가 집단이나 기관에 위임된다. 잉글랜드은행이 자기의 차선에서 벗어나지 않는 것은 잉글랜드은행 임직원이 통화 정책과 관련된 질문을 받을 때 예외적으로 신중해야 하기 때문이다. 설령 우리가 충분한 정보와 전문지식을 가지고 있다 하더라도, 또 금융 정책의 입장이 통화 정책의 실행에 늘 중요하다고 하더라도 말이다. 그러나 재정 정책은 우리의 책임이 아니었고, 통화 정책의 유연성은 느리게 움직이는 재정 정책의 변화에 은행이 빠르게 대응해서 정책을 조정한다는 뜻이었다. 게다가 재정 정책에 대해서 잉글랜드은행이 한마디라도 언급할 경우, 통화 정책 수행에 대해서 정치인들이 한마디를 언급할 것이고, 결과적으로 대중을 혼란스럽게 만드는 셈이 된다. 그러면 결국 재정 정책과 통화 정책 모두 신뢰가 떨어지고 말 것이다.

잉글랜드은행이 맡고 있는 소관의 폭 자체는, 영국의 금융안정성과 민주적 책임성에 대한 여러 위협의 조합이 우리가 어떤 식으로든 논평을 할 수밖에 없는 영역들, 즉 논쟁의 여지가 있을 수밖에 없는 영역들이 존재함을 의미했다. 스코틀랜드 분리독립 주민투표＊2014년 9월에 스코틀랜드 분리독립 주민투표가 진행되었고, 반대표가 찬성표보다 10퍼센트포인트 높게 나왔고, 이로써 1707년 영국에 합병된 후 307년 만에 시도되었던 스코틀랜드의 분리독립은 무산되었다는 통화주권과 금융안정에 대한 근본적인 의문들을 제기했다.[32] 스코틀랜드가 어떠한 형태의 재정동맹 혹은 공유 금융 안전망도 없는 상태에서 파운드화 체제를 유지하며 신속하게 독립국가로 나아갈 것이라는 제안은 전체 영국의 금융 서비스 부문의 안전성을 해칠 위험이 있었다. 여기에 대한 예방책으로 잉글랜드은행은 전체 체제를 보호하기 위해서 광범위한 비상계획을 세웠다. 이것과 관련해서 우리가 의회 청문회에서 증언해야 할 때 밝힐 대비책이었다. 잉글랜드은행의 권한은 국민으로부터 이양된 것이고, 따라서 우리가 그 권한을 행사할 때 우리는 국민에 대한 책임을 져야 한다.

비슷한 맥락에서, 잉글랜드은행이 브렉시트가 초래할 잠재적인 금융 안정성에 대비하지 않는다거나 그에 대한 준비를 하지 않고 침묵한다는 것은 상상할 수도 없는 일이었다. 왜냐하면, 그런 조치들은 은행들이 각자 자기가 필요한 자금을 조성하는 방식에 대한 전면적인 변화를 포함하고 있어서, 잉글랜드은행으로서는 수천억 파운드의 자금을 금융 부문에 빌려줘야 할 수도 있었기 때문이다. 그리고 그런 대출에 대한 손실은 궁극적으로 납세자가 부담해야 할 몫이기 때문이다. 그런 상황에서 아무런 행동도 하지 않는다는 것은 정치적인 차원의 의사결정이 될 수 있었으며, 의회 청문회에서 침묵을 지킨다는 것은 양심에 어긋나는 짓이 될 터였다. 잉글랜드은행이 의회에 책임을 지는 통로인 재무위원회의 의장은 이렇게 말했다.

"이 주제에 대해서 잉글랜드은행이 침묵으로 일관하기로 했다면, 어떤 의사결정 혹은 이런 유형의 판단을 내려야만 하는 본 위원회의 청문회 자리에서, 그 청문회가 한 번이 될지 두 번이 될지 모르지만, 당신과 당신의 동료들은 험한 꼴을 당했을 것이다."[33]

해당 위원회의 위원들은 영국이 유럽연합 회원국 자격을 유지하는 것이 어떤 의미를 가지는지 평가해야 하는 의무를 지고 있었는데, 이들 가운데서 법률로 규정된 목표들을 달성할 잉글랜드은행의 능력에 대해서 의심하는 사람은 아무도 없었다. 또한 잉글랜드은행에게는 증거에 기초한 우리의 판단을 의회와 대중에게 보고해야 하는 법률적 의무가 있다. 예를 들어, 통화정책위원회MPC의 소관은 "통화 정책을 설정하는 데서 내재된 이 조치의 장단점을 잘 이해해야 한다"고 규정하고 있다. 게다가 국민투표를 실시하기 한 달 전처럼 인플레이션이 2퍼센트 목표에서 1퍼센트 포인트 이상 벗어날 경우, 잉글랜드은행 총재는 총리에게 공개서한을 작성하여 무엇보다도 특히 "인플레이션이 목표치에서 벗어나는 오차의 규모와 그 오차가 존재하는 기간을 결정하는 문제에서 인플레이션 및 생산량 변동과 관련해서 이루어진 균형(트레이드 오프)" 그리고 "이 접근법이 정부의 통화 정책 목표를 달성할 방법"을 설명해야 한다. 잉글랜드은행의 MPC를 구성하는 아홉 명의 독립적인 위원들의 견해, 즉 "MPC의 예측에 뒤따르는 가장 중요한 위험들은 국민투표에 관한 것"이고 또 유럽연합 탈퇴를 결정할 국민투표의 의미는 "성장이 실질적으로 둔화되고 인플레이션이 상당한 수준으로 진행될 것"으로 이어질 수 있으며, 따라서 MPC는 "안정적인 인플레이션과 생산량 및 고용 사이의 균형을 맞추는 과제"에 직면할 것이라는 견해를 감안한다면, 우리가 발표하는 문건들에서 이 점을 언급하지 않는다는 것은 우리의 소관에 명백하게 어긋나는 것이었을 것이다.[34]

　　비슷하게 잉글랜드은행의 금융정책위원회FPC가 금융안정성에 대한 전망과 이 전망을 토대로 한 의도된 정책 행동들에 기초해서 "국민투표와 관련된 위험들이 금융안정을 해칠 수 있는 가장 의미 있는 단기적인 국내적 위험으로 평가한다"고 의회에 보고했을 때, 이것은 잉글랜드은행의 법률적 소관을 확실하게 충족하는 것이었다.[35] 이와 관련해서 나는 2016년 4월에 상원 경제위원회에서 다음과 같이 증언했다.

"이것은 개방적이고 투명한 중앙은행의 기본적인 기준입니다. 주요한 여러 위험을 평가하고 보고하는 것은 정치에 관여하는 것이 아닙니다. 오히려 중앙은행의 소관과 직접 관련이 있으며 우리의 정책 행동들에 영향을 미치는 중요한 판단을 억제하는 것이야말로 정치적인 것입니다."[36]

나는 또 2016년 5월에 하원 재무위원회에 출석해서 다음과 같이 증언했다.

"만일 우리가 정책을 바꾼다면 우리에게는 그 내용을 공개할 의무가 있습니다. 사실 잉글랜드은행은 지금까지 정책을 바꾸어왔습니다. 유동성 정책을 바꾸었고, 감독 정책을 바꾸었으며, 또 앞으로 우리에게 주어진 소관을 따라서 통화 정책을 바꾸어야 할지도 모릅니다. 어쨌거나 그때마다 우리는 그 내용을 공개해야 합니다. 그것은 우리가 당연히 해야 하는 의무이니까요."[37]

국민투표 결과는 유럽연합 탈퇴로 드러났다. 이것은 하루 전만 하더라도 금융 시장에서 20퍼센트 미만의 가능성으로만 예상하던 결과였다. 그렇지만 내가 잉글랜드은행을 대표하여 "우리는 여기에 대해서 준비를 잘 갖추고 있다"고 선언했을 때, 영국 국민들은 우리가 그동안 해왔던 준비들을 신뢰해주었다. 시장은 진정되었고, 은행들은 돈을 빌려주었고, 우리는 경제가 필요로 하는 부양책을 제공할 수 있었다. 신뢰가 가장 중요한 시점에 우리는 신뢰를 받았던 것이다.

마지막이자 가장 중요한 점이 남았다. 전문가들이 모든 방향으로 귀를 열어둬야 한다는 점이다. 조직에서 이것은 참여적 리더십의 핵심이다. 기업 목적의 충족을 다루는 다음 장에서 살펴보겠지만, 사회적 허가를 유지하면서도 성과를 높이려면 모든 이해관계자에게 다가가는 것이 꼭 필요하다. 다양한 견해를 폭넓게 접하면, 근본적인 쟁점들에 대해서 날카롭고 확고하지만 종종 가볍게만 검토된 채 넘어가버린 의견 차이를 발견할 수 있다. 뉴욕대학교의 심리학자 조너선 하이트 교수가 주장하듯이, 이런 현상이 나타나는 부분적인 이유는 사람들이 중요한 쟁점들에 대한 도덕적 판단을 내릴 때 '집단적 올바름'으로 치우치는 경향이 있기 때문이다. 이런 경향은 소셜미디어로 인해 심화되고, 결국 같은 의견을 가진 사람들끼리만 의사소통하는 결과가 빚어진다.

결국 가장 중요한 것은, 모든 사실이 입증된다고 하더라도 의견 차이는 여전히 남을 수 있다는 사실이다. 심지어 전문가들 사이에서도 그렇다. 다양한 환경에서 온갖 복잡한 쟁점들을 다루었던 내 경험에 비추어보더라도 알 수 있다. 세계 금융 위기 때 G20 산하의 금융안정위원회FSB 위원장을 맡고 있을 무렵이었다. 20개국이 넘는 선진국의 당국자들은 앞으로 수십 년에 걸쳐서 수십억 명의 사람들에게 영향을 줄 매우 복잡한 문제들을 어떻게 해결해야 할지 머리를 맞대고 고심했다. 그런 곳에는 늘 각자 논리가 정연한 반대 입장들이 있게 마련이었다. 그러나 당국자들은 모두 공동의 목적과 사실을 기반으로 하는 열린 논의를 통해서 서로의 관점을 이해하려는 정직한 노력을 기울였기에, 우리는 늘 공통된 의견으로 모아질 수 있었다. 캐나다에서 재무부 차관으로 일하면서 두 명의 재무장관을 보좌한 경험으로 비추어보면, 연방 차원과 주 차원이 얽힌 복잡한 문제를 해결할 때도 마찬가지였다. 유럽 여러 국가의 기관들 사이에서 협상할 때도 마찬가지였고, 195개국이 참가한 글래스고기후협약에서도 마찬가지였다. 기업이 이해관계자들과 협력하는 방식 혹은 어떤 조직이 한층 더 넓은 범위의 어떤 공동체와 협력하는 방식에서도 마찬가지이다.

다른 사람들의 관점에 서서 세상을 바라봄으로써 의사결정을 내리는 일은 번거롭기도 하고 시간을 많이 잡아먹기도 한다. 그러나 이렇게 하는 게 꼭 필요하다. 리더십은 결론을 먼저 차지하는 데서가 아니라 합의를 강화하는 데서 점점 더 많이 발휘된다.

우리 사회의 모든 부분에서 그러한 포괄적인 과정이 과거 그 어느 때보다도 절실하게 필요하다는 사실은 논쟁의 여지가 없다. 건설적인 정치적 토론을 원한다면 또 중요한 사안에 대해 진전을 이루고 싶다면, 개인으로서 우리는 좀 더 개방적인 자세를 가지고서 자신의 생각과 다른 견해를 존중하고 그에 귀를 기울여야 한다.

전문가들에 대한 신뢰를 다시금 회복할 많은 방법은 유능한 지도자가 가진 덕목에서 찾아야 한다. 겸손함, 전문성에도 한계가 있음을 솔직하게 인정하는 태도, 효과적인 투명성, 명확한 의사소통 등이 그런 덕목이다. 널리 소통하며 다른 사람들의 관점에서 문제를 바라보아야 한다.

그러나 모든 전문가가 지도자는 아니다. 많은 사람이 전문가적인 판단을 하지만, 그들은 중요한 행위자라기보다는 중요한 관찰자이자 영향력이 있는 인물이다. 지도자는 최종적인 의사결정을 해야 한다. 바로 이점이 지도자와 지도자가 아닌 사람의 차이다. 결국 리더십을 발휘한다는것은 선택을 하는 것이다. 지도자라면 어떤 일이 불확실하다는 이유만으로 수수방관해서는 안 된다. 지도자가 어떤 결정도 내리지 못한다면, 그무행동으로 인한 결과가 해당 집단 앞에 펼쳐질 것이다. 그리고 시간이지나도록 그들이 아무 결정도 내리지 못한다면, 다른 누군가가 그들을 대신해서 어떤 결정을 내릴 것이다.

당신이 어떤 집단의 지도자로서 어떤 결정을 내린다고 하자. 그것이올바른 결정이라면 분명히 큰 도움이 될 것이다. 당신의 신뢰도는 당신의팀이나 부서 혹은 또는 회사의 실적에 따라서 달라질 수밖에 없다. 사람들은 완전성과 관대함을 겸비한 지도자를 존경하겠지만, 만일 자신들의지도자가 유능하지 않다고 생각하면 그 지도자를 늘 따르지는 않을 것이다. 다음 장에서 살펴보겠지만, 기업의 지도자들은 사람들에게 관대함을보이면서도 회사가 계속 전진하도록 만들어야 한다. 목적에는 편익이 뒤따라야 한다.

지도자로서 당신이 내리는 결정이 가능한 최선의 결정이 될 수 있으려면 어떻게 해야 할까?

지도자는 무엇을 하는가

지도자가 하는 일과 지도자가 어떤 사람인지 구분하는 것이 중요하다. 지도자가 해야 하는 일 가운데 특히 다음 세 가지가 중요하다.

(1) 인재를 발견하고 육성하는 것
(2) 과제의 우선순위를 정하는 것
(3) 사람들이 행동하도록 유도하는 것

이것은 인재를 널리 모집하는 것부터 시작한다. 자신과 같은 생각을 가진 사람들만 찾는 지도자는 협소한 토대 위에 집을 짓는 꼴이다.

잉글랜드은행은 선도적인 벤처투자자 켄 올리사Ken Olisa가 가졌던 관점을 유지해왔는데, 그는 "다양성을 추구하는 것은 단지 인사 정책의 문제가 아니라 경영의 필수 과제"라고 강조했던 인물이다. 10년 전만 해도 잉글랜드은행의 대학원 출신 신입사원은 주로 11개 대학교 출신의 경제학자들이었다. 그러나 내가 잉글랜드은행에서 물러날 시점에는 신입사원을 40개가 넘는 학교 출신자로 뽑았고, 이들 가운데 절반은 경제학이 아니라 과학, 경영, 법학, 인문학을 공부했다. 또 2017년에 잉글랜드은행이 채용한 경력자 700명 가운데 절반은 여성이었고 4분의 1은 BAME(흑인·아시아인·소수민족) 출신이었다.

코로나 덕분에 다양성을 높이는 또 다른 접근법이 한층 가속화되었다. 미국 최고 스타트업으로도 꼽히는 스트라이프 같은 선도적인 기술기업들은 재택근무를 빠른 속도로 확대하고 있으며, 글로벌 온라인 전자상

거래 생성 플랫폼인 쇼피파이는 심지어 '기본설정에 의한 디지털digital by default', 더 나아가 거대한 글로벌 인재 풀pool을 열고 있다. 그런데 여기에서 중요한 것이 있다. 다양성을 출신지로만 평가하지 않는 것이다. 크리스틴 라가르드가 IMF 총재가 되었을 때는 이 기관 직원들의 국적이 150개가 넘을 정도로 다양성이 넘쳐났지만, 이들이 모두 MIT에서 경제학 박사 학위를 받았다는 게 문제였다.

적절한 인재를 조직에 영입했다면, 그다음에는 이들의 역량을 개발할 필요가 있다. 이 개발 과정에는 다양하고 폭넓은 경험을 갖춘 미래의 지도자를 파악하는 것, 그리고 이들이 한층 더 큰 역할을 수행할 수 있도록 이들을 밀어붙이는 작업이 포함된다. 잉글랜드은행에서는 인재를 널리 채용할 뿐 아니라, 직원들이 조직 전반에 걸쳐서 협력하고 여러 분야에서 경험을 쌓아서 현대적인 중앙은행 직원에게 필요한 다양한 기술을 개발하도록 장려한다.

대규모 조직에서는 미래의 지배자를 개발하려면 규율이 필요하다. 예를 들어 비토리오 콜라오Vittorio Colao가 영국의 이동통신업체인 보더폰Vodafone의 CEO로 일했을 무렵, 그와 경영진은 해마다 회사의 상위 200명 임직원의 성과를 평가하고 이들을 개발할 계획을 세우고 어려움을 겪고 있는 임직원을 관리했다. 그런 다음에 집행위원회는 각각의 간부회의에서 각 지도자들의 다른 하위 부문의 진행사항을 논의해서, 프로세스를 투명하고 엄격하게 만들었다. 잉글랜드은행도 이와 비슷한 접근법을 채택했다.

적절한 인재를 개발하려면 다양한 아이디어를 높게 평가하고 열린 토론을 장려하며 모든 계층 단위의 사람이 앞자리에 나설 수 있도록 하는 포용적인 문화가 필요하다.

마지막으로, 지도자가 적절한 인재를 확보하는 것에는 외부의 자문위원회나 다른 지도자들과의 비공식 접촉 등과 같은 신뢰할 수 있는 외부자 관점을 확보하는 것도 포함된다. 나는 잉글랜드은행의 총재로 있으면서 다양한 분야의 다양한 지도자들과 정기적으로 경험을 나눌 수 있어서 행운이었다. 그 가운데서도 특히 나에게 중요했던 자리는 다른 중앙은행 총재들과 만나는 자리였다. 우리는 돈독한 신뢰 관계를 쌓고 있었는데 정기적으로 만나며 각자 미처 잘 이해하지 못하는 사안들이나 (그러나 사실 우리로서는 이런 점을 공개적으로 밝힐 수는 없었다) 혹은 특별하게 민감한 사안들을 놓고 허심탄회하게 토론을 했다.

그 첫 번째 모임을 나는 지금도 생생하게 기억한다. 2월의 어느 어둡고 추운 날 저녁이었고 스위스 바젤에 있는 국제결제은행BIS 타워 꼭대기였다. 그곳에서 우리는 만찬 모임을 가졌다. 2008년 3월 초에 미국의 투자은행 베어스턴스는 궁지에 몰렸다. 다른 많은 난장판 투자사들 가운데서도, 특히 베어스턴스는 (7장에서 설명했던) 복잡하기 짝이 없는 말도 안 되는 자산담보부기업어음을 형편없이 끌어내리는 파생상품 시장과 단기금융 시장에 얽혀 있었다. 만일 베어스턴스가 파산하면 어떤 일이 일어날지 아무도 몰랐다. 아시아 시장이 곧 열리기 때문에 시간이 급했다. 그러나 회의를 주재하던 유럽중앙은행 총재 장 클로드 트리셰는 굳이 시간을 들여가면서 나를 환영했다. 그리고 그 모임의 독특한 설정이 어떤 것인지, 그 자리에서 진행되는 논의가 얼마나 솔직한지 또 그 자리에 함께 있는 사람들 사이에 얼마나 깊은 신뢰가 쌓여 있는지 나에게 설명했다. 그렇게 약 10분이 흐른 뒤에 그는 "자, 지금부터 우리가 한 시간 안에 어떤 행동을 하지 않으면 모든 게 사라질 겁니다"라고 말했다. 그리고 그때부터 한 시간 뒤에 우리는, 당시만 하더라도 전례 없이 큰 금액인 2,000억 달러의 유동성을 시장에 공급해서 베어스턴스가 경쟁사에 의해 구조될 때까지 살아남도록 도움을 주기로 합의했다.

◆ ◆ ◆

지도자가 해야 하는 두 번째로 중요한 일은 자기 조직의 여러 과제를 놓고 우선순위를 정하는 것이다. 훌륭한 지도자는 이렇게 하기 전에 조직이 운영되는 맥락을 평가한다. 이 과정은 토론으로 시작된다. 이 토론에는 고객과 고위 관리자가 포함되며, 이들뿐 아니라 모든 직급의 동료들도 원탁이나 설문조사를 통해서 포함된다.

맥락을 이해하는 데는 전 세계의 발전 상황과 기술 변화에 대한 통찰을 쌓는 것이 필요하다. 세계적인 사건이 현지 환경에 빠르게 영향을 미치는 영국이나 캐나다와 같은 개방적인 경제 체제의 중앙은행에서는 이런 통찰을 마련하는 일은 거의 자동적으로 이루어진다. 그런데 사실 오늘날에는 인구통계의 내용이 바뀐다거나 기존의 질서를 파괴하는 기술들이 한층 더 빠르게 나타난다거나 한층 더 포용적인 자본주의에 대한 요구나 높아진다거나 하는 추세에 영향을 받지 않는 조직은 거의 없다.

지도자들이 설정하는 우선순위는 높은 야심을 담고 있어야 한다. 그런데 이 야심은 지도자 개인을 위한 것이 아니라 조직을 위한 것이어야 한다. 조금 뒤에 살펴보겠지만, 이 야심은 반드시 조직의 목적에 뿌리를 둬야 한다.

앨리슨 리처드는 케임브리지대학교 부총장 시절에 이런 질문을 자주 하곤 했다.

"우리가 우리 스스로를 위해서 야심을 가지지 않는다면, 과연 누가 우리를 위해서 야심을 가지겠습니까? 800년이 지난 뒤에도 과연 우리는 케임브리지의 위대함을 당연하게 여길 수 있을까요? 우리는 온갖 주의와 정성을 다해서 케임브리지를 보살펴야 하며, 야망은 우리가 완수해야 할 과제로 바꾸어야 합니다."[38]

만일 이 메시지가 케임브리지대학교와 같은 존경받는 기관에 적용될 수 있다면, 마찬가지로 300년 역사가 조금 넘는 잉글랜드은행과 창업한 지 석 달이 조금 넘는 스타트업에도 똑같이 적용될 수 있다.

그러니 포성이 울리는 쪽으로 달려가라. 고객의 가장 큰 문제를 해결하라. 복잡한 상황을 해결해야 할 당연한 과제로 받아들이고, 이 과제를 해결할 명확한 틀과 방향을 잡고, 신속하게 대처하라.

지도자가 해야 할 세 번째 일은 집단 구성원들의 행동을 유도하는 것이다. 행동을 유도하는 특정한 촉매는 조직의 구조와 문화에 따라 다르지만, 지도자가 온전하고 눈에 보이는 헌신을 구성원들에게 보인 다음에 그들에게 권한을 위임하는 것은 모든 경우에서 통하는 원칙이다. 행동을 유도한다는 것은 해당 동료들과 협력하고 그들에게 권한을 나누어준다는 뜻인데, 이럴 때 그들이 새로운 방향으로 나아갈 가능성은 한층 더 높아진다. 적어도 그 새로운 방향을 논의하는 과정에서 함께했다면 말이다. 새삼 강조하지만, 명확한 목적을 조직과 연계하고 전략적인 계획을 그 목적의 이행과 연계하는 것이 중요하다. 이렇게만 된다면 집단 구성원들은 권위를 가지고서 예측하고 혁신하고 실천할 것이다.

아마존이 놀라운 성공을 거두면서, 경영 이론가 짐 콜린스Jim Collins가 처음 제시했던 '플라이휠 돌리기'라는 개념이 대중화되었다. 전제는 간단하다. 플라이휠은 에너지를 효율적으로 저장하도록 특별하게 설계된 기계 장치이다.[39] 이 플라이휠을 계속 돌리면 플라이휠에는 운동량이 축적된다. 그런데 이 플라이휠이 몇 가지 핵심적인 사업 계획으로 힘을 받고 나면, 각각의 사업들이 서로에게 영향을 주는 과정이 진행되고, 그러다 보면 플라이휠의 운동은 점점 더 빠르고 강력해진다. 이렇게 해서 기업은 장기적인 전망을 가진 체제를 갖춘다.

이런 권한 부여는 지도자가 뒤로 한 걸음 물러날 필요가 있음을 의미한다. 루스벨트 대통령은 다음과 같이 말했다. "최고의 경영자는 자신이 원하는 일을 할 수 있는 적임자들을 선택할 수 있는 충분한 안목을 가지고, 그들이 일을 하는 동안 간섭하지 않을 정도로 충분한 자제력을 갖춘 사람이다."[40] 그런데 이런 위임을 전통적으로 중앙은행들은 혐오할 정도로 기피했다. 그러나 금융 위기가 닥친 뒤에 잉글랜드은행은 규모가 두 배로 늘어나고 책임감이 세 배로 늘어났으며, 그런 상황에서 우리 중앙은행 관계자들은 중앙은행의 경직된 위계질서가 바뀌어야 함을 깨달았다.

그 과정을 시작하기 위해서 우리는 광범위한 설문조사를 실시했고, 새로운 전략을 개발하기 위해서 잉글랜드은행 전체 직원을 상대로 면담을 진행했다. 그다음에는 은행 내부에 존재하던 위원회들 가운데 3분의 2를 없애고, 분석보고서를 놓고 논의할 때는 그 자리가 어떤 자리든 간에 해당 보고서의 작성자가 그 자리에 참석해야 한다는 규칙을 만들었다. 우리는 의사결정을 올바른 직위에 있는 사람들에게 위임했고, 우리가 만나는 방식을 바꾸었으며, 또 대외 소통 통로와 대변인의 수를 획기적으로 늘려서 잉글랜드은행을 외부 세계에 더 잘 녹아들게 했다.

그러나 우리는 의사결정을 내리는 우리의 방식도 바꾸어야 한다는 사실을 알았고, 그래서 아마존을 닮은 방식으로 의사결정을 내리기로 결정했다. 하지만 이것은 알렉사＊아마존의 인공지능 비서에게 물어본다는 뜻은 아니었고 (그때만 하더라도 기계학습은 아직 초보 수준이었다) 아마존에서 일했던 사람에게서 내가 들었던 어떤 것을 시도해본다는 뜻이었다. 내가 알기로 아마존은 구조화된 의사결정 방식을 가지고 있어서＊'구조화된'이라는 말은 판단의 요건이나 기준 등을 가리는 틀이 미리 정해져 있다는 뜻이다, 의사결정을 어떤 때는 기계가 내리고 어떤 때는 기계의 도움을 받는 사람들이 내리고 또 어떤 때는 사람이 혼자서 의사결정을 내린다고 했다. 아마존은 어떤 물품을 웹사이트에 올릴 것인지 혹은 소비자에게는 어떤 물품을 제안할 것인지 등과 관련된 의사결정을 날마다 문자 그대로 수백만 번씩 한다. 그러므로 어떤 점에서 보자면 아마존의 의사결정 과정이 일관되고 효율적이어야 함은 명백하다.

그러나 아마존은 모든 전략적 의사결정을 같은 방식으로 내린다. 심지어 "올해의 전략적 계획"까지도 그렇게 결정한다. 이런 의사결정 방식이 어떻게 작동하는지 배우기 위해 나는 임원이던 앤드루 하우저Andrew Hauser와 함께 잉글랜드은행에서 아마존의 유럽 본부 사무실까지 몇 블록을 걸어갔다. 그리고 거기에서 유럽 본부장인 더그 거르Doug Gurr와 그의 팀을 만났다. 나는 그 이전에도 더그를 몇 번 만났으며, 만날 때마다 늘 그의 꼼꼼한 지식과 전략적 통찰력과 집중력에 깊은 인상을 받곤 했었다. "아마존에서는 의사결정을 어떻게 내립니까?"라는 나의 질문에 그는 포괄적인 답변을 내놓았는데, 그 안에는 모든 것이 담겨 있었다.

더그와 대화를 나누면서 나와 앤드루는 잉글랜드은행에서 이루어지는 의사결정과 관련해서 우리가 어떤 것들을 바꾸어야 할지 알 수 있었다. 그 새로운 접근법의 핵심은 어려운 게 아니다.

- 의사결정을 위한 자리인지 토론을 위한 자리인지 혹은 브레인스토밍이나 브리핑을 위한 자리인지, 회의 목적을 정확하게 규정하라.
- 회의에 필요한 모든 사람을 포함시키고 어떤 사람에게 회의 결과를 알려줘야 하는지 확인하되, 될 수 있으면 포괄적인 게 좋다.
- 회의에 참석하는 사람은 모두 필요한 사전 정보를 미리 읽고 와서 회의에 적극적으로 참여하도록 하라.
- 명확한 결정을 내리고, 즉시 후속 조치가 이어지도록 하라.

당신이 의사결정 회의를 준비한다면 어떻게 해야 할까? 당신이 회의 준비 문건을 작성한다고 치자. 이때 당신은 그 문건을 읽을 사람들이 누구인지 판단하고 그 사람들에게 맞게 글을 써야 한다. 해당 쟁점이 왜 그 시점에 의미가 있는지, 그리고 그 문건을 읽는 사람은 무엇을 해야 하는지, 또 언제까지 해야 하는지 생각하라. 글은 쟁점에 정확하게 초점을 맞추어서 헷갈리지 않도록 명확해야 하며, 문건의 분량은 여섯 쪽을 넘지 않아야 한다. 스티브 잡스가 말했듯이, "단순한 것이 복잡한 것보다 더 어려울 수 있다. 생각을 명확하게 해서 쟁점을 단순하게 하려면 많은 노력을 해야 한다." 중요한 모든 정보를 앞에 내놓아라. 사람들이 대부분 그렇긴 하지만 부주의한 사람은 당신이 쓴 문건에서 기껏해야 두세 가지밖에 기억하지 못한다. 단편적인 이야기를 하되 반복을 피하라. 그리고 판단력을 활용해서 몇 가지 명확한 제안사항을 제시하는 한편, 그 문건을 읽을 사람들이 그 제안사항들을 꼼꼼하게 따진 뒤에 거기에 동의할지 여부를 판단할 수 있는 충분한 정보를 함께 제시하라.

문건을 작성한 사람은 반드시 다른 전문가들과 함께 회의에 참석해서 이런저런 질문에 대답해야 한다. 회의에 참석한 모든 사람은 회의 자료를 미리 읽었어야 하고, 회의에 적극적으로 참여해서 발언할 준비를 갖추어야 한다. 아마존은 심지어 회의 참석자가 회의 자료를 읽을 수 있도록 아예 첫 15분을 그런 시간으로 정해둔다. 의장은 회의의 목적을 밝히고, 모든 사람에게 발언 기회를 주고, 토론을 자기 의지대로 좌우하거나 방해하는 사람이 없도록 하며, 회의가 예정된 시간 안에 끝나도록 진행해야 한다. 결정사항은 회의 자리에서 명확하게 공유되어야 하며, 어떤 후속 조치를 어떻게 진행할 것인지도 곧바로 정해져야 한다.

이런 사항들 가운데 몇몇에 대해서 반발이 있었고, 이런 반발은 충분히 이해할 수 있는 것이었다. 은행업에 종사하는 전문가들은 자신이 하는 일들이 복잡하다는 점과 그 복잡한 내용을 명확한 몇 가지 권고사항으로 압축하는 일이 힘든 과제라고 강조했다. 이 두 가지 논지는 모두 일리가 있긴 하지만, 어느 구석에 묻혀 있는 이런저런 중요한 정보를 제시하면서 '이럴 수도 있고, 저럴 수도 있다'는 엉거주춤한 결정으로 이어지도록 부채질하는 경향이 있었다.

하지만 이런 우려는 애초에 두 가지를 고려함으로써 극복할 수 있었다. 첫째, 지금까지 살펴본 것처럼 이것은 아마존이 조직의 상부와 하부에서 의사결정을 내리는 방식이었다. '모든 것을 갖춘 매장'을 추구하는 새로운 계획의 범위를 감안한다면, 실제로 그 방식이 가능하다는 사실은 매력적일 수밖에 없다. 둘째, 이 접근법이 한층 더 포괄적이고 효과적일 수 있다는 사실이 모든 사람에게 분명하게 드러났다. 잉글랜드은행의 직원들이 잉글랜드은행에 몸을 담고 있는 것은 이 은행이 중앙은행으로서 수행하는 과제를 실천하기 위한 것이었으며, 직원들은 자신이 하는 일이 그 과제에 어떻게 기여하는지 알고 싶어 했다. 의사결정을 올바르게 하는 것 자체가 직원들에게 큰 힘을 실어주는 것이다.

이런 점은 잉글랜드은행에서도 명백한 것으로 밝혀졌다. 우리가 하는 토론의 질과 직원들이 조직에 미치는 긍정적인 영향이 크게 개선되었다. 게다가 정책 입안자들이 회의에서 제시된 권고사항과 다른 방향으로 나아갈 경우에는 직원들이 그렇게 될 수밖에 없는 이유를 통해서 예전에 미처 몰랐던 사실을 학습할 수 있었다. 이것은 직원들이 어떤 과제가 임의적이지 않게 보일 때 그것을 수행할 가능성이 더 높아졌다는 뜻이었다. 권한을 부여받은 직원일수록 동기부여가 더 많이 되었으며, 명확한 권고사항을 정리함으로써 그들은 리더십을 연습하는 셈이었다. 어떤 사람이 어떤 프로젝트에 개인적으로 헌신한다면 이 사람은 추종자가 된다. 만약 추종자와 지도자가 서로에게 헌신한다면, 신뢰의 수준은 훨씬 더 높아지며 진행하는 일의 성공 가능성도 훨씬 높아진다.

가치관을 바탕으로 하는 리더십의 여러 덕목들

적임자가 될 인재를 발굴하고 교육하는 것, 일의 우선순위를 정하는 것 그리고 행동을 유도하는 것, 이것은 모든 지도자가 해야 하는 일이다. 그러나 궁극적으로 지도자의 효율성을 결정하는 가장 큰 변수는 지도자의 됨됨이다. 내 경험상 리더십의 덕목은 타고나는 것이 아니라 얼마든지 개발할 수 있는 것이다. 이 덕목은 쓰면 쓸수록 없어지는 것이 아니다. 이 덕목은 규칙적인 운동으로 성장하고 강화되는 근육과 같다. 얼마든지 키울 수 있다는 말이다.

리더십에는 필수적이고 보편적인 덕목 다섯 가지가 있다.

(1) 목적
(2) 전망
(3) 선명함(명확함)
(4) 유능함
(5) 겸손함

다음 장에서 자세하게 다루겠지만, 목적은 조직이 무엇을 위해서 존재하는지, 조직이 특정한 활동을 하는 이유가 무엇인지, 그리고 무슨 일을 할 것이라는 기대를 외부로부터 받고 있는지를 나타낸다. 늘 그렇지만 목적은 단순한 수익 창출이라는 개념보다 범위가 넓다. 조직의 목적은 쇼피파이의 "모든 사람을 위해서 상업을 보다 더 낫게 만든다"처럼 고객을 위한 것일 수도 있고, 구글의 "세계의 정보를 조직한다"처럼 한층 더 높은 차원의 목적을 위한 것일 수도 있고 또 세계은행의 "가난을 뿌리뽑는다"처럼 한층 더 높은 차원의 공익을 위한 것일 수 있다.

잉글랜드은행의 총재가 되었을 때 나는 직원들을 두루 만났다. 그들이 무슨 일을 하는지, 우리가 무슨 변화를 추진해야 한다고 생각하는지 그리고 나에게는 내심 무엇을 기대하는지 알고 싶어서였다. 나는 복도에서 괜히 서성거리곤 했는데, 길을 잃어버려서 그랬던 게 아니라 목적을 찾느라고 그랬다. 내가 거기에서 새로 만난 동료들에게 내가 묻곤 했던 질문은 무슨 까닭으로 굳이 중앙은행을 직장으로 선택했느냐 하는 것이었다. 그런데 '공공 서비스'에서부터 '경로의존성'(처음에 인턴을 하다가 어찌어찌하다 보니까 정식직원이 되었다), 지적인 도전, 근무 여건 그리고 함께 일하는 사람들 등 직접 들은 대답이 워낙 폭넓고 다양해서 깜짝 놀랐다. 심지어 금융 위기를 다루는 텔레비전 프로그램을 보고는 중앙은행의 감독자가 액션 영화의 영웅처럼 보여서 잉글랜드은행을 선택했다는 대답도 있었다. (그런데 이 직원이 지금은 잉글랜드은행의 최고감독관이 되어 있다. 기분 좋은 일이다.)

그런데 놀랍게도 잉글랜드은행이 수행해야 할 과제를 언급한 사람은 아무도 없었다. 나는 그것이 무엇인지 정확하지 알지 못했기 때문에 직원들에게 물어보기 시작했는데, 결국 그들도 그것을 모른다는 사실을 알았다. 이것은 독일 중앙은행의 역사적인 과제가 '독일 마르크의 완전성을 보호하는 것'임을 그 은행의 모든 직원이 지금 당장이라도 암송할 것이라고 말했던 독일 중앙은행의 전 수석 경제분석가 오트마 이싱Otmar Issing의 장담과는 너무도 대조가 되었다. 그랬기에 잉글랜드은행의 초기 전략을 개발하려고 한자리에 앉은 우리가 해야 할 일 가운데 첫 번째는 우리 은행이 수행해야 하는 과제가 무엇인지 파악하고 그에 동의하는 것이었다. 우리는 잉글랜드은행의 강령을 끄집어냈고, 오래전에 이 은행의 설립자들이 "공익과 국민의 편익을 증진하고자 한다"고 정리했던 첫 문장에서 영감을 얻었다. 우리는 그 부분을 현대화해서 우리의 현재 의무에 추가했으며, 잉글랜드은행의 과제는 "통화안정과 금융안정을 유지함으로써 영국 국민의 이익을 증진하는 것"이라는 데 합의했다.

비록 이 책이 잉글랜드은행 자체를 다루지 않지만, 여기까지 읽은 독자라면 중앙은행으로서 수행해야 하는 이 과제와 관련된 이야기를 앞에서도 여러 차례 언급했다는 사실을 기억할 것이다. 지도자가 해야 할 일은 자기 조직의 목적을 구성원들이 분명하게 인식하도록 하며 또한 이 조직의 목표와 가치관과 전략을 놓치지 않도록 하는 것이다.

다양성과 마찬가지로 목적도 '가지면 좋은 것'이라는 소극적인 차원의 문제가 아니다. 목적의식적인 기업은 직원 참여도가 높고 고객만족도가 높으며 협력업체와 긴밀하게 연계하며 환경과 관련된 책임감이 높다는 사실은 여러 증거로 확인되었다. 목적이 있는 기업은 주가 수익이 높고, 운영 실적이 좋으며, 자본비용이 적고, 규제 위반으로 인한 벌금 납부가 적고, 또 충격에 맞닥뜨려도 회복력이 강하다는 강점이 있다.

목적의식은 신뢰와 긴밀하게 연결되어 있는데, 우리가 누군가에게 가지는 신뢰를 지탱하는 기둥들 가운데 하나는 그 사람이 무엇을 이루려고 하고 무엇이 그 사람을 이끄는가 하는 것이기 때문이다. 한 조직의 지도자에게 그 목적은 나침반이나 다름없다. 목적이 효과를 발휘하려면 진실성이 담보되어야 한다. 사람들은 지도자의 진실성을 시험할 것이다. 말로만 하는 목적과 실제 목적을 구분하려 든다는 말이다. 사람들 사이에서 신뢰를 구축하는 데는 개방성과 시간이 필요하다. 여기에는 또한 긴 여정 속에 나타날 수밖에 없는 불가피한 실수들을 바로잡는 것도 포함된다.

목적을 진정으로 이해한다는 것은 지도자가 자기 조직의 목적 달성에 책임져야 한다는 것을 항상 기억한다는 뜻이다. 이런 의미에서 리더십은 권력보다는 의무를 받아들이는 것이다. 진정한 리더십은 그 자체가 목적이 아니라 가치 있는 목표를 달성하기 위한 수단이다.

그런데 리더십의 덫에 휩쓸리는 일이 종종 일어난다. 중앙은행 총재의 사무실이 장엄하다는 사실에 대해서 두 가지 반응이 있을 수 있다. 하나는 총재가 중요한 인물임을 새삼스럽게 깨닫는 것이고, 또 하나는 그 장엄함이 가져다주는 역사의 무게와 기대감의 무게를 느끼는 것이다. 나는 종종 내가 어디서 왔는지 상기하곤 했으며, 단지 잉글랜드은행의 120번째 총재일 뿐임을 상기하곤 했다. 나는 내가 성장한 배경을 상기하려고, 문 옆의 눈높이 위치에 아일랜드 메이요주의 작은 지도를 걸어두었다. 그곳은 숨이 막힐 정도로 아름답고 매력이 넘치는 곳이기도 하지만, 나의 할아버지가 거의 백 년 전에 보다 더 나은 삶을 찾아서 캐나다로 이주했을 무렵에는 유럽에서 가난한 곳으로 손꼽히던 곳이기도 했다. 만약 그 지도가 내가 기대했던 효과를 제대로 드러내지 않는다면, 내 뒤를 이을 후임 잉글랜드은행 총재 수십 명이 두고두고 나를 원망할 것이라고 나 스스로에게 말하곤 했다. 나에게 주어진 일은 내가 물려받은 유산을 보존하고, 또 할 수만 있다면 그 유산을 개선하는 것이었다.

나는 자신의 중요성에 대해서 조금이라도 의심이 들 때면 영국의 수많은 성당 가운데 한 곳을 방문하곤 했다. 그러면 정신이 번쩍 들곤 했다. 자기를 창조한 사람들의 생애보다 훨씬 더 오랜 시간에 걸쳐서 완성될 운명을 가진 성당들은 방문객이 저절로 겸손한 마음에 사로잡히게 만든다. 웨스트민스터 사원은 그것보다 더 많은 일을 했다. 온갖 직업을 가진 사람들이 자신의 분수를 알고 정신을 차리게 만들었던 것이다. 1066년 이후 대관식이 거행된 이 웅장한 '왕실 특수 교회Royal Peculiar'는 초서부터 테니슨까지 이어지는 영국의 위대한 시인들과 뉴턴부터 다윈까지 이어지는 과학자들 그리고 소小 피트부터 클레멘트 애틀리까지 이르는 정치인들의 마지막 휴식처이기도 하다. 1797년 프랑스가 침공할지도 모른다는 공포 때문에 영국 금융이 위기를 맞았을 때 '바느질거리의 노부인'＊잉글랜드은행의 애칭을 공격해서 주머니를 털었던 바로 그 피트와 1946년 잉글랜드은행을 국유화했던 바로 그 애틀리＊당시에 총리였던 소 피트는 나폴레옹을 상대로 치르는 전쟁에 필요한 비용을 마련하려고 잉글랜드은행에 대출을 요구했으며, 당시에 총리였던 애틀리는 중앙은행, 광산, 철도, 전기 등 기간 산업을 국유화했다 말이다.

잉글랜드은행을 바라보는 시선에는 세상 사람들의 반감이 담겨 있다는 사실을 말하려는 것은 아니지만, 웨스트민스터 사원에 묻히는 영광을 누린 경제학자는 단 두 명뿐이다. 그리고 '경제학자'는 수도원에 묻히는 31개 '직업' 가운데 끼지 않기 때문에 그들은 익명으로만 그 영광을 누린다. 런던정경대학교의 두 설립자인 시드니 웹과 비어트리스 웹 부부가 '사회주의자'라는 직업으로 묻혀 있음에도 말이다. 자본주의자나 고인이 된 역대 잉글랜드은행 총재 118명 가운데 그 누구도 웨스트민스터 사원에 묻혀 있지 않다. 지금은 당연한 사실이 되어 있지만, 어쨌거나 중앙은행이 하는 일은 다른 사람들이 위험을 감수할 수 있는 여건을 만들어서 세계의 어떤 상태를 만들고 또 이 상태를 개선하는 것이다. 이와는 대조적으로 중앙은행가들이 했던 가장 극적인 기여는 1932년의 대공황에 대한 대응처럼 일을 잘못 처리했을 때이다. 금융 부문은 유능하다고 칭송받던 자기 평판을 세계 금융 위기 속에서 파괴했다. 그리고 지금은 신뢰를 회복하기 위한 길고 긴 길을 다시 힘들게 올라가고 있다. 재앙은 제대로 된 장례를 허락하지 않으며, 유능함이라고 해서 불멸을 약속하는 해결책을 제시하는 것은 아니다.

필멸에 대한 논의는 지도자가 지도자라는 역할을 자기 자신과 혼동하거나 혹은 권력의 지위와 특권에 중독되지 않도록, 즉 자기 본분을 알고 정신이 번쩍 들게 만드는 좋은 방법이다. 모든 지도력은 일시적인 것일 뿐임을 알아야 한다. 지도자는 그저 어떤 기관의 (주인이 아니라) 관리인이며 그 조직이 불길에 휩싸이지 않도록 지켜주는 존재이다. 그리고 가능하다면, 킨키나투스나 조지 워싱턴을 본받아.※ 고대 로마의 영웅 킨키나투스는 침략군을 물리친 다음에 임기가 남았음에도 관직을 버리고 미련 없이 자기 농장으로 돌아갔으며, 1783년 영국과 벌인 독립전쟁에서 승리한 조지 워싱턴은 제왕적인 권력이던 대륙군 총사령관직을 사임하고 물러났다가 6년 후에 신생 독립국인 미합중국의 초대 대통령으로 추대되었다 등을 떠밀리기 전에 먼저 지도자의 자리에서 떠나라.

지도자라면 전망을 가져야 한다. 지도자가 목적의식적인 야망에 맞추어서 자기 조직이 미래를 계획할 방법을 결정하려면, 우선 자신이 놓인 지형을 평가해야 한다. 전망은 미래를 위한 계획과는 다르다는 사실을 명심해야 한다. 야망을 가진 지도력은 단순히 미래에 반응하는 것이 아니라 미래를 형성하는 데 기여해야 한다는 뜻이다. 조직에게는 폭풍에 굴복하지 않고 다시 일어서는 회복력 말고도 자기에게 유리한 기상 조건을 만들어내는 것이 필요하다.

지도자의 전망은 눈앞에 보이는 것에만 한정되면 안 된다. 진정한 지도자는 주변 사항도 함께 고려해야 한다. 프란치스코 교황은 중앙에 있는 사람들이 아니라 변두리에 있는 사람들의 눈으로 바라볼 때 상황을 가장 정확하게 파악할 수 있다고 강조한다. 일자리를 잃은 사람에게는 경제 상태가 다르게 보인다. 권력이 없는 사람에게는 정치 구조가 다르게 보이고, 배척당한 사람에게는 공동체가 다르게 보이고, 박해받는 사람에게는 공권력이 다르게 보인다.

단순하게 인기에 영합하는 해결책이 가진 문제를 해결하는 것은 올바른 관점을 통해서만 가능하다. 독일의 정치철학자 얀베르너 뮐러는 포퓰리즘을 '무책임한 정치'와 혼동하거나 이것을 유권자들의 두려움이나 분노와 동일시하는 것에 반대한다. 그런 거들먹거리는 심리 분석 때문에 "평범한 사람이 하는 말을 곧이곧대로 듣지 못함으로써 그들의 민주주의적인 이상에 부응하지 못하는" 엘리트들의 진면목이 드러난다.[41] 포퓰리즘은 오로지 관계를 맺는 것으로만 해결할 수 있다. 뮐러가 주장하듯이 "포퓰리즘의 정치적 주장을 액면 그대로 수용하지 않고서도 그 주장을 진지하게 받아들일 수 있다."[42] 따라서 정치인과 언론은 포퓰리스트들이 제기한 문제들을 다루되, 그들이 짜놓은 틀과 그 문제들을 어떻게 하면 가장 잘 해결할 것인가 하는 과제에 도전해야 한다.

주변부에서 바라볼 줄 아는 잉글랜드은행의 능력을 개선하는 길은, 잉글랜드은행에서 처음 시작한 학교 방문이나 지역의 마을회관 방문 그리고 제3부문에 대한 봉사활동 등과 같은 활동에 담긴 가치관을 체화하는 것이었다. 중앙은행이 궁극적으로는 거시경제적 성과를 다루기는 하지만, 숫자들에 가려져 있는 경험을 이해하는 것은 필수적이다. 이렇게 할 때 우리(잉글랜드은행)는 사람들과 더 잘 소통할 수 있고, 더 잘 들을 수 있다. 또 이렇게 할 때 우리는, 우리가 할 수 있는 것에 대한 동기를 부여 받고, 더 나아가 교육 자선단체인 이코노미econoME＊잉글랜드은행이 청소년을 위해서 마련한 경제 및 의사결정 관련 무료 교육 프로그램이다나 핀테크를 통해서 중소기업 대출에서의 격차를 해소할 새로운 방법들을 연구하는 운동을 하게 된다.[43]

지도자가 주변부에서의 이러한 사례들을 생각하면서 어떤 운동이나 캠페인을 설계하면, 이 계획은 예컨대 다음과 같이 가장 소외된 사람들의 이익을 우선시하는 공동선을 지지하게 될 가능성이 가장 높아진다.

- 금융 위기 동안에 저축액을 가장 많이 걱정해야 하는 빈곤층
- 기후 위기 동안에 청년층과 아직 태어나지 않은 사람 그리고 기후 변화에 취약하기 짝이 없는 섬나라에 사는 사람들
- 코로나 위기 동안에 노인층과 취약계층 그리고 그야말로 쥐꼬리만 한 봉급을 받으면서 가장 높은 수준의 개인적인 위험에 맞닥뜨리는 사회 필수인력

코로나 위기는 우리 모두가 하나의 태풍 아래 놓여 있지만 우리 모두가 한 배를 탄 건 아님을 가르쳐준다. 또한 우리가 독립적인 개인이 아니라 서로 의존하는 공동체의 일원으로서 행동해야 함을 가르쳐준다. 이웃 사람을 '만나지 않고' 살아갈 사람이 있을까? 어떤 노동자가 사회 필수인력임이 밝혀졌을 때, 그 사람에게 매기는 우리의 가치가 예전과 같을 수 있을까?

관점의 이런 변화는 기업들이 모든 이해관계자와 함께하며, 그들이 필요로 하는 것과 기대하는 것 그리고 두려워하는 것을 이해할 때만 비로

소 가능하다. 달리 말하면, 우리가 사회 속의 많은 사람을 내팽개치고 나 몰라라 하면서 오로지 가장 많은 사람의 가장 큰 번영만을 추구하는 게 아니라 (그렇게 해서 성공할 가능성은 거의 없다) 사회의 공동선을 개선하기 위해 노력할 때만 그런 관점의 변화가 가능하다.

◆ ◆ ◆

리더십에서 꼭 필요한 세 번째 덕목은 선명함(명확함)이다. 이 선명함은 정서의식과 통제에서 비롯되는 건전한 판단과 정신의 선명함에서 시작된다. 훌륭한 지도자는 생각을 깊이 한다. 생각을 깊이 한다는 것은 현재 순간에 충실하며 경험에서 의미를 찾을 수 있다는 뜻이다. 다른 많은 사람과 마찬가지로 나 역시 명상을 하고 날마다 성찰하는 것이 인생을 한층 더 깊이 생각하는 효과적인 훈련 방식이며, 이것이 결과적으로는 훌륭한 리더십으로 이어짐을 깨달았다. 이런 것들을 날마다 실천할 때는 이것들이 효과적인 방법임을 아는데, '너무 바쁘다'는 핑계로 이것들을 건너뛰다 보면 어느 순간엔가 내가 온갖 실수와 오해를 하게 된다는 말이다. 옛말에도 있듯이 제때의 바느질 한 땀이 나중의 아홉 땀을 던다.

리더십은 순전히 설득의 힘에만 의존할 때조차도 언제나 강력한 힘을 발휘한다. 그러나 다른 사람들 위에 군림하려는 권력욕은 금세 위험해진다. 효과적인 리더십이 꼭 필요로 하는 도덕적인 권위를 잃어버릴 때는 특히 더 그렇다. 지도자는 권력 자체를 위한 권력을 포기하고 봉사가 발휘하는 권력이 어떤 것인지 알아차려야 한다. 평소에 명상을 하는 습관을 지키기만 해도 (다른 사람에게 봉사하기 위해서) 권력을 사용하려면 (다른 사람 위에 군림하겠다는) 권력을 놓아버려야 한다는 역설을 깨달을 수 있다.

잉글랜드은행에 있을 때 나는 아침마다 아우렐리우스가 했다는 "일어나서 인류를 위한 일을 하라"는 말을 떠올리곤 했다. 가끔 잊어버릴 때도 있지만 그럴 때조차도 출근할 때마다 응접실로 들어가는 문에 새겨진 베르길리우스의 싯구 "당신을 위한 것이나 당신의 것은 아니다"를 보고는 그걸 떠올린다.

명상에 뒤따르는 정신적인 비움과 그에 따르는 명료함이 지도자에게 도움이 된다. 지도자는 늘 동시에 여러 가지 문제에 직면하기 때문이다. 지도자는 사람들을 만나거나 일을 할 때 그 모든 문제가 한꺼번에 닥치지 않도록 해야 한다. 왜냐하면 지도자가 해야 하는 여러 일 가운데 하나가 조직 내 스트레스를 흡수하여 다른 사람들이 일에 집중할 수 있도록 하는 일이기 때문이다. 지도자는 또 날마다 하는 (많은) 회의들 하나하나가 모두 그 회의와 관련된 다른 사람들에게 어쩌면 가장 중요할지도 모른다는 사실을 기억해야 한다. 그 개인들은 지도자와 함께한 경험을 그 뒤로도 계속 안고 갈 것이고, 지도자가 보여주고 또 입증한 가치관을 공유하고 더 나아가 증폭할 것이다. 또 우리가 지향해야 하는 초超가치가 확립될 것이다. 진실성과 신뢰의 이런 검증 결과는 그 뒤에 긍정적으로 작동할 수도 있고 부정적으로 작동할 수도 있다.

선명함의 본질적인 부분은 복잡한 것을 단순화하는 것, 즉 복잡한 문제들을 본질적인 요소로 압축한 다음에 이것을 집단구성원들에게 전달해서 그들이 해결하도록 만드는 것이다. 빙빙 돌리지 말고 직설적으로 말하라. 단순화해서 말하라. 되풀이해서 말하라.

내가 이것을 온전하게 이해하기까지는 몇 년이라는 긴 시간이 걸렸다. 나는 타고난 천성 때문인지 어떤 문제든 간에 그 문제를 이해하기 위해서는 깊이 분석해야 한다. 그러려면 폭넓게 독서하고 다양한 사람들을 만나서 대화를 나누며 상충하는 관점이나 데이터를 하나로 종합하려는 노력이 필요하다. 하지만 그렇게 하다가도 이성적인 주장이나 에피소드보다는 분석의 절대적인 양으로 상대방을 설득하겠다는 마음에, 상대방에게 많은 것을 마구 쏟아 붓고 싶은 유혹에 사로잡히곤 했다. 시간이 많이 지난 다음에야 나는 올바른 결론에 다다르는 것이 여전히 필요함에도 사람들은 분석이 아니라 기껏해야 에피소드만 기억한다는 사실을 알았다. 그리고 나는 (유럽은행 총재인) 크리스틴 라가르드나 (제이피모건체이스의 회장인) 제이미 다이먼과 같은 지도자들을 존경하게 되었다. 매우 복잡한 문제들을 선명함과 목적을 가지고서 끊임없이 소통하면서도, 어떤 주제에 대해 한층 더 깊이 파고들기를 원한다면 하이퍼링크⁕**클릭하면 현재 페이지의 다른 부분으로 가거나 전혀 다른 페이지로 이동하게 해주는 아이콘, 이미지, 텍스트 등을 말한다**처럼 행동할 수 있는 그런 지도자를 말이다.

최고의 지도자는 집단구성원을 존중한다. 사람들과 대화를 나누는 것은 특히 중요하다. 상대방을 얕보는 투로 말하는 것으로 비치지 않아야 함은 물론이다. 코로나 위기 때만큼 이것이 중요했던 적은 없다. 코로나 위기에는 가장 근본적인 문제들이 걸려 있었으며 과거 어느 때보다도 불확실성이 팽배했기 때문이다. 뉴질랜드 총리 저신다 아던과 독일 총리 앙겔라 메르켈과 같은 지도자들은 자신들이 알고 있던 정보와 선택지들과 위험들을 사람들에게 솔직하게 드러내보였다.

아던 총리는 락다운 명령을 내린 직후에 페이스북 라이브⁕**페이스북이 제공하는 생방송 스트리밍 서비스**를 열고는 정부 대응의 요지를 선명하게 밝히고 사람들이 묻는 질문에 직접 대답했다. 그녀는 라이브 방송을 시작하면서 "모든 사람과 함께 체크인하고 싶다"는 말로 방송의 분위기를 살리려고 했다. 이런 일이 있은 지 한 달 뒤, 독일에서 락다운 조치가 완화되던 시점에 메르켈 총리는 재생산감염지수가 약간 증가할 때 병원들이 얼마나 빠르게 환자들로 미어터질지 설명했다. 정부의 지침에 어긋나는 행동이 어떤 결과를 낳을지 보여주는 그녀의 설명은 사람들에게 맹목적인 복종을 요구하는 것과 다르게, 정부의 지침을 따르는 것이 얼마나 중요한지 알려주고자 하는 노력으로 받아들여졌다. 아던이나 메르켈 두 사람 모두 나중에 유죄 판결을 받고 교도소에 수감될 수 있는 편하고 쉬운 제안을 국민에게 하지 않았다. 대신 현재의 불확실성을 솔직하게 강조했다. 그리고 사람들이 겪고 있는 어려움과 불안에 공감하는 모습을 보였다.

지도자는 말을 할 때 현실주의와 낙관주의 사이에서 균형을 유지한다. 불확실성과 온갖 실수와 어려움을 인정하면서도 어려움을 극복할 수 있다는 희망을 준다. 1960년대 미국에서 '위대한 사회Great Society'라는 구호를 만들었던 존 가드너는 다음 말을 통해서 쉽지 않은 그 균형을 찾았다.

"우리 앞에 놓여 있는 것들은 해결할 수 없는 문제로 위장하고 있지만, 사실은 숨이 막힐 정도로 멋진 기회이다."[44]

지도자는 사람들이 행동할 수 있도록 영감을 불어넣으려고 서사적인 이야기를 흔히 동원한다. "제21차 당사국총회COP21의 국가 온실가스 감축목표NDC를 이행할 것을 엄숙하게 권고하는 것"과 "기후 문제를 놓고 실수하지 마라. 제2의 지구Planet B가 없으면 제2의 계획Plan B이 있을 수 없기 때문이다"라고 했던 마크롱의 발언에는 어떤 차이가 있을지 생각해보라. 혹은 기후변화가 정말로 금융안정을 위협하는 위험인가 하는 질문을 받고 모건스탠리의 수장이던 제임스 고먼이 "지구가 없으면 금융 시스템을 갖추기도 어렵죠"라고 했던 간결한 답변을 떠올려보라.

지도자가 현실주의와 낙관주의 사이에서 균형을 잡을 때, 목적과 희망과 선명함의 조합이 사람들에게 영감을 주게 되고, 이때 조직이 가진 재능과 에너지가 한껏 분출된다. 지도자가 모든 도전에 대응하고 모든 기회를 포착하며 모든 상황을 직접 관리하기란 불가능하다. 그렇기 때문에 지도자가 조직의 구성원들에게 영감을 주는 일은 꼭 필요하다. 성과가 가장 높은 조직은 자신이 지도자로서 생각할 권한을 부여받았다고 느끼는 사람의 수가 가장 많은 조직이다.

금융 위기 때는 정신과 사고와 소통에서의 명확성이 무엇보다 중요했다.

"굳게 믿었던 진실들에는 이제 의지할 수 없게 되었다. 신앙의 조항들은 수정되었다. 그리고 경제와 시장을 떠받치던 토대들이 깊은 의심에 휩싸였다."[45]

그렇게 공포가 세상을 뒤덮었고, 그런 공포 속에서 유일한 목표는 그 공포를 멈추는 것이었다. 그리고 이 일을 지도자들이 해냈다. 나폴레옹이 장군들에게 "포성이 울리는 곳을 향해 진군하라"고 명령했듯이 말이다. 여기에는 신속한 기동이 필요하다.

7장에서 살펴보았듯이 세계 금융 위기 때 미국의 재무부 장관이었던 팀 가이트너가 했던 "계획이 무계획을 이긴다"는 발언이 바로 이런 정신에서 나온 것이다. 계획은 공동의 목표를 중심으로 노력을 집중하고 사람들을 단결시켜, 사람들에게 필요한 심적 선명함을 제공한다. 아무리 어설픈 전략을 동원하더라도 지금 당장의 위험에서 벗어나는 것이 완벽한 해답을 기다리다 전멸하는 것보다는 낫다. 잉글랜드은행을 떠나기 전 마지막 몇 주를 남겨놓았을 때, 나는 사우디아라비아에서 열린 G20 회의에서 알게 된 코로나19와 관련한 불안한 소식을 들려주고, 이 일이 시장과 은행에 어떤 의미가 있을지 논의하기 위해 금융안정팀을 소집했다. 나는 사태의 심각성을 알리려고 "계획이 없는 것을 이기려면 무엇이 필요합니까?"라고 물었다. "계획이죠!"이라는 대답이 돌아왔다. 그 대답을 듣고 나는 마음을 놓았다. 그리고 다시 물었다. "계획을 이기는 것은 무엇입니까?" 그러자 다시 대답이 곧바로 돌아왔다. "잘 실행된 계획입니다!" 그때 나는 알아차렸다. 적어도 금융 시스템 차원에서는 바이러스에 대한 준비가 되어 있다는 것을.

금융 시스템에 불어닥친 공황을 종식하기 위한 계획의 일부에는 목표에 대한 불확실성을 줄이는 것이 포함되어야 했다. 세계 금융 위기 당시에, 붕괴하는 시스템을 살리는 조치를 하면 아무리 무모한 행동을 하더라도 얼마든지 구제받을 수 있다는 믿음이 금융권에 조장되지 않겠느냐는 우려가 나왔다. 그러나 벤 버냉키는 미국 금융 위기의 한가운데서 도덕적 해이를 들먹이는 것은 잘못된 신호이며 위험하기까지 하다는 점을 분명히 했다. 그는 종종 인용되는 비유를 들어서 '도덕적 해이 원리주의자들'의 주장을 다음과 같이 반박했다.

"침대에서 담배를 피우다가 불타는 집에 갇힌 사람이 있을 때, 당신은 그 사람에게 교훈을 주기 위해서 그 사람을 죽게 내버려두겠습니까, 아니면 일단 그 사람을 구해서 살리고 불길이 이웃으로 번지는 것을 막은 다음에, 그 사람이 한 무모한 행동을 따지며 그 사람을 질책하겠습니까?"

리더십에 대한 어떤 논의도 유능함이 중요하다는 점을 간과해서는 안 된다. 계획이 무계획보다 낫지만, 잘 실행된 계획이 가장 좋은 계획이다. 유능함은 모든 것을 다 올바르게 잘한다는 뜻이 아니다. 잘못한 것보다 잘한 것이 더 많은 것이 중요하다. 전략은 리더십의 중요한 부분이지만, 실행은 리더십에서 꼭 필요하다. 지도자라면 자신이 의도한 것을 할 수 있어야 한다. 사람들은 지도자의 말보다 지도자의 행동을 더 많이 기억한다. 리더십 전문가인 베로니카 호프 헤일리Veronica Hope Hailey는 이 점을 "만약 당신이 유능하지 않다면 당신은 신뢰받지 못할 것이다"라고 말로 표현한다. 만일 당신이 어려운 결정을 내리면서 잘못된 결정보다 올바른 결정을 더 많이 내리지 않는다면, 유능한 지도자가 되지 못할 것이다.

어려운 결정을 내리는 것은 말 그대로 어렵다. 윈스턴 처칠은 숱한 밤을 뜬눈으로 지새우곤 했다. 버락 오바마 전 미국 대통령은 만일 어떤 결정을 내리는 것이 어렵지 않다면, 그 결정이 굳이 자신에게까지 오지 않았을 것이라고 보았다. 게다가 어떤 쟁점을 바라보는 제각기 다른 의견들은 나름대로 탄탄한 논리와 근거를 가지고 있다. 의사결정으로 나아가는 논의 과정이 이견들을 일치시켜나가는 데 도움이 되겠지만, 결국 지도자가 지나치게 많은 보상을 받으려고 한다거나 모든 사람에게서 박수를 받으려 하지 않는 것이 중요하다.

쿠바 미사일 위기를 해결하는 데 도움이 된 것은 휘하 장군들이 가지고 있던 지혜를 의심할 수 있었던 존 F. 케네디 전 미국 대통령의 능력이었다. 케네디는 바버라 터크먼의 소설 『8월의 포성The Guns of August』을 읽었다. 1차 세계대전 직전에 전투 계획들과 기차 시간표들에 빡빡하게 매여 있던 유럽 여러 국가가 결국 전쟁 발발을 향해 곧바로 달려가는 상황을 묘사하는 소설이었다. 이 소설을 읽으면서 케네디는 쿠바사태에서 봉쇄와 위협이라는 선제적인 군사 행동이 핵전쟁으로 쉽게 비화할 가능성이 그 소설에서 묘사된 내용과 비슷하다고 보았다.

지도자는 의사결정을 외부의 전문가에게 의뢰하기보다는 전문성의 인도를 받을 필요가 있다. (그러나 앞서 4장에서 설명했던 제한적인 재량권이라는 원칙과 일맥상통하는 조심스럽게 규정된 영역에서는 예외이다.) 코로나 위기 동안에 보건 요인과 사회적 요인 그리고 경제적 요인이 교차하는 지점이 존재한다는 사실은 제각기 다른 다양한 관점들을 하나로 합치는 의사결정이 필요함을 강력하게 시사했다. 그리고 이렇게 할 때는, 전문성이 어디에 있는지 꼭 머리에 담아둬야 한다. 예를 들어 모든 사람이 의사소통을 하기 때문에, 나를 포함한 대부분의 사람은 그 사람들이 의사소통의 전문가라고 생각한다. 그러나 예외적으로 비범한 의사소통 전문가는 잉글랜드은행의 내 동료인 제니 스콧Jenny Scott **기자이며 경제학자. 현재 잉글랜드은행 총재 자문관이다와 같은 사람들뿐이다. 이 사람들이 하는 말에 귀를 기울이면 득이 되고 그렇지 않을 때는 손해가 되는 그런 사람들 말이다.

불확실성 아래에서 혹은 빠르게 바뀌는 환경 아래에서 자신의 목적을 달성하는 데 초점을 맞추고 집중하는 지도자는 매우 강한 적응력이 필요함을 잘 안다. 아프가니스탄 주둔 미군 사령관을 역임했던 매크리스털 장군도 리더십을 두고서 "이것은 지도자와 추종자들 사이에 발생하는 상호 작용의 산물인 창발적 특성 ‡ 조직에는 있으나 개별 구성원은 드러내지 않는 성질으로, 다양한 상황적 요인들 사이에서 설정된다"고 표현했다. 지도자는 자신이 정답을 가지고 있지 않음을 깨닫기 위해서라도 입을 다물고 경청하는 능력을 가져야 한다. 이럴 때 그들은 리더십을 한 상황에서 다른 상황으로 한층 더 잘 이전할 수 있다.

리더십의 마지막 덕목은 겸손함이다. 이 장을 처음 시작하는 문단에서 내가 지도력과 가치관에 대해서 '표적이 여기저기 널려 있는 영역'이라고 언급한 사실을 기억하는가?

훌륭한 지도자는 개인적인 겸손함과 자신이 가진 지식 그리고 학습 능력을 결합한다. 이것은 자신이 저지른 실수를 인정하고, 피드백을 구하고 받아들이며, 교훈을 다른 사람들과 공유한다는 뜻이다. 지도자가 지나치게 자신을 과신하면 학습을 중단한다.

오랜 세월에 걸쳐서 나는 많은 교훈을 얻었다. (이 말은 내가 많은 실수를 저질렀다는 뜻이기도 하다.) 첫 번째 교훈은 모르는 사실을 인정하는 것이다. 어떤 것을 모를 때 스스로 이 사실을 인정하는 것이 중요하다. 특히 금융 분야에서는 더욱 그렇다. "무언가가 말이 되지 않는다면, 그것은 말이 되지 않는다"는 사실을 기억해야 한다.

금융 위기를 앞두고 있던 시점에서 나는 미국의 대규모 경상수지 적자와 아시아, 특히 중국의 대규모 흑자가 합쳐진 '글로벌 불균형'을 우려했던 많은 경제 전문가 가운데 한 명이었다. 그러나 나는 증상을 확인하면서도 해당 문제의 근원까지는 파고들지 않았다. 미국 달러화의 가치가 급격하게 하락할 것이라는 전망에 대해서만 걱정했다. 돈의 흐름을 좇아서 자본의 국외 이름들이 서브프라임 모기지와 그림자 금융 시스템이라는 영역에서 거대한 위험들을 어떻게 차곡차곡 쌓아가는지 (여기에 대해서는 앞서 7장에서 고통스러울 정도로 자세하게 묘사했다) 보았어야 했지만, 나는 그렇게 하지 않았다.

　내가 배운 두 번째 교훈은, 무엇이 잘못될 수 있는지 물어보는 것이 도움이 된다는 사실이다. 설령 나쁜 결과가 빚어질 조치를 이미 취한 뒤라고 하더라도 무엇이 잘못될 수 있는지 물어보는 것은 도움이 된다. 금융 위기가 터지고 나자, 온갖 다양한 층위의 당국자들이 나서서 서브프라임 모기지를 억제해야 하는 온갖 이유를 설명하고 나섰다. 하지만 그들은 그렇게 하지 않을 때 어떤 일들이 일어날 수 있는지는 묻지 않았다. 지금도 나는, 어떤 상황에서든 뒤로 한 걸음 물러나서 제2, 제3의 가능성을 상상하는 데 보다 더 많은 시간을 들일 필요가 있다고 생각한다. 정책 입안자가 한층 더 회복력이 있는 금융 시스템을 구축하려고 나설 때는 바로 이런 마음가짐을 가지고서 겸손해야 한다. 우리가 비록 금융 위기가 발생할 가능성을 낮춘다거나 이 위기가 발생했을 때 심각성을 낮춘다거나 할 수는 있지만, 금융 위기 자체를 아예 막을 수는 없음을 알아야 한다. 정확하게 언제 어떤 모습으로 금융 위기가 우리 앞에 닥칠지는 모르지만, 아무튼 미래에 무언가가 분명 다시 잘못되긴 할 것이다. 이런 사실을 받아들인다는 것은, 어떤 충격이 발생할 때 나타날 잠재적인 충격을 견딜 수 있는 튼튼한 시스템을 만드는 것이 우리가 구사할 수 있는 최선의 전략이라는 뜻이다.

　세 번째 교훈은 다른 사람과 함께 일해야 한다는 것이다. 나는 잉글랜드은행의 통화정책위원회MPC 위원인 거찬 '얀' 블리게와 같은 동료들의 도움을 받으며 함께 일했다. 자신이 했던 의사결정을 정기적으로 되돌아보고 또 어떤 새로운 결정을 하기 전에 새로 확보한 정보를 예전에 설정했던 가정들과 비교를 하는 등 믿을 수 없을 정도로 확고한 자기 규율을 갖춘 동료들과 함께 말이다. 일을 할 때 이런 태도는 매우 중요하다. 확증편향에 빠지지 않을 뿐만 아니라 지속적으로 학습하게 되기 때문이다. 하지만 이렇게 하려면 시간을 들여야 하고 또 철저한 규율을 갖춰야 하는데, 나는 지금까지도 늘 그 조건을 만족하지 못하고 있다. 잉글랜드 은행에서 우리는 성과 예측의 연간 평가를 수행하고 또 그 내용을 발표함으로써, 한층 더 폭넓은 교훈을 얻고자 우리가 맞았던 부분은 무엇이며 틀렸던 부분은 무엇인지 상세하게 기술함으로써, 예측 분야에 이 접근법을 제도적으로 마련했다.

지도자는 성공에 대해서 겸손할 필요가 있고 실패에 대해서 정직할 필요가 있다. 실수를 인정하고 공개적으로 교훈을 배우는 것은 진정성을 형성하는 중요한 요소이다. 진정성을 가진다는 것은 말과 행동이 일치하는 것 그리고 다른 사람들로 하여금 자신의 참모습을 알게 하는 것이다. 자신의 참모습을 드러낸다는 것은 자신이 무엇을 신봉하는지, 무엇이 자신의 추동력인지 드러내는 것이다. 또한 자신의 강점과 (특히 중요한 것인데) 약점까지도 드러내는 것이다. 진정성은 신뢰와 긴밀하게 연결되어 있다. 사람들은 모든 의사결정 사항에 동의하지 않을 수도 있지만, 그러나 그런 의사결정이 내려진 이유에 대해서는 알 가치가 있다. 그리고 지도자가 어떤 것들을 대표하고 나서는지 알 때는 그 지도자가 내린 의사결정을 따르기가 한결 더 쉬워질 것이고, 또 어떤 기대를 하기도 한결 더 쉬워질 것이다.

지도자가 자신의 약점을 인정한다는 것은 스스로 지속적인 학습과 자기계발의 길을 걸어간다는 것을 알고 있다는 뜻이다. 지도자가 되었다는 것은 어떤 것을 성공적으로 해냈으며 이제 더는 배울 게 없다는 뜻이 아니다. 리더십이라는 교과목은 신중한 연습과 지속적인 학습을 필요로 한다.

목적, 관점, 선명함, 유능함, 그리고 겸손함. 어떤 지도자에게도 이 다섯 개 덕목이 모두 뚜렷하게 보이지 않는다. 이 다섯 가지가 동시에 보이는 경우는 결코 없을 것이라고 나는 확신한다.

그러나 이런 덕목들을 명심한다면 이것들은 리더십 훈련의 씨앗이 될 것이다. 그리고 이것들이 자라나서 지도자인 당신에게 그리고 당신을 지도자로 믿고 따르는 사람들에게 모두 이득이 될 것이다.

모든 것이 빠르게 바뀌는 파괴의 시대, 그리고 가치를 토대로 하는 리더십

오늘날 지도자들은 줄기차게 이어지는 보건 위기와 이것과 관련된 경제적 충격의 복합적인 요인으로 인한 엄청난 도전과제에 직면해 있다. 게다가 기후변화와 4차 산업혁명으로 인한 장기적인 구조적 도전과제에도 직면해 있다. 그런데 각각의 도전과제 안에는 엄청난 기회가 숨어 있다. 오늘날 지도자에게는 미래를 계획할 기회가 주어졌다. 10년쯤 전에 영국에서 혁신적인 리더십은 '날씨 만들기to make the weather'였다. 이제 지도자들은 말 그대로 기후를 바꿀 수 있다. 그러한 야망은 목적으로 추동되는, 즉 목적의식적인 자본주의의 최선의 모습이다.

오늘날 젊은 사람들은 리더십의 역할이나 책임을, 무역과 자본의 세계화가 역전되고 4차 산업혁명이 막 시작되는 시점을 염두에 두고 생각할 것이다.

이런 세상에서는 과연 지도자가 리더십을 어떻게 발휘해야 할까?

첫째, 당신의 목적이 무엇인지 규정하고 그것에 악착같이 매달려라. 이 목적은 (기업의 목적도 마찬가지인데) 고객과 사회 그리고 인류가 지향하는 목적에 뿌리를 둬야 한다. 경제학자 존 케이가 말했듯이 "숨을 쉬는 것이 인생의 목적이 아니듯이, 이제 더는 수익이 기업의 목적이 아니다." 다음 장에서 살펴보겠지만, 이것은 재정적인 차원의 수익과 사회적인 차원의 영향을 동시에 고려한다는 것, 즉 모든 이해 당사자와 협력해서 이들이 성공할 수 있도록 돕는다는 뜻이다.

둘째, 분열의 세계에서 융합은 돌파구를 마련해줄 것이다. 당신의 팀 구성원들을 현명하게 선택하고, 다양성은 현실이지만 포용은 선택임을 깨달아라. 인재를 폭넓게 채용하며 다양성을 확보하겠다는 위한 목표를 설정하고 팀을 발전시키고 역량을 강화할 계획적인 전략을 추구하여 목표를 초과 달성하라. 의사결정을 내리는 방법은 포용성을 구축하고 영향력을 극대화하는 데 꼭 필요한 요소이다.

셋째, 당신이 언제나 객관적인 사실들을 모으고 정리해야 하지만, 사람들을 설득하려면 사람들의 직관에 개입하고 그들의 신뢰를 얻어야 한다. 우리는 모두 우리 사회가 '탈진실' 사회로 빠져드는 것에 저항해야 한다. 증거가 매우 중요하기는 하지만, 그것으로 충분하지는 않다. 신뢰를 쌓고 추종자를 만들고 관계의 접점을 만들어내는 데는 공감이 필요하다. 공감이야말로 올바름을 이끌어내는 해결책이다. 대화에 마음을 활짝 열고, "성공의 비결이 있다면 그것은 바로 상대방의 관점을 이해하는 능력에 있다"고 말했던 헨리 포드의 충고를 기억하라. 모든 것이 빠르게 바뀌는 이 파괴적인 시대에 지도자는 멀리 지평선을 바라볼 수 있어야 할 뿐만 아니라 주변부의 관점으로도 세상을 바라볼 수 있어야 한다. 조직과 사회의 주변에 있는 사람들의 관점을 가질 수 있을 때 포용적 자본주의 inclusive capitalism가 촉진될 것이다.

이런 사실은 좋은 리더십은 효과적일 뿐만 아니라 윤리적임을 강조한다. 좋은 리더십은 인간적인 번영으로 사회를 이끈다. 이 점은 그다지 놀랍지도 않은데, 왜냐하면 인간의 진정한 진보는 도덕적 진보이기 때문이다. 도덕적 진보는 가치관뿐 아니라 미덕들도 필요로 한다. 여러 미덕은 인격을 구성하는 요소이다. 그것들은 상대적인 것이 아니라 절대적인 것이다. 그것들은 경솔함과 비겁함 사이에 있는 용기의 미덕을 가지고서 양극단 사이에서 중용을 취한다.

리더십을 이야기하는 학파만큼이나 미덕을 이야기하는 학파도 다양하게 많다. 예를 들어서 아리스토텔레스는 미덕을 도덕적인 것(즉 개성과 관련되어 있는 것)과 지적인 것(즉 지성과 관련이 있는 것)으로 분류하는 반면에, 아퀴나스는 다른 모든 미덕이 의존하는 네 개의 기본적인 미덕, 즉 정의, 지혜, 용기, 중용을 믿음, 희망, 자비와 같은 신학적인 것(즉 '은총이 자연을 완성시키는' 매개물)과 구분했다.

미덕의 공통점은 패턴 형성과 반복 그리고 발전을 통해서 쌓을 수 있다는 점이다. 미덕은 근육과 같아서 쓰면 쓸수록 커지고 단단해진다. 옥스퍼드대학교의 에드 브룩스Ed Brooks는 도덕적 리더십에 특히 중요한 세 가지 낯익은 덕목을 강조한다.

- **겸손함**: 이것은 우리의 지적 한계를 지적하며, 때로는 우리가 살아가는 근본적인 불확실성을 지적하기도 한다.
- **인류애**: 이것은 주변부에 있는 사람들과의 연대를 추구한다.
- **희망**: 이것은 미래에 대한 우리의 희망을 드높인다.

그 야망에는 무엇이 수반되어야 할까? 다음 장에서는 어떻게 하면 기업의 목적이 사회가 소중하게 여기는 것을 달성하도록 돕고 직원과 협력업체 그리고 고객이 번창하도록 돕는 이런저런 해법을 개발하는 것이 될 수 있을지 살펴볼 것이다.

그리고 마지막 장에서는 사회의 목적을 달성할 국가 차원의 전략을 개략적으로 살펴볼 것이다. 사회의 목적은 사람들이 번영을 누리며 좋은 삶을 살아가고 공동선을 건설하는 것일 수 있다. 공동선, 즉 공공의 선을 다수의 선과 혼동해서는 안 된다. 공동선은 어떤 사람도 배제되지 않는 선이다. 공동선을 달성하려면 주변부에 있는 사람들을 포함해서 모든 사람이 어떤 목적을 공유하는 것이 필요하다. 그런 연대감을 가지고서 우리는 그 목표들을 어떻게 가장 잘 달성할 것인지 방법을 결정한다. 그 목표들, 즉 우리의 가치관에는 가격이 매겨져 있지 않지만 그 목표들을 달성하기 위한 도구, 메커니즘과 관련된 결정에는 가격이 매겨질 수 있다.

사회가 어디로 나아가면 좋을지 그리고 그렇게 하기 위해서는 어떻게 해야 할지 결정하는 데는 이 장에서 설명했던 가치관에 기반을 둔 리더십 유형과 다음 장에서 설명할 목적의식적인 기업들 그리고 마지막 장에서 설명할 국가 차원의 전략이 필요하다.

14장

목적의식적인 기업은 어떻게
가치를 창조하는가

누구든 어떤 조직에서 일을 할 때는 몇 가지 근본적인 문제에 대답할 수 있어야 한다. 예를 들면 다음과 같은 질문들이다. 이 조직의 목적은 무엇인가? 이 조직은 누가 소유하는가? 이 조직은 누구에게 책임을 지는가? 이 조직은 어떤 지평 위에 혹은 어떤 맥락 속에 놓여 있는가? 이 조직은 주변 환경에 얼마나 의존하는가? 이 조직은 자기가 속한 공동체에 어떤 기여를 하는가?

앞 장에서 살펴보았듯이 성공하는 리더십은 집단구성원들에게 목적의식을 부여하고 조직의 목적을 달성할 수 있는 구체적인 행동을 유도한다. 가치관에 기반을 둔 지도자는 자신의 동료들, 이사회 임원들, 주주들 그리고 그 밖의 다른 이해관계자들이 공동의 목표를 달성하는 일에 열정적으로 관여하게 만든다. 이 조직은 자기 조직의 운영에 대해서 사회로부터 동의를 받는다. 즉 사회적 허가를 받는다.

목적이라는 것은 어떤 조직이 표방하는 내용이며 조직이 활동을 하는 이유이고 또 조직이 활동의 결과로 만들어내고자 하는 것이다. 기업의 근원적인 목적은 기업이 운영되는 방식을 확립하는 가치관과 신념의 집합이다. 따라서 기업의 목적은 언제나 이익이라는 단순한 차원보다 한층 더 넓다. 기업에는 주주, 직원, 협력업체, 고객 등과 같은 이해관계자들이 있다. 그리고 기업은 그 자체로 이해관계자이기도 하다. 기업은 자기가 속한 경제적·사회적·환경적 시스템에 대해서 깊은 관심을 가지며 그에 대해서 책임을 공유한다.

목적은 근본적으로 가치와 가치관의 문제이다. 자기 주주만을 위해서 가치를 창출하는 것이 기업의 의무일까? 그게 아니면, 주주 외의 모든 이해관계자를 위해서 가치를 창출해야 할까? 만약 후자가 맞는다면, 가치 특히 그 어떤 시장에서도 가격이 매겨지지 않는 가치는 어떻게 측정해야 할까? 그 가치 측정은 결과를 통해서 해야 할까, 아니면 과정을 통해서 해야 할까, 그것도 아니면 이 둘을 조합한 것을 통해서 해야 할까? 이해관계자 가치의 극대화는 주주 수익의 극대화에 어느 정도로 기여할까? 다시 말하면, 케이크를 먹으면서도 또한 동시에 이 케이크를 소유하는, 이른바 '신성한 우연의 일치divine coincidence'는 없을까? 혹은 어떤 기업이 사회의 가치관을 존중할 때 이 기업이 사회에 기여하는 내용의 어떤 부분이 주주 이외의 이해관계자들과 한층 더 넓은 사회에 누적될 것임을 인정하고, 더 나아가 이런 사실을 찬양해야 할 것인가?

이 장에서는 목적의식적인 기업이 이해관계자들과 사회를 위해 창조하는 가치를 어떻게 측정할 것이며 또 이 가치를 어떻게 창조할 것인지 살펴본다. 진정한 기업 목적을 가진 기업은 ① 책임감이 있고 대응력을 갖춘 고용주가 존재함으로써, ② 공급망 전반에 걸쳐서 협력업체 및 고객과 정직하고 공정하며 지속적인 관계를 맺음으로써, ③ 사회에 온전하게 기여하는 선량한 기업 시민이 됨으로써, 광범위한 이해관계자들과의 소통을 유도한다. 기업 목적에는 지역과 국가적인 차원에서, 그리고 대기업의 경우 국제적인 차원의 연대가 포함된다. 또한 기업 목적인 세대에서 세대로 이어지는 지속가능성의 필요성을 인식한다.

기업은 우리의 삶을 개선하고 우리의 지평을 확장하며 사회의 크고 작은 여러 문제를 해결하기 위해서 존재한다. 활력이 넘치고 집중하는 민간 부문이 없다면 우리는 우리에게 필요한 인프라를 구축할 수 없고, 도저히 풀기 어려울 것 같은 오늘날의 문제들을 해결하는 데 필요한 혁신을 할 수도 없으며, 4차 산업혁명에서도 번영을 이어가는 데 필요한 기술들을 배울 수 없고, 또한 기후변화에 올바르게 대처할 수도 없다. 기업이 성공하려면 혁신과 추동력과 역동성에 따르는 공정한 보상을 누리면서도 우리의 삶을 한층 더 낫게 만드는 방향으로 나아가야 한다. 앞에서도 언급했듯이 존 케이는 숨을 쉬는 것이 인생의 목적이 아니듯이 이제는 수익이 기업의 목적이 아니라는 중요한 통찰을 얻었다. 그러나 숨을 쉬는 것이 삶을 살아가는 데 반드시 필요하듯이 수익은 기업이 장기적으로 목적을 실현하는 데 반드시 필요하다. 그러므로 목적은 역동성, 의무(책임성), 공정, 연대, 지속가능성이라는 핵심적인 가치들 사이에서 균형을 이루어야 한다.

이런 사실은 거대한 변화가 일어나는 시대에 가장 중요하다.

목적은 파괴의 시대에
드러나고 강화된다

목적의식적인 기업의 사례는 많다. 그러나 기업의 목적이라는 개념을 조금 더 분명하게 이해하기 위해서 몇백 년 전으로 돌아가서 조사이어 웨지우드Josiah Wedgwood라는 사람의 파란만장한 삶을 살펴보자. 그가 살았던 인생은 기업의 목적이 무엇을 이룰 수 있는지 보여준다.

1730년에 도예가 집안에서 태어난 웨지우드는 당대의 스티브 잡스였다. 도자기 산업 부문을 비롯, 모든 산업에 걸친 비즈니스 관행을 개혁하는 과정에서 유례없는 혁신과 디자인상의 탁월함을 이룩했기 때문이다. 그는 처음에 도자기를 직접 만드는 훈련을 받았지만 10대 때 소아마비에 걸리는 바람에 물레를 밟을 수 없어서 도자기 생산의 다른 분야에, 특히 진흙의 구성과 유약에 집중할 수밖에 없었다. 그는 작업에 과학적인 접근법을 도입했는데, 그가 남긴 노트에는 최적의 생산 조건을 찾으려고 그가 진행했던 5,000여 개의 실험 내용이 담겨 있다.[1] 만년에 그는 가마의 온도를 온전하게 신뢰할 수 없다는 오래된 문제를 붙잡고 씨름한 끝에 고온계*고온을 측정하는 온도계를 발명했고, 그 덕분에 왕립학회의 회원으로 선출되었다.[2]

웨지우드가 했던 실험들 덕분에 탁월한 도자기 제품이 나올 수 있었다. 그는 많은 돈을 벌었으며 또 샬럿 왕비가 애호하는 도예가가 되었다. 그는 영국 귀족들에게 도자기를 공급하면서 성공한 기업가로 살 수 있었지만, 자신이 이룩한 혁신이 생산의 신뢰성을 개선하고 생산비를 낮추었음을 깨닫고는 도자기를 넘어서서 새로운 시장들로 사업을 확장했다.[3] 그렇게 노력한 결과, 그가 세상을 떠날 무렵에는 예쁜 도자기들이 귀족들뿐 아니라 영국의 신흥 중산층의 가정으로까지, 더 나아가 해외로까지 보급되었다. 이렇게 하는 과정에서 그는 마케팅과 판매뿐 아니라 공장 생산까지도 혁명적으로 바꾸었다.

이 업적만으로도 웨지우드는 역사적으로 가장 위대한 기업가들 가운데 한 명으로 꼽힐 수 있지만, 그의 업적은 이것만이 아니다. 웨지우드가 기업을 운영하던 시점은 산업혁명 초기였다. 기술적인 차원의 변화들이 번영으로 이어지고 있었을 뿐 아니라 그 과정에서 비인간적이고 위험한 작업 환경들도 배태시켰다. 정부 규제가 최소로만 이루어지던 시대에 웨지우드는 자신의 노동자들을 돌보았다. 그는 공장 옆에 마을을 세웠다. 에트루리아Etruria라는 이름의 이 마을에는 당시 기준으로 표준을 훌쩍 초과할 정도로 '좋은' 노동자 주택들이 들어섰다.[4] 이 마을에는 편의시설로 볼링장과 선술집이 마련되어 있었고, 나중에는 웨지우드 가족 가운데 몇 명이 교사로 일하면서 도자기 사업을 비롯한 가족 사업의 몇 가지 요소를 가르치는 학교도 생겨났다. 웨지우드는 자신의 공장에서 환자클럽제도를 시행했는데, 이 제도를 통해서 직원들은 자신의 임금에서 작은 몫을 떼어 내서 건강이 나빠지거나 사고로 일을 하지 못하게 된 사람들을 지원할 기금을 모아서 운용했다. 그는 또 해외 아웃소싱을 무척 싫어해서, 비용이 더 많이 듦에도 불구하고 국내 생산을 공개적으로 주장했다.[5]

웨지우드는 노동자와 지역사회를 돌보았을 뿐 아니라, 대서양 노예 무역을 철폐하기 위해 노력하던 사회운동가였다. 1787년 그는 노예무역 폐지위원회를 위해서 "나는 사람이고 또 형제가 아닌가?"라는 문구와 함께 쇠사슬에 묶인 노예가 묘사된 메달을 제작했다. 웨지우드는 메달 제작비를 부담했는데, 이 메달은 나중에 영국에서의 노예제 폐지 운동을 상징하게 되었다.[6]

기업가로서 탁월한 성공을 거두었던 웨지우드의 사례는 구조적인 변화의 시대에 목적이 얼마나 중요한지 잘 보여준다. 우리는 현재 웨지우드가 살던 시대만큼 광범위하고 파괴적인 변화 속에서 살고 있다. 4차 산업혁명의 신기술에서 세계 통합의 본질적인 특성을 바꾸어놓는 지정학적 변화, 악화하는 기후 위기 그리고 사회 정의와 형평성에 대한 필요성을 가져다주는 급변하는 사회적 규범에 이르기는 변화들이 바로 그런 파괴적인 변화이다. 이런 변화들은 사실상 모든 기업의 전략에 영향을 미치며, "당신의 회사는 무엇을 위해 존재하는가?"라는 질문을 점점 더 많이 제기하게 만들 것이다.

이런 혼란스러움 속에서 코로나 위기는 이해관계자 자본주의의 주요 시험대가 되었다. 이 위기가 지나가고 나면, 사람들은 어느 기업이 직원을 지원하고 공급업체와 고객들과 협력했으며 또 사회가 이 전례 없는 충격을 잘 이겨내도록 도우려고 노력했는지 판단할 것이다. 코로나 위기는 주주 가치 극대화와 이해관계자 가치 극대화 사이의 긴장과 간극을 줄였는데, 그만큼 코로나 위기의 경험은 과거에 있었던 여러 위기의 경험과 일치한다. 이 경험을 통해서 우리는 진정한 기업 목적을 뒷받침하는 가치관이 어떻게 인류와 지구가 맞닥뜨린 온갖 문제를 해결하는 데 도움이 될 수 있는지에 대해서 많은 것을 배울 수 있다.

과거에 있었던 금융 위기들과 오늘날의 그 위기들에 해당되는 것에서 우리가 배운 다섯 가지 교훈을 살펴보자.

역사를 통틀어서 위기는 늘 우리에게 다음 두 가지 의문을 제기한다. "우리는 어떤 대상에 가치를 어떻게 부여하는가?" 그리고 "우리의 가치관이 무엇인가?" 실제로 과거 위기들에서 우리가 얻는 첫 번째 교훈은 (이 책이 처음부터 지금까지 줄기차게 주장했듯이) 그 위기들의 핵심에는 흔히 가치(정확하게 말하면, 잘못된 가치평가)가 놓여 있다는 점이다.

7장에서 살펴본 것처럼 2008년 세계 금융 위기의 발생 이유 가운데 한 부분은, 위험을 과소평가하고 관리감독이 시장의 지혜에 무릎을 꿇은 점이다. 9장에서 보았듯이, 코로나 위기의 발생 이유 가운데 한 부분은 오랜 기간 회복력을 과소평가한 점이다. 각 나라는 온갖 다양한 경고들이 넘쳐났음에도 불구하고 이미 알려져 있던 위험으로부터 자기 국민을 보호하지 못했다. 그 경고를 제대로 받아들이고 준비해서 코로나 위기를 피할 수도 있었지만 그렇게 하지 못했다. 그 준비에 들어가는 연간 비용이라고 해봐야 코로나 위기 때문에 우리가 잃고 있는 경제 생산량의 하루치 정도밖에 되지 않음에도 말이다. 11장에서 살펴본 것처럼, 기후 위기가 점점 고조되고 있다. 이것은 우리가 공유지의 비극을 몸소 실천하면서 오염의 외부성을 온전하게 평가하지 않으며 환경 파괴와 생물종의 소멸을 무시하는 한편, 미래를 과소평가하고 있기 때문이다. 요컨대 미래 세대에게 비극적인 유산을 남겨주기 때문이다.

두 번째 교훈은 위기들이 전략들을 바꾸어놓았다는 사실이다. 과연 누구에게 도움이 되는지 파악하는 것이 관건이다. 거대한 변화의 시대에는 기업이 자기 이해관계자들에게 지는 책임들과 이해관계자의 일원으로서 사회에 지는 책임들이 표면화되어 나타난다. 이 거대한 변화들은 코로나 위기로 한층 더 심화되었다. 코로나 위기는 가치와 가치관에 대한 재평가로 이어져서, 기업의 전략 재설정과 국가의 사회 재설정으로 이어지고 있다. 그 변화들을 예로 들면 다음과 같다. 전자상거래(e-커머스)·전자학습(e-러닝)·전자건강(e-헬스) 등으로의 신속한 전환, 글로벌 적시global and just-in-time 공급망에서 지역 수요발생시local and just-in-case 공급망으로의 전환, 소비자주의consumer caution * 소비자가 자신이 하는 소비의 사회적·경제적·환경적 의미에 주의를 기울이는 것의 강화 그리고 광범위한 금융 구조조정 등. 그리고 하나 더, 위기가 우리의 가치관을 평가하도록 강요함에 따라서 빚어지는 사회적 재설정도 있다.

이 위기 동안에 우리는 경제적 역동성과 효율성이라는 가치관에 연대, 공정, 의무, 공감이라는 가치관을 더해서, 독립적인 개인이 아니라 서로 의존하는 공동체로 활동해왔다. 불평등의 현실적인 실체는 훤하게 까발려졌다. 저임금의 사회 필수인력 노동자, 계층별로 불평등하게 나타나는 코로나19 발병률, 제대로 보수를 받지 못하는 의료계 노동자들 그리고 원격학습으로 빚어지는 교육 불평등의 비극 등이 비참한 불평등의 현실이다. 우리 모두는 하나의 태풍을 맞고 있지만, 우리 모두가 한 배를 탄건 아니다.

보다 더 나은 미래를 건설하려면 현재 우리가 처한 곤경에서 교훈을 얻어야 한다. 우리가 경험하는 코로나 위기의 비극은, 시스템에 내재된 위험은 우리의 주관적인 바람과 다르게 어떤 경우에도 가능성 제로로 만들 수 없다는 점과 다음에 일어날 재난을 피하려면 투자를 먼저 해야 한다는 점을 증명한다. 전 세계가 연루된 기후변화도 똑같은 위기이다. 기후 위기에는 그 누구도 예외가 될 수 없을 것이다. 사람들은 이제 회복력이 소중하다고 평가한다.

경제적·사회적 가치 추동자들의 변화를 염두에 둔다면, 기업이 위기 이전의 전략을 위기 이후에도 계속 최적의 전략으로 남길 가능성은 별로 없다. 인류와 지구가 맞이한 가장 시급한 문제를 해결하겠다는 목적을 가진 새로운 전략으로 전략적 재설정이 필요하다는 사실은 코로나 위기를 통해서 확인되었다. 목적의식적인 기업은 전략적 재설정과 사회적 재설정이 연계되어야 함을 알고 있다. 이 기업들이 취하는 행동들은, 과연 사회가 자기 목표를 (이 목표에는 탄소중립 경제로의 전환도 포함된다) 달성할 수 있을지 판가름할 것이다.

과거의 위기들에서 우리가 배우는 세 번째 교훈은, 잇따른 위기 덕분에 시스템상의 위험들과 관련된 보고를 전반적으로 개선하겠다는 노력이 촉진된다는 점이다. 즉 위험과 회복력 둘 다 중요하게 여기게 되었다는 말이다. 1929년 월스트리트에서 시작된 주가 대폭락 이후에 프랭클린 루스벨트 대통령의 뉴딜정책의 대대적인 사회적인 개혁 조치들과 함께, 투자자를 보호하고 공정하고 질서정연하고 효율적인 시장을 유지하며 자본 형성을 촉진한다는 명확한 목적을 가지고서 증권거래위원회SEC가 설립되었다.[7] 그 사명을 수행하는 핵심에는 공공증권에 대한 '진실하고도 표준화된' 금융 자료를 투자자들이 받을 수 있게 할 목적으로 마련된, 연방정부 최초의 공동 공시 표준이 있었다. 그렇게 해서 1936년에 GAAPGenerally Accepted Accounting Priniples('일반적으로 인정된 회계 원칙')에 따른 회계가 탄생한 것이다.

세계 금융 위기의 즉각적인 여파 속에서, 이 위기의 원인으로 작동했던 위험 유형들에 대한 공시를 개선하자는 다양한 움직임이 나타났다. 파생상품을 다루는 여러 시장을 한층 더 안전하고 투명하게 만들 목적으로, OTC(장외) 파생상품 거래를 보고하도록 하는 의무 규정이 마련되었다.

위험한 증권화와 불투명한 그림자 금융을 차단하기 위해서는 증권화와 회계 기준에 새로운 규정들이 마련되어서, 만일 어떤 은행이 거래의 어떤 측면과 지속적인 관계를 유지하려고 한다면 해당 위험이 그 은행의 회계장부에 그대로 반영되도록 했다. 그리고 새로운 국제회계기준인 IFRS9가 개발되어서 기대손실을 파악할 수 있게 되었고, 따라서 시스템에서 위험이 실현될 가능성을 줄이면서 은행의 회복력을 보다 잘 알 수 있게 되었다.

만약 기후 위기가 현실화된다면, 올바른 보고 체계를 마련할 두 번째 기회도 영영 사라져버릴 것이다. 이런 긴박한 마음가짐을 가지고서 당국은 이해관계자들이 기업이 처한 기후 관련 금융 위험들의 실태와 이것을 관리하기 위해 자기들이 어떤 노력을 기울이는지 알 수 있도록 미리 행동에 나서고 있다. 민간이 주도하는 기후변화 관련 재무정보 공개 협의체 TCFD는 기후와 관련된 금융 위험에 대한 일관되고 비교 가능하며 의사결정에 유용한 정보를 제공하는 표준 기구로 자리를 잡았다. 이제는 시장의 모든 기업이 이 표준을 의무적으로 따르도록 하는 것이 관건이다.

네 번째 교훈은 회복력을 높이는 것이다. 위기가 한 번씩 나타날 때마다 시스템에서 가장 약한 부분이 어디인지 드러났고, 그다음에는 그 부분이 보완되어 한층 더 튼튼해졌다. 세계 금융 위기 이전에 주요 은행들은 걱정스러울 정도로 자본금이 부족한 상태에서 오로지 시장의 호의, 그리고 궁극적으로 납세자의 지원에 의존하는 복잡한 사업 모델을 가지고 있었다. 그러나 지금 대형 글로벌 은행들은 모든 은행에 적용되는 지분 요건을 갖추고 있어서 충분히 자립할 수 있고, 비상시에 충격을 흡수할 완충자본에 대한 기준은 금융 위기 이전보다 열 배 이상 높아졌다. 규제는 은행들을 덜 복잡하게 만들었으며 한 분야에 덜 집중적으로 투자하게 도와주었다. 금융 위기 이후에 거래자산은 절반으로 줄었고, 은행 간 대출은 3분의 1이 줄었으며 유동성은 열 배로 늘어났다. 그리고 은행들이 전체 시스템에 영향을 주지 않은 채로 파산할 수 있도록 만든 일련의 조치들이 도움이 되고 있다.

우리는 힘 그 자체만을 위해 힘을 키우지 않았다. 이 힘은 우리가 필요할 때 사용할 수 있는 힘이다. 이것은 목적이 전제되어 있는 신중함이다. 이유가 있는 회복력이다. 금융 부문의 회복력을 확보했다는 것은 금융이 코로나19와 관련된 경제적 충격에 대한 해결책의 한 부분이 될 수 있음을 의미한다.

이제 각국의 관계 당국들은 은행과 보험사들을 대상으로 제각기 다른 기후 경로에 (즉 탄소중립을 향해 매끄럽게 전환하는 것부터 지금처럼 계속 가서 재앙을 맞는 것에 이르기까지의 여러 가지 경로에) 대한 스트레스 테스트를 시행함으로써, 이 교훈들을 기후 위기에 적용해야 한다. 결정적으로 이것은 탄소중립 전환의 길을 걸어가는 것과 아무런 변화 없이 지금과 동일하게 사업을 지속하는 것과 관련된 각각의 잠재적 위험을 은행이 검토하는 데 도움이 될 것이다. 만일 우리가 지구 온도 상승폭을 2도 이내로 억누르면서 이산화탄소 배출을 줄이고자 한다면, 전 세계적으로 알려진 석탄 매장량 가운데 4분의 3이 채굴되지 않고 땅에 계속 묻혀 있어야 하며, 가스 매장량의 절반과 석유 매장량 역시 그렇게 묻혀 있어야 하기 때문에,[8] 이런 상황에서는 어떤 기업이 좌초자산에 얼마나 노출되어 있는가 하는 정보를 밝혀내는 것이 매우 중요하다. 기후 스트레스 테스트는 이 전환에 대비해서 준비하는 금융사들이, 그리고 더 나아가 기업들이 누구누구인지 드러낼 것이다. 그리고 그렇지 않은 조직은 위험에 노출될 것이다.

과거의 위기들이 알려주는 마지막 교훈은 사업에서 목적의식을 재정립해서 책임감을 심어줄 필요가 있다는 점이다. 지나간 세계 금융 위기는 목적의식이 사라지면 어떤 일이 일어나는지 잘 보여주지 않았던가.

목적의식이 없다면 금융은 공정성, 완전성, 신중함, 책임이라는 핵심적인 가치관을 추적할 수 없게 되어, 시장이 혁신하고 성장하는 토대인 사회적 허가가 잠식된다. 사회적 허가가 미래의 번영과 지속가능한 성장을 위한 튼튼한 토대가 아니라고 말한다면 지나친 과소평가이다. 금융 위기 이후에 금융 부문은 자기의 목적을 재발견하려고 노력해왔다. 은행가들이 미래를 중시하는 세계로 다시 한 번 나아가려면, 자기 자신을 자기가 속한 기관의 관리인으로 바라보고 그 기관을 개선한 뒤에 후임자에게 물려줄 필요가 있다. 또한 그들은 자기 기관이 고객과 지역사회에 강하게 연결되도록 만들어야 한다.

규제와 법률과 보상은 각각 자기 역할을 가지고 있다. 그러나 완전성은 돈을 주고 살 수도 없고 규제할 수도 없다. 그것은 반드시 내부에서 나와야 한다. 즉 가치관에 튼튼하게 뿌리를 박고 있어야 한다는 말이다.

과거의 위기들과 마찬가지로 코로나 위기도 낡은 접근법의 부족한 부분을 만천하에 드러냈다. 코로나 위기를 긍정적으로 보자면, 이것은 연대가 부재함으로써 벌어지는 일들을 통해 우리 지역사회에서 또 전 세계적인 차원에서 연대의 가치가 얼마나 소중한지 입증했다. 이제 모든 기업이 전략을 재설정함에 따라 기업들의 에너지와 상상력과 자본은 지속가능한 성장을 위한 공동의 접근법을 채택해서 실행할 수 있다.

이것은 기업이 기업 목적을 달성하기 위한 구체적인 측정치들과 회복력 그리고 의무에 초점을 맞춘다는 것을 의미한다. 그리고 투자자들에게는 해당 정보를 사용하여 선두 주자와 후발 주자를 식별하고 고객의 가치관과 일치하는 기업에 자금을 투자한다는 뜻이다. 한편 정부에게는 필요한 경우 의무적이고 포괄적인 틀을 마련해서 '가지면 좋은 것'을 '반드시 가져야만 하는 것'으로 만들도록 경제 정책을 수단으로 삼아서 개입한다는 뜻이다.

이런 거대한 흐름의 폭은 목적의식적인 기업이 어떤 생태계 안에서 (이 생태계 안에서는 어떤 기업이 고객, 협력업체, 투자자, 채권자, 지역사회 등과 맺는 관계의 경계선이 전통적인 경제에서 묘사된 것보다 한층 더 복잡하고 투과성이 높다) 어떻게 운용되는지 잘 보여준다. 이런 현실은 목적의식적인 기업이 가치를 창출하는 방법에 매우 중요하게 작용한다. 그 어떤 사람도 섬으로 존재하지 않듯이, 그 어떤 회사도 자기의 잠재력을 홀로 실현할 수 없다.

기업을 바라보는 두 가지 관점

기업은 직원, 투자자, 고객, 공급업체 등 기업과 관련된 다양한 이해관계자들이 하나로 결합해서 기업 목적을 이행할 수 있도록 설계된 일종의 법률적 구조이다. 기업은 기업에서 일하는 사람이나 기업에 자금을 대는 사람이나 기업을 관리하는 사람 등과는 독립적으로 존재하며, 자기만의 독립성을 가지는 법률적인 실체로서 자율적인 삶을 살아가는 기관이다.

기업을 바라보는 전통적인 경제적 관점은 기업을 일련의 계약으로서 구성된 실체로 바라본다. 이 관점에서는 다음과 같은 발상이 존재한다. 기업은 주주들의 소유물이다. 기업의 목적은 주주 가치를 극대화하는 것이다. 주주들은 주주 가치를 극대화하려고 전문경영인에게 운영 책임을 위임한다. 그러나 이렇게 함으로써, 전문경영인이 주주의 이익에 반하는 행동을 할 수도 있으므로 주주가 전문경영인을 감시해야 하는 이른바 주인-대리인 문제가 발생한다. 그래서 이런 문제가 발생하는 것을 최소화하려고 다양한 지배 메커니즘과 인센티브 구조가 동원된다. 한편 이 관점에서 기업과 기업이 아닌 것을 가르는 경계선은, 계약을 통한 시장에서의 운영 그리고 위계질서를 통한 기업 내부에서의 운영 사이의 절충으로 결정된다.

많은 경제 이론이 그렇듯이 이 견해의 각 구성요소는 만족스러울 정도로 매우 간단한데, 이것은 중요한 통찰(예컨대, 주인-대리인 문제에서 발생하는 인센티브 구조와 관련된 통찰)을 제공하는 환원주의적 모델링 연습의 결과물이다. 그러나 전체는 각 부분의 합보다 작다. 기업을 '여러 계약의 결합'으로 바라보는 관점은 기업이 실제 현실에서 운영되는 방식을 온전하게 묘사하지 못한다. 그래서 이 관점을 채택할 때는 일정한 경제적 가치를 포기하는 위험을 감수해야 한다. 시간이 지남에 따라서 이런 견해는 공정하고 효과적인 시장이 의존해야 하는 사회적 가치관을 허물어뜨린다.

목적의식적인 기업이 설정하는 목적은 금전적인 인센티브를 초월해서 신뢰를 쌓고 직원들에게 동기를 부여하는 데 사용될 수 있다. 게다가 목적의식과 신뢰는 기업이라는 울타리를 훌쩍 뛰어넘어서 훨씬 먼 곳까지 확장될 수 있다. 뒤에서 살펴보겠지만, 모든 기업은 전체 생태계를 구성하는 개별적인 한 부분으로서 운영된다. 기업과 기업 사이의 울타리는 언제든 넘나들 수 있으며 각 기업은 서로 연결되어 있다. 바로 이 연결성 속에 엄청난 가치 창출의 기회가 놓여 있다.

누가 회사를 소유하는가? 주주들이다. 대답이 너무도 쉬워 보인다. 그러나 주주는 고전적인 소유권 개념에서의 소유주가 아니다. 주주에게는 소유권이나 사용권이 없다. 이들은 자신이 '소유한' 기업이 제공하는 서비스에 대해서 다른 소비자보다 더 많은 권리를 가지고 있지 않다. 또 회사가 하는 행동들에 대해서는 유한책임회사일 경우에 주주가 책임을 지지도 않는다.

비록 영국의 주주들이 다른 나라의 주주들보다 상대적으로 더 많은 권리를 가지고 있긴 하지만, 그렇다고 해서 회사의 소유주는 아니다. 1948년 항소법원이 판결한 내용에 따르면, "주주는 법의 관점에서 볼 때 회사의 부분 소유주가 아니다."[9] 2003년에 상원은 분명한 표현을 들어서 그 판결을 재확인했다.[10]

존 케이도 2015년에 "누가 회사를 소유할까? 아무도 회사를 소유하지 않는다는 것이 정답이다. 이것은 템스 강, 영국 국립미술관인 내셔널 갤러리, 런던의 거리들, 혹은 우리가 숨 쉬는 공기 등을 그 누구도 소유하지 않는 것이나 마찬가지이다. 현대의 여러 경제 체제에는 다양한 유형의 청구권과 계약 그리고 의무가 있는데, 이런 것들을 소유권이라는 용어로 잘 설명할 수 있는 경우가 썩 많지는 않다"라고 결론을 내렸다.[11] 그리고 경영 이론가인 찰스 핸디Charles Handy는, 우리가 어떤 현대적인 기업을 바라보려고 할 때 "소유권이라는 헛된 신화가 우리의 시야를 방해한다"고 말했다.[12] 우리는 소유권 너머에 있는 기업의 목표와 목적을 바라보아야 한다.

주주가 고전적인 의미의 소유주가 아닐 수도 있지만, 주주는 기업에 대한 잔여재산 분배 청구권자이다. 간단하게 말하면, 주주는 다른 모든 권리자(여기에는 채권자, 직원, 협력업체뿐 아니라 세금을 받는 국가도 포함된다)가 권리를 보상받은 다음에 보상을 받는다. 위계상의 이 위치는 주주 제일주의shareholder primacy를 확고히 하기 위한 법률적 접근의 많은 부분을 뒷받침해왔다.

주주가 가장 많은 위험을 부담하는지 여부를 두고서는 의견이 분분하다. 영국의 경제 칼럼니스트인 마틴 울프Martin Wolf가 주장했듯이, 직원은 기업에 대한 자신의 노출 정도를 다각화할 수 없다.[13] 핵심적인 협력업체나 그 기업이 속한 지역 공동체도 마찬가지이다. 이것은 주주 제일주의와 결합할 때, 기업과 경영진이 (만일 그들의 보상이 단기적인 스톡옵션 제공에 큰 비중이 쏠릴 때) 위험을 과도하게 무릅쓸 (즉 위험에 과도하게 노출시키는) 동기가 형성된다.[14]

주주는 자신이 입을 손실이 제한되어 있어서 (즉 자신이 투자한 금액 이상으로 손해 볼 일은 없으므로) 한층 더 큰 위험을 감수할 동기가 있는 반면에 이들이 받을 이득의 최대치는 무한하다. 이런 조건 때문에 손실의 위험은 다른 권리자들에게, 특히 직원과 채권자에게 전가된다.[15] 이것과 비슷한 역학이 (예컨대 오염과 같은) 외부성에도 작동한다.

목적이 과거에는 기업이 형성될 수 있었던 본질적인 요소였다. 16세기와 17세기에 기업이 처음 생겨날 때, 그들은 인프라 프로젝트나 해외 탐사와 같은 명시적인 목적 아래 설립되었으며, 그 과제가 끝나면 해체되는 게 당연했다.[16] 기업이 만들어진다는 것은 정부나 군주가 목적과 함께 허가증을 내주면서 승인할 때만 가능한 일이었는데, 그러니까 이것은 권리가 아니라 특권이었다. 공동의 목표와 위험에 대한 상호 의무를 전제로 공동의 목표와 위험에 대한 장기적 헌신을 보장하기 위한 장치로 구상되었던 것이 바로 기업이다. 예를 들어서, 영국 최초로 주식을 고정자본으로 일반에 발행한 공기업인 동인도회사East India Company는 항로를 따라 무역을 보호해야 하는 의무를 지면서 아시아에서 영국의 무역 독점권을 부여받았다. 그러므로 초기의 기업은 공익 기여라는 목적을 가지고 있었고, 이런 점에서 볼 때 일종의 공공기관이었다.[17] 애덤 스미스는 기업이 엄격한 기준 아래에서만 설립되어야 한다고 믿었는데, 기업이 일반적인 무역보다 더 큰 효용을 보장할 것이라는 '가장 명확한 증거'도 이 기준 요건에 포함되어 있었다.[18]

산업혁명 이전에 그리고 또 산업혁명이 진행되던 대부분의 기간에 주주는 자신이 주식을 사면서 투자하는 자금이 기업이 내세운 명시적 목적에 사용될 것이며, 투자수익은 그 목적이 이루어진 다음에나 실현될 것임을 잘 알고서 주식을 샀다.[19] 그러나 이 시스템은 언제나 윤리적인 결과를 보장하지는 않았다. 동인도회사나 허드슨베이회사Hudson Bay Company와 같은 해외무역 기업은 도덕적인 행위자들과는 거리가 멀었고, 기업 허가서를 누가 받을지 결정하는 데서도 부패와 뇌물이 영향력을 행사했다. 그러나 기업의 목적은 한층 더 큰 명확한 목표 아래에서 기업의 모든 이해관계자를 하나로 묶었다.

그런데 산업혁명이 이 시스템에 크고 깊은 변화를 가져왔다. 자금을 조달할 사업이 늘어나고 자금을 조달할 예금자가 늘어나면서, 정부는 자본에 대한 접근성을 한결 쉽게 해야만 하는 압박을 느꼈다.[20] 1844년에 영국 정부는 정부의 승인 없이 등록 절차를 통해 기업을 허용하는 법안Joint Stock Companies Registration and Regulation Act을 통과시켰다.[21] 미국의 앤드루 잭슨 대통령은 그보다 10년 전에 이미 미국에서 자유로운 기업 설립을 승인했으며, 그로부터 수십 년에 걸쳐서 프랑스와 독일이 그 뒤를 이었다.[22] 이렇게 해서 20세기 초에 이르러서면, 기업의 목적은 이제 더는 기업 설립을 위한 전제조건이 아니었다.

많은 기업에게 이 변화는 기업 운영 방식에 그다지 중요하지 않았다. 기업 설립이 쉬워지자 거대하고 복잡하며 자본이 많이 투입되는 회사보다 합명회사(동업회사)와 비슷한 소규모 회사들이 줄지어 창업했다.[23] 내부적으로 긴밀하게 연결된 이 소규모 기업은 소수의 주주가 기업의 방향에 합의하기만 하면 운영될 수 있었다. 그러나 웨지우드처럼 자신이 소유하고 지배하는 민간기업, 즉 가족이 금전적 이득을 넘어서서 한층 더 큰 사회적 목적에 관심을 가졌던 많은 민간기업에는 공익적인 성격이 여전히 남아 있었다. 그러나 주주가 점점 더 많아져서 주주가 수백 명 혹은 심지어 수천 명이나 되는 대기업들은 주주가 모두 동의하는 합의 내용을 도저히 마련할 수 없었다. 그러다 보니 19세기 중반에 기업 자유가 확장되는 흐름에 힘입어서, 기업이 공공의 목적에 초점을 맞추던 시대는 저물고 사적인 이익에 초점을 맞추는 시대가 밝았다. 그 결과 20세기 초의 많은 산업 회사들에게서 가족 지배력은 공개 시장자본에 의해 약화되었다. 자본집약적 산업의 성장에 자금이 몰려들었다. 그러나 해결해야 할 새로운 과제가 대두된다. 소유와 경영의 분리에 따른 문제였다.

20세기 초에 미시간 주의 디트로이트에서 창업한 포드자동차Ford

Motor Company가 바로 그런 기업이었다. 1908년에 포드는 저 유명한 모델 T 자동차를 출시해서 운송 부문을 혁명적으로 바꾸었으며 회사에 엄청난 수익을 안겨주었다. 1916년까지 누적된 수익은 무려 1억 1,200만 달러였다.[24] 이 회사의 주주들은 회사가 거둔 성공의 열매를 함께 나누자면서 배당금을 요구하고 나섰지만, 창업주인 헨리 포드는 그 수익을 회사를 확장하는 데 투자하겠다는 계획을 가지고 있었다. 그래서 그는 공개적으로 다음과 같이 천명했다.

"나의 야망은 여전히 훨씬 더 많은 사람을 고용하고, 이 산업에서 나오는 수익을 최대한 많은 사람이 누릴 수 있도록 하며, 또 그 사람들이 인생을 살아가고 가정을 꾸리는 일을 돕는 것입니다. 이렇게 하기 위해서 우리는 이익 가운데 가장 큰 몫을 사업에 재투자할 것입니다."[25]

그러나 주주들은 이런 논리에 승복하지 않고 포드자동차를 상대로 소송을 제기했다. 누적 흑자액의 75퍼센트 이상을 주주에게 분배하라는 것이 주주들의 주장이었다.[26]

포드가 천명했던 '자선' 개념은 적어도 부분적으로는 홍보 전략의 일환이었지만, 공적인 목적을 사적인 이익과 대치시키는 것이었고, 결국 기업의 목적은 사법부의 평결을 받게 되었다. 미시간주의 대법원은 주주의 손을 들어주면서 "기업은 기본적으로 주주의 이익을 좇아서 창업되고 운영된다. 이사진에게 부여된 권한은 그 목적을 수행하는 데 사용되어야 한다"라고 결론을 내렸다.[27] 포드자동차는 수익을 주주에게 배당하라는 명령을 받았다. 그러나 그렇게 배당된 금액은 주주들이 요구한 금액에 비하면 지극히 작았다. 경영진이 기업 운영에 관해서 어느 정도의 재량권을 가지고 있음을 법원이 인정했기 때문이다.

'닷지 대 포드'라는 이름의 이 소송은 주식회사가 주주의 주된 이익을 우선시해야 한다는 개념의 토대이다. 대공황과 2차 세계대전 때문에 주주제일주의 채택이 다소 늦어지긴 했지만(이런 위기들은 기업들에게 진공 상태에서는 기업이 운영될 수 없음을 상기시켰다), 1970년대가 되면 적어도 앵글로색슨 국가들에서는 이것이 지배적인 사고방식이자 준거법으로 자리를 잡는다.[28] 시카고학파의 경제학자들은 주주제일주의를 지지했는데 *시카고학파는 '신자유주의 학파'라고도 불린다, 이 개념이 가진 매력의 일부는 경제적인 단순성에 있다. 기업이 부담해야 하는 공익적 의무의 범위가 넓으면 기업이 거둔 성과를 계량적으로 측정하기 어렵지만, 만일 주주의 재산을 최대한 불려주는 것이 기업의 의무라면 기업의 성과를 한층 더 잘 측정하고 최적화할 수 있다는 말이다.[29]

이 원칙은 소유권(주주)과 지배권(경영자)의 분리에서 비롯되는 '대리인' 문제에 의해 강화된다. 그런데 이 경우의 위험은, 경영자가 주주의 이익을 희생하면서까지 자신의 개인적인 선호(예컨대 자기 제국의 구축, 기업 활동에 따르는 부수입, 심지어 조용한 삶까지)를 추구하게 된다는 점이다. 이 문제의 해결책은 지분 양도나 스톡옵션을 통해서 주주와 경영자 사이의 인센티브를 모니터링하고 조정하는 데 있다.

소유와 지배의 분리에 대한 우려는 애덜프 벌리Adolf Berle와 가디너 민스Gardiner Means의 『현대 기업과 사유재산The Modern Corporation and Private Property』에서 가장 강력하게 제기되었다. 두 사람의 통찰로 많은 기업 혁신이 이루어졌으며, 이 혁신들을 통해서 기업의 지배구조와 관리가 지금까지 크게 개선되어왔다.

그러나 주주 가치가 극단으로 치달을 때, 지배력과 주주 가치 극대화의 조정은 사회의 가치관을 훼손하는 동시에 이해관계자 가치 창출을 억제할 수 있다. 아닌 게 아니라, 대부분 잊어버린 진실은 벌리와 민스의 주장이 "모든 형태의 경제적 및 정치적 권력이 공동체에게 전반적으로 이로움을 보장하는 방향으로 행사되기를 원했던" 한층 더 넓은 전망에 내재되어 있었다는 점이다. 두 사람이 주장했던 그 "다원주의적 기준의 틀은 그 뒤에 시야에서 사라져버렸고, 그 결과가 오늘날에 파문을 일으키고 있

다."[30] 그리고 이 과정에 주주의 관리는 꾸준하게 강화되어왔다.[31]

주주제일주의는 주주가 기업의 소유주라는 발상을 전제로 한다. 시카고학파의 가장 유명한 경제학자인 밀턴 프리드먼은 1970년에 다음과 같은 유명한 글을 썼다.

> 기업 임원은 기업 소유자들이 고용한 직원이다. 그러므로 그는 고용주에게 직접적으로 책임을 져야 한다. 이 책임이란 고용주들의 욕망에 따라서 사업을 수행하는 것인데, 그것은 법으로 구현된 것과 윤리적 관습으로 구현된 것을 통틀어서 말하는 사회의 기본적인 규칙을 따르면서도 최대한 많은 돈을 벌어들이는 것이 될 것이다.[32]

프리드먼의 이론이 사회에 큰 영향을 끼쳐왔다. 그러나 이 이론이 담고 있는 절대주의는 두 가지 잘못된 전제를 기초로 한다. 첫 번째 잘못된 전제는 다음과 같다. 위의 구절에서 프리드먼은 '법으로 구현된 것과 윤리적 관습으로 구현된 것을 통틀어서 말하는 사회의 기본적인 규칙'이라고 썼다. 그러나 지금까지 우리가 살펴본 것처럼, 그런 윤리적 관습은 불변의 것이 아니다. 아닌 게 아니라, 회사의 수익이 이해관계자들로부터 떨어져 나와서 주주에게로 넘어갈 때 유익한 시장 기능을 지원하는 데 필요한 많은 관행이 설 자리를 잃어버린다. 프리드먼은 그런 도덕적 감정이 가지는 중요성을 오로지 암시적이고 비극적으로만 인정한다. 기업이 원활한 고용 유지에 따른 수익 증대를 예상하면서 지역 공동체에 편의시설을 마련하는 데 자원을 투입할 수 있다고 바라볼 때 그랬고, 또 '위선적인 윈도 드레싱window dressing'＊기관투자자들이 결산기에 특정 기업의 투자수익률을 올리기 위해 해당 주식을 집중적으로 사고파는 행위를 '윈도 드레싱'이라고 한다이라는 '주가조작 사기행위'가 오로지 수익만을 추구하는 것임을 인정해서 '자유 사회의 토대를 해치는 일'이 일어나지 않도록 하기 위해 이 행위를 기업이 감당해야 할 사회적 책임이라고 부르면서 기업이 그것을 얼마든지 할 수 있다고 바라볼 때 그랬다. 하지만 바로 이것이 사회의 가치관이 훼손되는 방식이며, 실제로 그 뒤 수십 년 동안 그런 일이 일어났다.

두 번째 잘못된 전제는 주주가 기업의 잔여재산 분배 청구권자가 아니라 소유주라는 전제이다. 지금까지 살펴봤듯이 만일 주주가 전통적인 의미에서의 소유주가 아니라면, 주주제일주의에 가해지는 제한이 정당함은 명백해진다. 코넬대학교 로스쿨의 린 스타우트 교수는 주주가 소유하는 것은 주식 그 자체이며, 주식은 구체적이고 제한된 법적 권리를 부여하는 계약의 일종이라고 지적했다.[33] 따라서 그들은 채권 보유자, 협력업체, 직원, 소비자 등을 상대로 회사가 맺고 있는 관계와 여러 면에서 유사한 계약 관계를 회사를 상대로 맺고 있는 셈이다.[34] 그러므로 주주는 잔여재산 분배 청구권자에 지나지 않는다. 다른 모든 사람이 보상을 받은 뒤에야 보상을 받는다. 주주는 이러한 위험을 감수하면서 특별한 보상을 기대하지만, 다른 누구보다도 주주에게는 그런 보상을 받을 자격이 없다. 주주는 많은 이해관계자 가운데 하나일 뿐이며, 주주 가치 극대화라는 경영자의 의무는 소유권이라는 개념 아래에서는 유지될 수 없다.

기업은 자기 자신을 소유하며, 영국 회사법(19세기 이후로)과 미국 회사법의 중심에는 기업 인격corporate personality이라는 논리가 있다. 기업은 관리자, 주주, 직원, 채권자 등과 독립해서 존재하는 인격체라는 말이다. 이것은 기업의 경영자는 기업의 이익에 복무해야 하며, 주주를 대변하는 대리인이 되어서는 안 된다는 논지로 이어진다.

부분적이긴 하지만 이런 현실적인 이유로 해서 캐나다의 대법원은 2000년대 초에 두 개의 유명한 사건에서 주주제일주의를 반대하고, 기업의 경영자가 다해야 하는 의무는 기업의 이해를 최대한 반영하는 것이며, 기업의 이해는 한층 더 폭넓은 범위에 존재하는 이해관계자들의 이해에 따라서 결정될 수 있다고 판결했다.[35] 프랑스 역시 단 한 번도 주주제일주의를 채택하지 않았으며, 정부 지원을 받아서 작성된 2018년 보고서 역시 이 견해를 확인하면서 단순한 부의 창출을 넘어서는 기업 목적에 새롭게 활기를 불어넣었다.[36] 그리고 이 보고서는 의미 있는 일련의 법률 개혁으로 이어졌는데, 특히 이 개혁들은 프랑스 기업이 기업 활동의 사회적·환경적 차원에서 가지는 의미를 깊이 생각하라고 요구했다.[37] 독일에서는 기업의 감사위원회 위원 절반 이상이 주주가 아니라 직원들에 의해서 선출되는데, 이해관계자 개념을 기업 구조에 실현한 것이라고 볼 수 있다.

그러나 주주제일주의는 영국의 회사법과 미국 기업의 압도적인 다수가 주소지를 두고 있는 미국 델라웨어주의 회사법 개념에 여전히 뿌리 깊게 남아 있다. 영국에서 2006년 회사법은 172조에서 경영자의 의무는 "회사 구성원의 이익을 위해서 회사의 성공을 촉진하는 것"이라고 규정함으로써 주주 중심적인 관점을 반영한다.[38] 여기에서 회사 구성원이라 함은 이 법률의 다른 곳에서 거의 전체 주주로 구성되는 것으로 정의된다.[39] 델라웨어에서 판사들은 이 영국법과 거의 비슷한 표현으로 경영자의 의무를 규정하고 있다.[40] 당시의 델라웨어 대법원은 2015년에 이 법률을 요약하면서 "경영자들은 주주의 복지를 유일한 목적으로 삼아야 한다"고 썼다.[41] 영국에서나 미국에서 모두 기업 목적은 주주의 재산을 극대화하는 것이다.

그러나 기업의 목적이 어떻게 구성되는지 기술하기란 움직이는 표적을 맞추려는 시도만큼이나 어렵다. 20세기 백 년 동안 영국과 델라웨어주의 법이 어떻게 제정되었는지를 이해하는 데는 주주제일주의가 핵심이지만, 주주제일주의는 이미 영향력을 잃기 시작했다. 기업들은 기업의 가치가 다양한 이해관계의 포괄적 균형에서 비롯되는 것이지, 주가에 대한 편협한 집중에서 비롯되는 게 아님을 알고 있다. 흔히 '계몽된 주주 가치 enlightened shareholder value'라고 불리는 이런 관점은, 다른 이해관계자들을 고려하고 기업이 수익을 초월하는 어떤 정해진 목적을 가지고 일할 때 주주의 자산이 극대화된다고 본다. 영국과 델라웨어주의 회사법은 경영진이 수행하는 경영 의사결정을 상당히 존중한다. 그래서 계몽된 주주 가치는, 모든 행위가 여전히 궁극적으로 주주의 이익을 위한 것이므로 목적의식적인 기업들이 회사법의 테두리 안에서 운영될 수 있도록 허용한다. 그러나 기업 전반에 복무하는 것에 점점 더 많은 강조점을 두고 있으며, 여기에 따라서 한층 더 폭넓은 범위에서 이해관계자들의 이익에 한층 더 즉각적이고 선명한 강조점을 두고 있다.

예를 들어서 2006년에 있었던 영국의 회사법 개혁에서는 계몽된 주주 가치가 중심적인 개념이었다. 앞에서도 언급했듯이, 경영자의 의무는 주주의 이익에 봉사하는 것이 최우선이지만, 그것과 함께 직원, 고객, 협력업체 그리고 한층 더 범위가 넓은 공동체도 당연히 '고려해야' 한다. '고려해야'라는 문구의 정확한 역할은 주체에 따라서 지금까지 제각각으로 해석되었다. 그러나 시간이 지남에 따라서, 기업의 광범위한 이해관계를 충족하는 방법에 대한 연례 보고(지속가능성 보고서 또는 영향 보고서)를 통해 공공의 책임을 기준으로 하는 해석이 점점 더 많은 지지를 받는 쪽으로 바뀌고 있다. 이 책이 연대기적으로 서술해온 가치 혹은 가치관의 위기들 때문에 강화되는 게 분명한 이 과정은, 한층 더 광범위한 이해관계자들의 이익과 일치하도록 기업 목적의 균형을 재조정하는 방향으로 나아가고 있다.

최근 여러 해 사이에 이 발상은 임계점에 다다라서 이제 막 지배적인 지위로 올라서고 있다. 2019년에 미국에서 가장 크고 또 가장 영향력이 있는 기업의 181명 CEO들이 기업은 오로지 단 하나의 기본적인 목표만 가지고 있다는 발상을 배격하는 성명서를 비즈니스 라운드 테이블 명의로 발표했다. 이 성명서는 주주들을 위해서 장기적인 가치를 창출하는 것이 단호하게 지켜나가야 할 목표임을 인정했지만, 각 기업의 구체적인 기업 목적 외에 제각기 다른 이해관계자들을 향한 네 가지 약속을 함께 제시했다. 그 뒤 몇 주 동안, 미국의 몇몇 유명 로펌들은 계몽된 주주 가치에 의존하고 경영진의 의사결정을 존중함으로써 그 성명서의 적법성을 지지하는 입장을 공개적으로 발표했다.[42] 예를 들어서, 세계에서 가장 수익성이 높은 로펌으로 종종 인용되는 로펌(와치텔Wachtell, 립톤Lipton, 로젠 앤 카츠Rosen & Katz LLP)이 발행한 메모는 대담하게도 "델라웨어 법은 주주 제일주의의 원칙을 최고의 원칙으로 명시하지 않는다"고 천명했다.[43]

델라웨어주의 몇몇 판결이 이런 흐름과 결이 다른 판결을 내리지만, 수십 년 동안 이어왔던 판례와 일치하는 이런 경향은 사실 그다지 놀라운 건 아니다. 회사법은 결코 위반할 수 없는 진실이 아니라, 사회가 기업의 목적을 바라보는 견해가 시간적으로 지연되어서 나타난 것일 뿐이다. 1990년대 초 델라웨어 형평법 법원의 수장이던 윌리엄 T. 앨런은 이런 발상을 다음과 같이 유려하게 펼쳐냈다.

공적인 기업이라고 가정하는 어떤 기업을 정의할 때 우리는, 우리가 살아가는 사회적인 삶의 본질과 목적에 대한 자신의 견해를 암묵적으로 표현한다. 그런데 우리는 그 점에 동의하지 않기 때문에, 우리의 회사법은 논란이 될 수밖에 없다. 이 문제는 연역적으로 추론되는 게 아니라 해결될 것이다. 이 과정에서 효율성에 대한 우려, 이념, 이익집단 정치 등이 역사와 뒤섞여서 (…) 지금 여기에서 유효한 해답을 제시할 것이고, 그러다가 나중에 미래의 어떤 압박으로 이 해답은 무효화되고 다시 한 번 더 개혁의 과정을 거칠 것이다.[44]

우리는 지금 무효화와 재개혁의 시기에 발을 들여놓고 있다. 그동안 누적된 여러 위기의 압박과 새로운 기회를 포착하려는 가슴 설레는 전망이 우리 앞에 데려다 놓은 새로운 시기이다. 새롭게 떠오르는 원칙은 계몽된 주주 가치이며, 지금 우리에게는 더 큰 변화를 요구하는 압박이 이어지고 있다. 계몽된 주주 가치가 다른 이해관계자들에 대한 고려를 허용하지만, 아직은 여전히 주주제일주의의 한 형태일 뿐이다. 회사법은 지금도 여전히, 기업의 경영자가 기업의 목적을 달성하겠다는 이유로 주주를 희생시키는 것을 금지하고 있다. CEO들이 비즈니스 라운드 테이블의 성명서에서 밝혔던 다양한 약속의 적법성은, 기업이나 어느 하나의 이해관계자 집단 혹은 한층 더 넓은 범위의 사회에 좋은 것이 (다음 장에서 자세히 살펴보겠지만, 그야말로 '신성한 우연의 일치' 속에서) 주주에게도 역시 좋은 결과를 안겨줄 것이라는 가정에 기초한다. 뒤에서 다시 살펴보겠지만, 이것은 종종 그렇긴 하지만 항상 그렇지는 않을 것이다. 때로는 주주가 작은 희생을 감수할 때 사회에 매우 커다란 이득이 발생할 수 있다.

이런 이유로 해서 많은 사람이 영국과 미국 회사법에서 나타난 변화, 즉 수익과 목적을 기업의 이중 목표로 설정하고 이 둘의 균형을 한층 더 잘 잡아줄 변화를 지지한다.[45] 이런 변화는 기업이 수익의 극대화만이 아니라 그 이상에 대해서도 신경을 쓸 것이라는 사회의 기대치가 점점 더 커지는 가운데서, 회사법이 이 기대치에 부응하도록 바꾸어나갈 것이다. 또 이 변화는 기업의 다면적인 성격과 기업이 여러 이해관계자와 맺는 관계 그리고 그 관계들이 서로의 이익이 커지도록 발전하는 방식을 인정할 것이다.

모든 기업은 하나의 생태계 안에서 운영된다. 기업과 협력업체나 고객 혹은 공동체 사이의 경계선은 현실적으로 존재하지만, 이 경계선은 또한 넘나들 수 있는 것이기도 하다. 기업의 목적은 이 관계들을 서로에게 이익이 되도록 활용할 수 있다. 목적은 그 관계들을 하나로 묶는 공동의 명분과 가치관을 창조할 뿐 아니라,[46] 그 공동체에 속한 모든 구성원에게 영감을 주고 활력을 불어넣을 수 있다. 이해관계자들이 공통적으로 이해하는 명확한 목적은, 이해관계자들 각각의 개별적인 이익이 공동체 전체의 가치 창출에 필요한 투자와 수익의 균형과 분배에 기여한다고 이해 당사자들을 설득하는 데 도움이 될 수 있다.[47] 이런 신뢰는 장기적인 가치 창출에 필요한 어떤 관점을 생성하는 데 도움이 된다.

목적과 가치관과 신뢰는 경제학자들에게 자연스러운 개념들이 아니다. 노벨상 수상자 로널드 코스가 개발한 고전적인 경제학 견해에서 기업은, 모든 사람(소유자, 관리자, 직원)이 각자 자기에게 주어진 인센티브에 비례해서 대응하는 하나의 계약망network of contracts이다. 코스의 저서『기업의 본질The Nature of the Firm』에 따르면, 기업의 경계선은 시장이나 기업을 통해서 재화나 서비스를 제공하는 비용의 차이로 규정된다.[48] 시장 거래는 정보를 검색하고 수집하는 데 들어가는 비용과 협상과 치안 유지 그리고 집행에 들어가는 비용을 부담한다. 이런 거래들을 기업 안으로 내부화하면 비용이 절감되긴 하지만 통제 범위와 복잡성 그리고 규모의 비경제성이라는 측면에서 희생을 감수해야 할 수 있다. 기업의 경계선은 이런 요인들의 균형에 따라 결정되며, 명령과 통제에 의해서 효율적이고 가장 잘 수행될 수 있는 활동은 기업 내에서 일어나고 나머지는 시장을 통해서 이루어진다.

그런데 이런 이분법적인 접근법을 너무 엄격하게 해석해서 적용하면 문제가 된다. 기업과 기업 외부의 주체들이 목적을 공유할 때 거래비용이 줄어들어서 회사 외부에서 이루어지는 활동들이 기업의 목적을 강화하는 공동의 투자가 되고, 그럼으로써 수익성이 강화되고 공유 가치가 창출되는데, 엄격한 이분법적인 접근법은 과정을 놓쳐버릴 수 있다는 말이다. 공유되는 목적은 기업을 한층 더 크고 한층 더 복잡하게 만들 뿐 아니라 시장 관계에서 거래비용을 낮춤으로써 (기업의 가치 창조 능력을 높이면서도) 기업의 경계선을 바꾸어놓을 수 있다. 공유된 목적에 대한 신뢰는 협력업체와 고객과 맺어야 하는 비용이 많이 드는 완전한 계약의 필요성을 줄여준다. 동시에 조직 내 목적의 선명함이 강력한 내부 문화에 의해 강화되며, 이 선명한 목적은 우수한 기업을 위대한 기업으로 바꾸어놓는 지속적인 혁신으로 이어질 수 있다.

이것이 중요한 이유는, 단순한 이론적인 경제 모델이 실제 경영 현실에서 사업을 좌우하는 서투른 지침이 될 수 있기 때문이다. 계약 모형은 계약이라는 이론적인 차원에서만 유효하지, 실제 현실에서는 불완전하며 적용하기 어렵고 까딱하다간 일을 망쳐버리기 십상이다. 인간의 인센티브는 오로지 계약 조건에 따라서만 실현될 것이라는 가정은, 광범위한 경제 상황에서 나타나는 사람들의 실제 행동을 놓고 볼 때 거짓임이 드러났다. 게다가 개별 이해관계자마다 시간 지평과 이해관계가 달라서, 계약 조건만으로는 최적의 결과를 얻을 수 없다. 이와 관련해서 마틴 울프는 다음과 같이 주장한다.

"만일 기업의 존재 이유가 관계적인 계약을 (다시 말해 신뢰를) 명시적인 계약으로 (즉 강제성으로) 대체하는 것이라면, 기업이 무엇을 위한 것이며 누가 그들을 통제해야 하는지를 결정할 때 이런 점을 무시할 수 없다."[49]

주인-대리인 이론의 결정적으로 중요한 통찰은 주주의 인센티브와 경영진의 인센티브를 조정해야 하는 필요성에만 국한되지 않는다. 이 통찰은 기업들과 협력업체들 그리고 지역사회 사이에서뿐 아니라 이사진과 경영진 그리고 직원 사이에서의 비슷한 과제들로까지 확장된다. 시간 지평이 다를 때는, 어떤 이해관계자가 어떤 일을 약속했다가 어길 수 있는 동기는 언제나 존재한다. 4장에서 살펴본 것처럼 이것은 중앙은행이 권한을 위임받게 되는 고전적인 동기들 가운데 하나이다. 그런데 이런 우아한 해법에도 한계가 있다. 이런 사실을 염두에 두면 수행할 과제와 가치관을 공유하며 초超가치를 지향하는 것이 얼마나 중요한지 새삼 깨달을 수 있다.

강력한 기업 문화는 불완전한 계약과 불완전한 인센티브라는 문제들을 해결하는 부분적인 해결책이다. 강력한 기업 문화는 기업이 만들고자 하고 또 유지하고자 하는 행동을 내재화하도록 이해관계자들에게 권장한다. 특히 완전성integrity이라는 문화에는 목적이 필수적인 요소이다. 줄곧 살펴보았듯이 신뢰는 단순히 규칙을 주장한다거나 매뉴얼을 따르는 것만으로는 형성되지 않는다. 신뢰는 행동과 가치관을 강화하는 복수의 사회적 상호 작용을 통해서 형성될 수 있다. 도덕적 정서나 사회적인 밈 또는 행동 폭발 등으로 다양하게 불리는 것, 바로 이것이 중요하다.

따라서 목적은 여러 측면에서 작동한다. 첫째 내부적으로, 목적은 가치 창출의 토대(긴밀하게 연동해서 돌아가는 팀들과 직원들의 높은 참여와 실천)를 보증하는 것으로서 기업 내에서 꼭 필요한 사회적 자본을 만들어낸다. 둘째 외부적으로, 목적은 고객 서비스와 조정에 초점을 맞추는 수단으로 운영된다. 기업의 외부적 초점은 기업의 전통적인 목적인 고객 서비스와 관련이 있다.[50] 기업이 고객 서비스를 잘 수행하면 고객의 충성도가 높아지며, 시간이 지남에 따라서 고객이 이해 당사자가 되고 신뢰와 호의적인 믿음 그리고 공정한 거래가 강화된다. 셋째, 목적은 기업 차원을 넘어서서 공동체와 사회에서 일종의 사회적 서사social narrative로 작용하여 기업의 사회적 허가를 창출하고 유지하는 데 도움이 된다. 목적이 달성할 수 있는 가장 큰 효과는 현재의 세상과 미래의 세상을 보다 더 나은 곳으로 만드는 것이다.

경제는 계약의 그물망을 통해 일시적으로 결합하는 섬들, 이익 극대화를 추구하는 개인들로 이루어진 단순한 섬들로 구성되어 있지 않다. 현대 경제에서 기업은 가치 창출의 엔진이다. 그들은 복잡한 조직이다. 기업은 사람들을 하나로 묶어서 총체적으로 행동하게 만든다. 이 과정에서 기업은 사람들에게 동기를 부여하고 또 사람들이 회사의 목적에 따라 자신의 행동을 조정하게 만든다.

이 목적은 단순히 이해관계자들 가운데 하나인 주주의 가치를 극대화하는 게 아니다. 수익 창출은 꼭 필요하지만, 모든 이해관계자 집단이 모두가 공유하는 가치를 창출하는 방식으로 이루어져야 한다. 기업의 목적은 직원과 같은 다른 이해관계자 집단의 수익을 극대화하려는 것도 아니다. 기업의 가장 큰 목적은 사회의 크고 작은 문제들에 대한 해결책을 수익성이 있는 방식으로 제공해서 사회 발전에 기여하는 것이다.

기업이 성공하려면 목적이 필요하다. 이 목적을 완수하려면, 아리스토텔레스의 선한 삶을 추구하기 위해서 개인이 반드시 해야 하는 것처럼, 이해관계자들 사이에서 다툼이 일어나는 이해관계를 조정해야 한다.[51] 기업은 단순히 이런저런 계약들을 묶어놓은 것 이상이다. 기업은 실질적으로 하나의 인격, 기업 인격이다. 성공하는 기업은 경제적인 의미에서 가치를 추가한다. 이런 기업은 각 부분을 합한 것보다 더 크기 때문이다. 기업의 성공 정도는 경쟁우위를 창출할 수 있는 역량에 따라서 달라진다. 그리고 그런 경쟁우위 요소들은 그 기업의 이해관계자들과 이 이해관계자들이 공유하는 목적에 의해서 강화될 수 있는 토대 그리고 사회적 가치의 창조를 토대로 한다. 뒤에서 보겠지만, 이런 연계들은 성공적인 임팩트 투자impact investing＊재무적 수익과 함께 사회에 긍정적 영향력을 발생시키는 기업이나 조직을 대상으로 하는 투자의 핵심이다.

기업 목적 달성과 지속가능한 가치 창조

정의가 잘되어 있으며 또한 동기를 부여하는 목적을 정한 다음에 이어지는 질문이 무엇일까? 바로 "이 목적을 어떻게 달성할 것인가"이다. 간단하게 답을 한다면, 이 목적을 중심으로 기업의 모든 측면이 하나로 통합되어야 한다. 기업의 목적을 달성하는 일은 올바른 거버넌스에서 시작한

다음에 전략, 경영자 인센티브의 조정, 직원에 대한 권한 부여 그리고 모든 이해관계자와의 전면적인 소통과 실천으로 물 흐르듯이 이어진다.

현대의 기업 지배구조 차원에서의 근본적인 도전과제는 목적을 고스란히 실천으로 전환하는 것이다. 주주 가치와 이해관계자 가치를 통합하고, 기업 경영 차원의 관심을 기업의 핵심 목적과 나란히 정렬하며, 적절한 이사회 구조를 통해서 다양한 이해관계자들에 대한 책임을 구축해야 한다는 뜻이다. 기업의 이사회와 경영진은 기업이 목적을 수행하는 데 필요한 특정한 가치관에 동의해야 하며, 이 가치관을 기업의 문화에 녹여내어야 한다.

주주에게 단기적인 수익을 최대한 많이 안겨주는 것이 기업의 유일한 목표가 아님을 인식했다면, 경영진과 이사회는 성공을 측정하는 방식을 새로 정립해야 한다. 가치 창조의 성과는 회사가 밝힌 명시적인 목적에 따라서 상대적으로 평가되어야 한다. 효과적인 평가가 이루어질 수 있으려면 E(환경)과 S(사회) 그리고 G(거버넌스)의 세 요소가 (ESG에 대해서는 다음 장에서 조금 더 자세하게 살펴볼 것이다) 온전하게 통합되어 기업의 지배구조, 전략, 운영, 성과 관리에 내재화되어야지, 이것들이 제각기 따로 놀면서 기업의 사회적 책임CSR이라는 사실상 하위 차원의 문제로 다루어져서는 안 된다. 이사회의 모든 위원은 ESG 요소들을 자기 업무에 녹여내어야 하며, 또 전체 이사회는 ESG 관련 쟁점들이 회사의 위험 관리에 어떤 영향을 주는지 당연히 보고받아야 한다.[52]

예를 들어서 영국과 네덜란드에 본사를 둔 유지업계의 다국적기업인 유니레버는 2010년에 '유니레버 지속가능한 삶 계획Unilever Sustainable Living Plan, USLP'이라는 장기적인 경영 전망을 도입했다. 여기에는 소비자의 건강과 복지를 증진하며 환경 파괴를 줄이고 삶의 질을 높이는 것과 관련된 여러 가지 큰 목표와 구체적인 세부 목표들이 포함되어 있다. 그런데 그 구체적인 세부 목표들은 해마다 성과가 측정되어서 연간 보고서 형식으로 보고되며(이 보고서에 대한 감독은 이사회 산하의 공개위원회 Disclosure Committee가 맡아서 한다), 또 선택된 지표(구체적인 측정 수치)들은 이사회 산하의 감사위원회Audit Committee의 감독 아래에서 제3의 회계법 인이 검증한다.[53] USLP와 관련된 진보와 발전은 이사회 산하의 기업책임 위원회Corporate Responsibility Committee가 추적하는데, 이 위원회는 이것 말고도 유니레버라는 브랜드의 가치를 보호하고 드높이기 위해서 감재적 인 위험들과 작업들을 모니터링하는 일도 따로 한다.[54] 한편 보상위원회 Compensation Committee는 USLP의 세부적인 목표들을 경영진의 보너스 지 급 구조와 연동시켰다.[55] 이런 장치들을 통해서, 기업의 운영이 기업의 목 적을 실현하는 방향으로 이루어지도록 하는 것에 이사회 차원에서 이루 어지는 감독의 초점이 맞추어졌다.

덧붙여서 이사회가 수행하는 감독 역할에서 결정적으로 중요한 또 하나의 측면이 있다. 그것은 연구 및 혁신, 인권 존중, 직원 복지, 인재 개 발, 기업 문화 강화, 외부 이해관계자들과의 관계 강화, 대중적인 신뢰 구 축 등과 같은 장기적인 가치를 지닌 무형의 추동력에 적절하게 자본을 배 분하도록 경영진의 등을 떠밀고 지원하는 일이다.[56] 이런 노력은 꼼꼼하 게 기록해야 하며 또한 이런 노력이 거둔 효과는 적절한 지표들을 통해서 충분히 긴 시간을 두고 평가해야 한다.

이사회의 구성과 이사회 회의의 의제에는 기업의 목적을 실행하려 는 이런 노력들이 반영되어야 한다.[57] 그러려면 다양한 관점과 분야가 적 절하게 표현되도록 이사회를 구성해야 하는데, 그러기 위해서는 이사 자 격 기준을 정비해야 할 수도 있다. 이사회는 목적의식적인 구조에 적응하 는 노력의 일환으로 감독 및 거버넌스(지배구조)에 대한 자신의 능력과 우 선순위를 엄격하게 재평가해야 한다. 많은 변화가 필요한데, 이런 것들은 수십 년을 거치면서 확립된 규범에 어긋날 수도 있다. 그러니 이사회는 이들 규범의 구조와 존재 이유를 비판적으로 생각해야 한다.

기업의 목적이 주주 가치 창출과 명확하고도 완벽하게 조율되어 있을 때는 기업 목적을 추구하기가 쉽다. 계몽된 주주 가치 아래에서 경영진이 목적을 추구할 때도 마찬가지이다. 적어도, 궁극적으로는 주주의 가치가 창출될 것이라는 합리적인 믿음이 있기만 하다면 그렇다. 이 경우에 기업은, 오랜 시간에 걸쳐서 최고의 인재를 선발하고 보유하며 이들에게 권한을 부여하는 자기 역량뿐 아니라 대중적인 신뢰와 사회적인 허가까지도 잘 유지해야 한다는 점을 고려해야 한다. 이럴 때 비로소 기업의 목적은 기업 안팎에서 이루어지는 의사소통에서 뚜렷하게 드러나고 또 기업의 거버넌스와 전략과 성과 관리 속으로도 통합된다.

몇몇 기업은 회사의 법률적 구조에 기업의 목적을 녹여내기도 한다. 기업의 목적을 달성하기 위한 근본적인 조치를 취하는 셈이다. 이런 조치 가운데서 가장 쉬운 방법은 정관에 기업의 목적을 넣는 것이다. 정관은 회사의 이름, 주식 구조, 의결권 같은 중요한 정보를 제시하는 것으로 회사의 헌법이나 마찬가지이다. 미국 델라웨어주와 같은 곳에서는 지금도 여전히 회사가 설립 목적을 정관에 포함하게 되어 있는데, 이것은 기업이 한층 더 큰 사회적 기여에 종속되었던 시절의 유물인 셈이다. 지금은 이런 요구가 무의미할 정도로 완화되었다. 예를 들어서 페이스북이 자기가 수행할 과제로 명시한 목적은 "공동체를 만들어서 세상을 예전보다 더 가까운 것으로 만드는 것"인데, 훨씬 덜 매력적인 페이스북의 법률적인 목적은 "'델라웨어주의 일반 회사법'에 따라서 기업을 조직화할 수 있는 모든 합법적인 행위 또는 활동에 관여하는 것"이다.[58]

많은 기업이 법 정신에 한층 충실하게, 한층 더 구체적인 목적을 정관에 채택하고 있다. 예를 들어, 기업의 사회적 책임에 관한 한 세계적인 선두 주자인 의류업체 파타고니아는 2012년에 정관을 개정해서 여섯 가지의 특정한 이익 목적benefit purpose을 포함시켰다. 여기에는 환경 보존과 지속가능성을 증진하기 위해서 순수익의 1퍼센트를 기부하는 것과, 생산 과정에서 불필요한 위해를 직원에게 가하지 않고 안전한 작업 환경을 제공하면서도 최고의 제품을 만드는 것이 포함되어 있다.[59] 이것은 지금 이 회사 헌법의 일부가 되어 있으며 또 경영 의사결정의 기준이 되어 있다. 정관은 법인 등록 시점에 만들어지지만, 대개는 주주 과반수의 찬성으로 언제든지 수정할 수 있다.[60]

기업은 기업 구조에 자신의 목적을 분명히 함축함으로써 한 단계 더 나아갈 수 있다. 미국에서는 많은 주정부가 표준적인 영리기업을 넘어서는 다양한 기업 유형을 만들어서 이런 추세를 촉진해왔다. 베네피트 기업benefit corporation * 이윤 창출과 사회적 책임 모두를 적극적으로 행하는 기업, 사회적 목적 기업social purpose corporation, 유연 목적 기업flexible purpose corporation 등을 포함한 기업 유형들은 주주와 그 밖의 이해관계자들에게 기업 목표의 균형과 관련된 신호를 보낸다. 또 이런 것들이 있을 때 경영진은 주주의 이익을 극대화하는 것을 넘어서는 다른 요소들을 고려할 여유를 누릴 수 있다. 2019년에 프랑스는 이런 추세를 따라서, '기업의 성장과 변화를 위한 행동계획PACTE'이라는 법을 제정해서 새로운 기업 형태가 나타날 수 있게 했고, 기업들이 '미션 기업entreprises à mission' * 사명을 다하는 기업이라는 법률적 지위를 스스로 선택할 수 있게 했다. 캐나다 브리티시컬럼비아주가 '베네피트 기업'이라는 명칭을 만들었지만, 영연방에서는 다양한 기업 유형이 사람들이 선호하는 해결책이 아니다.

기업의 유형을 바꾼다거나 특정한 목적을 정관에 추가하는 방식으로 기업의 구조를 바꾸는 것은 기업의 일반적인 목적에 대한 법률적인 논쟁 차원을 넘어서서, 기업들이 보다 더 넓은 공익적인 목적을 추구할 수 있게 한다. 이런 공익적인 목적은, 궁극적으로 주주 가치가 높아져야만 비로소 모든 이해관계자가 혜택을 누린다고 여기는 계몽된 주주 가치의 논리 혹은 신성한 우연의 일치를 기업이 훌쩍 뛰어넘을 수 있게 해준다.

명확한 기업 구조에서의 이런 분명한 변화가 사회적 이익에 초점을 맞춘 많은 제3자 감사 시스템의 요구사항인 이유도 바로 여기에 있다. 그런 제3자 감사 시스템 가운데서 가장 잘 알려진것은, 미국의 록펠러재단이 만든 비영리단체인 비랩B Lab이 인증하는 비콥B Corp이다. 비콥은 사회적·환경적 성과와 대중적인 투명성 그리고 법률적인 책임성 등에서 검증된 지표 기준을 충족해서 기업의 목적과 수익 사이의 균형을 유지하는 기업임을 인증하는 표시이다. 비콥 인증을 받고 싶은 기업은 이런 기준을 충족하도록 기업 내 법률적 구조를 바꾸어야 한다. 이 과정에서 비랩은 해당 기업이 해당 국가의 법률 기준 아래에서 어떤 것들을 바꾸어야 할지 구체적으로 명시한다. 최소한 비랩은, 비콥 인증을 받고자 하는 기업이라면 기업의 목적이 사회와 환경에 긍정적인 영향을 미치는 것임을 정관에 명시하도록 요구한다. 비랩은 비콥 인증을 하기 전에 대상 기업을 다양한 지표로 평가하며, 인증을 한 뒤에도 3년마다 재평가를 해서 인증 유지 여부를 결정한다.

현재 비콥 인증을 받은 기업은 50여 개 국가에 걸쳐서 2,500개가 넘고, 이보다 더 많은 기업이 지금 이 인증을 받으려고 한다.[61] 최근에 비콥 인증을 받은 가장 유명한 기업은 연매출액 300억 달러를 기록하는 다국적 식품 기업인 다농Danone이다. 다농은 여러 해에 걸쳐서 주주 가치를 넘어서는 기업 목적을 설정하는 단계를 밟았다. 예를 들어서 2017년에 다농은 새로운 기업 홍보 문구 "하나의 지구, 하나의 건강One planet. One health"을 발표했으며, 전 세계에 한층 더 건강하고 한층 더 지속가능한 식습관을 정착하는 데 활동을 집중했다.[62] 또한 재생농업＊토양을 침식하고 영양분을 뽑아내는 것이 아니라, 토양을 치유하는 방식의 농업과 토양 건강에 주력하며 재사용이나 재활용 혹은 퇴비로 쓸 수 있는 재료로 제품을 포장하려고 상당한 노력을 기울여왔다.[63] 다농은 자회사를 만들 때도 기업 구조에 이런 기업 목적을 녹여냈다. 예컨대 현재 다농캐나다Danone Canada의 정관은 직원과 공동체와 환경을 고려할 것을 목적으로 명시하며, 유럽의 식물 기반 식품 자회사인 알프로Alpro는 이해관계자들을 고려해야만 하는 지배구조로 되어 있다.[64] 2020년 6월에 다농은 현재의 법률적인 구조로 바꿔서, 프랑스 대형 상장기업으로는 최초로 '사명을 다하는 기업'의 지위를 주주총회에서의 의결로 채택했다. 이런 변화의 일환으로 다농은 '음식을 통한 건강'을 실천하는 것을 기업의 과제로 설정하고 있다.[65] 다농의 CEO 에마뉘엘 파버는 99퍼센트 비율로 변화에 찬성한 주주들을 향한 연설에서, "밀턴 프리드먼의 동상을 끌어내린 것"이라는 말로 그 결과를 찬양했다.[66]

한 기업의 전략은 정보가 새롭게 업데이트되고 경쟁사들이 변화함에 따라서 진화하는 게 당연하다. 그러나 그 기업의 존재 이유, 즉 목적은 변함이 없어야 한다. 목적이 의미를 가질 수 있으려면, 이 거대한 변화의 시기에서 기업이 온갖 도전과제를 극복하고 기회를 포착하는 데 필요한 전략과 어려운 선택들이 그 목적과 직접 연결되어야 한다. 목적법제화운동 Enacting Purpose Initiative, EPI이 관찰한 바로는, 흔히 문화로서의 목적은 너무 많고 전략으로서의 목적은 충분하지 않다.[67]

기업이 전략적인 우선순위 차원에서 자본 할당을 하는 것, 즉 지속가능하고 장기적인 가치 창조를 추동하는 핵심적인 동력을 지원하는 것은 그 기업의 경영진과 이사회가 책임지고 해야 하는 의무이다. 급속한 기술적·사회적 변화라는 맥락 속에서 바라보면, 이 의무를 다하려면 기업 문화, 인재 개발, 연구개발 그리고 브랜딩✳ 상품의 이미지만으로도 상품과 회사를 알리는 마케팅의 한 방법과 같은 무형의 자산에 초점을 맞추어야 한다.

이해관계자들, 그 가운데서도 특히 주주는 전략을 목적에 맞추는 이런 조정이 자신이 투자한 기업에 존재하는지 판단할 수 있어야 한다. 세계 최대 자산관리 기업인 블랙록의 CEO인 래리 핑크는 주주에게 보낸 연례보고서에서 "블랙록은 각 기업이 이사회에서 승인받은 그해의 전략 틀을 주주에게 보내는 것이 중요하다"고 강조했다.[68] 이 전략 틀은 해당 기업이 "치열한 경쟁이 펼쳐지는 지형을 어떻게 돌파할 것인지, 그 기업이 얼마나 혁신적인지, 기술 파괴나 지정학적 사건에 어떻게 적응하는지, 어디에다 자산을 투자하는지, 또 인재를 어떻게 개발하고 있는지" 등을 담고 있어야 한다.[69] 이 전략 틀은 경영진이 기업의 발전 정도를 측정할 때 사용하는 지표들을 내놓아야 하며 또 이런 것들이 경영진의 인센티브와 보상에 어떤 영향을 주는지 자세하게 밝혀야 한다.

점점 늘어나는 다른 투자자들과 마찬가지로 블랙록은 기업의 목적과 이익 사이에 연관성을 명확하게 인정하면서, 투자자로서 기업의 경영진이 자기 기업의 전략적 틀이 한층 더 넓은 기업의 목적과 어떻게 연결되는지 설명할 수 있으면 좋겠다고 했다.[70] 이와 관련해서 핑크는 다음과 같이 강조한다.

어떤 기업이 자기의 목적을 진정으로 이해하고 또 이것을 표현할 때, 이 기업은 장기적인 차원에서 수익성을 추동하는 전략적인 규율과 집중력을 가지고서 활동합니다. 목적은 경영진과 직원 그리고 관련된 공동체들을 하나로 통합하는 것입니다. 아울러 이 목적은 윤리적인 행동을 추동하며, 또 이해관계자들이 가진 최고의 이해관계에 거스르는 행동들을 반드시 점검하게 만드는 필수적인 장치나 절차를 만들어냅니다.[71]

분명하게 말하자면, 이해관계자들을 위한 가치를 창출할 때 그 전략은 오랜 시간이 지난 뒤에는 반드시 수익을 창출해야 한다. 이익과 목적은 불가분의 관계로 얽혀 있다. 기업이 장기적으로 모든 이해관계자(주주뿐 아니라 직원, 고객, 관련 공동체 등)에게 복무하려면 수익 창출이 꼭 필요하다. 다시 말하지만, 가치 창출을 위해서는 역동성이라는 가치가 꼭 필요하다.

물론 수익의 지평과 지속가능성이 중요하다. 장기 전략은 말 그대로 미래의 가치를 희생하면서까지 일시적인 이득을 추구하는 일체의 행동을 거부한다. 장기 전략은 기업의 중요한 목적과 일상적인 운영을 연결하는 가교 역할을 하며, 당장 다음 분기의 실적을 극대화하라는 사이렌＊아름다운 노랫소리로 뱃사람을 유혹해서 배를 난파시켰다는 고래 그리스 신화 속의 마녀의 노랫소리에 경영진이 홀리지 않도록 돕는다.

기업을 이끄는 사람은 자신이 한 행동에 대해서 당연히 보상을 받아야 (혹은 나쁜 결과를 감수해야) 한다. 그러나 지금까지 보았듯이, 현대 기업의 특징인 소유와 경영의 분리 때문에 이 일이 한층 어려워졌다.

이 까다로운 문제를 해결하기 위해서 이사회는 인센티브를 가치 창출과 연동시키려는 경영진을 위한 복잡한 성과 기반 지표와 보너스 구조를 만들었다. 그런데 한 가지 어려운 문제는, 기존의 보상제도가 종종 잘못된 행동 유형에 인센티브를 보장한다는 점이다. 특히 경영진 보상제도가 성과를 기반으로 한 것일 때는 일반적인 보상 귀속 시점이 1년에서 3년 뒤라는 점이 문제이다. 연구결과에 따르면 무형의 투자 효과가 시장에 나타나는 데는 5년까지 걸릴 수 있다.[72] 따라서 투자 효과가 오랜 기간 뒤에 나타나는 연구개발 사업이나 직원의 작업 환경 개선 사업에 투자하는 경영자라면 협소한 이기주의에 반해서 행동해야 하는 셈이다.

보너스와 그 밖의 변동급여＊기업 실적에 따라서 달라지는 급여 구조와 단기 수익 증가 사이의 존재했던 강력한 연관성이 2008년 금융 위기 발생에 기여했음은 널리 알려져 있다.[73] 앞서 8장에서 설명했듯이, 영국 금융 서비스의 보상 규정은 현재 위험과 보상을 연계하고 있는데, 변동보상 금액의 상당 부분이 7년이라는 기간 동안 지급이 유예된다. 채 드러나지 않은 위험이나 행동과 관련된 문제가 드러나기까지는 그 정도의 시간이 걸린다고 바라보는 것이다. 이런 식의 조정은 (영국에서 시행되는) 고위관리자체제SMR 아래에서, 산업 표준과 우수한 거버넌스와의 연계를 통해서 강화되었다.

경영진에 대한 보상은 장기적이고 지속가능한 가치 창출과 연계되도록 재조정될 필요가 있다. 연간 성과를 기반으로 하는 보너스는 조건부 불완전 주식 지급vesting(베스팅) 구조를 도입해서 지급 시점을 유예한다거나, 스톡옵션으로 받은 주식을 일정 기간 판매하지 못하게 하는 방식으로 대체하거나, 혹은 아예 부차적인 보상 체계로 설정할 필요가 있다. 이런 제한을 둠으로써 경영진이 해당 기업의 성과를 장기적으로 바라볼 수 있게 하는데, 그 제한 기간은 최소 5년에서 7년까지로 하는 게 좋다. 그러나 이 기간은 업계의 특수한 사정에 맞게 조정될 수 있다.[74]

성과를 기반으로 한 지표를 사용할 때 이 지표는 기업의 목적과 일치하도록 조정되어야 하며, 금융 지표와 비금융 지표를 모두 포함해서 눈앞에 드러나는 성과에만 과도하게 초점이 맞추어지는 것을 피해야 한다.[75] 인센티브는, 평판 위험과 준법훼손 위험을 포함해서 해당 기업이 직면하는 위험의 유형에 맞춰서 조정되어야 한다.[76] 돈으로 지급하는 연간 보너스는 복합적 성과기록표diverse scorecard와 연계되어야 하며, 이 지표들은 경영진이 규정된 기대치를 충족하지 못했거나 비리행위에 연루되었을 때 이사회가 보상 규모를 줄이거나 다른 보상의 반환을 요구할 수 있도록 규정하는 삭감 조항과 환수 조항으로 통합되어야 한다.

비금융 지표를 경영진에 대한 보상 산정 기준으로 설정하는 것은 현재로서는 일반적인 관행이 아니다. 경영진에 대한 보상을 ESG 기준과 연동시키는 《파이낸셜 타임스》의 증권거래세계지수Stock Exchange All-World Index에 포함된 기업 가운데 겨우 9퍼센트만이 그렇게 하고 있다.[77] 유니레버의 보상위원회는 자체적으로 개발한 도구인 경영공동투자계획 Management Co-Investment Plan을 통해서 비금융 지표들을 회사의 보상 구조로 통합했으며, 또한 역시 자체적으로 개발한 도구인 지속가능성발전

지수Sustainability Progress Index로 측정하고 25퍼센트의 가중치를 설정한 지속가능성 요소들도 활용한다.[78] 알루미늄을 제조하는 알코아Alcoa는 연간 인센티브 보상금의 30퍼센트를 비재무적인 지표로 판정하고 있어서 찬사를 받는다. 그러나 30퍼센트라는 수치는 사실 그다지 대단한 게 아니다. 이 30퍼센트 가운데 절반은 작업장의 안전성(이 안전성은 작업장에서 발생한 사망자와 중상자의 수를 기준으로 측정된다)과 관련이 있으며 겨우 5퍼센트만 회사가 정한 환경 관련 목표와 관련이 있기 때문이다.[79] 이 회사가 사회에 미치는 충격이 주로 환경적인 것이라는 점에서 보면 5퍼센트라는 수치는 사실상 매우 적다. 게다가 경영진은 다른 평가 항목들에서 100퍼센트가 넘는 점수를 받으면 지속가능성 항목에서 낮은 점수를 받더라도 얼마든지 상쇄받을 수 있다는 사실도 염두에 둬야 한다. 그래서 2019년에 이 회사가 탄소 배출량 목표를 달성하지 못했음에도 불구하고 (그래서 경영진이 받을 보너스의 5퍼센트가 삭감되었다) 경영진은 '자유로운 현금흐름' 항목에서 148점을 기록함으로써 그 삭감분이 충분히 상쇄되었다.[80] 이 회사는 또한 다양성 목표의 최소 목표치를 달성하지 못했지만 경영진은 그해 인센티브 보상액 가운데서 90퍼센트 이상을 받았다.

이런 사례들은 경영진 보상 구조를 바꾸려면 ESG(환경·사회·거버넌스)라는 세 요소의 피상적인 통합을 넘어서서 의미 있는 인센티브 구조를 만드는 것이 얼마나 중요한지 생생하게 보여준다.

기업은 목적 달성이라는 성공을 평가하는 데 사용하는 성과 지표들을 반드시 명시적으로 규정해두어야 한다. 그리고 이 내용을 공표해야 하며, 그 성과 달성 점수를 경영 성과 판정과 보상에 중요한 요소로 삼아야 한다. 비재무적 지표는 이사회에서 매출이나 현금흐름 또는 반품 지표로 취급될 필요가 있다. 내부적으로 균형성과기록표balanced scorecard와 비재무적 지표들이 경영진의 성과를 평가하는 데 도움이 될 것이다.

보상을 조정하는 일은 의무를 할당해야 한다는 한층 더 넓은 차원에서 요구되는 필요성의 한 부분이다. 기업의 경영진은 회사가 주주들에게 미치는 영향에 대해서 개인적인 책임감을 느껴야 한다. 기업의 이사회에게는, 기업이 직면할 수 있는 물질적인 차원의 운영·재무·평판·규제 등의 위험과 ESG 요소의 관련성을 인식하는 전사적 위험 관리‡‘전사적’은 회사 전체 차원에서 시스템적으로 수행한다는 뜻이다에서 중요한 ESG 요소를 기업 내부로 내재화해야 할 책임이 주어진다. 그러므로 특정 고위 관리자들이 관련 위원회에 보고하면서 이런 위험들을 관리할 수 있도록 명확한 책임성을 규정해야 하며, 특정 고위 관리자에게는 이사회의 해당 위원회에 보고의 의무를 지워야 한다.

따지고 보면 기업의 경영진은 기업 전체 인력 가운데 극히 작은 부분이다. 기업의 목적이 기업 내에, 그리고 기업의 운영 과정에 녹아들도록 하려면 직원들이 한층 더 넓은 차원의 기업 목적을 자신의 성과에 맞춰서 조정하고 전문가적인 식견과 실천으로 제 역할을 해야 한다. 직원들이 자신의 업무에 초점을 맞출 때 이 일은 가장 쉽다. 왜냐하면 직원들이 공정하게 보상받으며 적절한 자원과 건설적인 작업 환경을 보장받기 때문이다. 좋은 작업 환경의 세부적인 사항들이야 회사나 직급마다 다르게 보이겠지만, 기본적인 사항은 그렇지 않다. 모든 직원이 존엄성과 존중으로써 대우받고 위협이나 괴롭힘에서 자유로워야 한다는 것, 이것이 바로 모든 기업이 공통적으로 갖추어야 할 기본적인 사항이다.

기업은 직원이 가진 전문성에 보답해야 한다. 높은 성과를 거둔 직원을 인정해야 하고, 기업은 내부 승진이 활발하게 이루어지도록 해야 한다. 기업은 내부 승진을 지원하기 위해서, 모든 직원이 현재 어느 직위로 어느 직급에서 어떤 업무를 하든 상관없이 자신의 경력을 개발할 기회를 누릴 수 있어야 한다. 경영진은 언제나 "앞으로는 어떤 기술이 필요할 것이며, 또 우리는 지금 거기에 어떻게 투자해야 할까?" 하는 질문을 머리에 담고 있어야 한다.

직원은 공정한 처우와 의미 있는 기업 목적과 연결된 직무를 통해서 동기를 부여받는다. 그리고 더 나아가 자신을 회사의 관리자로 바라보면서 회사와 회사의 성공에 책임감을 느낄 것이다. 예를 들어서 다농과 그 자회사들이 베네피트 기업 구조로 전환할 수 있었던 것은 부분적으로는, 기꺼이 자신의 시간과 정력을 들여가면서까지 이 전환에 앞장섰던 직원들의 자발적인 열정 덕분이었다.[81]

이어서 그 열정과 동기부여는 기업의 가치로 전화되었다. 예를 들어 1980년대에 도요타가 거둔 성공은 회사에서 소중한 자산으로 대우받았던 헌신적인 직원 덕분이었다.[82] 노동자들은 자신의 업무를 개발하고 발전시킴으로써 직업윤리를 이해하고 이것을 지켜야 한다는 책임감을 느낀다. 이 윤리는 작업 표준이나 규정의 형태로 문건으로 정리되거나 혹은 기업 정책의 하나로 기술될 수도 있다. 그러나 중요한 것은 이런 기준 혹은 표준이 법적 구속력을 가지느냐의 여부가 아니라, 노동자들이 어려운 상황에 맞닥뜨릴 때 그 지침으로 눈을 돌려서 그에 의지하느냐 여부이다. 후자의 경우가 일어날 가능성은 사람들이 자신이 하는 일에 자부심을 가질 때 상대적으로 더 높다. 고용된 직원은 기업이 문제를 능동적으로 해결하고 크라우드 소스crowdsource *어떤 문제를 해결할 때 조직 안팎의 사람들이 가지고 있는 기술을 활용하는 방식를 활용해 해결책을 찾을 수 있도록 지원한다. 책임감을 가지고 즉각 대응할 줄 아는 고용주야말로 작은 문제가 회사 전체의 위기로 번지는 것을 막을 수 있다.

◆ ◆ ◆

성과를 목적에 맞게 조정하고 의사결정을 내릴 때 의도하지 않은 결과나 예상하지 못하는 사건이 고려되도록 하려면, 모든 이해관계자를 참여시키는 것이 매우 중요하다. 지속가능한 사업 모델을 개발할 때는 협력 업체와 고객이 솔직한 마음과 객관적인 눈으로 참여할 필요가 있다. 모든 이해관계자 집단이 기업 목적이 고객에게 어떤 서비스를 제공할 수 있을지를 이해할 때, 혁신이 가능해지고 기업의 경쟁력이 유지된다.[83]

기업은 지리적으로 혹은 산업적으로 자기가 속한 공동체를 강화하기 위해서 이해관계자들과의 협력 속에서 노력을 기울여야 한다. 선량한 기업 시민은 사회에 온전하게 기여하고, 적어도 자신이 사회에 끼치는 영향을 인식해서 그에 따라 대응함으로써 사회에 해악을 끼치는 일을 피해야 한다. 대기업도 글로벌 공동체를 지향해야 하고, 자기가 가진 권력과 권한에 맞게 글로벌 공유지의 수호자 역할을 해야 한다.

기업은 또한 적극적인 참여라는 점에서는 대표성이 늘 부족하지만 장차 어떤 세대보다도 큰 위험에 직면할 미래 세대를 배려해서 행동할 필요가 있다. 그렇기 때문에 기업은 자연을 보호할 의무를 조직 내부에 녹여내어야 한다. 또한 기업은 자기 내부에만 투자할 게 아니라 한층 더 넓은 사회를 향해서 기술과 지식과 이해력을 개발하는 데 투자해야 한다.

마지막으로, 목적의식적인 기업은 자기와 이해관계자들 사이에 양방향 정보 흐름이 보장되도록 똑똑한 투명성을 단련할 필요가 있다. 투명성이 확보될 때 이해관계자들은 성과를 평가할 수 있고 기업의 궤적을 예측할 수 있으며, 결과가 명시적으로 표명했던 의도나 목적에서 벗어났을 때 이런 사실을 평가할 수 있다.

정보 공시를 표준화해야 하며 쉽게 이해하고 비교할 수 있어야 한다. 표준화된 보고에 대한 헌신은 기업이 불리한 정보를 배제하거나 알아보거나 이해하기 어렵게 만들 가능성을 줄여준다. 이런 이용자 중심의 공시 접근 방식은 이해관계자들이 정보에 대한 접근에 신경을 쓰지만 반드시 복잡한 분석을 수행할 시간이나 자원을 가지고 있지는 않다는 점을 염두에 둔다.

가능한 정보 공개를 표준화해서 이해하기 쉽고 비교하기 쉽게 해야 한다. 보고를 표준화하는 데 힘쓰는 기업이라면 불리한 정보를 배제하거나 사람들이 잘 이해하지 못하게 만들 가능성이 줄어든다. 이런 사용자 중심적인 공개라는 접근 방식은 이해관계자들이 정보에 목말라 하지만 복잡한 정보 분석을 할 시간이나 자원이 이들에 늘 넉넉하지는 않음을 전제로 한다.

기업의 주요 재무보고서를 ESG 위험들과 기회들에 대한 보고와 표준 재무보고를 결합하여 통합적으로 작성해야 할 절박한 필요성이 점차 커지고 있다. ESG 요소의 중요성이 높아짐에 따라서, 관리 구조가 좋은 기업은 이를 주류 공시에 반영하고, 투자자들과 그 밖의 다른 이해관계자들에 대해서 공개적으로 구체적인 목표들을 설정함으로써 한층 더 높은 수준의 대중적 투명성과 책임성을 가져야 한다는 요구를 받는다. 이 과정을 통해서, 기업은 그 구체적인 목표들과 관련된 성과를 독립적으로 확약해야 하고, 위험 기회에 대한 분석도 이해관계자 집단들에게 제시해야 한다. 이런 접근법이 민간이 주도하는 기후변화 관련 재무정보 공개 협의체 TCFD가 기후에 관해서 추천하는 내용의 핵심이다. (여기에 대해서는 11장과 15장에서 다루었다.) 세계경제포럼 산하의 국제비즈니스협의체가 세계 유수의 회계법인들과 손을 잡고 벌이는 운동은 이 접근법을 핵심적인 ESG 지표 조합으로 확장하는 것이다.

옳은 일을 하면 결과적으로 잘하게 된다는 믿음

목적 그리고 가치관에 대한 헌신이 기업의 재무적인 성과에 도움이 되면 되었지 해가 되지 않는다는 증거는 점점 많이 쌓여가고 있다. 1970년 이후에 발표된 2,200편의 논문을 대상으로 한 메타분석 보고서가 2015년에 발표되었는데, 여기에 따르면 전체 논문의 90퍼센트가 ESG 기준과 재무적 성과 사이에 음이 아닌 상관성이 존재한다고 보고했고 또 63퍼센트는 양의 상관성이 존재한다고 보고했다.[84]

특히, 산업 활동에 중요한 ESG 기준에 초점을 맞출 때 강력한 재무성과가 뒤따른다는 증거도 있다. 자원 기업이 환경에 관심을 기울이고 금융 기업이 거버넌스(지배구조, 관리)에 관심을 가질 때 긍정적인 효과가 실현된다. 2016년에 발표된 어떤 연구논문에 따르면, 자기 산업에서 중요하게 여기는 쟁점들에 투자를 많이 하면서 자기 산업에서 중요하지 않은 쟁점들에는 투자를 적게 하는 기업들이 거둔 성과는 시장 평균보다 4.83퍼센트 높았다.[85] 이에 비해서 중요한 ESG 쟁점에 그다지 많이 투자하지 않은 기업들이 거둔 성과는 시장 평균보다 나빴다.

게다가 드러난 증거들로 보자면, 기업이 수익을 거두려면 반드시 자기가 속한 산업과 관련된 문제들을 의미 있게 다루어야 한다는 사실을 알 수 있다. 기업이 자사 홈페이지나 연차보고서에 홍보하는 가치관이 탄탄한 성과를 낳는 데 기여하는 것으로는 드러나지 않았지만, 직원들, 즉 일상에서 회사를 위해 일하는 사람들이 인지하는 가치관은 매우 중요하다. 경영진의 언행이 일치하고 경영진이 정직하고 윤리적으로 경영했다고 직원들이 판단하는 기업은 수익성이 상대적으로 더 높다.[86] 마찬가지로, 중간간부급 직원이 회사의 업무를 수행하면서 기업 목적이 선명하다고 생각하는 기업일수록 재무 성과가 좋았다.[87]

이처럼 목적이 수익으로 전환되는 명백한 이유는 위험이 줄어든다는 데 있다. 예를 들어서 환경의식이 높은 자원 기업은 원유 유출이나 환경오염과 관련된 소송처럼 비용이 많이 들어가는 이런저런 실수를 할 가능성이 낮다. 기업은 자기가 속한 산업에서 중요하게 여기는 쟁점들에 투자할 때, 기업 활동에 대한 사회적 허가를 유지할 가능성이 그만큼 커지며 또 어처구니없는 기업 관행에서 비롯되는 사회적 보이콧 대상이 될 가능성이 그만큼 줄어든다. ESG 요소들을 잘못 관리할 때 기업은 평판에 타격을 받고, 잘나가던 성과에도 빨간불이 켜진다. 2015년에 발표된 어떤 연구논문은, 어떤 기업의 CSR(기업의 사회적 책임) 점수에서의 1표준편차 증가가 1기업베타firm beta * '베타'는 시장 전체의 움직임 속에서 개별 주식이나 포트폴리오가 얼마나 민감하게 반응해서 변동하는지 나타내는 금융 지표이다에 해당된다는 것을 발견했는데, 이 수치는 표본평균보다 4퍼센트나 낮은 값이다.[88]

또 다른 이유로는, 사회적으로 추동되는 목적에 대한 강력한 헌신이 최고의 인재를 끌어들이고 붙잡아둔다는 점을 들 수 있다. 파타고니아는 수익의 1퍼센트를 지구에 제공하며 지속가능한 소비자주의를 최우선의 가치로 설정하는데, 이런 경영 전략에 대한 보상으로 회사가 인턴십 구인공고를 내면 일자리 하나당 9,000명이나 되는 지원자가 몰리며, 정규직의 이직률도 매우 낮다.[89] 게다가 어떤 직원이든 간에 금전적 이득이 아니라 내재적인 가치로 동기가 부여될 때는 타성에 젖어들 가능성이 줄어든다. 이와 관련해서 리베카 헨더슨Rebecca Henderson은 다음과 같이 설명한다.

"어떤 사람이 자신보다 더 위대한 어떤 것의 일부가 될 때, 이 사람은 높은 수준의 적극적인 참여와 높은 수준의 창의성을 보이며 회사 내에서 직능과 제품의 경계를 넘나들면서 다른 직원과 협력하겠다는 의지를 보인다. 이 효과는 매우 강력하다."[90]

이 효과는 중요하다. '미국에서 일하고 싶은 100대 기업'에 이름을 올린 기업은 1984년부터 2014년까지 시장 성과와 그 밖의 다른 위험 요소들을 동일하게 설정할 때, 평균보다 3.8퍼센트 높은 수익률을 기록했다.[91]

스스로 획득한 사회적 자본 역시 기업이 위기의 시대에 잘 버텨낼 수 있도록 (또 어쩌면 번창할 수 있도록) 도움을 준다. 2008년 금융 위기 당시와 그 이후의 실적을 분석한 결과 CSR 점수가 높은 기업은 그렇지 않은 기업보다 4~5퍼센트 더 높은 주식 수익률stock returns을 보였다.[92] 기업은 이익보다 목적에 초점을 맞춤으로써, 위기가 끝난 시점에 사회적 자본을 오히려 불려놓을 수 있다. 코로나 위기가 끝나고 나면 이런 질문들이 제기될 것이다. 어떤 기업이 올라섰고, 어떤 기업이 처졌을까? 어떤 기업이 저 혼자 잘났다고 으스댔으며, 또 어떤 기업이 이해관계자 집단들과 연대해서 행동했을까?

마지막으로, 목적의식은 혁신에 꼭 필요한 요소이다. 《하버드 비즈니스 리뷰Harvard Business Review》의 어떤 논문은 수백 개 기업이 설정한 목적을 분석하고 그들을 세 개의 집단으로 분류했다. 그것은 각각 선명하게 정리되고 또 직원들이 잘 이해하는 기업 목적을 가진 우선순위자prioritiser 와 아직은 기업 목적을 명확하게 정식화하지 않았지만 이것을 개발하려고 노력하는 발전자developer 그리고 기업 목적 개발에 나서지 않았거나 아직 그것을 생각하지도 않고 있는 굼벵이laggard였다.[93] 우선순위자로 여겨지는 39퍼센트는 상대적으로 높은 매출 증가를 기록했을 뿐 아니라 새로운 시장들로 확장하려 하며 지속적인 전환에 초점을 맞추고 있다고 밝혔다. 우선순위자의 절반은 자신의 조직이 지난 3년 동안 기업 목적을 토대로 한 전략 개발에서 어떤 변화를 이루어냈다고 밝혔으며, 우선순위자의 3분의 1은 제품과 서비스 개발뿐 아니라 사업 모델에서도 전환을 추구해왔다고 응답했다. 이에 비해서 굼벵이의 42퍼센트는 지난 3년 동안 매출이 제자리걸음을 걸었거나 줄어들었으며, 굼벵이의 겨우 13퍼센트만이 혁신과 전환에 성공했다고 응답했다.

기업의 목적은 위험을 줄이고 직원들에게 영감을 불어넣으며 불확실한 시기에 지침을 제공하고 혁신을 촉진한다. 혁신 컨설팅사인 빅 이노베이션 센터Big Innovation Center가 '목적의식적인 기업'을 주제로 기존에 나온 문헌을 종합적으로 검토한 끝에 내놓은 중간보고서는 "목적의식성이 기업 활동 전반에 걸쳐서 유익한 영향을 미친다는 사실을 경험적으로 매우 견고하게 보여준다"고 결론을 내렸다.[94] 이 보고서를 작성한 저자들은,

이미 나와 있는 여러 증거를 놓고 볼 때 목적의식성에 대한 투자는 영국 주식 시장 시가총액의 6~7퍼센트의 상승 효과를 유발할 수 있다고 바라보았다. 이 수치를 금액으로 환산하면, 연간 1,300억 파운드이다.[95]

역동적인 목적 구축하기

기업의 목적을 촉진한다고 해서 이윤 추구를 부차적인 것으로 치부해서는 안 되며, 이 둘을 똑같이 중요하게 바라보아야 한다. 수익은 기업에도, 사회에도 필요하다. 수익이 있을 때 비로소 기업은 기능할 수 있고 무언가를 쌓아올릴 수 있다. 수익률 전망은 사람들이 새로운 사업에 투자하도록 장려하는 데 도움이 된다. 자본이 투입되어 혁신을 이루며 더 나은 내일을 일군다. 좋은 생각들은 번성하는 반면에 나쁜 생각들은 검증을 받고 폐기된다.

이 '창의적인 돌풍'이 목적에, 즉 사람들과 지구가 안고 있는 온갖 문제를 해결하는 데 뿌리를 내릴 때, 수익 추구는 사람들의 삶을 놀라운 속도로 개선한다. 역동성은 더 빠르고, 더 좋고, 더 싸고, 더 지속가능한 것을 향한 지속적인 추구라는 모습으로 나타난다.

이 활력은 계속 이어져야 한다. 점점 심각해지는 불평등부터 화석연료에 대한 지속적이고 파괴적인 의존에 이르기까지 오늘날 우리 사회가 안고 있는 많은 문제는, 과거에 우리 앞에 닥쳤던 '현재 상태'를 우리가 잘못 받아들인 결과이다. 보다 근본적으로, 그것들은 우리가 우리의 가치관을 먼저 표현하고 그다음에 그 가치관을 추구하지 않은 결과이다. 신용 위기와 코로나 위기 그리고 기후 위기라는 3중 위기로 우리의 도전과제들이 민낯을 드러낸 지금이야말로 기업들이 자기의 목적이 무엇인지 분명하게 정의한 다음에 이것을 추구해야 할 때이다.

전설적인 벤처투자자인 마크 앤드리슨은 우리가 맞닥뜨린 문제들의 해결책은 바로 창조하고 일으켜 세우는 것이라고 주장했다.[96] 우리에게는 새로운 인프라, 새로운 학습 방식, 새로운 제조 시스템, 새로운 의약품 그리고 새로운 형태의 에너지가 필요하다. 공공 부문은 이런 발전의 많은 부분에 토대를 제공할 것이다. 그러나 민간 부문에 제공하는 자금조달과 탐사와 운영이라는 각 분야의 능력이 우리가 해결책을 찾아나가는 여정의 원동력이 될 것이다. 보다 더 나은 내일을 만들기 위해서는 목적의식성이 투철하고 수익으로 동기를 부여받는 기업이 우리에게 필요하다. 이들이 벌이는 활동은 주주는 말할 것도 없고 직원, 고객, 협력업체 그리고 한층 더 넓은 차원의 공동체가 공유하는 어떤 가치를 창출할 것이다. 조사이어 웨지우드가 18세기에 이 균형을 유지했는데, 그의 후손인 오늘날을 사는 사람들이 못할 까닭이 없다. 장담하건대, 우리는 웨지우드보다 훨씬 더 강력한 영향력을 보여줄 것이다.

이 역동적인 흐름 속에서 투자자의 역할이 결정적으로 중요하다. 투자자들 역시 자신의 목적을 정의한 다음에 이 목적을 추구할 필요가 있다. 지금은 기후변화와 관련된 것보다 더 중요한 것은 없다. 계속해서 다음 장에서는 투자자가 가치와 가치관을 측정하고 여기에 투자하며 또 이것을 쌓아올리는 방법에 대해서 살펴보자.

15장

초가치에 투자하기

ESG의 출현

지금까지 이 책은 신용 위기와 기후 위기와 코로나 위기라는 세 가지 위기를 발생시킨 공통 원인이 가치를 측정하는 사람들의 방식에 있다는 주장을 해왔다. 실제로 과거에는 위기에 대응하는 방식에 기업들이 받는 충격과 또 이들이 직면하는 위험을 측정하는 방법을 개선하는 것이 포함되었다. 예를 들어서 1929년 주식 대폭락 이후에 표준화된 회계 방식인 미국의 GAAP(일반회계기준)가 만들어졌다. 2008년 세계 금융 위기를 계기로 위험을 보고하는 방식과 은행의 위험 노출을 개선하려는 노력이 지금까지 이어지고 있다. 이제는 자본주의가 기후 위기 해결에 도움이 될 수 있도록 기후와 관련된 금융 위험을 의무적으로 보고하게 만들 필요성이 절박한 수준에 이르렀다. 동시에 임팩트 투자* 'impact'는 '충격'이나 '영향'으로 옮겨야 맞겠지만, '임팩트 투자'처럼 일반명사로 쓰이는 경우가 있으므로, 이런 맥락에서 사용되는 'impact'는 '임팩트'라고 표기할 것이므로, 헤아려서 읽어주기 바란다의 확산은 지속가능발전목표SDGs를 달성하는 데 결정적인 역할을 할 수 있다.

앞 장에서 설명했듯이 기업에게는 이해관계자들이 있으며, 또 기업 자체가 이해관계자이기도 하다. 기업이 하는 행동은 흔히 ESG(환경·사회·거버넌스)라고 일컬어지는 광범위한 분야에 걸친 지속가능성 결과에 충격을 주며 영향을 미친다. (때로는 그 결과를 최종적으로 결정짓기도 한다.) 이 충격을 측정하기 위해서, 기업의 지속가능성 성과를 평가하려는 시도들이 지금까지 많이 전개되었다. 이 각각의 접근법 하나하나가 모두 가치 있지만, ESG 등급부터 임팩트 회계＊ESG(환경·사회·거버넌스)에 가중치를 두는 회계 방식에 이르기까지 온갖 다양한 접근법이 너무 많다 보니 오히려 측정상의 불협화음이 나타나는 실정이다.

가치와 가치관 사이의 균형을 다시 잡으려면, 기업이 창조하는 이해관계자 가치를 측정하는 포괄적이고 투명한 접근법을 정착시켜야 한다. 금융은 하나의 효용이며, 목적을 위한 수단이다. 그리고 이 목적은 사회가 규정한다. 투자자가 자기 고객의 가치관에 맞춰서 투자를 하려면 ESG 요소들과 관련된 정보가 필요하며, 이 요소들을 조심스럽게 적용하는 태도가 필요하다. 자본 제공자들(투자자, 연기금, 은행, 보험사 등)은 주주 가치 극대화와 이해관계자 가치 극대화 사이의 어느 위치를 목표 지점으로 설정할 것인지 공개해야 하고, 투자 지평을 포함해서 자기가 설정한 목표에 대해서 한층 더 투명해질 필요가 있다.

ESG 측정과 투자가 급속하게 떠오르면서 이해관계자 가치의 창조가 가장 많은 혜택을 볼 것으로 전망된다. ESG 투자는 1960년대에 개발되었던 사회적 책임 투자Socially Responsible Investing, SRI를 포함한 여러 철학에서 비롯되었다. 초기 SRI 모델들은 담배 생산과 관련이 있거나 남아프리카공화국의 아파르트헤이트 시대에 활동했던 기업을 확인하고 걸러내기 위해서 가치판단value judgement과 네거티브 스크리닝negative screening(투자 제한)이라는 방법을 이용했다. 그 이후로 고려해야 할 사항이 쌓이면서

ESG 투자의 의미는 한층 더 광범위해졌다. 현재 ESG 요소를 두고서 합의된 목록은 없지만 일반적으로 포함되는 고려해야 할 사항의 유형은 다음과 같다.

환경적 충격	사회적 기여	거버넌스 및 관리
기후변화와 온실가스 배출	고객 만족	이사회 구성
대기 오염과 수질 오염	데이터 보호 및 프라이버시	감사위원회 구조
생물 다양성	성별 다양성	뇌물 및 부패
삼림 파괴	직원 참여	경영진에 대한 보상
에너지 효율성	공동체 관계	로비
쓰레기 관리	인권	정치적인 기여
물 부족	노동기준	내부고발자 보호

투자자와 채권자는 의사결정 과정에서 전통적인 금융 관련 요소들과 함께 ESG 요소들을 점점 더 많이 고려하고 있다. 현대적인 ESG 투자와 분석은 (시간이 경과할수록 높아지는 위험조정수익을 통해서) 기업이 가진 가치를 찾는 데 더욱 중점을 두며, ESG라는 세 개의 영역에서 긍정적인 영향을 미치는 목적의식적인 기업을 투자 대상으로 선택한다. 예를 들어 기후 관점에서 보면, 모든 에너지 기업을 투자 대상에서 제외하는 것과 탄소중립 목표를 설정하고서 이 목표를 달성할 믿을 만한 전략을 가진 기업을 투자 대상으로 선택하는 것을 구분해야 한다는 말이다. 즉 문제의 한 부분을 구성하는 기업은 회피하고 문제를 해결하고자 하는 기업을 선택한다는 말이다. 뒤에서 살펴보겠지만 사회가 지속가능성에 한층 더 큰 가치를 둠에 따라서, 이런 자본 할당의 형태를 통해 새로운 자산 계급이 등

장할 가능성이 있다. 기후변화 문제를 해결하는 데서 우리에게 꼭 필요한 경제 전체의 전환을 추동하는 데 결정적인 역할을 해줄, 그 새로운 자산 계급 말이다.

지속가능하게 관리되는 자산은 2018년 초를 기준으로 할 때 총 30조 달러가 넘었으며, 이 접근법은 유럽 자산의 약 절반과 미국 자산의 3분의 1을 아우른다. 그 뒤로 이 부문은 매우 빠르게 성장했으며, 최근의 추정으로는 현재 관리 중인 ESG 자산 총액은 100조 달러가 넘는다. 이와 관련해서 전 세계에서 대형 자산 소유자의 3분의 1이 유엔 산하기구인 책임투자원칙Principles for Responsible Investment, PRI에 서명했다. 보건과 관련된 위기가 이러한 추세를 꾸준하게 강화했다.[1]

이런 관심이 급증한 덕분에 금융 부문에서 새로운 개발의 전형적인 모습인 자기 강화 사이클이 형성되고 있다는 여러 조짐이 나타난다. 금융 부문에서는 특히, 초기에는 품질이 고르지 않다는 희생을 감수하면서까지 혁신을 보다 광범위하게 채택하고 있다. 금융 시장 참여자들이 필요한 전문성을 개발함에 따라서 성과에서의 편차는 자연스럽게 커질 것이다. 그런데 꼼수를 쓰는 기업들도 있다. ESG 목표를 달성하기 위해서 관리 차원에서 개선을 추구하기보다는 PRI의 회원증과 같은 ESG 카이트마크＊**영국의 산업 규격 합격품 표시증으로 작은 연같이 생겼다**를 자기 존재감을 드높이는 수단으로만 생각해서 오로지 투자 자금을 끌어 모으거나 고객 관련 의무에 따르는 위험을 줄이기 위한 방편으로 삼는 기업들이 여럿 있다는 증거도 있다.[2] 만약 이게 사실이라면, PRI가 설정한 원칙을 따르지 않는 회원을 퇴출하는 PRI의 새로운 전략이 그 불량 회원들이 누구인지 폭로할 것이다.

동기부여나 실천의 실제 품질이 어떻든 상관없이, 지속가능한 투자를 강화하는 실질적인 흐름이 현재 강력하게 존재한다는 게 분명하고, 또 이것이 가치를 창출하고 더 나아가 유엔의 지속가능발전목표SDGs 달성과 같은 사회적 목표를 진전시키는 강력한 도구가 될 수 있다는 것도 분명하다. 이 장에서는 최대의 효과를 거두려면 이 접근법을 어떻게 적용할 것인지 살펴본다.

ESG는 이해관계자 가치의 창조를 어떻게 인도할 수 있을까

ESG 요소를 무시하거나 이 요소를 체계적으로 고려하지 않는 전통적인 투자와 비교할 때, ESG 투자에는 폭넓은 스펙트럼이 존재한다. ESG 자산의 압도적인 다수는 ESG 기준을 사용해서, 신성한 우연의 일치의 한 형태로 위험 관리를 지원하고 장기적인 위험조정수익 ✻ 위험을 조정함으로써 발생하는 수익을 드높이는 공동 요소를 확인함으로써 '옳은 일을 하면 결과적으로 잘하게 된다'는 원칙을 실천하려 한다. 이런 전략들에는, 위험 완화를 위해 ESG를 폭넓게 사용하는 책임 있는 투자 그리고 장기적인 경제적 가치를 높여줄 것으로 예상되는 점진적인 ESG 실천을 채택하는 지속가능한 투자가 모두 포함된다. 임팩트 투자는 재무적인 이익과 함께 긍정적인 사회적 또는 환경적 이익을 추구한다. 이것은 사회적·환경적 결과를 재무적 결과만큼 엄격하게 측정하고, 덧붙여서 사회적·환경적 변화를 촉진하는 투자에 집중하는 것으로써 다른 투자와 구별된다. 따라서 탄소중립 경제로의 전환을 가속화하는 데 초점을 맞춘 임팩트 투자 전략은 단순히 기존의 녹색 자산에 투자하는 것이 아니라 새로운 재생 에너지 프로젝트를 개발하거나 기업들이 탄소발자국을 줄이기 위해 투자하는 데 도움을 주는 것이다.

임팩트 투자 스펙트럼의 한쪽 끝에서는 재무 우선 전략이 경쟁력 있는 재무 수익을 창출하고 다른 한쪽 끝에서는 시장의 평균 수익보다 낮은 수익을 받아들인다. 마지막으로, 가치를 기반으로 하는 투자는 투자 포트폴리오를 개인 또는 조직의 도덕적 가치관이나 신념에 맞춰서 구성한다. 이런 투자는 종종 박애주의적이기도 한데, 한층 더 폭넓은 사회적인 목표를 발전시키기 위해서 자본의 완전한 손실까지는 아니지만 부분적인 손실은 얼마든지 예상하면서 투자한다.

ESG 투자 전략의 스펙트럼은 임팩트 관리 프로젝트Impact Management Project, IMP * 임팩트 측정·관리와 관련된 세계 최대의 협의체로서, 이것과 관련된 글로벌 표준 프레임워크를 제시한다에서 내놓은 [도표 15-1]에서 잘 묘사되어 있다.

따로 규정하지 않는 한 이 장에서는 '옳은 일을 하면 결과적으로 잘하게 된다'는 원칙에 충실하고자 하는 재무우선주의 임팩트 투자 전략들

도표 15-1 · 자본의 스펙트럼: 투자자들의 선택과 전략

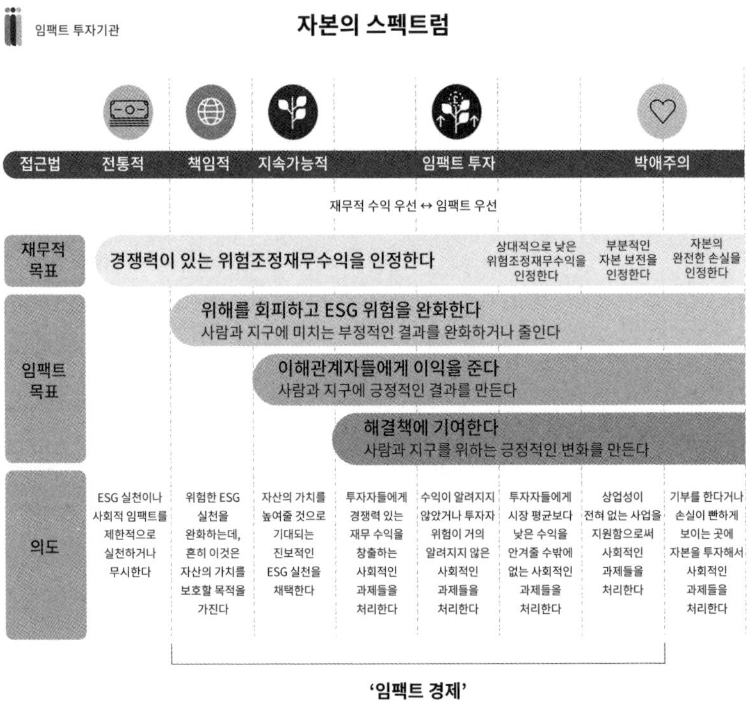

'임팩트 경제'

588

에 초점을 맞출 것이다. 기본적으로 이 접근법들은 이해관계자 가치를 창조하는 기업들은 그렇지 않은 기업들에 비해서 장기적으로는 주주에게 보다 더 많은 수익을 안겨줄 것이라는 인식을 전제한다.

이런 기업들이 거둔 탁월한 성과를 가능하게 만든 요인은 여러 가지가 있을 수 있다. 이런 기업은 일반적으로 양호한 경영 속에서 관리되고 있으며, ESG 성과는 그저 보조적인 역할만 수행했을 수 있다. 게다가 모든 이해관계자 집단의 이해관계를 균형 있게 조정하는 기업은 주주를 포함한 모든 당사자에게 한층 더 큰 장기적 가치를 창출할 수 있다. 가장 근본적으로 주주 가치와 이해관계자 가치의 광범위한 조정은 기업의 목적과 경쟁우위라는 두 요소가 모두 특정한 사회적 또는 환경적 가치의 달성에 좌우될 때 나타날 수 있다. 뒤에서 살펴보겠지만, 이것을 공유가치 shared value ※ **공동체의 경제적 및 사회적 조건을 개선하면서 기업의 경쟁력도 함께 높이는 데 초점을 맞춘 가치라고 부른다.**

이런 맥락에서 임팩트 투자 전략은 기업 활동이 사회적 영향을 명시적으로 평가해서 사회적 투자 수익을 계산하는 지속가능한 투자의 한 종류이다. 임팩트 전략은 최종 투자자의 가치관과 일치하는 재무적 수익과 사회적 수익의 균형을 추구한다. 어떤 전략은 사회적 이익을 얻기 위해 일정 정도의 재무적 이익을 포기하고, 또 어떤 전략은 신성한 우연의 일치를 노린다. 후자의 경우가 포괄적인 의미의 지속가능한 투자와 다른 점은, 목표로 설정한 사회적 '재화'를 명시적으로 계산하고 추적하며 또 보고한다는 점이다.

조금 뒤에 살펴보겠지만, ESG 지표의 점수가 높은 목적의식적인 기업들이 그렇지 않은 기업들보다 더 나은 성과를 기록한다는 증거는 상당히 많다. 그러나 물론 미묘한 차이가 존재한다. 예를 들어서 모든 ESG 요소가 주주 가치 창조에서 동일하지는 않다. 어떤 것들은 주주 가치 창조와 직접적이고 즉각적인 관련성을 가지지만, 어떤 것들은 장기적이고 간접적인 경쟁력과 관련성을 가진다. 예를 들면 사회적 허가를 유지한다든가 기업이 최고의 인재를 끌어들이고 보유하는 기업 역량을 개선한다든가 하는 것들은 후자의 결과이다. 미래의 현금흐름이 지금보다 한층 더 높을 것이라는 이런 전망 때문에, 강력한 ESG 기업이 오늘날 프리미엄이 덧붙여진 가격으로 평가되고 거래된다.

그러나 강력한 ESG 기업이라고 해서 나중에 한층 더 높은 수준의 현금흐름을 100퍼센트 보장하리라고 생각해서는 안 된다. 또, 주식 시장이 그 기업이 일군 성취의 공로를 인정하느냐의 여부에 따라서 사회의 가치관이 결정될 것이라고 생각해서도 안 된다. 돈으로는 살 수 없지만 기업이 발판으로 삼을 때 거대한 영향력을 행사할 수 있는 것들이 있다. 생물종 소멸이나 불평등과 같은 문제들이 그렇다. 전형적으로 이런 것들의 가치가 한층 더 폭넓은 사회에서 생성된다. 이런 것들이 기업의 '가격'이라는 측면에 늘 존재하지는 않을 것이다.

"수치화할 수 있는 모든 것이 다 중요하지 않을 수 있으며, 또 중요한 모든 것이 다 수치화할 수 있는 것은 아니다."

알베르트 아인슈타인의 말로 사람들이 자주 인용하는 구절이다. 뒤에서도 살펴보겠지만, 우리가 중요하다고 여기는 것들의 우주를 확장할 수단들, 어떤 것이 중요하다고 사회가 여길지 여부를 판단할 수단들은 수없이 많다.

이런 몇몇 차이점들을 도출하기 위해서 기후변화와 관련된 일련의 쟁점들을 살펴보자. 몇몇 기업에게 에너지 효율성은 경쟁우위와 밀접한 관련이 있다. 고전적인 사례로는 월마트를 들 수 있다. 왜냐하면 우월한 물류 역량이 이 소매유통업체의 핵심 역량이기 때문이다. 따라서 개선된 환경발자국(사회적인 이익)과 기업의 효율성(재무적인 이익)은 신성한 우연의 일치 속에서 밀접하게 정렬된다. 또 다른 극단에는 멸종 위기종으로 지정된 생물종을 보호하는 활동을 하지만 직접적인 재무적 이익을 얻지 못하며 어쩌면 상당한 규모의 비용까지 부담하는 기업이 있다. 이 기업은 훌륭한 기업 시민으로서의 사회적 가치에 상대적으로 더 큰 비중을 둔다. 유능한 인재 유치와 사회적 허가의 유지 등과 같은 간접적인 재무적 이익이 이 기업에 동반될 수 있다. 그러나 이 기업은 다른 경로들을 통해서 확보한 재무 성과 개선을 바탕으로 해서 멸종 위기의 생물종을 구하는 긍정적 사회적 이익에는 눈을 돌리지 않을 수도 있다. 그렇게 해서 사회적 허가를 포기하는 것이 기업의 전망에 큰 타격을 줄 수 있지만, 이런 일이 일어날 전환의 임계순간을 예측하기란 어렵다. (어떤 점에서 보자면 이 내용은, 앞서 기후 문제를 다룬 장에서 사회운동을 다루었던 내용 그리고 뒤에서 다룰 '역동적 중요성dynamic materiality'과 관련된 내용과 비슷하다.)

지속가능 투자 전략의 성과

지속가능한 투자 전략이 그렇지 않은 투자 전략보다 높은 성과를 낸다는 (신성한 우연의 일치가 나타난다는) 증거는 널려 있을 정도로 많다. 이 높은 성과는, 코로나 위기가 극심하던 2020년 상반기에 시장이 극심한 유동성을 겪는 동안에도 계속 이어졌다. 모건스탠리는 2020년 4월에 다음과 같이 보고했다.

> 비록 제한된 기간에 걸친 것이긴 하지만 ESG 요소에서 비롯된 긍정적인 기여는, 높은 수준의 ESG 등급이 높은 기업들이 외재적 충격과 같은 시스템상의 여러 위험에 덜 노출된다고 보았던 우리의 예전 연구조사 결과와 일치한다. 코로나 바이러스 위기는 그런 외재적 충격의 최근 사례이다.[3]

ESG 펀드들은 가끔 발생하는 하락 위험들을 관리하는 능력이 상대적으로 높기 때문에 살아남을 가능성이 상대적으로 높다. 펀드 평가회사인 모닝스타Morningstar는, 10년 전에 투자자들이 접근할 수 있었던 지속가능한 펀드들 가운데 평균 4분의 3 이상이 지금까지 살아남았는데, 이 비율은 전통적인 펀드들의 생존율인 46퍼센트에 비하면 월등하게 높다는 사실을 발견했다.[4] 또 대규모 글로벌 미국 펀드들을 분석한 결과, 지난 5년에서 10년에 걸친 다양한 시간 지평들 속에서 연간 약 1퍼센트포인트 높은 평균수익률을 꾸준하게 기록했다는 사실도 발견했다.[5]

ESG 투자 전략이 상대적으로 높은 성과를 내는 이유 가운데 한 부분은, ESG 요소가 기업 성과에 대한 새로운 정보를 제공한다는 것일지도 모른다. 코즈웨이 캐피털Causeway Capital의 모자파르 칸과 하버드대학교의 조지 세라핌 그리고 노스웨스턴대학교의 아론 윤은, 기업이 지속가능성과 관련한 노력을 중요한 사회적·환경적 요소에 주로 집중할 때 시장 평균을 상당한 수준으로, 즉 연간 3~6퍼센트나 상회하는 성과를 낸다는 사실을 발견했다.[6] 또 이런 기업들은 중요하지 않은 요소들에 지속가능성 노력을 집중한 동료 기업들보다 높은 성과를 기록했다. 가치 창출의 특정한 추동자들과 관련된 ESG 정보를 채굴하는 것은 뒤에서 살펴볼 공유가치의 한 과정이다.[7]

또 사회의 가치관이 강력한 성과를 내는 ESG 기업 쪽으로 이동함에 따라서 이 기업의 재무적 평가가치가 증가한다는 증거도 있다. 이론적으로는 사회가 탄소중립 경제로의 전환을 중시할수록, 그 해결책의 한 부분을 담당하는 기업들의 가치가 높아질 수밖에 없다. 사회가 설정한 목표들을 지지하는 규제와 탄소가격제가 단단하게 작동할 뿐만 아니라 ESG 기업에 대한 수요가 한층 더 커질 것이기 때문이다. 이런 맥락에서 세라핌은 두 가지 사실을 발견했다. 하나는 긍정적인 ESG 정서 요소를 가진 ESG 종목, 즉 시간이 흐를수록 증가하는 강력해지는 지속가능성 성과를 가진 기업에게 지급되는 가치평가 프리미엄을 가지고 있다는 사실이다.

또 다른 하나는 이 프리미엄이 대중적인 긍정적 정서 모멘텀에 비례해서 늘어나는 ESG 종목의 성과가 탁월하게 좋을 수밖에 없다는 사실이다.[8] 이 증거에 따르면, 대중의 정서가 기업의 지속가능성 활동의 가치를 바라보는 투자자의 관점에 영향을 미치고, 따라서 이 정서는 기업의 지속가능성에 지불되는 대가와 ESG 데이터를 중요하게 고려하는 포트폴리오의 투자수익률 모두에게 영향을 미친다.

모닝스타는 바로 이런 쟁점들이 소비자와 감독기관 그리고 투자자로부터 한층 더 많은 관심을 받는다면, 시간이 지날수록 기업의 ESG 위험과 상관성이 점점 더 커질 것이라고 바라본다. 이런 위험들에 주의를 기울이면서 이런 위험들을 상대적으로 더 잘 관리하는 포트폴리오는 수익률에서 경쟁 포트폴리오들을 능가할 것이다.

이와 관련해서 ESG 자산에 대한 일부 가치평가 프리미엄은 ESG 요인 덕분에 그 자산이 궁극적으로는 신성한 우연의 일치 속에서 더 높은 수익성으로 이어질 것이라는 기대를 반영한다. 앞에서 언급한 것처럼, 이런 초과 성과는 협력업체와 고객 그리고 공동체와의 가치사슬＊기업이 제품과 서비스를 생산해서 부가가치가 창조하는 일련의 과정 전반에 걸친 공유가치 기회의 실현 및 기업 운영과 관련된 사회적 허가의 유지뿐 아니라, 소비자 선호의 변화부터 새로운 지원 규제에 이르는 다양한 경로를 통해 발생할 수 있다.[9]

ESG 초과 성과를 추동하는 많은 요소가 직접적이든 간접적이든 간에 한층 더 높은 미래의 현금흐름으로 이어질 수 있지만, 이 요소들이 전체 가치평가 프리미엄을 반드시 설명해주지는 않을 것이다. 기업은 또한, 개인 시민이 누리는 균형이 잡힌 '좋은 삶'을 누릴 수 있게 만든 훌륭한 기업 시민으로 평가받을 수 있다. 게다가 최고의 인재를 유치하고 동기를 부여하고 유지하는 능력뿐 아니라 사회적 허가를 확보하고 유지하는 것 역시 기업이 번창하는 데 중요한 요소이다. 사회적인 개선이 이루어질 때 여기에 뒤따르는 '2차적인' 재무적 이익은 클 것이다.

전체적으로 보면, ESG 투자 성과를 다룬 연구논문들은 지속가능한 가치와 경제적 차이를 동시에 창조하는 신성한 우연의 일치를 장려하고 있다. 그러나 ESG 투자의 초과 성과를 온전하게 확신하려면 여러 차례의 시장 주기에 걸친 한층 더 장기적인 기록에 대한 추적이 필요하다. 게다가 ESG는 크고 다양하며 빠르게 성장하는 분야이기 때문에 조심할 필요가 있다. 조금 뒤에서 살펴보겠지만, 각기 다른 협력업체들이 서로 전혀 다른 판단을 할 수 있다. 모든 ESG 투자 전략이 초과 성과를 달성하지 않을 것임은 분명하다. 그리고 뒤에서 살펴보겠지만, 투자자는 ESG 등급이나 카이트마크가 상투적으로 적용되는 것에 조심해야 한다. ESG가 늘 초과 성과를 보장하지는 않는다. 가치와 가치관에 대한 우리의 판단이 중요하다.

게다가 이 점은 매우 중요한데, 충분히 많은 시간이 흘러 만일 ESG가 주류가 되면 전반적인 시장 성과, 구체적으로 말해서 위험조정수익이 개선되겠지만 (대부분의 기업이 모두 다 그렇기 때문에) 다른 기업과 비교할 때의 상대적인 성과는 크게 다를 게 없을 것이다. 한층 더 평등하고 포용적인 사회로 전환하는 기간을 제외하고는, 즉 일단 그런 사회로 바뀌고 나면, 노동력의 다양성을 폭넓게 개선하고 이사회의 임원을 포용적으로 구성하는 기업이라고 하더라도 그렇지 않은 기업과 크게 다른 모습을 보이지는 않을 것이다. 이런 변화들은 '사회적 알파social alpha' 혹은 사람들이 보통 진보적이라고 지칭하는 것을 만들어낼 것이다.

수탁자의 신의성실의무

투자자가 ESG 요소에 가중치를 설정하는 정도는 궁극적으로 이것이 고객에게 신의성실의무fiduciary duty를 얼마나 온전하게 이행하느냐에 따라서 달라진다. 신의성실의무에서는 어떤 투자 대상 기업이 가진 목적의 선명함 그리고 이해관계자 가치와 주주 가치 사이의 신성한 우연의 일치에 대한 깊은 이해, 이 두 가지가 필수이다.

기업의 경영을 위탁받은 수탁자는 자신의 개인적인 이익이 아니라 신탁자의 이익을 위해서 행동해야 하며, 그와 관련해서 법률로 규정한 의무를 준수해야 한다. 예를 들어서 기업의 경영진은 기업의 수탁자이고, 앞에서 살펴보았듯이 기업의 이익을 극대화하는 방향으로 행동해야 한다. 그 방향이 주주 가치를 극대화하는 것이든 혹은 주주 가치를 다양한 이해관계자 집단들의 이해와 균형을 이루는 것이든 간에 말이다. 연기금부터 뮤추얼 펀드에 이르는 온갖 기관투자자들은 투자금과 투자운용을 위임한 사람들에게 신의성실의무를 다해야 한다. 그러므로 투자에 관한한 우리는 회사법에서 제기되는 것과 똑같은 딜레마에 빠진다. 신의성실 의무는 순전히 신탁자의 이익을 창출하는 데만 신경을 써야 하는 것인가, 아니면 그것 말고 달리 또 신경을 써야 할 것이 있는가?

확실히 사회적인 요소들이 기업의 미래 경제 성과에 직접적인 영향을 줄 때, 투자 결정 과정에서 이 요소들을 고려하는 것은 신의성실의무를 저버리는 것이 아니다. 사실 그런 고려를 하는 것이야말로 수탁자의 의무이다. 앞에서도 보았듯이, 이해관계자 가치를 개선할 때 극단적인 위험이나 꼬리위험이 줄어들고 주주 가치가 높아지는 일이 자주 일어난다는 증거는 점점 더 늘어나고 있다. 이것은 ESG 요소를 고려해야 할 영역이 엄청나게 넓다는 뜻이다. 실제로 유럽연합의 정책은, ESG 요소와 위험 및 수익 사이의 다면적인 관계를 고려하지 않을 때 신탁 책임의 위험이 나타날 수 있음을 강조한다.

이해관계자 가치와 주주 가치를 온전하게 일치시키는 것이 신의성실 의무를 다하는 유일한 해석이라는 주장은, 신탁자의 선호에 대한 몇몇 가정에 따라서 달라진다. 가장 좁은 해석은 이러한 선호가 오로지 재무적인 차원의 수익만을 위한 것이라는 해석이다. 그러나 수탁자의 역할이 신탁자의 이익을 좇아서 행동하는 것이라면, 이것은 단순히 신탁자의 금전적 이익만이 아니라 그들의 복지 전반을 극대화하는 것을 뜻한다. 투자 활동에서 모든 신탁자(수혜자)는 금전적인 이익을 추구한다. 그러나 이런 사실이 신탁자가 자신의 수익이 실현되는 방법에는 관심이 없다는 뜻은 아니다.

최근에 이루어진 여론조사나 규모가 가장 큰 자산관리사들을 대상으로 한 소비자 추세 관련 증거를 보면, 자본을 가진 사람들은 단순한 금전적 이익만이 아니라 그 이상을 신경 쓰면서 투자 결정이 ESG 요소를 고려해서 이루어지길 바란다.[10] 많은 예들 가운데 하나이지만, 영국의 영연방개발부Foreign Commonwealth & Development Office, FCDO가 진행했던 최근의 예금자 여론조사에 따르면, 예금자 절반 이상이 지금 당장이나 미래에 지속가능한 분야에 대한 투자에 관심을 가지고 있으며, 3분의 1 가까이는 자신이 소중하게 여기는 어떤 것이 개선될 수만 있다면 수익률이 상대적으로 낮더라도 거기에 기꺼이 투자하겠다고 했다.[11] 연기금 영역에서 우리는 이미, (놀랍게도!) 영국의 암 연구자들은 자신의 퇴직연금이 담배 회사에 투자되길 바라지 않으며 온타리오의 교사들은 자신의 돈이 미국에 있는 이민자 수용소에 투자되길 바라지 않음을 알고 있다.[12] 암을 유발하는 활동을 촉진하거나 이민자 신분이라는 이유로 어린이를 수용소에 가두는 일이 자신에게 금전적으로 이득이 된다고 하더라도, 사람들은 이런 이득은 누리지 않으려 한다는 말이다.

그러므로 자산을 신탁한 수혜자의 이익을 적절하게 고려해야 하는 수탁자의 신의성실의무는 단순한 재무적 차원의 고려에서 벗어나야 하며 투자 결정 시에는 ESG 요소를 고려해야 한다. 이런 고려가 명확한 원칙 아래에서 잘 규정된 틀을 기반으로 투명하게만 수행된다면, 수혜자들은 자신이 설정하는 우선순위를 가장 잘 대변하고 자신의 복지(즉 금전적인 이득 및 그 밖의 다른 이득)를 극대화해줄 가능성이 높은 투자관리자를 선택할 수 있다. 의무적인 연금제도와 같이 꼭 참여해야 하지만 운영에 대해서 직접적인 참여를 할 수 없는 경우라면, 수혜자는 자신의 이해관계에 부합하는 결정을 내리기 위해 사회적 책임을 다하겠다는 결의나 주요한 투자 결정에 자신의 의견을 투표로 표현할 수 있어야 한다.[13] 수혜자가 자신이 기꺼이 부담할 위험 수용범위를 구체적으로 명시할 수 있는 것과 마찬가지로, 비재무적 가치들을 우선시하고 싶다는 개인적인 바람의 수준 역시 구체적으로 명시할 수 있어야 한다.

정부는 투자자의 의무 범위를 명확히 하고 투자자와 수혜자 사이의 의사소통을 장려하는 역할을 한다. 이것은 지금 한층 체계화되고 있는데, 2021년부터 시행되는 유럽연합 규정은 금융 시장 참여자와 투자자문가에게 재무적인 성과를 평가할 때 지속가능성 위험을 고려할 것을 요구한다.[14] 또한, 그들에게 이런 고려사항을 의사결정 과정에 녹여내는 방법과 관련된 정보를 발표하도록 요구할 것이다.[15] 이렇게 이 새로운 규정은 투자관리자가 고객에 대한 신의성실의무를 어떻게 생각해야 할지 명확히 함으로써 구상하고, 장기적이고 지속가능한 가치 창출에 초점을 맞춘다.

이 새로운 유럽연합 규정은 수탁자의 신의성실의무에 대한 보다 포괄적인 관점을 향한 대담한 조치이다. 다른 국가들에서는 한층 작은 발걸음들이 이루어지고 있는데, 대부분은 의무 가입 규정 때문에 연기금 영역에서 나타난다. 예를 들어, 2016년부터 캐나다 온타리오주는 연기금이 "ESG의 요소가 제도의 투자 정책과 절차에 녹아들어 있는지 여부, 또 녹아들어 있다면 어떻게 녹아들어 있는지" 등을 명확하게 드러내는 투자 정책을 발표하도록 연기금 측에 요구해왔다.[16]

확정기여연금제도의 수탁자에 대한 영국 법률위원회의 지침은 다음 두 가지 조건이 충족될 때 수탁자가 비재무적 요소를 고려할 수 있다고 규정한다.[17] 첫째, 수탁자가 이 제도의 회원들이 공통적으로 어떤 점에 대해 우려한다고 판단할 충분한 이유가 있을 때이다. 이 경우에는 만장일치의 동의를 필요로 하는 것이 아니라, 해당 견해의 강도를 고려해서 이해관계의 균형이 필요하다. 예를 들어, 다수가 투자에 반대하고 나머지는 중립을 유지하는 경우만으로도 충분할 수 있다. 반면에 다수가 반대하지만 상당한 규모의 소수 집단이 강하게 찬성할 경우 수탁자는 재무적 요인에 집중할 것으로 예상된다. 둘째, 수탁자는 ESG 요소의 우선순위를 정할 때 상당한 수준의 재무적 손실을 입지 않도록 확실한 조치를 취해야 하며, 이것과 관련해서 전문적인 재무 자문을 받아야 한다.

이와는 다르게, 미국에서는 수탁자의 신의성실의무와 이 의무가 ESG 투자 전략과 맺는 관계를 놓고 세밀하게 검토해왔는데, 미국 노동부는 2020년에 여러 구체적인 조치를 취했다. 이 조치 가운데는 "어떤 연금 제도의 수탁자가 공공정책이나 정치적 또는 그 밖의 여러 비재무적 목표를 도모할 목적으로 수익을 희생하거나 추가 위험을 감수하는 것은 불법이다"라고 밝히는 것도 포함되었다.[18] 그러므로 이런 규정 아래에서 투자자의 이해관계는 철저하게 재무적인 차원에 초점이 맞춰질 수밖에 없다. 재무적인 차원에 초점을 맞추는 구체적인 대책으로는, 민간연금 관리자에게 ESG에 초점을 맞추는 투자를 함으로써 재무적 이익을 희생하지 않음을 입증할 것을 요구하는 새로운 규정을 마련할 계획이 포함된다. 또 어떤 경우에는 일부 자산관리자에게 재무 성과에 관계없이 5년 전에 이루어졌던 투자 의사결정에 찬성했던 근거를 묻기도 한다. 이런 식으로 추가되는 관리 부담 때문에 ESG 펀드나 투자가 경쟁우위를 놓칠 수 있다. 그런데 주주 가치 창출에서 ESG의 실적이 커지는 점을 감안할 때, 노동부 협의에 대한 응답자 가운데 95퍼센트라는 압도적인 다수가 이 정책에 반대한다는 사실은 놀라운 게 아니다.[19]

그렇다면 우리는 투자자들에 대한 수탁자의 현대적 신의성실의무를 어떻게 상상해볼 수 있을까? 유엔환경계획 금융이니셔티브UNEP FI는 수탁자에게 지워지는 전통적인 신의성실의무와 이것과 관련된 의무를 수혜자(신탁자) 이해관계의 중요성과 ESG 관련 가치를 동시에 고려하는 쪽으로 개혁할 것을 제안해왔다.[20] 이 개혁 조치에는 투자자가 신탁자의 지속가능성 선호를 이해하고, 이러한 이해 내용이 재무적으로 중요한지 여부에 관계없이 이것을 의사결정에 반영하는 책임을 지도록 충성의무를 확대하는 것이 포함된다. 한편 관리의무는 장기적인 가치를 식별하고 위험을 줄이는 ESG 요인의 역할을 인정하는 현대적인 개념으로 바뀌었다. 신중하게 행동하기 위해서 투자자는 자신에게 의무가 주어진 기간 동안 일관되게 재무적으로 중요한 ESG 요소를 투자 결정에 녹여내야 한다. 또한 투자자는 적극적인 소유자에 걸맞게 적극적인 자세를 가지고서 자신이 투자하는 기업에서 ESG 성과의 기준을 높이도록 장려해야 한다.

전반적으로 규제가 나아가는 방향은 일반적으로 이런 책임투자 형태이며, 이것은 20세기에서 21세기로 바뀐 뒤부터 책임투자와 관련된 규제와 정책이 가속되었다는 사실로 입증된다(〔도표 15-2〕 참조).

도표 15-2 • 책임투자 성장 추이

책임투자 정책 행동의 누적 횟수

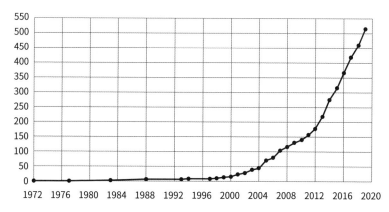

이런 진전에도 대부분의 나라에서는 법률을 현대적인 방향으로 유도하기 위해서 해야 할 일들이 여전히 많다. 투자관리자는 고객이 지속가능성을 얼마나 선호하는지 이해하려고 노력해야 하는 동시에 ESG 요소가 장기적인 가치와 위험에 어떤 영향을 주는지 파악하려고 노력해야 한다. 한편 투자자는 자신의 법률적 의무 범위 내에서 일해야 할 것이다. ESG 요소에 뒤따르는 부가가치에 대한 이해도가 높아짐에 따라서, 투자자가 즉각적인 눈앞의 재무 관련 지표만이 아니라 그 너머를 고려해야 하는 타당한 재무적 이유가 생긴다. 더욱이, 위에서 언급한 유망한 법률 개혁과 영국에서 진행되는 "소중한 내 돈Make My Money Matter, MMMM" 캠페인과 같은 (이 캠페인의 목적은 개인 투자자들이 자신의 의견을 다양하게 표현하도록 하자는 것이다) 최근의 계획들은, 재무적인 가치와 함께 고객의 가치관을 함께 고려함으로써 그들의 복지를 이해하고 극대화해야 하는 수탁자의 책임을 강조한다.

이해관계자 가치의 창조를 위한 투자 생태계 만들기

이해관계자 가치의 창조를 위한 투자 생태계는 복잡하며 빠르게 진화하고 있다. 그런데 그 결과로 혼란이 빚어질 수 있다. 이 생태계의 주요 참여자들과 그들이 필요로 하는 정보 그리고 그들이 취하는 행동을 명확히 하는 것이 도움이 된다. 주요 참여자들을 정리하면 다음과 같다.

- **기업**: 기업은 투자를 받아서 이 돈을 경제적 가치와 사회적 영향을 창조하는 데 투입한다. 사회적 영향은 의도적으로 유발되는 것일 수도 있고 의도하지 않을 것일 수도 있으며, 긍정적인 것일 수도

있고 부정적인 것일 수도 있다.

- **투자자:** 투자자는 기업에 자본을 투자해서 기업의 활동을 지원한다. 지금까지 보았듯이, 투자자는 ESG 요소를 고려하지 않는 전통적인 투자부터 ESG 요소를 체계적으로 고려하는 통합적인 임팩트 투자에 이르기까지 다양한 전략을 구사할 수 있다.
- **그 밖의 이해관계자들:** 이 범주에는 기업과 투자자의 행동에 영향을 받을 수 있는 기업의 직원, 협력업체, 고객, 공동체가 포함된다.
- **정부 및 감독 당국:** 이들은 투자 시스템을 감독하고 규정을 정하며 기업과 투자자의 행동으로 빚어진 시스템상의 결과를 처리하거나 바로잡는 일을 책임지고 수행한다.

이 참여자들로서는 기업이 끼치는 경제적·사회적 영향을 평가할 정보가 필요하다. 이 정보 가운데 일부는 기업이나 제3자 집단에게서 직접 나온다. 기업에서 나오는 정보, 즉 기업보고는 규제와 시장 관례의 지배를 받는다. 기업보고는 투자자를 포함한 이해관계자가 해당 기업의 성과를 이해하고 평가할 수 있는 수단이다. 재무보고는 20세기 100년에 걸쳐 상당한 수준으로 발전하였으며 (특히 과거에 나타났던 여러 차례의 위기를 겪으면서 배운 교훈 덕분이다) 금융 시장에 투명성과 책임성과 효율성을 가져다주는 국제적으로 공인된 회계와 공시기준에 따라서 오늘날의 형식이 완성되었다. 지속가능성 보고는 뒤에서 살펴볼 여러 가지 요인 때문에 한층 더 젊고 덜 성숙했으며 더 복잡하다.

정보가 공개되고 나면, 이것을 가지고 어떻게 할 것인가 하는 문제가 관건이다. 뒤에서 살펴보겠지만, 많은 투자자는 기업과 그 밖의 정보 원천에서 나오는 날것 그대로의 지속가능성 정보를 사용해 해당 기업의 영향을 직접 평가하지만, 어떤 투자자들은 제3자 ESG 등급 평가·제공업체에 의존해서 ESG 정보를 집계하고 해당 기업의 ESG 성과를 평가한다.

투자자는 제각기 다른 ESG 요인에 각기 다른 가중치를 부여한다. 이들은 또, 사회적 허가가 진화하는 기준 그리고 기업들이 시스템과 관련된 위험에 대해서 총체적으로 취하는 행동 등을 포함해서 사회적 추세를 평가할 것이다. 옳은 일을 하면 결과적으로 잘하게 된다는 '신성한 우연의 일치'를 추구하는 데서는 수익률 개선과 꼬리위험에 대한 노출 감소가 모두 대상에 포함된다. 이러한 위험들에는 기업의 사회적 허가가 발행되고 시스템적 충격에 대한 기업의 회복력을 개선하는 것이 포함될 수 있다. 다른 모든 시스템상의 위험과 마찬가지로 이런 위험들은 언제 새로운 팬데믹으로, 기후 민스키 모멘트로 또는 사회적 허가 철회와 같은 것으로 나타날지 명확하지 않다.

결정적으로 지속가능성 공시를 사용하는 사람들은 금융 부문 관계자들보다 한층 더 넓은 곳에 존재하며, 여기에는 기업이 발휘할 수 있는 영향력에 관심을 가진 모든 이해관계자 집단이 포함된다. 이 이해관계자들은 경제적 가치뿐 아니라 사회적 가치를 바라보며, 사회적인 여러 추세와 우선순위를 고려한다. 그 결과 이들은 장기적인 차원에서 기업의 재무적 가치에 충격을 주리라고 전망할 수 있는 것에 그치지 않도록 이보다 한층 더 폭넓은 정보의 조합을 원한다. 이런 사실은 ESG 보고가 기업이 사회에 지는 책임의 한 부분임을 다시금 상기시킨다.

이런 맥락에서 지금부터는 기업이 사회에 끼치는 영향을 파악하는 데 도움이 되는 정보 및 분석과 관련된 일련의 쟁점을 살펴보자.

정보와 공시

이해관계자 가치 창출을 위한 정보 조합은 세 가지 요소로 구성된다. 첫째가 전통적인 재무보고인데 이것은 지금까지 수십 년 동안 진화해왔다.

앞에서도 언급했듯이 재무보고는 상대적으로 성숙해 있으며, 또 민간 부문에 뿌리를 내리고 있고 공공기관의 감독을 받는 튼튼한 지배구조를 가진다. 전 세계적으로 인정받는 공인된 기업보고기준들이 마련되어 있고 [이 가운데 특히 주요한 회계기준위원회로는 IASB(국제회계기준위원회)와 FASB(미국회계기준위원회)가 있다] 또 공시를 감독하는 증권감독자들이 있다. 그리고 이 시스템에는 새로운 학습에 적응하는 형식적인 메커니즘들이 마련되어 있다. 이런 학습의 예로는 금융 위기에서 비롯된 학습이 있는데, 금융 위기는 새로운 기준을 채택하는 것으로 이어졌다. (그 새로운 기준으로는, 금융기관을 평가하기 위한 IAS39와 대출의 기대손실을 평가하기 위한 IAS9가 있다.)

둘째가 지속가능성 보고인데, 이것은 새로 나타난 것으로 지금 빠르게 진화하고 있다. 많은 상장기업은 현재, 의사결정 과정에서 유용하게 쓸 체계적인 지속가능성 정보에 대한 투자자와 사회의 요구에 부응해서 어떤 형태로든 간에 지속가능성 보고를 하고 있다. 이것과 함께, 지속가능성 공시에 대한 자발적인 기준을 정할 목적으로 (주로 지난 20년 동안) 많은 기관이 만들어졌다. 글로벌 보고 이니셔티브Global Reporting Initiative, GRI, 지속가능성 회계기준위원회Sustainability Accounting Standards Board, SASB, 기후변화 관련 재무정보 공개 협의체 등이 그렇다. 뒤에서 살펴보겠지만, 한 가지 문제가 있다. 모든 기업이 재무 공시를 하는 것처럼 지속가능성 공시가 일관되고 충실하게 이루어질 수 있도록 이러한 이니셔티브(운동)의 지침을 논리적으로 합리화하고 포괄적으로 적용할 수 있는 방법이 무엇이냐 하는 것이다. [도표 15-3]은 이런 기준들 사이의 관계를 나타낸다.

마지막 셋째가 소셜미디어에서 과학적인 분석 문헌에 이르는 풍부한 공공정보이다. 이것은 소셜미디어의 진화에 대한 대중의 기대와 지속가능성의 현재 상태, 그리고 이것의 진화에 대한 대중의 기대와 관련된 정

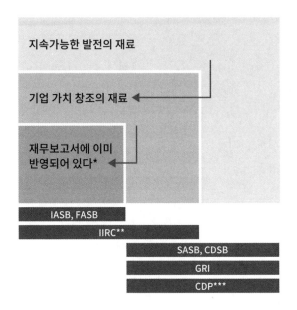

보를 두루두루 알려준다.

　모든 이해관계자가 직원, 협력업체, 고객, 지역 공동체, 규제기관, 정부, 금융기관 및 투자자에게서 나오는 지속가능성 정보를 이용하는 사용자이다. 이들의 관심사는 주제에 따라 다르고 시간이 지남에 따라 달라지겠지만, 모든 것이 다 중요하다. 투자자들은 어떤 지속가능성 요소가 기업의 장기적인 기업 가치 창출에 영향을 미치는지 판단할 것이다. 요컨대 경제적 자본의 창출을 결정하는 요인이 무엇인지 판단할 것이다. 다른 이해관계자들은 지속가능성 가치 창출에 더 큰 중점을 둘 것이다. 어떤 것은 경제적 자본을 창출하고 어떤 것은 사회적 자본을 창출할 테니까 말이다. 이해관계자들은 또한 여러 분야에 걸친 모든 기업이 지속가능성에 미치는 총체적인 영향을 고려할 것이다. 어쨌거나 전 세계라는 차원에

서는 외부성 ＊ '외부성'은 어떤 거래가 제3자의 경제적 복지후생에 영향을 미치는 현상을 뜻한다
이 존재하지 않으니까 말이다.

　이처럼 한층 더 폭넓은 고려가 필요하다는 사실은, 기업들이 보고할 필요가 있는 내용이 경제적 가치를 추동하는 지속가능성 요소들만이 아니라 그보다 한층 더 폭넓다는 뜻이다. 이 사실은 또한 기업은 사회적 허가의 요구사항이 어떻게 진화할 수 있는지 마음에 새겨야 함을 강조한다. 어떤 기업도 고립된 섬으로는 존재하지 않는다. 예를 들어서, 탄소예산이 책정되기 전에는 환경 관련 지속가능성 문제들은 기본적으로 에너지 기업과 매우 심각한 오염 발생원들만의 관심사였다. 그러나 탄소예산이 고갈될 위기를 맞고 있는 지금은 환경 관련 지속가능성의 문제는 모든 사람의 문제이다. '미래를 위한 금요일' ＊ 그레타 툰베리가 이끄는 기후변화 대응 환경단체에게는 이 문제가 생존이 걸린 위기이다. 기업보고의 경우에 이것은 역동적 중요성을 나타내는, 즉 기업이 거두는 성과와 관련해서 지속가능성 관련 쟁점들이 가지는 중요성이 어떻게 이동할 수 있는지 (때로는 어떻게 빠르게 이동할 수 있는지) 보여주는 하나의 사례이다.[21] (이 변화 내용은 〔도표 15-3〕에 화살표로 표시되어 있다.)

　지속가능성 보고의 거대한 혁신 기간에 이어서, 이제는 이러한 다양한 기준을 통합하고 논리적으로 다듬을 때이다. 이 작업을 추진하는 노력은 세 개 부문에서 이루어지고 있다. 민간 부문과 표준 설정자 부문 그리고 공공 부문이다.

　지속가능성 보고를 통합하려는 최초의 중요한 노력은 세계경제포럼의 국제비즈니스협의회IBC에서 나왔다. 전 세계를 통틀어서 가장 큰 대기업의 CEO 140명으로 구성된 IBC는 이해관계자 자본주의를 실천하려는 노력의 일환으로, 빅 포Big Four로 일컬어지는 회계법인 네 곳인 딜로이트Deloitte, 에른스트앤영EY, 프라이스워터하우스쿠퍼스PwC와 함께 기업

보고의 틀과 공시의 최소 요건을 개발하는 작업을 해왔다. 이 작업의 목표는 '사람, 지구, 번영, 그리고 거버넌스의 원칙들People, Planet, Prosperity and Principles of Governance'이라는 폭넓은 주제에 대한 유엔의 지속가능발전목표와 연동된 공통 지표 및 공시를 마련하는 것 그리고 이런 권고사항을 기업이 '공시 · 예외 설명disclose-or-explain' * 기본적으로 공시를 하되, 예외적으로 공시하지 않을 경우에는 그 이유를 이해관계자에게 설명하는 것 방식으로 채택하도록 하는 것이다. 합의되는 기준은 가능하면 기존 기준과 공시(예컨대 GRI, SASB, TCFD 등)에서 도출되며, 여기에는 핵심 지표와 확대 지표 모두가 포함된다. 각각을 설명하면 다음과 같다.

- **핵심 지표들**: 22개로 구성된 지표 및 보고 요건. 이것은 주로, 많은 기업이 이미 정보를 보고하고 있거나 합리적인 노력을 통해서 얻을 수 있는 계량적인 지표들이다. 이 지표는 기본적으로 조직 내부에서 이루어지는 활동에 초점을 맞춘다.
- **확대 지표들**: 핵심 지표에 추가되는 34개의 지표. 이것은 기존 관행과 기준에서 덜 확립된 경향이 있으며, 가치사슬 범위가 한층 더 넓거나 혹은 금전적인 조건에서처럼 한층 더 정교하거나 가시적인 방식으로 영향력을 행사한다. 이 지표는 지속가능한 가치 창출을 측정하고 전달하는 한층 더 발전된 방법을 나타내며, 기업은 중요하고 또 적절한 시점에 이 지표를 보고하도록 권장된다.

임팩트 관리 프로젝트IMP는 다양한 기후 보고 이니셔티브를 통해서 기준과 보고 틀을 조정하고, 경영진의 의견과 통합적인 보고를 사용하여 계정의 시작과 끝을 연결하는 통합적인 글로벌 지속가능성 보고 구조에 합의하는 어떤 견해를 도출한다.

구체적으로 IMP는 다음과 같이 제각기 다른 여러 층의 중요도를 수

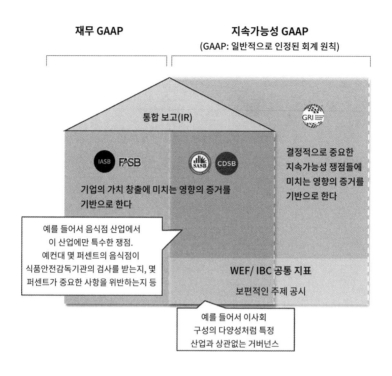

용하는 틀을 구축하고 있다.

- 재무 회계에 이미 반영되어 있는 것(IASB)
- 기업의 가치 창출에 중요한 정보(SASB/CDSB/IIRC)
- 지속가능한 발전에 중요한 정보(GRI)

〔도표 15-4〕는 이 셋 사이의 관계를 보여준다.

재무 회계와 지속가능성 공시는 통합적인 보고를 통해서 반드시 연결되어야 한다. 또 시간이 흐름에 따라서 위험들이 바뀌고 사회적 규범이 진화하고, 따라서 중요성 역시 시간이 흐름에 따라서 달라질 수 있음을 인정해야 한다. 통합적인 보고는 어떤 조직이 시간이 흐름에 따라서 자기가 생산하는 가치에 대해서 (이 가치에는 인적자본, 사회적 자본, 지적자본, 생산된 자본 그리고 한층 더 폭넓은 자연자본 등이 포함된다) 보고하기 위한, 원칙을 기반으로 한 틀로서 2013년에 만들어졌고, 지금은 수정 과정을 거치고 있다. 통합 보고는 조직의 전략, 거버넌스, 성과 그리고 전망이 외부 환경이라는 맥락 속에서 단기적, 중기적 그리고 장기적 가치 창출로 어떻게 이어지는지 드러낸다. IIRC(국제통합보고위원회)는 (IMP 작업을 통해) 일관성 있게 서로 연결되는 보고 시스템을 만들기 위해서 IASB, GRI, SASB와 협력한다. 그 의도는 이 통합적인 보고 틀이 임팩트 관리 제안Impact Management Proposal과 결합해서 재무 공시와 회계의 연결고리 역할을 하는 것과 동시에 기업 가치 창출을 위한 정보 자료 역할을 하게 하려는 것이다.

유럽연합은 여러 해 동안 비재무보고의 전위대 역할을 해왔는데, 이런 활동 가운데 특히 2014년의 비재무보고지침NFRD 발표를 주요하게 들 수 있다. 유럽연합 차원에서 심각한 기후변화에 대응하기 위해 마련한 정책인 유럽연합 그린 딜European Green Deal이 현재 NFRD를 검토하고 있으며, 유럽에서의 비재무보고의 비교 가능성과 신뢰성을 개선하기 위한 기준을 마련하기 위해 고심하고 있다. 이와 관련해서 적절한 과정을 통해서 최종적인 법률적 제안을 할 전망이다.

세계적인 차원에서 살펴보자. 미국 이외의 대부분 국가에서 기업공시 기준의 토대를 제시하는 국제회계기준재단IFRS Foundation은 많은 국가로부터 비재무보고를 맡아달라는 요청을 받았다. 이 재단은 탄탄한 보고기준 개발과 관련된 깊은 전문성과 광범위한 지리적 영향력 덕분에 이 역할을 맡을 최적임자이다. 이렇게 해서 이 재단은 현재 기후와 관련된 재무공시를 재무제표에 통합하는 방법과 비재무보고에서 글로벌 표준화를 마련할 방법을 연구하고 있다.

투자자는 자신이 설정한 목표를 달성하기 위해 몇 개의 전략을 구사한다. 예를 들면 ESG 요소에 대해서 동급 최고의 성과를 거둔 기업을 걸러서 취하는 전략이 있고, 반대로 성과가 나쁜 기업을 걸러서 버리는 전략이 있다. ESG 성과를 지속적으로 개선하는 기업에 투자하는 모멘텀 투자momentum investing* *일반적으로 장세가 상승할 때 매수하고 장세가 하락할 때 매도하는 추격매매 투자를 말한다 전략이 있다.

한층 더 깊은 분석을 하면, 기업의 경쟁우위 요소와 밀접한 관련이 있는 사회적 영향력(충격)을 포착하는 공유가치에 대한 체계적인 접근법들로 이어질 수 있다.

이러한 전략들 안에는 ESG 요소를 적용하는 세 가지 주요 접근법이 있다.

- **등급을 기반으로 하는 접근법**: ESG 성과에 대한 평가를 제3자 제공업체로부터 아웃소싱 방식으로 받는다.
- **본질적인 가치를 기반으로 하는 접근법**: 이 접근법에서는 ESG 관련 미가공 데이터를 분석한다. 이 접근법은 지속가능한 가치의 창조와 기업 가치 사이의 관계를 통합적으로 평가하는 것의 한 부분이다.
- **임팩트 평가를 하는 접근법**: 이 접근법은 재무적 이익과 함께 특정한 긍정적인 사회적 영향을 목표로 삼으면서도, 사회에 미치는 한층 더 넓은 영향을 측정하고 보고하는 방식이다.

등급을 기반으로 하는 접근법들

등급을 기반으로 하는 접근법에서는 투자자가 ESG 관련 평가를 ESG 데이터 제공업체에 위탁해서 처리를 맡기고, 이 업체는 자체 방법론들을 동원해서 모든 ESG 부문에 적용되는 주관적·객관적 데이터를 종합해서 등급을 매긴다. 이때 이 데이터는 공개적으로 제공되는 정보부터 시작해서 (여기에는 지속가능성 공시가 포함된다) 설문조사와 회사 인터뷰 그리고 경우에 따라서는 ESG 등급 제공업체의 자체 분석 결과와 종합적으로 합쳐진다.[22] 투자자는 이런 등급화 결과를 투자 의사결정을 내리는 과정에서 단순한 거름망으로 사용하기도 하고 주요한 변수로 활용하기도 한다.

ESG 등급과 데이터를 제공하는 업체들은 많이 있는데, 이들이 폭넓은 자료를 제공한다. 이 업체들은 특정 ESG 요소에 대한 수치를 계산하는 업체부터 수백 가지의 ESG 관련 지표를 바탕으로 기업을 평가하는 업체에 이르기까지 매우 다양하다. 2020년 초를 기준으로 할 때 약 70개 업체가 ESG 등급 및 관련 데이터를 제공하고 있다.[23] 고객 맞춤형 등급표를 만드는 데 사용되는 ESG 관련 연구조사를 수행하는 투자은행, 정부기관, 연구기관 등은 그 70개 업체에 포함되어 있지 않다.

ESG 투자가 늘어나는 데다가 패시브 투자passive investing * 시장의 평균수익률을 목표로 하는 수동적인 투자의 인기가 높아지면서, 체계적인 ESG 등급 데이터의 품질과 가용성이 과거 그 어느 때보다도 중요해졌다. 그런데 안타깝게도 ESG 등급 데이터는, 데이터의 범위가 불완전하고 해당 기업의 자체 보고에 의존해야 하므로, 공급이 부족할 수 있다. 또한 ESG 데이터 공급 업체들이 사용하는 방법이 매우 다양하다 보니, 포트폴리오 구성 결과가 애초의 의도나 기대와 다르게 나타날 수 있다. 심지어 ESG 내에서도 모든 요소가 동일하게 생성되지 않는다. 최근에 모건스탠리 캐피털 인터내셔널이 2006년 12월부터 2019년 12월까지의 기간을 놓고 E(환경), S(사회), G(거버넌스)의 각 요소가 기업의 재무적 특성과 주가 성과에 미치는 영향을 분석했다. 그런데 분석 결과를 보면, 재무 요소들에 대한 노출 측정에서 G점수가 관련성이 가장 높은 반면에 S점수는 관련성이 가장 약했다.

데이터 공급업체가 제공하는 등급 시스템이 제각각이라서, 같은 기업에 대한 평가 등급도 평가업체에 따라서 크게 다를 수 있다. 예를 들어서, 2020년 연구에 따르면 6개 등급 제공업체의 전체 ESG 등급 간 상관성이 약 0.46인데, 이것은 어떤 업체가 다른 업체와 동일한 평가를 내리는 경우가 약 절반밖에 되지 않는다는 말이다.[24] 평균적인 상관성은 거버넌스가 0.19로 가장 낮고, 환경이 0.43으로 가장 높다. 상대적으로 수익성이 높은 기업은 ESG 등급 불일치 정도가 상대적으로 낮은 반면에, 신용등급이 없는 기업은 불일치 정도가 상대적으로 높다. 2019년 연구에 따르면, 같은 기간을 대상으로 한 특정 기업의 ESG 불일치 정도가 높아졌다.[25] 또 방법론적인 차원에서, 이러한 불일치는 주로 측정 방식의 차이 때문에 (제각기 다른 ESG 속성을 평가하는 데 어떤 지표를 사용하느냐에 따라서) 나타나며, 그다음으로 범위의 차이에 따라서 (어떤 속성을 평가하느냐에 따라서) 달라지고, 마지막으로는 가중치에 의해서 (평가해서 등급을 매기고 이 정보를 제공하는 업체들이 각자 자기 나름대로 중요하다고 여기는 요소를 다르게 바라봄에 따라서) 결정된다는 사실을 2020년에 MIT의 연구자들이 확인했다.[26]

원인이 무엇이든 간에 이런 차이들은 중요하다. 기업의 등급을 평가하는 업체가 워낙 많고 ESG 접근법이 워낙 다양하다는 점을 감안할 때, 업체들마다 내놓는 결과는 얼마든지 다를 수 있다. 몇몇 경우에는 그 차이가 엄청나게 크다. 이것은 ESG 접근 방식에 따라서 ESG 투자 수익이 결과적으로는 매우 다르게 나타날 수 있다는 뜻이다. 이런 결과가 빚어지는 것은 투자자들이 서로 다른 ESG 결과들을, 즉 궁극적으로는 서로 다른 가치관을 가지며 또 지지하기 때문이다.

투자 전략을 설계하는 리서치 어필리에이츠Research Affiliates가 선도적인 등급 제공업체 두 곳을 이용해서 미국과 유럽의 두 가지 모델 포트폴리오를 분석했다. 이 분석에서는 각각의 포트폴리오 시가총액 가운데서 95퍼센트 이상을 분석 대상으로 삼았다. 8년이라는 기간에 걸친 두 가지 포트폴리오의 연간 성과 차이는 유럽 모델이 0.7퍼센트였고 미국 모델이 1.3퍼센트였다. 전체 기간에 걸친 누적 성과 차이는 각각 약 10퍼센트와 25퍼센트였다. 성과의 분산은 환경과 사회와 거버넌스라는 하위 구성요소의 점수를 사용해서 구축한 포트폴리오들에서 한층 더 크게 나타나서 연간 0.7~2.2퍼센트의 차이를 보였으며, 그 가운데서도 가장 큰 분산은 미국과 유럽연합에서 모두 거버넌스를 기반으로 하는 전략에서 나왔다.

차이가 이렇게나 드러난다는 사실은 ESG 등급 제공업체들이 내리는 많은 판단이 매우 주관적임을 뜻한다. ESG 등급은 수백 가지 지표를 고려하는데, 이 가운데 많은 것들은 본질적으로 양적인 것이 아니라 질적인 것이다. ESG 등급 제공업체들마다 서로 다른 지표를 사용하고, 질적인 지표를 자기만의 알고리즘을 기반으로 해서 계량적인 수치로 전환하며, 각자 자기가 중요하다고 여기는 것에 상대적으로 높은 가중치를 매긴다. 즉 ESG 등급을 평가하고 제공하는 모든 업체가 자기만의 가치관을 기반으로 해서 가치판단을 한다는 말이다.

이런 사실은 우리가 소중히 여기는 결과의 가치를 평가하는 일이 언제나 단선적으로 이어지는 것처럼 간단하지 않음을 보여준다. 이 능력은 시간과 노력에 비례해서 향상되는 게 당연하겠지만, 그러나 언제나 주관적인 요소가 있게 마련이다. 중요한 사실은, 그러한 판단에 투자자 본인의 판단이 개입한다는 점이다. (타인의 판단을 받아들이는 것도 당사자의 의식적인 결정을 통해서 이루어진다.) 따라서 투자자는 다양한 ESG 등급 제공자들의 여러 방법론을 신중하게 연구해서, ESG에 대한 투자자 자신의 관점과 가장 일치하는 관점을 가진 업체를 선택해야 한다. 그렇게 하지 않겠다면, 의사결정에 가장 유용한 지표들을 자신이 직접 선정하고 미가공 데이터를 선별해서 판단해야 한다.

어떤 일에 가치관을 부여하는 것이 어렵긴 해도 긍정적인 미덕을 연마할 때와 마찬가지로 꾸준하게 연습하면 한결 쉬워지게 마련이다.

본질적이고 지속가능한 가치

이 접근법은 광범위한 기준에 걸쳐서 ESG의 미가공 데이터 또는 기본 데이터를 사용하는 투자자가 구사하는 전략의 핵심이다. 이 데이터는 일반적으로 공개적으로 이용 가능한 정보(기업이 발표한 문건, 기업의 웹사이트, NGO, 소셜미디어 등을 통해서 입수하는 정보)를 통해서 수집된 다음에, 일반사용자에게 체계적인 방식으로 배포된다. 이 데이터의 사용자들은 투자나 대출에 대한 의사결정을 할 때 해당 정보의 중요성을 판정한 다음에 자신만의 방법론을 동원한다. 이런 식으로 데이터를 제공하는 업체들로는 IHS 마킷IHS Markit, 레피니티브Refinitiv, 블룸버그Bloomberg 등이 있다.

본질적이고 지속가능한 가치 투자의 한 가지 중요한 부분집합은 '공유가치' 접근법이다. 이것은 어떤 회사의 목적과 전략에 특화된 한층 더 폭넓은 ESG 요소들의 부분집합에 초점을 맞추는 접근법이다. 마이클 포터와 조지 세라핌 등이 주장하듯이, 공유가치를 창조한다는 것은 "주어진 어떤 산업 내에서 시간이 흐름에 따라서 수렴하는 경향이 있다." 이것은 그들이 주장하는 광범위한 ESG 요소를 점진적인 개선을 쌓아나가는 것 (이것 역시 사회에 유익한 결과를 가져다준다는 것을 잊으면 안 된다!)과는 본질적으로 구분된다.

공유가치 기업들은 경쟁자들과는 다른 선택들의 조합을 가지고서, 뚜렷한 사회적 충격을 자기의 사업 모델 속에 구축한다. 공유가치는 서로가 서로를 강화하는 다음 세 가지 차원에서 전략에 영향을 줄 수 있다. ① 새롭게 제기되는 사회적 요구를 해결하거나 현재 서비스되지 않는 고객 부문에서 시장을 창출하는 새로운 제품 만들기. ② 새로운 효율성을 찾거나 직원 및 협력업체의 생산성을 높임으로써 가치사슬에서의 생산성을 높이기. ③ 사업 환경 또는 자기가 속한 산업군을 개선하는 데 투자하기.[27] 많은 투자자가 기계적인 지수 전략을 채택하거나 혹은 어떤 기업의 전반적인 ESG 성과를 위험을 줄이기 위한 최종적인 판단 근거로 사용하는, 등급을 기반으로 하는 접근법과의 차이를 확실하게 알아둘 필요가 있다.

투자에 대한 공유가치 접근법은 기업과 투자자 양측이 모두 사회적 목적을 투자의 방향과 일치시킬 기회를 포착하도록 돕는다. 즉 기업이 주주의 수익을 개선할 뿐 아니라 보다 더 나은 세상을 만드는 데 기여할 어떤 집중적인 방법을 제공한다. 그러나 이것은 가치와 가치관의 균형을 재조정하는 포괄적인 접근법은 아니다. 그래서 기업의 미래 성과에는 그다지 큰 영향을 주지 않는 광범위한 지속가능성 개선 작업은 말할 것도 없고, 특정 기업의 성과에는 기여하지 않지만 한층 더 폭넓은 사회적·경제적 발전에 기여하는 ESG의 전반적인 개선을 과소평가하게 될 위험을 안고 있다. 게다가 이 접근법은 시장에서 가격이 매겨지지 않는 한층 더 광범위한 환경적·사회적 진보를 명시적으로 배척할 수도 있다.

이런 여러 가지 이유 때문에, 구체적인 것과 일반적인 것을 동시에 바라보는 임팩트 투자 접근법이 중장기적으로는 경제적·사회적 가치를 창조하는 데 한층 더 효과적일 수 있다. 과거에는 중요하지 않았지만 급속도로 중요하게 인식되는 사회적 요소 목록이 늘어나고 있다. (다양성과 포용성을 높이기 위한 기업의 노력과 관련된 조사가 현재 얼마나 집중적으로 이루어지고 있는지 생각해보라.) 투자자에게는 특정 기업의 상대적 성과보다 절대적 성과에 더 큰 영향을 미칠 체계적인 위험들을 평가하고 관리할 책임이 있다. 이런 맥락에서 포터 등은 ESG에 한층 더 폭넓은 초점을 맞출 때 해당 업계뿐 아니라 경제 전반의 성과가 개선될 수 있다고 바라본다.

감독기관들과 NGO들 그리고 지속가능성을 지향하는 투자자들은 물론 앞으로도 계속해서 전반적인 ESG 성과에 초점을 맞출 것이다. 기업들은 한층 더 폭넓은 ESG 요소들 전반에 걸친 자기의 성과를 개선하고 보고할 필요가 있다. 설령 그런 ESG 요소들 대부분이 지속가능한 경쟁우위를 보장하지 않는다고 하더라도 말이다.

가치와 가치관 사이의 연결성에 대한 기업과 투자자의 이해가 진화함에 따라서, 통합적인 보고는 기업이 자기가 설정한 목적과 가치 창조의 추동력이라고 생각하는 것을 강조하고 이해관계자들과 소통할 수 있는 어떤 틀을 제공한다.

제각기 다른 투자자들과 이해관계자들의 이해관계가 상충한다고 볼 수도 있는 것들이 많아지는 상황에서 데이터 원천들이 늘어나고 (정보는 해당 기업이라는 차원을 훌쩍 넘어서서 수집된다) 새로운 분석적 접근법들이 늘어남에 따라서, 기업의 성과를 둘러싸고 여러 개의 서사(내러티브)가 경쟁을 벌이는 지형이 형성되었다. 기업들은 자기만의 가치 창조 '이야기'를 하기에 여전히 가장 적합하다. 역사적으로 기업은 그 이야기를 다양한 통로를 통해서 다양한 청자 집단들에게 전달했다. 그런데 이 이야기는 기껏해야 파편적인 메시지들에 그쳤고, 심지어 서로 상충하는 메시지들이 되기도 했다. 그래서 정보를 이용하는 다양한 계층의 사용자들로서는 그 모든 메시지를 통합하기 어려웠다. 그래서 결국 지속가능성 보고는 가치를 창조하기보다는 홍보하기에만 치중한다는 여론이 형성되는 결과가 빚어졌다.

광범위한 기업보고 정보를 사용하는 사람들에게 기업이 동일한 양식의 '통합적인' 틀을 제공할 때, 자기의 사업 전략이 재무적인 고려사항과 지속가능성 고려사항에 의해서 어떻게 추진되는지 알릴 수 있다. 더 나아가 기업이 그 전략을 실행하기 위한 다양한 기능들이 어떻게 작동하는지도 이해관계자들에게 알릴 수 있다. 그리고 이제 임팩트 투자가 증가함에 따라서, 기업의 통합적인 보고는 진화하는 임팩트의 측정과 임팩트와 관련된 고려사항을 수용할 개념적 틀을 제공한다.

임팩트와 금전화 그리고 가치

임팩트 투자 전략은 단순히 ESG 고려사항들을 통합하는 것만이 아니라 그 이상이다. 이 전략은 결과지향적이며 기업의 제품과 서비스가 지속가능발전목표와 같은 특정한 임팩트 목표를 진전시키는 방법에 초점을 맞춘다. 이렇게 함으로써 임팩트 투자는 기업의 목표(기업이 성취하려고 하는 것, 기업의 성공을 판정하는 방식과 기준 등)에 집중하며, 아울러 사회에 미치는 한층 더 광범위한 충격에 초점을 맞춘다.

임팩트 전략은 재무적인 차원의 수익과 함께 긍정적이고 측정 가능한 사회적·환경적 영향을 창출하기 위한 목적으로 하는 투자이다. 임팩트 전략은 재무적 수익과 사회적 수익 사이의 연속성을 따라서 '이중적 수익'을 관리한다. 임팩트 관리자들 가운데 일부는 후자를 추구하려고 전자의 일부를 포기하지만, 다른 많은 사람은 사회적 기여와 재무적 성과를 동시에 추구한다.

임팩트 전략은 기업의 관리자가 사회적 임팩트(영향·충격)를 평가하고 추적하고 전달할 방법을 가지는 것을 전제로 한다. 유엔의 지속가능발전목표의 발전이 임팩트 목표의 정착을 위한 틀을 제공하는 반면에, 기업의 관리자는 추가적인 질적 방법·양적 방법 및 틀을 사용하여 투자가 창출하는 사회적·환경적 편익을 추적하고 보고한다. 그리고 현재 임팩트를 관리하는 관행들을 위한 산업표준 방안들이 나타나고 있다. 예를 들면 국제금융공사IFC의 운영 원칙Operating Principles, 임팩트 관리 프로젝트의 디멘션 오프 임팩트Dimensions of Impact, 글로벌 임팩트 투자 네트워크GIIN의 IRIS＋ 등이 그런 실천 방안들이다. 정교한 많은 대형 투자자들은 이런 여러 표준을 사용해서 임팩트를 측정하고 관리하는 여러 개의 틀을 하나로 통합한다.

이와 동시에 기업의 지속가능성 보고나 임팩트 실천 보고에 (포괄성의 다양한 수준을 명시하는) 임팩트 평가를 포함하는 기업이 늘어나고 있다. 예를 들어 PwC는 FTSE 100대 기업 가운데 3분의 1 가깝게 그렇게 한다는 사실을 확인했다.[28] 글로벌 보고 이니셔티브Global Reporting Initiative, GRI, 임팩트 가중회계 이니셔티브Impact Weighted Accounts Initiative, 지속가능발전목표 임팩트SDG Impact, 사회적 가치 인터내셔널Social Value International, 가치균형동맹Value Balance Alliance 등과 같은 많은 조직이 임팩트 공시 기준을 마련하려고 노력하는데, 이 기준이 마련되면 보고서 작성이 간소해지고 대상 기업들을 비교하기가 한결 쉬워질 것이다. 기업이 가져다줄 ESG 임팩트 추정치를 곁들이는 포괄적인 임팩트 회계 기준을 개발하려는 한층 더 야심적인 노력이, 기업의 손익계산서와 대차대조표에 녹아들어야 한다. 이런 일이야말로 재무 분야에서의 획기적인 사건이라고 할 수 있다.

임팩트 전략들 가운데 몇몇은 ESG 임팩트를 금전적인 가치로 전환하는 분석적 과정인 임팩트 금전화impact monetisation에 크게 의존한다. 임팩트 금전화는 재무적 수익과 함께 매력적인 특성에 대한 복합적 평가의 일환으로, 특정 투자에 적용될 수 있다. 아울러, 이것이 임팩트 가중치 계정을 개발하는 야심적인 노력에도 적용될 수 있음은 말할 것도 없다.

금전화는 어떤 기업의 긍정적인 영향(임팩트)과 부정적인 영향을 계량화한다. 이 계량화 대상에는 그 영향이 빚어내는 외부성도 포함된다. 이 금전화는 시장에 존재하지 않는 그 영향들에 가격을 매긴다. 이런 추정치가 투자 관련 의사결정에 어느 정도나 영향을 줄지는 그 영향들의 특성과 강도에 대한 투자자의 온전한 이해에 따라서 좌우된다. 어쨌거나 이임팩트 평가들은 객관적이고 주관적인 정보들의 조합을 토대로 계산되고, 이 계산은 기본적으로 계산 주체의 판단과 가치관에 크게 의존한다.

때로 금전화 계산은 너무도 간단하고 쉽다. 태양광 기업의 재무적 임팩트는 태양광 패널 가격에서 생산 비용을 뺀 값이다. 이것이 발휘하는 광범위한 사회적 임팩트는 해당 임팩트(예를 들어서 주택에 설치된 태양광 어레이. 어레이는 일반 주택에 설치된 패널 집단을 가리킨다)의 폭을 이 임팩트의 깊이(예를 들어서 각각의 어레이는 이산화탄소 배출량을 연간 약 12톤 줄여준다)로 곱하고, 그런 다음에 다시 여기에 가치 변수(예를 들어서 이산화탄소 1톤 가격은 17달러이다)를 곱한다. 이렇게 해서 나온 값이 이 활동에 따르는 사회적 임팩트의 금전적인 가치이다.

이것은 다시 위험을 모델링하는 데나 다양한 가정들에 대한 민감도를 테스트하는 데 사용될 수 있고, 그리고 다른 사업으로서나 재무적인 측정치로서 분석될 수도 있다. 방금 들었던 예를 들어서 설명하면, 투자자들은 탄소 가격이 오를 것이라고 생각하기 때문에 (이런 추세는 정부가 발표한 정책 방향과 일치한다) 혹은 탄소중립 경제로의 전환으로 나아가는 길에서는 반드시 탄소 가격이 올라야 한다고 생각하기 때문에 (이것은 일종의 가치판단이다) 이산화탄소 회피를 더 높은 가치 변수로 설정할 수 있다. (예를 들어서 전 세계 80개 중앙은행의 협의기구인 녹색금융협의체NGFS의 예측 시나리오에서는 2030년까지 이산화탄소 1톤당 100달러 가격 기준을 사용하는 반면에, 캐나다는 그때까지 1톤당 170달러 기준을 사용한다.) 여기에서 깊이와 폭이라는 변수는 기업이 거두는 성공에 따라 결정되는 객관적 변수이며, 가치 변수는 객관적인 것(현재 가격)이 될 수도 있고 또는 주관적인 것(투자자가 생각하기에 될 수 있거나, 마땅히 그렇게 되어야 하는 것)이 될 수도 있다. 가치 변수는 투자자가 가지는 가치관에 따라서 평가가 달라지고, 그에 따라서 행동도 달라질 것이다.

임팩트를 측정하는 것과 관련된 가장 야심적인 접근법에는 포괄적이고 강력한 임팩트 회계 기준을 개발하는 것이 포함된다. 비록 시간이야 걸리더라도, 이것은 사회적·환경적 결과의 금전화에 따르는 장점과 잠재적 한계를 조명하기 때문에 충분히 고려할 가치가 있다.

조지 세라핌이 주도하고 로널드 코언이 위원장직을 맡고 있는 하버드대학교 비즈니스스쿨의 프로젝트 사업인 임팩트 가중회계 이니셔티브IWAI의 잠재력은 다음과 같은 사례들을 통해서 드러난다.

1,800개 기업에서 발생한 총 환경 비용을 놓고 비교해볼까요? 예를 들어, 각각 연 120억 달러의 매출을 올리는 두 화학 회사인 사솔Sasol과 솔베이Solvay를 놓고 봅시다. 이 두 회사는 연간 170억 달러와 40억 달러의 환경 피해를 각각 발생시킨 반면, 또 다른 화학 회사인 바스프BASF는 연 700억 달러의 매출을 올리면서 70억 달러를 환경 피해를 발생시켰습니다. 노동자의 다양성이 부족하다는 사실에서 비롯되는 사회적 비용에 대해서도 똑같은 접근을 해보면 어떻게 될까요? 인텔을 예로 놓고 봅시다. 인텔은 해마다 5만 명의 미국 직원에게 70억 달러 이상의 급여를 지급하고, 또 직원 복지와 다양성을 개선하고 있습니다. 그러나 인텔이라는 기업이 근거를 두는 해당 지역의 인구통계적 특성을 기준으로 하는 인텔 직원의 상대적 다양성 측정치를 보면, 인텔이 지역 공동체에 미치는 고용의 긍정적인 영향은 70억 달러가 아니라 약 25억 달러로 떨어진다는 사실을 확인할 수 있습니다.[29]

하버드대학교의 임팩트 회계 프로젝트Impact Accounting Project, IAP는 일반에 공개된 정보를 바탕으로 해서 1,800개가 넘는 기업이 환경에 미치는 영향의 추정치를 발표해오고 있다. 그런데 2021년에는 이 기관이 고용과 제품에 미치는 영향까지 보태서, 기업들에서 비롯되는 임팩트에 대한 보다 완전한 그림을 제공할 전망이다. ＊자세한 사항은 하버드대학교의 다음 웹페이지를 참조하라. https://www.hbs.edu/impact-weighted-accounts/Pages/default.aspx 이런 노력이 추구하는 궁극적인 목적은 '일반적으로 수용되는 임팩트 원칙'

을 만들고, 이것을 임팩트 가중치 수익impact-weighted profit을 보여주는 재무 계정에 반영하는 것이다.

임팩트 회계를 지지하는 사람들은 가장 좋은 것이 좋은 것의 적이 되지 않도록 조심하라고 경고한다. 어쨌거나 와이 애널리틱스Y Analytics의 그레그 피셔가 했던 말처럼, 재무회계 기준은 계속 발전하고 있으며, 재무제표에 대한 주석들은 손익계산서와 대차대조표와 현금흐름표의 기초가 되는 필수적인 세부사항을 무수하게 많이 또 미묘한 차이까지 드러내 보이며 제공한다. 그는 임팩트 회계에 접근할 때도 이것처럼 정교하게 해야 한다고 말하며 다음과 같은 말도 덧붙였다. "우리가 완전히 인증된 세계에서 살고 있을지도 모른다는 그 어떤 환상도 우리는 버려야 한다. 우리는 미래지향적인 회계 속에서 이런 사실을 이미 잘 알고 있다."[30]

이런 노력들에 대해서는 칭찬할 점이 많다. 왜냐하면 특히나 임팩트 가중치 계정을 개발하는 데 필요한 분석적 엄격성 덕분에, 사회적 임팩트와 환경적 임팩트에 대한 우리의 이해가 향상될 것임이 분명하기 때문이다. 그러나 특별히 조심하게 접근해야 할 어려운 과제도 많이 있다. 특히, 세속적 수치와 신성한 수치가 하나로 혼합되어 최적화된 '하나의 진정한 숫자', 즉 달러화 수치를 산출하기 위해서 재무적·사회적 가치관을 추가하게 될 위험이 존재한다.

시장에서 가격이 책정되지 않은 활동의 가치를 평가하는 데 따르는 핵심적인 어려움들은 (독자에게는) 익숙한 과제이다. 그러나 결코 쉽지 않은 과제이다. 화석연료로 생산되는 전기를 대체함으로써 발생하는 사망률 감소 효과의 가치는 얼마일까? 아마존 열대우림을 유지하는 것을 가치로 따지면 얼마일까? 아니면, 도롱뇽이라는 종이 멸종하지 않도록 보존하는 것을 가치로 따지면 얼마일까? 코로나를 둘러싸고 나타났던 의사결정에서 확인했듯이, 이런 계산을 하는 방법과 관련된 선택지들에는 현시선호가 포함된다.[31] (현시선호는, 예를 들어서 공기청정기 또는 측면 에어백에 지불하는 금액 등과 같은 관련 거래의 실제 사례를 사용해서 시장의 기본 상품, 즉 예컨대 '깨끗한 공기' 또는 '부상 가능성 감소'의 가치를 추론하는 방법이다.) 현시선호의 대안은 진술선호인데, 이때의 선호도는 개인에게 재화를 어떻게 평가하는지 물어보는 것으로써 계산한다. **현시선호 방법론 및 진술선호 방법론에 대해서는 번역 본문 329~330쪽을 참조하라** 코로나 위기에서 드러났듯이, 이 방법론은 사망률과 같은 결과가 담고 있는 '온전한 전체' 가치를 포착하지 못하는 경우가 많다. 그런데 이런 어려움들은 시장이 불완전할 때 강화된다. 이때는 관찰된 행동이 예컨대 생물 다양성의 가치를 포착하지 못하고, 혹은 심지어 교육의 가치조차 포착하지 못한다. 그러면 결국 빈곤이나 신용시장 붕괴는 해당 행동을 하기 위해서 우리가 기꺼이 지불할 수 있는 능력을 잘못 판단하도록 유도한다.[32]

사회적·환경적 결과를 금전적인 가치를 전환하는 데는 적절한 연구조사와 증거를 포괄적으로 이해하는 것이 전제된다. 예를 들어서, 앞서 9장에서 코로나 위기와 관련해서 살펴보았던 질보정수명QALY이나 소득의 한계효용 감소의 다양한 추정치들에 대한 다양한 계산 역시, 화석연료를 재생가능 전력으로 전환하는 것의 임팩트 가치를 계산하는 데 필요하다. 이러한 추정치에 반영되는 가정들의 다양성과 관련된 불확실성을 감안한다면, 적용 가능한 전체 범위를 계산하고 어떤 가정이나 판단이 특별하게 중요한지 강조하는 것이 종종 더 낫다. 실제로 금전화 접근법들과 관련된 중요한 위험 중 하나는, 이 접근법을 사용하는 사람들이 여태까지 사용되어왔던 정교한 가정들을 잊어버리고 불확실성의 위험을 무시하며 잘못된 정밀도로 허세나 사치를 부리는 것이다.

범위와 민감도를 검토한 다음에 여러 가정을 논의하는 것이 특정한 임팩트에 대해서는 효과적일 수 있다. 그러나 순자산 평가를 결정하는 일련의 입력물에 대한 일련의 범위가 있을 때는 일이 빠르게 복잡해진다. 긍정적 영향(임팩트)과 부정적 영향을 하나의 숫자로 통합할 때는 얻는 것과 포기하는 것의 균형과 그것들을 준비하는 과정에서 동원되었던 여러 가정이 희미해질 수 있다. 와이 애널리틱스의 피셔가 말했듯이 임팩트 측정에서 일련의 트레이드 오프를 '하나의 진정한 숫자'로 축소해버릴 경우, 이것은 미묘한 차이를 간과하는 것이 아니라 아예 없애버리는 게 될 수도 있다.

금전화가 무분별하게 사용될 때는 대상이 선명해지는 게 아니라 오히려 흐려질 수 있다. 그러나 정확하게 사용되기만 하면, 우리는 가치관을 분명하게 드러낼 수 있다. 그리하여 포기하는 것과 얻는 것의 균형을 분명히 하며, 부정적인 임팩트 및 분배와 관련된 쟁점들을 강조할 수 있다. 또한 위험과 불확실성과 미래의 비용 및 편익을 현재와 비교해서 평가할 수 있다. 궁극적으로 금전화는 기업과 투자자로 하여금 임팩트와 관련한 의사결정을 조금이라도 더 정확하게 내리게 하고, 이 의사결정의 근거를 이해관계자 집단들에게 효과적으로 전달할 수 있게 해준다.

요약하자면, 금전화는 가격이라는 동일한 잣대로 어떤 것들의 가치를 평가할 수 있게 해준다. 그러나 이런 매력에도 불구하고 금전화에는 불확실성과 씨름해야 할 필요성, 잘못된 정확성의 위험, 서로 다른 부문이나 지역에 걸친 임팩트를 비교하는 어려움, 그리고 '아이가 건강하게 자라주는 것'처럼 기본적으로 금전적으로 평가할 수 없는 것들을 금전적으로 평가해야 하는 어려움 등이 놓여 있다. 물론, 금전화 자체가 이러한 문제들을 일으키지는 않는다. 금전화를 올바르게 사용하면 투명성이 향상되고, 이를 통해 임팩트와 관련해서 한층 더 나은 의사결정을 내릴 수 있다. 그러나 금전화를 한층 더 광범위하게 적용할수록 (예컨대 임팩트 가중치 계정을 전면적으로 도입할 때) 금전화는 대상을 환하게 밝히기보다는 오히려 모호하게 만들어버릴 수 있다는 것이 금전화가 안고 있는 위험이다.

비시장 결과를 금전적인 가치로 전환하는 과정에는 필연적으로 주관적인 판단이 개입한다. 그 판단에 합리적인 사람들은 동의하지 않을 수 있으며, 이해관계자들마다 결과를 다르게 평가할 것이다. 세속적인 것(경제적 가치 또는 수익)과 신성한 것(생물종 또는 인간의 삶)을 포함하는, 포기하는 것과 얻는 것의 균형을 조사할 때 금전화는 특히 더 어렵다. 금전화는 개별적인 대상에 내포된 이런 차이들을 투명하게 하고, 의사결정과 비교 가능성 그리고 책임성이 작동하도록 만들어주는 매개물을 제공한다는 장점을 가진다. 그러나 겉으로 보기에는 더할 나위 없이 정확해 보이지만 매우 주관적일 수밖에 없는 수치적 판단이 많이 결합하면 할수록, 미묘한 차이와 민감성이 유실될 위험은 그만큼 더 커지고 금전적인 차원의 최적화가 지상 최고의 선으로 군림하게 될 수 있다.

이런 어려운 과제들을 감안한다면, 아동 빈곤 감소 또는 기후변화 해결과 같이 특정한 임팩트를 달성하기 위해 설계된 포트폴리오 전반에 걸쳐서, 특정 투자에 대한 금전화를 맞춤식으로 조정하거나 혹은 투명하게 공개되는 일관된 가정들을 사용할 수 있다는 강점은 분명 존재한다. 많은 경우에 이러한 결과들은, (결국에는 내재적인 속성상 지지해야 하는 가치관을 부식시킬 수도 있는) '달러'로 인위적으로 환산되지 않고서도, 추구하는 정확한 목표와 관련된 측정지표로 더 잘 측정할 수 있다.

주요한 새로운 자산군으로서의 탄소중립 전환

12장에서 보았듯이, 기후변화 문제를 해결하는 가장 유망한 접근법에는 공학 기술과 정치 기술 그리고 금융 기술에서의 변화가 포함된다. 넓은 의미에서, 기후변화 문제 해결에 필요한 공학 기술들은 이미 존재하고 있거나 혹은 새롭게 나타나는 중이다. 기존 기술들만으로도 에너지 전환의 처음 10년까지는 분명히 보장할 수 있다. 그러나 이 기술들이 전체 경제에 대규모로 그리고 엄청나게 빠른 속도로 배치되어야 한다는 점이 문제이다. 이렇게 하려면 올바른 목표들을 둘러싸고 광범위한 동의를 구축할 정치적 기술이 요구된다. 지구의 기온 상승폭을 2도 이내로 묶어두자는 파리기후변화협약을 중심으로 현재 많은 나라에서 의견이 수렴되고 있다. 그래서 이제는 금융 기술이 전체 사회가 동의하고 과학자와 공학자가 점점 더 실현 가능한 것으로 만드는 이 목표를 지향하는 임팩트 투자에 힘을 실어줄 때이다.

탄소중립 경제로의 전환이 기후물리학적으로 긴박한 과제인 동시에 전체 사회가 매우 높은 가치로 평가한다는 점을 감안한다면, 투자자들은 지속가능하고 궁극적으로는 주류로 자리를 잡을 기업들이 앞으로 기후변화와 관련된 위험과 기회를 얼마나 잘 관리할 수 있는가 하는 점에 초점을 맞출 가능성이 높다.

이제는 사람들이 기후 전환이라는 관점에서 기업과 자산을 점점 더 많이 바라볼 것이다. 역사의 흐름에서 누가 옳은 편에 서고 누가 그른 편에 서는가? 어떤 기업이 미래지향적인 운동량(모멘텀)을 가지고 있는가? 어떤 기업이 기후변화의 여정에서 로드킬을 당할까? 125개국이 넘는 국가가 탄소중립 목표를 가지고 있으므로, 장차 모든 주요 기업은 나름의 탄소 계획을 발표해야 할 것이다. 그리고 기업에 자본을 대는 투자자들(연기금 펀드, 자산 운용사, 은행, 보험사 등)은 이것과 관련된 정보를 사용해서 해당 기업이 나아갈 방향과 전략을 지시해야 하고, 기업이 탄소중립 경제로 나아가는 조치를 어떻게 하고 있는지 평가하며 그 내용을 공시해야 할 것이다. 이를 통해서 새로운 공통 자산군이 탄생할 것이고, 그 과정에서 투자 포트폴리오는 (그리고 궁극적으로 대출과 증권 인수까지도 그렇게 될 것이다) 지구를 얼마나 따뜻하게 만드느냐 하는 기준에 따라서 평가될 것이다. 포트폴리오 기업과 자산이 탄소중립 경제로 빠르게 전환되도록 투자자가 빠르게 지원할수록, 지구 온도의 상승 속도는 그만큼 느려질 것이다.

이 새로운 전환 자산군은 새롭게 떠오르는 공학적·정치적 모멘텀을 강화할 수 있으며, 단지 '날씨를 만드는 것'에 그치지 않고 실질적으로 '기후를 바꾸는' 어떤 강력한 충격(임팩트)을 만들어낼 것이다. 이렇게 되기 위한 토대를 열거하면 다음과 같다.

- 초기의 파괴적이고 물리적인 징후들이 늘어나는 가운데서도 기후 안정을 점점 더 소중하게 여기는 사회
- 어떤 온도에서든 간에 기후를 안정시키기 위한 탄소중립의 긴급성
- 기후변화 문제와 관련해서 필요한 조정이 이루어지는 데 필요한, 경제의 모든 부문이 참여하는 전면적인 전환(틈새시장의 변화만으로는 탄소중립 경제로 전환할 수 없다)
- 2021년 11월에 글래스고에서 열린 제26차 유엔기후변화협약 당사국총회COP26의 민간 금융 차원의 목표이기도 한데, "금융 관련 모든 의사결정에서 기후변화를 반드시 고려할 것"을 확실하게 보장하기

지속가능한 임팩트 투자는 이 모든 것을 종합해서, 명확한 목표와 일치하는 측정지표들을 필요로 하는 임팩트 투자의 전통 안에서 탄소중립 경제로의 전환에 초점을 맞추어야 한다. 자산과 포트폴리오별 온실가스 배출량 감소 그리고 과학에 기반을 둔 목표를 기준으로 하는 조정 등의 진전 내용을 추적하고 공개하는 방법에는 여러 가지가 있다.

투자자는 고객의 투자가 탄소중립 경제로의 전환과 어떻게 맞물리는지 입증할 필요가 있다. 그리고 포트폴리오 조정의 모든 조치는 다음 요

건을 갖추어야 한다.

- 미래지향적일 것. 탄소 배출량을 줄이려고 노력하는 기업들에게는 적절한 가산점을 줄 것
- 실제 현실의 기후 관련 구체적인 목표에 초점을 맞출 것
- 시간이 지남에 따라서 발전하는 모습을 보여주며 새로운 기술들을 수용할 것

이런 기준을 따르면 경제 전체를 아우르는 기업들에 투자자의 적극적인 관여를 촉진할 수 있다. 우리는 틈새시장을 통해서는 탄소중립에 도달할 수 없으며, 또한 주식을 팔아치우는 것만으로는 우리가 필요로 하는 전체 경제의 온전한 전환을 이룰 수 없을 것이다.

기존의 기후 관련 지표들이 유용한 역할을 하고는 있지만, 이 지표들은 전체 경제의 온전한 전환에 최적화된 것이 아니다. 투자한 1달러당 탄소발자국과 이산화탄소 배출량이라는 지표는 미래지향적이지 않다. ESG 지표들은 일관성이 없고 상관성이 빈약하며, 이것 가운데서 'E(환경)'는 탄소중립 전환을 지향하지 않는다. 그리고 분류법은 전체 기업 활동 가운데서 아주 작은 부분만 포착하며, 50가지의 녹색 음영으로 진전 내용을 표시할 수 없고, 충분히 역동적이지도 않다.

자본을 제공하는 투자자가 투자 대상 기업과 기업의 투자 포트폴리오가 탄소중립 전환 경로 가운데서 어느 지점에 있는지 평가할 수 있는 몇 가지 방법이 있다. 이 평가를 지원하기 위해서 투자자는 다양한 지표를 동원해서 측정하고 그 내용을 공개할 수 있다. 그 내용을 점점 정교해지는 순서에 따라서 정리하면 다음과 같은 것들이 있다.

- 탄소중립 전환 계획을 가진 자산의 구성 비율

- 탄소중립 혹은 파리기후변화협약 합의 내용과 일치하는 (예를 들어서 외부 요인 분류법을 토대로 하는) 포트폴리오의 구성 비율
- 목표를 기준으로 한 (예를 들어서 유럽연합 기준치 혹은 '탄소중립 자산 소유자 동맹', '과학기반 감축목표 이니셔티브'가 설정하는 경로를 기준으로 한) 백분율 편차
- 포트폴리오의 온난화portfolio warming, 즉 주어진 어떤 기업이나 포트폴리오에서 온실가스 배출량과 연관이 있는 잠재적인 지구 온도 상승을 평가하는 미래지향적인 지표. 일본 공적연금과 악사 그리고 알리안츠와 같은 기업들은 이미 자발적으로 이와 관련된 정보를 공시하고 있다. 그리고 이 정보들 가운데 일부는 현재 제26차 당사국총회COP26를 위한 '기후변화 관련 재무정보 공개 협의체TCFD'의 워킹그룹에 반영되고 있다. 이 워킹그룹은 지구온난화 정도나 다른 지표가 과연 탄소중립 전환 과정에서 나타나는 잠재적인 위험과 기회를 가장 잘 드러내는지 따진다.

모든 임팩트 평가에서 그렇듯이 어떤 접근법을 사용하든 간에 데이터 입력 및 방법론과 관련해서 투명성을 확보하는 것은 말할 것도 없고, 결과에 대해서 민감도 분석을 수행하는 것이 중요하다. 오늘날 금융 시장에서 이루어지는 포트폴리오 온난화에 대한 평가 내용은 심각한 수준이다. 이들 포트폴리오를 보면 지구 온도가 3도 이상 상승하는 사업에 시장이 자금을 대주고 있음을 보여주는데, 사실 이건 그다지 놀랍지도 않은 사실이다. 이 간극을 드러내는 것이 이 간극을 좁히는 데 도움이 될 것이다. 탄소중립 자산 소유자 동맹 산하에 존재하며 5조 달러가 넘는 자산을 관리하는 주요 투자자 집단은 각자 자기 포트폴리오별로 구체적인 탄소 감축 목표를 설정하고, 장기적으로 지구 온도 상승폭을 1.5도 미만으로 묶어두겠다는 노력 속에서 포트폴리오를 구성한다. 개인적으로 나는

투자자의 상업적 수익을 추구하면서도 경제 전반에 걸쳐 탈탄소에 집요하게 집중하는 비슷한 전략을 추구할 생각으로, 주요 대체자산 운용사인 브룩필드Brookfield에 입사했다. * 마크 카빈은 이 회사의 부회장 겸 임팩트 투자 책임자로 2020년 10월에 입사했다 이런 노력은 그 자체로도 의미가 있겠지만, 탄소중립 경제로의 전환을 하나의 자산군asset class으로 만드는 추진력을 만들어낼 것이며, 점점 더 많은 투자자가 탈탄소를 계획하는 기업을 후원하도록 유도할 것이다.

투자의 사회적 목적

지속가능한 투자는 투자의 가치관을 사회의 가치관과 일치시키는 필수적인 도구로 발전하고 있다. 이것은 직원의 다양성에서 지속가능발전목표에 이르기까지 사회가 소중하게 여기는 것들에 대한 측정의 전반적인 것들을 개선한다. 우수한 인재를 유치하고 유지하는 것, 회복력과 효율성을 높이는 것, 이해관계자들과의 연결성을 개선하는 것, 사회적 허가를 유지하는 것 등과 같은 다양한 통로를 통해서 기업의 주주 가치를 높이는 데 사용될 수 있다.

가치를 가치관으로 바꾸기 위해서, 즉 초超가치를 지향하기 위해서 투자자는 다양한 전략을 추구할 수 있다. 투자자는 E(환경)와 S(사회)와 G(거버넌스) 기준의 전반적인 개선으로 이어지는 광범위한 ESG 접근법들을 통해서 거시적 지속가능성을 개선할 수 있다. 이 개선 내용들은 기업의 목적과 경쟁우위 그리고 사회에 미치는 영향과 조응하는 공유가치를 추구함으로써 더욱 정밀한 표적이 될 수 있다. 투자자는 중요한 특정 ESG 요소들에 집중함으로써 사회의 특수한 문제를 해결하면서 재무적으로도 높은 수익을 거둘 수 있다.

그리고 투자자는 인류와 지구 전반에 걸친 구체적인 영향을 목표로 삼을 수 있다. 기후 전환을 하나의 자산군으로 개발하는 것이 가장 큰 기회임은 틀림없다. 모든 기업이 다 잠재적인 투자 대상 기업이다. 투자 대상은 바로 탄소중립 경제로의 전환을 위해 실행 가능하고 수익성 있는 전략을 개발하는 기업이다. 진전 내용은 포트폴리오가 지구온난화 저지에 기여하는 정도를 기준으로 측정할 수 있다. 사회로 환원되는 수익은 모두를 위한 미래의 모습이다. 이 과정에서 창출되는 경제적 이익의 잠재성은 어마어마하게 크다. 왜냐하면 사회의 존립 여부가 걸린 이 목표에는 아직 가격이 매겨져 있지 않기 때문이다.

ESG가 강력한 도구이긴 하지만 현명하고 투명하게 사용될 필요가 있다. 투자자들은 "다른 사람이 가진 가치관의 노예가 되기 전에 먼저 자기의 가치관이 무엇인지 알라"고 했던 시인 겸 화가 윌리엄 블레이크에게서 교훈을 얻어야 한다. ESG 등급 제공업체로부터 아웃소싱 방식으로 제공받은 것이라고 하더라도 모든 지속가능한 투자 접근법은 자기 나름의 판단을 내린다. 모든 경우에 ESG 데이터 사용자는 이런저런 가정들과 포기할 것과 얻을 것 사이의 균형들 그리고 한계들을 충분히 이해해서 자기 포트폴리오의 구성을 자신이 설정한 목표와 가치관에 맞춰서 조정할 수 있어야 한다.

지속가능성 보고를 개발하기 위한 이런 쉽지 않은 과제들은, 한 기업의 활동이 사회에 미치는 전체적인 임팩트를 현재의 나태한 모습들(전체 영향을 무시하는)과 비교해서 따져야 한다. 목적을 가지고 있긴 하지만 그 목적이 달성되는지 어떤지 측정하지 않는다면 그 목적이 무슨 의미가 있겠는가? 기업이 지역의 공동체로 또 더 넓은 사회로 퍼트리는 긍정적·부정적 영향을 추적하지 않는다면 어떻게 스스로 진정한 이해관계자가 되겠는가? 그리고 투자자와 채권자가 기업이 사회적·환경적 효과를 유발하는 요인들과 기업 내부의 지배구조를 바라보지 않고서 그 기업의 전망을 과연 어떻게 판단할 수 있겠는가? 특정한 가치관을 강력하게 가진 사람들이 자신이 예금한 돈이 어디에 어떻게 투자되는지 또 이것이 윤리적으로 어떤 의미인지 모른다면, 과연 이것이 말이 되겠는가?

사회의 발전에 기여하면서도 수익을 창출하는 기업에 투자하고 그렇지 않은 기업에 투자한 자본을 회수할 때 선순환이 생길 수 있다. 이런 행동은 고객과 직원과 공동체의 복지를 향상하는 동시에 모든 사람을 위한 성장의 기회를 낳는다. 사회가 필요로 하는 것에 부응하려고 혁신하는 역동적인 기업에 투자하는 것이야말로 자본주의가 가진 힘의 핵심이다. 수익성 있는 사업 모델로 사회가 필요로 하는 것을 해결할 수 있을 때 자본주의의 마법이 펼쳐지며, 우리가 맞닥뜨린 수많은 뿌리 깊은 문제에 대한 해법이 저절로 나타나며 또 확장된다.

이 해법들이 가지는 힘은 강력하고 지속가능하며 균형 잡힌 성장을 추구하는 국가 전략을 통해서 배가될 수 있다. 어떻게 그렇게 될 수 있을까? 이 질문의 답은 다음 장에서 이어진다.

16장

초가치를 위하여
- 국가는 모두를 위한 가치를
어떻게 구축할까

지난 사반세기 동안 우리가 일하고 거래하고 살아가는 방식에서 나타났던 심각한 창조적 파괴와 혁신 덕분에 10억 명이 넘는 사람들이 빈곤에서 벗어나도록 도움을 받았고, 40억 명이나 되는 사람들이 인터넷이라는 도구를 이용해서 인간 지식의 총합을 활용할 수 있게 되었으며, 전 세계 인구의 기대수명이 높아졌다. 이런 변화들은 3차 산업혁명의 중심에 있는 혁신적 정보통신 기술들이 점점 더 자유로워지는 무역과 자본과 발상과 결합하면서 가능해졌다.

지금 우리는 일부 사람들이 4차 산업혁명이라고 부르는 시기의 정점에 서 있다. 로봇과 나노기술 그리고 양자컴퓨터의 발달로 인공지능이 널리 응용되며 이런 양상이 확산되고 있다. 우리 경제는 강력한 네트워크를 통해서 분산된 P2Ppeer-to-peer * 인터넷에서 중앙을 경유하지 않고, 즉 중앙집중적인 체계를 거부하고 개인과 개인이 직접 연결되는 것 연결로 재편되고 있으며, 여기에 따라서 사람들이 소비하고 일하고 소통하는 방식도 혁명적으로 바뀌고 있다. 유전공학, 인공지능, 나노기술, 소재 과학, 에너지 저장, 양자컴퓨팅 등의 기술발전이 하나로 융합하면서 어마어마한 가능성들이 생겨나고 있다.

상업의 성격도 바뀌고 있다. 판매는 길거리가 아니라 온라인과 플랫폼에서 더 많이 일어난다. 이제 소프트웨어나 지적 재산권과 같은 무형자본의 가치가 공장이나 부동산과 같은 물리적 자본(공장과 부동산 등)의 가치를 왜소해 보이게 만들고 있다.[1] 우리는 지금 3D 프린팅을 통해서 무엇이든 만들 수 있는 시대로, 누구나 유튜브를 통해 어떤 영상이든 전 세계에 중계할 수 있는 시대로, 아무리 부피가 큰 물건이라도 티몰Tmall이나 쇼피파이를 통해서 중국에 판매할 수 있는 시대로 접어들고 있다.

그러나 많은 사람에게 총체적인 발전의 척도는 개인적인 경험과는 거의 무관하다. 세계화와 기술의 발전은 새로운 황금시대보다는 저임금과 불안정한 고용 그리고 한층 더 두드러지는 불평등과 관련이 있다. 불평등에 노출된 사람들은, 겉으로 보기에는 화려하고 밝기만 한 미래에도 자신과 자신의 아이들에게 공정한 나눔의 기회가 주어지지 않을 것으로 예측되는 현재의 이 시스템을 더는 신뢰하지 않는다.

2008년 세계 금융 위기 이후 10년 동안, 영국에서의 실질소득은 19세기 중반 이후 처음으로 잃어버린 10년을 기록했다. 플랫폼과 기계학습과 트위터는 산업혁명 때의 방직공장과 증기 엔진과 전신기가 했던 역할을 그대로 수행했다. 당시에 칼 마르크스가 대영도서관 열람실에서 『공산당선언』의 초안을 끄적였던 것과 비슷한 모습으로 오늘날 급진적인 블로거들과 트위터들이 그때와 비슷한 분노를 쏟아낸다.

나는 캐나다나 영국에서 열린 노동조합 총회 자리에 참석하면서 그런 분위기를 느꼈다. (영국 총회 때의 주제는 "영국은 임금 인상 자격이 있다"였다.) 해밀턴이나 리버풀을 방문했을 때는 정신없이 바쁘게 돌아가는 현대 생활의 긴장감 그리고 사람들의 마음 깊은 곳에 흐르는 극심한 불확실성을 느꼈다. 소득 증가의 흐름이 정체되면서 소득의 분배에 관심이 집중되었다. 다들 비슷했고 또 번영이 일상적이던 시절에는 용인되었던 불평등이 예리하게 느껴지기 시작했고, 희망은 희미해지기 시작했다.

이 감정들은 영국에서 특히 생소했다. 그것은 그 감정들의 노출이 상대적으로 더 심해서였을까, 아니면 시대를 앞서갔기 때문이었을까?

중앙은행의 수장으로서 나는 독특한 (그러나 좌절감을 안겨주는) 이점을 가지고 있었다. 수많은 데이터와 뛰어난 동료들 그리고 국내외 각계각층의 사람들에게 접근할 수 있는 권한으로 무장한 나는 거대한 세력들 앞에서 많은 것을 볼 수 있었지만, 내가 할 수 있는 것들은 상대적으로 적었다. 지금까지 살펴보았듯이, 중앙은행들은 번영을 위해 필요한 것들 가운데 일부, 즉 건전화폐＊화폐의 가치나 통용력이 안정되어 있는 화폐를 제공한다. 다시 말해서 경기가 좋을 때와 나쁠 때 모두 작동하는 금융 시스템 중 일부를 제공한다. 이런 점에서 중앙은행들은 국가가 지켜야 할 국민보호의무의 몇 가지 기본적인 측면들을 책임진다. 이 작업은 필요하고 중요하며 기본적이다. 이것은 사람들이 중앙은행이 당연히 해줄 것이라고 기대하는 것이다. 그러나 이것만으로는 지속가능한 성장이라는 목표를 달성하기에는 턱없이 부족하다.

지속가능한 성장은 여러 측면에서 과소평가될 수 있다. 예를 들면 다음과 같은 방식으로 지속가능한 성장은 억제된다.

- 기계와 기업과 은행의 부채가 과도하게 쌓이는 것을 통해서
- 미래의 피터에게 돈을 강탈해서 현재의 폴에게 가져다줌으로써 미래의 재정 역량을 현재의 지출로 낭비하는 정부에 의해서
- 탄소예산의 빠른 소진 그리고 이와 관련해서 이루어지는 생물 다양성에 대한 공격을 통해서
- 시장이 정상적으로 기능하고 모든 사람이 번영하는 데 필요한 사회적 자본을 삼켜버림으로써

그리고 지금 우리는 이러한 취약점을 강화할 수 있는 엄청난 힘들과 맞닥뜨리고 있다. 코로나 위기는 우리가 살아가는 전 세계 많은 사회에 나 있는 깊은 균열을 노출시켰다. 4차 산업혁명은 우리에게 거대한 약속을 하지만, 지금 이대로라면 불평등이 더욱 커지고 사회적 긴장감은 한층 더 고조될 가능성이 높다. 기후 전환은 꼭 필요하고 근본적으로 긍정적이긴 하지만, 단기적으로는 엄청나게 거대한 온갖 구조적 변화를 수반할 것이다.

4차 산업혁명의 약속과 과제

근본적인 과제는 따로 있다. 4차 산업혁명이라는 기술 혁명이 궁극적으로는 우리에게 커다란 혜택을 안겨주겠지만, 이것과 더불어 새로운 일자리와 생계가 생겨나기도 전에 기존의 일자리와 생계를 (따라서 우리의 정체성을) 무자비하게 파괴할 것이라는 전망이 그것이다. 산업혁명 때 농업과 가내공업이 몰락했으며, 서비스 경제가 등장하면서 제조업이 대체되었던 사례도 그런 식이었다. 지금 이것과 똑같은 힘들이 기계학습과 글로벌 소싱을 통해서 한층 더 큰 규모와 한층 더 빠른 속도로 진행되고 있다.

몇몇 경제학자들은 이 모든 소란이 어떤 결과를 몰고 올지 모른다며 걱정한다. 그리고 장기적으로 볼 때 기술적인 실업에 대한 증거는 거의 없었다고 주장한다. 그래서 18세기와 비교하더라도 그때나 지금이나 평균적인 취업률과 실업률이 비슷하다고 말한다([도표 16-1] 참조).

그런데 눈여겨봐야 할 점은 비록 궁극적으로는 균형이 회복되겠지만, 이런 거대한 전환이 온전하게 마무리되기까지는 엄청나게 긴 시간이 소요된다는 사실이다. 새로운 기술을 익혀야 하는 문제도 있고, 일자리의 생성과 소멸이 지역적으로 다르게 나타나기 때문에, 일자리를 잃은 노동

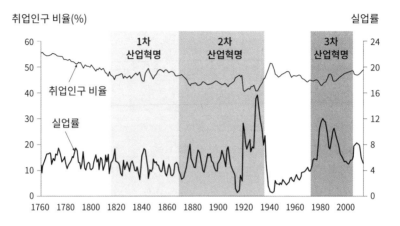

자가 곧바로 새로운 일자리를 얻기는 어렵다. 18세기 후반기에 시작되었던 1차 산업혁명의 편익을 사람들은 19세기 후반기에 가서야 비로소 생산성이나 임금 부문에서 온전하게 느낄 수 있었다. 이런 사실은 여러 세대에 걸친 노동자들이 고통스러운 조정 과정과 지속적인 취약성에 시달려야만 했음을 뜻한다.

19세기 초에는 임금 상승이 정체되고 노동분배율*생산된 소득 가운데서 노동에 분배되는 몫이 하락했는데, 이 시기에는 '엥겔스의 휴지기Engels' pause'라는 이름이 붙여졌다([도표 16-2] 참조). 경제학자들이 완곡하게 말하는 '마찰'이라고 부르는 현상은 지역 일자리를 말살하고 국가 간의 불평등을 급격히 높일 수 있다.[2] 이와 비슷하게, 4차 산업혁명의 이득이 널리 공유되기까지는 여러 세대가 등장했다가 사라지는 긴 시간이 걸릴 수 있다. 그동안에 기술적 실업*기술 발달에 따라 쓸모가 없어진 기술을 가진 사람들이 일할 의사가 있음에도 일자리를 얻지 못하는 현상이 장기간 이어지면서 불평등이 급격히 증가하고 사회 불안이 깊어질 수 있다. 동시에 알고리즘에 의해 포착되고 전

도표 16 - 2 • 1차 산업혁명에서의 실질임금 대 생산성

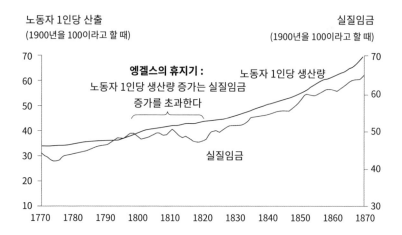

노동자 1인당 산출
(1900년을 100이라고 할 때)

실질임금
(1900년을 100이라고 할 때)

엥겔스의 휴지기 :
노동자 1인당 생산량 증가는 실질임금
증가를 초과한다

노동자 1인당 생산량

실질임금

파되는 가치관은 의도하지 않은 여러 가지 방식으로 사회적 선택의 틀을 고착시킬 수 있다.[3]

역사적으로 볼 때 중기적인 차원에서는 높은 생산성으로 비롯되는 노동자의 수익만으로는 일자리 파괴를 상쇄하기에 충분하지 않으므로, 자본 대비 총소득에서 노동자가 받는 몫이 기술 변화 때문에 줄어드는 경향이 있다. 장기적으로는 세 번째 효과, 즉 노동자를 위한 새로운 일자리의 창출[4]이 지속적인 생산성 증가와 결합할 때, 이 효과는 기술 대체 효과를 상쇄해서 균형을 맞추고 고용에는 영향을 미치지 않으면서 임금을 끌어올린다.

4차 산업혁명은 범위나 규모나 속도 면에서 과거의 세 차례 산업혁명보다 더 치열할 수 있다. 게다가 4차 산업혁명은 불평등을 강화하고 양극화를 심화시킨 3차 산업혁명에서 곧바로 이어진 것이니까 말이다. 지금까지 각각의 기술 변화 물결은 비인지non-cognitive 업무에 비해 인지 cognitive 업무의 중요성을 부각시켰다. 기계가 대체한 것이 사람의 머리가 아니라 사람의 손이라는 말이다. 노동자는 자신의 기술을 향상해서 새롭게 나타난 인지적이고 상대적으로 가치가 높은 작업들, 즉 기계가 가진 인지적 한계를 넘어서는 작업을 수행하는 일자리를 구할 수 있었다.

컴퓨팅의 성능이 빠르게 향상되고 빅데이터의 가용성이 한층 더 넓어지며 인공지능과 기계학습이 발전한다는 것은, 이런 기술들이 이미 과거 그 어느 때보다도 광범위하게 인간 활동을 대체한다는 뜻이며, 사람의 손 영역만이 아니라 뇌의 영역에도 성공적으로 진출하고 있다는 뜻이다. 이제 새로운 기술들은 과거에 인간의 노동만이 제공할 수 있었던 지능과 감각적인 인식 그리고 추론을 점점 더 많이 제공할 수 있다. 미래의 자동화는 20세기 후반에 수행된 '일상적이고 수동적인' 인간 작업 기술의 대체를 뛰어넘어서 거의 모든 범위의 작업에 적용될 것이라고 기술 낙관론자들[5]은 믿는다.[6]

이렇게 영향받을 잠재적 일자리는 전체 일자리 가운데서도 매우 넓은 범위에 걸쳐 무려 10~50퍼센트로 추정될 만큼 많다.[7] 많은 일자리 가운데 상당한 부분이 자동화 대상이지만, 완전하게 자동화되는 경우는 상대적으로 매우 적다는 증거가 점차 늘어나고 있다.[8] 에드워드 펠튼와 마나브 라즈 그리고 로버트 시먼스는 최근에 이루어진 기술 발전은 직업의 업무 구조가 미래에 어떻게 바뀔지 예측하는 데 사용될 수 있음을 보여주며, 기술 발전이 많은 일자리의 특성을 완전히 없애기보다는 바꾸어놓을 것이라는 기존의 주장을 뒷받침한다.[9] 이것보다 한층 더 극단적인 추정은 경제적 타당성을 제한적으로만 고려한 채 자동화의 기술적 타당성에 기초하는 경우가 많다.[10]

이런 추가 고려사항을 감안한다면 대부분의 선진국에서 자동화 위험이 높은 일자리의 비율은 약 10~15퍼센트 수준으로 감소한다.[11] 이 감소 폭은, 변화에 따른 위험에 가장 많이 노출된 여러 산업이 차지하는 총고용 비율이 장기간에 걸쳐서 10~20퍼센트 감소한 이전의 세 차례 기술 혁명과 비교될 수 있다.

새로운 일자리가 창출되는 분야는 적어도 네 곳이다. 첫째, 사람들은 앞으로도 계속해서 자신의 마음을 제공할 것이다. 정서지능이나 독창성 또는 설득이나 타인 배려와 같은 사회적 기술을 필요로 하는 일을 계속해서 수행할 것이라는 말이다. 둘째, 고령화 인구 증가가 돌봄 수요 증가와 노동 공급의 직접적인 감소로 이어질 것이다. 셋째, 만약 새로운 글로벌 경제(지구촌 경제)에 의해서 새로운 형태의 맞춤형 대량 창조가 가능해진다면, (다시 가내 공업의 시대가 와서) 인간의 손(육체노동)이 다시 한 번 더 각광받을 수 있다. 마지막으로 넷째, 우리가 현재로서는 상상하지 못하는 새로운 일자리들이 등장할 것이다. 사실 스마트폰이 발명되었을 때, 택시 산업에 거대한 혁명이 일어날 것이라고는 아무도 생각하지 못했지 않은가.

이런 상쇄의 힘들이 작용함에도 불구하고 4차 산업혁명이 불평등을 실질적으로 높일 수 있는 몇 가지 이유가 있다. 첫째, 가장 근본적으로는 새로운 기술이 노동을 보완하기보다는 대체하는 경우가 많을수록 자본 소유자에게 보다 더 많은 이익이 발생할 것이다. 자본이 불균등하게 분배되어 있다는 사실은 자동화의 증가로 자본에 돌아가는 수익이 높아질수록 불평등이 가중됨을 의미한다. 둘째, 전환 과정에서 신기술들이 채택됨에 따라서 경제학자들이 완곡하게 '마찰'이라고 부르는 것이 지역의 노동 시장을 침체로 몰아넣거나 국가 노동 시장에서의 불평등을 부추길 수 있다. 셋째, 변화하는 기술 수요에 교육이 보조를 맞출 수 없다면 이미 높은 수준의 교육을 받은 사람들은 훨씬 더 높은 혜택을 받을 것이고, 일자리 양극화는 한층 더 낮은 수준의 기술을 확보하기 위해 경쟁하는 노동의 공급을 증가시킬 것이다.[12] 마지막으로, 더 큰 글로벌 상호 연결성은 이런 역학들을 한층 더 강화할 것이다.

만약 이 잉여노동의 세상이 찾아온다면, 마르크스와 엥겔스가 다시 등장할 수 있다.

코로나 위기 이전에 이미 (자동화가 아직 고용을 총체적으로 감소시키지 않았지만) 고용에서 상당한 구성의 변화가 나타났음을 시사하는 증거가 나타났다. 최근의 기술 발전이 불평등을 부추겼다는 신호들도 있었다. 전 세계적으로 팬데믹이 오기까지 지난 20년 동안 노동자의 소득분배율은 줄어들었으며, 여기에 가장 크게 기여한 변수가 기술이었음을 시사하는 증거도 있다. 그런데 영국과 캐나다에서는 이런 경향이 나타나지 않았다. 이 두 나라에서는 1980년대 후반 이후로 소득불평등이 (상대적으로 높긴 했지만) 일반적으로 안정적으로 유지되었다.[13]

게다가 선진국의 노동 시장이 1980년대 이후로 양극화되어왔다는 강력한 증거가 있다. 이것은 일반적으로 업무의 자동화와 디지털화 초기 단계에서 비롯되는 현상인, 중간기술 일자리들이 고기술 일자리와 저기술 일자리로 대체되는 현상의 구조적인 변화이다. 전체 일자리 스펙트럼 가운데서 기술 숙련도가 높고 또 낮은 양극단에서 고용 증가가 가장 높았고, 그 결과 중간급 숙련도의 기술에 속하는 고용이 공동화되었다([도표 16-3] 참조). 노동 시장의 이 양극화는 숙련노동에 대한 수익률에서도 뚜

도표 16-3 · 직업 기술 백분위 수에 의한 고용 변화(1979~2012)

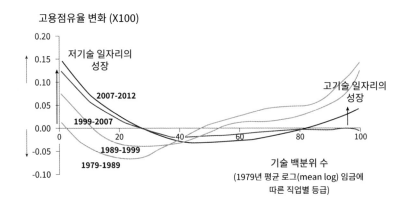

고용점유율 변화 (X100)

저기술 일자리의 성장

2007-2012

1999-2007

1989-1999

1979-1989

고기술 일자리의 성장

기술 백분위 수
(1979년 평균 로그(mean log) 임금에 따른 직업별 등급)

도표 16 – 4 · 네 번의 산업혁명 당시 산업 부문별 고용점유율

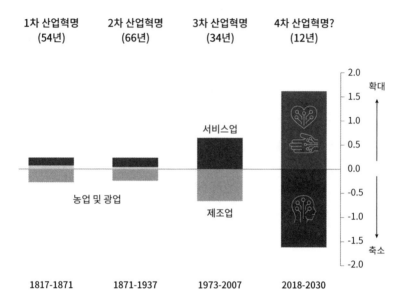

렸이 나타나고 있으며, 높은 수준의 교육을 받은 노동자의 소득 증가가 낮은 수준의 교육을 받은 노동자의 소득 증가를 크게 앞지른다.

　종합하자면, 만일 4차 산업혁명이 과거의 기술 혁명들과 비슷하다면, 4차 산업혁명의 전반적인 효과는 궁극적으로 생산성과 임금을 끌어올리는 동시에 전체 고용을 현재 수준으로 유지하거나 혹은 심지어 늘리기에 충분할 정도로 새로운 일자리를 많이 창출할 것이다. 그러나 이것은 어디까지나 장기적으로 나타나는 일이다. 그러나 이 장기적인 결과가 나타나기까지는, 만일 지금 막 시작된 이 혁명의 진행과 경험이 이전 혁명들의 진행 및 경험과 비슷하다면, 기술적인 실업과 노동자의 대규모 시장 이탈 그리고 불평등의 증가와 같은 현상이 나타나는 기간이 오래 이어질 것이다.

기술수용 주기 * 새로운 기술이 세상에 안착하는 전체 과정가 빨라지면 이러한 변화가 한층 더 급격하게 진행될 수 있는데, 이 점을 감안하면 이런 과제들은 상당히 심각하다([도표 16-4] 참조). 게다가 이전의 산업혁명들과는 다르게 조정 속도가 빨라지고 노동자의 노동수명이 길어질수록 노동자는 은퇴라는 선택권을 갖지 못할 수도 있다. 이런 상황은 상당한 수준의 기술 불일치와 한층 더 심각한 장기적이고 구조적인 실업 그리고 사회적 압력 증가라는 위험들의 가능성을 높인다.

코로나의 거시경제학적 과제

코로나가 4차 산업혁명의 속도를 한층 더 빠르게 만들었다. 발명과 응용이 필요에 부응해 탄생했고, 새로운 기술들 덕분에 가능하게 된 작업에서 온갖 변화들이 일어나는데, 이 변화들은 과거에 상상하던 것보다 더 빠르게 진행되고 있다. 경제는 원자 차원에서 비트 차원으로 전환되고 있다. 전자상거래(e-커머스), 전자학습(e-러닝), 원격의료(e-헬스) 분야가 새롭게 떠오르는 것만 봐도 그렇다. 예를 들어서 2018년에 영국에서 전체 매출의 약 20퍼센트이던 온라인 소매유통 점유율은 2020년 봄 락다운이 한창일 때는 거의 두 배로 증가했다. 비록 이동제한 조치가 완화되면서 정점의 3분의 1 수준으로 떨어지긴 했지만 말이다. 재택근무가 가능한 노동자는 전체 노동자의 3분의 1인데, 이들이 업무를 수행하는 성격은 거의 100퍼센트 디지털 통신으로 전환되었다. 글로벌 공급망은 회복력과 지속가능성 그리고 보안이라는 요소들을 강화하는 차원에서, '적시'에서 '수요발생시'로 재구성되고 있다.

우리는 지금 "수십 년 동안 아무 일도 일어나지 않기도 하고, 수십 년에 걸쳐서 일어날 일이 몇 주 만에 이루어질 수도 있다"고 했던 블라디

미르 레닌의 말이 딱 들어맞는 시대에 살고 있다. 코로나는 이미 수십 년 동안 지속되어왔다. 일과 상업의 성격은 많은 점에서 극적일 정도로 바뀌었다. 모든 사람이 지금 실업자가 될지 모른다는 공포와 제대로 된 의료 서비스를 받지 못할지도 모른다는 불안에 휩싸여 있다. 온갖 위험을 각각의 개인이 고스란히 떠안아야 했던 그 수십 년이 지나면서 마침내 청구서들이 우리에게 날아왔고, 많은 사람은 그 돈을 어떻게 마련해야 할지 엄두를 내지 못한다.

우리가 재미있는 시대에 살고 있는 건 아닐까? 이렇게 생각하고 싶은 유혹을 나는 평소에 늘 경계하는 편이지만, 이번에는 정말 다르다. 대부분의 불경기는 지금까지의 성장이 지속 불가능한 성장이었음이 갑자기 드러나면서 그동안 누적되었던 불균형이 원인이 되어 나타난 결과였다. 총수요(가계와 기업과 정부의 지출)가 갑자기 역전되면서 경제가 불경기에 빠져든다. 하지만 그러다가 결국 과잉이 제거되면서 통화 정책과 재정 정책 그리고 새롭게 구축된 신뢰라는 세 가지 요소가 결합해서 경제 회복을 이끌어나간다.

그런데 코로나로 인한 이번의 충격의 본질은 총공급에서의 엄청난 위축이다. 코로나 때문에 경제의 많은 부문이 (예컨대 접대, 오프라인 소매유통, 운송, 유학 등) 숨이 끊어졌으며, 파산의 위협이 경제 전반을 뒤덮고, 엄청나게 많은 사람이 일자리를 잃었다. 또한 코로나는 국제무역을 정체시켰고, 이것의 유령은 기업 투자를 위축시키고 있다.

수요도 공급과 함께 추락했는데, 2020년 중반 기준으로 전 세계의 산출량은 평균 10퍼센트 줄어들었다. 영국이나 스페인과 같은 몇몇 나라에서는 이 추락의 규모가 일반적인 평균보다 두 배 이상이다. 락다운이 일부 완화되면서 성장세가 살아났지만, 앞으로 몇 년 안에라도 2019년 말 수준의 경제 규모를 회복할 수 있다면 무척이나 다행이지 싶다. 설령 경제가 그렇게 회복된다고 하더라도, 그때 가면 경제 활동의 내용 구성은 예전과 매우 다를 것이다.

코로나는 내가 잉글랜드은행 총재 임기를 마칠 무렵에 찾아왔다. 당시 보건 당국은 2020년 가을까지는 팬데믹을 충분히 통제할 수 있을 것이라고 판단했다. 그 결과, 어렵지만 일시적일 것으로 예상되는 기간을 가계와 기업이 무사히 넘길 수 있도록 도와줄 발판으로 전례 없는 재정적 및 금전적 지원이 결정되었다. 영국과 유럽, 캐나다에서의 목표는 경제의 생산 역량을 가능한 유지하고, 특히 많은 사람이 일자리를 놓치지 않도록 하는 것이었다. 그런데 미국 정부는 다른 경로를 선택했다. 실업률의 높은 증가를 받아들이는 한편, 한층 강화된 혜택을 제공하겠다는 것이었다. 미국의 이 접근법은 노동자가 일자리를 잃는 것을 당연하게 받아들이고, 특히 질병이 예상보다 오래 지속될 경우에 조정의 속도를 높이자는 것이었다.

모든 나라에서 중앙은행은 은행 시스템의 회복력을 강화하기 위한 과거의 노력을 바탕으로서, 재정안정성을 위협하는 위험들을 최소화하기 위해 신속하고 효과적으로 행동했다. 재정 정책은 느슨하고 관대했으며 또 효과적이었다. 락다운이 한창일 때, 미국의 평균 가계가처분소득은 2000년 이후 가장 높은 속도로 증가했다. 현저하게 높은 불확실성과 지출에 대한 물리적 한계(예를 들어 환대 및 여행)라는 두 조건이 결합하면서 가계의 저축률은 급격하게 상승했다. (캐나다에서는 가구 부채가 상당한 수준으로 상환되었다.)

그런데 가을로 접어들었지만 코로나 바이러스의 상황은 전혀 나아지지 않았다. 정부가 나서서 노동자와 기업을 부양하는 일을 얼마나 더 오래 해야 할 것인가 하는 의문이 급속도로 확산되었다. 비용이 막대했을 뿐 아니라(아닌 게 아니라 재정 적자는 전시 상황에 맞먹는 수준이었다), 노동자와 기업에 대한 이런 지원 계획은 망할 수밖에 없는 기업이라면 문을 닫는 것이 당연하고 필요함에도 불구하고 이런 폐업을 막는 위험과 창업을 가로막는 위험을 감수했다. 이런 상황에서 각국 정부는 노동자와 기업을 부양하는 정책이 과연 효과가 있을까 혹은 팬데믹이 언제 끝날지도 모르는 상황에서 과연 그게 가능하기나 할까 하는 의문을 제기할 수밖에 없었다. 비록 강화된 지원 조치에 대한 반감은 애초에 이 조치가 기본적으로 일시적이라는 점 때문에 누그러졌으나,[14] 시간이 갈수록 그 조치는 영구적이고 관대한 보편기본소득 * 모든 사람에게 제공하는 최소한의 생존을 위한 소득의 형태를 띠었다.

사회적 거리두기와 경제 고립 상태가 길어질수록, 실업자들은 자신이 가진 기술을 유지하고 새로운 기술을 개발하며 성취감을 주는 일자리를 찾기가 점점 더 어려워질 수밖에 없다. 보다 근본적으로는 코로나가 4차 산업혁명으로의 전환을 강화했다. 재택근무의 효율성 증대와 업무 자동화의 가속화로 앞으로 많은 일자리가 빠르게 대체될 것이다. 동시에 건강에 대한 우려는 고령 노동자가 나이가 들어도 오래 직장에 다니는 수십 년 동안의 추세를 바꾸어놓을 수 있다.

전반적인 환경도 증가하는 위험들 가운데 하나이다. 극심한 불확실성과 높은 실업률 그리고 취약한 소득 증가 때문에 가계지출이 짓눌리고 있다. 기업 투자도 비슷한 압박을 받고 있다. 무역은 물리적인 제약, 지정학적 긴장, 투자 위축 등의 복합적인 작용으로 제약을 받고 있다. 극심한 불확실성(투자자들은 가장 안전한 자산을 매입하는 데만 치중한다)과 저조한 투자와 높은 저축 그리고 낮은 생산성 등이 복합적으로 작용해서 글로벌 금리는 예외적으로 낮게 유지되고 있다.

각국 정부는 자기 국민을 보호해야 한다는 가장 기본적인 의무를 수행하지 못했기에 이제는 국민의 신뢰를 회복할 행동을 해야 한다. 경제가 살아나려면 지원이 필요하다. 이 지원과 관련해서는 과거 그 어느 때보다도 방향성 제시가 절실하게 필요하다. 바로 이것이 우리의 재정 역량이 현명하게 사용되어야만 하는 결정적으로 중요한 이유이다. 금리가 예외적일 정도로 낮긴 하지만, 높은 지출이 가능하다고 해서 최적의 금리가 되는 것은 아니다. 현재의 지출은 현재의 활동을 유지하는 데 도움이 될 수 있지만, 이것이 내일의 경제를 성장시키지는 않는다. 그리고 단순한 부채 역학관계는 여전히 존중되어야 한다. 시간이 흐르고 나면 현재 우리가 감당할 수 있는 수준을 넘어서서 살아가는 것이 지속가능하지 않음이 분명하게 드러난다. 설령 한층 높은 금리가 분명해지고 무자비한 경비 삭감의 시기가 언제일지 확실하지 않다고 하더라도, 우리가 이러한 위험들을 무시할 때 심판의 순간은 한층 더 빨리 우리 앞에 다가설 것임은 분명한 사실이다.

예산을 어디에 얼마나 집행할 것인가 하는 선택은 흔히 부채의 지속가능성이니 비정형(확실한 형태가 없는) 시장의 명령이니 하는 추상적인 용어로 언급된다. 그러나 사실 이런 예산 선택은 민생의 지속가능성과 관련된 문제이다. 오직 현재에만 돈을 써서는 자신과 아이들에게 더 나은 미래가 보장되지 않는다는 사실을 이제 사람들은 잘 안다. 재정 건전화(적자 규모 감소)와 경상지출에서 자본지출로의 전환(미래에 대한 투자)이라는 두 가지 문제 모두 경제적 복지와 세대 간 공정성을 따지는 문제이다. 싱가포르의 부총리 타르만 샨무가라트남이 어떤 연설에서 내렸던 다음 결론은 이런 추세를, 어쩐지 불안하기만 한 미래 전망 속에서 표현했다.

지금까지 전 세계 모든 나라에서 공공재보다는 개인을 위주로, 장기적인 관점보다는 단기적인 관점 또는 다음번 선거를 노리는 방식으로 재정 정책이 표류해왔습니다. 예를 들어 1960년대에 미국 예산의 75퍼센트는 인프라, 학교, 병원, 교통 등의 공공재에 사용되었고, 25퍼센트는 다양한 형태로 개인에게 돌아갔습니다. 그런데 오늘날에는 이런 양상이 반대로 바뀌어서 개인에게 75퍼센트가, 공공재에 25퍼센트가 각각 사용됩니다. 이런 정책은 본질적으로 단기적인 것입니다. 때로는 이런 정책이 눈앞에 닥친 문제를 해결하기도 합니다. 그러나 이런 정책은 더 나은 장기적 미래로 이어지지도 않고, 낙관적인 미래로도 이어지지도 않습니다. 여러분이 공공재에 투자하지 않는다면, 그리고 장기적인 관점에서 투자가 이루어지고 있음을 사람들이 알아볼 수 없다면, 한층 더 낙관적인 사회에 도달하기란 매우 어렵습니다. 이럴 때 여러분에게 주어지는 사회는 "나는 다른 사람과 비교해서 얼마나 더 많이 버는가?"라는 질문에 끊임없이 시달리고 걱정하는 모습을 띠게 될 것입니다.[15]

내가 각국 정부에게 당부하는 조언은 지출을 세 가지 범주로 나누라는 것이었다. 그 세 가지는 코로나Covid(비상사태), 현재의 기본Current(보육급여 또는 국방비 지출처럼 기본적으로 진행되는 프로그램), 자본Capital(경제의 장기적인 생산 능력 증대를 위한 조치)이다. 각국 정부가 수행해야 하는 과제는 첫 번째 지출 범주에서 세 번째의 투자 범주로 최대한 신속하고 투명하게 전환하는 것이다. 코로나 위기의 긴급한 국면이 지나가면, 우리의 싸움은 이제 공포와 맞서는 것에서 벗어나서 낙관주의를 불어넣는 것으로 나아가야 한다.

정부가 추진하는 운동은 새롭게 드러난 현실적인 점들을 고려할 필요가 있다. 경제가 예전으로 돌아가지 않을 것이라는 사실은 점점 더 명백해지고 있다. 아주 오래전에 잉글랜드은행 총재이던 몬터규 노먼이 윈스턴 처칠에게 금본위제라는 '과거의 확실성'으로 돌아가라고 충고했던 사실을 떠올려보라. 그러나 노먼의 본능은 치명적 결함을 안고 있었다. 왜냐하면 1차 세계대전이라는 거대한 비극이 이미 진행되고 있던 변화들을 가속화시켰기 때문이다. 그 변화들을 하나씩 꼽으면 미국이라는 강대국의 부상, 노동조합의 깃발 아래 조직된 노동자들이 인위적인 고정 환율을 지탱하기 위해서 자신의 임금을 희생해야만 하는 상황을 점점 더 못마땅하게 여기는 풍조의 강화, 새로운 기술들의 등장, 의사결정의 속도를 높이는 실시간 거래의 등장 등이다.

이와 비슷하게 우리는 코로나 이전 시대의 경제로 (즉 '과거의 확실성'으로) 돌아가지는 않을 것이다. 여기에는 여러 가지 의미가 담겨 있다. 첫째, 4차 산업혁명을 가속화하는 과정에서 코로나는 가계와 기업과 정부의 완충재를 소진하고 있다. 혁신적인 기술들이 가져올 변화들의 고통을 누그러뜨리는 데 도움이 될 수도 있는 완충재를 코로나가 소진하고 있다는 말이다. 그래서 노동자들은 우리가 생각했던 것보다 더 빨리 위험에 노출된다. 둘째, 코로나 위기는 모든 형태의 회복력이 중요함을 일깨웠다. 셋째, 코로나는 대부분의 기업에게 전략적 재설정을 강요하고 있다. 넷째, 새로운 기업 전략은 탄소중립 관련 계획을 포함하지 않고서는 완성될 수 없다. 마지막으로 다섯째, 공동의 이익을 위해 엄청난 희생을 치른 인구집단은 그 대가로 연대를 기대한다.

여기에 대응해서 중앙은행들은 중요하고도 기본적인 역할을 계속해서 수행할 것이다. 그들은 급변하는 환경 아래에서 통화와 재정을 동시에 안정시키는 두 가지 효과를 계속해서 제공해야 한다. 디플레이션 압력은 코로나 위기의 급박한 국면들 속에서 더욱 강화되었다. 제로금리＊단기금리를 사실상 0%에 가깝게 만드는 정책의 효과에 한계가 있을 수밖에 없다는 문제가 더욱 절실해짐에 따라서, 인플레이션 목표 경로를 한층 더 명확하게 제시할 때 정책 유연성은 커지고, 경제의 모든 부문에 걸친 대규모 레버리지＊투자금 가운데서 자기 자본이 아닌 빌린 돈와 관련된 까다로운 해결 과제들을 한결 쉽게 처리할 수 있게 된다. 이와 관련하여, 미국의 연방준비제도이사회FRB가 '유연한 평균물가목표제Flexible Average Inflation Targeting'＊물가가 일정 기간 기존의 목표, 즉 평균물가목표인 2퍼센트를 넘어도 감내하겠다는 내용이었다를 추진하기로 결정한 것은 시기적절하며 반가운 일이다. 중기적인 차원에서의 리플레이션＊경제가 디플레이션에서 벗어났지만 심한 인플레이션까지는 이르지 않은 상태은 꼭 필요하다.

이와 동시에 중앙은행들은 인플레이션이 분명 다시 돌아올 것임을 염두에 둘 필요가 있다. 특히 코로나가 심각한 부정적인 공급 충격을 나타내기 때문이다. 코로나 때문에 그동안 상당한 역량이 파괴되었으므로, 힘든 조정이 진행 중이다. 재정 우선의 위험(이 경우에는 중앙은행의 정책이 국가의 예산 지출 우선순위에 의해 좌우된다)과 금융 우선의 위험(이 경우에는 금융 시장을 지원해야 한다는 필요성에 의해서 중앙은행의 정책이 추진된다)이라는 쌍둥이 위험이 향후 몇 년 동안 증가할 것이다. 이런 환경에서는 통화 안정성과 금융안정성에 대한 위험을 독립적인 기관이 평가하고 해결하는 것이 그 어느 때보다 중요하다. 금리가 영원히 낮게 유지되고 시장이 어려울 때마다 당국이 나서서 구해줄 것이라고 많은 사람이 가정하는 환경에서는, 시장 기반 금융의 위험을 관리할 한층 더 적극적이고 전체론적인 접근이 꼭 필요하다. 마그나카르타의 교훈은 여전히 살아 있다. (마그나카르타에 대해서는 4장을 참조하라.)

지금 우리가 서 있는 곳에서 우리가 가야만 하는 곳으로 이동하려면, 정부는 다음 열 가지 요소를 갖춘 계획을 따라야 한다.

(1) 낡은 경제의 긴급 지원에서 벗어나서 모두가 번창하는 새로운 경제를 건설하는 방향으로 나아가겠다는 분명한 목표를 세운다. 현재의 문제를 방치해서 영구적인 것으로 만들기보다는 이 문제를 해결하는 데 효과가 있는 과제지향적인 자본주의, 과거를 보존하려 하기보다는 미래를 창조하는 사명 중심의 그런 과제지향적인 자본주의가 우리에게는 필요하다.

(2) 지출과 대출에 대한 규칙과 지침을 정해서, 한층 더 밝은 미래에 더 많이 집중하도록 장려하는 한편 지출과 대출을 절제한다.
  • 현재의 기본Current과 코로나Covid를 결합한 지출은 중기적인 차원에서 균형이 잡히도록 해야 한다.

- 자본Capital에 대한 투자는 건별로 하나씩 따로 식별되어야 하며, 이 투자는 국가 대차대조표에 추가되어야 할지 어떨지 결정하기 위해 독립적인 평가를 받아야 한다. 독립적인 예산기관(예를 들면, 영국의 경우에는 예산책임청Office for Budget Responsibility이 여기에 해당한다)들은 장기간에 걸친 경제 관련 편익과 단기적인 투자 편익을 비교 평가한 내용을 발표해야 한다.
- 정부가 낮은 금리를 이용하면서도 이 저금리에 유혹당하지 않도록 보장하는 세입 시험대를 위한 새로운 채무상환제도를 마련한다.

(3) 일자리를 지원하는 것에서 노동자를 지원하는 것으로 전환하기 위한 긴급 코로나 지원 대책을 강화한다. 임금의 일부를 지원받는 독일식 조업단축제도인 쿠어츠아르바이트Kurzarbeit가 이 과제에 딱 들어맞는다. 실업보험에 대한 특별 보조금은 재교육 프로그램, 특히 새로운 경제에 필요한 디지털 기술을 구축하는 프로그램과 연계되어야 한다. 기업에 대한 지원은 비용이 많이 드는 모두를 위한 포괄적인 지원보다는 가장 영향을 많이 받는 산업 부문들을 우선적으로 살리는 것을 목표로 삼아야 한다.

(4) 단기 경제 활동을 지원하는 것과 우리에게 필요한 물리적·디지털적·자연 자본을 구축하는 것, 이 두 가지 목표를 동시에 달성하기 위해서 정부 투자를 극대화한다.

(5) 일자리가 많고 자본집약적인 녹색 활동을 대상으로 하는 새로운 예산 대책을 집중적으로 개발한다. (여기에 대한 상세한 내용은 뒤에서 다시 살펴본다.)

(6) 규제 정책을 활용해서 경제의 미래 방향을 결정한다. [예컨대 내연기관의 단계적 폐지를 위한 명시적인 시간표(로드맵)와 수소 연료 관련 지침을 작성하라.] 이런 조치는 민간 투자를 촉진하는 확실성과 예측

가능성을 제공한다는 점에서 매우 중요하다.

(7) 금융 시스템이 탄소중립 경제로의 전환에 도움이 될 기반을 제공하는 금융 부문 정책을 추구한다.

(8) 명확한 의무와 투명한 행동 그리고 공적인 책임성을 할당함으로써 회복력을 구축하는 절제된 접근법을 마련한다.

(9) 인구통계 자료를 토대로 현재 지출의 지속가능성을 추적하고 새로운 자연자본 대차대조표를 통해 자연자본을 추적할 수 있는 세대 간 계정을 개발하라.

(10) 긱 이코노미에 종사하는 노동자를 위한 4차에 걸친 교육과 신규 고용보험제도를 포함해서, 오늘이 아닌 내일 과연 우리가 어떻게 일을 하게 될지를 결정하는 데 필요한 새로운 제도를 개발한다. (여기에 대한 자세한 내용은 바로 뒤에서 다룰 것이다.) 될 수 있으면 모든 사회경제적 집단을 가용 노동력에 포함하는 데 집중적으로 초점을 맞추어라.

지속가능한 회복. 이것은 그냥 구호가 아니다. 이것은 다음 세대가 누릴 자격이 있는 가치 있는 것이며, 지금 당장 우리에게 필요한 것이기도 하다. 이것은 일자리가 많아야 하며(기존의 도로와 교량을 건설하는 것처럼 '당장이라도 삽을 뜰 수 있는' 일보다 일자리가 더 많아야 하며), 자본집약적이어야 하고(금리가 낮고 가계지출이 억제된 시기에), 또 (모든 사회경제 집단에게, 현재 가장 크게 영향을 받는 지역과 산업에 속한 사람들에게 그리고 나중 세대 사람들에게) 공정해야 한다. 지속가능한 회복은 재분배보다 재생을 선호한다.

지속가능한 회복은 견고한 토대와 올바른 가치관 위에 구축되어야 한다.

제도 [*] 여기에는 '기관'이라는 의미도 포함한다와 시장, 모두를 위한 기회의 토대

강력한 제도와 공정하고 효과적인 시장은 모두를 위한 기회의 토대이다. 노벨상 수상자인 경제학자 더글러스 노스가 내린 정의에 따르면 제도는 "정치적·경제적·사회적 상호 작용을 구조화하는 것이며, 인간적으로 고안된 제약"이다.[16] 이 제약은 의회, 사법제도, 중앙은행, 사회안전망, 학교 등과 같은 공식적인 제도와 노동조합, 협회, 자선단체 등과 같은 비공식적인 제도를 모두 아우르는 사회적인 인프라이다.

시장 경제에 결정적으로 중요한 제도가 여러 개 있다. 가장 근본적으로는, 재산권은 사람들이 도둑질이나 착취 혹은 지대 추구 등에 대한 불필요한 두려움에 사로잡히지 않은 채로 자본을 소유하거나 창출할 수 있게 해준다. 자신이 수행한 노동의 결실을 자신이 소유할 수 있다는 전망이 있기에 사람들은 노력하고 혁신을 추진한다. 기록으로 입증되는 소유권은 사람들이 자신이 소유한 재산을 담보로 돈을 빌릴 수 있게 해준다. 만일 계약권이 보호받지 못한다면 상업적인 목적의 사업은 즉각적인 거래와 개인적인 관계를 기반으로 가능한 거래만 가능할 것이다.

다른 주요 제도들은 사업체의 설립과 운영 그리고 청산의 용이성을 결정한다. 이 제도들은 허가를 얻고, 금융권에 접근하고, 세금을 내고, 국경을 넘어 거래하고, 부실을 관리하고 처리하는 조건을 규정한다. 이런 경제제도들이 있기에 새로운 발상과 새로운 기업의 '창조적인 파괴의 돌풍'이 가능하다.

비록 이런 제도들이 시장이 기능해야 하는 방식에 대한 어떤 틀을 제공하지만, 만일 사람들이 이런 제도들을 따르지 않는다면 이것들은 아무런 의미가 없다. 그러므로 이런 제도들을 연구하는 사람들은 우리의 행동을 유도하는 비공식적인 제약들에, 예컨대 관습이나 관행 그리고 금기에, 즉 애덤 스미스가 '도덕감정'이라고 불렀던 것에 흔히 초점을 맞춘다. 공식적인 구조를 보완할 때 이러한 제약들, 즉 규범은 약속 이행을 보장하고 법률적인 빈틈을 메워준다. 그런데 이런 규범이 지켜지지 않을 때, 제도들은 개인 행위자들을 통제하기 위해서 법률적인 구조에 한층 더 큰 (종종 비현실적이기까지 한) 압력을 가한다. 이런 점에서 가치관은 단순히 제도의 건강성을 보증하기 위한 토대만이 아니라 제도 그 자체이기도 하다.

제도가 경제 성장을 설명하는 데 있어 지리나 국제무역보다 더 중요한 요소라는 사실은 이미 오래전에 판명되었다.[17] 좋은 제도는 생산 활동을 장려하고, 규범을 만들어서 거래비용을 줄이며, 불확실성을 줄이고, 경제 성장을 저해하는 행동을 억제한다. 반면에 나쁜 제도는 부패와 지대 추구의 문화로 이어진다. 이와 관련해서 노스는 다음과 같이 설명한다.

"제도가 생산적인 활동보다는 해적행위(일반적인 용어로 표현하면 재분배적인 활동redistributive activity＊예를 들면 소송행위가 여기에 속한다)에 더 많은 보상을 보장한다면, 모든 사람은 당연히 보다 더 나은 해적이 되는 법을 배우려 들 것이다."[18]

제도의 효율성은 각 해당 제도의 적응 방식에 따라 달라진다. 제도는 시간이 지남에 따라서 사회적 흐름을 타고 표류할 것이고, 그러다 보면 중요한 시점에 새롭게 확립된 규범과 구조가 나타난다.[19] 이렇게 새로 나타나는 제도는, 전체 사회 가운데서 많은 구성원을 한층 더 가난하게 만드는 기술적 혼란으로 인해 발생하는 긴급한 금융적·사회적 요구에 대한 대응을 포함해서 온갖 다양한 이유로 생겨난다. 그런 시간은 그저 시작일 뿐이다.

이런 전환을 매끄럽게 만들고 4차 산업혁명의 편익을 실현하려면 교육부터 금융에 이르기까지 사실상 모든 제도의 정비가 필요하다고 역사는 가르친다. 앞선 세 차례의 혁명에서 초등 교육과 중등 교육 그리고 3차

교육의 등장으로 노동자들의 기술이 근본적으로 바뀌었다. 새로운 보험 제도들은 실업 보험과 보편적 보건의료 등의 형태로 전환 과정에서 뒤처진 사람들을 지원했다. 협동조합, 노동조합, 최저임금 도입 그리고 민간 기업 연금제 등과 같은 새로운 노동 시장 제도는 사람들 사이에 존재하는 격차를 줄였다. 그리고 세계화된 경제에 대응할 목적으로 유한책임회사와 국제전화 시장과 같은 새로운 시장 구조들이 개발되었다.

목적도 없이 보이지 않는 손의 지시를 받는 형식적인 제도와 시장에만 의존하는 경제는 모래성이나 마찬가지임을 기억해야 한다. 이런 경제는 어떤 가치관이 표현되는지가 아니라 가치가 도출되는 방식에 영향을 미친다. 이런 경제는 불평등을 조장하는 힘들을 제대로 바라보지 못하며, 또한 우리 사회에 현실적으로 존재하며 점점 커지는 취약점들을 바라보지도 못한다. 이런 경제는 사람들의 행복과 후생복지보다는 계량적으로 측정된 종합적인 가치를 높이겠다고 약속한다. 그러나 둘 다 해내지 못한다. 왜냐하면 이런 경제는 시간이 지남에 따라서 시장의 사회적 제도를 허약하게 만들기 때문이다.

진보를 위해서, 가장 시급한 문제에 대한 해결책을 찾기 위해서, 더 나아가 가장 큰 기회를 포착하기 위해서라도 시장은 꼭 필요하다. 그러나 시장은 진공 상태에서는 존재하지 않는다. 시장은 사회적 구조물이며, 시장의 효과는 부분적으로 국가가 정한 법률에 의해서 또 부분적으로는 사회의 가치관에 의해서 결정된다. 그런데 만일 시장을 방치하면 어떻게 될까? 이때 시장은 국가의 법률과 사회의 가치관을 부식시키고 말 것이다.

그 누구도 소외되거나 배척당하지 않는 포용적인 번영을 이루려면 선견지명과 의지가 필요하다. 우리는 막연히 기대만 할 것인가, 아니면 대응할 것인가? 인류가 영혼을 잃는 동안에 기계가 전 세계를 지배할 것을 막을 가치관을 우리는 과연 가지고 있는가? 사회적 자본을 구축하려면 개인과 기업과 국가 사이에는 목적의식과 공동의 가치관이 있어야 한다. 그렇기에 이 책은 각 개인이 몸담을 천직을 구축하고, 기업에 목적의식을 심어주며, 국가 내에 국가주의를 넘어서는 애국심에 호소함으로써 목적의식과 가치관을 발전시켜야 할 필요성을 강조해왔다. 이어서 이러한 원칙을 실행하는 방법의 몇 가지 사례를 살펴보자.

모두를 위한 가치를 창조하는 핵심 가치관

최근 수십 년 동안 누적된 적자를 감안하면, 우리는 지금 시장이 잘 돌아가도록 사회적 자본을 재건하는 데 집중해야 한다. 그러려면 개인과 기업이 시스템에 대해서 자기가 져야 하는 책임감을 재발견해야 한다. 좀 더 넓게는 사회의 가치관에 대한 가치평가를 재조정함으로써 비로소 우리는 우리의 가장 큰 문제를 해결하는 데 초점을 맞추는 플랫폼들을, 즉 모든 사람에게 번영을 안겨줄 플랫폼들을 만들 수 있다.

이런 바람들은 순진한 소망이 아니며, '시장에 어긋나는 것anti-market'도 아니다. 이 책이 담고 있는 지도자와 기업과 국가가 실천할 구체적인 실행 계획은 시장의 역동성이 우리의 번영과 복지에 반드시 필요하다는 것을 명백하게 인식한다. 하지만 시장에게도 역시 목적이 필요하다. 우리는 모두가 공유하는 이해와 가치관을 통해서 모두를 위한 가치를 창조할 시장의 역동성을 이끌어낼 수 있다.

그러기 위해서 우리는 이 책에서 줄곧 강조해왔던 핵심적인 가치관을 강화해야 한다.

- 연대
- 공정성

- 의무
- 회복력
- 지속가능성
- 역동성
- 겸손함

이어서 어떻게 하면 모든 사람에게 이익이 되도록 이런 가치관에 따라서 살고 또 이런 가치관을 성장시킬 수 있을지에 대해 알아보자. 지금부터 구체적인 사례를 살펴보자.

연대

연대는 코로나에 대한 효과적인 대응의 핵심으로 줄곧 기능하고 있다. 연대는 탄소중립 경제로의 전환에서 절대적으로 중요하다. 또한 연대는 4차 산업혁명의 성공을 좌우할 것이다. 4차 산업혁명에서는 연대의 가치를 소중하게 여기는 새로운 제도에 대한 필요성이 무엇보다도 크기 때문이다.

연대는 기업과 이해관계자들, 즉 직원, 협력업체, 고객, 공동체 등을 하나로 이어준다. 연대는 해당 지역 전체로 확장된다. 연대는 국제적이다. 궁극적으로 연대는 사람에 관한 것이다. 연대는 사람들이 다양한 경력을 쌓기 위해 새로운 기술을 습득하도록 돕는 방법에 관한 것이며, 새로운 산업으로의 전환을 돕는 방법에 관한 것이고, 경제적 변화가 모두에게 이익을 안겨주도록 보장하는 방법에 관한 것이다.

이렇게 하면 우리는 일자리가 아니라 노동자를 지원할 필요가 있다. 기업은 고용이 아니라 고용 가능성을 보장해야 한다. 정부는 노동 시장과 교육제도를 재설계해서 새로운 방식으로 일하는 것이 존엄성과 목적이라는 지속적인 가치관을 존중하도록 해야 한다.

이 장 앞부분에서 우리는 4차 산업혁명 과정에서 나타날 수 있는 일자리 소멸의 잠재적인 규모를 살펴보았다. 코로나 팬데믹 때문에 자동화 도입이 가속화되었고 얼마나 많은 노동자가 위험에 취약하게 노출되어 있는지 드러났다. 예를 들어서 맥킨지는 1,100개의 소규모 노동 시장을 분석한 어떤 연구논문을 통해서, 기술과 일자리의 증감 사이의 부정합이 점점 늘어나고 있으며, 코로나에 특히 취약한 노동자 계층이 기술에 영향을 받는 노동자 계층과 상당히 많이 겹친다는 사실을 확인했다.[20] 미국에서 이런 모습은 저임금 일자리들에서 나타나는 경향이 있는데, 저임금 일자리를 가진 사람들 가운데는 소수민족 노동자들이 많은 비중을 차지한다. 포용과 공정성과 관련된 커다란 쟁점들이 바로 이 지점에서 비롯된다.

앞에서도 언급했듯이 과거의 산업혁명들에서는 공공기관과 민간기관 그리고 제3자 기관의 활동은 전환 기간을 줄이는 데뿐 아니라 이 기간에 노동자들이 감내해야 하는 충격과 비용을 줄이는 데도 도움을 주었다.[21]

과거의 경험을 토대로 한다면 이번의 4차 산업혁명에서는 어떤 일들이 가능할까?

첫째, 앞으로 필요하게 될 새로운 기술들을 한층 더 잘 이해하는 데 모든 사람이 기여할 수 있다. 현재 자기가 확보한 인력과 미래에 요구될 인력 사이의 불일치에 대한 해당 기업의 세분화된 검토, 범용 기술들이 적용될 수 있는 잠재적인 범위에 대한 해당 기술을 만든 사람들의 추정, 노동 시장에서의 추세와 자동화 속도에 대한 공적인 기관들의 보고 등이 모두 한층 더 잘 이해해야 할 대상에 포함된다.

둘째, 조세제도는 숙련된 (그래서 성취감을 주는) 고용을 지원해야 한다. 노동 충격이 가까이 다가옴을 뻔히 알면서도 노동을 희생하면서 계속

자본을 지원할 수는 없다. 현재 대부분 국가에서는 사람에게 투자하는 것보다 기계나 소프트웨어에 투자하는 것이 더 매력적이다. 이런 상황을 바꾸어야 한다. 유형자본(공장과 기계)과 무형자본(아이디어와 절차) 그리고 사람(경제학자가 '인적자본'이라고 일컫는 것)에 대한 투자에 세금을 각각 다르게 부과하는 것이 어떤 의미가 있을지 평가해야 할 필요성 가운데 한 부분이기 때문이다. 직원의 역량을 개발하는 것만큼 확실한 것은 없다.

창조적이고 포용적인 경제에서는 정신이 점점 더 중요해지는데 군이 정신이 아닌 물리적인 대상에 투자하는 것이 도대체 왜 유리하다는 말인가? 그리고, 미국에서 소프트웨어와 구조 그리고 장비에 대해서는 세율이 10대 중반에서 심지어 한 자릿수까지 떨어지는 데 비해서 평균 노동세율은 약 25퍼센트(급여세와 연방소득세 합산)나 된다는 사실이 도대체 말이 되는가? 우리가 소중히 여기는 것이 무엇인지 이해한다면, 보수가 좋은 일자리 창출에 도움이 되는 기술들의 개발과 활용은 한층 더 확대될 것이다.

셋째, 고용주는 노동자의 고용 가능성을 높이는 데 한층 더 큰 의무를 져야 한다. 이렇게 하면 고용주에게도 이득이 된다. 새로운 기술이 도입되는 속도가 기존 직원이 가진 기술에 의해 제한되는 경우가 많기 때문이다. 업무와 일자리를 잃고 일터에서 밀려나는 사람들을 책임지는 것이 사업계획과 사회적 허가의 한 부분이 되어야 한다. 예를 들어 여러 해 전에 AT&T는 회사의 일자리 중 10만 개가 10년 뒤에는 사라질 것이라고 판단했는데, 이때 AT&T는 그 일자리의 직원을 해고하고 다른 사람을 고용하는 대신에 미래의 일자리에 적합하도록 기존 직원을 교육하는 데 10억 달러를 투자했다.

넷째, 새로운 범용 기술을 제공하는 사람도 일자리 창출 또는 광범위한 사회적 이익을 극대화하는 방향으로 제품과 서비스를 개발할 방법을 모색할 의무를 가져야 한다. 불평등을 심화한 것은 세계화와 기술이 아니라 세계화와 기술에 대한 우리의 대응이다. 우리는 변혁적인 기술들은 수십 년에 걸친 조정 과정을 초래한다는 역사의 교훈을 무시하고서, 그저 밀물이 들어오면 바닥에 놓여 있던 모든 배가 두둥실 뜰 것이라고만 가정했다. 그러나 이제는 달라져야 한다. 기존 일자리를 무작정 대체하기보다는 새로운 기술을 어떻게 활용하면 기존 일자리를 끌어올릴 수 있을지, 미래의 일자리를 기대하는 가운데서 그런 기술을 어떻게 하면 구축할 수 있을지에 초점을 맞춰서 생각할 필요가 있다. 예를 들어서 선도적인 인공지능 회사인 딥마인드는 '윤리와 사회 연구소Ethics and Society Research Unit'를 설립했다. 기술 전문가들이 자신이 아는 일에 윤리성을 고려하고 인공지능이 많은 사람을 위해서 사용될 수 있도록 돕기 위함이었다. 더 나아가 우리 사회가 인공지능이 가져다줄 충격을 가늠하고 그 방향성을 지시하는 것도 목적 가운데 하나였다.

만일 우리가 '설계에 의한 디지털digital by design'을 선택하지 않으면 '기본설정에 의한 디지털digital by default'이 세상을 장악할 것이다. 우리는 빅테크* 대형 정보기술기업의 눈으로 기술을 바라보아서는 안 된다. 빅테크의 관점에서는, 알고리즘은 인간의 역할을 대체해 수행하는 것이며 빅데이터를 중심으로 사업 모델을 제공한다. 기술이 모든 상호 작용을 조직하는 것이다. 우리는 우선 탄소 저감과 노동 수익 개선에 도움이 되는 기술들과 여기에 따른 결과의 가치를 높게 평가해야 한다. 이런 과정은 탄소세 그리고 한층 더 많은 인력-자본집약적 부문이 확대되도록 유도하는 다른 인센티브로 도움을 받을 수 있다. MIT의 대런 애쓰모글루 교수는 '미리 정해진 길'이 아닌 기술 변화 그 자체의 방향을 재설성함으로써 한층 더 멀리 나아가야 한다고 주장한다. 만일 기술이 노동에 막대한 경제적·사회적 비용을 강요하는 식으로 불리하게 편향되어 있다면, 기업과 기술을 규제하는 방법 그리고 정부가 기술 제공업체들 및 지도자들과 접촉하는 방식을 바꿈으로써 해당 기술의 방향성을 재설정할 방법을 찾는 것이 절대적으로 필요하다.

다섯째, 우리는 중하위 노동자들이 기술을 개발하는 데 초점을 맞출 필요가 있다. 최상위의 능력자들은 각자 자신의 역할과 접점을 통해서 지속적으로 학습을 수행한다. 그렇지만 포용적 성장을 위해서는 이들만이 아니라 사회 전반에 걸친 사람들이 기술을 개발할 수 있도록 만드는 확고한 노력이 필요하다. 특히 인접한 기술들이나 기존 기술 조합들 위에 구축된 기술들에 특별히 강조점이 두어져야 한다.

여섯째, 어디에서나 연결되는 합리적인 가격의 광대역 서비스가 모두가 누려야 할 당연한 권리임은 말할 나위도 없다. 포괄적 성장은 이런 서비스가 합리적인 가격으로 전국을 아우를 것을 요구한다. 광대역 사업자의 보편적 서비스 의무와 경쟁 정책은 단순히 많은 사람이 사용할 수 있도록 하는 게 아니라 누구나 다 사용할 수 있도록 설계되어야 한다. 팬데믹 기간에 광대역 접속이 사람들에게 골고루 보장되지 않았던 것은 불평등 가운데서 가장 큰 사건 중 하나였다. 이런 불평등은 사회 전반에 걸쳐서 교육의 성과와 일자리 전망에 직접적인 영향을 미쳤다. 늘어나는 해외 경쟁 증가부터 기존 기술들을 뛰어넘는 야심적인 저궤도 위성 시스템에 이르기까지 우리는 모든 선택권을 살펴보아야 한다. 재택근무가 점점 더 많이 가능해지는 세상에서는 정보통신 기술 분야 혁명에서 지리적인 거리가 아무런 문제가 되지 않는 일이 실현될 것이다.

일곱째, 노동이동＊노동자의 직종 간·기업 간·산업 간·지역 간 이동 현상을 촉진하고 여러 산업에서 출현하는 새로운 고용 형태로부터 노동자를 보호하는 일을 장려할 목적을 가진 새로운 노동 시장 기관이 필요할 것이다. 현대의 노동 관행에 대한 영국 정부 차원의 보고서인 「테일러 리뷰Good work: the Taylor review of modern working practices」는 노동에 대한 기존의 (개념적 및 법률적) 정의가 적절하지 않다고 주장했다.[22] 긱 이코노미에는 자영업자도 아니고 종업원도 아니며 '종속계약자dependent contractor'＊국제노동기구의 정의에 따르면, '노무를 제공하는 데 따른 경제 단위에 종속되어 있지만 그 계약 관계가 고용 계약이 아닌 상업적 계약의 성격을 가지고 있는 이'이다에 가까운 제3의 노동자 계급이 있다. 이런 유형의 노동자에 대해서 '고용주' 혹은 플랫폼 제공업체가 저야 하는 의무가 명확하게 정의되어야 한다. 이 노동자들도 자신의 권리와 안전망이라는 측면에서 다른 노동자와 동등하게 보호받아야 한다. 코로나 관련 지원 프로그램들 가운데 많은 것들이 현재 가장 빠르게 성장하는 이 노동자 계층을 완전히 외면하고 있다. 「테일러 리뷰」는 플랫폼 노동자들이 유연성을 계속 누리면서도 최저임금을 보장받고, 기본적인 수준의 보호(휴일과 유급 병가)를 누리며 승진 기회를 제공받아야 한다고 주장했다. 그 밖의 다른 쟁점들로는 지원자와 일자리 직무의 매칭을 개선하기 위한 기술적인 해법부터 새로운 데이터 이동＊서로 다른 인터넷 서비스 간에 사용자의 아이디ID, 사진, 비디오 등 다양한 형태의 개인 데이터를 제어, 공유, 이동하는 것(이 데이터에는 평판 기록도 포함된다), 프레임워크에 이르기까지 다양하다.

마지막으로 여덟째, 진정한 평생학습을 위해서 교육을 근본적으로 재검토할 필요가 있다. 각각의 산업혁명에서는 결국 교육기관에서의 중요한 혁신들이 함께 이루어졌다. 평생직장이라는 개념이 더는 존재하지 않는 고용 시장에서 미래의 기술 수요를 충족하려면 각급 교육 수준(초등교육, 중등 교육 그리고 직업 교육)에서는 무엇을 할 수 있을까?

조기교육이 중요하다는 말은 너무도 뻔하다. 이것은 유아를 초등학교에 보낸다는 이야기가 아니고, 유아를 그가 속한 공동체에 참여시키고 다양한 배경과 업적을 가진 사람들 속에서 공동체의 일원이 되도록 키운다는 이야기이다. 공립학교 시스템은 학생이 사회적 이동을 할 수 있는 경로 그리고 탁월한 역량을 발휘할 수 있는 경로가 되어야 한다. 엘리트들을 위한 병행제도parallel system는 경제적·사회적·도덕적으로 재앙이다. 훌륭한 공교육은 싱가포르처럼 초중등 교사에게 안식년을 주는 것을 포함하여, 교사를 선발하고 훈련시키고 재교육시키는 것을 필요로 한다. 홀름한 공교육에는 학생들이 가진 다양한 강점을 계발하기 위한 차별화된 학습 경로가 필요하지만, 학생들이 제각기 다른 계층으로 이동할 수 있도록 유연성도 갖추고 있어야 한다. 훌륭한 공교육을 실현하려면 상당한 투자와 지속적인 실험이 필요하다.

기대수명이 100세 가까이 되는 세상에서 중요한 쟁점 하나는, 어떻게 하면 사람들이 경력을 이어가는 도중에 재교육을 받을 수 있도록 제도화하고 또 이것을 사회복지제도와 통합하느냐 하는 문제이다. 초등·중등·3차 교육처럼 보편성 원칙에 기초한 4차 교육제도가 시급하게 필요한 시점이 다가오고 있다. 또 이런 중간 직업 훈련을 지원하기 위해서는 여기에 맞는 사회복지제도를 개발할 필요가 있다. 왜냐하면 필수적인 이 기술 재교육 기간에 노동자들은 가족을 부양해야 하고 또 주택담보대출의 원리금을 상환해야 할 것이기 때문이다. 시간이 흐르면서 인구의 절반 이상이 3차나 4차 교육을 받을 텐데, 이때는 직업 훈련의 필요성이 한층 더 커질 것이다.

아울러, 영국의 유연학습기금Flexible Learning Fund과 싱가포르의 스킬스퓨처Skills Future 제도와 같은 대규모 재교육제도가 해야 할 역할이 있다. 스킬스퓨처는 25세 이상의 모든 시민에게 업무 기술과 관련해서 승인을 받은 교육 과정에 대한 수강료로 250파운드를 사용할 수 있도록 지원하는 제도이다. 게다가 40세 이상의 싱가포르인에게는 최대 90퍼센트까지 추가로 제공한다. 스킬스퓨처의 CEO에 따르면, 지속적인 재교육에 대한 사고방식을 바꾸는 것은 지출에 따르는 수익보다 더 중요하다.

이러한 정책의 전반적인 방향성은 모두에게 잘사는 기회를 제공하는 것이다. 연대는 함께 일하는 것이다. 연대는 재분배보다는 재생에 관한 것이다. 즉 물고기를 주기보다는 물고기를 잡는 방법을 가르치는 것이다. 모든 사람이 자신의 실질소득과 전망이 평생 성장하는 것으로 바라보도록 하는 것이 중요하다. 많은 나라에서 국민 가운데 압도적으로 높은 비율을 차지하는 사람들의 임금이 오랜 세월 정체되어 있는데, 이것은 도덕적으로 정당하지도 않고 정치적으로 지속가능하지도 않다. 물론 우리가 목표로 하는 기준은 높다. 그러나 기업, 지역사회, 정부, 가족이 모두 노력해서 기어코 달성해야만 하는 기준이다.

공정성과 의무

내가 중앙은행에 있으면서 배운 두 가지 핵심 교훈은 다음과 같다. 시장은 공정해야 한다는 것, 그리고 시장 참여자가 책임감을 가지고 의무를 다해야 공정성이 유지된다는 것이다. 공정성과 의무는 금융 시장에서 고용 시장에 이르는 모든 시장에서 나란히 함께한다.

제도나 기관이 공정성을 저해하는 방식으로 발전하기란 고통스러울 정도로 쉽다. 애쓰모글루와 제임스 로빈슨은 개발도상국들에서 나쁜 제도가 확고하게 자리를 잡고 있는 것은 국민으로부터 부富를 뽑아낼 목적으로 제도를 마련했던 식민통치의 유산이 여전히 남아 있기 때문이라고 지적한다.[23] 제도와 기관은 사회의 축적된 학문을 반영하고 있으므로, 이들 시스템은 법률, 경제, 정치 등의 분야에서 개혁이 이루어짐에도 여전히 영향력을 행사한다. 부정부패는 일종의 고질적인 풍토병인데, 이 질병은 형식적인 법률만으로 뿌리 뽑을 수 없다. 경제학자 더글러스 노스 역시 이런 **경로의존성 ＊ 일정한 경로에 한번 의존하기 시작하면 나중에 그 경로가 비효율적이라는 사실을 알고도 여전히 그 경로를 벗어나지 못하는 경향성**을 나쁜 제도와 기간이 생명을 이어가게 만드는 주범으로 지목한다.

니얼 퍼거슨은 BBC 라디오 방송국의 강의 프로그램인 〈리스 강의 Reith Lectures〉에서 과거에 강력하던 제도나 기관이 쇠퇴한 과정에 초점을 맞추어서 강의했다. 퍼거슨은 서구 국가들에서 나타나는 정체의 이유가 현재의 상태가 유지되길 고집하며 성장을 가로막는 제도에 있다고 보았다.[24] 그가 든 사례에는 지나친 간섭을 받으면서 비대해졌지만 덩치가 너무 커진 바람에 (대마불사의 논리의 따라서) 파산을 할 수도 없었던 은행들과 교원노조의 포로가 되어버린 미국 공립학교들이 포함되어 있었다. 퍼거슨은 서구의 기업들이 비공식적인 지대 추구의 문화가 아니라 경제 활동을 구속하는 부담스러운 규제와 비싼 법률 수수료 때문에 고통을 당한다고 바라보았다. 퍼거슨의 주장은 맨슈어 올슨의 논리와 일맥상통하는데, 올슨은 안정적인 사회라고 하더라도 시간이 지남에 따라서 이익집단들이 형성되고 이들이 세력을 키우면서 제도경화증이 나타나고 경제 성장은 허약해진다고 믿었다.[25]

경로의존성과 제도경화증에도 동일한 치료제인 포용성이 처방된다. 애쓰모글루와 로빈슨은 정치적 참여를 통해 많은 사람이 경제 활동에 참여하도록 장려하는 제도와 기관을 마련하는 것이 중요하다고 강조한다. 퍼거슨은 이 제도와 기관은 법률가가 아닌 시민이 만들 필요가 있다고 주장한다. 양측 주장에서 모두 경제는 정치에 의존한다. 이런 논지는 노스에게서도 볼 수 있는데, 그는 1993년 노벨상 수상 연설에서 공정하고 개방된 시장을 보장하기란 "매우 복잡한 과정인데, 경제 관련 제도나 기관을 새로 만들어야 할 뿐 아니라 적절한 정치적 제도나 기관의 지원을 필요로 하기 때문"이라고 강조했다.

제도나 기관이 정당성을 유지하려면 포괄성을 지향해야 하는 한편, 짜내는 방식으로써 부를 창조하려는 추출성을 지양해야 한다. 그리고 제도나 기관이 사회 전체에 이득을 안겨주는 한편, 권력자의 손에 놀아나지 않도록 하기 위해서는 끊임없이 경계해야 한다.

지금까지 살펴보았듯이 제도와 기관은 게임의 규칙이며 우리의 정치적·경제적·사회적 상호 작용을 구성하는 제약조건이다. 그리고 공정성은 그것들이 정당성을 확보하기 위한 필수 조건이다.

법률, 규칙, 법규, 관례가 똑같이 적용되고, 사람들에게 그렇게 보이는 것이 중요하다. 내부자와 엘리트들을 위한 규칙과 나머지를 위한 규칙이 따로 있을 수 없다. 높은 지위에 있는 인사들이 코로나 제한 규정을 어긴 일로 퇴진할 수밖에 없었던 것도 이 때문이다. 그리고 2008년 세계 금융 위기의 여파로 드러난 금융 시스템에서의 일련의 불평등과 추문이 금융의 정당성에 (그리고 어느 정도는 시장 자체에) 해악을 끼친다는 사실이 입증된 것도 이 때문이다.

시장은 대체로 선하게 작동하는 힘이지만, 자칫하면 시장 자체가 잘못될 수도 있다. 시장이 방치될 때 시장에 불안정과 과잉 그리고 남용이 넘치기 쉽다. 지속가능한 번영을 위해서는 온당한 시장이 필요하다. 이런 시장은 금융 위기를 초래하기까지 거품으로 발전했던 그런 시장이 아니다. 해외에서 비롯된 충격에 무너지고 마는 시장이나 채팅방에서 거래가 발생하는 시장이나 혹은 아무도 책임을 지지 않는 그런 시장이 아니다.

세계 금융 위기 때, 튼튼하게 보이기만 하던 많은 시장이 알고 보니 사실은 온실 안 화초처럼 지나친 보호를 받은 시장이거나 부패한 시장이었음이 드러났다.

- 주요 은행들은 덩치가 너무 크다는 이유로 파산하지도 않았다. 이들은 "동전을 던져서 앞면이 나오면 내가 이기고 뒷면이 나오면 네가 진다"는 거품 속에서 흥청거리며 특권을 누렸다.
- 개인적인 이익을 추구하려고 기준을 조작하는 행위가 광범위하게 이루어졌다.
- 주식 시장에서는 공정성이 땅에 떨어졌고, 개인 투자자보다는 기술적인 권한을 가진 사람들이 유리했다.[26]

실제 시장들은 비공식적이고 클럽적인 것이 아니라 전문적이고 개방적이다. 실제 시장은 온라인에서 결탁하기보다는 자기가 가진 강점을 내세워서 다른 시장과 경쟁한다. 실제 시장은 탄력적이고 공정하며 효과적이다. 이 시장들은 사회적 허가를 유지한다.

실제 시장은 그냥 성립되는 게 아니라 시장 인프라의 품질에 따라서 형성된다. 강력한 시장 인프라는 공공재이며, 최상의 시장은 끊임없이 혁신하므로 이 시장에서는 공급 부족의 위험이 상존한다. 공공 부문과 민간 부문의 모든 시장 참여자가 전체 시스템에 대한 자기 의무를 인식하는 경우에만 이 내재적 위험은 관리될 수 있다.

시장의 영향력을 극대화하고 시장에서 운영될 필요가 있는 사회적 자본을 유지하기 위해서 우리는 시장이 효과적인 동시에 공정하게 돌아가게 만드는 일련의 조치를 취해야 한다. 그러려면 적절한 하드 인프라(공정하고 개방적인 시장 거래와 결제 플랫폼)와 소프트 인프라(규칙과 규정)가 필요하다. 즉 경쟁을 촉진해야 한다는 뜻이다. 관련된 정보를 모두 공개하고 이 정보에 대한 접근성을 동등하게 보장하는 등의 투명성이 전제되어야 한다는 말이다. 앞서 9장에서 개략적으로 설명했듯이, 잉글랜드은행은 여기에 대한 이해를 유도하기 위해서 FICC(채권, 외환, 상품) 시장들을 위한 공정하고 효과적인 원칙을 마련하는 데 힘을 보탰다.[27]

시장 참여자들에게 한층 더 큰 의무를 부과하면서 공정성을 높이는 한 가지 방법은 시장 참여자가 직접 투자하도록 하는 것이다. 즉 실패할 경우 그 피해가 본인에게 돌아가도록 하는 것이다. 예를 들어 7장과 8장에서 살펴본 것처럼, "동전을 던져서 앞면이 나오면 내가 이기고 뒷면이 나오면 네가 진다"는 식의 이기적인 자본주의의 방만한 경영이 빚어냈던 '덩치가 너무 커서 파산하려고 해도 파산할 수 없는' 모습은 금융과 엘리트 계층 그리고 시장 시스템 자체에 불신을 초래한 중요한 요인이었다.

그러므로 이런 일이 다시는 되풀이되지 않도록 만들기 위한 개혁으로는 특히 고위 경영진에 대한 보상 구조를 크게 바꾸는 것이 매우 중요하다.

이 위기의 핵심적인 교훈은 단기 수익에 거액의 상여금을 지급하는 구조의 보상제도가 장기적인 위험과 꼬리위험을 지나치게 많이 무릅쓰도록 부추겼다는 점이다. 이런 보상 구조에서는 오로지 현재만 중요할 뿐 미래는 어떻게 되든 아무런 상관이 없었다. 기업의 (보다 더 폭넓게는 사회의) 장기적 이익과 연동되는 보다 더 나은 보상제도를 마련하기 위해서, 이제는 보상액의 상당 부분을 최대 7년 동안 지급유예함으로써 위험과 보상을 연동시킨다. 그래서 개인이나 팀 또는 기업의 비리행위가 드러나거나 위험 관리에 실패했다는 증거가 나오면 보너스 지급액이 줄어들게 되었다.

리보금리나 외국환FX을 조작했던 추문들은 경제 관련 기관들이 특수한 집단의 이익에 따라 어떻게 왜곡될 수 있는지, 그리고 사회 전체의 이익을 위해서 어떻게 개혁될 수 있는지 보여주는 실질적인 사례이다. 리보금리는 전세계에서 가장 중요한 이자율 중 하나인 공공재로, 수조 달러 규모의 주택담보대출과 파생상품 계약의 기준이 된다. 그래서 2012년에 몇몇 은행이 리보금리를 놓고 담합했다는 사실은, 그리고 외환시장의 구석진 곳에서 그것과 비슷한 부정행위가 발생했다는 사실은 충격이었다.

앞에서 살펴보았듯이, 이 시장들에서 공정성을 회복하기 위한 움직임은 크게 두 부류가 있었다. 첫째, 부정행위를 하기가 한층 더 어려워지도록 하드 인프라를 개혁하는 것이었다. (이 개혁 대상에는 기준점들, 거래 플랫폼, 관리감독 시스템도 포함되었다.) 그런데 시장을 지배하는 규칙과 약속인 소프트 인프라의 변화도 그에 못지않게 중요했다. 새로운 약속과 기준은 제도와 기관이 포용적이어야 한다는 원칙에 입각해서, 그리고 공정한 시장이라는 원칙을 살리겠다는 목적 아래 민간 부문에 의해서 설계되었다. 그리고 당국자들은 시장 참여자들이 잘 이해하고 폭넓게 따르며 또 결정

적으로는 시장 발전에 보조를 맞출 시장 관행의 표준을 개발하도록 권장해왔다.[28]

9장에서 강조했듯이, 아무리 좋은 규칙이나 약속이라고 하더라도 아무도 읽지 않고 아무도 따르지 않고 아무도 강제하지 않으면 아무런 쓸모가 없다. 영국의 고위관리자체제SMR와 같은 조치들이 나온 것도 바로 이런 이유 때문이다. 고위관리자체제는 기업이 이런 약속을 자발적으로 만들도록 동기를 부여함으로써, 연공서열과 책임성의 연결고리를 재정립해서 자발적인 약속이 실제로 효과를 발휘하도록 한다.

이 책에서 계속 강조했듯이 궁극적으로 사회적 자본은 계약적 자본이 아니다. 정교한 보상 구조가 보상과 위험을 한층 더 잘 연동시킬 수는 있겠지만, 그 어떤 보상 구조도 개인의 행동이 (시스템에 대한 신뢰를 포함해서) 시스템상의 위험에 미치는 영향을 완전히 내재화할 수는 없다. 청렴함은 돈으로 살 수도 없고 법으로 미리 옭아맬 수도 없다. 최상의 규정과 원칙과 보상제도와 시장 규율이 갖추어져 있다고 하더라도 시장 참여자들은 자신이 설정한 기준에 입각해서 끊임없이 자신을 뒤돌아봐야 한다. 진정한 의미의 이해관계자가 되어서, 자신이 하는 행동이 단순히 개인적인 보상에만 영향을 미치는 것이 아니라 자신이 운영하는 시스템의 정당성에도 영향을 미친다는 것을 깨달아야 한다.

모든 시장 참여자는 시스템이 지속가능하려면 시장 무결성이라는 조건이 필수적임을 알아야 한다. 이러한 연대감이 구축되려면 궁극적으로 자신이 시장에서 수행하는 사업 활동이 하나의 천직, 즉 윤리적 기준이 높은 활동으로 인식되어야 하는데, 그러면 결국 시장 참여자에게 일정한 책임이 뒤따라야 한다. 이것은 다음과 같은 올바른 질문을 하는 것에서 시작된다. 금융은 누구에게 서비스를 제공하는가? 금융 시스템 그 자체에게? 실물 경제에? 사회에? 또 금융 부문 종사자는 누구에게 책임을 져야 할까? 자기 자신에게? 자신이 하는 사업에? 자신이 속한 전체 시스템에?

이 질문에 대한 대답은 금융자본주의는 그 자체가 목적이 아니라 투자, 혁신, 성장, 번영을 촉진하는 수단임을 깨닫는 데서 출발한다. 은행업의 본질은 중개 활동, 즉 실물 경제의 대출자와 예금자를 연결하는 것이다. 그런데 은행업은 사업을 사업으로서가 아니라 은행 그 자체로 바라보았고, 관계를 관계로서가 아니라 거래로 바라보았으며, 고객을 고객으로서가 아니라 거래 상대방으로 바라보았다. 이 과정에서 금융 위기가 생성되었고, 결국 은행업은 그 위기에 된서리를 맞았다.

은행 종사자가 최종 사용자에게서 멀어질 때, 이들에게 고객이나 동료의 성공을 도울 때의 만족감은 아무것도 아닌 것이 되며, 이들의 유일한 보상은 돈이 된다. 인간 상태에 대한 이런 환원주의적 시각은, 장기적인 번영을 뒷받침하는 데 필요한 윤리적인 금융기관으로서는 열악하기짝이 없는 기반이다. 단단한 기반을 다시 세우는 데 도움이 되기 위해서금융 종사자들은 구획화를 피해야 한다. 구획화란 자신의 삶을 제각기 고유한 규칙을 가진 서로 다른 영역으로 나누는 것이다. 구획화가 진행될때 가정은 직장과 분리되고, 윤리는 법률과 분리되며, 개인은 사회나 시스템과 분리된다.

삶이 이렇게 분열되는 것을 방지하려면 이사회와 고위 경영진은 조직의 목적을 분명하게 규정해서, 세상의 어떤 측면을 조금이라도 개선하기 위해서 기업에 역동성을 불어넣어야 한다. 또 조직 내에서 공정성의문화와 의무의 문화를 촉진해야 한다. 한편 직원은 고객과 지역사회와 강력한 연결성을 맺어야 (즉 연대해야) 한다. 미래를 소중하게 여기는 세계로 다시 한 번 나아가려면 은행업 종사자들은 자신을 자신이 속한 기관의(주인이 아니라) 관리인으로 바라보고서 이 기관을 조금이라도 개선한 다음에 후임자에게 물려줘야 한다.

기관을 보살펴야 하는 필요성은 규제포획regulatory capture *규제기관이 규제 대상의 이해관계에 구속되거나 규제 대상의 이해관계에 우선하는 결정을 함으로써 야기되는 규제 실패 현상의 위험이나 부패의 위험에서만 제기되는 게 아니다. 기술이 변화함에 따라 사회가 발전하므로, 기관들도 보살핌을 받아야 한다. 재산권 개념은 심지어 아리스토텔레스 시대에도 새로운 게 아니었다. 그러니 하물며 존 로크가 17세기에 재산권의 중요성을 강조할 때는 더 말할 필요도 없다. 최초의 현대적인 특허권은 각종 도구와 유리 제품 제작에서 혁신이 활발하게 이루어지던 15세기 베네치아에서 처음 인정되었다. 최초의 현대적 저작권법은 1710년 영국에서 도입되었는데, 이것은 15세기와 16세기에 인쇄물이 널리 확산된 데 따른 뒤늦은 대응이었던 셈이다. 오늘날에는 소셜미디어와 개인 데이터 시장의 성장에서 비롯되는 특이한 소유권 관련 쟁점들이 제기된다. 한편 생명공학의 발전으로 DNA 소유권과 관련된 우려가 제기되고 있으며, 딥페이크 *인공지능 기술을 이용해 제작된 가짜 동영상 혹은 그 기술 기술의 등장은 어떤 개인이 인터넷에 자기 외모와 동일한 이미지나 캐릭터가 유통될 때 여기에 대한 통제권을 과연 온전하게 누릴 수 있을까 하는 의문을 제기한다.

우리는 이런 새롭고 신기한 문제에 대응할 때 기존의 구조에 의존할 수 있다. 예컨대 고장 난 자율주행차와 관련된 법적 책임을 미쳐서 날뛰는 말의 경우와 동일한 방식으로 처리할 수 있다는 말이다. 그러나 이것은 경제적으로는 비효율적이고 사회적으로도 해로운 결과를 낳을 수 있다. 긱 이코노미는 많은 사람을 피고용자 신분에서 독립계약자 신분으로 바꾸어놓았다. 이 구분은 법률적으로는 명확하지만, 독립계약자와 이들이 의존하는 플랫폼 사이의 권력 관계와는 일치하지 않는다. 게다가 어떤 사회적 차원에서는 '종속계약자'가 급속하게 성장함에 따라서 보험, 병가, 연금, 경력 개발 기회 등을 박탈당하는 사람이 오히려 더 많아졌다. 그러므로 법률적인 체계를 사회구성원의 경제적·사회적 이익을 위해서 조정할 필요가 있다.

선도적인 기술기업들이 제도나 기관이 발전해나가는 방식을 자기에게 유리하도록 결정해서 창조적인 파괴를 가로막고 나설 수 있다는 우려가 있을 수 있고, 이런 우려는 일리가 있다. 기업이 아닌 국가는 시장이 공정하도록 그리고 시장 참여자가 자신에게 주어진 의무를 다하도록 기본적인 규칙을 정해야 한다. 국가는 공정한 규칙을 가져야 한다. 이 규칙은 공식적인 구조와 비공식 협약을 통해서 마련된 공정한 절차에 따라서 제정되고 유지되어야 한다. 국가는 개인적인 이득을 추구하는 개인이나 집단에 포획되지 않도록 저항하고, 변화하는 환경에 적응해야 한다.

회복력

지금까지 국가는 국민을 보호해야 한다는 근본적인 의무를 다하지 못하고 있다. 코로나19라는 유행병이 널리 퍼지며 개인의 자유가 구속당하고 거의 전 세계에서 많은 국민이 일자리를 잃고 제대로 된 의료 혜택을 받지 못할 위험에 놓였다. 경제와 보건에서의 이 쌍둥이 위기는 세계 금융위기로 사람들의 예금과 일자리가 위협을 받은 지 불과 10년 만에 찾아왔다. 한편, 각국 정부는 외국의 간섭으로부터 자기 언론과 선거구민을 지키려고 애를 쓴다.

국가는 회복력을 확보하기 노력을 반드시 충실하게 해야 한다. 그래야 충격이 닥쳤을 때 국민이 이 충격을 견뎌낼 수 있고 또 경제가 충격에서 빠르게 벗어날 수 있기 때문이다. 충격이 사회의 시스템을 뒤흔들어서 파괴가 걷잡을 수 없는 규모로 확대되는 경험을 우리는 이미 많이 했다. 게다가 거대 은행들의 '대마불사' 추문이 입증했듯이, 실패에 책임이 있는 은행들이 책임을 지지 않은 채 버젓이 살아남을 때 시장에서의 동기부여는 비뚤어지고 사회적 자본은 훼손된다.

회복력은 성장을 가능하게 만든다. 서구의 경제 규모를 놓고 추정해 보자. 중세부터 산업혁명의 새벽이 밝았던 1760년까지 기간에 1인당 실질국민소득은 거의 변화가 없었다. 그런데 그 뒤에 기적이 일어났다(〔도표 16-5〕 참조).

여기에는 진짜 있었던 이야기들이 가려져 있다. 경제사학자 스티브 브로드베리Steve Broadberry와 존 월리스John Wallis는 기간평균*특정 기간의 평균이 크고 지속적으로 나타났던 성장의 변동성을 감추고 있음을 입증했다 (〔도표 16-6〕 참조). 두 사람이 보정한 수치들에 따르면, 비록 성장률 평균이 0에 수렴하지만 1750년 이전에도 성장률이 평탄하지만은 않았음을 시사한다. 오히려 성장은 심하게 요동쳤다. 오랜 기간 높은 성장이 이어졌다가 급격한 수축이 뒤따르곤 했던 것이다. 두 사람이 제시한 영국 관련

도표 16-5 • 영국의 1인당 실질국민소득 추이 - 1인당 실질국민소득

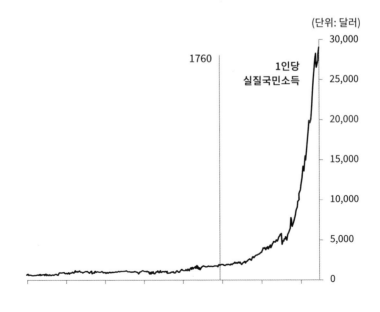

도표 16 - 6 · 영국의 성장 700년

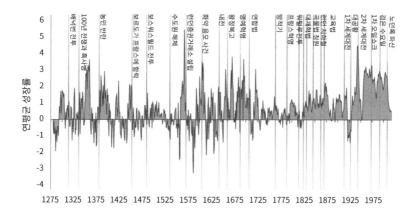

도표는 이전 10년에 이루어진 1인당 국민소득의 연평균 성장률을 가리킨다

추정치에 따르면 (이 추정치는 당시 주요 유럽 국가들의 양상과 대체로 일치한다) 1300년에서 1700년 사이의 절반이 넘는 기간에 GDP가 약간 증가했으며, 이때의 성장률은 연평균 5.3퍼센트였다. 그런데 나머지 절반 가까운 기간에 연평균 5.4퍼센트의 마이너스 성장이 나타남에 따라서, 전체적으로는 성장률이 0이 되고 말았던 것이다.

잉글랜드은행에서 나와 동료였던 앤디 홀데인은 산업혁명 이후에 나타났던 성장기 동안의 성장률은 상대적으로 변동폭이 적었지만, GDP 축소의 빈도와 비용은 상당한 수준이었다고 강조했다. 경기가 후퇴했던 기간은 1700년 이후로 전체 기간 가운데 3분의 1이었으며, 1900년 이후로는 6분의 1밖에 되지 않는다. 이들 기간에 연평균 성장률은 1700년 이후로 마이너스 2.2퍼센트였고 1900년 이후로는 마이너스 3.4퍼센트였다. 그러니 "(산업혁명의 새벽 이후의) 황금시대를 맬서스 시대와 구분하는 것"은 깊은 경기침체가 존재했다는 사실을 회피하는 것이다.[29]

회복력을 기르려면 우선 시스템상의 위험이 가진 고유한 특성을 알아야 한다. 시스템상의 위험은 청천벽력이 아니다. 시스템상의 위험은 경제, 금융 시스템, 기후, 생물권 등의 상호 연결성과 피드백 고리에서 발생한다. 시스템의 이런 특성들은 나쁜 자극을 받아서 상황을 악화시킨다. 많은 충격을 모두 예방할 수는 없지만, 그래도 피해는 크게 줄일 수 있다.

시스템에 내재된 위험들은 대부분 개인이 수행하는 행동이 개인에게 긍정적인 효과를 가져다주지만 모든 개인이 수행하는 행동의 총합이 전체에 오히려 해를 끼칠 수 있다는, 이른바 구성의 오류fallacy of composition에서 비롯된다. 경기침체를 예로 들어서 살펴보자. 개인들은 높은 실업률을 우려해서 (합리적으로) 보다 더 많은 돈을 예금한다. 이런 행위가 개인에게는 긍정적인 효과를 가져다주지만, 사회의 모든 개인이 이렇게 할 때는 경기침체는 한층 더 심해질 수 있다. 이른바 절약의 역설이다. 이런 역학관계는 뒤늦게 신중한 태도를 취하는 은행들이 신용경제가 가장 필요한 시점임에도 신용경제의 목을 조르면서 한층 증폭되고, 경기침체는 더욱 깊은 수렁에 빠져든다. 바로 이런 일이 미국에서 서브프라임 모기지로 인한 손실이 글로벌 금융시스템을 통해 급증하면서 생겼다. 시스템상의 위험과 이것의 증폭함에 따라서 전체 경제에 입은 타격은 서브프라임 모기지 손실의 다섯 배가 넘었다.

영구 동토층이 녹거나 산호초가 표백되는 일들에서 발생하는 피드백 고리가 지구 온난화 피해를 증폭하며 기후 비상사태 시점을 한층 더 빠르게 앞당긴다. 이런 티핑포인트들은 탄소예산을 빠르게 소진하며, 우리 경제에 한층 더 큰 조정을 훨씬 더 가까운 미래에 강요할 수 있다. 이러한 상호 연결성은 좌초자산과 위험에 노출된 자산의 가치를 시장이 서둘러 재평가해야만 하는 기후 관련 민스키 모멘트를 앞당길 수 있다.

국민을 팬데믹으로부터 보호하기 위해서 정부가 내리는 필수적인 조치들은 부모가 아이들과 함께 집에 있어야만 하는 상황을 만들었고, 그 바람에 사람들은 일을 할 수 없게 되었다. 그래서 결국 그 조치들은 연쇄적인 경제 효과를 유발했다. 그 결과로 소득이 줄어들었고 불확실성이 높아졌는데, 사람들은 지출을 극도로 제한했고 그 바람에 모두가 두려워하는 경기침체는 한층 더 예리하게 강화되었다. 가계와 기업에서 절약의 역설이 작동한 것이다.

가장 좋은 수준으로만 보자면, 우리는 구속받지 않은 자본주의의 시스템적인 여러 위험 속에서 지금까지 살아왔다. 일반적으로 말해서 다른 이해관계자들을 배제하면서 주주 가치 극대화를 추구하는 것이 개인적으로는 합리적일 수 있지만, 이것은 결국 사회 전체에 재앙을 몰고 온다. 지금까지 살펴보았듯이, 시장 근본주의가 시장 자체의 사회적 기반을 허무는 몇 가지 경로가 있다. 시장 근본주의는 시장의 부패부터 사회적 허가의 신속한 철회로 인한 자산가치 파괴에 이르기까지의 온갖 시스템적 위험들로 실현될 수 있다. 앞으로는 기업들이 탄소중립 경제로의 전환에 동참하는 것이 점점 더 중요해질 것이다. 존재 자체를 위협하는 위험이 있을 때, '부도jump to default'에 대한 사회적 허가의 가능성은 언제나 열려 있다.

우리는 회복력을 구축하는 행동들을 취해야 하고 또 얼마든지 그렇게 할 수 있다. 그 행동들 가운데 첫째는, 당국자가 시스템에 내재된 여러 위험을 식별하고 그 위험들에 수반되는 충격을 완화하는 데 필요한 조치를 취하는 한편, 그동안 어떤 진척이 이루어졌는지 그리고 앞으로 얼마나 나아가야 하는지 책임지고 설명하는 것이다. 예컨대 잉글랜드은행의 구조는 금융 부문에서 모범적인 모델인데, 잉글랜드은행은 금융 부문과 거시경제에 대한 위험들을 포착하고 누그러뜨려야 하는 분명한 책임을 지는 한편, 그 모든 것을 수행할 수 있는 광범위한 권한을 가지고 있고 또한 동시에 필요한 경우에는 다른 당국자들에게 행동에 나서달라고 권고할 권한을 가지고 있다.

회복력을 구축하기 위해서는 시스템상의 위험과 공공 프로세스를 평가하는 한층 더 엄격한 접근법을 국가 차원에서 개발할 필요가 있다. 이 점에 대해서는 북유럽 국가들이 마련한 사례들을 참고하는 게 좋을 것 같다.[30] 예컨대 핀란드는 법률에 초점을 맞추는데, 이 법률은 팬데믹을 명시적으로 언급한다. 핀란드는 연계적인 사고joined-up thinking(머리를 맞대고 하는 사고)를 고취하고 충격에 대비하는 준비사항을 개선하기 위해서, 각계각층의 지도자들을 선전하고 이들을 국가방위센터National Defence Centre 과정에 참여시켜서 물류, 식량, 에너지, 은행, 국방 등의 다양한 분야가 위기 상황에서 어떻게 작동하는지 검토하게 한다. 다른 북유럽 국가들은 국가 차원에서 마련한 비상계획에 시민을 참여시키는데, 이런 모습은 이런 조치들을 일반 국민과 일정한 거리로 분리하는 전략을 채택하는 대부분의 선진국과 대조된다. 예를 들어 스웨덴은 몇 년 전에 그들이 전쟁이나 사이버 공격 상황에서 어떻게 행동해야 할지 자세하게 묘사한 소책자를 모든 가구에 배포했는데, 이것은 정부가 취약계층에 집중할 수 있도록 능력이 있는 사람들은 스스로 알아서 하도록 하자는 취지였다. 이러한 폭넓은 접근법들은 의사결정을 개선할 수 있는데, 위기대응 조치가 실행될 때 이 조치의 정당성은 높아질 것이다.

둘째, 당국과 기업은 실패에 대비하는 계획을 따로 마련해야 한다. 지금까지 살펴보았듯이 사람들은 재난 근시안, 가치폄하 효과＊**당면한 것은 중요하게 여기고 나중에 부닥칠 일의 가치는 중요하지 않게 인식하는 심리적 경향**, 최신 편향＊**최근에 일어난 일을 미래의 일을 판단하는 기준으로 삼는 심리적 편향** 등과 다양한 편견 때문에 시스템상의 위험들을 예측하는 데는 서툴다. 금융 시장은 특히 취약할 수 있다. 유동성 환상＊**유동성을 지나치게 양호한 상태로 평가하는 심리적 경향**의 유혹이 넘쳐나고 자신보다 더 멍청한 바보는 언제나 있을 것이라는 생각으로 자신은 이런 바보들보다 먼저 위기에서 탈출하면 된다는 전략이 횡행하기 때문이다. * 이런 현상을 케인스는 이른바 '더 멍청한 바보 이론'으로 제안했다 예를 들어 근본적으로 유동성이 없는 자산(예컨대 기업 대출)에 투자하면서 고객에게는 날마다 유동성을 약속하는 자산운용사들은 집단투매 위험에 노출되기 쉬웠으나, 이들은 2020년 봄에 연방준비제도의 대규모 개입이 있을 것이라는 전망 덕분에 가까스로 구제되었다. 경제가 호황이면 위험성이 낮은 것 같은 착각을 불러일으켜서 잠재적인 성장은 한층 더 강력하고 지속 가능하다는 헛된 믿음을 심어준다는 사실을 나는 경험을 통해서 알고 있다. 흔히 위험은 가장 작아 보일 때 가장 크다.

회복력을 구축하는 데서 결정적으로 중요한 부분은 아무리 큰 충격에도 부서지지 않을 견고한 시스템을 만드는 것이다. 구체적인 예로는 금융 부문에서 아무리 덩치가 큰 은행이라도 잘못될 경우에는 얼마든지 퇴출할 수 있는 조치를 만드는 것, 사이버 회복력을 구축하는 것, 기후 스트레스 테스트를 추구하는 것, 새로운 형태의 업무에 종사하는 사람들을 위한 사회적 안전망 구축 등이 있다. 팬데믹에 대비하고 국가 안보와 대테러 역량을 유지하는 것도 당연히 그렇다.

셋째, 실패에 대비하는 계획에는 스트레스 테스트와 워 게임 * 합리적인 전략 결정 훈련을 위해서 사용되던 전쟁 시뮬레이션 프로그램을 수행하는 것이 포함된다. 당국은 일이 잘못되면 그 뒤에 어떤 일들이 일어날지 미리 생각해둬야 한다. 그런 일들이 일어나지 않을 이유를 설명하는 데 시간을 낭비하지 말라. 당신이 시장에 무엇을 할 수 있는지 묻지 말고 시장이 당신에게 무엇을 할 수 있을지 물어라. 그런 다음에는 결과를 놓고 검토하라. 스트레스 테스트나 워 게임의 결과는 회복력을 높이기 위한 구체적인 후속 조치와 함께 공개되어야 하며, 당신의 숙제를 검토할 누군가가 미리 정해져 있어야 한다. 예를 들어 금융기관들에 대한 스트레스 테스트와 관련해서 잉글랜드은행이 해야 하는 숙제를 IMF가 검토하듯이 말이다.

물론 막상 재앙이 닥치면 미리 준비해둔 시나리오대로 모든 것이 진행되지는 않을 것이다. 그러나 아이젠하워 대통령이 강조했듯이, "계획 자체는 가치가 없지만, 계획하는 과정은 매우 중요하다." 예를 들어서 잉글랜드은행은 영국의 유럽연합 탈퇴에 대비해서 완충장치를 마련하고 금융 시스템 전반에 걸쳐서 다양한 비상계획을 작성했다. 팬데믹이 덮쳤을 때 이런 대비책들이 곧바로 용도변경의 손질을 거쳐서 배치되었다.

이런 것들은 자연스럽게 네 번째 행동으로 이어진다. 완충장치를 마련한 다음에 이것을 사용하는 것이다. 금융 위기 이후에 모든 은행은 예전보다 훨씬 더 많은 자본과 유동성을 보유해야 했고, 특히 규모가 크고 서로 연결된 은행들은 피구세 ✻제안자인 피구의 이름을 딴 것으로, 원인 제공자에게 사회적 비용을 부담시키는 세금이다의 한 형태로 그보다도 더 많은 자본과 유동성을 보유해야 했다. 그러나 완충장치는 스트레스 상태에서 실행되지 않는다면 아무 쓸모가 없다. 위험이 급증하고 공포가 가장 커진 시점에서 은행가들이 드러낼 수 있는 절약의 역설이라는 집단행동 문제를 예방하는 것은 중앙은행들이 해야 하는 과제들 가운데 하나이다. 잉글랜드은행은 바로 이 일을 브렉시트 찬반을 묻는 국민투표가 끝나고 팬데믹이 막 시작되던 시점에 실행했다. 자본요건을 완화하고 유동성을 대규모로 방출한 것이다.

브렉시트 찬반 국민투표가 끝나고 다음 날 아침에 내가 전 국민을 상대로 했던 텔레비전 연설에서 말했듯이, "우리는 이 상황에 대해서 잘 준비되어" 있었다. 금융 시장이 불과 몇 시간 전만 하더라도 발생 가능성을 10퍼센트로밖에 예상하지 않았던 일이 실제로 일어났지만, 우리는 거기에 대한 준비가 되어 있었던 것이다. 당신이 책임을 지는 시점에 어떤 일이 일어날지 혹은 일어나지 않을지 상관없이, 대비는 무조건 되어 있어야 한다.

보건의료 분야에서의 신중한 완충장치에는 개인보호장구의 비축량과 검사 역량이 포함된다. 사이버 영역에서의 완충 장치에는 백업 시스템과 비상계획이 포함된다. 그런데 안타깝게도 기후 위험에 대해서는 확실하게 의지할 수 있는 완충 장치가 없다. 현재로서는 탄소가격제와 관련된 신뢰할 수 있는 경로를 통해서 초기적인 조치를 부분적으로나마 촉진하는 것이 유일한 장치이다.

회복력을 구축하기 위해서 마지막으로 취할 수 있는 행동은 모든 형태의 다양성을 촉진하는 것이다. 다양성을 확보한 시스템일수록 회복력은 한층 더 강하다. 시스템에 내재된 위험은 단선적인 전략과 집단사고 속에서 한층 더 커진다. 따라서 위험을 평가할 때는 제도, 전략, 인력, 프로세스 등의 다양성을 따지고 강조하는 것이 중요하다. 금융 부문에서는 기업마다 외부의 충격에 따른 압박을 견디는 역량이 다르다. 집단투매를 억제하는 데는 이 역량이 꼭 필요하다. (팔겠다는 사람에게는 사겠다는 사람이 있어야 거래가 성립하니까 말이다.) 보건의료 분야부터 기후공학 분야에 이르기까지 혁신이 이루어지려면 다양한 접근법이 꼭 필요하다.

지속가능성

지속가능한 발전은 미래 세대가 자신의 요구를 충족할 역량을 훼손하지 않으면서도 현재 세대의 요구를 충족한다. 지속가능한 발전을 떠받치는 기둥은 경제적인 것과 환경적인 것 그리고 사회적인 것이다. 우리는 이 모든 기둥을 훼손해왔다. 하지만 사실 이런 표현만으로는 부족하다. 늘어나는 국가부채, 변변찮은 액수의 연금, 충분하지 못한 보건의료와 사회복지 그리고 환경 재앙에 이르기까지, 우리가 다음 세대에 떠넘기고 있는 이 무거운 짐은 불공정하고 불평등하며 무책임한 것이다.

지속가능성은 '지금 여기'라는 관점에서 벗어나서, 뉴스 주기나 정치적인 주기를 훌쩍 뛰어넘는 '미래의 저곳'을 바라보는 관점을 가질 것을 요구한다. 최선의 경우를 가정한다면, 지속가능한 정책은 미래를 현재로 끌어당겨서 현재의 세상과 미래의 세상을 모두 한결 더 나은 곳으로 만들어줄 것이다.

지속가능성의 기둥들은 상호 의존적이다. 그 어떤 기둥도 혼자서는 서지 못한다는 말이다. 다음 세대의 최우선 과제인 기후 위기를 놓고 생각해보자. 이 위기의 해결책은 우리의 재정적·경제적·사회적 복지와 밀접하게 연관되어 있다. 우리는 기후와 관련된 조치를 수행할 목적으로 만들어진 사회적인 연합을 활용할 필요가 있다. 그러나 만일 타당한 전환 계획이 우리에게 마련되어 있지 않다면, 이 연합은 유지되지도 않을 것이며 또한 이 연합이 유지되어서도 안 된다. 만일 우리가 경제를 희생하고 또 그래서 민생을 희생한다면, 우리는 환경의 지속가능성을 결코 달성하지 못한다. 마찬가지로 시장에서 작동하는 여러 힘이 없다면 우리는 필요한 모든 해법을 찾아내지도 못할 것이고, 설령 찾아낸다고 하더라도 충분히 신속하게 그 해법을 실행하지도 못할 것이다.

바로 이것이 시장에서 작동하는 힘들을 사회가 소중하게 여기는 임무로 돌려야 하는 이유이다. 앞서 12장에서 설명한 것처럼, 기후변화와 관련된 문제를 해결하려면 사회 전반의 포괄적인 노력으로만 달성할 수 있는 명확한 목표(즉 탄소중립)가 필요하다. 그리고 기후변화 문제를 해결하고자 하는 노력이 적절한 근거를 가지려면 다음 조건들을 충족해야 한다.

- **구체적일 것**: 사람들이 집과 직장을 에너지 효율적으로 만들고, 전기자동차를 타고, 나무를 심고, 우리의 자연유산을 보존하도록 도울 것
- **예측가능할 것**: 민간 투자를 유치하기 위해서 해결책에 대한 투자를 강조하는 신뢰할 수 있는 기후 정책의 실적을 쌓을 것
- **공정할 것**: 특히 힘든 조정 과정을 겪을 지역들과 계층들과 산업

부문들에게는 정당한 지원을 할 것

앞으로 10년 동안 수백조 달러의 규모로 늘어날 녹색 투자 기회는 다음과 같은 성격을 띨 것이다.

- 잠재적인 소비자주의consumer caution ＊ 소비자가 자신의 소비가 사회적·경제적·환경적으로 미치는 의미에 주의를 기울이는 것, 고용에 대한 압박, 수출 시장 약세 등과 같은 환경은 대부분의 경기 회복의 강도가 투자에 따라서 결정됨을 뜻한다.
- 장기간의 저금리 환경은 비록 코로나 위기에 대처하느라 재정 지출이 기록적인 규모로 늘어나긴 하지만, 대규모 공공 투자가 가능하다는 뜻이다. (여기에는 코로나에서 자본으로의 전환이 곧 이루어질 것이라는 전제가 붙는다.) ＊ '코로나'와 '자본'에 대해서는 본문 644쪽 참조
- 앞으로 10년 동안 가장 큰 투자 기회들은 모두 탄소중립 경제로의 전환을 가속화하는 것들이다. 아울러 이런 투자들은 전 세계에 걸쳐서 높은 보수의 일자리를 창출하며 미래 여러 산업의 경쟁력을 높여줄 것이다.
- 전 세계의 민간 금융 부분은 탄소중립 경제로의 전환이야말로 금융의 미래임을 점점 더 많이 확신하게 될 것이다.

그래서 여러 부문에서 성공이 동시에 나타난다. 즉 성장은 한층 더 강력해지고 일자리의 질은 한층 더 좋아지며, 제조업과 서비스업 그리고 금융업에서의 수출 경쟁력은 한층 더 커지고, 기후 관련 목표를 달성할 전망도 한층 밝아진다는 말이다. 우리는 정부 재정 역량을 활용해서 이 녹색 투자 기회를 붙잡을 수 있다. 즉 최대한 낮은 비용으로 민간투자를 유도하기 위해서 정부는 탄소가격제와 적절한 규제 그리고 금융 공시

로 뒷받침되는 탄소중립 경제로의 전환을 지향하는 명확한 전략적 방향을 설정하고 명확한 표적 투자를 지원해야 한다.

지속가능성을 지향하는 접근법은 또한 해당 국가의 전통적인 지혜에 의존해야 한다. 캐나다 대륙에서 옛날부터 거주해왔던 원주민들은 환경적인 차원의 고려와 경제적인 차원의 고려는 서로 갈등하며 제로섬 게임을 벌이는 독립적인 요소가 아님을 잘 안다. 이 둘은 본질적으로 연결되어 있다. 캐나다의 많은 지역, 특히 태평양 연안과 강이라는 환경은 그 자체로 경제이다. 그리고 캐나다 원주민의 전통적인 지혜는 사람은 자연과 떨어져 있지 않고 자연과 하나로 통합되어 있다고 가르친다. 우리는 전체 생태계 안의 작은 한 요소일 뿐이며, 이 환경에서 우리의 권리를 지키고 행사해야 하는 것도 맞지만 이 과정에서 언제나 환경을 존중하고 보호해야 한다.

이와 비슷한 맥락에서 노벨상 수상자인 경제학자 파르타 다스굽타는 영국 정부에 제출한 보고서 「생물 다양성의 경제학에 대한 리뷰Review of the Economics of Biodiversity」에서 지속가능성은 우리 인간의 경제가 자연의 (외부가 아니라) 내부에 붙박여 있음을 인정한다는 뜻이라고 설명했다. 지속가능성이라는 발상을 염두에 둘 때 우리는 자연이 경제에 미치는 한계를 인식하고 지속가능한 발전과 성장을 올바르게 이해할 수 있다. 이런 인식을 할 때 생물 다양성을 포함한 자연자본의 가치가 비로소 드러내기 시작하는데, 1인당 자연자본은 지난 수십 년 동안 약 40퍼센트 감소한 것에 비해 우리가 생산한 자본은 겨우 두 배밖에 되지 않는다.[31]

탄소예산이 빠르게 소진되고 재정 역량이 잠식되는 상황에서, 향후 몇 가지 유형의 예산은 지속가능성을 달성하려는 국가적 노력에서 매우 중요한 요소가 될 것이다. 지속가능성을 위해서는 공공정책의 모든 지렛대를 동원할 필요가 있다. 그것은 바로 3F, 즉 국가 재정fiscal과 프레이밍

framing(틀 짜기)과 금융finance이다.

국가 재정을 올바르게 쓰려면

정부의 대차대조표를 활용하는 방식이 중요하다. 단기적 성장과 장기적 지속가능성의 균형을 맞출 때의 효과를 극대화하는 방향으로 그것을 활용해야 한다. 각국 정부는 필요한 공공재에 투자하는 동시에, 아울러 경제에 꼭 필요한 민간투자를 촉진하기 위해서 장기적인 방향을 설정해야 한다. 각국 정부는 수소부터 CCUS * 탄소의 포획·사용·저장와 바이오 혁명에 이르는 온갖 새로운 해결책들에서 잘 계산된 위험을 감수할 뿐 아니라, 이미 검증된 경제적인 탄소중립 해결책을 향하는 전환의 여정을 가속화할 것이다. 이 과제는 너무도 크고 긴급해서 정부를 배제하는 다른 방법으로는 도저히 해결할 수 없다.

10년 뒤에는 탄소예산이 급격히 고갈되어 있을 것이다. 그러므로 우리는 지금 세계 금융 위기의 여파 속에서 저질러졌던 실수들, 즉 마구잡이식이고 과거지향적이던 실수들을 반복할 수 없다. 당시 선진국 전체에서 녹색 대책과 투자가 차지하던 비율은 전체 재정부양 지출의 약 16퍼센트였다. 중국(지출의 3분의 1), 독일(지출의 5분의 1), 한국(지출의 4분의 3)과 같은 몇몇 국가는 장기적인 녹색 지향 정책에 재정을 지출했다. 그 결과 이들 국가는 자국의 경제 경쟁력을 상당한 수준으로 개선했다.

유럽연합과 프랑스 그리고 독일의 예산은 모두 녹색 회복에 (유로화를 기준으로 할 때) 약 3분의 1을 할애하고 있으므로, 오늘날의 초기 징후는 전망이 밝다. 더 나아가 나중에 다시 설명하겠지만, 발표된 많은 조치의 수명 주기 영향life-cycle impact은 훨씬 더 크다. 이 조치들이 '탄소의 잠재가격' * 재화의 가격이 그 재화의 기회비용을 올바르게 반영하는 가격을 바꾸고, 이 조치들이 가진 경쟁력과 채택률을 높이는 에너지 시스템 내에서 규모의 경제economy of scale와 상호 보완성을 창출할 수 있는 잠재력을 가지고 있기 때문이다. 이것을 근거로 해서 유라시아 그룹Eurasia Group **국제 정치의 위험을 연구하고 자문하는 세계적인 업체**은 2020년 2월과 7월 사이에 발표되었던 100가지의 경기 부양책들 가운데서 3분의 2 이상이 (금액으로는 5,000억 달러 규모이다) 녹색으로 분류될 수 있으며, 연간 최대 배출량 기준으로는 4억 1,300만 톤의 이산화탄소가 절약되고(이 규모는 폴란드의 연간 배출량과 거의 맞먹는 양이다), 수명 주기 기준으로는 4억 톤이 조금 넘는 이산화탄소가 배출되는 것으로 바라보았다.[32]

가장 유망한 투자 분야를 몇 가지 정리하면 다음과 같다.

- 단열 개선, 가스 난방에서 전기 난방으로의 전환, 지열 펌프 및 태양열 패널 설치 등을 통해 에너지 효율을 개선하는 주택 개선 사업
- 지속가능한 전력 사업. 탄소중립 경제를 구축하려면 최대한 전기에너지를 사용하고 모든 전기를 탄소중립 방식으로 생산해야 한다. 여기에는 육상 운송 전체와 건물 난방의 많은 부분을 완전히 전기화하는 것, 그리고 여러 산업 공정에서 연료로 사용되는 수소를 전기 에너지로 생산하는 것이 포함된다. 이것은 단순히 화석연료를 이용하는 발전을 없애는 것 이상의 의미를 지닌다. 많은 국가에서는 수십 년 이내에 한층 더 늘어날 수요를 충족하려면 전력 생산량을 지금의 두 배로 늘려야 한다.
- 탄소를 전혀 배출하지 않는 자동차로의 전환을 한결 쉽게 하기 위한 전기자동차 충전망 구축 사업. 핵심 쟁점은 주행거리와 관련한 불안감을 극복하고 전기자동차의 빠른 점유율을 유도하는 것이다. 그러려면 상대적으로 비용이 적게 드는 이 분야의 투자에 우선할 필요가 있다.

- 수소 및 탄소의 포획·사용·저장CCUS 역량을 발전시키는 사업. 수소는 탄소중립 경제의 중요한 구성요소가 될 것이다. 장거리 트럭 운송, 철강 생산, 석유화학 공정, (암모니아 형태의) 선적, 항공(합성 제트 연료로의 변환) 등의 탈탄소 과정에서 중요한 역할을 할 것이기 때문이다. CCUS는 전력 부문, 철강 및 합성연료 분야 그리고 석유 화학 공정(수소와 이산화탄소가 합성되는 공정을 통해서 다양한 제품이 생산될 수 있다)에서도 큰 역할을 할 것이다.
- 높은 수준으로 전기화가 이루어진 경제는 당연히 한층 더 효율적일 것이다. 더 나아가 첨단 디지털 기능을 이용해서 일별, 주별, 연별 전력 관리를 최적화한다면 효율은 더욱 높아질 것이다. 이를 위해서는 광섬유 및 5G 네트워크로 제공되는 고속 상호 연결성 하드웨어 플랫폼을 기반으로 하는 스마트 그리드＊**전력 공급자와 소비자가 실시간 정보를 교환함으로써 에너지 효율을 최적화하는 지능형 전력망** 소프트웨어와 사업 모델 혁신이 필요하다.

맨 마지막 사례는 지속가능성을 떠받치는 기둥들 사이의 시너지 효과가 발생하는 관계를 강조한다. 디지털화는 녹색 투자의 대부분에서 반드시 필요하다. 디지털화는 또한 말 그대로, 코로나19가 잔인할 정도로 드러낸 계층별 정보력 격차의 간극을 메움으로써 사회적 지속가능성을 개선한다.

가장 큰 시너지 효과들 가운데 하나는 지속가능한 투자가 가지는 일자리 창출 잠재력이다. 재생 에너지와 에너지 효율성에 대한 지속가능한 투자는 100만 달러 지출을 기준으로 할 때 기존의 에너지에 투자하는 것에 비해서 평균 다섯 개가 넘는 일자리를 더 창출한다.[33]

주택 개조에 투자하는 것은 가장 좋은 일자리 창출 정책이다. 이 경우에 발생하는 지출의 대부분은 단열재 시공과 장비 설치 작업을 하는 사람에게 급여를 지급하는 것이라서, 해당 지출로 해외에서 장비가 수입되는 위험이 최소화되기 때문이다.

탄소중립 발전과 전력망에 투자하는 것은 건물을 개조하는 경우보다 단위 달러당 일자리가 적게 창출되긴 하지만, 새로 창출되는 일자리의 수는 여전히 많고, 또 많은 일자리가 높은 기술을 필요로 하며 높은 임금을 받을 것이다. 이 일자리들은 지역별로 확산될 수 있으며 산업 클러스터를 창출하고 미래의 기술과 일자리의 경쟁력을 높이는 데 도움이 될 수 있다.

탄소중립 달성에 초점을 맞추면 막대한 민간 투자를 촉진할 수 있으며, 이를 통해 정책의 틀을 짜는 것(프레이밍)이 기본적으로 중요하다는 사실이 강조된다.

정책 프레이밍, 즉 정책의 틀을 짠다는 것은 탄소중립 경제로 나아가는 방향성을 설정하는 규제, 규칙, 의무, 금지사항, 세금, 보조금 등을 결정하는 문제이다. 에너지 전환을 지향하는 명확한 전략들(여기에는 신뢰성과 예측 가능성을 높여주는 시간표와 이정표가 포함된다)이 프레이밍의 효율성을 강화한다. 이렇게 해서 정책 프레이밍은 장기적인 민간 투자에 대한 조건을 설정하고 구체적인 행동을 이끌어낼 수 있다.

탄소중립 경제로의 전환이라는 명확한 전략적 전망이 서 있을 때는 그 과정에 소요되는 비용을 상당한 규모로 줄여준다. 어떤 민간투자자가 자신이 걸어갈 긴 여행의 방향에 대해서, 미래 투자 기회의 규모에 대해서, 그리고 투자금이 운용될 법적·계약적 틀에 대해서 확신하면 할수록 이 투자자가 투자를 결정하는 데 필요한 기대수익률의 문턱은 낮아진다. 마찬가지로 어떤 기업이 미래의 기술 발전 속도와 성격을 확신하면 할수록 이 투자자는 기술과 공급망 개발에 더 많이 투자를 하게 될 것이다. 그리고 규모의 경제 효과와 학습곡선 효과의 결과로 자본설비와 운영에 들어가는 비용은 한층 더 빠르게 절감될 것이다.

지난 10년 동안 이런 효과들 덕분에 육상풍력발전과 태양광발전 그리고 배터리에 들어가는 비용은 각각 60퍼센트, 90퍼센트, 85퍼센트 절감되었다. 공공정책이 이런 기술들과 일련의 다른 기술에서 더 많은 진전을 이끌어내려면 여러 가지 지렛대를 사용해야 한다. 몇 가지 예를 들면 다음과 같다.

- 향후 10년간 고탄소 기술이 비경제적이 되고 저탄소 기술의 수익성이 점점 더 커질 것이라는 확신을 투자자에게 심어줄, 탄소배출권제도와 관련된 선명한 경로
- 특정한 전환에 박차를 가하기 위한 규정. 예를 들어 최소연비 기준이 높아지고 내연기관 승용차 판매를 단계적으로 폐지하겠다는 약속이 강화되면, 기업들은 전기 엔진과 배터리에 대한 투자를 가속화하고 투자자들은 가장 야심적인 전기화 전략을 내세우는 자동차 회사들에 투자할 것이다. 탄소중립을 지향하는 정책이 제트연료에 탄소 비율이 얼마나 되는지 꼼꼼하게 따질 때, 지속가능한 항공 연료에 대한 민간 투자가 늘어날 것이다.
- 기업과 투자자가 전환 전략을 수립하고 공개하도록 하는 금융공시제도의 강화

탄소가격제. 가장 중요한 정책 가운데 하나가 탄소가격제이다. 최상의 접근법은 수익 중립적이며 점진적인 탄소세이다. 즉 평균적인 수익이 각 개인에게 돌아가도록 해서 저탄소 프로젝트에 지출할 동기를 제시하면서도, 탄소배출권 매매로 쌓인 기금을 재원으로 하는 보조금을 저소득 가구가 받을 수 있도록 하는 것이다.

의미 있는 탄소 가격은 효과적인 기후 정책의 틀을 마련하는 초석이

다. 정책 입안자들은 온실가스 배출권에 명시적인 가격을 부과함으로써, 녹색 기업이 환경을 오염시키는 경쟁업체에 비해서 부당한 불이익을 받지 않도록 한다. 또 탄소 가격은 기존의 고탄소 기업이 어떤 방법이든 간에 가장 효율적인 방법으로 탄소중립을 지향하는 방향으로 스스로를 조정하도록 유도할 수 있다. 탄소 가격을 점진적이고 예측 가능한 방법으로 증가하도록 설계해서 탄소중립 경제를 지향하는 질서정연한 조정을 지원해야 한다. 예를 들자면 탄소세를 저소득가구를 지원하는 식으로 공정하게 설계해야 한다.

만약 정책 입안자들이 저탄소 경제로의 전환 방향과 속도를 분명하게 제시한다면, 금융 시스템은 미래 정책을 추진하고 또 당장 오늘부터라도 경제가 여기에 적응하도록 만들 것이다. 탄소중립 경제로의 전환 과정에서 우리가 해마다 상당한 이익을 거둘 수 있다. 이익의 규모는 상당히 클 수 있으며, 이는 순현재가치* 편익과 비용을 할인율에 따라 현재 가치로 환산하고 편익의 현재 가치에서 비용의 현재 가치를 뺀 값 기준으로 2019년 세계 GDP의 약 5퍼센트에 해당한다. 또한 어떤 행동에 대한 신뢰할 수 있는 약속은 좌초자산에 수조 달러를 추가하게 될 위험을 방지하며, 이 약속은 나중에 정책 입안자가 상대적으로 덜 강제적인 방식으로 개입할 필요가 있음을 의미한다.

기후 정책에는 신뢰할 수 있는 광범위한 정치적 지지가 필요하다. 인플레이션 목표제inflation targeting * 중앙은행이 명시적인 중간목표 없이 일정 기간 또는 중장기적으로 달성해야 할 물가상승률 목표치를 미리 제시하고 이에 맞추어 통화 정책을 운영하는 방식의 경험은 공통의 문제를 인식하는 정치인들의 정치적 스펙트럼상의 가치를 보여준다. 정치권이 동일한 목표를 공유하고 기꺼이 책임을 지겠다며 나선다면 야심적인 기후 의제를 철회하기란 한층 더 어려워진다. 이러한 폭넓은 합의를 명확한 소통과 지지로 뒷받침할 필요가 있다.

각국 정부는 기후 정책 실적을 차곡차곡 쌓아가는 것으로써 신뢰를 강화할 수 있다. 정부는 장기 전략과 일치하는 잠정적인 중간목표를 설정하고, 또 적절한 탄소 가격을 책정함으로써 잠정적인 중간목표 달성을 위한 조치를 취하고 있음을 입증해야 한다.

정부가 신뢰를 얻을 수 있는 한 가지 방법은 독립적인 탄소위원회에 몇 가지 결정을 위임하는 것이다. 2050년까지 탄소중립에 도달하겠다는 약속과 같은 기후 정책 목표는 오로지 투표로 선출된 정부만이 결정할 수 있다. 그러나 정부는 이 목표를 달성하는 데 필요한 탄소 가격 등과 구체적인 수치를 정교하게 보정하는 작업을 탄소위원회에 위임할 수 있다. 이런 의무 위임은 의미 있는 장기적인 함의를 단기적인 정치적 압력으로부터 차단하는 데 도움이 되며, 이럴 때 각국은 보다 빠르고 효과적으로 신뢰를 얻을 수 있다. 이런 제도적 설정은 통화 정책 틀의 설계가 그대로 반영된 것이다. 그리고 일부 중앙은행들이 감독 당국의 감독 대상이 되듯이, 탄소위원회는 기업의 탄소 배출량 및 감축 목표가 이러한 국가적 기후 목표와 일치하도록 감독할 수 있다.

이런 접근법에는 적절한 책임 구조가 함께 뒤따라야 한다. 이 접근법에서는 투표로 선출된 정부가 탄소위원회의 명령을 공식화하고, 그 명령에 법률적인 권한을 부여하며 적절한 책임 구조를 마련한다. 이것은 특히 중요한데 기후 정책은 분배적 의미를 가질 수 있기 때문이며, 이 분배적 의미는 정치적 책임성을 특히 중요하게 여기기 때문이다.

정부가 탄소위원회에 위임해야 할 직접적인 통제 권한의 범위와 양은 기후 정책의 개별 분야마다 다를 것이다. 예컨대 스펙트럼의 한쪽 끝에서 정부는 정책적인 도구들을 스스로 알아서 보정하는 권한을 탄소위원회에 부여할 수 있다. 이렇게 할 때 의회의 독립성이 극대화되고 기후 정책의 세부적인 보정을 단기적인 관점의 정치로부터 온전하게 차단할 가능성이 가장 높아진다. 스펙트럼의 다른 끝에서는 탄소위원회가 원칙 준수·예외 설명 방식의 권고안을 제시하기만 하고 이 권고안을 수용하거나 거부하는 결정은 오로지 정부만이 내린다. 이런 설정은 탄소위원회의 완전한 독립에는 성이 차지 않지만, 분배와 관련된 중요한 의사결정을 임명직 관료에게 맡기는 것이 과연 타당할까 하고 우려하는 관점에서는 충분히 일리가 있다. 거시건전성 정책 분야에서는 원칙 준수·예외 설명 방식의 권고안이 유연성을 정치적 감독 및 민주적 정당성과 결합하는 효과적인 방법임이 입증되었다.

각국 정부가 만든 그 밖의 다른 재정·규제 정책들은 다음 내용을 포함한 탄소중립 경제의 등고선을 설정하는 데 매우 효과적일 수 있다.

- 재생 에너지 확대에 방해가 될 수 있는 구조적 문제를 해결하기 위한 조치들(예를 들면 전력망 상호 연결, 저장, 스마트 충전 등을 촉진하는 투자와 규제)
- 전기자동차 수요를 높이기 위한 계획(예를 들면 망설이는 소비자를 위한 차별화된 보조 혜택 및 현금 지급)과 앞으로 10년 동안 내연기관 자동차의 판매를 단계적으로 폐지한다는 규정
- 연료 및 에너지 사용에 대한 규정(예를 들면 2025년까지 해양/항공 연료에서 수소 혼합 비율을 특정한 기준으로 실행한다는 규정)
- 주거용 및 상업용 건물에 적용하는 새로운 규정(예를 들면 주택 개선 및 녹색주택담보대출에 대한 지원 규정)
- 기후 관련 공시 및 탄소중립 전환 계획과 관련된 대기업의 의무 규정

금융 시스템이 공공정책의 효과를 가속화하고 증폭하는 데 결정적인 역할을 할 수 있다. 금융 시스템은 미래의 기후 정책에 대한 전향적인 평가를 오늘날의 보험료 산정이나 대출 결정 혹은 자산 가격에 반영함으로써 탄소중립 경제를 지향하는 조정을 앞당길 수 있다는 말이다.

금융 시스템은 정책의 영향을 체계적으로 평가함으로써, 기후 정책

이 자본 배분 관련 정보를 경제의 모든 부문에 제공하도록 보장할 수 있다. 금융계에서는 기후와 관련된 위험 요소를 이미 고려하기 시작했다. 보험사들은 기후변화의 물리적 위험을 자기가 설정한 위험 모델에 이미 오래전에 통합했다. 많은 대형 은행은 고탄소 산업에는 대출을 중단했고, 금융 시장은 자산의 가치를 평가할 때 탄소중립 경제로의 전환과 관련된 위험을 고려하기 시작했다.

금융기관이 이런 위험들을 관리하고 그 위험들과 관련된 기회를 포착하려면 전략적이고 전향적인 접근법을 취해야 한다. 금융기관이 돈을 빌려주었거나 보험에 가입했거나 투자하는 기업의 탄소 배출량 등과 같은 정태적인 정보는 자연스러운 출발점이 되긴 하지만, 이것만으로는 해당 기업의 향후 전망을 거의 드러내지 못한다. 그러나 금융기관은 기업의 전환 계획 그리고 새로운 기후 정책이나 기술에 대한 전략적 회복력을 따로 고려할 필요가 있다.

이 책을 성실하게 읽은 독자라면 모든 결정을 내릴 때 기후변화를 고려해야 한다는 '3R' 개념이 낯설지 않을 텐데(여기에 대해서는 12장에서 자세히 설명했다), 이것은 기후 보고climate reporting, 위험 관리risk management, 수익최적화return optimisation에 대한 각각의 접근법을 개선하기 위한 발상에서 나온 개념이다. 당국은 민간 부문이 가장 잘할 수 있는 일(우리 경제 전반에 걸친 위험을 관리하고 기회를 포착하기 위해서 자본을 할당하는 일)을 할 수 있도록 올바른 시장 틀을 마련하고 있다.

역동성이 중요하다

조지프 슘페터(1883~1950)는 역동성을 가리켜 '창조적인 파괴의 돌풍'이라고 이름 붙였는데, 이 역동성은 성장에 반드시 필요한 요소이다. 새로운 기업과 아이디어가 낡은 기업과 아이디어를 따라잡는 주기는 시장 경제의 핵심이다. 그러나 역동성은 자기 동력을 가지고 저절로 굴러가지 않는다. 국가는 이 역동성을 빈틈없이 유도하고 이것을 촉진하는 조건들을 적극적으로 조성해야 한다.

'창조적인 파괴'라는 슘페터의 문구를 기억하는 사람은 많지만 정작 이 문구가 무슨 뜻인지 아는 사람은 많지 않다. 슘페터가 남긴 방대한 저술의 핵심은 자본주의는 경직 상태에 빠지기 쉽다는 것이다. 대기업은 이른바 '서기들의 반역treason of the clerks' 속에서 자기 영속적인 관료제로 변해가는 경향이 있다. 지대를 추구하는, 즉 아무런 노력도 하지 않고 있다가 다른 사람들이 창조한 가치의 보상에 그저 숟가락만 들고 달려드는 재임자들의 경향과 결합할 때 이 서기들의 반역은 창조적인 파괴의 돌풍을 무력하게 만들 수 있다.

이런 현상은 공공정책이 친시장적이 아니라 친기업적일 때, 즉 시장 진입자에게 피해를 주는 기존 시장 참여자의 요구에 초점을 맞춘 정책일 때 발생할 가능성이 상대적으로 더 높다. 경제는 탈중심적일수록 역동적이고, 좋은 새로운 아이디어가 시장에 많이 나올수록 경제 부문의 지도자들은 더 많이 변화한다. 이와 달리 집중은 지대 추구와 기존의 경쟁우위 요소들을 고착화하려는 노력으로 이어진다.

존 케이가 강조했듯이 자본주의의 천재성 가운데 한 부분은 '발견의 과정'이다. 관리를 받는 경제는 혁신에 적대적인 경향이 있는 반면, 시장 경제는 혁신을 토대로 번창한다. 시장에 들어오는 대부분의 아이디어는 실패한다. 그러나 '비합리적인 낙관주의의 지속적인 공급'은 새로운 해결책을 제시하고 빠르게 모방되고 널리 퍼지는 해결책을 가져다주는 특이한 성공을 낳는다. 시장에 드나들기가 쉬워야 한다는 요건이 절대적으로 필요한 이유도 바로 여기에 있다. 파괴적인 혁신은 대개 소매유통업계의 아마존이나 운송업계의 우버와 같은 신규 시장 참여자에게서 나온다. 이것과 똑같이 중요한 사실이 있는데, 기존의 시장 참여자들 바깥에서 생겨난 나쁜 아이디어는 금방 자금이 고갈되어서 아주 적은 양의 자원만 소모하고서 사라진다.

역동성을 촉진하는 데 중요한 전략이 여섯 가지가 있다.

첫째, 강력한 경쟁 정책이 꼭 필요하다. 그런데 어느 사이엔가 경쟁이라는 개념은 시장을 정의한다거나 합병이나 기업의 행동이 가격에 미치는 영향을 추정하는 차원으로 전락해버렸다. 시장에서 서비스가 종종 '무료'로 (보다 정확하게 말하면 광고 시청이나 개인 데이터의 수집의 대가로) 제공되기도 한다. 그런데 이런 무료 기술에서는 이렇다 할 가격 영향이 없기 때문에 많은 소비자가 이 기술을 받아들인다. 그러나 실험에는 해로운 영향이 뒤따를 수 있고, 집중된 경제 권력에 그 영향이 미칠 수 있다. 그리고 이런 과정에서 역동성이 움튼다.

경제학자인 토머스 필리폰Thomas Philippon은 역작인 『위대한 반전The Great Reversal』에서 바로 그 과정이 미국에서 일어났다고 주장한다. 필리폰이 보기에는 한때 전 세계의 모델이었던 미국 시장이 건강한 경쟁을 포기하고 있다. 20년 전과 비교하면 온갖 부문들에서 개인적인 이익을 확대하기 위해서 정치인들에게 적극적으로 로비를 하는 소수의 공룡이 지배하는 집중화 현상이 점점 심해지고 있다. 그 바람에 가격은 상승하고 투자, 생산성, 성장, 임금 등은 하락해서 불평등의 골이 깊어진다. 한편, 경쟁 경화증과 취약하기만 하던 반反독점 조치 때문에 오랫동안 약자 신세였던 유럽이 지금은 오히려 미국을 마구 두들겨 패고 있다. 현재 유럽은 금융 부문부터 기술 부문에 이르는 영역에서 경쟁을 조장하는 정책과 관련된 사고와 행동을 주도하고 있다.

모든 나라가 경고의 교훈이 담긴 이 이야기를 깊이 새겨야 한다. 이 이야기는 아늑한 과점 상태로 이어지는 완만한 내리막길을 걸어가는 이야기이다. 이 평온한 삶의 대가로 치러야 하는 비용은 즉각적으로 드러나

지 않는다. 나중에 치러야 하는 비용이기 때문이다. 그러나 혁신이 사라지고, 지나치게 격식을 차리느라 부자연스러운 발상이 난무하고, 지대만을 추구하는 경향이 점점 커짐에 따라서 미래에 부담해야만 하는 그 비용은 점점 더 커진다. 경쟁이라는 이름의 치열하고도 영원한 경계심의 각성상태는 꼭 필요하다. 미래는 우리가 지금 존재조차 알지 못하는 기업가들이 창조할 것이다.

4차 산업혁명의 특성을 감안하면, 이러한 치열한 경계심은 디지털 경쟁에서 특히 중요하다. 2019년에 하버드대학교의 제이슨 퍼먼Jason Furman 교수는 영국 재무부 주관의 '디지털 경쟁의 잠금해제Unlock Digital Competition'를 위한 전문가 패널의 의장직을 맡았다. 이 패널에서 내린 핵심적인 결론들은 특히 다음과 같은 정책을 유도하자는 것이었다.

- 국가는 전통적인 방식의 경쟁 도구들에만 의존하지 말고 가장 중요한 디지털 플랫폼들의 경쟁 회피행위를 제한하는 일련의 명확한 규칙 집합을 만들고 시행하는 미래지향적인 접근법을 취하는 한편, 현재 효과적인 경쟁을 방해하는 구조적 장벽을 줄여나가야 한다.
- 이런 규칙들은 일반적으로 합의되는 원칙에 기초해야 하며, 광범위한 이해관계자들의 참여 속에서 한층 더 구체적인 행동지침으로 나타나야 한다. 소비자가 (그리고 소규모 기업이) 모든 디지털 서비스에 걸쳐서 데이터를 이동하거나 개방형 표준을 기반으로 해서 시스템을 구축하거나 혹은 경쟁업체가 데이터를 사용하는 일이 쉽게 이루어질 수 있도록 해야 한다. 그래서 소비자가 편익을 누리고 새로운 기업이 시장에 쉽게 진입하도록 해야 한다.
- 기존의 경쟁 도구들이 빠르게 변화하는 경제에 한층 더 효과적으로 대처하도록 업데이트해야 한다. "경쟁이 활기차기 이루어지게 하려면 경쟁자가 있어야 한다." 합병에 대한 통제가 오래전부터 이 역

할을 해왔는데, 디지털 경제라는 맥락 속에서는 좀 더 미래 지향적이고 혁신에 초점을 맞추며 합병이 가져다주는 전반적인 경제적 영향에 초점을 맞춘 접근법을 통해 경쟁이 더욱 활성화되어야 한다. 설령 미리 정해두었던 규칙이 아무리 명백하더라도 나중에 적절하게 실행하는 반독점 조치는 여전히 중요한 안전장치로 남을 것이다. 그러나 이 조치는 모든 이해관계자의 이익이 실현될 수 있도록 한층 더 빠르고 효과적으로 시행되어야 한다.

둘째, 무형경제intangible economy는 아이디어와 과정이 경쟁력의 핵심인데, 이런 무형성이 점점 강화되는 경제에서는 탄탄한 지적재산권의 틀이 매우 중요하다. 많은 무형자산은 쉽게 사용할 수 있고 복사할 수 있다는 점에서 '치열한 경쟁'을 할 수밖에 없다. 무형자산에 대한 투자 심리를 유지하려면, 기업이 자기가 들이는 노력의 결실을 거둘 수 있다는 합리적인 기대를 가질 수 있는 여건을 조성해야 한다.

셋째, 진정한 역동성을 뒷받침하는 조세제도가 필요하다. 새로운 해결책을 만드는 데 시간과 돈을 투자하는 개인에게 공정한 보상이 돌아가야 한다. 그리고 최고의 발상이 아주 작은 것에서 출발한 경우가 많다는 사실을 감안한다면, 기업 투자를 장려하는 일은 당연한 것이다. 예를 들어서 영국의 기업투자지원제도Enterprise Investment Scheme, EIS와 같은 조세 관련 약정은 모든 유형의 스타트업 기업에 대한 투자에서 투자자가 해당 투자금이 3년 안에 회수하지 않을 때 해당 투자에 세금을 감면하는 방식으로 기업 투자를 장려한다. 이런 투자 가운데서 상당수는 성공하지 못할 텐데, 이 경우에 투자자는 투자액의 일부를 자기 소득세로 공제할 수 있다. 바로 이것이 투자, 창조, 파괴, 재투자라는 생태계에 힘을 불어넣는 방식이다. 우리는 실험을 원한다. 거대한 변화가 일어나는 시기에는 특히 더 그렇다. 새로운 기술의 힘을 터득한 승자들은 크게 성공할 것이다. 투자 성공에 따른 자본이득이 새로운 투자로 이어지는 경우에도 세제상의 이득을 보장받을 수 있도록 해야 한다.

부의 창출을 지지하는 것이 시대의 흐름에 뒤떨어질 수 있지만, 우리가 맞닥뜨린 많은 과제를 해결하려면 이것이 꼭 필요하다. 이 책은 부의 창출을 따로 떼어놓고 봐서는 안 된다는 사실을 시종일관 분명하게 주장해왔다. 부의 창출은 다음과 같은 다른 여러 실행 계획들과 상호 보완적이다. 지대 추구를 억제하는 공격적인 경쟁 정책, 모든 이해관계자에게 창출 가치를 제공하는 강화된 기업 목적, 개인이 책임져야 하는 의무, 그리고 시장의 사회적 자본을 존중하고 건설하는 공정성을 위한 노력 등을 그런 실행 계획으로 들 수 있다.

넷째, 역동적인 기업 환경에서 꼭 필요한 부분이 있다. 그것은 바로 중소 규모의 기업에 자본을 대는 새로운 금융 형태들이다. 빅데이터는 플랫폼을 기반으로 하는 경쟁력 있는 중소기업 금융을 위한 새로운 기회를 열어주고 있다. 이 금융 방식은 새로운 신용공여한도credit line＊차입자의 신용을 기준으로 대출한도를 설정하여 그 범위 내에서 아무 때나 부분 대출할 수 있도록 금융기관과 계약한 금액 프로그램을 개발해서, 한층 더 나은 선택권과 표적 금융상품을 제공한다. 이 금융 방식은 한층 더 저렴한 비용으로 가계와 기업에 막대한 혜택을 줄 잠재력을 가지고 있다. 데이터를 업무에 투입하는 것은 우리 경제의 가장 큰 자금 격차 중 하나를 해소하는 데 매우 중요하다. 영국에서 중소기업은 민간 부문의 고용과 민간기업의 이직 가운데 절반 이상을 차지하지만, 220억 파운드라는 막대한 규모의 펀딩 갭(예산 공백)에 직면해 있다.[34] 전체 중소기업의 거의 절반은 지원 신청이 번거롭고 시간이 많이 든다는 이유로 외부 금융을 사용할 생각이 없다. 그리고 은행을 찾아가서 신청한 사람이라고 하더라도 다섯 명 가운데 두 명은 퇴짜를 맞았다.[35]

그런데 여러 문제 가운데 하나는, 문제의 일부가 중소기업이 대출을 신청하면서 담보로 제공하는 자산의 비중이 건물이나 기계와 같은 물리적 자산보다는 브랜드 가치나 사용자 기반과 같은 무형자산 쪽으로 점점 옮겨간다는 점이다. 대출 이력이 없는 중소기업은 신용평가에 필요한 과거 자료가 부족하다. 또한 자금세탁을 방지하기 위한 법률적인 요건이나 고객알기제도Know Your Customer **금융기관의 서비스가 자금세탁과 같은 불법행위에 이용되지 않도록 고객의 신원, 실제 당사자 여부, 거래 목적 등을 금융기관이 확인함으로써 고객에 대해 적절한 주의를 기울이는 제도**와 같은 제도는 보유 자원이 제한적인 소규모 기업에게는 특히 부담이 된다.

데이터가 풍부하게 넘쳐나는 세상에서는 굳이 이렇게 하지 않아도 된다. 대출자는 대출 의사결정의 기초가 되는 광범위한 정보에 접근할 수 있어야 한다. 이미 검색·소셜미디어 데이터는 쇼피파이와 같은 전자상거래 플랫폼과 스트라이프나 페이팔과 같은 결제 제공업체를 포함해서 보유자산이 점점 무형화하는 중소기업을 대상으로 하는 대출의 빗장을 풀기 위해서 기존의 전통적인 측정 항목을 넘어서서 새롭게 기준을 마련하고 있다.

중소기업이 실질적으로 시장에 진출할 수 있으려면 다음 조건이 충족되어야 한다. 즉 중소기업은 자기가 하는 사업과 관련된 데이터를 포착할 수 있어야 하고, 이 내용을 자기의 신용 파일에 통합할 수 있어야 하며 국가가 운영하는 중소기업 금융 플랫폼을 통해서 그 내용을 자기에게 자본을 대출해줄 은행과 쉽게 공유할 수 있어야 한다. 이렇게 하는 것이 데이터에서 가치를 뽑아내고 경쟁을 촉진하는 방법이다. 잉글랜드은행은 중소기업이 오픈뱅킹 **조회나 이체 등 은행의 핵심 금융 기능을 표준화해서 다른 사업자에게 개방하는 것의 편익을 누릴 수 있게 하고 힘을 실어줄 중소기업 대출 전담 개방형 플랫폼을 개발했다. 이 플랫폼은 중소기업과 은행들이 기존 플랫폼들의 구속에서 벗어나게 해준다. 금융업체들이 중소기업 대출을 놓고 서로 경쟁하도록 지원하며, 해당 중소기업이 대출상품을 이용할 수 있는 범위를 넓히고 한층 더 경쟁력 있는 금리를 제공해서, 빠르고 쉽고 비용 효율적인 금융 서비스를 받을 수 있도록 돕는다.[36]

다섯째, 성공한 나라는 모범이 되고 글로벌 공급망의 허브가 될 것이다. 바로 뒤에 이어지는 절에서 세계화를 다루면서 자세하게 살펴보겠지만, 이러한 연결성은 번영의 플랫폼들을 만들겠다는 가치관을 토대로 해야 한다. 이 번영의 플랫폼에는 중소기업이 자유로운 거래를 쉽게 할 수 있게 해주는 안전한 데이터 포털과 플랫폼이 포함된다.

여섯째, 사회적 응집성은 새로운 경쟁력이다. 지속가능성의 길을 걸어가는 나라에서 기업을 운영하겠다는 바람은 점점 커지고 있다. 다양성을 진정으로 찬양하며 다양성의 힘을 전면에 내세우는 진보적인 사회 풍토가 절대적으로 필요하다. 사회적 회복력은 경제적 회복력을 낳아서 진정으로 목적의식적인 기업에 내재된 이해관계자 자본주의를 필수적인 것으로 만든다.

이 책이 전하고자 하는 핵심 메시지는 다음과 같다. 사회가 소중하게 여기는 것을 향해서 역동성이 나아갈 때 역동성이 가장 효과적으로 실현된다는 것이다. 이런 과제지향적인 자본주의는 시장을 탄소중립에서부터 질병 통제(감염재생산지수를 낮게 유지)와 지역적 연대 그리고 사회적 평등에 이르는 보다 높은 차원의 사회적 목표들을 달성하는 데 시장을 활용할 수 있다. 앞서 15장에서 살펴본 것처럼 임팩트 투자자들은 대개 두 개 이상의 지속가능발전목표SDGs를 향해서 매진한다. 앞의 여러 곳에서 살펴봤던 것처럼 국가는 기업 목적을 촉진하기 위해서 여러 가지 가시적인 조치를 취할 수 있다. 이 조치들로는 예를 들어 다음과 같은 것들이 있다.

- 회사법과 지배구조 기준을 설정해서 회사가 구체적인 목적을 정관에 명확히 명시하고 회사의 경영진이 모든 이해관계자의 이익을 고려하도록 한다. 경영상의 이해관계가 기업 목적에 부합하도록 하고

명확한 보고 및 책임 구조가 마련되도록 규제가 이루어져야 한다.

- 비콥인증을 받은 기업이나 미션 기업entreprises à mission(사명을 다하는 기업)이라는 새로운 기업 형태가 영리기업의 기준을 벗어나는 원칙을 포함하도록 허용한다. 이러한 기업 형태는 주주와 모든 이해관계자에게 기업이 설정한 여러 목표가 어떻게 균형을 이루는지 알리며, 경영진이 주주 가치 극대화를 넘어서서 다른 목표를 추구하는 활동과 여러 관련 요소를 고려하도록 허용한다.
- 주요 재무보고서에 지속가능성 보고 기준에 따라서 평가한 이해관계자 결과를 보고하도록 기업에게 요구한다. 공식적인 형식 요건과 원칙 준수·예외 설명 공시 의무를 설정한다.
- 수탁자 의무를 현대화해서 투자자가 신탁자의 지속가능성 선호를 이해하고 이 선호가 재무적으로 중요한지 아닌지 여부를 떠나서 이 선호를 의사결정에 의무적으로 반영하도록 한다. 투자자가 ESG(환경적·사회적·지배구조적) 요소들이 장기적인 가치를 식별하고 위험을 줄이는 데서 수행하는 역할을 인정하도록 투자자의 주의의무를 명확하게 밝혀둬야 한다.

가치관에 기반을 둔 세계화가 필요하다

재화와 서비스 생산의 세계화는 국가들 사이의 상호 의존성을 심화시켰다. 1995년 이후로 해외무역은 전 세계 GDP의 약 45퍼센트에서 현재 약 70퍼센트로까지 증가했으며, 금융자산의 해외보유액은 1995년에 전 세계 GDP의 75퍼센트이던 것이 현재 200퍼센트 이상으로 증가했다. 정책적인 선택들이 이런 변화의 부분적인 이유이긴 하지만, 근본적으로 이 과정은 운송과 통신 그리고 컴퓨팅 분야의 발전을 활용해서 글로벌 가치사슬*기업이 제품과 서비스를 생산해서 부가가치가 창조하는 일련의 과정을 구축하고 글로벌 무역을 확대한 기업들의 기술 발전으로 주로 추동되었다. 아닌 게 아니라 현재 해외 부가가치의 30퍼센트가 글로벌 공급망을 통해서 창출되고 있다.[37]

세계화는 거대한 번영을 가져왔지만 거대한 불행도 함께 불러들였다. 그 결과 국제적인 차원의 통합이라는 원칙이 도전받고 있으며, 그 원칙을 뒷받침하던 제도와 기관은 존재 이유를 잃어가고 있다. 이런 일은 기술 변화를 통한 통합의 여러 힘이 조금도 수그러들지 않는 가운데서 진행되고 있다. 그래서 지금 우리의 가치관을 훼손하는 무질서하고 통제되지 않는 통합이 우리를 위협하고 있다. 그러므로 지금 세대가 해결해야 궁극적이고도 결정적인 과제는, 세계화의 네 번째 단계로 접어드는 이 시점에서 한층 더 포괄적이고 회복력이 있으며 지속가능한 세계화를 구축하는 것이다.

세계화의 첫 번째 단계는 이민과 해외로의 자본 흐름이 최근 기준에 비춰보더라도 뒤지지 않을 정도로 크게 제약받지 않고 상당한 수준으로 이루어졌던 1차 세계대전까지의 기간이었다. (캐나다는 인구가 두 배로 늘어났던 30년 동안에 GDP의 평균 10퍼센트의 경상수지 적자를 기록했다.) 새롭게 만들진 국제적인 기관이라고 해봐야 국제전기통신연합ITU과 같은 극소수 기관뿐이었다. 금본위제는 조약이 아니라 그저 관례일 뿐이었다. 또 국제 재산권도 오로지 대포를 앞세운 무력으로만 강제될 뿐이었다.

1차 세계대전과 2차 세계대전 사이의 기간에는 무역과 자본 흐름에 대한 이러한 비공식적 관례가 사정없이 무너졌다. 사실, 앞에서도 확인했듯이 바로 이렇게 해서 영국은 몰락할 수밖에 없었다. 그렇지만 세계화는 2차 세계대전의 잿더미 속에서 다시 태어났다. 무역과 자본 그리고 개발 원조 흐름을 위한 체제, 규칙을 기반으로 한 새로운 체제인 브레턴우즈 체제가 시작된 것이다. ＊2차 세계대전이 한창이던 1944년 7월에 미국 뉴햄프셔의 브레턴우즈에서 44개국 대표가 참석한 국제연합 통화금융회의가 열렸으며, 여기에서 체결된 협정으로 금본위제와 고정환율제가 세계 금융의 기본 규칙이 되었다 그리고 1980년대까지 국내 경제의 자유화는 경제의 세계적 통합 속도를 가속화했다.

세계화를 세 번째 단계로 밀어올린 요인이 몇 가지 있다. 독일 베를린 장벽의 붕괴와 덩샤오핑에 의해 시작된 중국의 개혁은 인류 인구의 3분의 1을 세계 노동 시장에 통합하는 계기가 되었다. WTO가 설립되고 중국이 국제무역 체제에 편입됨으로써 전 세계의 무역 판도가 바뀌었다. 아울러, 기술 혁신이 폭발적으로 진행된 결과로 누구든 인터넷에서의 클릭 한 번만으로 전 세계 40억 명의 지식 총합에 접근할 수 있게 되었다. 사람들은 버튼을 한 번 클릭하는 것만으로도 인간 지식의 총합에 접근할 수 있게 되었다. 세계 시장과 기술 발전의 공생 관계가 깊어지면서 10억 명이 넘는 사람이 빈곤에서 벗어난 한편, 일련의 기술 발전으로 우리 인간의 삶은 근본적으로 풍요롭게 바뀌었다.

그러나 모든 것이 다 겉모습처럼 그렇게 좋지만은 않았다. 금융 시스템에서 몇몇 심각한 균열들이 드러났고, 그 바람에 노먼이 잉글랜드은행 총재로 재임하던 시대 못지않게 심각한 금융·경제 위기가 나타날 수도 있었다. 그러나 노먼 시대의 교훈이 제대로 학습되었기에 그 재앙은 피할 수 있었다.

결과는 '더 잘못될 수도 있었던 가능성에 비하면 훨씬 더 좋은 수준'이었다. 그러나 조건법적인 서술은 잘 먹히기 어렵다. '나빴을 수도 있었지만 이만하길 다행'이라는 말은 '이보다 더 잘한 적은 한 번도 없었다'는 뜻으로는 들리지 않는다. 아닌 게 아니라 선진국의 많은 시민은 시스템에 대한 통제력 상실과 신뢰 상실을 한탄하면서 높아진 불확실성 앞에서 불안해한다. 그들에게 총체적인 발전의 온갖 화려한 수치들은 그들의 경험과 거의 관련이 없다. 세계화는 새로운 황금시대가 아니라 저임금, 불안정한 고용, 국적 없는 기업, 한껏 두드러지게 나타나는 불평등 등으로 점철되어 있을 뿐이다.

자유무역에 대한 믿음은 경제학자들 사이에서 일종의 종교적인 신성 숭배 대상일지도 모른다. 그러나 무역이 국가들을 더 잘살게 만들긴 하지만, 모든 국가의 모든 사람을 다 잘살게 하지는 못한다. 오히려 무역으로 발생한 편익이 개인별로, 시간 지평별로 불평등하게 분배되고 있다.

그 결과 모든 중소형 국가가 가입해 있는 규칙을 기반으로 하는 구조는 제 기능을 온전하게 수행하지 못한다. 고상한 사회에서는 WTO를 더는 언급하지 않으며, 통화 조작은 IMF가 아니라 미국 재무부가 규정하며, 무력 침공은 사실을 호도하는 모호한 발언으로 얼버무려지고, 기후 관련 정책은 한 건의 트윗으로 만들어지지 않는 것이 현실의 모습이다.

이것을 소수의 국가가 저지르는 나쁜 행동 탓으로 돌리면 안 된다. 이 여러 현상의 원인들은 뿌리가 깊은데, 심지어 어떤 경우에는 제도에 내재된 것이기도 하다. 앞에서도 언급했듯이 재화와 서비스와 자본의 거래에는 상식적인 규칙과 기준이 요구된다. 그러나 이런 규칙은 사라지고 말거나, 혹은 아무리 잘한다고 해봐야 자기 주권을 다른 국가와 공유한다. 정당성이 유지되려면 해당 기준에 동의하는 과정이 민주적 책임성에 뿌리를 두어야 한다.

전 세계의 무역 통합은 이런 민주적 책임성의 역량을 억누르는 경향이 있다. 가치사슬 구조에 따라서 생산 과정이 파편화되면서 각국이 공동의 기준에 동의해야 할 필요성이 그만큼 커지기 때문이다. 이 기준은 대부분 WTO 내부에서가 아니라 가치사슬에서 지배적인 지위를 가진 강대국들에 의해서 정해진다. 경제 규모가 작은 나라들은 결국 그 결정 과정에서는 들러리가 되고, 결과적으로는 원하지도 않는 규칙을 따라야만 하는 의무를 짊어진다.[38]

가치관을 기반으로 하는 접근법을 사용하면 한층 더 포용적이고 회복력이 있으며 지속가능한 세계화를 구축할 수 있다. 우리가 당면한 과제를 해결하기 위해서 구속력을 가진 전 세계적인 차원의 규칙에 동의할 수는 없지만, 다자주의는 강력한 힘을 발휘할 수 있다. 국제 사회가 금융 위기에 대응한 모습에서 우리는 교훈을 얻을 수 있다. 구속력 없는 상태로 엄격한 기준과 협력이 발전했기 때문에 금융 위기가 발생하지 않았던가.

금융 위기의 이 경험은 우리가 직면하고 있는 문제들의 복잡성 그리고 각국 국민의 타당한 요구들, 이런 것들과 한층 더 잘 양립할 수 있는 협력적인 국제주의의 어떤 형태로 나아가야 하지 않느냐고 말한다. 협력적인 국제주의는 다음과 같은 특성을 지닌다.

- 규칙을 기반으로 하지 않고 결과를 기반으로 하며, 회복력과 지속 가능성 그리고 역동성과 같은 가치관을 드높이고자 한다.
- 복수의 이해관계자들을 포함하며, (전 세계의 모든 국가를 동일한 조건으로 대하기보다는) 국가별 지역적인 특성을 고려해서 유연하게 접근한다.
- 서로 정보를 교환한다. (즉 자유민주주의와 자본주의적 개방 시장의 결합이라는 후쿠야마적인 ＊190~191쪽의 프랜시스 후쿠야마를 다룬 내용을 참조하라 수렴을 가정하기보다는 복수의 정치적인 체제와 함께 협력한다.)
- 전 세계의 모든 시민의 삶에 미치는 영향에 초점을 맞춘다는 점에서 포괄적이고 포용적이다.

금융 위기에 대한 대응은 이 접근법의 모범적인 사례를 제공한다. 그 대응은 국가의 경계선을 넘나드는 금융안정성(회복력)에 대한 국가별 자주적 의무를 분명히 강화하는 동시에, 그 금융안정성을 달성하기 위한 국가별 접근법의 차이를 존중하는 것이었다. 결과에 초점을 맞추는 포용적인 과정을 통해서 연대를 이루는 것에 초점이 맞춰졌다. 이런 개혁들을 책임지는 G20 산하의 금융안정위원회FSB 의장 자격으로 가졌던 개인적인 경험을 통해서 나는, 바로 이런 접근법이야말로 비록 시간과 집중적인 노력이 많이 들긴 하지만 궁극적으로는 커다란 보상을 가져다준다는 사실을 잘 안다.

코로나 위기가 이어지는 동안의 성과가 보여주었듯이, 오늘날의 금융 시스템은 한층 더 안전하고 단순하며 공정하다. 그런데 저절로 이렇게 된 게 아니다. 이것은 지난 10년 동안 국제적인 차원에서 합의되었던 수백 건의 개혁이 낳은 직접적인 결과이다. 그 개혁의 과제들을 설정한 주체는 G20의 지도자들이었다. 이 지도자들은 해결책을 모색하기 위해서 토론을 했고, 결국 FSB에서 합의안이 마련되었으며, 이 합의안은 조약이 규정한 의무 때문이라기보다는 공동의 문제를 서로 의존해서 풀어나간다는 차원에서 각 국가에서 시행되었다.

9장에서 설명했듯이 FSB는 무역부터 평화 유지에 이르기 분야에서 다른 많은 사람이 함께 노력할 때 성공을 거두었다. 왜냐하면 FSB는 정치적 지지를 받는 명확한 임무를 가지고 있었고, 논의 테이블에 적합한 사람들을 앉혔으며, 사람들 사이에 공감대를 형성하고 의사결정에 대한 주인의식을 심어주었기 때문이다.

FSB의 경험은 성공적인 국제 협력의 모범적인 사례를 제공한다. 우리는 조약상의 의무로 생성되는 것이 아니라 공동의 발전으로 소유권이 형성되는 표준에 의해서 유도되는 접근법, 결과를 기반으로 하는 접근법이라는 모범적인 사례를 가지게 되었다. 이 접근법은 절대적인 처방이 아니라 폭넓은 지침을 제공한다. 이 접근법은 제각기 다른 시스템에 맞아떨어질 것이라고 인식되기 때문이다.

FSB의 개혁들은 그 자체로 일종의 재산이다. 왜냐하면 그 개혁들은 그것을 채택한 국가들의 금융안정성을 촉진하기 때문이다. 바로 뒤에서 살펴보겠지만, 그 개혁들은 개혁을 원하는 국가들 사이에 더 큰 통합을 이룰 플랫폼도 함께 만들어낸다.

분명히 어느 한 국가 혹은 몇몇 국가가 세계의 정치와 경제를 좌우하는 일이 없는 G0의 세상에서는 통합이 부분적이고 단편적일 것이다. 이것은 교과서적인 이상에는 미치지 못하지만 가치관에 토대를 둔 국가 주권을 기초로 한다. 게다가 최상의 플랫폼이라면 (네트워크 효과 덕분에 소셜 미디어에서 그런 것과 마찬가지로) 임계질량※ **바람직한 결과를 얻기에 충분한 양**을 확보해야 하며, 때가 되면 얼마든지 전체를 지배할 수 있다.

무역과 기술과 기후를 포함하여 세계화 때문에 나타난 주요 해결과제들 가운데 일부를 해결하는 데도 이것과 비슷한 접근법을 적용할 수 있다.

국가 간의 무역(상업적 가치)은 앞으로 점점 개인정보 보호, 포용적인 성장, 노동자의 권리, 기후변화 등과 같은 분야에서 가장 적절한 가치관을 해당 국가가 공유하는지 여부에 따라서 결정될 가능성이 높아질 것이다. 모든 국가가 자기와 동일한 가치관을 가진 다른 국가와 플랫폼을 개발하기 위해서 협력적인 국제주의를 추구할 때, 한층 더 포용적이고 회복력이 높으며 지속가능한 세계화가 이루어질 수 있다.

금융 서비스 분야의 개혁은 결과에 기반을 둔 새로운 접근법이 서비스 부문에서 거래를 수행할 수 있는 플랫폼을 제공한다. 이것을 활용하면 무역 불균형을 해소하는 데 도움이 된다. 그뿐 아니라 서비스 분야에서 여성 고용의 비중이 훨씬 크다는 점을 감안할 때, 성장을 보다 포괄적이고 포용적으로 만드는 데도 도움이 된다. 동시에 새로운 금융 기술과 전자상거래 플랫폼의 결합을 통해서 중소기업은 한층 더 자유롭게 거래할 수 있다. 다자간 무역협정이 수십 년 동안 위세를 떨쳤지만, 이제 영국의 셰필드에서부터 중국의 상하이와 캐나다의 새스커툰에 이르는 기업들을 위한 매끄러운 국제무역의 시대를 여는 것이야말로 진정한 포용적 세계화의 모습이 될 것이다.

현재의 대규모 무역 불균형을 초래한 원인들 가운데 하나는 재화 무역과 서비스 무역 사이의 불균형이다. 현재 서비스 무역에 대한 장벽은 재화 무역에 대한 장벽보다 최대 세 배나 높다. 독일이나 중국과 같은 세계의 주요 흑자국들 대부분은 상품 수입보다 수출을 더 많이 하는데, 이들은 그 불균형 덕분에 이익을 누린다. 한편 미국이나 영국처럼 서비스 부문에서 비교우위를 누리는 국가는 경상수지 적자를 기록할 가능성이 상대적으로 높다.

현재보다 수준을 한 단계 높일 때 모두가 무역을 할 수 있는 길이 열린다. 서비스 무역에 대한 장벽을 완화하면 서비스 부문이 중심인 국가는 비교우위에 있는 자기 영역을 최대한 활용할 수 있다. 서비스 무역에 대한 제한을 최근 몇 년 동안의 상품 거래 수준으로 줄이면 전 세계의 무역 불균형은 절반으로 줄어들 수 있다. 이렇게 하면 성장을 한층 더 포용적으로 만드는 데 도움이 된다. 서비스 부문에서는 여성 고용률이 남성 고용률보다 10퍼센트포인트 더 높다. 실제로 지난 수십 년 동안에 여성의 노동시간 순 증가량은 (여성의 노동시간은 1968년 영국에서 남성 노동시간의 37퍼센트에서 2008년에 73퍼센트로 늘어났다) 서비스 부문에서 이루어졌다.

물론 서비스 부문의 장벽을 완화하는 것이 간단하지 않다. 문제가 되는 장벽은 대개 관세 차원이 아니라 규제 기준과 거래 조건에서의 이른바 '국경 내behind the border' 차이들, 즉 정부 규제나 규범이 국가마다 다르다는 점 때문이다. 금융 서비스의 국가 간 차이가 바로 이런 장벽에 해당된다. 구속력이 없는 국제 표준과 규제 협력을 통하기만 한다면 국가 간의 보호에 대한 우려를 해소하는 데 상당한 진전을 이룰 수 있다는 뜻이다. 심지어 유럽연합에 존재하는 것과 같은 공식적으로 협의하고 또 강제로 집행하는 구조가 없어도 이런 진전은 얼마든지 가능하다.

FSB와 같은 기구들을 점령해왔던 주요 과제들 가운데 하나는, 허술한 규제 혹은 위험 관리로 인한 여파 때문에 금융안정성이 훼손될 일은 없을 것이라는 확신을 국가 당국에 심어줌으로써 금융 시장의 개방성을 과연 어떻게 유지할 것인가 하는 문제였다. 공통 표준과 개방형 정보 공유 그리고 우수한 감독 협력은 어느 한쪽으로 기울어지지 않은 경쟁의 운동장을 제공할 것이다. 아울러 관련된 당사국들이 동등한 결과를 달성하고자 할 때 당국이 서로의 접근법을 인식하고 존중하는 데 필요한 신뢰도 함께 제공할 것이다.

이때 금융 서비스에서 자유무역 플랫폼이 마련되어 자본이 국가와 국가 사이를 자유롭고 효율적이며 지속가능하게 이동할 수 있는, 한층 더 개방적이고 통합적이며 회복력이 있는 금융 시스템이 구축되어 투자와 혁신을 주도할 것이다. 그리고 금융 서비스에서의 이 자유무역 플랫폼은 광범위한 서비스 무역자유화의 전형이 될 수 있다. 이 접근법의 사례로는 영국과 미국 사이에 최근에 체결된 파생상품 협정을 들 수 있는데, 이 협정은 전 세계의 해당 상품 거래의 최대 3분의 2를 아우른다.

이런 모델을 통한 한층 더 자유로운 서비스 무역은 소비자 선택의 개선과 가격 인하를 포함한 외부 불균형 해소 이상의 광범위한 이득을 제공할 것이다. 정보통신, 연구개발, 운송, 의사소통, 금융 등과 같은 서비스가 광범위한 제품들의 제조 과정에 필수적이기 때문에 각 분야에서 폭넓게 생산성이 높아질 가능성이 크다. 또한 서비스 부문의 한층 더 자유로운 무역은 경제학자 대니 로드릭이 말했던 (경제적 통합과 민주주의 그리고 주권 사이의 '트릴레마') 문제를 규범적인 초국가적 규칙에서 국가별로 차별화된 접근법으로 재조정해서 해당 국가들이 공동의 결과를 달성할 수 있도록 해줄 것이다. (여기에 대해서는 8장을 참조하라.)

서비스 부문에서의 한층 더 자유로운 무역은 성장을 한층 더 포용적으로 만드는 데 도움을 준다. 전 세계 국가들마다 다양하기 짝이 없는 규제를 모두 충족해야 할 때 드는 비용이 낮아짐에 따라서 중소기업이 가장 많은 혜택을 받을 것이기 때문이다. 중소기업은 대부분의 나라에서 경제 활력의 엔진실 역할을 한다. 그러나 이들이 수출에서 차지하는 비중은 극히 일부분이다. 예를 들어 영국에서 중소기업은 전체 부가가치 창출액의 3분의 2를 책임지지만 수출로만 보자면 전체 수출에서 중소기업이 차지하는 몫은 3분의 1밖에 되지 않는다. 이렇게 될 수밖에 없는 이유 가운데 상당 부분은 외국과의 무역에서 발생하는 운영비용(여기에는 국가 간의 다양한 규정 준수에서 발생하는 비용부터 국제 송금에 들어가는 비용까지 모두 포함된다)이 상대적으로 훨씬 더 크다는 데 있다. 이런 매몰비용은 규모가 상대적으로 작은 기업에게 한층 더 무거운 부담이 된다.

'다국적' 무역 거래가 수십 년 동안 이루어진 끝에 마침내 중소기업들을 위한 자유무역의 시대가 왔음은 분명하다. 이런 모습은 진정한 포용적인 세계화로 자리잡게 될 것이다. 이것을 실현하기 위해 각국은 새로운 경제의 중심에 있는 쇼피파이, 티몰, 엣시, 아마존 등과 같은 중소기업 플랫폼을 활용할 수 있다. 이런 플랫폼들은 소규모 기업이 국내 시장과 세계 시장에서 자기 몫을 직접 가질 수 있도록 지원하므로, 대기업을 거치지 않고서도 장인 정신의 세계화라는 흐름에 동참할 수 있다. 이것은 가내공업 전체까지도 아우를 수 있는 혁명이다.

중소기업을 위한 한층 더 자유로운 무역은 (결과에 초점을 맞춤으로써) 관세를 낮추는 것과 제품 표준을 인식하는 것 외에도 다음 사항들을 요구한다.

- 국내보다 10배 이상 비쌀 수도 있는 해외결제 비용을 낮출 것
- 금융에 대한 중소기업의 접근권을 개선할 것. 부분적으로는 앞에서 언급한 것처럼 해당 기업에 대한 한층 폭넓은 데이터 및 사회통계적 기록을 이용함으로써 개선할 수 있다.

새로운 기술들은 소매 결제 방식을 획기적으로 바꾸어놓을 잠재력을 가진다. 중앙은행이 발행하는 디지털 통화가 등장할 가능성도 배제할 수 없다. 이 통화는 메시지 전송 플랫폼 사용자들 사이에 그리고 소매 거래 당사자들 사이에서 교환될 수 있다. 만일 적절하게 설계만 된다면, 이 통화는 금융적 수용성을 상당한 수준으로 개선할 수 있으며 국내외 결제 비용을 획기적으로 낮출 것이다.

소셜미디어 플랫폼의 사용자가 수십억 명이나 되면서 이 유형의 플랫폼에 대해서는 표준이나 규제에 대해서 많은 논의가 이루어지고 있다. 그러나 이와 달리 결제와 통화 혁신과 관련된 조건은 플랫폼 출시 전에 충족되어야 한다. 최고 수준의 정교한 규제와 소비자 보호 기준을 충족해야 하며, 자금세탁 방지부터 데이터 보호 및 운영 회복력 등에 이르는 문제를 해결하는 것이어야 하고, 새로운 사용자가 동등한 조건으로 참여할 수 있는 개방형 플랫폼으로 경쟁력을 갖추어야 한다.

크리스틴 라가르드와 내가 중앙은행 디지털화폐들CBDCs을 개발하겠다며 주요 중앙은행 총재들이 참여하는 실무적인 협의체를 만들었던 것도 바로 이런 이유에서였다. 우리는 이 통화들이 회복력, 보편성, 역동성이라는 공동의 가치관을 가져야 한다고 생각했으며, 이 전도양양한 기술적인 방안이 기술기업들이 아니라 시민들에게 복무하는 방향으로 개발될 수 있음을 확인해줄 실용적인 접근법을 공유했다. 이렇게 해서 나중에 어떤 해결책이 나온다면, 이 해결책이 결과지향적이기를(즉 고객 서비스와 보호에 초점이 맞춰져 있기를), 금융안정성을 강화함으로써 회복력을 갖추기를, 이해관계자들에 의해서 개발되기를, 나중에 다른 사용자가 참여할 수 있는 개방형 플랫폼을 갖추고 있기를 기대하라.

이런 운동들의 공통적인 목표는 사회의 모든 계층으로 기회를 확산시키자는 것이다. 의무적인 직업 훈련, 보편적인 기술 관련 조치, 기업가 사회를 촉진하기 위한 세제 혜택, 효과적인 시장 규제, 모든 이해관계자 권리들의 균형 있는 조정, 중소기업을 위한 자유무역 등이 이런 운동들에 포함된다. 세계화된 통합 경제에서 기회를 발굴하는 동시에 사회의 가치관을 강화하는 것이 이 운동들이 추구하는 핵심적인 과제이다.

국가는 꼭 필요한 경제적인 역할을 하지만, 시장들의 집합체나 어떤 무역 협상가가 아니라 그 이상의 의미를 가진다. 국가는 기회의 평등, 자유, 공정성, 지역 차원의 연대, 미래 세대를 위한 배려 등과 같은 총체적인 이상을 구현한다. 국가는 탄소중립 경제로의 즉각적인 전환이나 보편적인 훈련 등과 같은 국가적 목표를 설정해서, 모든 사람이 4차 산업혁명의 보상을 얻도록 할 수 있다.

최근 몇 년 동안 세계주의자들과 국가주의자들 모두 이런 이상들을 너무 자주 평가절하해왔고, 그 과정에서 거래에 기반하는 국가 개념을 강화했다. 이런 협소한 국가 개념에서 각각의 국가는 보다 더 큰 시장에 합류하기 위해 자기 주권을 양보하거나 혹은 무역전쟁에서 이기기 위해서 자기 주권을 되찾는 모습을 보인다. 애국심은 그런 이기적인 국가주의와는 정반대다. 에마뉘엘 마크롱이 강조했듯이 "남을 배려하지 않고 자기 이익을 우선시할 때, 우리는 국가가 가장 소중히 여기는 것, 그리고 국가를 존속시키는 것 즉 도덕적 가치관을 지워버린다."

그레타 툰베리가 유엔에서 연설했던 바로 그날 유럽연합의 상임의장이던 도날트 투스크가 같은 장소에서 다음과 같이 말했다.

자기 조국에 대한 사랑을 자기 이웃에 대한 증오로 바꾸는 일이 얼마나 쉬운지 역사는 잘 보여줍니다. 자기 문화에 대한 자부심을 낯선 사람의 문화에 대한 경멸로 바꾸기란 또 얼마나 쉽습니까! 자기의 주권을 주장하는 구호를 외치면서 다른 사람의 주권에 짓밟기란 또 얼마나 쉽습니까!

또한 독립과 주권을 혼동하기란 얼마나 쉬운 일인가. 전 세계 경제의 통합에 명백하게 뒤따르는 이득과 이것을 실현하는 데 필요한 협력 사이에 내재된 긴장을 해소하는 것이 핵심 과제인데, 우리는 이 과제를 달성하거나 설명하기가 어려울 수 있다. 많은 경우에 이 긴장은 그저 환상일 뿐이다. 왜냐하면 국가 주권을 빼앗기보다는 국제적인 협력이 그 주권을 되찾을 길을 오히려 쉽게 마련해주기 때문이다.

나는 학생 때 옥스퍼드와 런던을 오가는 버스를 탈 때마다 늘 지나가는 지역의 랜드마크를 찾곤 했다. 그 랜드마크는 대학가에 널려 있던 멋진 몽상적인 첨탑들도 아니고 런던에 있는 마블아치 **나폴레옹과의 전투에서 승리한 것을 기념하는 문**도 아니었다. 내가 찾던 랜드마크는 내가 다니던 대학교에서 몇 마일 떨어진 헤딩턴 거리 인근의 연립주택이었다. 어떤 남자가 자기 지붕을 공격하려는 형상의 거대한 상어 조각상을 달리 볼거리가 없던 거리에 세웠다. 아마도 이웃 사람들이 이 조각상에 실망했을 게 분명하다. 체르노빌에서 발생한 핵 참사에 부분적으로 영감을 받은 게 분명한 이 조각상은, 해외에서 발생한 생존을 위협하는 일들이 얼마나 신속하게 자기 지역을 위협할지 모른다는 사실에 대해서 그 남자가 느꼈을 '무기력함과 분노와 절망'의 감정을 담고 있었다. 그 뒤로 줄곧 나는 그 상어 조각상을 떠올리곤 했다. 그 조각상은 단순히 국경을 넘어 확산되는 핵 위협이 아니라 금융 불안정성이고 사이버 범죄이며 기후변화로 야기된 혼란이기 때문이었다. 어떤 나라든 간에 과연 어느 정도까지 이런 상어들의 공격을 차단할 수 있을까? 그리고 또, 그런 시도를 하는 나라들에서 시민들은 무역과 투자에서의 어떤 기회들과 어떤 아이디어들을, 또 어떤 창의성들을 박탈당할까?

우리는 주권을 독립과 혼동하지 말아야 한다. 유럽중앙은행 총재를 역임했으며 현재 이탈리아 총리인 마리오 드라기는 어떤 연설에서 다음과 같이 강조했다.

"진정한 주권은 법률적인 규정이 가리키는 것처럼 법을 만드는 힘에 반영되는 것이 아니라, 존 로크가 '평화, 안전, 공공재'라고 정의한 바로 그것, 즉 결과를 통제하고 국민의 근본적인 요구에 대응하는 능력에 반영되는 것입니다."[39]

우리가 맞닥뜨린 도전과제들을 해결하는 것은 혼자 행동할 의지와 권한을 가진 사람들에게조차도 쉽지 않을 것이다. 그리고 많은 도전과제는 국제적으로 조정된 행동을 요구하는데, 이런 조정된 행동에 합의하기란 한층 더 어렵다. 많은 경우에 어떤 국가들이든 간에 자기가 소중하게 여기는 공동의 가치관을 실천해서 초超가치를 구축하려면 같은 마음을 가진 다른 나라들과 협력해서 추진할 다양한 방법을 찾아야 한다.

우리는 협력적인 국제주의가 다음의 여러 조건을 통해서 얼마든지 성공할 수 있음을 보여주는 금융의 사례에서 용기를 얻어야 한다.

- 가치관에 기반한 결과에 초점을 맞춘다.
- 복수의 이해관계자들과 국경을 초월해서 기꺼이 협력한다.
- 법률적 구속력이 있는 글로벌 표준이 아닌 부드러운 형태의 협력을 더 많이 구사한다.
- 국가적인 접근법들이 가능한 조화롭게 정렬된 방식으로 개발될 수 있도록 돕는 구조를 마련한다.

국제적인 협력은 구체적인 도전과제들에 대한 실용적인 해결책을 추구할 때 연대 효과를 최대로 발휘한다. 그 과제들은 금융 시스템에서 회복력과 공정성과 의무를 구축해서 자본이 국가의 경계선을 넘어서 일자리와 기회와 성장을 창출하도록 만드는 것이다. 그 과제들은 중소기업을 위한 자유무역을 통해서 역동성을 창출해서 한층 더 포용적으로 성장할 수 있도록 하는 것이다. 또한 그 과제들은 생각이 비슷한 접근법들을 통해서 지속가능성을 진전시킴으로써 지속가능한 금융이 주류가 되고 기후변화에 맞서 싸우려는 마찬가지의 국가적인 노력이 주류가 되도록 만드는 것이다.

전 세계적인 문제들에 대한 공동의 목적과 이상과 가치관을 재조명함으로써 애국심을 고취하는 것은 우리 모두에게 기회를 제공하는 국가전략에 꼭 필요한 것이다. 우리에게는 새로운 형태의 국제적 통합이 필요하다. 진정한 의미에서 가치관을 유지하고 주권을 보존하는 국제적인 통합, 결과에 초점을 맞추는 통합이 필요하다. 이런 태도는 어떤 층위의 제도나 기관이든 간에 자기의 목적을 달성하기 위해 적응하는 제도나 기관에게는 최고의 모범 사례이다.

의심의 여지는 없다. 이런 제도와 기관을 조정하는 작업은 기존 질서의 허약함을 온전하게 드러낼 정도로 깊어야 하고, 현재 진행되고 있는 지정학적 지형의 재정비만큼이나 폭넓어야 한다. 국가는 자기가 소중하게 여기는 가치관을 단단하게 붙잡을 때만 비로소 이 깊이와 폭을 모두 아우르는 거친 항해를 이어가서 마침내 번영을 누릴 수 있다. 공정성, 의무, 회복력, 지속가능성, 역동성 그리고 마지막으로 무엇보다도 중요한 연대라는 각각의 가치를 강화하기 위해서 우리는 이 마지막 장에서 국내 차원의 일련의 개혁적인 운동을 상세하게 살피면서 이 운동의 필요성을 확인했다. 이 운동이 있어야만 각각의 국가들이 전 세계적인 통합을 지속하는 일이 가능하기 때문이다.

그 개혁적인 운동에 동의하고 그 운동을 개발하며 실천하는 일련의 과정과 내용은 최대한 포용적이어야 한다. 그 일은 야망을 가지고 일곱 번째 가치인 겸손함과 함께 접근해야 하는 과제이다.

이제 이 책의 결론을 내려야 할 때인데, 겸손함을 가지고서 그 이야기를 풀어보자.

겸손함의 시대

재설정되고 있는 세상

나는 잠에서 깨면 곧바로 훌훌 털고 자리에서 일어난다. 대개는 아직 깜깜한 밤이다. 그래서 아래층으로 내려가면서 삐걱거리는 두 번째 계단을 조심한다. 그리고 물을 한 잔 마신다. 물을 마시면서는 아침에 일어나서 물 한 잔 마시는 것이 인지 기능에 가장 중요하다고 했던 내 친구 니콜라이를 생각한다. (그런데 내가 물을 충분히 많이 마시는 게 아니라는 느낌이 점점 더 강해진다.) 특별히 바쁠 때는 명상을 한 다음에 일을 하러 사무실로 간다. (거짓말처럼 들리겠지만 이상하게도 명상을 하면 소비되는 시간보다 더 많은 시간이 추가로 생겨난다.) 그런데 사무실에 가봐야 아무런 일정도 없고 급하게 해야 할 일도 없다. 그러다 보니 결국 사무실에서 잠을 자는 습관이 들어버렸다.

수억 명이나 되는 사람이 그렇겠지만 지난 1년 동안에 나의 출근 방식은 완전히 바뀌었다. 승용차, 지하철, 버스, 자전거, 도보… 나는 이런 수단을 사용하지 않는다. 집에서 일터로 가는 여정은 아주 간단하다. 침대에서 몇 걸음만 걸어가서 컴퓨터가 있는 책상에 앉으면 된다. 이게 출근이다. 출근해서도 나는 필요한 장소는 어디든 간다. 보통 그곳은 다른 누군가의 집이다. 몇몇 사람은 자신이 속한 기업의 배너를 등지고 앉아 있다. 기술적으로 한층 더 발전한 사람은 상체를 뒤로 젖힐 때마다 자신이 설정한 가상의 배경 속으로 사라지기도 한다.

그러나 사람들은 대부분 자기 집이 자기 작업실이 되고 사무실이 되고 단말기가 된다는 사실에 만족한다. 나도 그렇다. 나는 호주 고양이가 내 키보드를 가로질러 걸어가는 것을 바라본다. 에드먼턴에 내리는 눈을 바라본다. 아르헨티나 소년이 배고프다면 점심을 달라고 하는 소리를 듣는다. 다른 사람이 사용하는 빌리 * 이케아의 책장 브랜드 책장이 내 것과 똑같다는 걸 알아본다. 그리고 택배가 왔다면서 누군가 잠시 자리를 비울 때는 그 사람이 다시 돌아올 때까지 잠시 기다린다. 이 모든 것이 수평적이며, 연결되어 있고, 인간적이다.

세상은 지금 재설정되고 있다. 그리고 이 책은 가치관이 가치를 몰고 가는 어떤 방향을 지지한다.

왜 겸손함인가

눈치가 빠른 독자라면, 앞 장(16장)에서 가치관의 소중한 덕목 일곱 개 가운데 하나가 언급되지 않았음을 알아차렸을 것이다. 그렇다. 겸손함을 따로 언급하지 않았다. 하지만 그건 실수가 아니었다. 어색하다고 해서 내가 겸손함을 그냥 넘어간 게 아니다. 비록 국가적인 차원의 겸손 전략 운동이 무척 어려운 과제이긴 하겠지만 말이다. 분명히 말하자면, 그것은 국가적인 차원의 굴욕humiliation이 아니라 국가적인 차원의 겸손함humility이다. …그렇다, 나는 겸손해야 할 것들이 무척 많다.

겸손함은 중요하다. 겸손함은 앞서서 이끌고 다스리는 것이기 때문에 그렇다. 내가 겸손하게 군다고 해서 어떤 행동을 하는 데 이것이 장애나 방해가 되지도 않는다. 겸손함은 놀라운 일이 일어날 것임을 인지하는 것이다. 나는 일이 잘못되면 어떤 일이 일어날지 물어보는 게 필요함을, 심지어 도무지 일이 잘못될 것 같지 않을 때조차도 그게 필요함을 교훈으로 배워서 알고 있다. 만약 서브프라임 모기지 사태가 억제되지 않는다면 어떻게 될까? 만약 어떤 사이버 공격이 성공한다면 어떻게 될까? 만약 거래가 성사되지 않는다면 어떻게 될까? 겸손함은 자신이 가진 지식의 한계를 인정하는 것이다. 회복력과 적응력이 반드시 필요할 수밖에 없는, 내가 모른다는 사실조차 모르는 것들이 있음을 인정한다는 말이다. 겸손한 사람은 자신에게 실패가 언제 어떻게 닥칠지 모른다고 하더라도 그 실패에 대한 대비책을 세울 수 있다.

겸손함은 우리가 그 모든 해답을 알기 전에 목표를 정할 수 있게 해준다. 만일 우리가 겸손하다면 자신이 나아갈 여정의 모든 것을 지도로 자세하게 그릴 수 있다거나, 모든 것의 가치를 정확하게 책정해서 모든 것을 최적화할 수 있다거나 하는 생각을 하지 않는다. 만약 우리가 겸손하다면 자신의 의견과는 다른 관점을 고려하고 다른 사람들과의 합의 수준을 높여나가면서, 토론으로 해답을 이끌어내는 과정을 통해서 최상의 해결책을 찾을 수 있음을 안다.

겸손한 사람은 성과주의의 한계를 인정한다. 겸손함은 행운의 역할과 성공이 요구하는 책임, 즉 목적을 수행하기 위해서 해야만 하는 의무를 인정한다. 겸손하다는 것은 자신은 자신이 속한 회사, 지역사회와 공동체 그리고 국가의 관리인일 뿐임을 인정하는 것이다. 그리고 그 모든 것이 동등함을 인정하는 것이고, 공익이 공리주의보다 우선함을 인정하는 것이다.

불확실성이 널려 있다

여러 해 전에 나는 앨버타대학교에서 학생들 몇 명을 만났다. 앨버타대학교는 나의 아버지가 강의를 했던 곳이며 나의 어머니와 누이가 공부를 했던 곳이기도 한다. 이런 인연 때문에 나는 학생들에게 직업과 관련된 조언을 잘 해줘야만 한다고 생각했고, 그래서 학생들에게 미래에 놓인 길이 평탄하지만은 않을 것이라는 이야기를 내 경험에 비추어서 해줬다. 미래에 생겨날 많은 일자리와 심지어 많은 산업이 아직은 존재하지도 않으므로 수십 년 뒤를 내다보면서 계획을 세운다는 것은 완전히 비현실적이라는 이야기도 했다. 그리고 내가 하는 충고가 조금이라도 쉽게 받아들여지도록 존 레넌이 했던 "삶은 당신이 다른 계획을 세우느라 바쁠 때 당신에게 일어나는 것이다"라는 말도 들려주었다.[1] 학생들은 고개를 끄덕이긴 했지만 어쩐지 어리둥절한 표정이었다. 그래서 나는 "존 레넌은 비틀즈의 멤버였다"라는 명확한 설명을 덧붙였다. 그리고 또 혹시나 해서 "비틀즈는 영국의 록 밴드였다"라는 말도 보탰다.

나의 조언은 계속 이어졌다. 내가 한 말의 요지는 내가 고등학교 친구나 대학교 친구, 즉 비틀즈를 기억할 만큼 나이가 많은 친구를 만날 때마다 그 친구들은 종종 자신이 선택한 경력이 자신을 어디로까지 데려왔는지 생각하고는 깜짝깜짝 놀란다는 것이었다. 그 친구들이 과연 행복한지 여부는 보통 그들이 자신의 이익을 줄기차게 추구해왔는지, 자신이 얻을 것을 자신이 속한 공동체에 환원했는지 그리고 자신의 가치관에 충실하게 살아왔는지 여부에 달려 있더라는 말을 해주었다.

이런 맥락에서 나는 학생들이 경력을 쌓아가면서 유연하고 모험적이어야 하고, 새로운 것을 배워서 한 사람의 성인으로 성장할 기회를 제시하는 가능성을 선택해야 한다고 충고했다. 그리고 모든 일자리는 그 자체로 가치가 있긴 하지만, 그것 말고도 그들이 앞으로 다가올 다음 기회에 대비하는 경험이라고 생각하라고도 했다. 이럴 때 적응력이 쌓이고 스스로를 즐길 수 있으며 또 성공 가능성도 그만큼 더 커진다는 말도 했다.

그런 적응력은 학교를 졸업하고서 엄청난 변화가 진행되는 세상 속으로, G7에서 G20으로 그리고 다시 G0까지 바뀌는 세상 속으로, 3차 산업혁명에서 4차 산업혁명으로 바뀌는 세상 속으로, 다양성에서 포용으로 바뀌는 세상 속으로 들어가는 청년에게 특히 중요하다. 이런 불확실성 속에는 공동 번영의 새로운 사회경제적 동력을 구축할 위대한 기회들이 놓여 있다. 앞으로 몇 년 사이에 재생 에너지, 생명공학, 핀테크, 인공지능 등과 같은 분야에서 근본적인 돌파들이 얼마나 멋지게 상업화될지 판명될 것이다. 또한 우리는 그 획기적인 기술들이 가져다줄 돌파들이 소수에게만 봉사할 것인지 아니면 사회의 모든 구성원에게 골고루 봉사할 것인지 결정하게 될 것이다.

그리고 우리는 우리의 가치관과 일치하는 공동의 번영을 위해서 과연 사회적 자본, 즉 도덕감정을 재건할 것인지 여부를 결정할 것이다.

기회가 올 때

마지막으로 나는 학생들에게 성공이 다가올 때(나는 '매우 많은 성공'이라는 뜻으로 '성공'이라는 말을 썼다. 왜냐하면 지금까지 이미 많은 성공이 이루어졌기 때문이다) 중요한 점을 하나 강조했다. 우리가 살아가는 인생에서 기회가 수행하는 역할과 행운과 함께 다가오는 의무를 기억하는 것 말이다.

나는 이걸 잘 알고 있다. 내가 잉글랜드은행의 총재가 된 것은 역사의 완전한 우연 덕분이다. 실제로 많은 영국인은 어떻게 이런 일이 일어났는지 아직도 궁금해한다. 내가 경제학을 공부한 것은 세상이 어떻게 돌아가는지 알고 싶어서였다. 사실 나는 주관적인 혁명의 경제학이 자기가 묘사하는 세상을 바꾸어나가고 있음을 그 뒤로도 수십 년 동안 깨닫지 못했기 때문이다.

나는 중앙은행 총재가 되는 것을 목표로 설정한 적이 한 번도 없다. 나는 오랜 세월 투자은행가로 살면서 세 개 대륙에서 18개월마다 혹은 2년마다 직장을 옮겨 다녔다. 다양성이 나에게 자극이 되긴 했지만 나는 공공 부문과 민간 부문이 교차하는 지점에 놓인 문제를 다룰 때, 즉 아파르트헤이트 이후의 남아프리카부터 민영화 이전의 온타리오에 이르는 곳에서 일할 때 가장 즐거웠음을 나중에야 깨달았다.

그래서 캐나다의 공공 부문에서 일할 기회가 생기자 나는 그 기회를 얼른 붙잡았다. * 캐나다 재무부 수석부장관이 되었다 그리고 다행히도 나는 그 직책을 수행하는 동안 내가 가장 관심을 가졌던 것을 추구함으로써 시장 경험과 준공공 정책 경험을 충분히 했고, 그 덕분에 캐나다의 중앙은행인 캐나다은행의 총재가 되었다. 거기에서 나는 나의 전임자인 데이비드 도지David Dodge와 후임자인 티프 매클럼Tiff Macklem을 포함한 뛰어난 동료들에게서 많은 것을 배웠다. 나를 교육시켰고 나에게 영감과 기회를 주었던 위대한 나라에 무언가를 돌려줄 수 있어서 정말 기뻤다.

캐나다은행 총재로 임명되었을 때 나는 어린 시절 5학년으로 진학한 이후 처음으로, 내가 앞으로 7년 동안 수행하고자 하는 일이 무엇인지 잘 안다고 생각했다. 나의 전임자들은 그때까지 캐나다 경제를 아주 잘 유지했다. 정기적인 금리 결정은 1년에 여덟 번뿐이었다. 내가 해야 할 일이라고는 캐나다은행의 자동운행 장치를 설정하는 것뿐이었고, 나로서는 그 설정을 망치지만 않으면 되었다.

그런데 이런! 앞에서 겸손함을 이야기하면서 내가 했던 말을 떠올리기 바란다. 내가 취임하자마자 거의 동시에 세계 금융 위기가 시작되었다. 중앙은행 업무가 민간 부문의 소음과 분노에서 멀찍이 벗어나서 평온하고 조용하기만 할 것이라는 애초의 나의 짐작은 완전히 빗나갔다. 금융 위기가 이어지던 그 참혹한 기간에 나는 엄청난 불확실성과 엄청난 압력 속에서 복잡한 문제들을 다루는 방법을 많은 사람에게서 배웠다.

그리고 나는 나의 열정을 따랐고, 뛰어난 사람들과 협력했으며, 적절한 시기에 적절한 장소에서의 우연한 만남을 쌓아갔다. 그렇게 하다 보니 그 길 끝에 잉글랜드은행의 총재 자리가 나를 기다리고 있었다. 그것은 그야말로 있을 수 없는 우연이고 요행이었다.

마이클 루이스가 언젠가 말한 것처럼, "이것은 그냥 하는 거짓 겸손이 아니라, 일리가 있는 거짓 겸손이다."[2]

우리의 의무

우리 모두 운이 좋다는 사실이 중요하다. 내가 행운아임은 누가 봐도 분명하다. 내가 만난 학생들도 앨버타대학교에서 공부할 수 있었다는 사실이, 캐나다에서 이 시기에 젊다는 사실이, 그리고 학습과 자기계발의 동기를 불어넣는 가족과 친구와 멘토를 가지고 있다는 사실이 행운일 것이다. 그 학생들의 미래가 어떻게 될지는 그들에게 달려 있다. 그들은 자신이 원하는 대로 인생의 목적을 정하고 미래를 창조할 수 있다. 그들이 세울 계획은 인생의 모든 계획이 그렇듯이 매끄럽게만 풀리지 않겠지만 만약 그들이 자신의 관심사와 가치관에 충실하기만 한다면, 그들의 경력은 각자 설정한 목적 속에서 세월의 흐름과 함께 떡갈나무처럼 번성할 것이다.

오늘날 재능을 타고나고 기회를 부여받은 사람은 엄청난 보상을 누릴 수 있다. 성공은 세계화 시장이라는 조건 속에서 한층 더 확대된다. 코로나 위기 덕분에 이런 일이 더 쉬워졌다. 바로 몇 걸음 옆에 있는 컴퓨터를 열기만 하면 된다. 디지털은 기본적인 설정이며 지배적인 설정이다.

지금은 유명해지거나 행운을 꿰차기 좋을 때이다. 그러나 성서에도 나와 있듯이 많은 것을 받은 사람은 많은 것을 요구받는다. 그러니 누구든 간에 진정한 성공을 거두고 싶은 사람이라면 자신이 일하고 살아가는 시스템을 개선할 의무를 지고 있음을 깨달아야 한다는 말이다. 이것은 겸손의 첫 번째 표식이다.

이 책이 상세하게 설명했듯이, 오랫동안 경제·정치 철학자들은 활기찬 경제에 가치관과 신념과 문화가 경제의 활력에 매우 중요한 역할을 한다는 견해를 지지해왔다. 의무, 공정성, 완전성, 역동성, 연대 그리고 회복력과 같은 덕목의 가치관. 이런 가치관을 강화하고 다음 세대로 전하는 것이 우리의 의무이다. 이런 덕목들이 타고난 천성이 될 수 있도록 만들어서 물려주어라. 철저한 직업의식을 가다듬음으로써 우리는, 우리의 제도와 기관 및 공동체를 다음 세대에 물려주기 전까지 맡아서 개선하는 (주인이 아닌) 관리인이 될 수 있다.

기업은 목적을 추구하며 운영함으로써 사회가 안고 있는 과제들의 해결책을 찾아내는 한편, 책임감을 가지며 대응력을 갖춘 고용주로서 협력업체 및 고객과 정직하고 공정하며 지속적인 관계를 맺고 또 훌륭한 기업 시민으로서 지역사회에 참여할 수 있다.

그리고 국가는 애국심을 발전시킴으로써 그 어떤 예외도 없이 사회 전반에 기회를 확산시킬 수 있고 평등, 자유, 공정성, 역동성 그리고 연대라는 이상을 지역과 세대를 초월해서 구체화할 수 있다.

이런 방식으로 우리는 장기적인 번영에 필요한 윤리적 기반을 다시 마련할 수 있다. 우리 모두는 각자 자신의 규칙을 가지고서 자신의 삶을 서로 다른 영역으로 나누고 구분하는 구획화를 피해야 한다. 구획화 속에서는 가정은 일로부터, 윤리는 법으로부터, 개인은 제도로부터 각각 구분된다. 한층 더 높은 목적과 이상과 가치관을 회복하는 것은 이 분열된 삶을 끝내는 데 도움이 될 수 있다. 또한 가치에 대한 가치관의 범위를 넓힘으로써 시장의 보상은 한층 더 널리 확산될 수 있다.

우리에게는 선택권이 하나 주어져 있다. 우리는 금전적인 차원의 가치평가가 우리의 가치관을 협소하게 만들도록 내버려둘 수도 있고, 사회의 가치관이 시장의 가치 개념을 한층 넓히는 생태계를 새롭게 창조할 수도 있다. 이런 방식으로 개인의 창의성과 시장의 역동성을 사회의 지고지순한 목표를 달성하는 방향으로 모을 수 있다.

회복, 가치 있는 과거가 미래를 만든다

잉글랜드은행 총재 임기가 몇 달 남지 않았던 때였다. 나는 세인트 마이클스 콘힐 교회에서 열린 신년맞이 예배에 참석했다. 이 행사는 흥청거리던 크리스마스가 끝나고 새해가 새롭게 시작하기 전에 열리는데, 언제나 반길 만한 기회이다. 지난 6년 동안 늘 그랬듯이 나는 새로운 런던 시장 옆자리에 앉았다. 그런데 그해는 특별했다. 왜냐하면 당시 시장이던 윌리엄 러셀William Russell이 나와는 오랜 친구였기 때문이다. 그는 매우 유능한 은행가였다. 이제 시장이라는 공직에 앉은 그는 자선단체와 가족에게 넉넉하게 시간을 할애하고 있었으며, 또 런던을 조금이라도 더 지속가능한 도시로 만들 아이디어를 머리에 가득 채우고 있었다.

러셀의 임기는 이제 막 시작되었고 나의 임기는 끝나가던 시점의 그날 아침에, 나는 내 마음이 이끄는 대로 마르쿠스 아우렐리우스의 『명상록』 가운데 한 부분을 다시 읽었다. 그런데 그때 나는 우리 인간의 필멸성을 상기시키는 아우렐리우스의 지적에 상당한 충격을 받았다.

언젠가 반드시 죽어 없어질 이 생명은 하찮은 것이고, 지구의 아주 작은 구석에 붙박여 살고 있다. 그리고 앞으로 이어질 길고 긴 명성 역시 하찮긴 마찬가지이다. 오래전에 죽은 사람들은 말할 것도 없고 자기 자신에 대해서도 전혀 알지 못하는, 빠르게 소멸하는 하찮은 사람들의 연속선 위에 놓여 있으니 그럴 수밖에 더 있겠는가.[3]

그런데 놀랍게도 그 신년맞이 예배의 찰스 스크린Charles Skrine 목사는 이 주제를 가지고서 우선 시간 지평의 비극을 언급한 다음에 삶이 얼마나 덧없는지 그리고 우리가 현재를 어떻게 살아야 할지 설교했다. 시간 지평의 비극에 대해서는 다음과 같은 말로 시작했다.

> 우리 가운데 어떤 사람들은 이름만 대면 알 만한 직책에 앉아 있습니다. (…) 잉글랜드은행 120번째 총재와 692대 런던 시장이 앞쪽에 앉아 계십니다. 잉글랜드은행 총재의 임기는 시장 임기보다 더 깁니다. 그리고 교회 뒤쪽을 보시면 오르간 연주자들이 계신데, 이분들은 성직자들을 위해서 늘 같은 일을 하고 계시는 걸 볼 수 있습니다.
> 그런데 잉글랜드은행의 저 훌륭한 역대 총재들 가운데 우리가 아는 이름은 몇 개나 될까요? 120명 가운데서 말입니다. 그리고 역대 런던 시장 692명 가운데서는 어떨까요? (…) 저는 이 교회의 전임 목사님들을 일곱 명까지 이름을 댈 수 있습니다, 물론 커닝하지 않고 말입니다. 그렇지만 사실 저는 이분들의 풀네임까지는 알지는 못합니다. 그런데 죽음의 지평을 훌쩍 넘어간 이 사람들은 자신이 자기 이야기의 주인공이라고 느낍니다.

그런 다음에 목사는 우리 인간 삶의 덧없음을 다음과 같이 상반된 두 가지 관점으로 설정했다.

우리가 죽을 내일을 위해서만 먹고 마십시다. 만일 여러분이 거둔 업적을 평가할 시간 지평을 여러분이 죽는 순간으로 설정한다면, 인생은 짧고 스트레스로 가득 차 있으며, 이 스트레스는 다른 사람들을 향한 이타심과 봉사를 방해할 것입니다.

그런데 만약 그 시간 지평이 무덤을 넘어서고 불멸의 시간을 넘어선다면, 그리고 세상을 엉망으로 만들어버리는 모든 죽음의 부패가 없다면, 우리의 삶을 올바른 관점에다 가져다놓을 지평이 열릴 것입니다.

그 목사가 한 말의 요지는 가정과 일에서 나타나는 일상적인 '위기'에 쉽게 동요하지 않는 삶, 목적이 있는 삶, 지속적인 이득을 누릴 수 있는 삶이야말로 의미가 있는 삶이라는 것이었다.

내가 보기에 그 삶은 (시장적인 삶이 아닌) 도덕적인 감정의 삶이다. 또한 그것은 세대에 걸친 분배의 정의와 기회의 평등 그리고 세대와 세대 사이의 공정성이라는 삼위일체를 추구하는 삶이다. 그리고 설령 그런 노력이 실패한다 하더라도, 그런 미덕을 추구하는 과정에서 우리는 우리 자신과 다른 사람들에게 그 미덕이 저절로 쌓인다는 사실을 인식하는 그런 삶이기도 하다. 우리는 이런 삶의 실천을 확장하고 거기에 생명을 불어넣는다.

인류 전체의 일을 위해 일어서라. 겸손하게 굴어라. 오늘 당신이 아무리 위대하다고 하더라도 혹은 내일 그렇게 된다고 할지라도, 당신 역시 사람들의 기억에서 잊힐 것이다. 웨스트민스터 사원의 지하 묘지에는 우리가 들어갈 자리가 없다. 설령 그런 자리가 있다고 하더라도 몇백 년만 지나면 우리의 업적은 잊히고 우리의 이름은 기껏해야 수수께끼 대상이 될 뿐이다. 그러나 우리의 도덕적 감정은, 다른 사람들에게 복무하는 가치관을 통해서 증식하는 밈meme으로 살아남을 수 있다. 가치 있는 과거가 더 나은 미래를 만들어냈다.

바로 이것이 그라파가 다시 와인으로 변하는 방법이다.

부록

거래에서의 비교우위

비교우위법칙은 사실이지만 명백하지는 않다. 포르투갈 노동자가 네 시간 노동으로 와인 한 병을 생산하고 여덟 시간 노동으로 옷감 한 필을 각각 생산할 수 있다고 가정해보자. 그리고 영국 노동자가 와인 생산과 옷감 생산에서 모두 더 생산적이라고 가정하자. 즉 영국 노동자는 세 시간의 노동으로 와인 한 병을 생산하고 한 시간의 노동으로 옷감 한 필을 생산한다고 치자. 영국은 이 두 상품을 생산하는 데 될 수 있으면 적은 노동시간을 필요로 하므로 포르투갈과 무역을 해봐야 유리할 게 없다고 생각할지도 모른다. 하지만 실제로는 그렇지 않다.

포르투갈의 와인 생산 비용은 노동시간 측면에서 영국보다 높지만 옷감 생산에서는 비용이 더 낮다. 생산되는 모든 와인 한 병에 대해 포르투갈은 옷감의 0.5필을 포기하는 반면에 영국은 옷감 세 필을 포기해야 한다. 따라서 포도주 생산은 포르투갈이 상대적으로 유리하다. 비슷하게 한 필의 옷감을 생산할 때마다 포르투갈은 와인 두 병을 포기하지만, 영국은 3분의 1병만 포기한다. 그러므로 영국은 옷감을 생산하는 데서 비교우위를 가진다.

만약 영국과 포르투갈이 와인과 옷감을 일 대 일로 교환한다면, 포르투갈은 와인만을 집중적으로 생산해서 생산량의 일부를 영국으로 수출할 수 있고, 영국은 옷감만을 집중적으로 생산할 수 있다. 영국과 포르투갈 모두 무역을 통해서 이득을 본다. 예를 들어 포르투갈은 여덟 시간의 노동력을 옷감 생산에서 철수함으로써 이 노동력이 생산할 수 있었던 옷감 한 필을 포기하지만, 이제 그 노동력으로 생산한 와인 두 병을 영국에서 생산한 옷감 두 필과 교환할 수 있다. 영국도 마찬가지이다. 영국은 와인 생산을 포기함으로써 와인 생산량 한 병이 줄어들지만 그 노동력을 옷감 생산에 투입함으로써 옷감을 세 필 생산해서, 그 가운데 두 필을 포르투갈에서 생산한 와인 두 병과 교환하면, 영국에는 무역을 하기 이전보다 와인 한 병과 옷감 한 필이 더 남는다.

마르크스의 잉여가치

마르크스가 식별한 자본의 종류는 무엇일까? 첫째, 기계 및 기타 비노동적 생산수단에 들어 있는 자본인 불변자본(c)이다. 마르크스는 기계들에 내재된 가치는 그 기계를 생산하는 데 들어간 노동력의 가치임을 분명히 한다. 실제로 마르크스에 따르면, "모든 상품의 가치는 단지 일정한 크기의 응결된 노동시간에 불과하다." 불변자본은 이 내재된 노동력이 생산수단으로서 점진적으로 실현되거나 혹은 다른 방식으로 사용됨에 따라서 수익을 얻는다.

둘째, 가변자본(v)이 있는데, 이것은 노동자를 고용해서 임금을 지불하는 데 사용된다.

셋째, 기업가가 생산을 확대하기 위해 은행에서 돈을 빌리는데, 이때 은행에 지급해야 하는 이자(i)이다.

마지막으로 넷째, 마르크스는 생산자본과 상업자본(cc)을 구별했다. 전자는 생산수단을 소유하고 재화와 서비스를 생산한다. 후자는 이런 상품들을 경제에 유통시키고 생산자본이 생산수단을 사기 위해 돈을 사용할 수 있게 한다. 산업자본은 잉여자본을 창출하고 상업자본은 그것을 '실현'한다.

따라서 어떤 제품의 전체 가치인 W는 두 가지 방법으로 표현될 수 있다. 하나는 노동력을 회복하는 데 필요한 양인 Ln과 잉여가치 s의 합이다.

$$Ln + s = W$$

다른 하나는 노동과 이익/잉여금(p) 그리고 다양한 형태의 자본이 합쳐진 것이다.

$$v + c + icc + p = W$$

노동력의 가치는 노동자에게는 임금으로, 자본가들에게는 수익으로 표현된다. 경제에서 평균 수익의 크기는 총잉여가치를 총가변자본(노동자를 고용하는 데 사용되는 자본)과 불변자본(자본은 기계, 토지, 건물 및 원자재 등과 같은 생산의 다른 수단에도 투자된다)으로 나눈 것이다.

도표 목록 및 참고 자료

도표 목록

(Rakesh Kochhar, 'Unemployment Rose Higher in Three Months of COVID-19 Than It Did in Two Years of the Great Recession', Pew Research Center, 11 June 2020).

도표 10-2· 성별·인종별 실업률

(Rakesh Kochhar, 'Unemployment Rose Higher in Three Months of COVID-19 Than It Did in Two Years of the Great Recession', Pew Research Center, 11 June 2020).

도표 10-3· 산업 부문별 정책적 개입

(Tiziana Assenza, Fabrice Collard, Martial Dupaigne, Patrick Fève, Christian Hellwig, Sumudu Kankanamge and Nicola Werquin, 'The Hammer and the Dance: Equilibrium and Optimal Policy during a Pandemic Crisis'. London, Centre for Economic Policy Research. Discussion Paper 14731).

도표 11-1· 세계 평균기온 변화(1850~2019)

[Global average land-sea temperature anomaly relative to the 1961~1990 average temperature. C. P. Morice, J. J. Kennedy, N. A. Rayner and P. D. Jones(2012), 'Quantifying Uncertainties in Global and Regional Temperature Change Using an Ensemble of Observational Estimates: The HadCRUT4 dataset', J. Geophys. Res., 117, D08101, doi:10.1029/2011JD017187. ourworldindata.org/co2-and-other-greenhouse-gas-emissions CC BY].

도표 11-2· 세계 해수면 상승(1880년 이후)

[Updated by C. K. Shum&C. Y. Kuo(2012), in Dalrymple et al.(2012): Dalrymple, R., L. Breaker, B. Brooks, D. Cayan, G. Griggs, B. Horton, W. Han, C. Hulbe, J. McWilliams, P. Mote, W. Pfeffer, D. Reed, C. Shum, and R. Holman, 'Sea-Level Rise for the Coasts of California, Oregon, and Washington: Past, Present, and Future', National Research Council, National Academy of Sciences, 250 pp, ISBN:978-0-309-25594-3, http://www.nap.edu/catalog.php?record_id=13389, 2012].

도표 11-3· 북극 빙하의 양

(Polar Science Centre, PIOMAS data, A. Schweiger, R. Lindsay, J. Zhang, M. Steele, H. Stern, 'Uncertainty in Modeled Arctic Sea Ice Volume'. J. Geophys. Res., doi:10.1029/2011JC007084, 2011).

도표 11-4· 대기 중의 이산화탄소 농도

[EPICA DOME C CO2 record(2015) and NOAA(2018) OurWorldInData.org/co2-and-other-greenhouse-gas-emissions · CC BY].

도표 11-5· 탄생연도별 세계 평균 1인당 잔여 탄소예산(1.5도 시나리오와 2도 시나리오)

("상대적으로 젊은 세대일수록 생애 탄소예산은 훨씬 더 적어진다." 세계 탄소 프로젝트Global Carbon Project의 역대 탄소 배출량 데이터를 토대로 했으며, 과거 인구와 미래 인구 추정은 유엔의 자료를 토대로 했고, 세계 탄소 배출량 추정은 MESSAGE-GLOBIOM을 토대로 했다. 도표 아랫부분의 출생연도는 퓨리서치센터Pew Research Center의 자료를 토대로 했다. 하이차트를 사용하는 카본브리프Highcharts의 차트를 사용했다).

도표 11-6 ∙ 지구 상승 온도를 1.5도로 묶어두기 위한 제각기 다른 탄소 배출 감소 경로들

2020년부터 2050년 사이 기간에 지구 전체 탄소 배출량을 (배출을 줄인다거나 온실가스를 격리하는 방식을 통해서) 10년마다 절반씩 줄이기 위한 부문별 배출 감소 경로들Carbon Law. 세로축의 플러스 부분에 속하는 경로들은 배출 자체를 회피하는 것을 가리키고, 마이너스 부분에 속하는 경로들은 배출된 온실가스를 격리하는 자연 저장소를 늘리는 것을 가리킨다. 이 시나리오에 따르면 온실가스 순 배출량이 0이 되는 시점은 2039년이며, 이 시점 이후로는 온실가스 격리량이 발생량보다 많아진다. 에너지 부문의 배출은 에너지 생산(에너지 공급) 과정과 관련이 있는 배출량만을 포함할 뿐이라서 건물, 산업, 운송 부문 등의 발전이나 난방과 관련이 있는 배출량은 거기에 포함되지 않고 별도로 표시된다. 음식 부문에서의 해결책은 배출량을 2020년의 5.6기가톤에서 2050년의 5.0톤으로 줄인다. 5.0톤은 음식 부문에서 최소한계량이다. 〔J. Falk, O. Gaffney, A. K. Bhowmik, P. Bergmark, V. Galaz, N. Gaskell, S. Henningsson, M. Höjer, L. Jacobson, K. Jónás, T. Kåberger, D. Klingenfeld, J. Lenhart, B. Loken, D. Lundén, J. Malmodin, T. Malmqvist, V. Olausson, I. Otto, A. Pearce, E. Pihl, T. Shalit, Exponential Roadmap 1.5.1. *Future Earth*. Sweden (January 2020) www. exponentialroadmap.org〕.

도표 11-7 ∙ 전 세계 국가별 이산화탄소 배출량(2017)

2017년 기준의 국가별 이산화탄소 배출량이다. 생산 기반의 배출량은 화석연료 연소 및 시멘트로부터 국내에서 배출된 이산화탄소를 측정한 것이며, 무역 과정에서 생성된 배출량은 따로 조정해서 산입하지 않았다. 〔Global Carbon Project GCP and Our World in Data : https://ourworldindata.org/annual-co2-emissions〕.

도표 11-8 ∙ 1인당 이산화탄소 배출량(2018)

에너지 및 시멘트 생산 과정에서 화석연료의 연소로 인한 이산화탄소 배출량. 토지의 용도변경 사항은 포함되지 않았다. 이산화탄소 배출량은 생산 과정을 기준으로 측정되었으며, 무역 과정에서 발생한 배출량은 따로 산입하지 않았다. 〔Our

World in Data based on data from: the Carbon Dioxide Information Analysis Centre (CDIAC);
Global Carbon Project; Gapminder; and the United Nations, https://ourworldindata.org/co2-
emissions#year-on-year-change-in-global-co2-emissions].

도표 11-9・ 세계 각 지역의 누적 이산화탄소 배출량(1751년 이후)

배출량은 (생산을 기반으로 하는) 지역 차원의 배출량을 기반으로 했으며, 무역 과정에서 발생한 배출량은 포함되지 않았다. 여기에서는 화석연료와 시멘트 생산에서 발생한 이산화탄소 배출량만 포함된다. 토지의 용도변경 사항은 포함되지 않았다.

[Our World in Data based on data from the Carbon Dioxide Information Analysis Center (CDIAC)
and the Global Carbon Project (2019), https://ourworldindata.org/grapher/cumulative-co2-
emissions-region?time=earliest..latest].

도표 11-10・ 세계 각 지역별 이산화탄소 배출량

수입과 수출의 무역 과정에서 포함된 이산화탄소 배출량은 국내 발생 배출량의 백분율로 표시된다. 양의 값은 이산화탄소 배출량이 그만큼 늘어났다는 뜻이다. (즉 '20퍼센트'는 해당 지역이 국내 발생분의 20퍼센트에 해당하는 배출량을 수입했다는 뜻이다.) 한편 음의 값은 국내 배출량 가운데서 그만큼을 국외로 내보냈다는 뜻이다. (Our World in Data based on data from the Carbon Dioxide Information Analysis Centre CDIAC and Global Carbon Project https://ourworldindata.org/consumption-based-co2).

도표 11-11・ 인간 거주지 지속가능성의 변화 예상

(IPCC AR5: 'Future of the Human Climate Niche', by Chi Ku et al., 2020 The Economist).

도표 11-12・ 지구 온도 2도 상승에 따른 경제적인 충격

지구 표면 온도의 평균 2도 미만 상승 조건에서의 1인당 연간 GDP 성장률의 예상 변화(온난화가 더는 진행되지 않을 경우와 비교할 때) [Felix Pretis, Moritz Schwarz, Kevin Tang, Karsten Haustein, Myles R. Allen, 'Uncertain Impacts on Economic Growth When Stabilizing Global Temperatures at $1.5\,^{\circ}$C or $2\,^{\circ}$C Warming', *Philosophical Transactions of the Royal Society A: Mathematical, Physical and Engineering Sciences* (April 2018) royalsocietypublishing.org].

도표 11-13・ 신기술 발명과 기술 채택률

기술 채택 지연은 국가 간 기술 확산의 평균 지연 추정치이다. [D. Comin and B. Hobijn (2010), 'An Exploration of Technology Diffusion', *American Economic Review*, Vol. 100, No. 5, pp. 2031~2059].

도표 11-14・ 국가별 탄소 계획의 가격(2019)

(World Bank Carbon Pricing Dashboard data available at: https://carbonpricingdashboard.

worldbank.org/map_data).

도표 11-15 • 2100년까지의 지구 온도 상승 추정치

[Climate Action Tracker(2020). The CAT Thermometer – update December 2020. Available at : https ://climateactiontracker.org/global/cat-thermometer/ Copyright © 2020 by Climate Analytics and New Climate Institute. All rights reserved].

도표 11-16 • 제각기 다른 시나리오 아래에서의 탄소 가격 평가

(NGFS scenarios and COP 26 Finance Hub Calculations).

도표 12-1 • 미국에서 발전 유형별 균등화 발전 원가

(BloombergNEF Levelized Cost of Electricity 2H 2020).

도표 12-2a · 도표 12-2b • 탄소중립에 다다르는 표준화된 전환

(Energy Transitions Commission report : 'Mission Possible : Reaching Net-Zero Carbon Emissions from Harder-to-Abate Sectors by Mid-Century' (November 2018), pp. 40 and 45: https :// www.energy-transitions.org/wp-content/uploads/2020/08/ETC_MissionPossible_FullReport. pdf).

도표 12-3 • 2030년까지의 누적 투자 인프라 기회

(Goldman Sachs Global Investment Research. 'Carbonomics : The Green Engine of Economic Recovery', June 2020).

도표 12-4 • 자본비용 비교, 재생가능 에너지 대 탄화수소 개발

(Internal Rate for Return by year of project sanction) (Goldman Sachs Global Investment Research. 'Carbonomics : The Green Engine of Economic Recovery', June 2020).

도표 12-5 • 대통령과 의회가 우선해야 할 과제에 대한 인식

['As Economic Concerns Recede, Environmental Protection Rises on the Public's Policy Agenda.' Pew Research Center, Washington, DC (13 February 2020). https ://www.pewresearch.org/ politics/2020/02/13/as-economic-concerns-recede-environmental-protection-rises-on-the-publics-policy-agenda/].

도표 12-6 • 탄소중립 경제로의 전환에서 공공 부문과 민간 부문의 수행하는 역할

[G30, 'Mainstreaming the Transition to a Net Zero Economy' (October 2020)].

도표 12-7 • 신뢰할 수 있는 정책 틀이 주어진 목표를 달성할 수 있을 정도로 탄소 가격을 줄일 수 있다(예시만을 목적으로 한 것이다.) [G30, 'Mainstreaming the Transition to a Net Zero Economy' (October 2020)].

도표 15-1 • 자본의 스펙트럼 : 투자자들의 선택과 전략

(Impact Investing Institute with Bridges Fund Management and Impact Management Project).

도표 15-2 • 책임투자 성장 추이

[UN Principles for Responsible Investment (PRI) responsible investment regulation database, as published in *Taking Stock: Sustainable Finance Policy Engagement and Policy Influence*, https:// d8g8t13e9vf2o.cloudfront.net/Uploads/c/j/u/pripolicywhitepapertakingstockfinal_335442.pdf].

도표 15-3 • 기업의 보고 체계

* 여러 가지 가정들 및 현금흐름 예측들을 포함한다.

** IR※ 기업이 투자자들을 대상으로 실시하는 홍보 활동의 틀은, 여섯 개의 자본(즉 재무 자본, 제조된 제품의 자본, 지적 자본, 인적자본, 사회적 자본 그리고 관계·자연 자본)이 포함된 장기간에 걸친 조직의 포괄적인 가치 창출에 초점을 맞춘다.

*** 이것은 탄소정보공개 프로젝트CDP 조사의 범위를 반영하는데, 적어도 CDP가 자기의 데이터 플랫폼의 범위뿐 아니라 기후와 물과 삼림에 대한 사실상 공시기준으로 기능하는 한 그렇다. [Impact Management Project, in its role as facilitator to CDP, CDSB, GRI, IIRC and SASB, Towards Comprehensive Corporate Reporting (September 2020)].

도표 15-4 • 기준으로 설정된 보고의 틀

[Impact Management Project, in its role as facilitator to CDP, CDSB, GRI, IIRC and SASB, Towards Comprehensive Corporate Reporting (September 2020)].

도표 16-1 • 기술적 실업(1760~2000)

[R. Thomas and N. Dimsdale(2017) 'A Millennium of UK Data', Bank of England OBRA dataset: http://www.bankofengland.co.uk/research/Pages/onebank/threecenturies.aspx].

도표 16-2 • 1차 산업혁명에서의 실질임금 대 생산성

[R. Thomas and N. Dimsdale(2017) 'A Millennium of UK Data', Bank of England OBRA dataset: http://www.bankofengland.co.uk/research/Pages/onebank/threecenturies.aspx].

도표 16-3 • 직업 기술 백분위수에 의한 고용 변화(1979~2012)

[D. Autor(2015) 'Why Are There Still So Many Jobs? The History and Future of Workplace Automation', *Journal of Economic Perspectives*, Vol. 29, No. 3, pp. 3~30].

도표 16-4 • 네 번의 산업혁명 때의 산업 부문별 고용점유율

(Bank of England, as published in Whittaker Lecture delivered by Mark Carney, 2018, available here: https://www.bankofengland.co.uk/speech/2018/mark-carney-whitaker-lecture).

도표 16-5 • 영국의 1인당 실질국민소득 추이

[R. Thomas and N. Dimsdale (2017) 'A Millennium of UK Data', Bank of England OBRA dataset : http ://www.bankofengland.co.uk/research/Pages/onebank/threecenturies.aspx〕.

도표 16-6 • 영국의 성장 700년

〔S. Broadberry, B.M.S. Campbell, A. Klein, M. Overton and B. van Leeuwen (2015), *British Economic Growth*, 1270~1870, Cambridge : Cambridge University Press〕.

참고 자료

서문

1 1차 산업혁명(1760~1840)에서는 증기기관의 등장으로 직물산업의 기계화가 일어났으며, 사람들이 집에서 나와 공장으로 나가게 되었다. 2차 산업혁명(1860~1914)을 이끈 것은 생산 과정에 도입된 전기였으며, 기계화된 조립라인의 대량생산 시스템이 한층 더 많은 산업 분야로 확대되었다. 3차 산업혁명(1970~2000)의 특징은 가정과 직장에서 전자 제품을 널리 사용하게 됨에 따라서 기계적이고 아날로그적이던 것이 전자적이고 디지털적으로 바뀐 것이다.

1장

1 Richard Layard, Andrew Clark, Jan-Emmanuel De Neve, Christian Krekel, Daisy Fancourt, Nancy Hey and Gus O'Donnell, 'When to Release the Lockdown: A Wellbeing Framework for Analysing Costs and Benefits', Centre for Economic Performance, Occasional Paper No. 49(April 2020).

2 *The New Oxford American Dictionary*.

3 일반적이지 않은 예외로는, 이 장에서 논의되는 교회법학자들의 주장이 포함된다.

4 Walton Hamilton, 'The Place of Value Theory in Economics', *Journal of Political Economy* 25(3)(March 1918), p. 217.

5 Mariana Mazzucato, *The Value of Everything*(London: Allen Lane, 2018), p. 6.

6 포스터는 아리스토텔레스가 후대에 나타날 여러 가치이론의 내용과 논리를 이미 예측했다고 주장한다. 아리스토텔레스는 금괴가 바로 재산이라고 주장하는 중상주의자들의 발상이 틀렸다고 말한다. 그는 중농주의자들에게 토지가치이론의 단서를 제시했다. 또 그는 고리대금업을 비난했는데, 그의 이런 발상을 교회법학자들이 이용했다. John Fagg Foster, 'John Dewey and Economic Value', *Journal of Economic Issues*15(4)(December 1981), p. 882.

7 Aristotle, *Politics*, trans. Benjamin Jowett Oxford: Clarendon Press(1908), p. 41.

8 Fagg Foster(1981), p. 882.

9 Bede Jarrett, *S. Antonino and Medieval Economics*(London: The Manresa Press, 1918), p. 65.

10 해밀턴(1918)이 경고하듯이 이것은 딜레마를 낳는다. "경제를 추상화한다는 것

은, 경제를 중세적인 사상과 묶어주며 또 경제적인 개념과 원칙 그리고 삶의 목표를 가져다주는 축수들을 끊어버리는 것이다." 그런데 만일 중세 교회 전체를 연구하자고 달려들면, 경제와 관련된 것들은 모두 "어두컴컴한 아무것도 아닌 것"이 되어버리기 때문이다(pp. 223~224).

11 Ibid., p. 224.

12 Thomas Mun, Director of the East India Company, as quoted in Mazzucato(2018), p.25.

13 Bernardo Davanzati, 'A Discourse Upon Coins', trans. John Toland(1588): https://quod.lib.umich.edu/e/eebo/A37157.0001.001/1:3?rgn=div1;view=fulltext(accessed 15 December 2020).

14 Robert B. Ekelund Tr. and Mark Thornton, 'Galileo, Smith and the Paradox of Value: The "Connection" of Art and Science', *History of Economic Ideas* 19(1)(2011), pp. 85~86.

15 대수에서 '풀이법'은 *x* 또는 방정식의 한 쪽에 있는 변수를 분리하는 방법이다.

16 Sir William Petty, 'The Political Anatomy of Ireland‒1672', in *A Collection of Tracts and Treatises Illustrative of the Natural History, Antiquities, and the Political and Social State of Ireland*, vol. II(Dublin: Alex. Thom & Sons, 1861), p. 50.

17 Mazzucato(2018), pp. 25~26.

18 페티의 연구 결과는 동시대 사람이던 그레고리 킹Gregory King의 연구 결과로 보완되었다. (바로 위의 책을 참조하라.)

19 다음을 참조하라. Hamilton(1918), p. 224, and Fagg Foster(1981), p. 884.

20 Hamilton(1918), pp. 225~226.

21 케네는 오로지 자연만이 새로운 것을 생산할 수 있다고 주장했다. 곡물은 작은 씨앗이 커져서 음식이 된 것이고, 목재는 묘목이 커져서 나무가 된 것이고, 광물은 땅에서 생겨나서 집과 배와 기계를 만드는 재료가 된 것이라고 했다. 인간은 오로지 가치를 바꿀 수 있을 뿐이라고 했다. 예를 들면 씨앗을 빵으로, 나무를 목재로, 철을 강철판으로 바꾼다.

22 Mazzacuto(2018), p. 23.

23 'Who were the Physiocrats?', *The Economist*, 11 October 2013.

24 '고전주의자'라는 용어는 고대 그리스와 로마 시대의 작가들 및 사상가들이 가지는 지위에 대한 의식적인 반향이다. 이들이 남긴 저작물들은, '고전주의' 경제

학자라는 용어가 사용되기 시작하던 19세기 후반에 여전히 교육의 기본적인 교재로 사용되고 있었다.

25 Mazzucato(2018), p. 33.

26 Jesse Norman, *Adam Smith: What He Thought, and Why it Matters* (London: Allen Lane, 2018), pp. 21~22.

27 이와 관련해서 제시 노먼은 다음과 같이 결론을 내린다. "진정한 애덤 스미스는 이기주의를 지지하지 않았으며, 합리적인 행동이 순전히 이익을 추구하는 과정을 통해서만 형성되지 않는다고 믿었고, 자유방임주의를 신봉하지 않았으며, 또 부자를 지지하지도 않았다. 그는 정부에 반대하는 입장도 아니었다. (…) 스미스는 모든 시장이 동일한 방식으로 행동한다고 생각하지 않았다. (…) 자율규제 시스템을 갖춘 시장이라면 국가의 존재 필요성을 없애버릴지도 모른다고 생각하지도 않았다."(Ibid., p. 241).

28 Norman(2018), pp. 286~289.

29 Adam Smith, *An Inquiry into the Nature and Causes of the Wealth of Nations* (1776; digital edn MetaLibri, 2007), I.ii.16.

30 노먼이 이 점을 강조하는데, 그의 강조는 올바르다.

31 스미스는 다음과 같이 썼다. "그것은 분업의 결과로 서로 다른 모든 기술이 생산한 것들이 위대하게 합쳐진 것이다. 훌륭한 통치가 이루어지는 사회에서는 이 풍성함이 사회 전반에 흘러넘쳐서 가장 가난한 사람들에게까지 미친다. 모든 노동자는 각자 자기가 필요로 하는 것보다 훨씬 많은 재화를 가지기 때문에, 각각의 노동자는 자기가 가진 많은 재화를 다른 노동자가 가진 많은 재화와, 또는 (결국 같은 일이긴 하지만) 다른 노동자가 가진 다량의 재화의 값price과 교환할 수 있다. 한 노동자는 다른 노동자들에게 그들이 필요로 하는 것을 풍부하게 공급하고, 또 그 노동자들은 그에게 그가 필요로 하는 것을 마찬가지로 충분하게 공급한다. 이렇게 해서 사회 전체의 풍요로움이 사회의 모든 계층으로 골고루 미친다." Smith(1776/2007), I.i.10.

32 "상업이나 제조업의 어떤 특정 분야에서 상인과 제조업자의 이익은 늘 몇몇 측면에서는 공공의 이익과 다르고, 심지어는 대립하기도 한다. (…) 따라서 이들 계급이 제안하는 어떤 새로운 상업적 법률이나 규제에 대해서는 항상 커다란 경계심을 가지고 주목해야 하며, 그것들을 매우 진지하고 주의 깊게 오랫동안 신중하게 검토한 뒤에 채택해야 한다."(1776/2007), I.xi.9.

33 Ibid., I.v.1.

34 Ibid., I.v.7.

35 Ibid., I.vi.1.

36 리카도는 또한 경제학의 핵심적인 분석 기법들 가운데 하나인 비교정학 comparative statics * 외생변수가 작용하기 전과 작용한 후의 두 경제 상태를 비교하여 여건의 변화가 경제 체계를 구성하는 경제변수에 미치는 효과의 방향 및 크기를 분석하는 방법론을 발명했으며, 또 화폐 수량설 * 일반 물가 수준은 유통되는 화폐량에 의해 변화한다는 이론을 널리 퍼트림으로써 경제 학자로서의 명성을 드높였다.

37 David Ricardo, 'Chapter 1: On Value', in *On the Principles of Political Economy and Taxation*(1817): https://www.marxists.org/reference/subject/economics/ricardo/tax/ch01.htm(accessed 15 December 2020).

38 이런 진전에도 불구하고 리카도는 가치에 영향을 주는, 순수한 노동가치이론을 가로막는 다른 힘들이 존재함을 인정할 수밖에 없었다. 그럼에도 불구하고 그는 여전히 가치를 결정하는 데 결정적인 역할을 하는 것은 재화를 생산하는 데 들 어가는 노동의 양이라고 믿었다. 결국 리카도의 가치이론은 경쟁시장에서 자유 롭게 재현될 수 있는 재화(혹은 상품)에 적용된다.

39 Hamilton(1918), "이 책에는 한편으로는 일반적인 물질적 복지로 다른 한편으로 는 '생산'이라는 제목을 붙일 수 있는 기술, 조직, 그리고 배치로 이어지는 명 확한 부분이 없다. 반대로 예전 논문의 제도적 문제가 생략되거나, 통화 및 재 정 개혁 경제학의 목적에 부합하도록 만들어지거나, 혹은 학술적 논문에 걸맞은 겉보기적인 통일성과 대칭성을 갖출 목적으로 부적절하게 삽입되어 있다."(p. 238).

40 이것을 다른 식으로 표현하자면 다음과 같이 된다. 만일 어떤 사람이 공장을 하 나 샀다고 치자. 이때 그 사람은 자기 투자자본을 첫 달에 모두 회수하겠다는 생 각을 하지 않을 것이다. 적어도 몇 년에 걸쳐서 그것을 회수하겠다고 생각할 것 이다. 그러나 공장에서 노동자로 일하겠다는 사람의 태도는 다르다. 한 주에 한 번씩 임금을 꼬박꼬박 받으려고 할 것이다. 이 노동자의 시간 지평은 자본가의 시간 지평보다 훨씬 짧다는 말이다.

41 Karl Marx, *Critique of Political Economy*, 1857, I.3: https://www.marxists.org/archive/marx/works/1859/critique-pol-economy/appx1.htm#193 (accessed 15 December 2020). "그러므로 그것(부르주아 사회)의 관계와 그 구조에 대한 이해를

표현하는 범주는, 기존에 존재하던 사회적 형성의 구조 및 생산관계에 대한 통찰, 즉 부르주아 사회가 탄생하는 과정에서 사용된 폐허와 구성요소들에 대한 통찰을 제공한다."

42 이전의 가치이론가들은 모두 내재가치를 생산의 한 요소로 축소하려고 노력하는 과정에서 자기가 선택한 핵심 요소의 관점에서 다른 요소들을 과연 어떻게 설명할 수 있을지 고심했음을 기억해야 한다. 예를 들어서 칸티용은 토지 한 단위는 노동자를 지탱하는 데 필요한 가치의 두 배를 가진다고 가정하고 생산 함수를 구성했다. 이렇게 해서 토지 한 단위는 $2x$가 되었다. 한편 리카도는 토지, 노동, 자본이라는 생산의 세 가지 요소를 인식했다. 또한 그는 최저생활임금(즉 $1x$)을 사용했고, 기계를 만드는 데 투입된 누적 노동력을 자본으로 대체했다. 여기까지는 아무런 문제가 없다. 그러나 우리가 그의 이론을 살펴보았듯이, 산출물이 나오고 난 뒤에 그는 자본과 노동 각각에 대한 수익의 시간 지평이 다름을 깨달았다. 노동의 질을 조정하는 것만으로는 충분하지 않았던 것이다

2장

1 Frances Morris, 'On Tate Modern's 20th anniversary, director Frances Morris says we must assert the value of culture', *Financial Times*, 11 May 2020.

2 이 용어는 나중에 소스타인 베블런Thorstein Veblen이 만들어낸다.

3 Morris(2020).

4 William Stanley Jevons, *Theory of Political Economy*(London:Macmillan, 1871), p. 2.

5 Nicholas Barbon, *Of the Quantity and Quality of Wares*, cited in Elgin Williams, 'Nicholas Barbon: An Early Economic Realist', *Southern Economic Journal* 11(1)(July 1944), p. 50.

6 John Stuart Mill, *The Principles of Political Economy*(Batoche Books, 1848/2000), p. 517.

7 Carl Menger, *Principles of Economics*, trans. James Dingwall and Bert F. Hoselitz (Auburn, Ala.:Ludwig von Mises Institute, 2007), pp. 120~121.

8 William David Anthony Bryant, General Equilibrium: *Theory and Evidence*(World Scientific Publishing Company, 2009), ProQuest Ebook Central, p. 119.

9 Alfred Marshall, *Principles of Economics*(London: Macmillan, 1920), V.iii.7: https://www.econlib.org/library/Marshall/marP.html?chapter_num=31#bookreader(accessed 15 December 2020).

10 Jeremy Bentham, *An Introduction to the Principles of Morals and Legislation*, vol. 1(London: W. Pickering, 1823), p. 3.

11 John Stuart Mill, 'Bentham', *London and Westminster Review*(August 1838). 이것은 Classical Utilitarianism의 다음 웹사이트에서 접속할 수 있다. https://www.laits. utexas.edu/poltheory/jsmill/diss-disc/bentham/bentham.html.

12 Cass R. Sunstein, *The Cost-Benefit Revolution*(Cambridge, Mass.: MIT Press, 2018), pp. 23~24.

13 Layard et al.(2020).

14 Mazzucato(2018), pp. 11~12.

15 Ibid., p. 74.

16 즉 모든 최종 제품과 서비스. 이렇게 해서 과거의 생산성과 비생산성 구분은 사라졌다.

17 Diane Coyle, GDP: *A Brief but Affectionate History*, revised and expanded edn(Princeton: Princeton University Press, 2015), p. 108.

18 Commission on the Measurement of Economic Performance and Social Progress(Stiglitz-Sen-Fitoussi Commission), *Report*(Paris, 2009).

19 Sunstein(2018), pp. 60~61.

20 미국 연방정부가 수행하는 비용편익분석에서 분배가 미치는 영향을 명시적으로 고려하는 이유 가운데 하나도 바로 여기에 있다. 또, 사회의 목표가 사회 전체의 후생복지를 극대화하는 것이지만 가장 불리한 처지에 놓은 사회적 약자에게 우선권을 부여하는 우선주의prioritarianism 원칙도 바로 여기에서 비롯되었다.

3장

1 1896년에 7월에 민주당 대통령 후보 윌리엄 제닝스 브라이언이 전당대회에서 했던 유명한 연설의 마지막 부분은 다음과 같았다. "우리는 이 국가와 전 세계의 생산 대중을 대표해서, 그리고 상업의 이익과 노동의 이익 그리고 이 세상 모든 곳에서 흘리는 땀의 지지를 받으면서, 금본위제도를 추종하는 사람들에게 이렇게 요구합니다. '여러분은 노동자의 이마를 가시면류관으로 찔러서는 안 됩니다. 여러분은 인류를 황금 십자가에 못박아서는 안 됩니다.'"

2 이것은 애덤 스미스의 『국부론』에서 나오는 유명한 인용구를 줄인 것이며, 영국의 20파운드 지폐 뒷면에 이것을 요약한 내용이 적혀 있다. 스미스가 말했던 전

체 부분을 소개하면 다음과 같다. "분업의 결과로 작업량이 엄청나게 증가했지만 이 작업량을 동일한 수의 노동자가 수행할 수 있다." Smith(1776/2007), I.i.5.

3 "우리가 저녁을 먹을 수 있을 것이라고 기대하는 것은 정육점 주인이나 양조장 주인, 빵가게 주인의 자비로움 덕분이 아니라, 자기의 이익을 추구하려는 그들의 관심 덕분이다."(ibid., I.ii.2).

4 이런 이유로 해서 몇몇 경제학자들은 회계 단위로 사용되는 것을 화폐의 가장 중요한 특징이라고 여긴다. 실제로, 통화 정책의 결정적인 특징이 중앙은행의 회계 단위 통제라는 것이 일반적인 주장이다. 다음을 참조하라. Robleh Ali, John Barrdear, Roger Clews and James Southgate, 'The economics of digital currencies', *Bank of England Quarterly Bulletin*(2014) Q3.

5 Agustín Carstens, 'Money in the Digital Age: What Role for Central Banks?', lecture given at the House of Finance, Goethe University, Frankfurt, 6 February 2018.

6 기준 시점은 2016년이다. 2015년에는 은행권이 전체 거래 가운데서 45퍼센트를 차지했다. 그렇다면 1년 만에 은행권 사용 비중이 5퍼센트포인트 줄어들었다는 뜻인데, 이것은 신용카드 결제와 온라인 결제가 그만큼 늘어났기 때문이다.

7 다음을 참조하라. Michael McLeay, Amar Radia and Ryland Thomas, 'Money Creation in the Modern Economy', *Bank of England Quarterly Bulletin*(2014) Q1. 이들은 화폐가 창조되는 현실은 종종 교과서에서 볼 수 있는 것과 다르다고 지적한다. 가계가 저축할 때 은행이 이것을 받았다가 나중에 빌려주는 것이라기보다 은행 대출이 예금을 창조한다는 것이다.

8 화폐 창조의 상세한 묘사는 위의 참고 자료를 참조하라.

9 "신뢰하라, 그러나 확인하라"라는 말을 로널드 레이건이 했다고 일컬어지지만, 사실은 1986년에 있었던 레이캬비크회담에서 고르바초프가 러시아의 오래된 속담을 인용하면서 널리 알려졌다.

10 비록 잉글랜드은행이 통화총량 자체를 목표로 하지는 않지만, 화폐 창조의 양이 낮고 안정적인 물가 수준과 일치하도록 하는 통화 정책은 수행한다. 평상시에 잉글랜드은행은 준비금의 금리를 설정하는 방식으로 통화 정책을 시행한다. 금리가 더 낮아지면 안 되는 예외적인 시기에는 잉글랜드은행이 자산을 매입하는 통화 정책을 시행하는데, 이때 민간 은행의 중앙은행 준비금 보유액이 늘어나는 효과가 발생한다.

11 얍 스톤의 소유권 역사는 구전으로 기록되어 있는데, 구전은 현대적인 합의 메

커니즘의 한 형태이다.

12 이 하락에 대한 자세한 묘사는 다음을 참조하라. Niall Ferguson, *The Cash Nexus: Money and Power in the Modern World, 1700~2000*(London: Allen Lane, 2001), Chapter 5: 'The Money Printers: Default and Debasement'.

13 Ernest Hemingway, *The Sun Also Rises*(New York: Scribner's,1926), as quoted by Agustín Carstens(2019).

14 Isabel Schnabel and Hyun Song Shin, 'Money and Trust: Lessons from the 1620s for Money in the Digital Age', BIS Working Paper No. 68 (February 2018), p. 2.

15 그리고 많은 측면에서 암스테르담은행은 다른 은행들 사이의 도매 거래를 촉진했다는 점에서 중앙은행 화폐의 선구자라고 할 수 있다.

16 Carstens(5 December 2019).

17 다음을 참조하라. G. Dwyer, G. Dwyer, 'Wildcat banking, banking panics, and free banking in the United States', *Federal Reserve Bank of Atlanta Economic Review* 8(3) (1996), pp. 1~20; Arthur J. Rolnick and Warren E. Weber, 'New evidence of the free banking era', *American Economic Review* 73(5)(December 1983), pp. 1080~1091; and Charles W. Calomiris, 'Banking crises yesterday and today', *Financial History Review* 17(1)(2010), pp. 3~12.

18 Niall Ferguson, *The Ascent of Money: A Financial History of the World*(London: Allen Lane, 2008), p. 24.

19 Ibid., p. 26.

20 P. G. M. Dickson, *The Financial Revolution in England: A Study in the Development of Public Credit, 1688~1756*(London: Macmillan; New York: St Martin's Press, 1967); David Omrod, *The Rise of Commercial Empires: England and the Netherlands in the Age of Mercantilism, 1650~1770*(Cambridge: Cambridge University Press, 2003); John David Angle, 'Glorious Revolution as Financial Revolution', *History Faculty Publications* 6 (2013), https://scholar.smu.edu/hum_sci_history_research/6.

21 은행은 금이 아니라 정부가 발행한 증권 즉 국채로 뒷받침되는 제한된 양의 통화를 발행할 수 있었다. 이것이 보증발행fiduciary issue이다.

22 Ferguson(2008), p. 56.

23 1844년에 제정된 은행허가법Bank Charter Act 아래에서 잉글랜드은행의 화폐 발행 권한은 공식화되었으며, 또 잉글랜드와 웨일스에 있던 다른 은행들이 화폐를

발행하는 권한은 소멸하기 시작했다.

24 몇몇 역사학자들은 또한 1850년대에 미국에서 은행 대량으로 발견된 사건의 영향을 지적하기도 한다. 예를 들어 다음이 그렇다. Barry Eichengreen, *Globalizing Capital*(Princeton: Princeton University Press, 1996), pp. 17~18.

25 Ibid., p. 7. "금본위제 발전의 많은 부분은 (…) 영국이 1717년에 금본위제를 채택하게 되었던 우연한 사건 덕분이다. (…) 영국에서 산업혁명이 일어나고 또 19세기의 전 세계의 금융 및 상업 분야 강국으로 우뚝 서면서, 영국에서 이루어지던 통화 관련 관행들은 영국 제도와 무역을 하고자 하거나 영국 제도로부터 돈을 빌리고자 하는 국가들에게 은화를 기반으로 하는 통화 제도를 대체할 수 있는 논리적이고 매력적인 대안이 되었다. (pp. 5~6, 2019 edn).

26 주변부 국가들의 중앙은행들은 꼭 그렇지만은 않았다.

27 중요한 점은 몇몇 사람이 주장하고 있듯이 환율이 고정되어 있었다는 것이 아니라, 정부가 다른 여러 목적을 위해서 환율의 안정성을 포기해야만 하는 압박감을 느끼지 않았다는 사실이었다.

28 Ibid., p. 128.

29 B. R. Mitchell, *International Historical Statistics, Europe 1750~1988*(New York: Stockton Press, 1992), p. 840.

30 Ferguson(2008), p. 332.

31 Eichengreen(1996), pp. 34~35.

32 Ibid., p. 30.

33 Angus Maddison, *Contours of the World Economy, 1-2030 AD: Essays in Macro-economic History*(Oxford: Oxford University Press, 2007), p. 379.

4장

1 다음을 참조하시오. Paul Tucker, *Unelected Power*(Princeton: Princeton University Press, 2018).

2 탁월한 요약 내용을 찾는다면, 다음을 참조하시오. N. Vincent, *Magna Carta: A Very Short Introduction*(Oxford: Oxford University Press, 2012).

3 존 왕의 동맹자들은 1214년에 부빈전투Battle of Bouvines에서 패퇴했고, 1202년에 시작되었던 영불전쟁이 이 전투로 마침내 끝났다.

4 폴 라티머Paul Latimer는 그 인플레이션은 13세기의 처음 대략 6년 동안에만 집

중되었다고 주장한다. 다음을 참조하라. 'The English inflation of 1180~1220 reconsidered', *Past and Present* 171(2001), pp. 3~29.

5   P. D. A. Harvey, 'The English inflation of 1180~1220', *Past and Present* 61(1973), pp. 3~30.

6   그들은 왕의 자산에서 고정된 소작료를 징수하는 책임을 맡았다. 그들은 왕에게 적은 금액의 고정된 소작료를 주면서 막대한 이익을 얻었다. 그런데 그들은 카운티(자치주)들의 실질 수입 측면에서 보자면 훨씬 더 많은 돈을 벌어들였다. 그들은 이 잉여금을 유지하는 데 익숙했다. 실질 소득과 고정된 소작료 사이의 불균형을 줄임으로써 이 제도를 개혁하려는 시도는, 국왕과 국왕의 정치적 안정에 의존하는 관료들과 다른 왕실 관리들의 지극히 중요한 행정 계층 사이의 관계를 불안정하게 만들 것이라고 위협했다. 결과적으로, 왕들로서는 돈을 모으는 다른 방법을 찾아야 했다.

7   이와 관련해서 라티머(2001)는 다음과 같이 말한다. "1198년과 1206년 사이에 양의 가격과 포도주 가격 그리고 정부가 정기적으로 지불한 직물의 가격이 모두 가파르게 또 지속적으로 올랐다."(p. 4).

8   Harvey(1973), p. 13. 헨리 2세는 자기 휘하의 기사들에게 하루에 8페니를 지불했다. 한편 존 왕은 하루에 2실링이나 3실링을 지불했는데, 인상률이 무려 275퍼센트나 된다.

9   상대적으로 덜 직접적이긴 하지만, 당시 영지를 소유하던 귀족들은 농민에게 강제로 토지에서 일을 하게 하는 대신에 그들에게서 현금으로 소작료를 지불받는 선택권을 가졌다. 이 관행과 관련해서 현재 존재하는 증거를 토대로 추론하자면, 미숙련 농장 노동에 지불되었던 실제 비용이 증가했을 것임은 분명하다.

10   라티머(2001)는 이 인상이 6년 동안에 일어났다면서 그 시기에 상당한 수준의 인플레이션이 일어났을 것이라고 바라본다.

11   매우 거칠게 말하자면, 여기에서 설정하는 가정은 오늘날 발견되는 동전의 양을 기준으로 삼아서 13세기에 화폐량을 추정할 수 있다는 것이다. 이 정보를 가지고서 우리는 각각의 화폐 발행자들이 얼마나 많은 동전을 만들었는지 계산하고 (당시에 통용되던 유일한 동전은 은페니silver penny였다), 이것을 토대로 당시의 총통화량을 계산할 수 있다.

12   Latimer(2001), pp. 11~12.

13   R. C. Palmer, 'The Economic and Cultural Impact of the Origins of Property:

1180~1220', *Law and History Review* 3(2)(Autumn 1985), pp. 375~396.

14 Ben Bernanke, Mark Gertler and Simon Gilchrist, 'The financial accelerator and the flight to quality', *Review of Economics and Statistics* 78(1) (February 1996), pp. 1~15.

15 Latimer(2001), pp. 15~16.

16 고고학적 유물로 발견되는 동전 가운데서 새롭게 주조된 동전의 비율이 의심스 러울 정도로 많은 것도 바로 이런 이유 때문이 아닐까 싶다. 말하자면 "악화가 양화를 구축한다"는 그레샴의 법칙의 13세기 판이라고 할 수 있다.

17 존 왕은 파문의 족쇄에서 벗어나서 교황 이노센트 3세의 보호 아래로 들어갔다. 1213년에는 자기가 교황의 봉신이며 잉글랜드는 교황의 영지라고 선언했으며, 1215년 3월에는 "십자가를 들었다." 즉 자기가 십자군 전사임을 선언한 것이다.

18 1100년에 발표된 헨리 1세의 대관식 헌장은 (이 헌장은 1154년에 있었던 헨리 2세의 대관식에서도 인정을 받았다) 적절한 사례이다. 왜냐하면 마그나카르타가 나중에 기초로 삼았던 초안으로, 현재 가장 중요하다고 여겨지는 몇몇 조항들을 포함하 기 때문이다. 이 헌장의 원문은 마치 전체가 하나의 문장인 것처럼 연속적인 흐 름으로 기술되어 있는데, 이 내용을 여러 개의 절로 나누는 것은 현대적인 기술 방식이다.

19 게다가 그것은 플랜태저넷 왕가가 유사한 회유적인 헌장을 발행하지 않고 지나 갔던 60년이라는 공백 뒤에 나왔다. 그동안에 귀족과 군주 사이의 관계는 충분 히 악화되었고, 따라서 언제라도 봉기가 일어날 수 있었다.

20 심지어 '어망' 조항(33조)조차도 (비록 나중에야 깨닫는 사실이긴 하지만) 공익과 항해 의 자유를 모두 보호하는 장치로 읽힐 수 있다. 이것과 동일한 원칙 때문에 영국 은 1756년부터 1763년까지의 7년 전쟁에 들어갔다. 여기에 따른 비용이 1776년에 일어난 미국 독립혁명이라고 할 수 있다.

21 터커(2018)는 이런 과제들을 중앙은행이라는 맥락 속에서 풀어낸다.

22 다른 은행들은 은행들끼리 협력체를 구성할 때 최대 6개 은행까지밖에 모일 수 없었다.

23 1866년 위기와 1878년 위기 때 잉글랜드은행은 은행들에 자유롭게 돈을 빌려주 었지만, 지급불능 상태에 빠졌던 오버렌드 거니Overend Gurney 상회와 글래스고 은행은 파산하게 내버려두었다. 그리고 1890년에는 '구명선' 접근법을 동원해 서 베어링 은행을 구조했는데, 이 은행은 재무 상태가 건전하다고 판단했기 때 문이다. 그러나 여기에서는, 일련의 명확한 최후의 대부자 원칙이 잉글랜드은행

의 고위진에 의해 승인을 받았다는 확실한 증거가 없다는 점에 주목하기 바란다. 그 시기에 잉글랜드은행이 수행했던 최후의 대부자 역할의 긴급함에 대해서는 다음 저작들이 다루고 있다. Rudiger Dornbusch and Jacob Frenkel(1984) 'The Gold Standard and the Bank of England in the Crisis of 1847', National Bureau of Economic Research. *A Retrospective on the Classical Gold Standard.* 1821~1931, pp. 233~276.

24 19세기 말에 은행 시스템은 상대적으로 규제를 받지 않았다. (부분적으로는 자율적인 규제에 따랐다.) 잉글랜드은행은 1979년이 되어서야 명확한 감독 구조나 정밀한 통제 시스템을 갖추었다. 그럼에도 불구하고 잉글랜드은행이 책임져야 하는 의무 영역은 그때 이미 지금처럼 광범위했다. 비록 그때와 지금이 다르긴 하지만 말이다.

25 Eddie George, 'Central bank independence', speech given at the SEANZA Governors' Symposium, 26 August 2000.

26 잉글랜드은행은 실시간총액결제Real-Time Gross Settlement, RTGS 서비스 그리고 은행들과 건축조합들 그리고 그 밖의 여러 기관을 아우르는 인프라를 운영한다. 이 계좌들 사이의 균형은 이런 계좌 소유자들 사이에 실시간으로 돈을 이체하는 데 사용될 수 있다. 이런 시스템이 위험 없는 최종적인 결제를 가능하게 만들어준다.

27 영국에서 1971년부터 1992년 사이에 평균 물가상승률이 9퍼센트나 될 정도로 물가가 가파르게 상승했으며 유동성도 표준편차가 5.4퍼센트나 되었다.

28 1992년에 있었던 환율조절 메커니즘ERM * 유럽통화제도EMS 중심기구의 대실패 잿더미 속에서 인플레이션 목표가 치솟아서, 물가안정이 영국 통화 정책의 확실한 목표가 될 시점이 언제인지 분명하게 드러냈다. 새롭게 마련된 틀은 성공을 거두었다. 그러나 이 성공은 부분적이었다. 금리 결정 권한을 총리가 여전히 가진 상태라서 온전하게 신뢰받지 못했기 때문이다. 만약 정부가 자기가 선호하는 인플레이션 비율을 선택한 다음에 이것을 달성하는 과제를 달성하는 책임을 중앙은행에 위임했다면 복지는 한층 더 개선될 수 있었을 것이다. 이런 제한적인 재량권은 1997년에 고든 브라운 총리가 도입하고, 다음 해에 법률적으로 제정된다.

29 Mervyn King, 'Monetary policy: theory in practice', speech given at the joint luncheon of the American Economic Association and the American Finance

Association, Boston, 7 January 2000. 킹은 '제한적인' 재량권과 '무제한의' 재량권 구분을 맨 처음 한 사람은 벤 버냉키와 프레드릭 미쉬킨이라고 밝힌다.

30 인플레이션 목표는 균형적이며(통화정책위원회가 물가상승이 목표치에서 위로나 아래로 너무 멀리 가지 않도록 똑같이 신경 쓴다는 뜻이다), 모든 시대에 적용된다. 통화정책위원회는 목표를 달성하기 위해서 정부의 경제 정책 목표, 즉 현재의 강력하고 지속가능하고 균형 잡힌 성장을 지원하는 일도 함께해야 한다.

31 보다 더 많은 정보를 알고 싶으면 다음을 참조하라. Mark Carney, 'Lambda', speech given at the London School of Economics, 16 January 2017, and 'A framework for all seasons?', speech given at the Bank of England Research Workshop on The Future of Inflation Targeting, 9 January 2020.

32 통화정책위원회와 금융정책위원회 그리고 건전성감독위원회 외에 잉글랜드은행도 은행권 발행에 책임을 지고, 실시간총액결제를 통해서 결제 시스템의 토대를 제공하며, 시스템적인 금융 시장 인프라를 규제하고, 충격의 시기에 금융 시스템이 원활하게 작동할 수 있도록 은행 및 금융기관에 폭넓은 유동성을 제공할 권한과 역량을 가지고 있다. 통화에 대한 신뢰를 지지하는 다른 제도나 기관으로는 법정통화 지위legal tender status(채무상환 목적으로 영국 파운드화를 제공하면 채무 불이행으로 소송을 당하지 않는다는 의미)와 정부 지원을 받는 은행과 건축조합에 대해서 최대 8만 5,000파운드의 예금을 보호받는 장치가 있다.

33 1946년에 조지 6세는 튜링이 전시에 세운 공적을 치하하며 그에게 대영제국훈장을 수여했다. 그러나 그가 세운 공적의 구체적인 내용은 오랜 세월 동안 비밀에 부쳐졌다.

34 Alan Turing, 'On Computable Numbers, with an Application to the Entscheidungsproblem', *Proceedings of the London Mathematical Society* 42(1)(1936), pp. 230~265.

35 그가 처음에 런던에 있던 국립물리연구소에서 일하고 또 나중에는 맨체스터대학교의 연산기계연구소에서 일했는데, 이때의 통찰은 1950년에 자동연산기계 ACE 발명과 세계 최초의 상업적인 응용이 가능한 전자 컴퓨터인 페란티 마크 1Ferranti Mark 1의 발명으로 이어졌다.

36 1949년 6월 11일자 《타임》에 실린 앨런 튜링의 인터뷰를 참조하라. 튜링은 신경학과 생리학에 관심을 가졌는데, 이런 관심 덕분에 튜링은 컴퓨터 기계가 학습 능력을 포함하여 인간의 마음을 모방할 수 있는지 탐구하게 되었다. 그의 연

구는 오늘날 암 진단과 자율주행 자동차 그리고 아직 발견되지 않은 미래의 신기술과 같은 응용 분야에서 사용되는 신경망을 이미 예견하며 포착했다. 그리고 컴퓨터가 인간과 구별할 수 없는 지능적 행동을 보일 수 있는지를 판단하는 방법론인 튜링 테스트Turing Test는 진정한 인공지능을 판정하는 기준으로 남아 있다.

5장

1 특히 민간 은행이 만든 내부화폐inside money와 중앙은행이 만든 외부화폐 사이의 균형을 바꾸어놓는다.

2 John Maynard Keynes, *The Economic Consequences of the Peace* (London: Macmillan, 1920), p. 11.

3 보다 폭넓은 설명을 원한다면 다음을 참조하라. Niall Ferguson, *The Square and the Tower* (London: Allen Lane, 2017).

4 내가 잉글랜드은행에 있을 때, 이 접근성이 평등하게 보장되도록 할 목적으로 우리가 하드 인프라를 바꾼 방법은 여러 가지가 있었다. 최근까지도 오로지 민간 은행들만이 실시간총액결제RTGS 시스템에 직접 접근할 수 있었고, 지불결제 서비스업체PSP들은 민간 은행을 통해야만 했다. 이런 일은 일련의 허브들을 중심으로 중앙집중적으로 편제되어 있던 예전의 금융계에서는 당연한 것이었지만, 점차 변화가 진행되어서 탈중심의 분산 금융이 새로운 대안으로 떠오르고 있었다. 그래서 잉글랜드은행은 다양한 기업들이 접속해서 많은 PSP들이 경쟁하게 했다. 핀테크 제공업체들의 요구에 대응해서 RTGS 시스템의 재구축이 결제 데이터를 읽고 또 쓰는 API 접속을 제공할 것이다. 2017년 7월에 잉글랜드은행은 G20 중앙은행들 가운데서는 처음으로 비은행 PSP의 새로운 세대 지불결제 서비스의 접속을 개방했다. 접근성이 한층 넓어지면 영국 가계와 기업에 대한 서비스가 개선될 것이고, 중앙은행에서의 결제 비율을 높임으로써, 결제업체들의 수를 늘리고 다각화함으로써, 그리고 혁신을 추동함으로써, 금융안정성이 강화될 것이다.

5 Agustin Carsten, 'Money in the digital age: what role for central banks', speech given at House of Finance Goethe University, 6 February 2018.

6 비록 금은 아니지만 새로운 은행권의 형태로, 이것의 가치는 제도적으로 보장된다.

7 Hyman P. Minsky, *Stabilising an Unstable Economy* (New York: McGraw Hill, 1986).

8 Agustín Carstens, 'Data, technology and policy coordination', speech given at the 55th SEACEN Governors' Conference and High-level Seminar on 'Data and technology: embracing innovation', Singapore, 14 November 2019.

9 이 은행들은 또한 도매 금융 시장에서의 차입으로 자금을 조성하지만, 그렇다고 해서 이런 현상과 관련된 핵심적인 경제를 바꾸지는 못한다.

10 국제결제은행BIS의 아구스틴 카르스텐스 총재는 이렇게 말했다(2018). "특이한 기술이라는 말은 더 나은 기술 혹은 더 나은 경제라는 말과 같은 뜻이 아니다. 비트코인 경우가 확실히 그렇다. 정부의 개입을 배제하는 대안적인 지불결제 시스템을 마련한다는 것이 의도이긴 하지만, 지금 비트코인은 거품과 사기와 환경적인 재앙, 이 모든 것을 합쳐놓은 것이라고 할 수 있다. 비트코인은 변동성이 워낙 크다 보니까 형편없는 지불 수단 혹은 가치 저장의 미친 방법에 될 수밖에 없다. 극소수의 사람들만 이것을 지불이나 회계 단위로 사용한다. 아닌 게 아니라 암호화폐 세계에서 중요하다고 여기는 컨퍼런스에서조차도 비트코인으로 등록비를 결제할 수 없다. 너무 비싸고 또 느리기 때문이다. 그래서 그 컨퍼런스에서는 기존의 전통적인 화폐만 등록비로 받았다."

11 Asli Demirgüç-Kunt, Leora Klapper, Dorothe Singer, Saniya Ansar and Jake Hess, 'The Global Findex Database 2017: Measuring Financial Inclusion and the Fintech Revolution' (2017), pp. 4~5, 11, 35, 92.

12 Benoît Coeuré, 'Fintech for the people', speech given at 14th BCBS-FSI high-level meeting for Africa on strengthening financial sector supervisión and current regulatory priorities, Cape Town, 31 January 2019a.

13 Carstens(2019).

14 다음을 참조하라. Ben Broadbent, 'Central Banks and Digital Currencies', speech given at the LSE, 2 March 2016, https://www.bankofengland.co.uk/speech/2016/central-banks-anddigital-currencies.

15 카르스텐스(2018)가 인용한 내용에 따르면, 쿠르지오 지아니니는 다음과 같이 바라본다. Curzio Giannini, *The Age of Central Banks* (Cheltenham: Edward Elgar, 2011), "금융기관의 진화는 무엇보다도 경제 영역과 정치 영역 사이의 지속적인 대화의 결과가 아닐까 싶다. 이 대화 과정에서 각각은 번갈아 금융 개혁을 하고 (…) 당파적인 이익 추구에서 빚어지는 남용행위를 경계하며 공동의 이익을 추구하고

보장한다."

6장

1 Joel Waldfogel, Scroogenomics: *Why You Shouldn't Buy Presents for the Holidays*(Princeton: Princeton University Press, 2009) and 'The Deadweight Loss of Christmas', American Economic Review 83(5) (1993), pp. 1328~1336.

2 Waldfogel(2009), p. 67.

3 경제학자의 관점에서 한층 더 합리적인 방법은 다음과 같다. 만일 두 사람이 완벽한 통찰을 했고 또 돈을 주기로 약속했다면, 그들은 해당 거래의 자중손실*경쟁의 제한으로 인한 시장 실패에 따라서 발생하는 자원 배분의 효율성 상실을 막을 수 있었을 뿐만 아니라, 애초에 이런저런 신경을 쓰는 수고를 하지 않아도 되었을 것이다. 어쨌거나 인생은 유한한 게임이며 부분게임 완전균형subgame perfect equilibrium*게임이론 방법론의 하나이 되니까 말이다.

4 Michael Sandel, *What Money Can't Buy: The Moral Limits of Markets*(London: Penguin, 2012), p. 124.

5 O. Henry, *The Four Million: The Gift of the Magi and Other Short Stories*(Minneapolis: Lerner Publishing Group, 2014), p. 16.

6 다음을 참조하라. Federico Cingano, 'Trends in Income Inequality and its Impact on Economic Growth', OECD Social, Employment and Migration Working Papers No. 163(2014); Joseph Stiglitz, 'Inequality and Economic Growth', in Michael Jacobs and Mariana Mazzucato(eds), *Rethinking Capitalism*(Oxford: Wiley Blackwell, 2016), pp. 148~169; Andrew G. Berg and Jonathan D. Ostry, 'Inequality and Unsustainable Growth: Two Sides of the Same Coin?', IMF Staff Discussion Note(April 2011); Roberto Perotti, 'Growth, income distribution and democracy: what the data say', *Journal of Economic Growth* 1(2)(1996), pp. 149~187; Philip Keefer and Stephen Knack, 'Polarization, politics and property rights: Links between Inequality and Growth', World Bank Policy Research Working Paper No. 2418(August 2000).

7 Cingano(2014).

8 Jonathan D. Ostry, Andrew Berg and Charalambos G. Tsangaride, 'Redistribution, Inequality, and Growth', IMF Staff Discussion Note(April 2014).

9 Berg and Ostry(2011).

10 Ibid., p. 9. 지니계수는 이탈리아의 통계학자 코라도 지니Corrado Gini가 1912년
에 개발한 측정지수로, 어떤 개체군 전체의 소득 분포를 나타낸다. 지니계수는
흔히, 소득의 계층별 분포 혹은 드물긴 하지만 재산의 계층별 분포를 기준으로
삼아서 경제적 불평등의 측정하는 용도로 사용된다.

11 크리스틴 포브스Kristin Forbes는 소득불평등과 단기적 혹은 중기적 경제 성
장 사이의 긍정적인 관계를 발견한다. ('A Reassessment of the Relationship between
Inequality and Growth', *American Economic Review* 90(4) (2000) pp. 869~887); 대니
얼 홀터Daniel Halter, 마누엘 외슬린Manuel Oechslin 그리고 요제프 츠바이뮐러Josef
Zweimüller는 불평등의 증가가 1인당 평균 GDP 성장률에 긍정적인 영향을 준다
는 사실을 발견한다. 그런데 이 긍정적인 영향은 5년 동안 이어지며, 그 뒤에 다
시 5년 동안에는 부정적인 영향이 이어진다. ('Inequality and growth: the neglected
time dimension', *Journal of Economic Growth* 19(1) (March 2014), pp. 81~104. 아울
러 다음을 참조하라. Abhijit Banerjee and Esther Duflo, 'Inequality and Growth:
What Can the Data Say?', *Journal of Economic Growth* 8(3)(2003), pp. 267~299. 이
저자들은 경제 성장과 불평등 사이의 관계는 비선형적이라고 주장한다.

12 주 6 및 다음을 참조하라. Alberto Alesina and Dani Rodrik, 'Distributive Politics
and Economic Growth', *Quarterly Journal of Economics* 109(2)(1994), pp. 465~490;
Torsten Persson and Guido Tabellini, 'Is Inequality Harmful for Growth?', *American
Economic Review* 84(3)(1994), pp. 600~621; William Easterly, 'Inequality Does
Cause Underdevelopment: Insights from a New Instrument', *Journal of Development
Economics* 84(2)(2007), pp. 755~776.

13 예를 들면 다음과 같다. Persson and Tabellini (1994); Perotti (1996); Alesina and
Rodrik(1994).

14 Forbes(2000); and Banerjee and Duflo (2003).

15 페데리코 친가노Federico Cingano는 오데드 갈로Oded Galor와 조지프 제이라Joseph
Zeira가 정식화한 인적자본 축적 이론을 묘사하면서 다음과 같이 쓴다. "소득이
상대적으로 낮은 가구는 수업료를 낼 여유가 없으면 설령 수익률이 (개인에게 돌
아가는 수익률이든 사회에 돌아가는 수익률이든 모두) 높다고 하더라도 전일제 교육을
포기한다. 그런데 가난한 사람이 인적자본 개발에 투자를 적게 할 경우, 완벽한
금융 시장이 작동한다고 할 때, 총산출량이 적을 수밖에 없다."(2014), p. 11.

16 Shekhar Aiyar and Christian Ebeke, 'Inequality of Opportunity, Inequality of

Income, and Economic Growth', IMF Working Paper No. 19/34(15 February 2019). 이 저자들은 세대와 세대 사이의 이동성 효과는 경제적으로 상당한 의미가 있음을 발견했다. "구체적인 수치로 그 효과가 어느 정도인지 살펴보자. 해당 표본(이 표본은 백분위로 표현되는 지니의 10단위에 해당한다)에서 1표준편차의 소득불평등 증가는, 25번째 백분위수로 설정된 세대 간 소득탄력성 수준(대략 일본의 소득 분포에 해당한다)에서는 다음 5년 동안 평균성장률을 0.5퍼센트포인트 감소시키지만, 75번째 백분위수로 설정된 세대 간 소득탄력성 수준(대략 브라질의 소득 분포에 해당한다)에서는 평균성장률 감소폭이 1.3퍼센트포인트로 커진다."

17 다음을 참조하라. Alberto Alesina, Rafael Di Tella and Robert MacCulloch, 'Inequality and Happiness: Are Europeans and Americans Different?', *Journal of Public Economics* 88 (2004), pp. 2009~2042; Richard Wilkinson and Kate Pickett, 'Income Inequality and Social Dysfunction', *Annual Review of Sociology* 35(2009), pp. 493~511.

18 Richard Layard, *Can We be Happier? Evidence and Ethics*(London: Pelican Books, 2020), pp. 44~54.

19 Daniel Kahneman and Angus Deaton, 'High Income improves evaluation of life but not emotional well-being'. *Proceedings of the National Academy of Sciences of the United States of America* 107(38) (2018), pp. 16489~16493.

20 다음을 참조하라. Branko Milanović, *Capitalism, Alone: The Future of the System that Rules the World*(Cambridge, Mass.: Belknap Press, 2019), and Layard(2020).

21 2013년에 퓨리서치센터가 조사한 39개국 가운데 31개국에서는 인구의 절반 이상이 자기 사회에서 불평등이 "매우 커다란 문제"라고 믿었다.

22 Steven Levitt and Stephen J. Dubner, *Freakonomics*(William Morrow and Company, 2005), p. 11. As quoted in Michael J. Sandel, 'Market Reasoning as Moral Reasoning: Why Economists Should Re-engage with Political Philosophy', *Journal of Economic Perspectives* 27(4)(2013), p. 122.

23 A. B. Atkinson, 'Economics as a Moral Science', *Economica* 76(2009)(issue Supplement S1), pp. 791~804.

24 Cass R. Sunstein, *The Cost-Benefit Revolution*(Cambridge, Mass.: MIT Press, 2018).

25 Ibid. p. 22.

26 2장을 참조하라.

27 Douglass C. North, Nobel Prize Lecture(9 December 1993).

28 Milanović(2019), p. 2.

29 Paul Mason, *Postcapitalism: A Guide to Our Future*(London: Allen Lane, 2015).

30 John Micklethwait and Alan Wooldridge, *The Fourth Revolution: The Global Race to Reinvent the State*(London: Penguin, 2014).

31 Thomas Hobbes, *Leviathan*(1651; reissued Lerner Publishing Group, 2018), 1.xiii.4, p. 115.

32 Thomas Hobbes, *Hobbes' Verse Autobiography*(Cambridge: Hackett Publishing Company, 1994), II. liv. 25.

33 John Micklethwait and Alan Wooldridge, 'The Virus Should Wake Up the West', *Bloomberg Opinion*, 12 April 2020.

34 Tommaso Padoa–Schioppa, 'Markets and Government Before, During and After the 2007~20XX Crisis', Per Jacobsson Foundation lecture, Basel, 27 June 2010, p. 8.

35 Ibid., pp. 13~14

36 Milanović(2019), pp. 190~191.

37 Ibid., p. 112.

38 이것과 대비되는 현상으로 세계화는 전통적으로 저임금 노동자를 고용하는 농업과 같은 부문들에서 상대적인 생산성 상승을 보여왔던 개발도상국들에서 불평등에 대한 균형추 역할을 한다. 'World Economic Outlook: Globalization and Inequality', IMF(October 2007), ch. 4, 'Globalization and Inequality', pp. 31~65.

39 마르크스와 리카도의 고전적인 자본주의 개념에서는 지주와 노동자와 자본가라는 뚜렷하게 구분되는 세 개의 계급이 존재하며, 이들은 모두 단 한 가지 일만 한다. 그러므로 마르크스/리카도 경제학에서는 계급과 계급 사이에 불평등이 존재하지, 개인과 개인 사이에서는 불평등이 존재하지 않는다. 그런데 이제 사람들은 자본소득과 노동소득을 모두 누리게 되었고, 그래서 개인과 개인 사이의 분배에 눈을 돌린다. 부자는 자기 소득 가운데 상대적으로 많은 부분을 노동보다는 자본에서 얻는다. 부자 집단은 보다 더 많은 소득/GDP 수치를 기록한다. 예를 들어서 이 비율이 스웨덴에서는 8배이고 인도에서는 3배이다.

40 Michael Lewis, Princeton University's Baccalaureate Remarks(3 June 2012).

41 Miles Corak, 'Income Inequality, Equality of Opportunity, and Intergenerational Mobility', *Journal of Economic Perspectives* 27(3)(2013), pp. 79~102.

42 Padoa-Schioppa(2010), p. 8. "나는 한 세대의 경제학자들이 균형 환율, 근원물
가지수core inflation ＊ 경제 상황에 따라 물가 변동이 심한 품목을 제외하고 산출한 물가지수, 중립금
리 ＊ 경제가 인플레이션이나 디플레이션 압력이 없는 잠재성장률 수준을 회복할 수 있도록 하는 이론적 금
리 수준, 생산량 격차output gap, 구조적 적자 등과 같은 기본적인 경제 개념을 사
용하는 것을 꺼리는 모습을 직접 목격했다. 그들은 측정이나 개념 정의상의 어
려움을 토로했지만, 그들이 망설임을 보인 것의 뿌리는 정책 입안자로서의 판단
을 스스로 저버리는 행위였다. 그들은 오직 시장만이 모든 것을 알며, 오직 시장
에 대한 신뢰만이 중요하고, 그러므로 시장을 거스르면 신뢰는 파괴되고 만다고
보았던 것이다."

43 Milanović(2019), p. 177.

44 톰 울프Tom Wolfe의 정신으로 그랬다. 다음을 참조하라. Joel Best, "Status! Yes!":
Tom Wolfe as a Sociological Thinker", *American Sociologist* 32(4)(Winter 2001), pp.
5∼22.

45 Milanović(2019), p. 104.

46 Ibid., p. 106.

47 Max Weber, *The Protestant Ethic and the Spirit of Capitalism*, trans. Talcott
Parsons(London and New York: Routledge/Taylor & Francis e-library, 2005), pp. 115∼116.

48 Ibid., p. 116.

49 존 롤스의 표현으로 하자면 일상의 행동 속에서 사회의 주요한 믿음들을 재확인
하는 바람직한 행동의 내면화는 종교의 제약과 암묵적인 사회적 계약 덕분에 가
능했다. Milanović(2019), p. 179.

50 다음을 참조하라. Jonathan Sacks, *Morality*(London: Hodder and Stoughton, 2020);
Archbishop Justin Welby, *Dethroning Mammon: Making Money Serve Grace*(London:
Blomsbury, 2017); Pope Francis' Encyclical, *Laudato Si*(24 May 2015).

51 Jonathan Sacks, 'Morals: the one thing the markets don't make', *The Times*, 21
March 2009.

52 Milanović(2019), p. 105.

53 Ibid.

54 Sandel(2012), p. 9.

55 샌델이 관찰한 내용에 따르면, 심지어 인간의 장기를 매매하는 사람들조차도 장
기 매매 시장이 사람들이 추구하는 이득을 파괴한다고 주장할 수 없다.(Ibid., p.

95).

56 Uri Gneezy and Aldo Rustichini, 'A Fine is a Price', *Journal of Legal Studies* 29(1) (2000a), pp. 1~17.

57 Uri Gneezy and Aldo Rustichini, 'Pay Enough or Don't Pay at All', *Quarterly Journal of Economics* 15(3)(2000b), pp. 791~810.

58 Sandel(2012), pp. 19~20 cross-references 128 studies.

59 Richard Titmuss, *The Gift Relationship: From Human Blood to Social Policy*(1971).

60 Sandel(2012), p. 128.

61 Aristotle, *Nicomachean Ethics*, in Christopher Rowe and Sarah Broadie (eds), *Aristotle: Nicomachean Ethics*(Oxford: Oxford University Press, 2020), II.i.35, p. 111.

62 다음에 인용되어 있다. Sandel(2012), p. 128.

63 Fagg Foster(1981), p. 895.

64 Atkinson(2009). 이런 가정들 가운데 어느 것도 통하지 않는 많은 경우가 경제를, 시장 원리에 의해 재화가 배분되어야 하는지 비시장 원리에 의해 배분되어야 하는지를 결정하는 데 좋지 않은 지침으로 만들어버린다.

7장

1 흔히 특수목적회사SPV로 일컬어지기도 하는 구조화투자회사SIV는 위기로 치닫는 과정에서 은행들과 엮여 있으며, 붕괴 이야기의 필수적인 요소라고 할 수 있는 회사들과 한층 더 직접적인 연관을 가진다.

2 AAA는 독립적인 신용평가기관이 줄 수 있는 가장 높은 등급이다. 이것은 부도의 위험이 매우 매우 낮다는 뜻이다. 그러나 그것은 고도로 구조화되어 있고 또한 검증되지 않은 이 상품들도 과연 그럴 것인지는 입증하지 않았다.

3 다음을 참조하라. Mark Carney, 'What are Banks Really For?', Bank of Canada. Speech given to University of Alberta School of Business, 30 March 2009.

4 국제결제은행BIS에서 나온 수치이다. 부채 증권화의 총금액은 금융 위기 이후에 조금 줄어들다가 계속 올라서 2019년에는 25조 달러가 넘어서는 새로운 최고점을 기록했다.

5 Miguel Segoviano, Bradley Jones, Peter Lindner and Johannes Blankenheim, 'Securitization: Lessons Learned and the Road Ahead', IMF Working Paper(2013), pp. 8~9.

6 Testimony of Secretary Timothy Geithner before the House Financial Services Committee, 20 April 2010.

7 국제결제은행에서 나온 수치이다. 장외 파생상품은 중개인도 없이 당사자들 사이에 직접 거래되었다.

8 Larry Summers, 'Beware Moral Hazard Fundamentalists', *Financial Times*, 23 September 2007.

8장

1 남해회사는 처음에는 꽤 수익성이 높을 것으로 예측되었다. 정부로부터 중앙아메리카 및 남아메리카와의 독점 무역권을 부여받았기 때문이다. 그러나 라틴아메리카의 여러 항구를 지배하던 스페인이 남해회사에서 항구 하나당 1년에 입/출항할 수 있는 배를 한 척으로 제한하자, 남해회사의 사업은 사실상 마비되고 말았다. 그러나 회사의 경영진은 여기에 아랑곳하지 않고 중남미에는 재산이 널려 있다고 홍보를 했으며 인센티브를 제시해서 주식 매입을 장려한다든가 하는 방식으로 주가를 6개월 만에 128파운드에서 1,050파운드로 끌어올리는 의심스럽기 짝이 없는 조치들을 계속 진행했다. 대중은 돈을 쉽게 벌 수 있다는 말에 넘어갔고, 그래서 많은 사람이 한층 더 투기적인 사업에 외상으로 투자하기 시작했다. 이 성장은 자가 발전되는 것이었고 회사의 운영 전망과는 아무런 상관이 없었다.

2 예를 들어 다음을 참조하라. The Leaders' Statements issued after the G20 meetings, from Washington in 2008 and London and Pittsburgh in 2009 through to the Hamburg G20 meetings in 2017.

3 에델만 트러스트Edelman Trust가 진행하는 조사인 에델만 트러스트 바로미터는, 전체 응답국의 3분의 2에서 인구의 절반도 안 되는 사람들만 기업, 정부, 미디어, NGO의 주류 기관이 "옳은 일을 한다"고 신뢰한다는 사실을 확인했다. Edelman, *2020 Edelman Trust Barometer*, Global Report(19 January 2020).

4 여왕은 2008년에 런던정경대학을 방문했을 때 그런 말을 했다.

5 Tim Besley and Peter Hennessy, 'The Global Financial Crisis: Why Didn't Anyone Notice?', British Academy, 2009.

6 Dani Rodrik, *The Globalization Paradox: Democracy and the Future of the World Economy*(New York and London: W. W. Norton, 2012).

7   Jamie Dimon, CEO of JP Morgan, Testimony to the Financial Crisis Inquiry
    Commission, 9 January 2010.

8   폭넓은 조사를 하고 싶다면 다음을 참조하라. Carmen M. Reinhart and Kenneth
    S. Rogoff, *This Time is Different: Eight Centuries of Financial Folly*(Princeton: Princeton
    University Press, 2009).

9   Raghuram Rajan, *Fault Lines: How Hidden Fractures Still Threaten the World
    Economy*(Princeton: Princeton University Press, 2010), p. 21.

10 금융 시스템이 불안정해지는 내생적 경향을 강조하는 것은 하이먼 민스키의 '금
    융 불안정성 가설financial instability hypothesis'을 연상시킨다. Hyman P. Minsky,
    'The Financial Instability Hypothesis', *Levy Economics Institute* Working Paper No. 74
    (May 1992), pp. 1~9.

11 2016년 7월의 어떤《이코노미스트Economist》기사에서 민스키라는 이름이 언급
    되었다. 이것은 그가 1950년대부터 1996년까지 이어졌던 그의 연구 활동 기간
    에 딱 한 번 언론에 언급된 것이었다. 그러나 금융 위기가 터진 2007년 이후로
    그의 이름은 대략 서른 번이나 언급되었다. 'Minsky's Moment', *The Economist*, 30
    July 2016.

12 아울러 다음을 참조하라. Adair Turner, 'Market efficiency and rationality: why
    financial markets are different', Lionel Robbins Memorial Lectures, London School
    of Economics, 2010.

13 한층 더 미묘한 견해 차이를 가진 경제학자들이 이미 1950년대부터 이 논리
    의 결함을 지적했다. 다음을 참조하라. R. G. Lipsey and Kelvin Lancaster, 'The
    General Theory of the Second Best', *Review of Economic Studies* 24(1)(1956), pp.
    11~32.

14 Kenneth J. Arrow and Gérard Debreu, 'Existence of an equilibrium for a competitive
    economy', *Econometrica* 22(3)(1954), pp. 265~290.

15 신용파생상품 시장을 주도적으로 개척했던 은행들은 "신용파생상품은 위험을
    제도권 전반으로 효율적으로 이전하는 메커니즘이다"라고 선언했으며, 또 10년
    전만 하더라도 은행 대차대조표에 구멍을 냈을 채무불이행이 "이제는 제도권 전
    체로 확산된 히트 상품이며 수백 개 금융기관의 대차대조표에서 아주 미세한 일
    시적인 문제들만 드러낼 뿐이다"라고 선언했다. 다음을 참조하라. Gillian Tett,
    Fool's Gold (London: Little, Brown, 2009), p. 99.

16 Frank H. Knight, *Risk, Uncertainty, and Profit*(Boston and New York: Houghton Mifflin, 1921; reissued Orlando, Fla.: Signalman Publishing, 2009).

17 F. A. Hayek, 'The pretence of knowledge', Nobel prize speech, 1974.

18 John Maynard Keynes, *The General Theory of Employment, Interest and Money*(London: Palgrave Macmillan, 1936).

19 Ibid., ch. 12.

20 FICC Markets Standards Board, 'Behavioural Cluster Analysis: Misconduct Patterns in Financial Markets' (July 2018).

21 Ibid.

22 Mark Carney, 'Turning Back the Tide', speech given to FICC Markets Standards Board Conference, 29 November 2017.

23 Alison Park, Caroline Bryson, Elizabeth Clery, John Curtice and Miranda Phillips (eds), British Social Attitudes 30, *NatCen*(2013).

24 다음을 참조하라. Abigail Haddow, Chris Hare, John Hooley and Tamarah Shakir, 'Macroeconomic Uncertainty: What Is It, How Can We Measure It and Why Does It Matter?', *Bank of England Quarterly Bulletin*(2013) Q2. 아울러 다음을 참조하라. Nicholas Bloom, Max Fleototto, Nir Jaimovich, Itay Saporta-Eksten and Stephen J. Terry, 'Really Uncertain Business Cycles', *Econometrica*, 86(3)(May 2018), pp. 1031~1065.

25 Mark Carney, 'What a Difference a Decade Makes', speech given at the Institute of International Finance's Washington Policy Summit, 20 April 2017.

26 비유동적 자산은 빨리 팔아치우려면 가격을 많이 할인해야 하는 자산, 혹은 가격을 많이 할인하지 않으려면 매우 오랜 기간에 걸쳐서 팔아야 하는 자산이다. 진전된 논의를 알고 싶다면 다음 잉글랜드은행 보고서의 해당 챕터를 참조하라. 'Vulnerabilities in open-ended funds' in the Bank of England's 'Financial Stability Report', December 2019.

27 Committee on the Global Financial System, 'Structural Changes in Banking After the Crisis' CGFS Paper No. 60(January 2018).

28 "공황 상태에서는 최종적인 은행지불준비금 보유자들은 우량한 좋은 증권을 가져오는 모든 은행에 빠르고 자유롭고 쉽게 자금을 빌려주어야 한다." Walter Bagehot, *Lombard Street: A Description of the Money Market*(Cambridge: Cambridge

University Press, 2011), p. 173.

29 거시건전성 정책은 미시적 정책과는 구분된다. 미시건전성 정책은 개별 기관들의 안정과 건전성 증진에 중점을 두는 데 비해서, 거시건전성 정책은 금융 시스템 내의 금융기관들과 부문들 사이의 상호 작용 그리고 금융 시스템과 실물 경제 사이의 상호 작용에서 발생하는 위험을 다룬다.

30 가변적으로 설정된 보상의 지급을 유예하는 것은 미국에서 의무사항은 아니지만, 고위 경영진을 대상으로 하는 보상 지급에서 추천되고 있으며 많은 기관에서 실제로 이루어지고 있다.

31 Bank of England, PRA Supervisory Statement SS28/15, 'Strengthening Individual Accountability in Banking' (May 2017).

32 Bank of England, HM Treasury and Financial Conduct Authority, 'Fair and Effective Markets Review: Final Report' (June 2015).

33 예를 들어서 다음을 참조하라. FMSB's 'Reference Price Transactions standard for the Fixed Income markets' (November 2016); 'New Issue Process standard for the Fixed Income markets' (2017); 'Surveillance Core Principles for FICC Market Participants: Statement of Good Practice for Surveillance in Foreign Exchange Markets' (June 2016). 모든 표준 및 발표사항은 다음 웹사이트에서 볼 수 있다. https://fmsb.com/our-publications/.

34 Financial Stability Board, 'Strengthening Governance Frameworks to Mitigate Misconduct Risk: A Toolkit for Firms and Supervisors' (April 2018).

9장

1 많은 지방자치단체가 여러 날에 걸친 락다운을 시행했으며, 그로부터 한 주 조금 지난 시점에서는 국가 차원의 락다운이 뒤를 이었다.

2 World Health Organisation, 'Coronavirus disease 2019(COVID-19) Situation Report-40' (February 2020).

3 미국에서 정한 유일한 예외조치는 중국에서 최근에 입국한 사람을 대상으로 한 제한 조치였다.

4 Thomas Hobbes, *Leviathan*(1651; reissued Lerner Publishing Group, 2018), II.xvii.7 p. 160.

5 Ibid., p. 115.

6   Ibid., p. 97.

7   John Locke, *Two Treatises of Government*, in Ian Shapiro(ed.), *Two Treatises of Government and A Letter Concerning Toleration*(1689; reissued New Haven: Yale University Press, 2003), II.iii.19, p. 108.

8   John Locke, *A Third Concerning Toleration*, in Ian Shapiro(ed.), *Two Treatises of Government and A Letter Concerning Toleration*(1689; reissued New Haven: Yale University Press, 2003), III, p. 227.

9   Jean-Jacques Rousseau, *The Social Contract*, in Susan Dunn and Gita May(eds.), *The Social Contract and The First and Second Discourses*(1762; reissued New Haven: Yale University Press, 2002), I.iv., p. 158.

10   이전 세대로서는 상상도 하지 못했던 터무니없이 높은 비용을 지불하면서까지 생명을 보호할 수밖에 없는 (영국 대법원장을 역임했던 조너선 섬션의 표현을 빌자면) "죽음에 대한 비이성적인 공포"를 우리는 키워왔다. 다음을 참조하라. Jonathan Sumption, 'Coronavirus lockdown: we are so afraid of death, no one even asks whether this "cure" is actually worse', *The Times*, 4 April 2020.

11   Timothy Besley, 'State Capacity, Reciprocity and the Social Contract', *Econometrica* 88(4)(2020), p. 1309.

12   Rousseau (1762/2002), II.iv., p. 176.

13   Timothy Besley and Torsten Persson, 'The Causes and Consequences of Development Clusters: State Capacity, Peace, and Income', *Annual Review of Economics* 6 (2014), pp. 932~933.

14   Paul Slack, 'Responses to Plague in Early Modern Europe: The Implications of Public Health', *Social Research* 55(3) (1988), pp. 436~440.

15   Ibid., pp. 441~442.

16   Howard Markel, 'Worldly approaches to global health: 1851 to the present', *Public Health* 128 (2014), p. 125.

17   Thomas Piketty, *Capital in the Twenty-First Century*(Cambridge, Mass.: Harvard University Press, 2014), pp. 474~479.

18   OECD, 'Revenue Statistics 2019' (2019).

19   2017년 G7 국가를 기준으로 할 때 국내 보건 분야 총지출은 GDP 대비 7~9퍼센트였다. 세계보건기구WHO의 글로벌 의료 비용 데이터베이스Global Health

Expenditure Database를 참조하라. 공공 지출의 증가를 역사적으로 분석한 내용을 알고 싶으면 다음을 참조하라. Vito Tanzi and Ludger Schuknecht, *Public Spending in the 20th Century: A Global Perspective* (Cambridge: Cambridge University Press, 2000).

20 World Health Organisation, Department of Communicable Disease Surveillance and Response, 'Influenza Pandemic Plan. The Role of WHO and Guidelines for National and Regional Planning', 1 April 1999.

21 Christopher J. L. Murray, Alan D. Lopez, Brian Chin, Feehan Dennis and Kenneth H. Hill, 'Estimation of potential global pandemic influenza mortality on the basis of vital registry data from the 1918~20 pandemic: a quantitative analysis', *Lancet* 368(9554) (2006), pp. 2211~2218.

22 The World Health Organisation, 'Frequently Asked Questions about the International Health Regulations' (2005).

23 The World Health Organisation, 'Country Implementation Guide: After Action Review & Simulation Exercise Under the International Health Regulations 2005 Monitoring and Evaluation Framework' (2018), pp. 7~9.

24 Global Preparedness Monitoring Board, 'A World at Risk: Annual Report on Global Preparedness for Health Emergencies' (September, 2019), p. 19.

25 Ibid., pp. 19 and 33.

26 Ibid., p. 20.

27 'Coronavirus: UK failed to stockpile crucial PPE', BBC, 28 April 2020.

28 Marieke Walsh, Grant Robertson and Kathy Tomlinson, 'Federal Emergency Stockpile of PPE was Ill-Prepared for Pandemic', *The Globe & Mail*, 30 April 2020.

29 'New Document Shows Inadequate Distribution of Personal Protective Equipment and Critical Medical Supplies to States', Press Release from the Office of Carolyn B. Maloney, Chairwoman of the House Committee on Oversight and Reform, Department of Health and Human Services, 8 April 2020.

30 Beth Reinhard and Emma Brown, 'Face masks in national stockpile have not been substantially replenished since 2009', *Washington Post*, 10 March 2020.

31 Yeganeh Torbati and Isaac Arnsdorf, 'How Tea Party Budget Battles Left the NationalEmergency Medical Stockpile Unprepared for Coronavirus', *Propublica*, 3 April 2020.

32 'Stripping Naked for Masks: German Doctors Protest Lack of Protective Gear', Reuters, 28 April 2020.

33 UNICEF, *Progress on household drinking water, sanitation and hygiene 2000~2017* (New York: United Nations Children's Fund (UNICEF) and World Health Organisation, 2019), pp. 36~37.

34 Ruth Maclean and Simon Marks, '10 African Countries Have No Ventilators: That's Only Part of the Problem', *New York Times*, 18 April 2020.

35 Jane Feinmann, 'PPE: what now for the global supply chain?', *British Medical Journal* 369(1910)(May 2020).

36 World Bank Group, 'Pandemic Preparedness Financing–Status Update' (September 2019).

37 Commission on a Global Health Risk Framework for the Future, 'The Neglected Dimension of Global Security: A Framework to Counter Infectious Disease Crises', National Academy of Medicine (Washington: National Academies Press, May 2016).

38 Global Preparedness Monitoring Board (2019), p. 11.

39 Ibid., p. 16

40 Global Health Security Index, 'Global Health Security Index: Building Collective Action and Accountability' (October 2019), p. 9. 이 지수가 평가한 195개국의 평균 합계점수는 100점 만점에 40점이었다.

41 Derek Thompson, 'What's Behind South Korea's COVID-19 Exceptionalism?', *Atlantic*, 6 May 2020.

42 Richard Thaler, 'Some empirical evidence on dynamic inconsistency', *Economics Letters* 8(3) (1981), pp. 201~207; Jess Benhabib, Alberto Bisin and Andrew Schotter, 'Present-bias, quasi-hyperbolic discounting, and fixed costs', *Games and Economic Behavior* 69 (2010), pp. 205~223.

43 United Nations General Assembly, 'Protecting Humanity from Future Health Crises: Report of the High-level Panel on the Global Response to Health Crises' 17th Session, Agenda Item 125 (February 2016), p. 40.

44 US Department of Health and Human Services, 'Crimson Contagion 2019 Functional Exercise Key Findings: Coordinating Draft' (October 2019), p. 1, available via David E. Sanger, Eric Lipton, Eileen Sullivan and Michael Crowley, 'Before

Virus Outbreak, a Cascade of Warnings Went Unheeded', *New York Times*, 22 March 2020.

45 Jonathan Calvert, George Arbuthnott and Jonathan Leake, 'Coronavirus: 38 days when Britain sleepwalked into disaster', *The Times*, 19 April 2020. 이 기사는 다음과 같이 적고 있다. "결함을 해결하기 위해서 마련된 마찬가지로 긴 권고사항 목록의 내용은 끝내 실현되지 않았다. 이 소식통은 노딜 브렉시트를 위한 준비는 그 뒤로 여러 해 동안 이어질 '팬데믹 계획의 모든 피를 빨아먹었다'고 말했다."

46 예를 들어 다음을 참조하라. Michael Greenstone and Vishan Nigam, 'Does Social Distancing Matter?', *Becker Friedman Institute for Economics* Working Paper No. 2020~26(March 2020); Richard Layard, Andrew Clark, Jan-Emmanuel De Neve, Christian Krekel, Daisy Fancourt, Nancy Hey and Gus O'Donnell, 'When to release the lockdown: A wellbeing framework for analysing costs and benefits', Centre for Economic Performance, Occasional Paper No. 49 (April 2020); Linda Thunström, Stephen C. Newbold, David Finnoff, Madison Ashworth and Jason F. Shogren, 'The Benefi ts and Costs of Using Social Distancing to Flatten the Curve for COVID-19', *Journal of Benefit-Cost Analysis* 11(2) (2020), pp. 179~195; Paul Dolan and Pinar Jenkins, 'Estimating the monetary value of the deaths prevented from the UK Covid-19 lockdown when it was decided upon-and the value of "flattening the curve"', London School of Economics and Political Science (April 2020).

47 예를 들어 다음을 참조하라. Chris Conover, 'How Economists Calculate the Costs and Benefi ts of COVID-19 Lockdowns', *Forbes Magazine*, 27 March 2020; Amy Harmon, 'Some Ask a Taboo Question: Is America Overreacting to Coronavirus?', *New York Times*, 16 March 2020; Sarah Gonzalez and Kenny Malone, 'Episode 991: Lives vs. The Economy', Planet Money-NPR, 15 April 2020; David R. Henderson and Jonathan Lipow, 'The Data Are In: It's Time for a Major Reopening', *Wall Street Journal*, 15 June 2020; W. Kip Viscusi, 'What is a life worth? COVID-19 and the Economic Value of Protecting Health', *Foreign Affairs*, 17 June 2020.

48 이슬람 세계의 디야Diyah＊상해나 죽임에 대한 보상 원칙인 보복 관습은, 비록 가치평가의 방법과 통화 모두 오랜 시간에 걸쳐서 진화했지만, 현대의 많은 이슬람법 체계에 여전히 존재한다.

49 A. E. Hofflander, 'The Human Life Value: An Historical Perspective', *Journal of Risk* *and Insurance* 33(1) (1966), p. 381.

50 "20년에 걸쳐서 구매할 가치가 있는 인류라는 거대한 집단" Sir William Petty, *Political Arithmetick*(London: Printed for Robert Clavel, 1690), I, p. 31.

51 Hofflander (1966), p. 382.

52 Ibid., p. 386; Wex S. Malone, 'The Genesis of Wrongful Death', *Stanford Law Review* 17(6) (1965), pp. 1043~1076.

53 Hofflander (1966), pp. 386~387.

54 H. Spencer Banzhaf, 'Retrospectives: The Cold-War Origins of the Value of Statistical Life', *Journal of Economic Perspectives* 28(4) (2014), pp. 214~218. 그러다 보니 결국, 미국의 랜드연구소가 최적의 전략을 설계하는 과정에서 조종사의 생명에 1달러 값어치를 설정하는 일이 일어나기도 했다. ※ 미국은 1949년에 소련이 원폭 실험을 한 직후에 랜드연구소가 소련을 선제공격하는 전략 설계를 의뢰받았고, 이때 랜드연구소는 조종사를 비용에 포함시키지 않았다. 그런데 본질적으로 보자면 이것은 인간 생명의 가치를 계산 하는 것을 군사적인 명령 차원으로 떠넘기는 것이다.

55 OECD, 'Mortality Risk Valuation in Environment, Health and Transport Policies' (OECD Publishing, 2012), pp. 22~29.

56 Ibid., pp. 24~28.

57 Dave Merrill, 'No One Values your Life More Than the Federal Government', *Bloomberg*, 19 October 2017.

58 EQ-5D는 개인의 건강을 평가할 목적으로 EuroQol 재단의 연구 전문가들이 개 발한 건강상태 지수이다. https://euroqol.org/support/terminology/.

59 Cass R. Sunstein, *The Cost-Benefit Revolution*(Cambridge, Mass.: MIT Press, 2018); OECD (2012), p. 55.

60 Robert H. Frank, *Under the Influence: Putting Peer Pressure to Work*(Princeton: Princeton University Press, 2020).

61 Paul Dolan, 'Using Happiness to Value Health', Office of Health Economics (2011), summarising the research of: David A. Schkade and Daniel Kahneman (1998), 'Does living in California make people happy? A focusing illusion in judgments of life satisfaction', *Psychological Science* 9(5) (1998), pp. 340~346; Daniel T. Gilbert and Timothy D. Wilson (2000), 'Miswanting: Some problems in the forecasting of future affective states', in Joseph P. Forgas (ed.), *Feeling and Thinking: The Role of Affect in*

Social Cognition(New York: Cambridge University Press, 2000), pp. 178~197; G. A. De Wit, J. J. Busschbach and F. T. De Charro, 'Sensitivity and perspective in the valuation of health status: Whose values count?', *Health Economics* 9(2) (2000), pp. 109~126.

62 Joseph E. Aldy and W. Kip Viscusi, 'Age differences in the value of statistical life', *Review of Environmental Economics and Policy* 1(2) (2007), pp. 241~260; Ted R. Miller, 'Variations between countries in values of statistical life', *Journal of Transport Economics and Policy* 34 (2000), pp. 169~188.

63 The Lawrence Summer World Bank Memo (excerpt) (12 December 1991), https://www.uio.no/studier/emner/sv/oekonomi/ECON2920/v20/pensumliste/summers-memo-1991-%2B-nytimes.pdf.

64 Noam Scheiber, 'In Defense of Larry Summers', *The New Republic*, 7 November 2008.

65 The World Bank and Institute for Health Metrics and Evaluation, 'The Cost of Air Pollution: Strengthening the Economic Case for Action' (2016), pp. xii, 48~50.

66 예를 들어서 다음을 참조하라. John Bronsteen, Christopher Buccafusco and Jonathan S. Masur, 'Well-being analysis versus cost-benefit analysis', *Duke Law Journal* 62 (2013), pp. 1603~1689; Matthew D. Adler, *Well-Being and Fair Distribution: Beyond Cost-Benefit Analysis*(New York: Oxford University Press, 2011).

67 Bronsteen, Buccafusco and Masur (2013), pp. 1666~1667.

68 Frank Ackerman and Lisa Heinzerling, *Priceless: On Knowing the Price of Everything and the Value of Nothing*(New York: New Press, 2004).

69 예를 들어서 다음을 참조하라. W. Kip Viscusi, Joel Huberb and Jason Bel, 'Assessing Whether There Is a Cancer Premium for the Value of a Statistical Life', *Health Economics* 23(4) (2014), pp. 384~396.

10장

1 World Health Organisation, 'Coronavirus disease 2019(COVID-19) Situation Report-11', 31 January 2020.

2 World Health Organisation, 'Coronavirus disease 2019(COVID-19) Situation Report-40', 29 February 2020.

3   Ibid.; World Health Organisation, 'Coronavirus disease 2019(COVID-19) Situation
    Report-71', 31 March 2020.

4   Emma Farge, 'U.N. raises alarm about police brutality in crackdowns', Reuters, 27
    April 2020; Rozanna Latiff, 'Malaysia seizes hundreds of migrants in latest lockdown
    raid', Reuters, 12 May 2020.

5   Stephanie Hegarty, 'The Chinese doctor who tried to warn others about coronavirus',
    BBC, 6 February 2020; Andras Gergely and Veronika Gulyas, 'Orban Uses Crisis
    Powers for Detentions Under "Fake News" Law', Bloomberg, 13 May 2020.

6   예를 들어서 다음을 참조하라. Farge (2020); 'Coronavirus: Police officers in Spain
    suspended for violent lockdown enforcement', ASTV, 6 July 2020; Josh Breiner,
    'Violence between Israeli Police and Public Rises with Coronavirus Enforcement,
    Source Says', Haaretz, 7 July 2020; Chas Danner, 'Philly Police Drag Man from Bus
    for Not Wearing a Face Mask', New York Magazine, 10 April 2020; 'Indian police
    use force against coronavirus lockdown offenders', Al Jazeera, 30 March 2020;
    'Covid-19: Tear Gas Fired at Kenya Market', Bloomberg, 25 March 2020.

7   'Nigerian security forces killed 18 people during lockdowns: rights panel', Reuters,
    16 April 2020; 'Court orders suspension of South African soldiers over death of
    man in lockdown', Reuters, 15 May 2020; 'El Salvador: Police Abuses in Covid-19
    Response', Human Rights Watch, 15 April 2020.

8   Margaret Levi, Audrey Sacks and Tom Tyler, 'Conceptualizing Legitimacy,
    Measuring Legitimating Beliefs', American Behavioral Scientist 53(3) (2009), p. 354.

9   Ibid., p. 356.

10 Ibid., p. 355.

11 Christian von Soest and Julia Grauvogel, 'Identity, procedures and performance:
    how authoritarian regimes legitimize their rule', Contemporary Politics 23(3) (2017),
    pp. 287~305.

12 Bo Rothstein, 'Creating Political Legitimacy: Electoral Democracy Versus Quality of
    Government', American Behavioral Scientist 53(3) (2009), pp. 311~330.

13 Ibid.; Nicholas Charron and Victor Lapuente, 'Does democracy produce quality of
    government?', European Journal of Political Research 49(4) (2010), pp. 443~470.

14 Rothstein (2009), p. 325

15 Philip Keefer, 'Clientelism, Credibility, and the Policy Choices of Young Democracies', *American Journal of Political Science* 51(4)(2007), pp. 804~821.

16 Google, COVID-19 Mobility Reports, Retail and Recreation Mobility Data for New Zealand, https://ourworldindata.org/covid-mobility-trends(accessed 9 December 2020).

17 Google, COVID-19 Mobility Reports, Retail and Recreation Mobility Data for Italy, https://ourworldindata.org/covid-mobility-trends (accessed 9 December 2020).

18 Google, COVID-19 Mobility Reports, Retail and Recreation Mobility Data for New York State.

19 'Social Distancing Scoreboard', *Unacast*, unacast.com/covid19/social-distancing-scoreboard (accessed 26 June 2020).

20 Ruth Igielnik, "미국인 대부분은 지난 한 달 동안 가게에서 정기적으로 마스크를 착용했다. 그런데 다른 사람들이 마스크를 착용하는 것을 본 사람은 이보다 상대적으로 적었다.", Pew Research Center, 23 June 2020.

21 Global Health Security Index, 'Global Health Security Index: Building Collective Action and Accountability' (October 2019).

22 Ibid., p. 36.

23 Transparency International, 'Corruption Perceptions Index' (2019).

24 Timothy Besley, 'State Capacity, Reciprocity, and the Social Contract', *Econometrica* 88(4) (July 2020), pp. 1309~1310.

25 John Authers, 'How Coronavirus Is Shaking Up the Moral Universe', *Bloomberg*, 29 March 2020.

26 Robert H. Frank, *Under the Influence: Putting Peer Pressure to Work*(Princeton: Princeton University Press, 2020), p. 6.

27 F. Natale, D. Ghio, D. Tarchi, A. Goujon and A. Conte, 'COVID-19 Cases and Case Fatality Rate by Age', European Commission, Knowledge for Policy Brief, 4 May 2020.

28 Derek Messacar, René Morissette and Zechuan Deng, 'Inequality in the feasibility of working from home during and after COVID-19', Statistics Canada, 8 June 2020.

29 'Coronavirus (COVID-19) related deaths by occupation, England and Wales: deaths registered up to and including 20 April 2020', Office for National Statistics, 11 May

2020.

30 Michelle Bachelet, 'Disproportionate impact of COVID-19 on racial and ethnic minorities needs to be urgently addressed', Office of the UN High Commissioner for Human Rights, 2 June 2020.

31 Ibid.

32 Alan Freeman, 'The unequal toll of Canada's pandemic', *iPolitics*, 29 May 2020.

33 Tera Allas, Mark Canal and Vivian Hunt, 'COVID-19 in the United Kingdom: Assessing jobs at risk and the impact on people and places', McKinsey & Company, 11 May 2020.

34 Rakesh Kochhar, "코로나19 석 달 동안의 실업률이 대공황 2년의 실업률보다도 더 높았다." Pew Research Center, 11 June 2020; 'Coronavirus: "Under-25s and women financially worst-hit"', BBC 6 April 2020.

35 예를 들어서 다음을 참조하라. Andy Uhler, 'With no federal aid, undocumented immigrants look to states, philanthropy for support', *Marketplace*, 1 May 2020; Elise Hjalmarson, 'Canada's Emergency Response Benefit does nothing for migrant workers', The Conversation, 6 May 2020.

36 'Startling disparities in digital learning emerge as COVID-19 spreads: UN education agency', *UN News*, 21 April 2020.

37 Betheny Gross and Alice Opalka, 'Too Many Schools Leave Learning to Chance during the Pandemic', Center on Reinventing Public Education (June 2020).

38 다음을 참조하라. 'Closing schools for covid-19 does lifelong harm and widens inequality', *The Economist*, 30 (April 2020).

39 Ibid.

40 Flora Charner, Shasta Darlington, Caitlin Hu and Taylor Barnes, 'What Bolsonaro said as Brazil's coronavirus cases climbed', CNN, 28 May 2020; Maggie Haberman and David E. Sanger, 'Trump Says Coronavirus Cure Cannot "Be Worse Than the Problem Itself"', *New York Times*, 23 March 2020; Peter Baker, 'Trump's New Coronavirus Message: 'Time to Move On to the Economic Recovery', *New York Times*, 6 May 2020.

41 Iain Duncan Smith, 'We must speak about the threat coronavirus poses to our economy', *Sun*, 17 May 2020.

42   Daniel Kahneman, *Thinking, Fast and Slow* (London: Allen Lane, 2011).

43   Tomas Pueyo, 'Coronavirus: The Hammer and the Dance', *Medium*, 19 March 2020.

44   Richard Layard, Andrew Clark, Jan-Emmanuel De Neve, Christian Krekel, Daisy Fancourt, Nancy Hey and Gus O'Donnell, 'When to release the lockdown?: A wellbeing framework for analysing costs and benefits', Centre for Economic Performance, Occasional Paper No. 49 (April 2020).

45   9·11 테러 이후에 뉴욕을 다시 여는 방법을 결정해야 할 때 주지사이던 앤드루 쿠오모는 해당 결정의 비용편익분석 결과를 공개하지 않았다. 다만 트위터에 "인간 생명에 금전적인 가치를 매길 수는 없다. 안전할 때 뉴욕은 다시 열릴 것이다"라고만 올렸다. (@NYGovCuomo, 10:27am 5 May 2020). 온타리오 주지사 더그 포드 역시 코로나19 방역과 관련해서 다음과 같이 말했다. "우리는 모두 우리 스스로에게 다음과 같이 물어야 한다. 생명의 값어치는 무엇일까? 공원에 소풍 가는 것일까? 해변에 놀러가는 것일까? 친구들과 어울려서 시원한 음료를 마시는 것일까? 여기에 대한 대답은 모두 '아니다'이다." [Doug Ford's latest coronavirus update: 'You have saved thousands of lives' (Full transcript)', *Maclean's*, 3 April 2020].

46   예를 들어 다음을 참조하라. the United States Environmental Protection Agency's 2003 'senior death discount' controversy and the significant opposition the agency faced from senior interest groups.

47   Gertjan Vlieghe, 'Assessing the Health of the Economy.' Speech given at Bank of England, 20 October 2020.

48   Tiziana Assenza, Fabrice Collard, Martial Dupaigne, Patrick Fève, Christian Hellwig, Sumudu Kankanamge and Nicolas Werquin, 'The Hammer and the Dance: Equilibrium and Optimal Policy during a Pandemic Crisis', *Toulouse School of Economics Working Paper* (May 2020).

49   위험을 관리하는 경우에 나올 수 있는 결과는 일반적으로 알려져 있으며 확률도 얼마든지 특정할 수 있다. 그러나 근본적인 불확실성을 관리하는 경우는 다르다. 어떤 일이 일어날지 그리고 그럴 확률이 얼마나 될지 파악하는 우리의 능력은 지극히 제한적이다.

50   Timothy Besley and Nicholas Stern, 'The Economics of Lockdown', *Fiscal Studies* 41(3) (October 2020), pp. 493~513.

51 질병 감염에 대한 대중의 우려 때문에 이런 서비스들에 대한 수요가 위축되는 정도로, 어느 정도는 외부성이 반영될 것이다.

52 Besley and Stern (2020), p. 504.

53 Mark Carney, 'The World After Covid-19: on how the economy must yield to human values', *The Economist*, 16 April 2020.

11장

1 Global Annual to Decadal Climate Update from the World Meteorological Organisation(WMO), 8 July 2020. 이 주제에 대한 훌륭한 입문 내용은 다음에서 찾아볼 수 있을 것이다. David Wallace-Wells' *The Uninhabitable Earth*(Penguin, 2019).

2 'What is Ocean Acidification', PMEL Carbon Program. http://www.pmel.noaa.gov/co2/story/What+is+Ocean+Acidifi cation%3F.

3 R. S. Nerem, B. D. Beckley, J. T. Fasullo, B. D. Hamlington, D. Masters and G. T. Mitchum, 'Climate-change-driven accelerated sea-level rise detected in the altimeter era', PNAS 115(9)(February 2018). 10.1073/pnas.1717312115.

4 'Ramp-Up in Antarctic Ice Loss Speeds Sea Level Rise', NASA Jet Propulsion Laboratory, California Institute of Technology(June 2018).https://www.jpl.nasa.gov/news/news.php?feature=7159.

5 WWF Living Planet Report 2020: https://livingplanet.panda.org/en-gb/ (accessed 9 December 2020). The Dasgupta Review-Independent Review on the Economics of Biodiversity. Interim Report (April 2020).

6 IPCC, Fifth Assessment Report (October 2014).

7 Myles R. Allen, David J. Frame, Chris Huntingford, Chris D. Jones, Jason A. Lowe, Malte Meinshausen and Nicolai Meinshausen, 'Warming caused by cumulative carbon emissions towards the trillionth tonne', *Nature* 458 (April 2009), pp. 1163~1166.

8 이산화탄소는 또한 배출되는 전체 온실가스의 약 4분의 3을 차지할 정도로 많다. 그리고 나머지 부분이 메탄과 아산화질소와 불소 가스이다. 그러나 이들이 각각 얼마나 많은 열을 가두는지, 그리고 얼마나 오랫동안 대기 중에 머무르는지는 매우 다르다. 예를 들어 메탄은 이산화탄소보다 열을 더 많이 붙잡아두지

만, 대기 중에서 10년이 지나면 소멸된다. 그럼에도 불구하고 메탄은 이산화탄소보다 86배나 더 강력하다. 그러나 아산화질소는 이산화탄소의 300배나 되는 온난화 잠재력을 가지고 있고 대기 중에는 약 100년 동안 남는다. 그런데 온실가스 배출에는 한 가지 공통점이 있다. 인간이 하는 활동으로 이 모든 강력한 가스들이 제거되는 속도보다 더 빠른 속도로 대기에 배출된다는 점이다.

9 얼음 핵에 포함된 대기 표본과 최근에 직접 채취한 대기를 놓고 각각의 측정치를 비교한 내용을 토대로 한 이 그래프는 대기중의 이산화탄소가 산업혁명 이후로 꾸준하게 증가해왔음을 보여준다. D. Luthi et al. (2008); D. M. Etheridge et al. (2010); Vostok ice core data/J. R. Petit et al.; NOAA Mauna Loa CO_2 record. See Dieter Lüthi, Martine Le Floch, Bernhard Bereiter, Thomas Blunier, JeanMarc Barnola, Urs Siegenthalerm Dominique Raynaud, Jean Jouzel, Hubertus Fischer, Kenjiy Kawamura and Thomas F. Stocker, 'High-resolution carbon dioxide concentration record 650,000~800,000 years before present', *Nature* 453 (May 2008), pp. 379~382; Mauro Rubino, David M. Etheridge, David P. Thornton, Russell Howden, Colin E. Allison, Roger J. Francey, Ray L. Langenfelds, L. Paul Steele, Cathy M. Trudinger, Darren A. Spencer, Mark A. J. Curran, Tas D. van Ommen and Andrew M. Smith, 'Revised records of atmospheric trace gases CO_2, CH4, N2O, and δ13C-CO_2 over the last 2000 years from Law Dome, Antarctica', Earth System Science Data 11(2019) pp. 473~492; J.R. Petit, J. Jouzel, D. Raynaud, N.I. Barkov, J.-M. Barnola, I. Basille, M. Bender, J. Chappellaz, M. Davis, G. Delaygue, M. Delmotte, V.M. Kotlyakov, M. Legrand, V.Y. Lipenkov, C. Lorius, L. Pépin, C. Ritz, E. Saltzmanand M. Stievenard, 'Climate and atmospheric history of the past 420,000 years from the Vostock Ice Core, Antarctica', *Nature* 399(6735) (1999), pp. 429~436; NOAA Mauna Loa CO_2 record: https://www.esrl.noaa.gov/gmd/obop/mlo/ (accessed 9 December 2020).

10 IPCC, Special Report: Global Warming of $1.5°C$ (2018). 이 보고는 2017년 말 기준의 탄소예산을 사용했다. 2019년을 기준으로 한 현재의 감소율은 연간 약 $42±3GtCO_2$이다.

11 배출량이 현재와 동일하다는 조건을 전제한다. 매끄럽고도 현실적인 전화 시나리오를 위해서 IPCC는 이산화탄소 배출량을 지금 당장 줄여나갈 필요가 있으며, 1.5도 목표를 달성하려면 2030년까지 배출량을 45퍼센트 줄여야 한다.

(IPCC, 2018).

12 Saul Griffith, *Rewiring America*, e-book (2020). 아울러 다음을 참조하라. *The Ezra Klein Show podcast*, 'How to decarbonise America and create 25million jobs', 27 August 2020.

13 Carbon Tracker, 'Decline and Fall Report: The Size & Vulnerability of the Fossil Fuel System' (June 2020).

14 잉글랜드은행의 내부 추정치이다.

15 Ebru Kirezi, Ian R. Young, Roshanka Ranasinghe, Sanne Muis, Robert J. Nicholls, Daniel Lincke and Jochen Hinkel, 'Projections of global-scale extreme sea levels and resulting episodic coastal flooding over the 21st century', *Scientific Reports* 10(11629) (July 2020).

16 International Labour Office, 'Working on a warmer planet: The impact of heat stress on labour productivity and decent work' (2019), p. 13.

17 Network for Greening the Financial System 'NGFS Climate Scenarios for Central Banks and Supervisors' (June 2020).

18 보험개발포럼Insurance Development Forum은 기후변화 위험에 취약한 개발도상국의 사람들을 보호하기 위해서 공공과 민간이 합동으로 해당 분야의 전문지식을 활용하고자 하는 목적으로, 유엔 개발프로그램United Nations Development Programme과 세계은행World Bank 그리고 및 보험 부문이 한자리에 모여서 2015년에 설립한 기관이다. 실제 발생한 손실 금액과 지급되는 보험금 사이의 간극은 현재 보험금이 지급되지 않는 자연재해로 인한 경제적 비용의 90퍼센트이다.

19 다음을 참조하라. Lloyd's Network for Greening the Financial System 'NGFS Climate Scenarios for Central Banks and Supervisors' (June 2020).

20 이 내용은 다음에 묘사되어 있다. Prudential Regulation Authority, 'The impact of climate change on the UK insurance sector' (2015).

21 Risky Business, 'The Economic Risks of Climate Change in the United States' (2014).

22 Mark Carney, 'Breaking the Tragedy of the Horizon', speech given at Lloyd's of London, 29 September 2015.

23 인도네시아 육지 면적의 약 28퍼센트(600만 헥타르가 넘는다)는 좌초자산으로 발이 묶여 있다. 정부가 새로운 야자유 면허증과 삼림 및 이탄지泥炭地 면허증 발급을 중단했기 때문이다. 그리고 인도네시아 야자유 농장으로 허가를 받은 땅의

29퍼센트는 삼림 벌채 및 이탄지 사용에 정부 정책을 위반하지 않고서는 개발될 수 없는데, 이것은 95개의 야자유 회사들이 모두 각각 적어도 1,000헥타르의 땅을 회계장부에 좌초자산으로 가지고 있다는 뜻이다. [https://chainreactionresearch.com/report/28-percent-of-indonesias-palm-oil-landbank-is-stranded/(accessed 14 December 2020)].

24 Stockholm Environment Institute, 'Framing stranded asset risks in an age of disruption' (March 2018).

25 기후변화가 경제에 미칠 수 있는 영향을 가장 포괄적으로 평가한 보고서 가운데 하나인 2006년의 스턴Stern 리뷰는, 만약 기후변화에 제대로 대처하지 않고 이것을 방치한다면 전 세계 GDP의 규모는 금세기 말에 20퍼센트까지 감소할 수 있음을 확인했다. [Nicholas Stern, 'Stern Review: The Economics of Climate Change', (2006)]. 그런데 스턴은 최근에, 그 충격의 여파가 30퍼센트에 한층 더 가까울 것임을 확인하고는 이전의 수치를 업데이트했다. Burke et al. (2015)은 기후변화가 없는 것과 비교할 때 GDP는 2100년까지 현재 추세의 약 4분의 1 수준으로 낮아질 수 있다는 사실을 발견했다. [Marshall Burke, Solomon M. Hsiang and Edward Miguel, 'Globalnon-linear effect of temperature on economic production', *Nature* 526 (October 2015) pp. 235~239].

26 세계은행은 2050년까지 라틴아메리카, 사하라사막 이남의 아프리카, 동남아시아 등지에서 발생할 기후 난민이 1억 4,300만 명이나 될 것이라고 추정한다. [The World Bank, 'Climate Change Could Force Over 140 Million to Migrate Within Countries by 2050: World Bank Report' (March 2018)].

27 Norman Myers, 'Environmental Refugees: An Emergent Security Issue', *Oxford University* (May 2005).

28 지구의 숲이 10퍼센트 줄어들면 말라리아 발생률이 3.27퍼센트 늘어난다. [Andrew MacDonald and Erin Mordecai, 'Amazon deforestation drives malaria transmission, and malaria burden reduces forest clearing' PNAS 116(44) (2019) pp. 22212~22218].

29 WHO survey article, https://www.who.int/globalchange/climate/summary/en/index5.html.

30 다음에 따르면 기후변화를 갈등과 분쟁의 위험을 증가시킨다. Burke et al. (2014) [Marshall Burke, Solomon M. Hsiang and Edward Miguel, 'Climate and Conflict', NBER Working Paper No. 20598 (October 2014)]. 이 논문은 기후와 분쟁 사이의 연관성에

대한 55건의 계량경제학 논문을 메타 분석한 끝에, 그 둘 사이에 통계적으로 유의미한 연관성이 있다는 결론을 내린다.

31 Sandra Batten, 'Climate Change and the Macro-Economy-A Critical Review', Bank of England Staff Working Paper No. 706 (January 2018).

32 Carl-Friedrich Schleussner, Tabea K. Lissner, Erich M. Fischer, Jan Wohland, Mahé Perrette, Antonius Golly, Joeri Rogelj, Katelin Childers, Jacob Schewe, Katja Freiler, Matthias Mengel, William Hare and Michiel Schaeffer, 'Differential climate impacts for policy-relevant limits to global warming: the case of 1.5 °C and 2 °C', *Earth System Dynamics* 7 (2016) pp. 327~351.

33 Ibid., p. 327.

34 International Union for Conservation of Nature, 'Issues Brief' (November 2017).

35 이와 관련해서 Batten(2018)은 다음과 같이 요약한다. "램지 공식은 할인율 r을 r = δ + ηg라는 방정식에서 보듯이 두 개의 요소로 분해한다. 첫 번째 요소인 δ는 순수한 시간선호율이고, 두 번째 요소는 세대 간의 소비 불평등에 대한 회피를 나타낸다. 즉 이것은 미래 세대의 복지에 얼마나 많은 가중치가 부여되는지 결정하고, 한계효용탄력성 η과 경제성장률 g의 산물로 표현된다. 그러므로 할인율을 추정하는 데서는 미래의 경제성장률 g에 대한 예측에서의 불확실성과 주관적인 복지지표 δ 및 η의 규범적 불확실성이 모두 감안된다. 실제로 기후 모델들에서의 할인율 선택에 대한 대부분의 논쟁의 대부분은 저자가 윤리적인 매개변수로 여기는 δ의 선택에 초점이 맞춰져서 진행되고 있다."

36 Stern (2006).

37 이 수치는 지난 200년에 걸쳐서 166개국에서 이루어졌던 15개 기술의 확산에 대한 데이터를 사용해서 나온 것이다. 각 국가는 어떤 기술이 발명된 뒤 평균적으로 45년 만에 해당 기술을 채택한 것으로 드러난다. 여기에는 기술에 따라서 또 국가에 따라서 상당한 차이가 나타난다. 그런데 새로운 기술들일수록 예전 기술들보다 더 빨리 채택되고 있다. 〔다음을 참조하라. Diego A. Comin and Bart Hobijn, 'An Exploration of Technology Diffusion', *American Economic Review* 100(5) (April 2008) pp. 2031~2059〕.

38 IMF, 'The Economics of Climate' (December 2019).

39 이 수치는 기온 상승의 결과치(즉 1.5도 상승일지 2도 상승일지), 기술 진보에 대한 여러 가지 가정, 화석연료의 가격, 경제 전환의 속도, 국가별 조건, 정책적인 선

택들 등을 포함하는 다양한 요인에 따라서 달라진다.

40 Ryan Avent, 'Greed is good isn't it?', American Spirit, 18 April 2020.

41 Jo Paisley and Maxine Nelson, 'Second Annual Global Survey of Climate Risk Management at Financial Firms', GARP(2020).

42 https://www.transitionpathwayinitiative.org/.

12장

1 나는 이 분류를 다음에서 차용한다. Ezra Klein(podcast with Saul Griffith, 'How to decarbonize America', *The Ezra Klein Show*, 27 August 2020).

2 Department of Energy and Climate Change, 'Electricity Generation Costs' (July 2013).

3 Department for Business, Energy and Industrial Strategy, 'Electricity Generation Costs' (November 2016).

4 Department for Business, Energy and Industrial Strategy, 'Electricity Generation Costs' (August 2020).

5 The Exponential Roadmap Initiative, 'Exponential Roadmap Report' version 1.5 (2020).

6 Energy Transitions Commission, 'Mission Possible: Reaching Net-Zero Carbon Emissions from Harder-to-Abate Sectors by Mid-Century', Sectoral Focus: Shipping (2020).

7 The Exponential Roadmap Initiative(2020).

8 Energy Transitions Commission(2020).

9 Ibid.

10 Goldman Sachs, 'Carbonomics: Innovation, Deflation and Affordable De-carbonization', *Equality Research*(October 2020). 메탄과 아산화질소 등과 같은 다른 온실가스의 배출량은 동일한 양의 온난화를 발생하는 이산화탄소의 양으로 환산된다.

11 다음을 참조하라. Energy and Climate Intelligence Unit, 'Net Zero Tracker: Net Zero Emissions Race 2020 Scoreboard': https://eciu.net/netzerotracker.

12 Climate Intelligence Unit, 'Net Zero Tracker: Net Zero Emissions Race 2020 Scoreboard': https://eciu.net/netzerotracker.

13 영국에서 2019년 총선을 앞둔 여론조사에서 기후변화는 유권자가 중요하게 여기는 쟁점들 가운데서 경제, 교육, 이민보다 높은 순위를 차지했으며, 브렉시트, 국민건강보험, 범죄, 노인 요양에 이어서 5위를 기록했다.(다음을 참조하라. Sarah Prescott-Smith, 'Which issues will decide the general election?', *YouGov*, 7 November 2019). 미국에서도 이것과 비슷한 결과가 나왔다. 미국인에게 기후변화는 지난 수십 년 세월의 그 어느 때보다도 고용 등과 같은 다른 문제들보다 높은 순위를 받고 있다.(다음을 참조하라. Robinson Meyer, 'Voters Really Care About Climate Change', *The Atlantic*, 21 February 2020). 그리고 마지막으로 캐나다를 보면, 전체 시민의 3분의 1에 가까운 사람들이 자기가 행사하는 투표권에 영향을 미치는 중요한 문제로 기후변화를 꼽았다. 기후변화가 유권자 여론조사에서 처음으로 탑나는 '톱 3'의 쟁점에 포함되었다. (다음을 참조하라. Jessica Murphy, Robin Levinson-King, Tom Housden, Sumi Senthinathan and Mark Bryson, 'A Canadian Election Looms-Seven Charts Explain All', *BBC News*, 18 October 2019).

14 Cass Sunstein, *How Change Happens*(MIT Press: Cambridge, MA, 2019).

15 Cass Sunstein, 'How Change Happens' podcast, London School of Economics Public Lectures and Events, 14 January 2020.

16 Tim Besley and Torsten Persson, 'Escaping the Climate Trap? Values, Technologies and Politics', unpublished manuscript (February 2020).

17 International Energy Agency, 'Deep energy transformation needed by 2050 to limit rise in global temperature' (20 March 2017).

18 이것은 G20을 넘어서서 70여개국으로 확대된다. 다음을 참조하라. 'Task Force on Climate-Related Financial Disclosures' (June 2017).

19 물론 이들 각 경로의 끝에서 우리는 전혀 다른 세상들을 만나게 될 것이다.

20 UN Environment Programme, 'Emissions Gap Report, 2019' (26 November 2019).

21 Sarah Breeden, 'Leading the Change: Climate Action in the Financial Sector', speech given at Bank of England, 1 July 2020.

22 Stern Review: The Economics of Climate Change: https://webarchive.nationalarchives.gov.uk/20100407172955/ or http://www.hm-treasury.gov.uk/d/Executive_Summary.pdf.

23 MSCI, 'Is ESG All About the "G"? That Depends on Your Time Horizon', (15 June 2020).

24 다음을 참조하라. Kristalina Georgieva, 'Statement by Kristalina Georgieva on Her Selection as IMF Managing Director' (25 September 2019) and Kristalina Georgieva, 'IMF Managing Director Kristalina Georgieva's Opening Press Conference, 2020 Annual Meetings' (14 October 2020).

25 이 절에서는 재닛 옐런Janet Yellen과 내가 공동의장을 맡았던 G30에 제출된 보고서를 바탕으로 한다. [Group of Thirty, 'Mainstreaming the Transition to a Net-Zero Economy' (October 2020)]. 이 작업의 핵심 팀을 이루었던 다음 사람들에게 특별히 감사하는 마음을 전한다. Caspar Siegert, Jacob A. Frenkel, Maria Ramos, William R. Rhodes, Adair Turner, Axel A. Weber, John C. Williams, Ernesto Zedillo, Debarshi Basu, Jennifer Bell, Carole Crozat, Stuart Mackintosh and Sini Matikainen.

26 여기에 대한 대안적인 가정은, 조기에 조정이 이루어질 경우에는 그 시점 이후로 탄소 저감이 감소해서 결국 마지막 시점에 가서는 탄소 농도가 동일할 수도 있다는 것이다. IPCC의 〈제5차 평가 보고서Fifth Assessment Report〉는 그럼에도 불구하고 조정 시점을 앞당기는 것이 여전히 중요한 이점을 가져다줄 수 있음을 보여준다. 배출량 감소가 초기에 이루어지면, 미래에 탄소 포집 및 저장과 같은 값비싼 기술에 의존해서 탄소 배출량을 대폭 줄여야 하는 필요성이 그만큼 줄어들기 때문이다. 최종 시점에서의 탄소 농도 감소에 따른 정확한 경제적 편익이 어느 정도일지는 매우 불확실하며 또 여러 가지 가정에 따라서도 달라진다. 또한 탄소 농도가 물리적 손실에 미치는 영향은 매우 비선형적인 것으로 추정된다. 따라서 추가적인 배출량 감소에 따르는 이익은, (부분적이긴 하지만) 배출량이 기준선에서 얼마나 급격하게 감소할 것으로 예상되느냐에 따라서 결정된다.

27 이것은 탄소의 (할인된) 사회적 비용 115달러(2010년 미화)를 전제로 한다. 탄소의 이 사회적 비용 추정은 Nordhaus(2018)을 토대로 했으며, 미래의 물리적 위험에 대해서 2.5퍼센트라는 할인계수를 사용한 것이다. 이 할인계수는 Nordhaus(2018)가 설정한 기준 가정보다 낮은데, 그 결과 탄소의 사회적 비용은 그만큼 더 높아진다. [다음을 참조하라. William Nordhaus, 'Projections and Uncertainties About Climate Change in an Era of Minimal Climate Policies', *American Economic Journal: Economic Policy* 10(3) (2018) pp. 333~360]. Stern(2006)은 기후변화를 다룰 때는 낮은 할인계수들을 사용해야 하는 몇 가지 이유를 내놓는다. 탄소 배출량 조정을 일찍 할 때의 이점은, 탄소중립 경제로의 전환을 한층 더 신속하게 하고 최종 시점에서 상대적으로 낮은 탄소 농도를 목표로 할 때 발생하는 어떤 비용도 고려

하지 않는다는 것이다. 그러나 앞에서도 설명했듯이 최종 시점으로 빠르게 전환하는 것이 비용이 상대적으로 적게 드는 경향이 있고, 이런 사실 때문에 엄격한 최종 시점 목표를 추구하는 데 추가로 드는 비용이 상쇄될 수 있다. 이 추정은 이산화탄소 이외의 온실가스들을 감축하는 데 따르는 이익은 고려하지 않는다.

13장

1   Peter Atwater, 'CEOs and investors should beware the curse of authorship', *Financial Times*, 17 September 2017.

2   Max Weber, *The Theory of Social and Economic Organisation*(New York: Oxford University Press, 1947).

3   Thomas Carlyle, *On Heroes, Hero-Worship, and the Heroic in History*(1841: reissued New Haven: Yale University Press, 2013), p. 30.

4   Stanley McChrystal, Jeff Eggers and Jason Mangone, *Leaders: Myth and Reality*(New York: Portfolio Penguin, 2018).

5   예를 들어 다음을 참조하라. Gary Yukl, 'Effective Leadership Behavior: What We Know and What Questions Need More Attention', *Academy of Management Perspectives* 26(4) (2012), pp. 66~85.

6   이런 논리는 행동주의 심리학에 뿌리를 두고 있다.

7   Philip V. Hodgson and Randall P. White, 'Leadership, Learning, Ambiguity and Uncertainty and Their Signifi cance to Dynamic Organisations', in Randall S. Peterson and Elizabeth A. Mannix(eds), *Leading and Managing People in the Dynamic Organization*(Hillsdale, NJ: Lawrence Erlbaum, 2003), pp. 185~199.

8   St Thomas University, 'What is transactional leadership? Structure leads to results', 25 November 2014.

9   Umme Salma Sultana, Mohd Ridzuan Darun and Liu Yao, 'Transactional or transformational leadership: which works best for now?', *International Journal of Industrial Management* 1 (June 2015), pp. 1~8.

10 J.D. Mayer and P. Salovey, 'What is Emotional Intelligence?', in P. Salovey and D. Sluyter(eds.), *Emotional Development and Emotional Intelligence: Implications for Educators*(New York: Basic Books, 1997), pp. 3~31.

11 다음을 참조하라. Daniel Goleman, *Emotional Intelligence: Why It Can Matter More*

Than IQ(London: Bloomsbury, 1996).

12 Ronald E. Riggio, 'Are You a Transformational Leader?', *Psychology Today*, 24 March 2009; Christine Jacobs et al., 'The Influence of Transformational Leadership on Employee Well-Being: Results from a Survey of Companies in the Information and Communication Technology Sector in Germany', *Journal of Occupational Environmental Medicine* 55(7) (2013), pp. 772~778

13 Bernard M. Bass and Ronald E. Riggio, *Transformational Leadership*(New Jersey: Lawrence Erlbaum Associates/Taylor & Francis e-Library, 2006), pp. 2~3.

14 Ajay Agrawal, Joshua Gans and Avi Goldfarb, 'The Simple Economics of Machine Intelligence', *Harvard Business Review*(November 2016).

15 다음에서 강조하는 사항이다. Robert Phillips of Jericho Chambers(Robert Phillips, 'The Banality of Talking Trust', *Jericho*).

16 예를 들어 다음을 참조하라. NORC, 'General Social Survey 2012 Final Report: Trends in Public Attitudes about Confidence in Institutions' (May 2013); The National Centre for Social Research 'British Social Attitudes 35: Key Findings: Trust, Politics and Institutions' (2018).

17 Katharine Dommett and Warren Pearce, 'What do we know about public attitudes towards experts? Reviewing survey data in the United Kingdom and European Union', *Public Understanding of Science* 28(6) (2019), pp. 669~678.

18 Edelman Trust Barometer 2020.

19 Ibid.

20 예를 들어 다음을 참조하라. European, Commission, 'The Five Presidents' Report: Completing Europe's Economic and Monetary Union' (June 2015); Mark Carney, 'Fortune Favours the Bold', speech given at Iveagh House, Dublin, 28 January 2015.

21 Zizi Papacharissi, 'The Virtual Sphere: The Internet as a Public Sphere', *New Media & Society* 4(1) (2002), pp. 9~27.

22 Minouche Shafi k, 'In experts we trust?' speech given at Oxford Union, 22 February 2017.

23 Nic Newman, Richard Fletcher, David A. L. Levy and Rasmus Kleis Nielsen, *Reuters Institute Digital News Report 2016*, Reuters Institute for the Study of Journalism(2016).

24 Jan-Werner Müller, *What is Populism?* (Philadelphia: University of Pennsylvania Press, 2016).

25 Onora O'Neill, 'Lecture 4: Trust and Transparency', Reith Lectures 2002: A Question of Trust.

26 Onora O'Neill, 'Questioning Trust', in Judith Simon (ed.), *The Routledge Handbook of Trust and Philosophy* (New York and London: Routledge, 2017), pp. 17~27.

27 국제팩트체킹네트워크International Fact-Checking Network의 원칙 강령에는 비당파성, 투명성, 자금원과 방법론 그리고 정직한 정정에 대한 개방성 등이 포함되어 있다. 다음을 참조하라. https://www.ifcncodeofprinciples.poynter.org/.

28 Mark Carney, 'Guidance, Contingencies and Brexit', speech given at the Society of Professional Economists, 24 May 2018.

29 다음을 참조하라. Shafik (2017), John Kay and Mervyn King, *Radical Uncertainty: Decision Making for an Unknowable Future* (London: The Bridge Street Press, 2020).

30 André Gide, *Ainsi soit-il ou Les jeux sont faits* (Paris: Gallimard, 1952).

31 Jonathan Fullwood, 'A cat, a hat and a simple measure of gobbledygook: How readable is your writing?', *Bank Underground* (2016).

32 다음을 참조하라. Mark Carney, 'The Economics of Currency Unions', speech given to the Scottish Council for Development & Industry, Edinburgh, 29 January 2014.

33 Oral evidence on the Bank of England inflation report, 24 May 2016. Chris Giles, 'Mark Carney defends BoE stance on Brexit recession danger.' *Financial Times*, 24 May 2016.

34 Monetary Policy Summary and minutes of the Monetary Policy Committee meeting ending on 11 May 2016, http://www.bankofengland. co.uk/publications/minutes/Documents/mpc/pdf/2016/mav. pdf.

35 Record of the FPC's March 2016 meeting: http://www.bankofengland.co.uk/publications/Documents/records/fpc/pdf/2016/record1604.pdf.

36 Mark Carney, Opening Statement to the House of Lords Economics Affairs Committee, 19 April 2016. https://www.bankofengland.co.uk/-/media/boe/files/about/people/mark-carney/mark-carney-opening-statement-2016.pdf.

37 Oral evidence on the Bank of England inflation report, 24 May 2016.

38 Alison Richard, Report to the Regent House, 1 October 2004.

39 플라이휠은 흔히 에너지원이 연속적이지 않은 (예를 들어서 피스톤과 같은 왕복기관의 크랭크샤프트가 그렇다) 시스템에서 지속적인 동력을 제공하는 데 사용된다.

40 John C. Maxwell, *The 21 Irrefutable Laws of Leadership* (Nashville: Thomas Nelson Publishers, 1998), p. 79.

41 Müller(2016), p. 16.

42 Ibid., p. 84.

43 Bank of England, 'Review on the Outlook for the UK Financial System: What it Means for the Bank of England', Future of Finance Report, June 2019.

44 John Gardner, speech accepting President Johnson's offer to serve as US Secretary of Health, Education, and Welfare, 27 July 1965.

45 Kevin M. Warsh, 'The Panic of 2008', speech given at the Council of Institutional Investors 2009 Spring Meeting, Washington, DC, 6 April 2009.

14장

1 Andrea Sella, 'Wedgwood's Pyrometer', *Chemistry World*, 19 December 2012.

2 Ibid.

3 Derek Lidow, 'How Steve Jobs Scores on the Wedgwood Innovation Scale', *Forbes*, 3 June 2019.

4 'Etruria Village', Wedgwood Museum, http://www.wedgwoodmuseum.org.uk/archives/archive-collections-/story/the-etruria-factory-archive/chapter/etruria-village.

5 예를 들어 다음을 참조하라. Josiah Wedgwood, *An Address to the Workmen in the Pottery, on the Subject of Entering into the Service of Foreign Manufacturers. By Josiah Wedgwood, F.R.S. Potter to Her Majesty* (Newcastle: Printed by J. Smith, 1783).

6 Mary Guyatt, 'The Wedgwood Slave Medallion: Values in Eighteenth Century Design', *Journal of Design History* 13(2)(2000), p. 97.

7 US Securities and Exchange Commission, 'What We Do', 10 June 2013.

8 Chris McGlade and Paul Eakins, 'The geographical distribution of fossil fuels unused when limiting global warming to 2 Degrees C', *Nature* 517 (2015), pp 187~190.

9 Short v. *Treasury Commissioners* [1948] SVC 177, *Croner-i*.

10 *Inland Revenue v*. Laird Group [2003] BTC 385, *Croner-i*.

11 John Kay, 'Shareholders Think They Own the Company—They are Wrong', *Financial Times*, 11 November 2015.

12 Ibid.

13 Martin Wolf, 'Shareholders Alone Should Not Decide on AstraZeneca', *Financial Times*, 9 May 2014.

14 Andy Haldane, 'Who Owns a Company?', speech given at the University of Edinburgh Corporate Finance Conference, 22 May 2015.

15 1974년에 발표된 로버트 메트론의 영향력 있는 논문은, 유한책임 아래에서 기업의 자본은 자산의 콜옵션(주식 매입 선택권)으로 평가될 수 있으며, 이때의 행사가격strike price * 주식을 살 수 있는 가격은 자기 책임의 가치와 동일함을 입증했다. 이 옵션의 가치는 자산반환의 변동성이 커질수록 높아지는데, 이는 책임이 한정적으로 제한되어 있는 조건에서 가치 하락의 위험에는 영향을 미치지 않은 채로 수익이 높아질 가능성에 영향을 받기 때문이다. 그러므로 주주 가치 극대화를 추구하는 기업에게 그렇게 하는 편법은 회사 수익의 변동성을 높이는 것일 뿐이다. 이때 이 위험은 사라지지 않고, 다만 회사의 다른 이해관계자들에게 전가될 뿐이다. 그러므로 (젠센과 메클링이 입증했듯이) 유한책임 회사의 경영진으로서는 회사의 위험을 증가시킴으로써 위험을 주주에게서 채무자로 이동시키게 만드는 동기부여 요소가 존재한다. Robert C. Merton, 'On the Pricing of Corporate Debt: The Risk Structure of Interest Rates', *Journal of Finance* 29(2) (1974), pp. 449~470; Michael C. Jensen and William H. Meckling, 'Theory of the Firm: Managerial Behavior, Agency Costs and Ownership Structure', *Journal of Financial Economics* 3(4) (1976), pp. 305~360.

16 Samuel Williston, 'History of the Law of Business Corporations before 1800: I', *Harvard Law Review* 2(3) (1888), pp. 110~112; David Ciepley, 'Wayward Leviathans: How America's Corporations Lost their Public Purpose', *Hedgehog Review* 21(1) (2019), p. 71.

17 Williston (1888), pp. 110~112.

18 Adam Smith, *An Inquiry into the Nature and Causes of the Wealth of Nations*(1776; digital edn MetaLibri, 2007), IV.viii.2.

19 Ciepley (2019), p. 70.

20 John D. Turner, 'The development of English company law before 1900', QUCEH

Working Paper Series No. 2017-01 (2017), p. 16.

21　Ibid., p. 17.

22　Peter Muchlinski, 'The Development of German Corporate Law until 1990: An Historical Reappraisal', *German Law Journal* 14(2) (2013), pp. 348~349.

23　Turner (2017), p. 22.

24　*Dodge v. Ford Motor Co.* [1919] 204 Mich 459.

25　Ibid.

26　Ibid.

27　Ibid.

28　Ciepley (2019), pp. 76~77. 유럽 대륙에서는 앵글로색슨 국가들이 많이 그랬던 것처럼 주주 우선권을 채택한 적이 없고 이해관계자 중심적인 모델을 따랐다. 이런 경향은 회사의 직원이 회사 대표를 선출해서 이사회에 앉을 수 있도록 허용하는 독일의 근로자경영참여제도Mitbestimmung 법에서 가장 잘 나타난다.

29　Lynn A. Stout, 'The Shareholder Value Myth', *Cornell Law Faculty Publications*, Paper 771 (2013).

30　Big Innovation Centre, 'The Purposeful Company: Interim Report' (2016), p. 42 아울러 다음을 참조하라. Leo E. Strine Jr, 'Can We Do Better by Ordinary Investors? A Pragmatic Reaction to the Dueling Ideological Mythologists of Corporate Law', *Columbia Law Review* 114(2) (2014), pp. 449~502; Dalia Tsuk Mitchell, 'From Pluralism to Individualism: Berle and Means and 20th-Century American Legal Thought', *Law & Social Inquiry* 30(1) (2005), pp. 179~225.

31　Big Innovation Centre(2016), 'The Purposeful Company: Interim Report' p. 43, adapted from 'The Law, Finance and Development Project' (University of Cambridge).

32　Milton Friedman, 'A Friedman Doctrine: The Social Responsibility of Business is to Increase its Profits', *New York Times Magazine*, 13 September 1970.

33　Stout(2013).

34　Ibid.

35　*Peoples Department Stores Inc.(Trustee of) v. Wise*, 2004 SCC 68; *BCE Inc. v. 1976 Debentureholders*, 2008 SCC 69.

36　Nicole Notat and Jean-Dominique Senard, 'L'Entreprise Objet d'Intérêt Collectif', Rapport aux Ministres de la Transition Écologique et Solidaire, de la Justice, de l'Économie et des Finances du Travail, 9 March 2018.

37 Jean-Philippe Robé, Bertrand Delaunay and Benoît Fleury, 'French Legislation on Corporate Purpose', Harvard Law School Forum on Corporate Governance, 8 June 2019.

38 UK Companies Act 2006, s. 172(1).

39 Ibid., s. 112.

40 예를 들어 다음을 참조하라. *eBay Domestic Holdings, Inc. v. Newmark*, 16 A.3d 1, 34 (Del. Ch. 2010), 이것은 감독자의 의무를 "이해관계자의 이익을 위해서 회사의 이익을 높이는 것"임을 천명한다.

41 Leo E. Strine Jr, 'The Dangers of Denial: The Need for a Clear-Eyed Understanding of the Power andAccountability Structure Established by the Delaware General Corporation Law', *Institute for Law and Economics*, Research Paper No. 15-08(2015), p. 10.

42 예를 들어 다음을 참조하라. Sullivan &Cromwell LLP, 'Business Roundtable"Statement on the Purpose of a Corporation" Proposes New Paradigm', 20 August 2019; Davis Polk &Wardwell LLP, 'The Business Roundtable Statement on Corporate Purpose', 21 August 2019; Wachtell, Lipton, Rosen &Katz LLP, 'Stakeholder Governance and the Fiduciary Duties of Directors', 24 August 2019.

43 Wachtell, Lipton, Rosen &Katz LLP(2019).

44 William T. Allen, 'Our Schizophrenic Conception of the Business Corporation', *Cardozo Law Review* 14(2)(1992), p. 281.

45 예를 들어 다음 보고서를 참조하라. British Academy's 2019 'Principles for Purposeful Business.'이 보고서는 기업 이사들의 의무를 변경하기 위한 영국 기업법의 개정을 옹호하고, 미국에서 10억 달러 이상의 매출을 기록하는 기업의 이사들이 어떤 의사결정을 내릴 때는 모든 이해관계자를 고려해서 일반적인 공익에 맞게 회사를 운영해야 한다고 규정하는 엘리자베스 워런 상원의원이 2018년 제안한 '책임 있는 자본주의 법Accountable Capitalism Act'을 지지한다.

46 Big Innovation Centre (2016), p. 19.

47 Thomas Donaldson and James P. Walsh, 'Towards a theory of business', *Research in Organizational Behaviour* 35(2015), pp. 181~207.

48 Ronald Coase, 'The Nature of the Firm', *Economica* 4(16)(1937), pp. 386~405.

49 Martin Wolf, 'We Must Rethink the Purpose of the Corporation', *Financial Times*, 11 December 2018.

50 Elizabeth Anderson, 'The Business Enterprise as an Ethical Agent', in Subramanian Rangan(ed.), *Performance and Progress: Essays on Capitalism, Business, and Society* (Oxford: Oxford University Press, 2015), pp. 185~202.

51 John Kay, *The Truth about Markets: Their Genius, their Limits, their Follies*(London: Penguin, 2003).

52 다음을 참조하라. 'Integrated Corporate Governance: A Practical Guide to Stakeholder Capitalism for Boards of Directors', World Economic Forum, White Paper (June 2020), pp. 30~33.

53 Unilever, 'Purpose-Led, Future-Fit: Unilever Annual Reports and Accounts 2019' (2020), p. 55; Unilever, 'The Governance of Unilever', 1 January 2020, p. 24.

54 Unilever, 'Purpose-Led, Future-Fit', p. 56.

55 Ibid., p. 40.

56 'Integrated Corporate Governance', pp. 18~19.

57 Ibid., pp. 30~33.

58 Mark Zuckerberg, 'Bringing the World Closer Together', Facebook, 22 June 2017; 'Eleventh Amended and Restated Certifi cate of Incorporation of Facebook, Inc.', available through EDGAR, US Securities and Exchange Commission.

59 Patagonia Works, 'Annual Benefi t Corporation Report, Fiscal Year 2013', pp. 7~11.

60 델라웨어 대법원장이었던 레오 스트라인 주니어는 미국 내에서 한층 더 나은 기업 지배구조가 쉽게 정착되기 위한 방편으로, 초다수 의결조항 및 기업이 수익을 내는 데 "비합리적으로 작동하는 장애물"로 기능하는 것들을 완화하거나 축소할 것을 주장해왔다. 다음을 참조하라. Leo E. Strine Jr has advocated reducing the supermajority requirement and other 'unreasonable barriers' to becoming a benefit corporation as a way of facilitating better corporate governance in the United States. See Leo E. Strine Jr, 'Toward Fair and Sustainable Capitalism', *Roosevelt Institute*(2020), p. 13.

61 B Corporation, 'About B Corps', https://bcorporation.net/faq-categories/about-b-corps(accessed 7 September 2020).

62 Danone, 'Our Vision', https://www.danone.com/about-danone/sustainable-value-creation/our-vision.html(accessed 7 September 2020).

63 Danone, 'Regenerative Agriculture', https://www.danone.com/impact/planet/regenerative-agriculture.html(accessed 7 September 2020); Danone, 'Circular Economy of Packaging', https://www.danone.com/impact/planet/packaging-positive-circular-economy.html(accessed 7 September 2020).

64 Danone Canada, 'Transparent Assessment', 4 July 2017; Alpro, 'Transparent Assessment', 20 September 2020.

65 Leila Abboud, 'Danone adopts new legal status to reflect social mission', *Financial Times*, 26 June 2020.

66 Ibid.

67 Rupert Younger, Colin Mayer and Robert G. Eccles, 'Enacting Purpose within the Modern Corporation', Harvard Law School Forum on Corporate Governance, 2 September 2020.

68 Larry Fink, 'Larry Fink's 2016 Letter to CEOs' (2016), https://www.blackrock.com/corporate/investor-relations/2016-larry-fink-ceo-letter.

69 Ibid.

70 Larry Fink, 'Larry Fink's 2019 Letter to CEOs: Purpose and Profit' (2019), https://www.blackrock.com/corporate/investor-relations/2019-larry-fink-ceo-letter; Larry Fink, 'Larry Fink's 2018 Letter to CEOs: A Sense of Purpose' (2018), https://www.blackrock.com/corporate/investor-relations/2018-larry-fink-ceo-letter.

71 Fink(2019).

72 Big Innovation Centre(2016), pp. 11~12.

73 Bank of England, HM Treasury and Financial Conduct Authority, 'Fair and Effective Markets Review: Final Report' (June 2015), p. 79.

74 Big Innovation Centre(2016), pp. 11~12.

75 Ibid., p. 86.

76 Bank of England, HM Treasury and Financial Conduct Authority(2015), p. 79.

77 'ESG Spotlight-The State of Pay: Executive Remuneration & ESG Metrics', Sustainalytics, 30 April 2020.

78 Unilever, 'Statement on the implementation of Unilever's Remuneration Policy for

2020', 11 February 2020.

79 Alcoa, 'Notice of 2020 Annual Meeting of Stockholders and Proxy Statement', 19 March 2020, p. 54.

80 Ibid.

81 Cassie Werber, 'Danone is showing multinationals the way to a less destructive form of capitalism', *Quartz at Work*, 9 December 2019.

82 Rebecca Henderson, *Reimagining Capitalism in a World on Fire* (New York: Hachette Book Group, 2020), ch. 4.

83 Henderson (2020), ch. 2.

84 Gunnar Friede, Timo Busch and Alexander Bassen, 'ESG and Financial Performance: Aggregated Evidence from More than 2000 Empirical Studies', *Journal of Sustainable Finance & Investment* 5 (4) (2015), pp. 210~233.

85 Mozaffar Khan, George Serafeim and Aaron Yoon, 'Corporate Sustainability: First Evidence on Materiality', *Accounting Review* 91 (6) (2016), pp. 1697~1724.

86 Luigi Guiso, Paola Sapienza and Luigi Zingales, 'The Value of Corporate Culture', *Journal of Financial Economics* 117 (1) (2015), pp. 60~76.

87 Claudine Gartenberg, Andrea Prat and George Serafeim, 'Corporate Purpose and Financial Performance', Harvard Business School Working Paper No. 17-023 (2016).

88 Rui Albuquerque, Art Durnev and Yrjö Koskinen, 'Corporate Social Responsibility and Firm Risk: Theory and Empirical Evidence', *Management Science* 65 (10) (2015), pp. 4451~4469.

89 Nell Derick Debevoise, 'Why Patagonia Gets 9,000 Applications for an Opportunity to Join their Team', *Fortune*, 25 February 2020.

90 Ernst & Young, 'Why Business Must Harness the Power of Purpose', 26 April 2018, https://www.ey.com/en_gl/purpose/why-business-must-harness-the-power-of-purpose.

91 Alex Edmans, 'The Link between Job Satisfaction and Firm Value, with Implications for Corporate Social Responsibility', *Academy of Management Perspectives* 26 (4) (2012), pp. 1~19.

92 Karl V. Lins, Henri Servaes and Ane Tamayo, 'Social Capital, Trust, and Firm Performance: The Value of Corporate Social Responsibility during the Financial

Crisis', *Journal of Finance*, European Corporate Governance Institute(ECGI), Finance Working Paper No. 446/2015(2016).

93 'The Business Case for Purpose', Harvard Business Review Analytic Services Report(2015).

94 Big Innovation Centre(2016), p. 25.

95 Ibid.

96 Marc Andreessen, 'It's Time to Build', Andreessen Horowitz, 18 April 2020, https://a16z.com/2020/04/18/its-time-to-build/.

15장

1 Hortense Bioy, 'Sustainable Fund Flows Hit Record in Q2', Morningstar, 4 August 2020.

2 Soohun Kim and Aaron S. Yoon, 'Analyzing Active Managers' Commitment to ESG: Evidence from United Nations Principles for Responsible Investment', SSRN(2020).

3 Morgan Stanley Capital Investment, 'MSCI ESG Indexes during the coronavirus crisis', 22 April 2020.

4 Hortense Bioy, 'Do Sustainable Funds Beat their Rivals?', Morningstar(June 2020).

5 Hortense Bioy and Dimitar Boyadzhiev, 'How Does European Sustainable Funds' Performance Measure Up?', Morningstar Manager Research(June 2020).

6 Mozaffar Khan, George Serafeim and Aaron Yoon, 'Corporate Sustainability: First Evidence on Materiality', *Accounting Review* 91(6)(2016), pp. 1697~1724, https://ssrn.com/abstract=2575912 or http://dx.doi.org/10.2139/ssrn.2575912.

7 Michael E. Porter, George Serafeim and Mark Kramer, 'Where ESG Fails', *Institutional Investor*, 16 October 2019.

8 George Serafeim, 'Public Sentiment and the Price of Corporate Sustainability', *Financial Analysts Journal* 76(2)(2018), pp. 26~46, https://ssrn.com/abstract=3265502 or http://dx.doi.org/10.2139/ssrn.3265502.

9 Porter et al. (2020)은 다음과 같이 말한다. "그러나 사회적 영향과 수익성 사이의 실제 연관성을 조사하지 않고는 이 프리미엄의 경제적 정당성이 거의 없다." 이 것은 모든 사회적 가치들은 시장에서 돈으로 붙잡을 수 있도록 가격이 매겨져야 함을 암묵적으로 가정한다.

10 Robert G. Eccles and Svetlana Klimenko, 'The Investor Revolution', *Harvard Business Review*(May–June 2019); 'The True Faces of Sustainable Investing: Busting the Myths Around ESG Investors', Morningstar(April 2019); John G. Ruggie and Emily K. Middleton, 'Money, Millennials, and Human Rights: Sustaining "Sustinable Investing"', Harvard Kennedy School's Corporate ResponsibilityInitiative Working Paper No. 69 (June 2018).

11 UK Department for International Development, 'Investing in a Better World: Result of UK survey on Financing the SDGs' (September 2019).

12 Sarah Boseley, 'Revealed: cancer scientists' pensions invested in tobacco', *Guardian*, 30 May 2016; Nicole Brockbank, 'Ontario Teachers' Pension Plan had shares in company that runs controversial U.S. migrant detention centres', CBC News, 11 July 2019.

13 Oliver Hart and Luigi Zingales, 'Companies Should Maximize Shareholder Welfare Not Market Value', *Journal of Law, Finance, and Accounting* 2(2)(2017), pp. 264~266.

14 Regulation (EU) 2019/2088 of the European Parliament and of the Council of 27 November 2019 on sustainability–related disclosures in the financial services sector(text with EEA relevance).

15 Ibid.

16 Ontario Pensions Benefi ts Act, Regulation 909, s. 40(v)(ii).

17 Law Commission, 'Pension Funds and Social Investment: Summary', Law Com No. 374 (June 2017), p. 2.

18 Employee Benefi ts Security Administration, Department of Labor, 'Financial Factors in Selecting Plan Investments', *Federal Register* 85(220)(2020), pp. 72854~72855.

19 Carlos Tornero, '"Premised on an assumption–unsupported by any cited facts–that ERISA fi duciaries are misusing ESG": Investors slap back DoL plans', *Responsible Investor*(August 2020).

20 'Fiduciary Duty in the 21st Century: Final Report', United Nations Environmental Programme Finance Initiative(2019).

21 'Dynamic Materiality: Measuring What Matters', Truvalue Labs (January 2020).

22 이런 등급 제공업체로는 모건스탠리캐피털인터내셔널MSCI, 서스테이널리틱

스Sustainalytics, 트루밸류랩스Truvalue Labs 등이 있다.

23 Feifei Li and Ari Polychronopoulos, 'What a Difference an ESG Ratings Provider Makes!', *Research Affiliates* (January 2020).

24 Rajna Gibson, Philipp Krueger, Nadine Riand and Peter S. Schmidt, 'ESG rating disagreement and stock returns', ECGI Finance Working Paper No. 651/2020 (January 2020).

25 Dane Christensen, George Serafeim and Anywhere Sikochi, 'Why is Corporate Virtue in the Eye of the Beholder? The Case of ESG Ratings', Harvard Business School Working Paper 20-084 (2019).

26 Florian Berg, Julian F. Kölbel and Roberto Rigobon, 'Aggregate Confusion: The Divergence of ESG Ratings', MIT Sloan School of Management Working Paper 5822-19 (May 2020).

27 Porter et al. (2019), p. 7.

28 PwC, 'Purpose and Impact in Sustainability Reporting' (November 2019).

29 Ron Cohen FT Op Ed (July 2020).

30 https://yanalytics.org/research-insights/monetizing-impact.

31 Greg Fischer, 'Monetizing Impact', Y Analytics (January 2020), p. 4.

32 Ibid.

16장

1 영국에서 무형자산에 대한 투자는 2000년대 초반에 유형자산에 대한 투자보다 증가했는데, 무형자산 투자는 2014년에 생산량 점유율로 11퍼센트를 기록하면서 10퍼센트의 유형자산 투자를 앞질렀다. 또한 무형자산 투자는 미국, 스웨덴, 핀란드에서도 (1999~2003년 평균을 기준으로 할 때) 유형자산 투자를 초과했다. 그러나 독일, 이탈리아, 스페인을 포함한 다른 유럽 국가에서는 그렇지 않았다. 다음을 참조하라. Jonathan Haskel and Stian Westlake, *Capitalism without Capital: The Rise of the Intangible Economy* (Princeton: Princeton University Press, 2017); and Peter R. Goodridge, Jonathan Haskel and Gavin Wallis, 'Accounting for the UK Productivity Puzzle: A Decomposition and Predictions', *Economica* 85 (339) (2016), pp. 581~605.

2 이 과정은 미국에서의 중국발 충격으로 [Autor, Dorn and Hanson (2015)] 또 지역 주

택시장의 붕괴로[Mian and Sufi (2015)] 잘 입증되었다.

3 다음 내용을 다음을 토대로 한다. Daron Acemoglu and Pascual Restrepo, 'Artificial Intelligence, Automation and Work', NBER Working Paper No. 24196 (2018). 이런 역학을 이해하려면 공통적인 개념 틀을 갖는 것이 도움이 된다. 기술 변화가 고용과 임금에 미치는 영향은 파괴, 생산성, 창조라는 세 가지 주요 효과의 합계라고 묘사할 수 있다. 파괴 효과destruction effect는 가장 우려스러운 설명이 초점을 맞추는 대상이다. 파괴 효과는 노동이 기술에 의해서 대체되고, 그래서 노동 수요와 임금과 고용이 줄어드는 효과를 말한다. 그런데 일반적으로 덜 받아들여지는 것이 새로운 기술의 총수요에 대한 긍정적인 효과이며, 이것을 생산성 효과 productivity effect라고 부를 수 있다. 이 효과는 공급이 스스로 수요를 창출한다는 고전적인 '세이의 법칙'과 유사하다. 기술은 노동자를 한층 더 생산적으로 만들고, 시간이 지난 뒤에는 임금을 인상하고 또 자본 소유자들에게 돌아가는 수익을 높여준다. 이렇게 소득이 증가하면 총수요가 증가하고 파괴 효과를 막는다. 기술 변화가 파괴적이고 광범위하게 나타날 때, 생산성 효과는 보통 파괴 효과를 완전히 상쇄하기에는 불충분하다. 이렇게 될 수밖에 없는 이유는, 한편으로는 신기술의 완전한 잠재력이 실현되기까지는 시간이 걸리기 때문이기도 하고, 다른 한편으로는 우리가 조만간에 의지하게 될 일자리의 양극화가 한층 더 심하게 나타나기 때문이기도 하다.

4 이 일자리 창출 효과가 기술 변화에 완전히 외부적일 필요는 없다. 예를 들어 새로운 기술이 없었다면 불가능했을 새로운 일자리가 창출되기 때문이다. 물론 교육과 기술과 같은 요소들은 이러한 이익이 얼마나 빠르고 원활하게 실현되는지 결정하는 데서 중요하게 기능한다.

5 예를 들면 다음과 같은 주장이 그렇다. Erik Brynjolfsson and Andrew McAfee, *The Second Machine Age: Work, Progress, and Prosperity in a Time of Brilliant Technologies* (New York and London: W. W. Norton, 2014). 이런 견해들 가운데 가장 극단적인 견해를 대니얼 서스킨드가 내놓았는데, 그는 기계가 모든 일을 수행할 수 있고 또 그래서 기술적 실업이 나타날 가능성을 강조한다. [Daniel Susskind, 'A model of technological unemployment', University of Oxford, Department of Economics Series Working Papers No. 819 (2017)].

6 이 논의의 핵심에 놓여 있는 질문은, 과연 우리가 '폴라니의 역설Polanyi's Paradox' * 인간이 오랫동안 체화한 암묵적 추상적 지식은 컴퓨터나 기계로 대체할 수 없다는 주장을 극

복할 수 있을까 하는 것이다. 〔Michael Polanyi, 'The Logic of Tacit Inference', *Journal of the Royal Institute of Philosophy* 41(155) (1966) pp. 1~18.〕. 그런데 우리로서는 이런 과제들(즉 사회적 상호 작용 등)을 공식적인 방식으로 세세하게 열거할 수 없으므로, 그 과제들을 암호화하고 자동화하는 일이 어려울 수밖에 없다.

7   Carl Benedikt Frey and Michael A. Osborne, 'The future of employment: How susceptible are jobs to computerisation?', *Technological Forecasting and Social Change* 114 (2017), pp. 254~280. 이 저자들은 전체 일자리 가운데 절반 가까이가 영향을 받을 것이라고 추정한다.

8   예를 들어 맥킨지 글로벌 인스티튜트McKinsey Global Institute의 "Future that Works: Automation, Employment and Productivity"(2017)는 O'NET직종정보망 분석을 토대로 해서, 전체 직업의 60퍼센트에서 과제의 30퍼센트 이상이 기계로 대체될 것이라고 주장한다.

9   Edward W. Felten, Manav Raj and Robert Seamans, 'A Method to Link Advances in Artifi cial Intelligence to Occupational Abilities', *AEA Papers and Proceedings* 108 (2018), pp. 54~57.

10 예를 들어 술집에서 술잔에 술을 채우는 일을 자동화할 수 있지만, 이렇게 할 때는 손님이 직원에게 고충을 얘기할 수 없을 뿐만 아니라 실질적으로 비용 절감 효과가 나타나지도 않을 것이다.

11 Ljubica Nedelkoska and Glenda Quintini, 'Automation, skills use and training', OECD Social, Employment and Migration Working Papers No. 202 (2018). 비슷한 맥락에서 맥킨지는 선진국 전체에서 총노동자의 15퍼센트는 디지털화와 자동화 그리고 인공지능 때문에 결국에는 직업 범주를 다르게 할 필요가 있다고 주장한다.

12 국제통화기금IMF의 분석 자료는 일자리 양극화의 범위는 기술의 상대적인 가격보다 노동력과 기술 사이의 손쉬운 대체성에 훨씬 더 의존함을 일러준다.

13 영국의 자동화 수준이 낮다는 사실이 (영국의 낮은 자동화 수준은 자동차 부문 및 전자 부문의 크기와 관련이 있다고 할 배리언Hal Varian은 주장했다) 어쩌면 영국에서 노동자가 받는 보수가 회복력을 꾸준하게 유지하는 이유 가운데 하나일 수 있다. (https://www.youtube.com/watch?v=VLcnN3kLUKI&app=desktop).

14 미국에서 소득대체율＊기존 소득 대비 실직이나 은퇴 이후에 받는 연금 소득 비율이 높은 사람들도 소득대체율이 낮은 사람과 마찬가지고 일자리를 가지려 한다.

15   Tharman Shanmugaratnam, 'Making the Centre Hold: Keynote Speech', Institute for Government (July 2019).

16   Ibid.

17   Dani Rodrik, Arvind Subramanian and Francesco Trebbi, 'Institutions Rule: The Primacy of Institutions over Geography and Integration in Economic Development', *Journal of Economic Growth* 9(2)(2004), pp. 131~165.

18   Douglass C. North, 'The New Institutional Economics and Third World Development', in John Harriss, Janet Hunter and Colin M. Lewis (eds), *The New Institutional Economics and Third World Development*(London: Routledge, 1995), p. 17.

19   Daron Acemoglu and James A. Robinson, *Why Nations Fail: The Origins of Power, Prosperity, and Poverty*(New York: Crown, 2012). There are parallels to the dynamics of social movements detailed in Chapter 12.

20   Tera Allas, Marc Canal and Vivian Hunt, 'COVID-19 in the United Kingdom: Assessing jobs at risk and the impact on people and places', McKinsey & Company (11 May 2020)

21   다음을 참조하라. Mark Carney, 'The Future of Work', Whitaker Lecture, given at the Central Bank of Ireland, 14 September 2018. 나의 동료인 앤디 할데인 (Andy Haldane) 역시 이 문제들을 놓고 논의를 했다. 다음을 참조하라. 'Ideas and Institutions-A Growth Story', speech given at the Guild Society, Oxford, 23 May 2018.

22   다음 웹페이지에서 볼 수 있다. https://www.gov.uk/government/publications/.

23   Acemoglu and Robinson (2012).

24   Niall Ferguson, *The Great Degeneration: How Institutions Decay and Economies Die*(London: Penguin, 2014).

25   Mancur Olson, *The Rise and Decline of Nations: Economic Growth, Stagfl ation, and Social Rigidities*(New Haven, Conn.: Yale University Press, 1984).

26   다음을 참조하라. Michael Lewis, *Flash Boys: A Wall Street Revolt*(New York and London: W. W. Norton, 2014), and Roger L. Martin, 'The Gaming of Games & the Principle of Principles', Keynote Address to the Global Peter Drucker Forum, Vienna, 15 November 2012.

27   Bank of England, HM Treasury and Financial Conduct Authority, 'Fair and Effective

Markets Review: Final Report' (June 2015).

28 예를 들어 다음을 참조하라. FMSB's 'Reference Price Transactions standard for the Fixed Income markets' (2016); 'New Issue Process standard for the Fixed Income markets' (2017); 'Surveillance Core Principles for FICC Market Participants: Statement of Good Practice for Surveillance in Foreign Exchange Markets' (2016). 이 상의 내용은 다음 웹페이지에서 볼 수 있다. https://fmsb.com/our-publications/.

29 Andy Haldane, 'Ideas and Institutions—A Growth Story', speech given at the Oxford Guild Society, 23 May 2018.

30 Helen Warrell and Richard Milne, 'Lentils and War Games: Nordics Prepare for Virus Lockdown', *Financial Times*, 20 March 2020.

31 Dasgupta(2020).

32 Eurasia Group, *Climate Monthly*(August 2020).

33 Heidi Garrett-Peltier, 'Green versus Brown: Comparing the employment impacts of energy efficiency, renewable energy, and fossil fuels using an input-output model', *Economic Modelling* 61 (February 2017), pp. 439~447.

34 NAO report, 'Improving access to finance for small and mediumsizedenterprises', Department for Business, Innovation and Skills and HM Treasury(November 2013).

35 British Business Bank, 'Small Business Finance Markets Report' (2019).

36 다음 웹페이지를 참조하라. https://www.bankofengland.co.uk/research/future-finance.

37 UNCTAD, 'World Investment Report 2018: Investment and New Industrial Policies' (2018).

38 다음을 참조하라. K. Blind, A. Mangelsdorf, C. Nichol and F. Ramel(2018), 'Standards in the global value chains of the European Single Market', *Review of International Political Economy* 25:1, 28~48; K. Nadvi (2008), 'Global standards, global governance and the organization of global value chains', *Journal of Economic Geography*, 8(3): 323~343.

39 Mario Draghi, 'Sovereignty in a Globalised World', speech as President of ECB at University of Bologna, 22 February 2019.

결론

1   존 레넌은 이 가사를 노래 〈뷰티플 보이Beautiful Boy〉에 넣었지만, 애초에 이 통찰의 출처는 1957년에 《리더스 다이제스트Readers Digest》에 실린 앨런 손더스Allen Saunders의 글이다.

2   Michael Lewis, 'Commencement Address', Princeton University (June 2012).

3   Marcus Aurelius, *Meditations*(Penguin: 2004. Translated Maxwell Shaniforth, 1964). Book 3: 10.

감사의 말

이 책은 오랜 세월에 걸쳐서 축적된 인상과 관점과 교훈을 다루고 있다. 내가 이 책을 집필하는 데 많은 사람들과 경험들이 큰 영향을 주었다. 특히 그중에서도 공공 정책을 다루어본 경험이 이 책을 쓰는 데 많은 도움이 되었다. 이런 기회를 나에게 준 사람들에게 깊이 감사한다. 데이비드 도지, 짐 플래허티, 조지 오즈번 등이 그런 분들이다. 공직에 있는 동안 나는 탁월한 동료들에게 회복력과 혁신과 의무가 얼마나 중요한지 배웠다. 앤드루 베일리, 장 부아뱅, 사라 브리든, 벤 브로드벤트, 아가테 코트, 존 컨리프, 브래드 프라이드, 샬럿 호그, 마이크 호건, 아닐 카시야프, 돈 콘, 티프 매클럼, 닉 맥퍼슨, 존 머리, 톰 스콜라, 미노체 샤피크, 리처드 샤프, 마틴 테일러, 얀 블리게, 샘 우즈가 그런 사람들이다. 특히 나는 제니 스콧에게 많은 빚을 진 셈인데, 공익을 위한 그의 헌신적인 모습은 단호한 행동뿐 아니라 목적과 리더십에 대한 나의 생각을 크게 바꾸어주었기 때문이다.

잉글랜드은행에 재직하는 동안에 나는 경제 모델과 도덕을 잘 이해하던 많은 경제학 전문가와 함께 일했다. 한 사람씩 이름을 밝히면 다음과 같다. 니콜라 앤더슨, 데이비드 에이크먼, 알리나 바넷, 제이미 벨, 제임스 벤포드, 알렉스 브레이저, 존 브리지스, 폴 브리오네, 앨리스 카, 암브로지오 세자-비안치, 밥 페이, 제러미 해리슨, 앤드루 하우저, 쇼이브 칸, 클레어 맥캘란, 데이지 맥그리거, 알렉스 미치, 톰 머튼, 벤 넬슨, 젠 네메스, 시안 오닐, 카스파르 지케르트, 케이트 스트랫퍼드, 팀 테일러, 그레그 스웨이츠, 질 바디, 토머스 비에가스, 매슈 왈드론, 앤 웨더릴트, 이안 드 웨이먼. 그리고 니콜라스 빈센트 교수는 마그나카르타의 역사와 그 중요성에 대해서 결정적으로 중요한 깨우침을 나에게 선사해주었다.

이밖에도 많은 동료가 글로벌 개혁을 위한 운동에 기여했는데, 여기에는 다음과 같은 사람들이 포함된다. 토비아스 아드리안, 스베인 안레센, 벤 버냉키, 브누와 쾨레, 빌 더들리, 마리오 드라기, 팀 가이트너, 크리스틴 라가르드, 장 클로드 트리셰, 악셀 베버, 케빈 워시.

기후변화를 다룬 장들에는 지속가능한 금융 분야의 선도적인 사람들, 특히 프랭크 엘더슨, 크리스티아나 피게레스, 이강, 크리스탈리나 게오르기에바, 실비에 굴라르, 크리스틴 라가르드, 히로 미즈노, 로렌스 투비아나 등과 나누었던 수많은 대화의 결과가 담겨 있다. 금융과 기후 정책 사이의 관계에 대한 통찰은 카스파르 지케르트와 시니 마티카이넨이 주도해서 형성한 연구 분야로, 재닛 옐런이 이끄는 G30 워킹그룹에서 비롯되었다. 스티브 필드, 야스민 모에지니아, 젠 네메스가 이끌었던 제26차 당사국총회COP26를 위한 민간금융허브Private Finance Hub는 안토니우 구테흐스 유엔 사무총장, 아미나 모하메드 사무차장, 그리고 당사국총회 의장인 알록 샤마의 확고한 지도력 아래에서 가장 중요한 많은 발전을 이룬 최전선에 있었다.

사람들이 중요하다고 여기는 것과 실제로 중요한 것 사이의 격차를 좁히는 사람들, 특히 기후변화 관련 재무정보 공개 협의체TCFD의 선구자들인 마이크 블룸버그와 메리 샤피로, 커티스 레바레넬, 임팩트 관리 프로젝트의 클라라 바비, 국제비즈니스협의체의 브라이언 모이니한과 빌 토마스, 하버드대학교의 임팩트 투자 이니셔티브의 조지 세라핌과 로널드 코헨, 그리고 국제회계기준IFRS의 루크레치아 레힐린과 에르키 리카넨 등이 가치의 미래에 대한 내 생각에 영향을 크게 끼쳤다.

기후변화와 관련된 행동이 시급하다는 내 생각은 리처드 커티스, 파르타 다스굽타, 제이미 드러먼드, 그레타 툰베리 등과 같은 사람들 덕분에 온전한 모습으로 형성되었다. 또 빌 게이츠, 제러미 오펜하임, 닉 스턴, 어데어 터너, 랜스 우글라 그리고 브룩필드의 동료들인 브루스 플랫, 사친 샤, 코너 테스키, 나탈리 아도메이트 덕분에 나는 기후변화 문제의 해결 가능성을 얼마든지 찾아낼 수 있다는 신념을 키울 수 있었다.

코로나를 다룬 몇 개의 장들은 닉 스턴, 팀 베즐리, 거스 오도넬 그리고 맥그리거와 나누었던 중요한 대화들 및 이들의 연구조사 결과를 참조했다.

가치관과 관련된 한층 더 깊은 쟁점들에 대해서는 올리버 바에트, 토마스 부베를, 에드워드 버틴스키, 에머슨 쵸바, 로저 퍼거슨, 린 포레스터 드 로스차일드, 로렌스 프리먼, 안토니 곰리, 폴 데이비드 휴슨(보노), 필립 힐데브란트, 마이클 이그나티에프, 아우구스토 오캄포 신부님, 제니 스콧, 타르만 샨무가라트남, 응콕송, 존 스터진스키, 피터 턱슨 추기경님과 저스틴 웰비 대주교님 등과 토론을 하면서 내용을 깊이 있게 이해할 수 있었다.

이 책은 젠 네메스의 창의성과 헌신 그리고 다양성이 없었더라면 세상에 나오지도 못했을 것이다. R. J. 레이더와 팀 크루파 그리고 엘리자 베링은 소중한 연구 작업을 해주었으며, 제리 버츠는 초고를 검토하고 이 책에 꼭 필요한 통찰을 제공했다.

캐롤라인 미셸은 이 프로젝트를 처음부터 굳게 믿고서 내가 생각을 계속 넓혀나가며 원고를 끝까지 집필할 수 있도록 격려했다. 에이전시 회사인 피터스 프레이저 던롭Peters Fraser Dunlop의 캐롤라인과 레베카 웨어마우스를 비롯한 동료들은 이 책의 원고가 나의 편집자의 손에 들어가게 도왔고, 나의 편집자인 아라멜라 파이크는 이 원고를 상상했던 것보다 훨씬 더 멋진 책으로 빚어냈다. 아울러 교열이라는 섬세한 작업을 해준 피터 제임스 그리고 이브 허칭스를 비롯한 하퍼콜린스의 담당 팀 직원들에게도 고마운 마음을 전한다. 나는 또한 캐나다인 편집자인 더그 페퍼와 제니 브래드쇼의 적극적이고 집중적인 도움의 덕을 (그리고 멋진 유머 덕을) 많이 받았다. 이 책의 핵심 주제들 중 일부는 〈리스 강의Reith Lecture〉＊BBC 라디오 방송국의 강의 프로그램를 준비하고 또 실제로 강의하는 과정을 통해서 한층 더 예리하게 다듬어졌다. 쉽지 않은 일을 시도하고 또 나를 이끌어준 방송 관계자들인 모히트 바카야, 짐 프랭크, 휴 레빈슨에게도 고마운 마음을 전한다.

원고를 집필하는 동안 가장 힘이 들 때마다 나는 친구들로부터 음식과 쉼터와 우정이라는 선물로 위로받았다. 그건 축복과도 같은 일이었다. 네즈와 하산 코르로샤히, 빌과 안다 윈터스, 신과 미미 카니 그리고 그 누구와도 비교할 수 없는 루시 로저스가 그런 친구들이다.

나의 아내 다이애나는 내가 이 책을 쓰는 동안 내내 나와 함께 있으면서 토론하고 비판하고 격려를 아끼지 않았다. 나의 아이들은 내가 나태해지지 않도록 끊임없이 내 생각에 자극을 주었다. 나의 형제자매들도 늘 그랬듯이 나를 응원했다. 나는 부모님이 나에게 베풀었던 어린 시절과 두 분이 가르쳐주었던 가치관에 대해서 날마다 감사하며 살고 있다.

이런 엄청난 지원과 지지, 그리고 소중한 자원들에도 불구하고 이 책에 오류가 있다면 순전한 나의 잘못임을 밝힌다.

초超가치

돈으로 살 수 없는 미래

펴낸날 초판 1쇄 2022년 4월 5일

　　　　초판 2쇄 2022년 6월 20일

지은이 마크 카니

옮긴이 이경석

펴낸이 이주애, 홍영완

편집2팀 최혜리, 박효주, 홍은비, 김혜원

편집 양혜영, 유승재, 장종철, 문주영, 김애리, 강민우

디자인 기조숙, 김주연, 박아형, 윤신혜

마케팅 김예인, 김태윤, 박진희, 김슬기, 김미소

해외기획 정미현

경영지원 박소현

도움교정 윤현주

펴낸곳 (주)윌북 **출판등록** 제2006-000017호

주소 10881 경기도 파주시 회동길 337-20

전화 031-955-3777 **팩스** 031-955-3778

홈페이지 willbookspub.com **전자우편** willbooks@naver.com

블로그 blog.naver.com/willbooks **포스트** post.naver.com/willbooks

페이스북 @willbooks **트위터** @onwillbooks **인스타그램** @willbooks_pub

ISBN 979-11-5581-454-3 03320